洛阳大火

公元23—220年的后汉史

Fire over Luoyang
A History of the
Later Han Dynasty
23–220 AD

[澳] 张磊夫 著
(Rafe de Crespigny)

邹秋筠 译

北京大学出版社
PEKING UNIVERSITY PRESS

著作权合同登记号 图字：01-2017-8785

图书在版编目（CIP）数据

洛阳大火：公元 23—220 年的后汉史 /（澳）张磊夫著；邹秋筠译 . —北京：北京大学出版社，2023.5
（海外中国史研究）
ISBN 978-7-301-33927-5

Ⅰ. ①洛… Ⅱ. ①张… ②邹… Ⅲ. ①中国历史 – 研究 – 东汉时代 Ⅳ. ① K234.207

中国国家版本馆 CIP 数据核字（2023）第 069916 号

Original English version of "Fire over Luoyang" by Rafe de Crespigny © 2016 by Koninklijke Brill NV, Leiden, The Netherlands. Koninklijke Brill NV. incorporates the imprints Brill, Brill Hes & De Graaf, Brill Nijhoff, Brill Rodopi, Brill Sense, Hotei Publishing, Global Oriental, mentis Verlag, Verlag Ferdinand Schöningh and Wilhelm Fink Verlag, as well as the Vandenhoeck & Ruprecht Verlage. The Chinese version of "Fire over Luoyang" is published with the arrangement of Brill. 英文原版：博睿学术出版社（BRILL）地址：荷兰莱顿 网址：http://www.brillchina.cn

书　　　　名	洛阳大火：公元 23—220 年的后汉史 LUOYANG DAHUO：GONGYUAN 23—220NIAN DE HOUHANSHI
著作责任者	［澳］张磊夫（Rafe de Crespigny）著　邹秋筠 译
责 任 编 辑	张　晗
标 准 书 号	ISBN 978-7-301-33927-5
出 版 发 行	北京大学出版社
地　　　　址	北京市海淀区成府路 205 号　100871
网　　　　址	http://www.pup.cn　新浪微博 @ 北京大学出版社
电 子 邮 箱	编辑部 wsz@pup.cn　总编室 zpup@pup.cn
电　　　　话	邮购部 010-62752015　发行部 010-62750672 编辑部 010-62750577
印　刷　者	涿州市星河印刷有限公司
经　销　者	新华书店 650 毫米 ×980 毫米　A5　18.25 印张　530 千字 2023 年 5 月第 1 版　2024 年 10 月第 5 次印刷
定　　　　价	128.00 元

未经许可，不得以任何方式复制或抄袭本书之部分或全部内容。
版权所有，侵权必究
举报电话：010-62752024　电子邮箱：fd@pup.cn
图书如有印装质量问题，请与出版部联系，电话：010-62756370

目 录

001	前　言
008	汉代诸帝
011	后汉年表

001	**第一章　帝国首都**
001	洛阳及其周边
008	光武帝及其新都
010	礼仪与统治
019	城市、郊区及居民
024	宫苑、游乐园和陵墓

058	**第二章　明帝、章帝时期（公元 57—88 年）**
058	年　表
059	皇位继承
066	明帝的统治
077	章帝统治时期
084	窦皇后和后宫中的男孩

第三章　和帝的统治（公元 88—106 年） — 105

- 105　年　表
- 106　在大草原的胜利
- 112　窦氏家族的覆灭
- 120　西部的百姓
- 123　和帝的统治
- 128　后汉的军事结构
- 140　和平与移民？

第四章　邓太后和安帝（公元 106—125 年） — 160

- 160　年　表
- 162　幼帝与摄政
- 168　羌人叛乱
- 180　财政问题
- 186　邓太后的统治
- 191　安帝的喜好

第五章　顺帝统治时期（公元 125—144 年） — 215

- 215　年　表
- 216　阎氏家族的覆灭
- 220　顺帝以及改革者们
- 230　梁氏家族的兴起
- 235　胡人、移民以及叛乱
- 246　人民和土地

268	**第六章　梁冀擅政（公元 144—159 年）**
268	年　表
269	梁冀及其傀儡
272	叛乱称帝和太平道
274	梁冀的统治
286	州郡大族
294	梁氏的倾覆

312	**第七章　桓帝与宦官（公元 159—168 年）**
312	年　表
313	宠　臣
320	财政问题
321	士大夫与宦官
331	皇帝嫔妃以及推崇黄老
343	第一次党锢之祸
347	鼓励屠杀

366	**第八章　灵帝：失控的朝政（公元 169—184 年）**
366	年　表
367	窦氏家族与宦官
373	段颎与胡人
378	第二次党锢之祸以及太学的衰落
388	灵帝的统治
395	檀石槐和边塞灾难
400	黄　巾

426	**第九章 帝国的终结（公元 185—189 年）**
426	年　表
428	凉州失守
434	皇帝的挥霍无度
439	皇位继承
443	宫中的杀戮
448	关于危机爆发日期的注解
449	董　卓
454	京城毁灭
462	汉朝的终结

484	**第十章　后记和结论**
484	第一部分　都城逝去的挽歌
484	年　表
485	洛阳之后的命运
489	第二部分　哪里出了问题？在废墟上的反思
489	道德沦丧？
502	中国的分裂
508	重新统一的艰难

| 522 | **书　目** |

图 1 朱雀门（正面）

朱雀门。四川省成都汉墓出土的石刻拓片。来源：《四川汉代画象选集》，图 80。位于两座观阙之间的鸟可能为凤凰，凤凰是南方的图腾之一，也标志着红色和火德。这幅石刻描绘的有可能是包括成都在内的任何一座城市的南门，但是考虑到观阙的规格，如果相信这幅石刻想要表现的是著名的洛阳城南门——此门守卫着北宫——则不失为一种有趣的观点。

前　言

公元 1—2 世纪,欧亚大陆的两端出现了两个可以匹敌的伟大帝国。欧亚大陆西部,罗马帝国的扩张之势北起英伦三岛、日耳曼平原,南到撒哈拉沙漠,东至美索不达米亚。欧亚大陆东部,汉王朝的控制范围北抵蒙古北部草原,南达越南中部热带地区,包括除遥远东南地区之外的今日中国全境,并影响着中亚的大部地区。罗马帝国的疆域超过 450 万平方千米,即 175 万平方英里;汉王朝疆域大约 375 万平方千米,即 150 万平方英里。[1]

这两个遥远的政权通过陆运与海运相互交换商品,例如从东方运来丝绸,从西方运来玻璃。但是它们并没有深入接触,彼此之间知之甚少。两个国家的自然地理差异很大:罗马帝国以地中海为中心,周边道路网络四通八达;汉王朝受东面的海洋限制,依赖河流、运河、陆路沟通长江以北的广阔平原,并穿过山谷沟通长江以南,而为了应对连绵山脉的阻拦,建造了令人惊叹的工程。

公元前 3 世纪末,秦朝首次完成了政治上的统一,但在此前就已经存在宗教哲学信仰、学说和风俗的共有传统。与秦朝类似,之后的汉朝的终极权威来源于军事力量,但汉朝百姓拥有共同的文化和书写方式,汉字的使用极大地帮助人们克服口语差异。罗马城将统治扩展到许多不同民族;然而汉帝国的核心是自我持存的中华文明。

爱德华·吉本在其巨著《罗马帝国衰亡史》的开篇这样写道:"公元2世纪,罗马帝国据有世上最富饶美好的区域,掌握人类最进步发达的文明。"[2]

吉本的著作写于18世纪,当时欧洲尚未了解中国古代的全部成就,所以不能因为吉本的判断而指责他。但在吉本所描绘的同一个时代,即公元1—2世纪,后汉帝国发展到了繁荣顶峰,并且它的衰亡比西方罗马帝国更加迅速,这一点值得我们关注。[3]

本书描述了从公元1世纪早期到2世纪末汉朝突然瓦解崩溃的历史,主要按照时间顺序叙述。正是由于沙畹(Édouard Chavannes)、德效骞(Homer H. Dubs)、华兹生(Burton Watson)、倪豪士(William H. Nienhauser Jr)的翻译,以及鲁惟一(Michael Loewe)的重要成果,前汉史研究拥有大量材料,同时很多学者从历史、经济、文化和社会等不同方面对这一时期展开讨论。但是目前,学界尚未以西方语言单独叙述后汉历史事件和社会发展。我相信按时间顺序的叙述将为未来广泛细致研究后汉历史提供更为清晰的语境。

毕汉思(Hans Bielenstein)在其著作《汉朝的复兴》(*The Restoration of the Han Dynasty*)中,详细研究了后汉初年,尤其是开国皇帝光武帝的统治。[4]固然还存在有待商榷之处,但是对这段历史的记述已经非常翔实,没有必要过分纠结于细节。

本书以描述后汉洛阳城开篇。公元25年,光武帝兴建洛阳城,作为中兴汉室的京城。在光武帝和其继任者的漫长统治时期,洛阳城历经多次修整,毕汉思《后汉时期的洛阳》(*Lo-yang in Later Han Times*)对此多有论述。[5]但我关注的是作为国家政治与精神中心的洛阳,包括朝廷与官员、礼仪与信仰、城市面积与人口数量、周边环境以及它与帝国边远地区的联系。在毕汉思的巨著发表40年之后，受到戴梅可（Michael Nylan）及其同事对前汉长安城研究的鼓励，[6] 我相信可以用另一种途径展开研究。

另外，虽然后汉帝国在社会、人口和军事方面得到重要发展，但当火光映照天空，朝代命运决定于皇宫之中发生的大事件。所以本书的标题有双重含义：一方面，后汉以火德彰显权威；另一方面，洛阳的火既是它衰落的标志，也是衰落的原因。

关于罗马和汉朝的一些观点：

虽然在公元1—2世纪，罗马帝国与中国后汉王朝是并行存在的两大帝国，可以对二者进行对比，但是由于在地理、人口、文化、政治组织方面存在巨大差异，我认为这样对比可行性有限。简单举例来说，差异包括：

- 罗马帝国由众多民族和文化组成，既包括高卢和不列颠的部落，也包括高度文明的希腊和埃及。一个受过教育的罗马人能熟练使用希腊语，就像使用母语拉丁语一样。而汉帝国统一文字，语言只有方言之分，以此统一中国文明世界，形成共同的文化背景。
- 早期罗马帝国统治者通过类似于代议制民主的政治结构来行使自己的权力，公民权是一种重要的权利。除了模糊提到百姓的意愿，中国传统中并没有民主经验，最高统治者通过神权掌握帝位，即所谓"天命"，所有人都是他的臣民。[7] 此外，传统罗马帝国大部分高级官员通过选举产生，而中国的高级官员通过察举，即向皇帝推荐得到任命，有时会经历一段试用期，但并不需要吸引大众支持。
- 罗马正规军规模庞大，有高达25万职业军人和辅军。随着多地废除征兵制度，后汉在军事上依靠一支不大的专业军队，辅之

- 以边疆地区数量有限的受过训练的民兵，大型战役得到少数族盟友的支援。[8]
- 汉帝国幅员辽阔，交通往来依靠陆路、河流和运河。罗马帝国以地中海为中心，尽管陆路交通网络很发达，但主要依靠海运。虽然受到风暴、沉船和海盗的威胁，但比如从埃及向罗马运输粮食这种长距离运输，海运的成本比劳动密集型的陆运、运河更低廉。[9] 所以罗马需要一支能在开阔水面航行的海军，而当时中国船队主要在河流中行驶。
- 两大帝国均依赖于自给自足的农业，但中国的农田由小农和大地主的佃农耕种，而在罗马帝国，大量耕种等工作由奴隶完成，自由民是一种可识别的社会阶层。
- 在中国，普遍认为商人的社会地位较低，商人活动经常受到法律限制。在罗马帝国，包括包税人在内的富人被骑士阶层广泛接受，他们的政治和社会等级仅次于元老院阶级。
- 罗马帝国的男性同一时间只能拥有一位妻子，但当时中国社会实行一夫多妻制（中国古代多数情况下一个男子同时只能有一个妻子，其他为妾，实际是一夫一妻多妾制。——译者注），由阉人服侍的皇帝后宫是政治影响和冲突的根源之一。

带着这些差异，我认为尽管将两个帝国作对比也许对理解粮食储存、商品流动供给、税收征集，甚至长城和罗马边境城墙等技术问题、实际问题有所帮助，但是对政治和社会的总体概括价值有限。我最关心的是以后汉自身的条件去研究后汉历史。[10]

一些技术问题

除非特别注明，本书中的所有年代均为公元纪年。虽然中国农历年的年末相当于公元年次年的1月底或2月初，但除非要求精确日期，我将按照惯例使用大体对应的公元纪年（如公元 57 年正月，即指 57 年大体对应的建武中元二年的正月。其他公元年 + 农历月的纪年方式同此。——译者注）。特定日期则按照薛仲三、欧阳颐《两千年中西历对照表》进行计算，换算为公历日期。[11]

官职的翻译采自拙著《后汉三国人物辞典》(*A Biographical Dictionary of Later Han to the Three Kingdoms [23-220AD]*)，[12] 其以德效骞教授的翻译为基础，并经毕汉思教授的完善。

《后汉三国人物辞典》中提供了本书所提及的大多数人物的简要传记。

鸣谢

在此对很多学者给予的建议和支持表示诚挚感谢，特别是剑桥大学鲁惟一教授，以及我的老师们——已故的毕汉思、房兆楹、澳大利亚国立大学柳存仁教授。也要感谢 Amanda Brown、William G. Crowell、桀溺（Jean-Pierre Diény）、Howard L. Goodman、梅约翰（John Makeham）、戴梅可以及 Greg Young。还有一些同事与我直接交流或通过他们的著作间接令我受益匪浅，包括马恩斯（Burchard Mansvelt Beck）、陈启云、高德耀（Robert Joe Cutter）、罗依果（Igor de Rachewiltz）、狄宇宙（Nicola di Cosmo）、伊佩霞（Patricia Ebrey）、何莫邪（Christoph Harbsmeier）、邢义田、陆威仪（Mark Edward Lewis）、闵福德（John Minford）、叶翰（Hans van Ess）。我还要感谢莱顿、波士顿博睿出版社（Brill）的 Patricia Radder、Ellen Grimscheid、Judy Pereira 及其同事对我的建议、支持和耐心。

张磊夫（Rafe de Crespigny）
堪培拉　2016 年 3 月

注释：

[1] 很难估算汉帝国的疆域范围，所有数据均为近似值。我的计算基于汉代中国核心省份，大致为 150 万平方英里。汉帝国政府对今福建、贵州缺乏真正的管理，对广东、广西、云南以及其他南方地区的很大部分的控制效力有限。但作为补偿，汉帝国拥有越南北部地区，并且一度管辖中亚地区。

[2] Edward Gibbon, *The History of the Decline and Fall of the Roman Empire*, 首次出版于 1776—1788 年。

[3] 由于这段时期的京城洛阳位于前汉京城长安的东部，所以很多人将该朝代称为"东汉"。但我更愿意将之称为"后汉"。

原因之一，正史《后汉书》和当时其他的主要文本使用"后汉"。原因之二，先秦时期东周比前朝西周衰弱很多；公元 4 世纪早期，当北方的晋朝统治被摧毁后，流亡政权逃至南方，史称东晋。在这两个例子中，东部的继承者均是西部的弱小版，但是后汉完全可以和前汉相匹敌。

[4] *The Restoration of the Han Dynasty, in Bulletin of the Museum of Far Eastern Antiquities* [*BMFEA*], Stockholm, volumes 26（1954），31（1959），48（1976），51（1979）.（其中第一卷由博士论文改编而成，主要分两大部分，第一部分是对后汉史料的梳理；第二部分切入正题，从王莽改革说起，共分七章，分别是王莽改制、早期叛乱、南阳起事、新市、平林、下江军、赤眉、王莽败亡、汉朝复兴。第四卷实际分成两本书，一是先于 1976 年出版的 *Lo-yang in Later Han Times*，二是被收入《剑桥文史丛刊》，出版于 1980 年的 *The Bureaucracy of Han Times*。——译者注）

[5] *Lo-yang in Later Han Times*, in *BMFEA* 48（1976）.

[6] *Chang'an 26 BCE: an Augustan age in China*, edited by Michael Nylan and Griet Vankeerberghen, Seattle 2015.

[7] 第十章第 494 页（页码为边码，下同）。

[8] 第三章第 148—149 页。

[9] Nylan, "Introduction", 18 引用 Vitelli, "Grain Storage and Urban Growth", 56, 以及 Horden, Purcell, *The Corrupting Sea*。

[10] 在此，我支持戴梅可（Nylan）在 *Chang'an 26 BCE* 第 17 页中的观点，

对施德尔（Walter Scheidel）在 *Rome and China* 的导言中所做的对比有多少益处表示怀疑。

[11] 薛仲三、欧阳颐《两千年中西历对照表》，长沙，1940。

[12] Rafe de Crespingy, *A Biographical Dictionary of Later Han to the Three Kingdoms (23-220AD)*, Leiden 2007.

汉代诸帝

第一部分：前汉

谥号	人名	即位时间	去世时间
高[1]	季/邦[2]	前202	前195
惠[3]	盈	前195	前188
[高祖吕后][4]		前188	前180
文	恒	前180	前157
景	启	前157	前141
武	彻	前141	前87
昭	弗陵	前87	前74
宣	病已	前74	前49
元	奭	前49	前33
成	骜	前33	前7
哀	欣	前7	前1
平	箕子/衎	前1	6
[王莽]		6/9[5]	23

第二部分：后汉

谥号	人名	生年	即位时间	去世时间
更始帝（年号）	玄	?	23 年 3 月 11 日	25 年 12 月
光武	秀	前 5	25 年 8 月 5 日	57 年 3 月 29 日
明	庄[6]	28	57 年 3 月 29 日	75 年 9 月 5 日
章	炟	57	75 年 9 月 5 日	88 年 4 月 9 日
和	肇	79	88 年 4 月 9 日	106 年 2 月 13 日
殇[7]	隆	105	106 年 2 月 13 日	106 年 9 月 21 日
安	祜	94	106 年 9 月 23 日	125 年 4 月 30 日
少[8]	懿	?	125 年 5 月 18 日	125 年 12 月 10 日
顺	保	115	125 年 12 月 16 日	144 年 9 月 20 日
冲	炳	143	144 年 9 月 20 日	145 年 2 月 15 日
质	缵	138	145 年 3 月 6 日	146 年 7 月 26 日
桓	志	132	146 年 8 月 1 日	168 年 1 月 25 日
灵	宏	156	168 年 2 月 17 日	189 年 5 月 13 日
少[9]	辩	176	189 年 5 月 15 日	190 年 3 月 26 日
献[10]	协	181	189 年 9 月 28 日	234 年 4 月 21 日

注释：

1. 汉代的第一位皇帝一般被称为"高祖"，结合了他的谥号"高"和庙号"太祖"，见例如 Dubs, *HFHD* I, 145。

2. 汉高祖名"季"，这是一家中比较小的儿子的通用名。为了避免臣民避讳的麻烦，他在即位后使用"邦"作为名字。见 Nienhauser, *GSR* II, 1-2 note 3。

3. 除了两位开国皇帝汉高祖和光武帝，汉代所有皇帝死后的谥号都带有前缀"孝"。习惯上称呼他们时不加这个前缀。

4. 按正规表述，吕后以两位傀儡皇帝的名义行使权力，即前少帝刘恭和后少帝刘弘，据说他们是惠帝庶出的儿子。

5. 王莽最初以"假皇帝"或"摄皇帝"的名义代婴儿刘婴（公元5—25年）执政。孺子婴在公元6年成为皇太子，但从未成为皇帝。公元9年，王莽废黜刘婴，宣布建立新朝。

6. 明帝最初名"阳"，公元43年成为太子后名为刘庄。

7. 刘隆在位不足一年。"殇"即指这样未成年而夭折的统治者，不是严格意义上的谥号。

8. 刘懿和刘辩在位均不及一年。"少"字的意思是指这样遭到废黜的统治者，不是严格意义上的谥号。

9. 公元189年9月28日，董卓废黜刘辩，立他的异母弟刘协为帝。

10. 公元220年11月25日，刘协禅位于曹丕。此后，他被称为山阳公，但在死后被谥为孝献皇帝。见第十章注释2。

后汉年表

23 年	刘秀率领前汉皇族宗亲起兵,在南阳郡昆阳击败王莽大军;刘秀族兄、**更始帝**刘玄在南阳郡宛城称帝;更始军占领长安后,王莽被杀。
25 年	**光武帝**刘秀称帝,定都洛阳。 赤眉军在长安监禁更始帝,随后杀掉更始帝。
26—29 年	在光武帝大军逼迫下,赤眉军投降,光武帝征服了华北平原和长江中游的各个军阀政权。 西部窦融与光武帝结盟。
29 年	在洛阳建太学。
30 年	在帝国内郡废除强制兵役。
30—34 年	在西部作战,消灭隗嚣军阀政权。
29—37 年	在北部作战,攻打卢芳。卢芳得到匈奴单于的支持。
35—36 年	在今四川作战,消灭称帝的公孙述;光武帝成为不可争辩的中兴的汉帝国君主。
37—45 年	在北方打败卢芳;匈奴在北方边塞持续侵袭,汉军处于守势。

40—43 年	交趾(今越南北部)征侧、征贰姐妹率众反叛,被马援平定。
46 年	匈奴单于去世。
50 年	匈奴王子比率部众叛出匈奴,向汉臣服,被立为南单于;在北方边塞移民实边。
56 年	光武帝在泰山封禅。
57 年	光武帝刘秀去世;其子刘庄继位,为**明帝**。
57—59 年	第一次讨伐烧当羌。
59 年	在洛阳创建三雍和五郊。
60 年	立贵人马氏为皇后,立皇子刘炟为皇太子。
62 年	贬黜窦穆及窦氏。
65 年	初置度辽将军,隔断南、北匈奴。下诏赞赏其兄楚王刘英"诵黄老之微言,尚浮屠之仁祠"。
66 年	为四姓小侯开立学校。
67 年	迫使其弟广陵王刘荆自杀。
69 年	西南的哀牢王率众归附。
70 年	楚王刘英因大逆不道被废黜,受牵连者极广。
71 年	明帝自制《五行家要说章句》。
73 年	伐北匈奴。
74 年	窦固降车师。初置西域都护。班超经丝绸之路南道出使西域。
75 年	北匈奴攻破西域都护。班超出使疏勒。明帝去世,**章帝**刘炟继位。
77—101 年	第二次讨伐烧当羌,先后与迷吾、迷唐作战。
78 年	立贵人窦氏为皇后。
79—80 年	会于白虎观,讲议"五经"同异。
82 年	废黜宋贵人,宋贵人自杀,废皇太子刘庆为清河王,立梁

	贵人之子刘肇为皇太子。
83 年	外戚梁氏被诛。窦太后收养皇太子刘肇。大败烧当羌首领迷吾。
87 年	鲜卑击破并斩杀北单于。杀烧当羌首领迷吾,其子迷唐展开报复。
88 年	章帝去世,其子刘肇继位,为**和帝**,窦太后临朝摄政。
89—91 年	窦宪北伐匈奴,大败北单于。
91 年	以班超为西域都护。
92 年	皇帝除灭窦氏宗族及其党羽;窦宪被杀,窦太后失势。
93 年	南单于屯屠何去世,师子继位;新降的北匈奴部众叛变;王子逢侯建立独立政权。
94 年	班超大破焉耆,完全控制了塔里木盆地。
97 年	班超遣甘英出使大秦(罗马),甘英到达波斯湾。
100 年	烧当羌首领迷唐病死;部分羌人迁徙至凉州。
102 年	废阴皇后,立贵人邓绥为皇后。班超返还洛阳,以任尚为西域都护。
105 年	和帝去世,其子刘隆继位;**邓皇后**被尊为皇太后,临朝摄政。
105 年	中常侍蔡伦改良造纸术。
106 年	殇帝刘隆去世,邓太后立**安帝**刘祜。
106 年	西域发生叛乱;在高句丽压力下,从东北撤军。
106—111 年	中国北方频发洪水,时有严重干旱。
107 年	发生试图推翻邓太后、刘祜的政变。下令放弃西域;凉州先零羌叛乱;邓骘率军平叛。
108 年	帝国攻势受挫;羌族首领滇零于北地自称"天子";梁慬击败羌族返回右扶风;邓骘任大将军,但没有行政权。

109 年	安帝加元服，但邓太后仍然掌握朝政。
	羌人占据陇西、金城郡的大部，占领长安，袭击华北平原。
	出售秩级较低的官职和爵位。
	南单于叛乱，很快被平息。
110 年	为守卫长安和右扶风，建永久屯戍；朝廷征集的士兵拒绝前进；有提议放弃凉州。
	邓氏兄弟辞去所有官职。
	校定"五经"。
111 年	西北诸郡官府内迁，实行焦土政策。
	任尚在洛阳以北击败羌族叛军；汉阳发生叛乱。
112 年	滇零去世。
113 年	朝廷在金城郡发动反攻。
	从长江流域运送粮食到中国北方，以缓解灾情。
114 年	再次占领金城郡；帝国军队进军安定；羌在河内、汉阳、汉中大胜汉军，但汉朝在陇西取得胜利。
115 年	汉朝军队与先零羌于灵州交战，汉军战败；以任尚为护羌中郎将，任尚舍甲胄，驰轻兵，追击先零羌。
	立贵人阎姬为皇后。宫人李氏生皇子刘保，阎姬因嫉妒而鸩杀李氏。
	为抵御东北鲜卑，设置辽东属国。
116 年	于灵州大胜先零羌，重新控制黄河东部疆域。
117 年	对反叛首领的背叛和暗杀；在北地富平上河大破狼莫，西河虔人种羌万一千口诣邓遵降。
118 年	第一次羌族叛乱结束；中郎将任尚有罪，弃市。
	叛变的匈奴王子逢侯来降。
119 年	在伊吾恢复屯戍。

120 年	北匈奴占据车师,肆虐伊吾。
121 年	邓太后去世,安帝正式掌权;贬黜邓氏子弟。
	鲜卑首领其至鞬首次进攻。
123 年	以班超之子班勇为西域长史,逐渐建立对西域有限的领导权。
124 年	废皇太子刘保为济阴王。
125 年	安帝去世,阎皇后被尊为皇太后,临朝掌权,立襁褓中的刘懿为帝。
125 年	刘懿死后,中黄门孙程等宦官发动政变,将前皇太子刘保推上皇位,为**顺帝**。
126 年	在北方重新部署军队,应对接连不断的鲜卑叛乱。
127 年	虞诩、左雄、黄琼在尚书台发起儒学改革。
	从西域召回班勇,汉在西域的影响衰退。
129—139 年	重新在凉州安置百姓。
132 年	立梁妠为皇后。
	修缮太学。
133 年	孙程去世后,顺帝下诏让其养子继承爵位和封地,开宦官封地可由亲属继承的先例。
	张衡地动仪首次记录地震。
	鲜卑王其至鞬去世;北方的侵袭有所缓和。
135 年	梁皇后父亲梁商被任命为大将军。
140 年	匈奴发生叛乱;单于休利去世。
	羌族再次发生叛乱。
	击败自立的单于车纽,南匈奴失去统帅。
	[大约在那时,《太平经》被献给朝廷,见第六章。]
141 年	马贤进攻叛羌,大败战死;西北各地发生叛乱,郡县长官

	撤回中原;羌族进攻直逼长安。
	梁商去世,其子梁冀继而担任大将军。
142 年	设置八使巡行风俗,报告州郡官员情况。
143 年	减少百官俸禄,强制借贷王侯封地租税。见第六章。
144 年	最终解决羌族、匈奴叛乱,但凉州、并州的大片地域没有得到有效管控。
144 年	顺帝去世,由幼子刘炳继承皇位,**梁太后**临朝。
	马勉自称黄帝,在九江起义,不久被平定。
145 年	冲帝刘炳去世;梁太后及其兄长梁冀立刘缵为帝。
	华孟自称黑帝,在九江起义,不久被平定;之后几年,类似宗教色彩的叛乱不断出现。
146 年	质帝刘缵去世,梁太后及其兄长梁冀立刘志为帝,为**桓帝**。
147 年	立梁女莹为皇后。
	清河刘文反,杀国相射暠,欲立清河王刘蒜为天子;前太尉李固、杜乔下狱死。
148 年	桓帝加元服。
150 年	梁太后去世;梁冀继续把持朝政;持续扩大皇帝后宫。
153—155 年	华北平原发生蝗灾、洪灾;向私人储存的谷物收取赋税。
154—160 年	帝国东部泰山郡及其周边出现盗贼反叛。
150 年代中期	张奂平定帝国北部叛乱。
150 年代末	长江中游以南发生骚乱。
159 年	桓帝在宦官帮助下除掉梁冀,掌握朝廷;邓猛女被立为皇后;五位宦官被封侯,称为"五侯"。
	太尉黄琼征辟各地名士做官,很多人推辞。
159—166 年	张奂、皇甫一定程度上保证了北方的安定。
160 年	李云、杜众被处死;"五侯"之一的单超去世。

161 年	减少百官俸禄。卖官职和爵位。
163 年	太尉杨秉、司空周景上言,批评宦官子弟"特拜不试",遍布州郡为官,之后有五十多人被处死或免官。
164 年	宦官徐璜、唐衡去世。
165 年	初令郡国有田者亩敛税钱。
	杨秉弹劾中常侍侯览之弟侯参"贪残元恶";侯参自杀,侯览被免官。
	具瑗、左悺,桓帝对抗梁冀的最后两位旧日盟友,失去了桓帝的宠信。
166 年	刘瓆、南阳太守成瑨因反对宦官,入狱而亡,太尉陈蕃被免。
167 年	段颎发兵对抗凉州羌人。
168 年	窦太后及其父亲窦武将刘宏推上皇位,为**灵帝**。
	段颎将羌人从鄂尔多斯草原向南驱赶。
	以曹节为首的宦官力量推翻窦氏集团,控制朝政。
	鲜卑首领檀石槐在北方草原建立宗主权;鲜卑部族频繁进攻后汉北部边塞。
169 年	段颎对羌人的最后一战,大破先零羌于塞外射虎谷,斩其渠帅以下万九千级。
	第二次党锢之祸。
170 年	段颎凯旋京城。
171 年	灵帝加元服,立贵人宋氏为皇后。
	首次出现大面积疫情,之后连年大疫;基于信仰治疗的各种教派层出不穷。
172 年	清洗太学。
173 年?	灵帝嫔妃何氏生皇子刘辩。

172—174 年	许生于会稽郡起兵叛乱。
175 年	诏诸儒正"五经"文字,刻石立于太学门外。
176 年	对党人的门生、故吏、父兄、子弟在位者,皆免官禁锢。
177 年	伐鲜卑失败。
178 年	宋皇后被废,去世。
	设置鸿都门学,成为入仕途径。
	灵帝卖官。
179 年	诸党人禁锢小功以下皆除之。
	使匈奴中郎将张脩斩杀单于呼徵,更立右贤王羌渠为单于。
180 年	立何贵人为皇后。
181 年	刘协出生,即未来的献帝;何皇后毒杀其母王美人。
大约 182 年	檀石槐去世,鲜卑部族联盟衰弱瓦解。
184 年	张角率领黄巾军反叛,劫掠华北平原和南阳郡。
	大赦天下党人。
	巴郡"妖巫"张脩叛乱,很快被平定。
	对黄巾军作战,取得最终胜利。
	在西北地区凉州,出现兵变和叛乱。
185 年	皇宫火灾,征税以重建宫殿;灵帝在西园建万金堂;卖官行为愈演愈烈。
	凉州叛军迫近长安,但被逼退。
	黑山贼起于太行山。
187 年	耿鄙征讨凉州叛乱失败。
	乌桓在北方发动兵变、叛乱。
	卖关内侯。
188 年	白波贼起于西河郡。
	在一些州设州牧,取代秩级较低的刺史。

南单于羌渠被叛军诛杀；匈奴国瓦解。

初置西园八校尉。

凉州叛军寇右扶风。

189 年　皇甫嵩击退凉州叛军；叛军分裂，但后汉丢失西北。

刘虞平定东北乌桓叛乱。

灵帝去世；刘辩被推上皇位，为**少帝**，何太后与兄长何进摄政；何进被宦官刺杀，何进军队进攻皇宫；宦官带着刘辩、刘协逃离京城；宦官被杀，刘辩、刘协被带回京城。

董卓控制朝廷，废少帝刘辩，立刘协为帝，即**献帝**。

190 年　袁绍等效忠汉室的人结盟，于关东起兵讨伐董卓。

洛阳遭到劫掠，并被遗弃，献帝与群臣离开洛阳去长安。

191 年　孙坚从董卓、吕布手中夺取洛阳，随后撤走。

192 年　吕布、王允在长安刺杀董卓；董卓之前的部曲将李傕、郭汜攻陷长安。

195 年　献帝逃离长安。

196 年　献帝短暂地回到洛阳，但随后跟随军阀曹操至颍川郡许都，实际遭到囚禁。

200 年　曹操在官渡之战击败袁绍。

205 年　曹操控制华北平原。

207 年　曹操在北方击败乌桓联盟。

208 年　曹操任丞相。

曹操取得荆州，但被孙权、刘备军队于长江赤壁击败。

211 年　曹操于华阴击败西北军阀。

213 年　曹操被封为魏公。

214 年　刘备击败刘璋，占据益州。

215 年　曹操的一个女儿被立为献帝皇后。

	曹操迫使占据汉中的张鲁投降。
216 年	曹操被封为魏王。
219 年	曹操将领夏侯渊在定军山战役中被刘备击败,曹操失去汉中。
	刘备将领关羽在荆州发动进攻,但被击退,随后被孙权大将吕蒙击败;孙权得荆州。
220 年	曹操死于洛阳。
	12 月 11 日曹操之子曹丕迫使汉献帝禅位,自称魏国皇帝。
234 年	后汉最后一位皇帝、山阳公刘协去世,谥号为献帝。

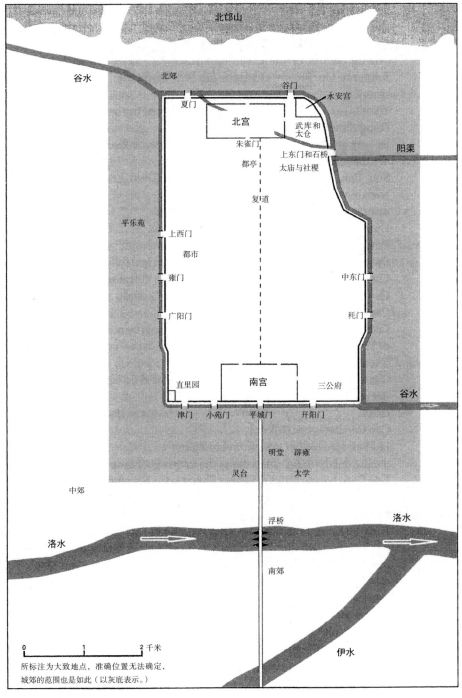

地图 1　后汉时期的洛阳城

第一章　帝国首都[*]

洛阳及其周边

在今河南省洛阳市以东数千米处，有一条主路通往省会郑州市，公路穿越了开阔的田野和零星的树丛。以北不远处就是陇海铁路，公路和铁路穿过一座座脊状的土堆。这里就是古洛阳城，这些脊状的土堆就是城墙遗迹。与后汉同时期的西方罗马帝国至今仍保存着砖和大理石的遗迹，但是在人口、财富、疆域上与罗马媲美的后汉首都，由于建筑材料基本为木材、瓦片和夯土，在岁月与风雨的磨砺侵蚀下，遗迹却已经所剩无几。

洛阳坐落在洛水北部、伊水汇入处的开阔土地上，[1]有人类居住的历史非常久远，《尚书》记载了周朝是如何在此兴建两座城市的。其中一座是王城洛邑，位于今洛阳市；另一座是下都成周，与汉朝洛阳城位置相同。[2]公元前8世纪，周朝迁都洛邑，随后迁都成周。[3]最终在

---

[*]　在讨论后汉首都地区时，很自然，我非常依赖 Bielenstein, *Lo-yang* 和 Knechtges, *Wen xuan* I 中有价值的注解，康达维（Knechtges）翻译了班固的《两都赋》和张衡的《二京赋》。

公元前 2 世纪中期,衰弱的周朝被崛起的秦朝所灭,而成周,即此时的洛阳,成为秦朝的一个郡治。[4]

公元前 202 年,汉高祖曾经一度计划定都洛阳,但之后经劝说西迁至秦朝旧都长安。[5] 不过洛阳的地位仍然非常重要,为司隶校尉部河南尹郡治。根据《汉书·地理志》记载的公元 2 世纪前后数据,当时洛阳有 52839 户,长安有 80800 户,虽然成都(在今四川省)和茂陵(在长安附近,为汉武帝茂陵所置陵县)户数更多,但洛阳仍是帝国十大城市之一。[6]

一直以来,洛阳人口众多、兴旺繁华,尽管周朝令人仰慕,但是距离洛阳上一次成为大国都城已经过去了几个世纪。公元 9 年,"篡位者"外戚王莽把持朝廷,在长安称帝,代汉建新,并于公元 14 年宣布将迁都洛阳。这个打算和他计划大规模巡游有一定关系,虽然迁都计划被推迟,但是王莽当时确实派遣了一些高级官员赴洛阳主持修建郊、庙。王莽处心积虑地利用各种象征和吉凶征兆来证明自己行为的合理性,并指导政策措施。他继承汉朝火德统治,正式确立土德,并将洛阳作为"土之中"。[7] 而迁都更加现实的意义是,虽然洛阳没有长安所处关中之地那样易守难攻,但其地理位置更靠近中心,是通向帝国东部州郡的战略要地。尽管王莽并未实施迁都,但他的兴建工程很有可能不仅包括礼制建筑,还包括洛阳城北宫、南宫两大建筑群的宫殿、城墙等。

公元 23 年,叛军斩王莽于长安。这支叛军由南阳郡一支汉室宗族领导,得到了东部平原流民军的支持。刘玄,即更始帝,恢复汉室。[8] 刘玄和他的先祖汉高祖一样,也想定都洛阳,他命令族弟刘秀修缮宫府。但公元 24 年初,刘玄迁都长安。当时内战摧毁了长安最重要的未央宫,但其他宫室完好无损。[9]

刘秀被派遣赴华北平原镇慰州郡,一年后反叛更始政权。公元 25

年8月5日，刘秀夺取皇位，几个月后（11月5日），赤眉军攻陷长安，刘玄被俘，随后洛阳驻屯军队投降刘秀。11月27日，刘秀进入洛阳，并宣布定都于此。由于刘秀在离开洛阳赴华北的两年中基本不可能在洛阳建造宫室，故推测新登基的光武帝居住在为王莽兴建的宫殿中。[10]

在此之后，内战又持续了十年，直到公元36年冬天，光武帝的军队在成都打败并诛灭在蜀地称帝的公孙述，内战才结束。公元27年，光武帝打败赤眉军，但在公元25—26年赤眉军占据长安期间，这座前汉首都被抢掠一空、焚烧殆尽，几乎无法居住。[11]事实证明，对刘玄和王莽来说，长安这座城市就是一个陷阱，而洛阳才是更能掌控整个帝国的首都。与此同时，由于王莽的傲慢和缺乏外交手段，匈奴单于舆已经转为汉朝的敌人，以支持冒充汉武帝曾孙的卢芳为名义，正在袭击后汉北部、西北部。单于舆经鄂尔多斯侵入内地，威胁到长安，到了公元30年代末，后汉急需建立一条起于渭河、北到西河郡、沿着山峦跨越黄河、直至河东郡北部的防线。没有一个新政权会将自己的首都设置于如此险境。[12]

四面围墙的洛阳城大体上是一个矩形，南北将近4千米，东西2.5千米，周长为12.5千米，面积超过10平方千米，远远小于34平方千米、拥有四处大型宫殿群的长安城，[13]也小于将近14平方千米的罗马城。[14]

谷水干流从西北方向沿着洛阳北部和东部的城墙流过，并在东北角形成天然的弧形。为了保卫西部和南部的城墙，当时很可能开凿沟渠引入谷水，形成护城河，并在洛阳城东南角汇入谷水干流。谷水蜿蜒东流，在汇入洛水（洛水位于洛阳城以南）前，经过一片相对平坦的土地，穿过一片开阔的水域和一个浅浅的湖泊，即鸿池（面积约4平方千米）。[15]在此区域内，无论洛水还是谷水的水位都不够深，不能承载货物，于是在公元29年下令建造一条用于运输的沟渠，从地势略高的地方将水引到洛水下游与谷水交汇处。首次尝试并没有成功，由于水平面不匹配，水无法流通。公元48年，阳渠建成，将首都洛阳和洛水可通航的水域相连接，并最终汇入黄河。[16]

在阳渠与洛水交汇处下游25千米处，黄河与汴渠交汇。[17]黄河干流在平原蜿蜒700千米，于山东半岛北部入海。汴渠是鸿渠水系的起点，鸿渠沟通东南水路，最远到达淮水，为生产和纳贡提供运输。[18]

毕汉思在其著作中描述了在年幼的汉平帝短暂统治期间（1—5），黄河与汴渠交汇处的堤坝发生了灾难性的决堤，造成黄河大面积改道，给大片南部平原带来严重洪涝；随之而来的人口凋敝和经济衰败是导致二十年后王莽败落的骚乱、起义的重要因素。[19]直到汉明帝时期，河堤才被完全修复：公元69年夏天，官员奉命重修黄河与汴渠的堤坝，公元70年5月8日汉明帝下发诏书庆祝工程完工，并安置百姓重新定居。[20]这标志着官方的重建工作已经结束，但我们可以推测一些地方的控水工程早已得到重建，即使周遭洪水泛滥，汴渠的河道及其附近支流济河仍然可以用于水运。

故鸿渠水系从东南运送货物，而黄河及其支流则从北方运送货物。水运路线交汇在荥阳县，这里建有敖仓，在货物逆流而上送达洛阳前可在这里转运储存。[21]最后，货物到达阳渠的终点，即洛阳上东门外，由马车和搬运工人运送到城内。太仓和武库受中央政权直接管辖，位于东城墙内。[22]据推测，很可能因为交通运输拥堵，所以随后在谷水渠上建造了一座石桥。石桥上立有石碑，记述了阳渠是如何连接黄河、沟通东南水道的。[23]

水运是比较适宜的运输方式，驳船比牛车、马车运输范围更远，穿过广阔的平原，将粮食、贡品与财宝运送到首都洛阳。洛阳也是陆路运输网络的中心，很多道路是秦朝和前汉修建的驰道，为了帝国邮政服务，道路上通常设有驿站。[24]向西通往长安的主路沿着谷水的

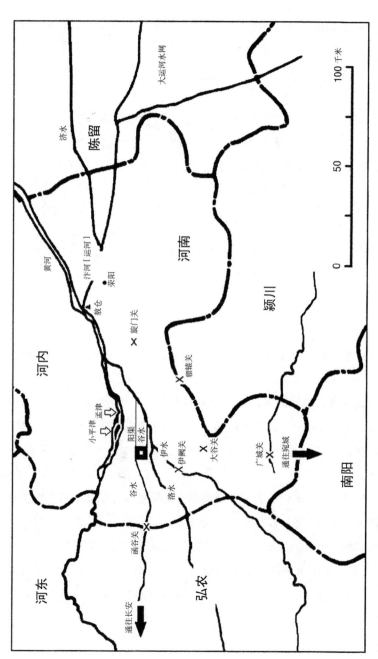

地图 2　通向洛阳的水路交通

图 2　官邮驿使。甘肃省嘉峪关汉墓出土的公元 3 世纪画像砖。
来源:《汉唐壁画》,北京:外文出版社,1974 年,第 45 页。

山谷修建,40 千米后到达函谷关,之后穿过渑池边的崤山分水岭,在三门峡与黄河相交。这条古老的道路与今铁路路线相似,从这里开始沿着黄河、渭河的南岸抵达前朝首都长安。[25] 这段路程共计 350 千米。从长安向西,陇道穿越司隶和凉州边界的陇山,在今兰州市跨过黄河,往西北穿过甘肃河西走廊,成为丝绸之路通往中亚的一部分。[26]

从三门峡以北,有另一条道路越过黄河抵达河东郡,进而通往汾水和汉代并州(鄂尔多斯地区)。前汉在此处和其他关隘都设置有屯,从东部和南部保护长安,但迁都洛阳后,这些关隘的重要性降低。公元 33 年,光武帝废除了这些防御点,但在 10 年后恢复了函谷关都尉。毫无疑问,正如毕汉思所认为,这是为了警戒敌人从西部、北部入侵。[27]

据《后汉书·灵帝纪》记载，公元184年为抵御洛阳以东华北平原以及洛阳以南南阳郡的黄巾军，后汉设置八关都尉。唐李贤注逐一指出了这八关，尽管除了函谷关外，其他七个关隘没有更早的记载，但是公元184年的设置很可能意味着之前曾有部署。[28] 无论如何，这八个关隘都是通向帝国首都道路上的重要关节，这些关隘也指示出通往帝国其他区域的重要道路。

洛阳以北的北邙山是崤山支脉，在洛水流域和黄河流域间形成分水岭，约40千米。北邙山最高点海拔200米，这并不是主要的屏障，黄河才是天险。黄河在小平津有渡口，小平津以东是孟津渡口。两条路线都通往河内郡的太行山南部，然后北上并州太原，或者向东北进入冀州和黄河北部平原。

与西达长安的路线相同，洛阳向东的干道也沿着现在的铁路线，经过成皋县旋门关（即今河南省氾水附近），然后经过兖州陈留郡荥阳县。再往东南，另一条道路穿过熊耳山镮辕关，经今河南省登封市的中岳嵩山，通向繁华富足的颍川郡和汝南郡。[29]

洛阳西南方向40千米处（即今河南省伊川以北）为伊阙关，扼守着伊水两岸交通。洛阳向南的干道首先在洛水与伊水交汇处的上游通过浮桥越过洛水，然后经过熊耳山山脊处的大谷关，接着经过汝水上游的广城关（今临汝以西）。在距离洛阳60千米处，有一座大型皇家猎苑，关隘把守着汝水沿岸东西向的交通，同时保卫着南到荆州南阳郡的道路。[30] 光武帝出身南阳郡，效忠汉室、推翻王莽的叛军也起兵于此。南阳郡郡治为宛城，距洛阳以南200千米，后汉时期宛城面积扩大、地位上升，被称为"南都"。[31]

通过以上这些陆路和水路交通，洛阳更加靠近帝国的经济中心，更加靠近新朝皇族的故乡，更加远离边疆入侵威胁，所以它比长安更加适合成为后汉首都。

光武帝及其新都

当刘秀于公元 25 年定都洛阳时，居住在南宫，其中一些建筑的年代可以追溯到那个时期。刘秀在却非殿举行了首次正式朝会，并在云台会见群臣；公元 28 年，光武帝在云台举行新年朝贺，并召集公卿、大夫、博士讨论在太学中立经学博士问题。[32] 同年稍晚，光武帝在宣德殿接见马援，当时马援作为西北军阀隗嚣的使者来洛阳，之后成为后汉大将。15 年后，即公元 44 年，马援击败举兵反叛的交趾女子征侧、征贰还朝，将缴获的骆越铜鼓铸为铜马敬献光武帝，马身按照名马形貌铸造，铜马像被放置在宣德殿下。[33]

公元 38 年正月，就在刚刚取得对公孙述的最终胜利后，南宫前殿竣工。南宫前殿为开放式的结构，建造在高台之上，殿前为广阔的广场，经由层层阶梯通向前殿。当皇帝正襟危坐于殿上时，户牖之间还设有绣着斧形的屏风，以遮挡穿堂而过的风。[34]

这些用于朝政与起居的建筑固然重要，但是为了确立光武帝对新政权的统治，还需要能够俘获众心的威望。公元 25 年冬天，光武帝刚进入洛阳便下令在洛阳建社稷和南郊，并利用一处已有的建筑作为高祖庙。

南郊位于洛阳城向南的主干道上，距城墙 3 千米，从城内到此需要经过洛水上的浮桥。[35] 社稷最初可能也建在这里，随后于公元 46 年迁到城内上东门处，靠近武库、太仓。[36] 之后，大概由光武帝之子汉明帝在社稷附近重新建造了固定的高祖庙，并为自己的父亲修建了世祖庙。[37]

在整个后汉时期，长安一直保存着高祖庙，洛阳的高祖庙就是仿照长安高祖庙修建。公元 26 年正月，光武帝大将邓禹从赤眉军手中夺取长安，收前汉十一位皇帝的神主送至洛阳。经过讨论，高祖、文帝、武帝、宣帝、元帝的神主被存放在洛阳太庙；其他皇帝的神主被送回长安,其中一些还被集中安放,在日常祭祀中偶尔得到关注。[38]

社稷、南郊和高祖庙于公元26年正月完工使用,[39] 光武帝借此宣布后汉为火德,尚红色。

当时——以及在之后,人们对前汉属于五行中哪一种的问题一直争论不休。公元前104年,汉武帝称秦朝属水德,土克水,所以改正朔为土德,崇尚黄色。[40] 然而在公元前1世纪末,王莽采用学者刘向的观点,宣布汉朝应为火德,他建立的新朝则为土德,土由火生并取代了火。[41] 尽管光武帝不承认王莽的短暂统治,认为王莽新朝是篡汉乱政,但是他赞同王莽的五行相生说,通过接受火德表明自己对前汉的继承延续。光武帝这样做也许是错误的,但是他的继任者们继承了这种观点,火德以及红色一直是后汉的当运之德及所尚之色。[42]

社稷、南郊和宗庙对帝国的信仰来说非常重要,在此之后,公元29年冬天恢复太学象征着新统治者对儒学的关心和重视。早在公元26年,光武帝便设立《春秋》博士和《书经》(《尚书》)博士。公元28年(在太学正式设立近两年前),光武帝在云台召集会议,讨论应该承认和教授哪种经学。[43]

在几乎同一时期,光武帝下令要将长安皇家图书馆中的图书档案全部运送到新都洛阳。[44] 后汉太学包括讲堂和宿舍,位于洛阳城南部郊区,距城墙1千米。但是太学最重要的收藏保存在宫城内。南宫内建有东观和兰台。东观是收藏图书、著书撰史、校对编修的场所;兰台则储存政府文书档案和儒家经典的最重要版本。北宫宣明殿保存有更多的材料,配有编撰校对的人员,而石室储存一些伪书以及预兆吉凶的图书。石室的位置不确定,但是它具有特殊的安全措施,在极少的情况下才能阅览其中的藏品。[45] 此外,尚书台下也设有一座图书馆,其中保存着档案文书和珍贵的图书,这些收藏由御史台长官御史中丞管理,其官署在兰台。[46]

随着刘秀称帝并宣布定都洛阳,这座城市从公元 1 世纪 20 年代中期开始大规模建设,之后的 30、40 年代相对平静。原因有以下几点:直到公元 36 年,光武帝才在整个帝国内取得胜利;40 年代早期,匈奴从北方边境入侵。匈奴军队长驱直入,汉军基本处于防御状态,但是随着野心勃勃的单于舆的死亡,匈奴政权开始了继位之争,斗争在王子比投奔汉朝时到达顶峰。王子比被称为南单于,他和其部下成为汉的藩属。到 50 年代初,来自北方的威胁已经大部分消失,大片领土得到恢复。[47]

由于长期内战,以及之后在边境长达 15 年的战争,光武帝对首都的建设仅限于满足基本的居住、行政和礼仪需求,这也在情理之中。每年年初,朝廷都会在南郊举行祭祀活动。内战结束后,南郊得到了扩建和加固。最终,南郊被建在八层的圆形高台上,周围是两层方形围墙,形成了内外两个场地。理论上,祭天之后是供奉祖庙等礼仪,但直到公元 50 年代末才建好了完备的礼制建筑。[48]

公元 56 年初,即称帝 30 年后,光武帝赴泰山封禅,这是对太平盛世、天下大治的最隆重宣告。[49] 随后大赦天下,更改年号,并西行至长安祭拜高祖庙。同年,又下令兴建北郊和三雍,即明堂、灵台、辟雍。[50]

北郊位于洛阳城以北,与南郊南北相对,但稍微向西偏离中轴线。北郊是四层方锥形建筑,建造速度很快,公元 57 年正月,即公历 3 月 2 日,光武帝便在北郊祭祀后土。光武帝有可能几天前在南郊举行了祭祀,[51] 而且有可能祭拜了高祖庙,但是直到 3 月 29 日光武帝逝世,三雍都没有建成。

礼仪与统治

按照中国传统方式计算,光武帝逝世时,年 62 岁。在他相当高寿的一生中,其事业非常成功,终其一生都是一位称职的皇帝。在光武帝逝世前几年,他的儿子,即继任者明帝刘庄,已经开始参与朝政。刘庄继位时30岁,可以说正值壮年。[52]

这位新的统治者继承了他父亲晚年的兴趣,同样热心于兴建礼制建筑。虽然光武帝生前参加了北郊的祭典,但是由于三雍的建设更加复杂,而且重要性相对较低,所以光武帝至死也没有见证三雍的落成。在公元59年春天,明帝在明堂祭祀光武帝,并在同一天首次登上灵台,观看候气。几周后,在辟雍举行大射礼,那时三雍均已建成。

三雍位于洛阳城外,城郊之内,紧邻通往南郊的向南主干道,以东不远处便是太学。

灵台是帝国主要的气象、天文观测点,由太史令主管。灵台所负责的大多是实践性的工作,包括计算历法、记录日食、月食和地表现象等。不仅如此,太史令还要对天体运行以及地理现象所代表的吉凶征兆和警告向朝廷提出建议。太史令这个职位责任重大,需要高超的数学技巧和实践技能。历史学家司马迁曾任前汉武帝的太史令,伟大的诗人和科学家张衡在公元2世纪早期也担任过太史令。[53]

灵台高近7米,四周有围墙,顶上覆有一台青铜制成的风标和一台跟踪太阳大致运行轨迹的日晷。[54]灵台中肯定还设有相关的管理机构,在洛阳城内东北角的永安宫中设置有第二观测点。除此之外,文献中还提到一种用于候气的建筑,候气具有超现实的性质。理论上,一年中每到一个节气,律管中相应部位的灰会自行飞出,但是对如何保证候气的准确性众说纷纭,候气这种现象并没有科学依据,很难相信其真实性。[55]

前汉的天象观测点设在长安城附近的上林苑清台。之后,大概由王莽改名为灵台,[56]而且明堂和辟雍是王莽在古代周礼基础上自己的创造。[57]这样,光武帝和其子明帝虽然延续了篡位者王莽的做法,但同时也听取了三公张纯、太常桓荣等学者和官员的建议。虽然政权更迭，但礼制按照今文经的规范延续下来。[58]

明堂为方殿圆顶，这种上圆下方的建筑形制分别象征天和地，四周环绕沟堑，有桥梁与外部相连。明堂分为九室，分别代表汉帝国九州疆土，其中每一室有四扇门象征四季，八扇窗象征八方之风。这座建筑对应着很多类似的具有象征性的神秘数字，天子能在里面感应宇宙的精神力量。应劭《汉官仪》记载，凡是皇帝郊祀祖先，先要去明堂（"先历明堂，乃至郊祀"）。[59] 除此之外，古代传统中还将明堂和天象观测、历法计算相联系，明堂丞是太史令的属官。[60]

与其他二雍一样，辟雍也由太常掌管，但并不由太史令直接负责。辟雍位于太学附近，创建之初便与太学息息相关，二者均属太常掌管。辟雍四面环墙，主体建筑为方形。据载，辟雍四面各开一门，方便那些无法直接参与仪式的人们隔水观礼，并且可能设有屏风以蔽风雨严寒。[61] 每年春、秋两季，在太学举行大射之礼，这是太学博士和太学生们的传统礼制。而太学的主要仪式是每年立冬举行的养老礼。在养老礼上，皇帝亲自向选出的三老馈赠饮食，并在仪式结束后参与讨论经典。[62]

根据《后汉书·礼仪志》，在南郊、北郊、明堂、高祖庙、世祖庙举行的祭祀合称"五供"，这是后汉礼制的特色。[63] 据说五供均在每年正月举行，比如后汉第一次举行五供祭祀，就在公元59年正月。但是我们不清楚此后五供举行的频率，以及具体在何种场合举行。根据马恩斯的观察，关于五供的记录比较混乱，往往互相矛盾。按照《后汉书·祭祀志》规定，五供均必须在一天举行，这就需要祭祀的队伍南北往返四次穿过洛阳城。这样做肯定不现实，应该是一种无法达到的理想状态，更有可能是每年正月先后举行五供，而且还可能会省略掉某些仪式。[64]

在三雍建成的同一年，即公元59年，《后汉书》首次记载在五郊举行迎时礼，五郊在城墙之外，距洛阳城距离不一。立春时，在东郊迎春；立夏时，在南郊迎夏；立秋时，在西郊迎秋；立冬时，在北郊迎冬。同时，在距离洛阳城西南2千米处建有中郊，用来在立秋前18天时祭祀黄帝和后土。在以上礼仪中，音乐和服装必须符合四季特点。[65]

另外，还有两种记载不甚详细的礼仪。其一是高禖。《后汉书·礼仪志》记载，每年农历二月仲春，皇帝在城南以太牢祭祀高禖。刘昭注释引用前汉《月令章句》，称皇帝带领皇后、妃嫔祭祀高禖，以祈求得子。据说前汉武帝将晚年生太子归功于禖的仁慈，所以首建高禖。尽管高禖可见于《后汉书·礼仪志》，但再未出现关于后汉皇室崇拜高禖的记载。祭祀高禖可能是当时流行的某种宗教信仰的中心，但尽管公元2世纪好几位皇帝子嗣艰难，也没有关于他们祭祀高禖或者有人建议祭祀高禖的记载。[66]

其二是春季藉田。《后汉书·礼仪志》记载，皇帝在合适的时间亲临首都东边的藉田耕种土地。祭拜神农后，皇帝和群臣象征性地用手推着犁犁地，然后由下级官吏和平民完成这项工作，祈求获得丰收。类似的礼仪在帝国各处可见。[67]

藉田的规模肯定相当大，它包括祭拜神农和供皇帝百官使用的建筑。史书中对后汉时期藉田的记载最早出现在《后汉书·明帝纪》，永平四年二月（61），明帝亲耕藉田，这应该是首创了藉田礼仪。但是之后关于洛阳藉田仅有公元70年明帝再次亲耕这一条记载。此外，根据《后汉书》皇帝纪记载，公元72年，明帝东巡狩，在下邳亲耕藉田；公元85年章帝东巡狩，在定陶亲耕藉田；公元86年，章帝北巡狩，在怀县亲耕藉田。有可能《后汉书》皇帝纪的材料并不完整，或者因为藉田是非常日常的活动，没有必要记载在史书中。但是公元70年的这条记载表明，皇帝并非经常参加藉田礼仪，可以由其他人代替。公元1世纪20年代末，天下大旱，士大夫黄琼上书，称顺帝继位以来不行藉田礼仪，劝顺帝亲耕藉田。据说年幼的顺帝听从了他的建议，但《后汉书·顺帝纪》没有记载顺帝藉田。考虑到农耕对中华文明的重要性，我们必须假定全国各地每年都会举行藉田礼仪，皇帝的出席固然令人激动，但仪式也能在皇帝缺席的情况下举行。[68]

明帝为了加强对朝政的统治，着力于建立健全礼制建筑。汉明帝重新建造了固定的高祖庙，取代之前的临时庙宇，[69]并在旁边为父亲光武帝修建世祖庙，以颂扬光武帝复兴汉室的功绩。公元60年，世祖庙建成，光武帝神主藏于此，之后明帝及其继任皇帝们的神主也安放于此。[70]

除了以上这些庙宇、五郊和精神感应场所外，明帝还大力兴建宫室、礼堂、官署。光武帝主要居住在南宫，虽然北宫至少从王莽时期便开始修建，但之后基本没有建设或修缮。由于中国传统建筑主要由木材和砖瓦构成，需要定期维护，这些宫室无疑已经破败不堪，当时出现了一些对明帝大兴宫室的批评。北宫兴建工程开始于公元60年，公元65年年底竣工。[71]

北宫和南宫在洛阳城南北两端，相距3千米。[72]两宫均为矩形，面积均为50公顷，远远小于前汉长安城的宫殿。长安城仅未央宫就逾4平方千米，即400多公顷。[73]北京故宫72公顷，梵蒂冈城大约44公顷，而与汉明帝同时期的罗马皇帝尼禄的金殿占地80公顷。

我们并不清楚北、南两个宫殿群是否在周朝便已存在，或者王莽为了建造新居而迁走官署和民宅，给后来两宫的建设腾出场地。公元41年，光武帝的第一位皇后郭圣通被废之后，便居住在北宫，据此可知当时北宫的部分宫室仍在使用。[74]明帝的宫室兴建规模颇为浩大，张衡在《东京赋》对此进行了罗列，包括崇德殿、德阳殿。德阳殿的主殿建在高台之上,以花纹石作坛,椽子被漆为红色,梁柱上套有红色丝绸。[75] 北宫位于洛阳城东北角谷水的天然河道附近,引水穿过,水道交通便利,北宫中分布着大量园林苑囿。其中最著名的园林是明帝修建的濯龙园。据记载明帝曾经召集众嫔妃在濯龙园游玩,但马皇后不愿加入。[76] 道道宫墙和宫门将北宫分隔为一座座宫室,其中南边的主门朱雀门十分巍峨,据说在 15 千米外也能望见。[77]

如果有人要进入宫室,或者因职守需要进出宫中官署、图书馆,必须通过一系列关卡检查点,并且作好登记,尤其是当通过端门进入正殿时。[78] 在北宫和南宫之间有复道相连,皇帝和百官可以利用这个空中走廊往来两宫。复道分为三条,皇帝走中间,百官走两侧,在每个入口及沿途布有警卫,中间设有供人休息的观。[79]

除了濯龙园,在宫城之外、都城之内还有两座园林,其中直里园位于洛阳城西南角,永安宫位于东北角。永安宫内有竹林、湖水和一座瞭望塔。这两座园林均为皇室所有,通过类似复道的建筑与主要的宫殿相连。[80]

无论是北宫还是南宫都没有设西门,毕汉思认为这是因为在两宫西侧宫墙外分布着民宅。[81] 最晚建于公元 1 世纪 20 年代的西园大概位于北宫之中,与后宫相连。[82] 这里是灵帝十分喜爱的园林,花费了大量钱财修建,而他在西园的游玩娱乐恶名昭著。[83]

公元 132 年,顺帝兴建西苑。西苑与西园名称相像,难免让人混淆。但是西苑位于洛阳城外,与宫城内的西园完全不同。[84]

东园与西园不同,并不是供皇帝享乐的园林,而是一个工坊,负责为皇帝、宗室及某些重臣制作下葬时的棺椁和墓葬器物(明器)。在葬礼中,东园匠负责整理皇帝遗容,并参与葬礼仪式。[85]

后汉有一套复杂的安保体系来保障都城和宫城的安全,避免由一个部门或组织掌握整个防卫大权。在11个城门门候之上设城门校尉,[86] 执金吾掌管洛阳的治安和武库。[87] 通往宫城的道路由卫尉掌管,[88] 而在宫城之内由光禄勋下辖的郎官负责皇帝安全。但很多郎官都是处于试用期的高级官吏,郎官是出仕的重要途径,这个职务的形式意义大于实际意义。[89] 禁中由宦官把守,其中黄门令掌握通向皇帝寝宫的道路,掖庭令掌管后宫。宫内宦官由少府统领,但是少府并非阉人,对宦官只有有限的直接控制权。实际上,宦官们有自己的等级体系,其首领是中常侍和小黄门,宦官很大程度上独立于常规的官僚体系,往往与皇帝关系亲密,也是皇帝的代理人。[90]

除了北军外,这些都城和宫城的防卫机构都没有受到很好的战备训练。北军是一支用来保卫都城的训练有素的常备军,如果需要也可以长途作战。北军共有五营,包括常规步兵、强弩以及三个骑兵营,每营校尉往往由外戚担任。如果一位重要的外戚担任大将军或其他高级军职,那么名义上他就掌握了北军的控制权。[91]

洛阳除了要承担首都的功能外,还是地区管理的中心,既是司隶州的首府,也是河南郡的郡治。[92] 司隶州还包括与河南郡相邻的河东郡、河内郡、弘农郡,以及前朝都城长安附近的京兆尹、右扶风、左冯翊。[93]

与司隶州不同,后汉普通州刺史的地位相对较低。[94] 司隶校尉的秩级接近九卿,对于除三公之外的百官和宗室拥有独立权力。[95]

后汉早期,河南尹秩中二千石,与九卿相同,但之后减为二千石,与帝国其他郡国太守相同。但河南尹的权力比郡国太守更大,类似于司隶校尉,只是低一个层级。他掌管包括侯国和其他贵族在内的河南郡全部行政权和司法权。除此之外,河南尹还职掌荥阳敖仓,负责向朝廷和百姓供应粮食等物资。

图 3　市。四川省广汉汉墓出土的石刻拓片。
来源：闻宥集撰《四川汉代画象选集》，群联出版社，1955 年，图 71。画面左上角刻有题记"东市门"，旁边的建筑应为门的一部分；显示出这个市是封闭的。根据第二处题记，画面右侧的鼓楼为"中楼"。中楼一层有两人，右边的人（只露出部分）坐在垫子上，可能是管理市的官吏。在门和楼之间，人们分三个摊位买卖，有两人似乎在广场上谈生意。

　　河南尹之下是洛阳令，直接掌管洛阳城及城郊地区。洛阳令官秩为一千石，并不比后汉其他大县县令高，但他掌有治安权，管辖一处监狱。[96] 正如毕汉思所论述，洛阳令要处理与皇亲国戚、高官显贵之间错综复杂的关系，所以需要具备外交手腕。很多洛阳令以严格执法、不畏权贵而著称。洛阳令会在集市中公开行刑并陈尸示众，城内外设置的三十六亭相当于警察局。[97] 公元 2 世纪后期的一件史料记载，后来的军阀曹操在二十出头时，担任过洛阳令辖下的洛阳北部尉一职。曹操在官署外放置五色棒，任何违法者都会被棒杀，之后有位小黄门的叔父因违反宵禁被杀，曹操因此被调离。虽然这个故事可能有夸张色彩，但是洛阳令确实能够下令惩处犯过者。[98]

除了洛阳令下辖的一座监狱外，廷尉也掌管着一座监狱。毕汉思认为二者没有明显区别，根据需要视监狱空间情况将罪犯投入某一个监狱。[99] 在更低的级别，也可以在数量众多的亭里短暂关押罪犯，主要集市、皇家园林等机构的长官也承担着类似的职能。除此之外，将作大匠手下有一批刑徒组成的劳动力，这些刑徒关押在校令管辖的校署内。这些校署的具体位置不明，但是面积广阔，与树木相隔。[100]

洛阳城内有20条大街和一些小路，它们以网格形式分布在城中，有些大街连接着城门。城门和大街的中间都有供皇家使用的车道，而且很多路口禁止横穿。[101] 南北贯通的大街围出了一个个街区，纵横交错的路形成了一个个里，每个里的四周围着高墙，里与里之间有巷道相连。为了安全和方便管理，里门会在晚上关闭。[102]

城内有两个供日常交易的官方集市，一个是城西的都市，一个是城外的南市，此外在上东门阳渠的终点附近还有一个马市。[103] 集市市长受河南尹管辖，负责维持粮食供应、维护集市秩序以及按季节监管物价。市长下辖大批属下，包括水渠、河流中为都城运送物资的船夫。[104]

根据对前汉首都长安城的发掘，当时长安城的集市基本上为方形，四周有围墙，与主路相连，仅在白天开放。戴梅可根据张继海的观点，认为商人们住在集市中的店铺楼上，这说明当时已经出现长期居住权和许可制度。[105] 与此同时，在城内和城郊还有很多的路边小摊，以满足当地居民的需求——都市和南市即便再大也无法满足几十万人的需求。[106]

除了各部官署和朝廷机构，城内更加普遍的是私人住宅，包括高官宠臣、皇亲国戚的宅院。其中有些得到特殊允许，能直接在大街上开通一道门，这样不用穿过里就能抵达大街。[107] 尽管知道宫殿附近肯定是好地段，集市和圈养、屠宰牲畜的地点附近自然不宜居，但是并不清楚城内哪个地区被认为是家宅的最佳选址。有些宅第占据了一整个街区，其中建有庭院和私家花园。而除集市之外，向公众开放的最大的场所就是都亭前的广场。这个广场大概在北宫正门朱雀门附近，有时被当作阅兵场，有时被当作危急时刻的集合点。[108]

每个亭管辖着若干里，至少在理论上里中各户被分为几组，通过首领和集体责任体系组织起来。亭中人员可能负责消防和治安工作，类似罗马帝国奥古斯都建立的消防军。在这个主要由木材建造的城市中，火灾永远是一个威胁。据记载，在洛阳城内和宫城内发生过若干次严重火灾，另外一些较小的火灾可能未被记载。洛阳也遭遇过地震，除了地震带来的直接灾害外，还出现了火盆、油灯、火炉倾倒而引发的大面积火灾，这与日本的情况类似。[109]

除了城内都亭前的阅兵场之外，在上西门外城郊的平乐观还有另一处阅兵场。公元 62 年，明帝修建平乐观，最初用来陈列他从长安带回的飞廉和铜马雕塑。[110] 此外，平乐观中还有一处供公共典礼和军队集结的开阔场地。公元 107 年，邓太后的兄弟、将军邓骘发兵攻打叛乱的羌人，安帝与邓太后在这里为他饯行。公元 185 年，张温出征西凉平叛，再次于平乐观举行类似的饯行仪式。公元 188 年，灵帝在平乐观举行了盛大的阅兵仪式。[111] 这些是史料中仅存的几条记录，但我们可以据此推测，平乐观在其他事件中也举行过类似仪式，包括对凯旋将领的迎接仪式，例如公元 92 年窦宪大败北匈奴、公元 170 年段颎大败东羌。[112]

城市、郊区及居民

虽然很难判断后汉时期洛阳的人口数量以及增长速度，但是从对朝廷行政管理的需求和城市生活的吸引力来看，在公元 1 世纪中期明帝统治时，洛阳的人口规模已经相当大，洛阳城无疑已经成为世界上最大的人口聚居地之一，与古罗马相匹敌，甚至有可能规模更大。

对比古代洛阳城和罗马城，有助于我们估计洛阳城的人口数量和分布情况。从保存完好的庞贝古城、奥斯提亚古城遗迹可以看出，庞贝古城人口达 1.1 万，人口密度达每平方千米 16615 人，奥斯提亚古城人口达 2.2 万，人口密度达每平方千米 31700 人。[113] 二者人口密度有如此大的差异，大概是因为庞贝古城中绝大多数建筑不超过两层，而奥斯提亚古城（也包括罗马城）中有五层甚至六层的公寓式建筑，能为大量居民提供住所。四周环绕着公元 3 世纪末修建的奥勒良城墙的罗马城，人口大约为 45 万。[114] 由于传统中国建筑多为一层或两层，所以洛阳城内的人口密度应该接近庞贝古城。而洛阳城的面积超过 10 平方千米，除去庞大的南宫、北宫、集市、仓库、阅兵场和武库，推算人口大约为 15 万。其余人口居住在城外的郊区。[115]

也可以从另一个角度解答洛阳人口数量问题，史料中有两组数据可供参考。从《汉书·地理志》中可见前汉末年全国前十大城市的居民数量。但官方登记数据和用于收税的数据并不完全一致。根据《汉书·地理志》，洛阳城共有 52839 户，是人口第四大的城市。[116] 京兆尹下辖 12 个县，共有 195702 户、682468 人，其中长安城共 80800 户，占京兆尹总户数五分之二，按比例计算即 25 万人口。[117]

《后汉书·郡国志》记载了公元 1 世纪 40 年代早期的人口情况，虽然没有洛阳城及附近县的具体人口数量，但是记载河南郡下辖 21 个县，共 208486 户、1010827 人，全国人口为 4900 万。[118] 考虑到河南郡下辖的县相当于京兆尹的两倍，以及郡人口要多得多，所以洛阳城登记在册的人口数量应类似前汉的长安城，即大约 25 万。

与此同时，后汉都城中还有大量的外来人口。包括各级官吏及其家眷仆从，还有很多流动人口，比如士兵、卫戍、太学生、来首都谋生的人等。洛阳城及其城郊的人口应该不会多到 50 万，可能会有 40 万人。[119]

根据公元 3 世纪末陆机《洛阳记》记载，洛阳南北大约 5.5 千米，东西大约 4.5 千米，约 25 平方千米。[120] 根据前文对庞贝古城的计算，这么大面积的地区可以承载约 40 万人口生活。洛阳城墙南北 4 千米，东西 2.5 千米，所以城郊大约向外扩展 0.75—1 千米。南部郊区大概会延伸到更远的地方，囊括了太学和三雍。[121]

汉代时期中国的气候与现在非常相近。[122] 洛阳地区年降雨量不到 600 毫米，与现在相当。洛阳处在华北季风区，降雨集中的夏季和初秋非常潮湿，在其他季节则干燥多尘。史料记载，后汉时多次发生旱情，随之举行求雨仪式。据记载，当时在城内和主路两旁种植着很多槐树、柏树和竹子，当然在皇家园林、私家花园、庙宇周边以及官府中也有种植。除非出现大火造成滚滚浓烟，洛阳城给人的印象总体是舒适宜人、绿意盎然。[123]

虽然在城郊也有某种里的体系，但城内的组织机构在城郊推行得如何，我们也只能推测。[124] 另一方面，根据记载，洛水造成的洪水有时最远影响到城墙处，似乎无论是城郊还是其中的里都没有可以抵御洪水的坚固工程。我们可以假定城内的管控更加完善，而城郊则相对随意。

城内的水源来自护城河，护城河的水引自谷水，但需要由人力，很可能是刑徒或奴隶，利用龙骨水车将护城河里的水汲入城中。[125] 由于地势西北高东南低，所以从北边的护城河或者直接在谷水未至洛阳城的河段中取水。有可能先将水引入蓄水池，然后分别引至南北大街沿岸的水渠、水沟、泉水中。这些水道被用来排水，虽然有风险，但有时也用于饮食。[126] 虽然南宫在南北水道的最末端，但皇宫和权贵宅邸有专门的汲水办法，洛阳城的地下水位线相对较高，所以很容易打井，但是地下水可能会受到污水池的污染。

虽然基本能保证水的供应，但事实上人畜排泄物的处理是个大问题。

由于只有皇亲国戚和富豪才能够负担得起修建冲水厕所甚至干坑式厕所的场地和工程，所以可以假定当时人们普遍使用马桶和公共厕所，就像古罗马帝国和中东一样。[127] 人们收集粪便作为肥料，并习惯于用水煮饭煮茶，使人群聚集、河水污染带来的问题更加严重。在后汉两百年间，多次出现大范围的流行病，但史料中只在公元125年和151年两次特别提及洛阳城出现瘟疫。[128]

如此规模的洛阳城每天产生大量废水，但洛阳和地中海世界的罗马等城市不同，它是内陆城市，无法将废水排入大海中。戴梅可引用徐卫民、柴怡的观点，认为长安城的排水排污和净水供应是通过不同的管道，废水经由管道排入护城河，在城外设有蓄水池来收集废水。[129] 我们可以假定洛阳城等其他汉代大城市中也有这样的设施，但是下游河水污染的问题仍然存在。虽然洛水水流湍急不易被污染，但作为护城河的谷水和引自谷水的阳渠则肯定有污染问题，尤其是在干旱少雨的时候。鸿池距洛阳城8000米，张衡在《东京赋》中称赞鸿池中动植物丰富。而由于谷水水流缓慢，有人怀疑河中会沉积一些有害物质。[130]

《古诗十九首》中的第三首《青青陵上柏》为后汉所作，作者姓名已不可考。本诗语言简洁，形象生动地描绘了洛阳城内的景象：

> 洛中何郁郁，冠带自相索。
> 长衢罗夹巷，王侯多第宅。
> 两宫遥相望，双阙百余尺。[131]

百尺高的门阙当然是夸张的说法，但是我们可以从中感受到洛阳

图 4 铜车马中的官员。甘肃省武威汉墓出土的后汉铜车马仪仗俑。
来源:《新中国出土文物》,第 109 页。

城内熙熙攘攘、往来热闹的景象。在古罗马城,男女走路或者乘轿出行,大多数时间不允许马车通行。[132] 而洛阳城恰恰相反,有很多关于城中马车的记载,一些大人物的宅院门前甚至出现了交通拥堵,可见当时应该并没有对马车的限制。[133] 洛阳地势开阔平缓,相比四面环山的罗马城,其街道得以更加宽阔,但是中国的道路基本由夯土建成,而罗马城是石板路,所以洛阳城肯定经常笼罩在一片尘土中。[134]

与道路一样,城中普通的房屋和围墙也由夯土建造。房顶覆盖着瓦片,有的瓦片上有釉色。在皇宫大殿、高门大宅中有木质梁柱、雕花屏风,上下多层的结构均为木制,这样增加了火灾的风险,围墙和庭院则为夯土，并没有铺设砖石。公元170年发生了一件著名事件，儒家英雄苏不韦和同伴从地道潜入杀父仇人、时任大司农的官署住所，杀了仇人的小妾和小儿子。苏不韦为父报仇的行为受到人们的颂扬，而他之所以能成功，也是由于围墙和地板不很坚固，方便挖地道。这也让人对洛阳城中的安全产生了疑问。[135]

不过除了这件事，史料中没有记载其他发生在洛阳皇宫外的谋杀抢劫事件。这并不意味着没有发生此类犯罪，也不意味着治安部门不关注，而是因为史官们关注朝廷大局，对个体小事不感兴趣。

当时有一种风气，一些大族子弟为了追求刺激、贪图玩乐，到处寻衅滋事，他们大多受到政治社会关系的保护。曹操的父亲太尉曹嵩是宦官曹腾的养子，曹操年少时喜欢飞鹰走狗，游荡无度，风评不佳。曹操曾经私入中常侍张让的府邸，被张让发现后，他挥舞着手戟，在庭院中与卫兵打斗，然后逾墙逃走。可以看出曹操反应机敏、孔武有力，无人能伤害他，但同时他也肯定得益于家族的影响。[136]

曹操和他后来的政敌袁绍之间还发生过一件轶事。据说两人曾混入一家人的婚宴，曹操利用当时的混乱企图强暴新娘，并在逃走时把责任推卸给袁绍。这个故事的真实性令人怀疑，至少故事中展现的主人公个性并不可信，很可能是为了类比日后曹操与袁绍两大军阀争夺献帝控制权和朝廷大权。[137]另一方面，就如18世纪早期伦敦的暴力团体一样，不同社会中都有很多手握特权的年轻人犯罪后逃脱惩罚的例子，他们的动机只是打发无聊、寻求刺激。这种现象在今天的权贵子弟中也能看到。

宫苑、游乐园和陵墓

在洛阳城郊分布着成片的农田和大片野地，北邙山上森林茂密，此外还有两座大型皇家猎苑。其一是上林苑，沿用前朝长安西上林苑的名称，位于城西 20 千米处；其二是广成苑，位于城南 60 千米处，在谷水广成关附近。两座宫苑均供皇帝游玩，上林令负责定期为皇家提供各类表演。虽然《后汉书·百官志》没有提及广成令，但广成令很可能也承担着类似的职责。[138]

上林令和广成令并非宦官，他们直接听命于少府钩盾令。钩盾令由宦官担任，不仅掌管皇家苑囿游观之处，还负责宫苑中的物品。[139] 钩盾令署吏包括直里监、永安丞、濯龙监、鸿池丞、南园丞，其中直里园、永安宫、濯龙园位于洛阳城内，鸿池、南园位于城郊之外，[140] 此外有果丞掌管皇家果园中的果实。尽管史料中没有专门提及，但是可以推测每个宫苑都有对应的官职掌管。除此之外，钩盾令署吏还包括苑中丞，掌管苑中离宫。鉴于上林令和广成令掌管各自苑中的动物和打猎事务，便由苑中令管理苑囿中的宫室。[141]

公元前 135 年前后，司马相如在献给汉武帝的《上林赋》中，以华丽的辞藻描绘了长安的上林苑：

> 于是乎离宫别馆，弥山跨谷，高廊四注，重坐曲阁……夷嵕筑堂，累台增成，岩窔洞房，頫杳眇而无见。[142]

虽然这种描写有诗歌的夸张，而且据说后汉前几任皇帝并没有如此铺张浪费，但是我们可以想象皇帝宫室是怎样地舒适宽敞。

两大猎苑无疑面积广阔，但是很难判断具体的范围，也不清楚出入的限制。有记载显示两大猎苑曾对普通百姓开放：公元 76 年，章帝下令"诏以上林池籞田赋与贫人"；公元 93 年，新登基的和帝下令"自京师离宫果园上林、广成囿悉以假贫民，恣得采捕，不收其税"，作为驱动经济、减免百姓负担的举措之一；公元 106 年，邓太后下令将上林苑、广成苑中储存的粮食分发给贫民。[143]

在猎苑中的打猎活动类似于一种军事训练，士兵将猎物成群驱赶，比赛射杀。班固《两都赋》对此有精妙的描写：

> 尔乃期门佽飞，列刃钻镞，要趹追踪。鸟惊触丝，兽骇值锋。机不虚掎，弦不再控。矢不单杀，中必叠双。飑飑纷纷，矰缴相缠。风毛雨血，洒野蔽天。[144]

对比之下，鸿池则呈现出一片祥和的景象。鸿池也是皇家苑囿，位于洛阳城东的谷水下游，可在沼泽中打渔猎鸟。公元109年夏天都城饥荒，安帝曾下令开放鸿池供贫民采食。[145]

在公元2世纪50年代早期，桓帝正处在外戚梁氏掌控之下，曾计划扩建鸿池、加深沟渠。这样能引来更多的谷水，而且无疑能减少洛阳排水系统带来的污染。因为耗资过大，他的提议曾被大臣劝阻，但公元155年洛阳发生的一次洪灾可能影响到了鸿池，而且公元158年初置鸿德苑令，级别等同上林苑令。毕汉思认为，鸿德苑很可能是在鸿池基础上修建的，鸿德苑令的设置反映出桓帝成功地加强并扩建了鸿池。[146]除此之外，公元159年桓帝成功推翻外戚梁氏后，即在城外以西建造显阳苑。显阳苑应该是一个面积广阔的游乐苑，而不是猎苑，因为公元189年军阀董卓在显阳苑驻扎军队。[147]灵帝在位期间修建了毕圭苑、灵琨苑，这两座较小的宫苑很可能建在城南洛水之上。[148]

只有在城外的这些宫苑中，皇帝才能从宫殿、朝廷、政务的繁杂事务中解脱出来。前汉皇帝可以去长安东北100千米处山中的甘泉宫，清朝皇帝可以去北京城外的颐和园，或者去更远的承德避暑山庄，但是史料中没有关于洛阳附近类似场所的记载，据毕汉思考证，后汉皇室去猎苑的记载非常少。大多数皇帝会借着去洛阳附近宫苑游玩来逃离烦冗政务，但是很难去更远的地方。

毕汉思认为："儒学家强烈抵制一切享乐行为，这些享乐行为会分散皇帝处理政务的精力。"[149] 在这方面，毕汉思无疑是对的。公元163年，桓帝幸广成苑和上林苑，陈蕃上疏劝谏，批评桓帝奢侈挥霍。[150] 公元180年，灵帝欲造毕圭苑、灵琨苑，司徒杨赐上疏劝谏，认为城外已经建有五六座宫苑。[151] 一位18、19世纪的欧洲王子会认为这个数字实在太少。但是人们期望汉代君主能表现得谦逊、节制，聚精会神承担他们的宗教与行政职责。

除了以上的皇家宫苑，我们对洛阳周边知之甚少。那里肯定有农田、集市，为洛阳城提供新鲜的食物，当然还有一些私人宅院，尤其是皇亲国戚、世家大族的宅邸。章帝时期，皇后之兄窦宪强迫皇帝之妹沁水公主以极低的价格转让园田。章帝发现此事后，坚持让窦宪退还园田。这个园田大概是一座城郊宅院，其中可能包括苑囿、游乐园和附属农田。[152]

除了《后汉书·窦宪列传》中提到的宅院外，其他只有大将军梁冀的大型宅院得到记载。梁冀在公元2世纪中期掌握了朝廷大权，据说其田产扩展到洛阳周边更远的区域，其面积与皇家猎苑相当，而其城西的宅院则被一座精致的园囿包围，园囿中"深林绝涧，有若自然，奇禽驯兽，飞走其间"。[153]

公元159年，梁冀被诛，其苑囿被开放给贫民。除此之外，再也没有如此宏伟的私人宅院。在罗马共和国后期以及罗马帝国时期，贵族宠臣在城郊拥有大片别墅和农庄，这一传统延续到罗马教皇统治时期，而汉代大臣并没有受到这种风气的影响。汉代在中央和首都的官员比较少，二千石这样的高级官员往往担任各州郡国长官。官员们的俸禄更多地被用于家乡的宗族产业，这样也避免了同僚和皇帝的妒忌。甚至那些在宫中任职多年、有财力在洛阳城内购置豪宅的宦官，仍然宁愿在家乡而不是在洛阳附近置业。[154]洛阳附近大部分的私人豪宅都为皇亲国戚和一些富人所有,其他百姓更愿意使自己的住宅与他们保持距离。

除了生前所用的宫室园囿,每位皇帝还建有园陵。[155]光武帝的原陵位于洛阳东南6千米处,园陵四周有墙垣,面积近60公顷。这里埋葬的不仅仅是皇帝,皇帝的后宫嫔妃也葬于此处,这是汉代传统。例如公元64年,明帝之母、皇太后阴丽华逝世,与光武帝合葬原陵。[156]尽管很多人更愿意落叶归根葬在家族墓地中,但部分大臣仆从也享有陪葬在皇帝园陵的特权,例如三公牟融、伏恭、刘般及其妻子便被葬于明帝园陵中。后世还有更多的例子。公元172年,功勋卓著的太傅胡广去世,被葬于光武帝原陵,这属于特例。[157]

每座园陵中,除了已故皇帝的陵墓和祭祀建筑外,还包括官署和住所。每座园陵由一位令负责日常维护,有卫兵把守防止盗墓,食官令掌管日常仪式,包括准备寝具、洗澡水,甚至食物,就像已故皇帝仍然活着一样。园陵也用来放逐先帝后宫嫔妃,她们受宦官照料起居,至死都必须保持对先帝的忠贞。[158]

光武帝在位时,他的身后事已经准备妥当。4月27日,就在去世几周之后,光武帝被葬于洛阳东南的原陵。他的继任者明帝也经历了同样的流程。明帝的园陵显节陵位于洛阳西北15千米处,其陵墓面积类似原陵,但园陵面积为前者几倍大。明帝之子章帝于公元75年即位,公元88年去世,章帝敬陵回到洛阳东南,墓冢比原陵略低,但园陵面积也很大。[159]

公元58年正月,明帝率百官、四姓亲家妇女、公主、诸王大夫、外国朝者侍子、郡国计吏等,朝于原陵,举行上陵之礼,祭祀光武帝。根据《后汉书·礼仪志》,在北郊、南郊、明堂、高祖庙、世祖庙完成五供之后，举行上陵之礼。上陵仅祭祀开国皇帝光武帝原陵，每年均会举行，但五供不会。[160] 关于继任的皇帝如何祭拜洛阳附近的皇帝陵墓，并没有留下具体日程或记录，但是大多数皇帝会临幸长安，并向前汉皇帝陵墓致敬，有些还会临幸南阳章陵，祭祀其直系先祖，而洛阳附近的园陵则无疑会定期享受祭祀。[161]

然而，除了这些朝廷礼节和郊猎外，皇帝的出行非常有限。当然，光武帝在内战时期走遍了大江南北，而其子明帝在公元72年向东南巡狩，最远到达淮河流域的下邳。章帝有过数次巡狩，公元84年向南最远到达长江，公元85年向东最远到达泰山，公元86年巡狩北部边境并越过长城。但章帝的巡狩属于特例，其继任者们的巡狩不会如此之远、如此之频繁。后汉没有一位皇帝见过大海，而且灵帝似乎连长安都没有去过。[162] 古罗马则大相径庭，大部分皇帝在即位前都曾在边境作战，并且在统治期间经常巡视每个行省。虽然后汉帝国疆域辽阔，但是后汉皇帝们生活在一个很小的世界。

大约公元65年，诗人、历史学家班固向皇帝献上《两都赋》。在《西都赋》中，一位来自长安的客人对前汉都城大加赞扬；而在《东都赋》中，东都主人通过描绘由光武帝定都、明帝兴建的洛阳城的盛景，巧妙地予以还击：

> 然后增周旧，修洛邑，扇巍巍，显翼翼。光汉京于诸夏，总八方而为之极。是以皇城之内，宫室光明，阙庭神丽，奢不可逾，俭不能侈。[163]

尽管皇帝非常满意《两都赋》，班固还是依旧待在东观编撰本朝的各类资料，并私下编撰前汉史书。[164] 班固不仅描述了前汉的富饶，还赞颂在洛阳新统治者们的严明领导下，帝国的权力、道德和威望回到顶峰，他的奉承本应给自己带来更多的好处。虽然在后汉第一次重大危机中，班固注定只是一个悲惨的小人物，[165] 但他的《两都赋》是对这座优美壮丽都城最动人的致敬。

注释：

[1] 正如 Bielenstein, *Lo-yang*, 8 页指出，自汉代以来，在这片相对开阔地域上，河道已经发生相当大的改变。最需要注意的是：

· 最初洛水位于汉洛阳城以南 2 千米处。现在名为"洛河"，河道已经改变，除残存一小部分古南墙外，洛阳城的其他部分均被冲刷殆尽。

（Bielenstein, *Lo-yang*, 103 note 12 讨论该地名中的"luo"。毕汉思 [Bielenstein] 认同沙畹 [Chavannes] 在 *MH* II, 第 287—288 页注释 1 中的观点，即这条河流最初名"雒"，因此这座城也名"雒"。现在普遍使用的"洛"为公元 220 年魏文帝才采用。汉代和汉代之前很多文本的后来版本使用"洛"属于不合时代。[已出版的标点本史籍中，用"洛"者多见。为便利阅读，译文从俗，对此不作区分，均用"洛"。——译者注]）

· 伊水早期在此地汇入洛水，现在交汇点在下游约 30 千米处，靠近今偃师市。

· 谷水干流（现在称为涧河）原本蜿蜒流至汉洛阳城北部，但现在在洛阳市以西提早汇入洛河。

· 瀍水本为谷水支流，从北部汇入；现在也在洛阳市以东直接汇入洛河。

后文注释 15、16 对谷水、瀍水有更详细讨论（作者在交叉引用中未指明某章的，皆指本章范围内。——译者注）。

[2] 关于王城洛邑的建立，见《洛诰》；Legge, *The Confucian Classics* III, 434-452。关于下都成周的建立，见 Legge, *The Confucian Classics* III, 437, 以及前言第 10 页的讨论。

周朝编年史见《史记》卷四《周本纪》，王城洛邑和下都成周的建立分别见第 129、133 页；Chavannes, *MH* I, 242-243, 247；Nienhauser, *GSR* I, 63-65。

王城洛邑遗迹可见于今洛阳市公园，对该遗址的讨论见 Wu Hong, "Art and Architecture", 655-656, 附 Figure 10.1 引用李学勤。

[3] 《史记》卷四《周本纪》，第 149 页；Chavannes, *MH* I, 285；Nienhauser, *GSR* I, 74；《史记》卷四《周本纪》，158 页；Chavannes, *MH* I, 300-301；Nienhauser, *GSR* I, 78-79。

[4] 周朝的灭亡记载于《史记》卷四《周本纪》，第 169—170 页；Chavannes, *MH* I, 317-318；Nienhauser, *GSR* I, 83；以及《史记》卷五《秦本纪》，第 219 页；Chavannes, *MH* II, 97; Nienhauser, *GSR* I, 122。

[5] 关于前汉在洛阳短暂建都，记载于《史记》卷八《高祖本纪》，第 380—381 页；Chavannes, *MH* II, 382-384；Nienhauser, *GSR* II, 66-68；以及《汉书》卷一《高帝纪》，第 54、58 页；Dubs, *HFHD* I, 103, 108。

[6] 《汉书》卷二八上《地理志上》。Bielenstein, *Lo-yang*, 19 分析了《汉书》卷二八列出数据的十大城市，其中大多只有户数，部分还有人口数。但我的解释与毕汉思略有差异，见后文第 52—55 页及注释 117。

毕汉思在 *RHD* II, 32 以及 *Lo-yang*, 5 将洛阳描述为前汉帝国第二大城市。但是按照这十座城市的数据，洛阳仅排第四。

[7] 《汉书》卷九九中《王莽传》；Dubs, *HFHD* III, 335："土之中洛阳之都。"关于王莽宣称"火德销尽，土德当代"，见《汉书》卷九九中《王莽传》；Dubs, *HFHD* III, 290。Loewe, "Water, Earth and Fire" 记述了前汉时期不断变化的争论，以及公元 1 世纪初对五德的各种宣称。还可见后文第 30—31 页及注释 40、41。

[8] 王莽的覆灭和随后内战的详细情况可参阅 Bielenstein, *RHD* I and II。刘玄在位时间很短，没有获得谥号，他的统治时间为公元 23—24 年间。

[9] 关于刘秀修复洛阳城，见《后汉书》卷一上《光武帝纪上》；Bielenstein, *RHD* II, 48。关于更始帝自洛阳迁长安，见《后汉书》卷十一《刘玄刘盆子列传》；Bielenstein, *RHD* II, 50-51。

[10] 关于光武帝占领洛阳，见 Bielenstein, *RHD* II, 102-106；关于其定都洛阳，见《后汉书》卷一上《光武帝纪上》。

公元 57 年刘秀死后，谥号"光武"，故严格来讲在他生前称"光武帝"属于时代错误。但这是常见做法，故我按此方式称呼所有汉代皇帝。

[11] 关于长安赤眉，见 Bielenstein, *RHD* II, 106, 114 以及 *Lo-yang*, 4。直到公元 43 年，才重修长安宫殿，见《后汉书》卷一下《光武帝纪下》；*Lo-yang*, 103 note 7。

[12] DeC, *Northern Frontier*, 200-204, 212-218 讨论了王莽的政策，在第 222—225 页图 7 讨论了公元 1 世纪 30 年代匈奴的入侵。更详细记述见 Bielenstein, *RHD* III，特别是第 112 页，171—172 页图 16、17；但是，毕汉思比较同情王莽。除了以上列出的措施，王莽政权还在北方代郡和雁门郡之间，穿过太原，沿着太行山脉也建立了防御体系。

[13] 王仲殊，*Han Civilisation*, 1-28，其中的地图又见于 *Cambridge China* I, 134。

[14] Bielenstein, *Lo-yang*, 12 引用 Russell, "Late Ancient and Medieval Population", 65，提到老普林尼（Pliny the Elder）《博物志》（*Naturalis Historia*）中记载的数据。老普林尼估计公元 74 年前后罗马城周长近 20 千米。尽管当时罗马城没有建造城墙，老普林尼的描述与公元 3 世纪末奥勒良建造的城墙相吻合。

[15] 关于谷水河道的描述，见《水经注》卷十六；Bielenstein, *Lo-yang*, 8, 16 对此进行了讨论。夏门位于北城墙西侧，距谷水流入护城河处不远。

关于鸿池的记载，见《水经注》卷十六，第 552 页以及《后汉书》卷二七《赵典列传》公元 2 世纪 50 年代赵典的奏疏。Bielenstein, *Lo-yang*, 80 讨论了鸿池。《水经注》记载，鸿池大小相当于东西近 2 千米，南北约 1.75 千米，面积约 3.5 平方千米。赵典奏疏中称鸿池"已且百顷"，即 4.5 平方千米。毕汉思认为，鸿池在两汉间可能有所减小，而《水经注》成书时间为公元 6 世纪初，但也有可能赵典夸大鸿池面积，取整数。更多讨论见后文第 58、65 页。

[16] Bielenstein, *Lo-yang*, 16-17 引用《后汉书》卷二二《王梁列传》、《后汉书》卷三五《张纯列传》。关于洛水、伊水、谷水河道变化，见前文注释 1。

遗憾的是，《中国历代地图集》第 2 册第 42 页，洛阳周边地图描绘的河道系统比较混乱，尤其是阳渠：

- 据《后汉书》卷三五《张纯列传》及《水经注》卷十六记载，阳渠为张纯所建，从洛阳向东汇入洛水。虽然《后汉书》卷三五《张纯列传》唐李贤注记载:"阳渠在洛阳城南",但此处可能是指环绕洛阳城的护城河;阳渠从洛阳城向东流,这一点是清楚无疑的。

- 然而,根据《中国历代地图集》第 2 册,洛阳以西、以东都有阳渠,并且西段延续 30—40 千米通向洛水上游。这种结构也许能够汇聚更大的水量、提高水位和流速,但是没有证据证明当时实现了这种设计。

- 此外,根据《中国历代地图集》第 2 册,阳渠西段穿过谷水、瀍水,这两条河流随后在洛阳以西汇入洛水。但是,据《水经注》卷十五记载,瀍水为谷水的一条支流。而《中国历代地图集》第 3 册详细描绘了另一幅地图,其中瀍水汇入谷水,谷水流至洛阳城东部和北部。

- 据《水经注》卷十六记载,谷水"东至千金堨"。公元 3 世纪,为控制河水修建千金堨。从这一处起,河流运河化,史称千金渠。据《水经注》卷十五记载,瀍河"东入千金渠",也就是谷水的新形态。

所以,《中国历代地图集》将千金渠当作更早的、理论上向西延伸的阳渠。但是在汉代,这一部分并没有运河化,谷水的天然河道被安上了错误的名字。

[17] 早期文本中,"汴"既指河,也指渠。汴水最初是自然河道,因受堤坝限制以致通常称之为渠。但正如后文所见,对汴渠的控制有时失灵。

[18] 华北平原南部这一河渠水网有时被称为汴水/汴渠的延伸,而更常见地被称为鸿沟。鸿沟是之后大运河的前身,对此的讨论见 Needham, *Science and Civiliasation* IV.3, 269-270, 306-307, 374. 李约瑟 (Needham) 将这项工程的起始时间定于公元前 4 世纪甚至公元前 6 世纪。鸿渠有时被翻译为"Wild Goose Canal",但翻译为"Vast Canal"更容易理解,例如前文注释 15 把鸿池译作"Vast Pond"。

[19] Bielenstein, "Census", 140-141 及 *RHD* I, 145-154 和 *RHD* III, 12. 毕汉思指出,黄河一度有两条河道,其一和以前一样,从山东半岛北部汇入大海;其二向南流。在后世出现过类似的改道,最近一次黄河改道发生于公元 19 世纪中叶,公元 1938 年出现了大面积破坏,与毕汉思所假设的情况相似。当时为了阻止日军进攻,撤退中的中国军队掘开黄河堤坝,直到公元 20 世纪 40 年代末黄河堤坝才得到修复。

[20] 《后汉书》卷二《孝明帝纪》;Bielenstein, *RHD*, 147。

[21] 该县名有多种记载，比如荥阳、荧阳、荣阳，甚至禜阳；现代的地名为荥阳。这个问题令人费解，但《哈佛燕京学社索引》及李约瑟将罗马拼音写作"Jung-yang"（拼音：Rongyang），我采用此写法。

[22] 关于太仓和武库，见 Bielenstein, *Lo-yang,* 57。

公元 62 年，明帝建造常满仓以控制粮价，见《晋书》卷二六《志第十六·食货》；Yang, "Economic History", 154。据《后汉书》卷三九《刘般列传》记载，建造常平仓的提议于公元 68 年被废止，见 deC, *Biographical Dictionary,* 472, 605-606；比较 Bielenstein, *Lo-yang,* 59-60。

[23]《水经注》卷十六；Bielenstein, *Lo-yang,* 16-17 引用 Needham, *Science and Civilisation* IV.3, 172。

《水经注》卷十六记载了新桥桥首上的碑文，引用公元 135 年诏书："使中谒者魏郡清渊马宪（可能是宦官）监作石桥梁柱。"河南尹、洛阳令下属官吏以及朝廷将作大匠下属官吏会同完成。工程于农历三月开工，八月建成。

李约瑟指出，这是中国第一座石桥，它取名为"石桥"，表明这种结构不常见。但这座桥可能由立在河中的石柱和石柱之间的木梁构成，并非纯粹的石头建筑。在这方面，中国工程师们落后于罗马工程师，罗马人几个世纪前便以石拱建造桥梁和沟渠。另一方面，相比汉帝国，罗马帝国更容易获取石料和大理石。

[24] See Needham, *Science and Civilisation* IV.3, Map facing 1.

[25] 很多情况下，可以认为古代道路与现代铁路线走向一致。适合蒸汽机车、柴油机车的坡度同样适合于牛拉车、马拉车甚至徒步。

[26] 陇山位于今陕西、甘肃两省交界处，103.30°E, 35.30°N。通向东北的陇道以及陇西郡（凉州）由山而得名。陇道上间隔设屯和储藏，见 deC, *Northern Frontier,* 15, 451-452 note 21。

[27] Bielenstein, *Bureaucracy,* 116, 119-120 引用《后汉书》卷一下《光武帝纪下》、《后汉书》志第二十八《百官五》。前汉还在陕西商洛附近的武关、今河南嵩县附近伊水边的陆浑设置防御。但武关距洛阳西南 250 千米，与洛阳防守关系不大，而陆浑的屏障功能被伊阙关所取代，后文对此作了讨论。

[28] 关于公元 184 年设置八关都尉，见《后汉书》卷八《孝灵帝纪》；

deC, *Huan and Ling*, 177, 550 note 9。

清代王先谦《后汉书集解·百官志第五》引李祖楙指出，函谷关于公元184年复置，则必然在光武帝后曾被省。他推测对于这些小关隘的记载可能并不全。例如公元111年羌人叛乱时，设置驻防守卫黄河一线，可以推测那些屯营设在小平津、孟津，见第四章第185页。

[29] 嵩山位于113.10°E，34.40°N，为五岳中的中岳。

[30] 关于广成苑，见后文第61—64页。

[31] 后来的后汉皇室本为前汉宗室的一支，定居于南阳郡蔡阳县舂陵乡。公元30年，光武帝提高舂陵乡建制，改舂陵乡为章陵县，见《后汉书》卷一下《光武帝纪下》；Bielenstein, *RHD* I, 96-97 and note 4。光武帝葬于洛阳附近，但其祖先陵墓在章陵，之后一些后汉皇帝幸章陵祭祀祖庙。更多情况参见 *RHD* IV, 168，以及后文第68页注释161。

《古诗十九首》第三首《青青陵上柏》"驱车策驽马，游戏宛与洛"，将洛阳城和宛城作为游玩的两个中心，见 Jean-Pierre Diény, *Dix-neuf poèmes*, 13, 66以及后文第131页。公元110年前后，南阳人、诗人、科学家张衡为赞美南阳而创作《南都赋》，是对他之前著名的《二京赋》赞美长安、洛阳的补充。《西京赋》《东京赋》《南都赋》收录于《文选》卷二、三、四，翻译见 Knechtges, *Wen xuan* I, 181-182（西京赋），243-310（东京赋），311-336（南都赋）。关于张衡，更多情况见第五章第235—238页。

[32] 关于却非殿，见《后汉书》卷一上《光武帝纪上》；Bielenstein, *Lo-yang*, 25。关于云台，见 *Lo-yang*, 26。《后汉书》卷三六《范升列传》记载了公元28年的这场辩论，见 Bielenstein, *RHD* IV, 54。第二年，正式开太学。

[33] 关于首次在宣德殿召见马援，见 Bielenstein, *Lo-yang*, 25引用《后汉书》卷二四《马援列传》。

关于铜马，见《后汉书》卷二四《马援列传》；Bielenstein, *Lo-yang*, 26。关于与征氏姐妹的战斗，见《后汉书》卷二四《马援列传》、《后汉书》卷八六《南蛮西南夷列传》；Bielenstein, *RHD* III, 63-65；deC, *Generals of the South*, 38。

前汉武帝时期，曾按照名马形貌铸造铜马；公元62年被运至洛阳，被明帝安置在平乐观，见 Bielenstein, *Lo-yang*, 61，以及后文注释111。

顺便说明一下，欧洲拥有大量晶体结构大理石，可以进行细致雕刻，而汉朝与欧洲情况不同，汉代那些尺寸庞大、精雕细刻的雕像只能由金属铸造。Segalen, *Great Statuary of China* 中收录的石雕尺寸和设计都令人印象深刻，但形式相当简单；北京附近明朝皇陵中的石雕也有类似的特点。中国古代玉石和象牙上可以见到精美雕工，但是中国雕刻家们手中没有适合的材料，无法完成媲美"米罗的维纳斯"或者"拉奥孔和他的儿子们"的石雕。当中国人使用本土大理石进行装饰时，是将其做成浅浮雕，例如今北京紫禁城的台阶嵌板。

[34] Bielenstein, *Lo-yang*, 24-25 引用《后汉书》卷一下《光武帝纪下》。通向前殿的阶梯和前殿中的屏风记载于张衡《东京赋》，见于 Knechtges, *Wen xuan*, 265 以及 Bodde, *Feistivals*, 142-143。关于阶梯，亦记载于公元 2 世纪末蔡邕《独断》："陛下者，陛阶也，所由升堂也。天子必有近臣，执兵陈于陛侧以戒不虞。谓之陛下者，群臣与天子言，不敢指斥天子，故呼在陛下者而告之。因卑达尊之意也。上书亦如之。及群臣士庶相与言曰殿下、合下、执事之属皆此类也。" Bodde, *Feistivals*, 140 引用《后汉书》志第五《礼仪中》唐李贤注，描绘了新年朝会的景象。

[35] Bielenstein, *Lo-yang*, 74-75，讨论南郊选址以及在南郊祭祀的几个神。

[36] Bielenstein, *Lo-yang*, 56 引用《后汉书》志第九《祭祀下》刘昭注引用的公元 2 世纪中叶伏无忌《古今注》。《古今注》通常被称为《伏侯古今注》，见 Mansvelt Beck, *Treatises*, 129-130。

[37]《后汉书》志第九《祭祀下》；Bielenstein, *Lo-yang*, 56 以及第二章第 78—79 页。这段材料中也提到"宗庙"，但毕汉思貌似合理地认为这是高祖庙。

[38] 这些复杂的安排在之后的皇帝统治时期变得更加混乱，见《后汉书》志第九《祭祀下》。对此的讨论见 Mansvelt Beck, *Treatises*, 105-108 以及 Bielenstein, *RHD* IV, 168-171。

[39]《后汉书》卷一上《光武帝纪上》；Bielenstein, *Lo-yang*, 54, 74-75。正如毕汉思在第 114 页注释 257 所注意到的，《后汉书·光武帝纪》记载的日期"壬午"有误，当年元月没有壬午日。"壬午"可能是"壬子"（2 月 24 日）或"戊子"（3 月 2 日）的笔误。

[40] 关于武帝采用土德，见《汉书》卷六《武帝纪》："色上黄"；Dubs,

HFHD II, 99; Loewe, *Crisis and Conflict*, 30-31, 281-282。更概括的描述见 Loewe, "Water, Earth and Fire", 特别是第 58 页, 他在 "Authority of the Emperors", 94 指出: "汉朝与土德的联系毫无疑问地持续, 直到前汉末年……"

但正如鲁惟一在 "Water, Earth and Fire", 57-58 指出的那样, 汉代将王朝与红色联系, 但是没有和火德联系。如第二章注释 9 所引用的材料, 之后成为汉高祖的刘邦曾被认作 "赤帝子"(见《史记》卷八《高祖本纪》; Chavannes, *MH* II, 331; Nienhauser, *RGH* II, 22 以及《汉书》卷一上《高帝纪上》; Dubs, *HFHD* I, 35), 当刘邦起兵反秦时,"旗帜皆赤"(见《史记》卷八《高祖本纪》; Chavannes, *MH* II, 336; Nienhauser, *RGH* II, 14-18 以及《汉书》卷一上《高帝纪上》; Dubs, *HFHD* I, 41 以及《史记》卷二八《封禅书》; Chavannes, *MH* III, 449)。

据《汉书》卷六六《刘屈氂传》记载, 直到公元前 91 年巫蛊之祸,"汉节纯赤", 而当时皇太子刘据起兵对抗其父武帝, 刘据部下在赤节上加黄旄以区分。见《汉书》卷六《武帝纪》:"太子与皇后谋斩充, 以节发兵与丞相刘屈氂大战长安……更节加黄旄"; Dubs, *HFHD* II, 114-115 note 37.1。关于巫蛊之祸, 见 Loewe, *Crisis and Conflict*, "The Case of Witchcraft", 42-44。

此外, 成帝时期有人献《天官历》《包元太平经》二书:"天帝使真人赤精子, 下教我此道。"更多情况见第六章注释 25。

[41] 例如 Loewe, *Crisis and Conflict*, 281-282, *Men Who Governed*, 479-480, 515-517; 以及 Bielenstein, "Wang Mang and Later Han", 230-231; Mansvelt Beck, "Fall of Han", 359-361。

几千年来, 人们对五行的顺序一直争论不休, 李约瑟在 Eberhardt, "Kosmologischen Spekulation" 基础上, 在 *Science and Civilisation* II, 253-261 对此进行了总结。但是, 无论"五行相克说"(金克木, 木克土, 土克水, 水克火, 火克金)还是"五行相生说"(木生火, 火生土, 土生金, 金生水, 水生木), 又或是按照宇宙天体顺序(水、火、木、金、土), 都看不出汉朝火德取代秦朝水德, 之后再被土德取代。唯一符合的是所谓"现代顺序":金木水火土。虽然在一些古代文献中可见"金木水火土"的说法, 但是如李约瑟在第 256 页指出, 五德之间的生克关系不足以对其进行解释。

鲁惟一在"The Concept of Sovereignty"中的一节"The Choice of the Patron Element"中，对这种明显矛盾的五行思想做了解释，认为前汉思想家们随着时间改变了他们的观点，从后一个取代、攻克前一个，转变为前一个自然生成发展为后一个。

[42]《后汉书》卷一上《光武帝纪上》；Bielenstein, *RHD* II, 232-234。

[43] 关于太学以及太学生，见《后汉书》卷七九《儒林列传》。对太学的讨论见 deC, "Scholars and Rulers", 58-60 以及 Bielenstein, *Lo-yang*, 68-71 和 *RHD* IV, 186-193；关于在云台召集会议，见前文 28 页。关于任命丁恭为《春秋公羊传》博士，见《后汉书》卷一上《光武帝纪上》，任命牟长为《尚书》博士，见《后汉书》卷七九《儒林列传》。公元 28 年，光武帝又任命了两位《易经》博士，见《后汉书》卷三六《范升列传》。

[44] 关于从长安运书至洛阳，见《后汉书》卷七九《儒林列传》。尽管早在公元 26 年光武帝的军队便占据了长安，但是那些年情况尚未稳定，不大可能在公元 28—29 年以前完成如此浩大的搬运工程，据说整个工程需要 2000 辆车。

[45] 关于东观、云台和宣明殿中的图书馆，见 Bielenstein, *Lo-yang*, 28-31 以及 deC, "Scholars and Rulers", 60。关于石室，史料中基本没有记载，公元 133 年改造派官员黄琼、李固劝说顺帝"开石室案《河洛》"，但不知他们的建议是否得到采纳，见《后汉书》卷六一《黄琼列传》、《后汉书》卷六三《李固列传》。《后汉书》卷七九《儒林列传》列出公元 190 年遭受大难时的洛阳城中图书馆，见第九章 461 页。除了以上的几个图书馆，还提到辟雍（皇帝在此与学者讨论经学，见第二章 86—87 页）和鸿都，后者无疑是公元 2 世纪 70 年代灵帝在修建鸿都门学时所建的图书馆（见第八章 385 页）。

[46] 关于御史台长官御史中丞，见 deC, "Inspection and Surveillance", 68。关于御史中丞在管理图书方面的职责，见 deC, "Scholars and Rulers", 60 引用 Bielenstein, *Bureaucracy*, 80。似乎在公元 159 年，出现秘书监这一新官职，取代御史中丞承担这些职责，见 Bielenstein, *RHD* IV, 59，以及 Ch'en, *Life and Reflection*, 77。

[47] DeC, *Northern Frontier*, 220-242, 特别是第 230—239 页，以及 Bielenstein,

RHD IV, 102-131, 特别是第 116—127 页; 还可见第二章第 88—89 页。

[48] 正如前文所述, 光武帝已于公元 46 年在洛阳城内重修社稷。关于其他工程, 详见后文。

[49] "封"为在泰山祭天, "禅"为在泰山下的小丘祭地。传统封禅礼记载于《史记》卷二八《封禅书》; Chavannes, *MH* III, 413-519; Watson, *RGH* II, 3-52。对封禅的讨论见 Chavannes, *Tai chan*, 16ff, 432-436。前汉武帝于公元前 110 年及之后几年登泰山祭天, 在公元前 102 年、前 93 年加入祭地之礼, 见 Chavannes, *Tai chan*, 19-20 以及 Loewe, *Crisis and Conflict*, 184-186。关于光武帝封禅礼的详情, 见 Bielenstein, *RHD* IV, 172-180 引用《后汉书》志第七《祭祀上》; Chavannes, *Tai chan*, 158-169。在光武帝之后, 后汉没有再举行过封禅。

[50] 见《后汉书》卷一下《光武帝纪下》"初立北郊, 祀后土",《后汉书》志第八《祭祀中》。在纪念公元 56 年封禅的碑文中, 光武帝提到他计划"建明堂, 立辟雍, 起灵台, 设庠序",《后汉书》志第七《祭祀上》; Chavannes, *Tai chan*, 313。

后土通常指北郊, 见 Bielenstein, *Lo-yang*, 75-76, 以及后文注释 65。

三雍, 为灵台、明堂、辟雍, 详见后文。

[51] 根据《后汉书》志第八《祭祀中》, 祭祀南郊应在当年的第一个丁日, 在公元 57 年为 2 月 26 日。而根据蔡邕《独断》, 于"正月上丁(即正月第五日)"祭祀南郊, 即公历 2 月 27 日; Mansvelt Beck, *Treatises*, 74。

[52]《后汉书》卷二《明帝纪》; 关于明帝的统治和人生经历, 见第二章。

明帝本名阳, 公元 43 年被立为皇太子时, 因为"阳"字常用, 为方便避讳改名庄。虽然不符合时代, 但我在本书称他为刘庄。

同样的, 我通常以缩略谥号指代汉代皇帝。除两位开国君主高祖、光武帝外, 两汉所有皇帝谥号中均有前缀"孝"字, 例如"孝明"。这个前缀通常省略。

[53] 关于太史令, 见 Bielenstein, *Bureaucracy*, 22。太史令的属官包括二丞, 分别掌守明堂、灵台。

太史令司马迁撰写《史记》; 张衡所作的赋见前文注释 31, 关于他的科学成就见第五章 236-238 页。

[54] 关于灵台, 见 Bielenstein, *Lo-yang*, 62-63;《后汉书》卷一下《光武帝纪下》

唐李贤注和《三辅黄图》卷五引用的史料描述了长安城中的灵台，见 Needham, *Science and Civilisation* III, 478。《三辅黄图》还引用郭缘生（可能是公元 3 世纪的郭象）《述征记》："长安宫南有灵台，高十五仞（即 120 尺，超过 27 米）。"对夯土建筑来说，这个高度不大可能。王仲殊, *Han Civilization*, 39 描绘了后汉洛阳城灵台，灵台四周的墙东西长 220 米，南北长 200 米，现残存高度约 8 米。

据《述征记》记载，灵台位于长安宫室以南，而据《三辅黄图》记载，前汉灵台位于长安西北，见后文注释 56。前汉长安城可能还有一座灵台，但有可能《述征记》将之与洛阳灵台相混淆，因为《述征记》记载："（灵台）上有浑仪，张衡所制。"张衡于公元 2 世纪 20—30 年代担任太史令，他所制作的浑仪应该放置在洛阳而不是长安。

[55] 明帝首次登灵台，记载于《后汉书》卷二《明帝纪》；Bielenstein, *Lo-yang*, 65 列出了章帝、和帝、顺帝登灵台的情况。

关于"室三重""候气"，见《后汉书》志第一《律历上》；Bielenstein, *Lo-yang*, 64, 认为这部分由公元 2 世纪蔡邕所编。见 Hulsewé, "Watching the Vapours"; Bodde, "Chinese Cosmic Magic", 19-20; Huang and Chang, "Evolution and Decline"; 以及 Mansvelt Beck, *Treatises*, 58-59。

[56] 关于上林苑清台，见《汉书》卷二一上《律历志上》以及《三辅黄图》卷五。据《三辅黄图》记载，清台之后改名为灵台。虽然《汉书》卷九九上《王莽传》记载："（王）莽奏起明堂、辟雍、灵台"，但有可能只是将清台改了名字变为灵台。关于《三辅黄图》引用《述征记》出现矛盾，见前文注释 54.

[57] 关于王莽意图恢复周朝制度，见 Loewe, *Crisis and Conflict*, 11, 294-295, *Ideas of Life and Death*, 138。关于从王莽到后汉皇帝在礼制上的连续性，以及掩盖这一事实的做法，见 Mansvelt Beck, *Treatises*, 104-105。

公元前 110 年前汉武帝首次在泰山封禅时，在古时明堂旧址接受群臣的朝贺，第二年修建明堂，之后再幸泰山时在明堂祭祀，见《汉书》卷六；Dubs, *HFHD* II, 87-92, 98; Loewe, *Crisis and Conflict*, 17, 29, 82 和 *Ideas of Life and Death*, 135。公元 56 年光武帝于泰山封禅时可能也使用了这座明堂，公元 85 年章帝在此宗祀五帝，见《后汉书》卷三《章帝纪》。但长安的明堂、辟雍均为王莽在公元 4 年修建，当时王莽加号宰衡，是年幼的平帝的摄政，见《汉书》

卷十二《平帝纪》、《汉书》卷九九上《王莽传》，Dubs, *HFHD* III, 80,191。

尽管明堂一般翻译为"Bright Hall"，但此处"明"应理解为"sacred"。见 Maspero, "Le mot *Ming*", 296, Dien, *Six Dynasties Civilization,* 433 note 28 引用。

[58] 关于张纯、桓荣奏请建议立辟雍、明堂，记载于《后汉书》卷三五《张纯列传》。著名今文经学家桓荣传记见《后汉书》卷三七。还记载于《白虎通义》卷十五、卷十一；Tjan, *White Tiger Discussions* II, 485-486, 488。

[59] 关于明堂形制的早期史料，记载于《后汉书》卷一下《光武帝纪下》唐李贤注，以及《白虎通义》卷十五，Tjan, *White Tiger Discussions* II, 488。关于明堂形制的讨论见 Bielenstein, *Lo-yang*, 65-66; Knechtges, *Wen xuan* I, 114-116[参上注57]，以及 Wechsler, *Offerings of Jade and Silk*, 195-200, Loewe, *Problems of Han Administration*, 108-114。关于后汉明堂建筑遗迹，见王仲殊，*Han Civilization*, 39。

传统中国建筑不使用圆形屋顶，故可假定史料记载中所谓明堂"上员"是指屋顶为圆锥形，就像今北京天坛的屋顶。根据古代传统，屋顶应用茅草覆盖，但后汉虽然使用茅草，却在茅草之上覆盖瓦片。

关于皇帝驾临明堂，记载于《后汉书》卷一下《光武帝纪下》唐李贤注所引《汉官仪》。毕汉思注意到，《后汉书》本纪中仅记载五类在明堂举行的仪式。但如毕汉思所说，记录可能不完整，本纪中列出的可能是朝廷全员参加的重要活动，每年、每季度祭祀之前在明堂的活动没有那么引人注意。

[60] Needham, *Science and Civilisation* III, 189;《后汉书》志第二十五《百官二》；Bielenstein, *Bureaucracy*, 22。

[61] 关于辟雍以及在辟雍中举行的仪式，见 Bielenstein, *Lo-yang*, 66-67。关于后汉辟雍现存遗迹情况，见王仲殊，*Han Civilization*, 39，复原图见图31、32。但王仲殊指出，尽管辟雍被应劭《汉官仪》（写于公元2世纪末）的记载所证实，但考古发掘仍没有发现线索。

[62] 关于养老礼，记载于《后汉书》志第四《礼仪上》唐李贤注；Bielenstein, *Lo-yang*, 67, 以及 Bodde, *Festivals*, 364-372。卜德还引用公元59年冬明帝首次举行养老礼的记载，《后汉书》卷二《明帝纪》。关于这个问题，详见第二章86页。

[63] 关于五供，见《后汉书》志第四《礼仪上》；Mansvelt Beck, *Treatises*, 102-104 对此进行了讨论。关于光武帝的世祖庙，见第二章 78—79 页。

[64] Bielenstein, *Lo-yang*, 74 接受五供在一天举行的说法，但似乎光武帝公元 57 年祭祀北郊、南郊间隔了几天，见前文注释 51。

Mansvelt Beck, *Treatises*, 102 指出："明帝对这些祭祀、礼仪有具体指示，这一点很明确，但是不确定后汉时期对这些指示的执行情况。"

马恩斯在第 104 页注释 31 进一步表示："五供不可能是后汉祭祀一直持续的特点。"

[65] 关于在五郊迎时，见《后汉书》志第八《祭祀中》，其开创记载于《后汉书》卷二《明帝纪》。Bodde, *Festivals*, 193-200 以及 Bielenstein, *Lo-yang*, 76-77 对五郊迎时进行了讨论。

尽管被称为"郊"，但五郊并不建在洛阳城郊区，而是距城 2—4 千米。城市郊区应该在 1 千米以内，见后文 55 页。卜德在 193 页解释："……迎时必须在空旷的乡村举行，那里季节的气（ether）运行更加自由。"

Bielenstein, *Lo-yang*, 76 指出，虽然祭地的北郊和祭天的南郊与五郊中的北郊、南郊同名，但是后者用于迎时，二者有区分。所以，一共有七郊。然而，Mansvelt Beck, *Treatises*, 101note 25 认为："实际上可能只有五郊，南郊、北郊轮流用作祭天、祭地以及迎夏、迎冬。"

[66] 关于高禖，见《后汉书》志第四《礼仪上》，讨论见 Bodde, *Festivals*, 243-261。关于武帝"上年二十九乃得太子，甚喜，为立禖，使东方朔、枚皋作禖祝"，见《汉书》卷五一《枚皋传》、《汉书》卷六三《武五子传》。

关于公元 2 世纪几位皇帝缺少儿子的问题详见后文，但此处可注意，安帝、顺帝均只有一个儿子，桓帝只有三个女儿没有儿子。桓帝因为这个问题数次遭到批评，特别是襄楷［见第七章第 346—347 页］，但这些皇帝无一人祭祀高禖。

另一方面，Bodde, *Festivals*, 250 页指出，在公元 3 世纪末，洛阳高禖坛仍是民间热门的宗教场所，见《晋书》卷十九。

[67] 关于耕礼，见《后汉书》志第四《礼仪上》唐李贤注，以及公元 1 世纪初卫宏《汉旧仪》。对耕礼的讨论见 Dubs, *HFHF* I, 281-283，以及 Bodde,

Festivals, 223-241。

关于藉田，见 Bodde, Festivals, 227，引用卫宏《汉旧仪》和《白虎通义》卷十七；Tjan, White Tiger Discussions II, 493-494。"神农""先农"被认为是中国农业的始祖。

关于古代耕犁技术，见 Needham/Bray, Science and Civilisation VI.2, 141-196。汉代农民有牛拉犁，但皇帝耕地采用古代方法，只借助手和脚犁地。《汉旧仪》记载，皇帝在藉田时要（象征性地）"三推"，并没有使用牛；Bodde, Festivals, 224-225, 237-239。

潘岳(247—300)作《藉田赋》，称颂晋武帝司马炎躬耕藉田，收录在《晋书》卷五五《潘岳列传》以及《文选》卷七，翻译见 Knechtges, Wen xuan II, 38-51 页。

[68]《后汉书》卷六一《黄琼列传》，又见第二章第 83 页。除明帝外，史书中只有一例皇帝参加藉田礼仪的记载，见《后汉书》卷九《献帝纪》：公元 194 年年初，十三岁的献帝加元服，并在几日后耕于藉田。但这次藉田是在长安，献帝是难以控制的将领手中的傀儡，这次藉田是汉王朝的悲哀尾声，而不是独立责任的象征。

[69] 见前文 29 页及注释 37。

[70] 关于后汉祖庙及其礼仪，见《后汉书》志第九《祭祀下》；Bielenstein, Lo-yang, 54-56 及 RHD IV, 169-170; Mansvelt Beck, Treatises, 105-107。关于世祖庙，见第二章第 78—79 页。

[71] 关于"起北宫及诸官府"以及"北宫成"，见《后汉书》卷二《明帝纪》；Bielenstein, Lo-yang, 33。关于对兴建宫室的批评，见《后汉书》卷四一《钟离意列传》，尚书仆射钟离意数次批评明帝"宫室荣"。

[72] 学界对南宫、北宫的位置有不同意见。Bielenstein, Lo-yang, 21-23 称南宫紧靠南城墙，北宫紧靠北城墙。毕汉思注意到东城墙、西城墙长约 9 里，他还引用公元 175 年前后蔡质《汉官典职仪式选用》"南宫至北宫……相去七里"，如果情况属实，则两宫必然位于洛阳城南北两端，并且南北长度均为 1 里（即 0.5 千米）。

毕汉思还引用《后汉书》志第二十七《百官四》描述城门校尉的职掌。城门校尉"掌洛阳城门十二所"，本注罗列十二个城门，但称"其正南一门曰平城门……属卫尉"("本注"被认为是司马彪所著,见 Mansvelt Beck, *Treatises*, 202, 215)。梁刘昭注引用公元 2 世纪末应劭《汉官仪》:"平城门为宫门,不置候,置屯司马,秩千石",而其他城门设门候,秩六百石。这与《后汉书》志第二十五《百官二》相互印证:"宫掖门,每门司马一人,比千石。本注曰:南宫南屯司马,主平城门。"

毕汉思依据这些史料得出的结论似乎可信,故我采用他的方案以及其绘制的洛阳城地图。

然而王仲殊在 *Han Civilization*, 33 页指出,南宫位于洛阳城之中的一大片矩形区域,并且距离北宫不远,北宫位于北城墙附近。王仲殊在第 34 页推测蔡质所谓南北两宫"相去七里"应为"相去一里"笔误。王仲殊对洛阳城轮廓的描绘与毕汉思有很大区别,被 Lewis, *Early Chinese Empires*, 99, Map 9 引用。(*Han Civilization* 中的后汉洛阳城地图应为 Map 37,被错放为 Map 42,北魏洛阳城地图。)

由于现在的洛河流经故洛阳城南城墙及其周边区域,不可能进行考古挖掘,故没有很好的办法来解决对南北两宫方位的矛盾认识。无论如何,我更偏向毕汉思对史料的解读,每条材料似乎环环相扣,而且我注意到后汉洛阳城经历了数次被毁和重建,包括三国魏国时期(第十章第 477 页),并且北魏洛阳城的平面图与后汉洛阳非常不同。

特别是平城门的情况很明确地说明后汉南宫与南城墙相邻。王仲殊的洛阳城地图显示,自平城门有一条通道向北直抵南宫,但很难想象这样一条通道是如何与城中普通道路相隔并保证安全,并且史料中没有其他道路向北通往南宫。更有可能的是如这些史料指出,洛阳城平城门只通向南宫。

(收录在明《永乐大典》卷九五六一的元代河南地方志《元河南志》流传至今,其中保存了 14 幅不同时期的洛阳城地图,《考古学报》1959 年第 2 期第 37—44 页重制了这些地图。)

[73] 例如 *Cambridge China*, 134 页,参见前文注释 13。(原文称未央宫"2 平方千米,400 多公顷",当为笔误。未央宫遗址实际面积约 4.8 平方千米。——译者注)

[74] 废郭皇后、立阴贵人为皇后的诏书,记载于《后汉书》卷十上《皇后

纪上》，这段史料的翻译见 Bielenstein, *RHD* IV, 115。关于郭皇后居住在北宫，记载于《后汉书》卷四二《光武十王列传》。

Bielenstein, *RHD* IV, 114-120 讨论了光武帝的婚姻策略，指出光武帝一直对郭氏家族施以恩宠，而郭皇后被废为"王太后"。毕汉思认为光武帝喜爱郭皇后，之所以废后只是因为支持他的南阳政治集团的派系压力。没有明确证据表明郭皇后被废后遭到严酷对待，故我们可以认为北宫中有部分区域能够舒适居住。还可见第二章第79—80页。

[75] Bielenstein, *Lo-yang*, 33-36 以及《文选》卷三，翻译见 Knechtges, *Wen xuan* I, 256。《后汉书》志第五《礼仪中》刘昭注引蔡质《汉官典职仪式选用》对德阳殿进行了描绘。

[76] 见《后汉书》卷十上《皇后纪上》。毕汉思和康达维将"濯龙园"翻译为"Garden of the Sleek Dragon"。

[77] 《后汉书》志第五《礼仪中》刘昭注引蔡质《汉官典职仪式选用》；Bielenstein, *Lo-Yang*, 33。可能在晴朗天气时站在北邙山上确实能够分辨出朱雀门。

[78] 关于两宫端门，见 Bielenstein, *Lo-Yang*, 23, 34 引用《后汉书》卷六十《马融列传》唐李贤注："（司马彪）《续汉书》曰，融对策于北宫端门。"关于复道上设置的警卫系统，见《后汉书》志第二十五《百官五》："公车司马令一人，掌宫南阙门，丞、尉各一人……尉主阙门兵禁，戒非常。胡广曰：诸门部各陈屯夹道，其旁当兵，以示威武，交戟，以遮妄出入者。"Bielenstein, *Bureaucracy*, 33 对此有讨论。

[79] 关于复道（也作"阁道"），见《后汉书》卷一上《光武帝纪上》唐李贤注引公元2世纪蔡质《汉官典职仪式选用》。

[80] Bielenstein, *Lo-Yang*, 46-47.

[81] Bielenstein, *Lo-Yang*, 23-24, 34.

[82] 顺帝初，宦官曹节以西园骑迁小黄门，《后汉书》卷七八《宦者列传》。

[83] 《后汉书》卷六三《李固列传》以及《后汉书》卷八《灵帝纪》。

[84] 《后汉书》卷六《孝顺孝冲孝质帝纪》、《后汉书》卷三十《郎顗列传》及 Bielenstein, *Lo-Yang*, 78, 81.

[85] Bielenstein, *Lo-Yang,* 78-80; 第二章 73 页。

[86] 关于城门校尉的职掌和下属,见《后汉书》志第二十七《百官四》;Bielenstein, *Bureaucracy,* 83-84。还可见第三章第 149 页及注释 75。

洛阳城有 12 个城门,其中南边的平城门直接通往南宫,所以由卫尉管控,见前文注释 72。

[87] 关于执金吾的职掌和下属,见《后汉书》志第二十七《百官四》;Bielenstein, *Bureaucracy,* 78-79(毕汉思翻译为"Bearer of the Gilded Mace")。还可见第三章第 149—150 页注释 76。

[88] 关于卫尉的职掌和下属,见《后汉书》志第二十五《百官二》;Bielenstein, *Bureaucracy,* 31-34(毕汉思翻译为"Commandant of the Guards")。还可见第三章第 149—150 页注释 74、75。

[89] 关于光禄勋的职掌和下属,见《后汉书》志第二十五《百官二》;Bielenstein, *Bureaucracy,* 23(毕汉思翻译为"Superintendent of the Imperial Household")。关于中郎将下属的郎官,见《后汉书》志第二十五《百官二》;Bielenstein, *Bureaucracy,* 24-25;deC, "Recruitment Revisited", 9-13;还可见第三章第 150—151 页。

[90] 关于少府的职掌和下属,见《后汉书》志第二十六《百官三》;Bielenstein, *Bureaucracy,* 55(毕汉思翻译为"Privy Treasurer")。

关于掖庭令和黄门令下属的皇宫内宦官守卫,见《后汉书》志第二十六《百官三》;Bielenstein, *Bureaucracy,* 63-64。

关于中常侍和小黄门,见《后汉书》志第二十六《百官三》;Bielenstein, *Bureaucracy,* 63(毕汉思翻译为"Regular Palace Attendants""Junior Attendants at the Yellow Gates")。

[91] 关于北军,见第三章第 151—152 页。

[92] 关于洛阳城周边地方行政机构,包括司隶校尉、河南尹,见《后汉书》志第二十七《百官四》;Bielenstein, *Bureaucracy,* 85-86,88-89。

[93] 司隶校尉下辖各郡县见《后汉书》志第十九《郡国一》。

[94] 刺史在汉代行政结构中占据特殊位置。刺史名义上秩六百石,具有监督二千石郡太守、王国相的权力。刺史无权采取直接行动,但能够上报不

法行为；朝廷评估刺史的指控，然后决定采取什么措施。尤其是根据前汉六条诏书，特别要求刺史检查地方官员是否偏袒阿附当地豪强大族，见 deC, "Inspection and Surveillance", 48-49。

但当州中出现盗贼等乱局时，在影响超过一郡范围的情况下，刺史有权集合军队恢复秩序。这种独特的权力使得一州的军事资源能够用来解决这个问题，并确保郡太守无法在本郡之外统兵。

[95] 关于后汉司隶校尉，见 deC, "Inspection and Surveillance", 68。

[96] 关于洛阳令，见 Bielenstein, *Bureaucracy*, 89。

[97] Bielenstein, *Lo-yang*, 42-43 将"亭"解释为官方旅社。毕汉思是根据三条材料得出这一结论：公元 145 年刘缵（即未来的质帝，短命）被召到洛阳，被安排住在都亭之中（关于都亭，见后文第六章第 272 页）；次年刘志（即未来的桓帝）住在洛阳城西北角夏门附近的亭，官方称其为万寿亭；同样的，公元 168 年刘宏（未来的灵帝）也被如此安排，见《后汉书》卷六、七、八，这三个皇帝的本纪以及唐李贤注引《东观汉记》。

但这几次都涉及未来皇帝从外地进京，当时保证安全极为重要，亭不可能对普通人开放。当时为公务出行的官员设有指定郡邸，提供住宿，见 Bielenstein, *Lo-yang*, 49（毕汉思翻译为"Commandery Quarters"）；并且在城内当然也有私人旅社。

故我相信亭主要作为警察局，更应被视作"watch-houses"，而不是官方旅社。

毕汉思在 43—44 页注意到史书中数次提到在谷水门和夏门（均位于洛阳城北城墙）以罪犯、反贼和叛徒的尸体示众，例如公元 179 年王甫尸首被置于夏门，见第八章第 396 页。毕汉思认为亭被用于处决，因为北方对应冬季，适宜处决犯人，但令人想不通的是夏门附近的亭名为万寿亭。

[98]《三国志》卷一《武帝纪》裴注引《曹瞒传》；deC, *Imperial Warlord*, 33。同样的，《后汉书》卷七七《酷吏列传》记载，光武帝的姐姐湖阳公主奴仆杀人后藏在公主家中，而洛阳令从公主马车中抓捕奴仆并杀之，见 Bielenstein, *Lo-yang*, 44。

[99] Bielenstein, *Lo-yang*, 50-51。

[100] 关于校,见 Bielenstein, *Bureaucracy,* 81-82 及 *Lo-yang,* 52。后汉早期只设有左校,顺帝时设右校。

[101] Nylan, *Chang'an 26 BCE,* 22 认为,"陌"可能指城中允许横穿道路的地方。公元前 40 年左右,未来的前汉成帝虽已被立为皇太子,并被急召入宫,但不敢横穿驰道,只能绕行到一个路口。见《汉书》卷十《成帝纪》;Dubs, *HFHD* II, 373-374。但在远郊,Needham, *Science and Civilisazion* IV.3, 7 页认为这个驰道系统当然难以维持。

[102] 关于洛阳城的总体布局,见 Bielenstein, *Lo-yang,* 41-45。毕汉思将"街"翻译为"avenues","路"为"lesser roads or streets","巷"为"lanes","亭"为"watch-houses","里"为"wards"。关于亭,见前文注释 97,关于利用亭所进行的警察监督,见 Bielenstein, *Lo-yang,* 43 和 *Bureaucracy,* 104。

亭和里也用于村庄,其中亭指官方邮局驿站,也是政府权力的基本中心。Miyazaki, "Villes en Chine", 378-380 明确描述了里制,包括里门(即闾)、宵禁。张继海"Residential Wards of Chang'an"是更新的研究,分析更详细。

[103] 史料中对这两个集市及其方位的记载相互矛盾,但我采纳了 Bielenstein, *Lo-yang* 的结论。

[104] Bielenstein, *Bureaucracy,* 88-89 引用《后汉书》志第二十六《百官三》。

[105] Nylan, *Chang'an 26 BCE* 引言第 27 页引用张继海《汉代城市社会》,第 126—156 页。

[106] 洛阳城人口情况见后文第 52—55 页。

[107] "出不由里,门面大道者名曰第",出自《魏王奏事》(毫无疑问该书收录了军阀曹操的官方文书。自公元 216 年起,曹操称魏王,直到公元 220 年去世)。该篇保存于《文选》卷二九《古诗十九首》中的第三首《青青陵上柏》的注释中。桀溺(Diény)在翻译《古诗十九首》时,将"第"译为"hôtel",它看起来确实与公元 18 世纪巴黎的贵族传统居所十分匹配。更多情况见后文第 59—60 页。

[108] 公元 168 年,大将军窦武召集北军数千人屯兵都亭,这里是都城抵御黄门宦官叛乱的中心,见第八章第 367—368 页、第九章第 440 页。

[109] Bielenstein, *Lo-yang,* 8 列出了后汉时期影响洛阳地区的种种灾祸,包

括 33 起火灾、31 次地震，平均每 5 年发生一起火灾和地震。毕汉思在第 46 页提到公元 142—143 年洛阳城中发生的两起火灾，其中第一起持续数月，在第 31 页列出了波及宫殿的火灾。此外，如毕汉思观察，宫中火灾往往被视作凶兆，而那些影响普通百姓的火灾除非规模很大，否则不太会被史书记载。

[110] Bielenstein, *Lo-yang*, 61. 飞廉是楚辞《离骚》中描绘的一种神兽；Hawkes, *Song of the South*, 28 note 9。据说飞廉鸟头鹿身，鹿角蛇尾豹纹。公元前 109 年，前汉武帝在长安建飞廉观，以铜铸飞廉放置其中，见《汉书》卷六《武帝纪》；Dubs, *HFHD* II, 90 以及 Knechtges, *Wen xuan* I, 136 note 330。

铜马本铸造于前汉武帝时期，也被运至洛阳，被明帝放置在平乐观中。之后马援远征西南交趾，平叛胜利后向光武帝敬献了一座类似的铜马雕像，于公元 44 年被立于南宫，见前文注释 33。

[111] 关于邓骘，见《后汉书》卷十六《邓寇列传》以及第四章第 178—179 页。关于张温被任命为车骑将军出征平叛，见《后汉书》卷八《灵帝纪》，关于在平乐观饯行，见《后汉书》卷三六《张温列传》以及第九章第 422 页。Bielenstein, *Lo-yang*, 61 提到该仪式，但将其错误解释为民事活动，这当然是军事检阅活动。

[112] 见第三章第 126 页，第八章第 372—373 页。

[113] 我在讨论这一问题时，根据 Glenn R. Storey, "The Population of Ancient Rome"。庞贝靠近那不勒斯，公元 79 年因维苏威火山爆发而被毁灭，掩埋在火山灰层之下。目前庞贝遗址四分之三的区域已经得到挖掘。

奥斯提亚古城位于台伯河口，是罗马帝国港口，之后遭到废弃。目前奥斯提亚古城三分之二的区域已经得到挖掘。

[114] 罗马城外环绕着公元 3 世纪末修建的奥勒良墙，其人口大约为 45 万。

在罗马共和国晚期和帝国早期，罗马并没有城墙，但公元 3 世纪 70 年代初，罗马皇帝奥勒良（Aurelian）修建防御工事以抵抗蛮族入侵，将当时罗马城的大部分用围墙围起来。（奥勒良 [Domitius Aurelianus 或 Valerius Aurelianus]，公元 270—275 年在位，与更加著名的马可·奥勒留 [Marcus Aurelius Antoninus] 不是一个人。）

有的学者相信古罗马城可能有 100 万甚至更多人口。Carcopino, *Daily Life*

中"The Extent and Population of the City"一章中详细讨论并得出结论（在第 20 页）：到公元 2 世纪末，罗马城中人口数量约为 120 万；Beard, *SPQR: A History of Ancient Rome*, 21 认为公元前 1 世纪中叶罗马人口数为 100 万，但没有进行细致计算。

然而，Russel, "Ancient and Medieval Population", 65 认为公元 1 世纪初奥古斯都皇帝时期罗马城人口约为 35 万，但他表示不确定其中是否以及何时包括儿童和奴隶。拉塞尔在第 48 页表示，这一数字可因此增加 50% 甚至更多。

[115] 同样的，拉塞尔在第 65 页注意并计算了罗马城内不用于住人的面积，例如战神广场（Campus Martius）、街道、公园、公共建筑和商业建筑。

[116] 《汉书》卷二八上《地理志上》，Bielenstein, *Lo-yang*, 19，以及前文注释 6，还可见于后文注释 117。

[117] 根据《汉书》卷二八《地理志上》记载，长安人口为 246200 人。邢义田在"Eternal City and the City of Eternal Peace"，第 204 页注释 72 接受了这一数字，但指出长安城中还有很多短期来访者以及因各种原因没有登记在此的人，这些人的数量无法估算。Pirazzoli-t'Serstevens, "Urbanism" 在第 177 页认为长安城总人口应为 35 万—40 万。

但毕汉思相信长安城登记在册的人口应该高很多。Bielenstein, *Lo-yang*, 19-20 论证道，每户 3 人的比例过低，这是纳税清单上的人数，并非所有人口。（关于二者的区别，见 Bielenstein, "Census", 128-132 以及第五章第 258—259 页引用 Loewe, "Operation of Government"。）随后，毕汉思以每户 5 人推测前汉长安城在册人口数量为 40.4 万。

但 40.4 万是京兆尹全郡人口数量的五分之三，显然不成比例。由于京兆尹平均每户人口仅 3.5 人，我怀疑毕汉思的计算是否正确。如果采用每户 3.5 人的平均值，则长安城在册人口将为 28 万多一点，相当接近《汉书·地理志》记载的 24.62 万人。

[118] 《后汉书》志第十九《郡国一》详细记述了河南郡人口情况。《后汉书》志第二十三《郡国五》记载后汉全国人口，刘昭注引用多种材料提供了各郡人口数量。对《后汉书·郡国志》的更多讨论以及补充材料见第五章第 257—263 页。

[119] 在 *Lo-yang*, 20, 毕汉思以其基础数据 40.4 万出发（我认为这个数字过高，见前文注释 117），估算浮动人口为 10 万，包括数个种类：登记在册的居民、长期居住者以及无法确定的来访者。

[120] Bielenstein, *Lo-yang*, 18-19 引用陆机《洛阳记》。《洛阳记》记载："东西十里，南北十三里。"关于人口密度，见前文第 53 页。

[121] Bielenstein, *Lo-yang*, 124 有一张示意图，显示城墙和城郊大片区域。

关于太学和三雍（即灵台、明堂、辟雍），见前文第 34—39 页。

[122] DeC, *Northern Frontier*, 19-23, *A note on the question of climate* 基本依据竺可桢的研究成果。竺可桢研究了关于植物的历史文献以及关于格陵兰冰盖上取下的钻芯的报告。虽然证据表明汉代几百年间气候出现变化，但总的气候情况与今天类似。这在我与侯仁之教授的私人交流中得到了证实。

[123] 关于公元 109 年拔去南郊主路上的梓树，见《后汉书》志第十六《五行四》；Bielenstein, *Lo-yang*, 74。

关于公元 139 年雷电击中高庙、世祖庙外槐树，见《后汉书》志第十五《五行三》刘昭注引伏无忌《古今注》；Bielenstein, *Lo-yang*, 55. 关于《伏侯古今注》，见前文注释 36。

关于公元 164—165 年冬季柏、竹受严冬影响枯伤，见《后汉书》卷七《桓帝纪》、《后汉书》卷三十《襄楷列传》、《后汉书》志第十四《五行二》。关于发生时间的讨论见《资治通鉴》卷五五、deC, *Portents of Protest*, 22, 54-55。京城周围还发生过其他树木毁坏事件，但发生地点和树木种类没有记载。

[124] Bielenstein, *Lo-yang* 53 引用公元 2 世纪应劭《风俗通义》，城内的里有"门"，城外郭内里有"闾"。不确定这两种不同的表述是否显示出安全等级上的差异。

在 *Lo-yang*, 17, 毕汉思列举了公元 31 年、60 年、136 年、155 年发生的洪水。在公元 31 年、60 年和 155 年的洪水时，灾害影响波及津城门（南城墙上最西侧的城门），136 年的洪水造成一千多人死亡。

[125] 王充《论衡·率性》："洛阳城中之道无水，水工激上洛中之水，日夜驰流，水工之功也。" Forke, *Lung-heng* I, 382. Bielenstein, *Lo-yang*, 32 引用了这条材料，Needham/Bray, *Science and Civilsation* IV.2, 344-345 对此进行了讨论。

如毕汉思指出，此处"洛中之水"是"谷水"笔误，因为洛水位于洛阳城南城墙2千米之外。

尽管有时将毕岚那段材料作为历史上首次出现链式水车的记载（后文注释126），但李约瑟认为公元1世纪后半叶王充《论衡》中的记载显示链式水车的使用要早一百多年。

[126] 毕岚传记见《后汉书》卷七八《宦者列传》，灵帝命令宦官毕岚建造可以喷水的"天禄""虾蟆"，将其设置在平城门外、护城河桥东，将水引入宫中。平城门位于南城墙正中，直接通往南宫，所以天禄和虾蟆是用来服务南宫的。《后汉书》卷八《灵帝纪》记载此事发生于公元186年；还可见第九章第431页。

关于毕岚的工程，见 Needham/Bray, *Science and Civilsation* IV.2, 334-346, 358, 以及 Bielenstein, *Lo-yang*, 32-33, 109 note 132-135。但是洛阳城南侧护城河的水流不可能如此强劲地将水抬到宫中，李约瑟提出"天禄""虾蟆"是戽水车（noria），水桶链由人力抬升。毕汉思同意它们可能是戽水车，但认为"天禄""虾蟆"是喷水口装饰的鹿、蛤蟆头，水从其口中喷出。

由于直到公元2世纪末该系统才建成，故在后汉大部分时间里，南宫都是相对干旱缺水的。但南宫中会有水箱、水坑用来收集雨水以及作为蓄水池以防火灾。

还可见下文注释134。

[127] 与之对比参见，Roger D Hansen, "Water and Wastewater Systems in Imperial Rome", http://www.waterhistory.org，访问时间：2015年11月。

[128]《后汉书》卷六《孝顺孝冲孝质帝纪》、《后汉书》卷七《桓帝纪》；公元151年洛阳发生瘟疫时，朝廷派光禄大夫发放医药。

公元2世纪70年代末80年代初引发黄巾等宗教叛乱的疫病明显情况不同，基本与公共卫生无关，见第八章第404—406页。

[129] Nylan, "Supplying the Capital", 106-108.

[130] 关于鸿池，更多情况见后文第65页。张衡《东京赋》译文见 Knechtges, *Wen xuan* I, 261（康达维将"鸿池"译作"Grand Lake"）。

[131]《古诗十九首》第三首《青青陵上柏》，载《文选》卷二九。译文

见 Diény, *Dix-neuf poèmes*, 12 and 13, 注释及评论见第 66、67 页。桀溺发现，该诗描绘的洛阳城的欢乐被悲伤和不确定所削弱。该诗译文又见 Watson, *Chinese Lyricism*, 24，被 Bielenstein, *Lo-yang*, 42 引用。

[132] 例如 Mathews, "The Embattled Driver in Ancient Rome"。

[133] 举之后的两个例子。袁绍"累世台司，宾客所归"，其传记见《后汉书》卷七四《袁绍列传》；deC, *Huan and Ling*, 115："莫不争赴其庭，士无贵贱，与之抗礼，辎軿柴毂，填接街陌。"

权势极大的宦官张让传记见《后汉书》卷七八《宦者列传》："时宾客求谒（张）让者，车恒数百千两。"

张让例子的译文见 Ch'ü（瞿同祖）, *Han Social Structure*, 494 以及 deC, *Huan and Ling*, 120。

[134] 关于道路建造，见 Needham, *Science and Civilsation* VI.3, 7。李约瑟认为中国的技术更加灵活，令人联想到现代的碎石路，但是也反映出中国北方黄土地缺少石材。

前文注释 126 引用《后汉书》卷七八《宦者列传》推测公元 186 年毕岚建造的"天禄""虾蟆"是舁水车，向南宫送水。这段材料在"天禄""虾蟆"后记载公元 186 年灵帝命人制造"翻车渴乌"，"施于桥西，用洒南北郊路，以省百姓洒道之费"。关于这一进展，Bielenstein, *Lo-yang*, 32-33 以及 Needham/Bray, *Science and Civilsation* IV, 345 均认为史料中的"南北郊路"指城墙之内的道路。这种观点也许正确，但"郊路"似乎更应该指郊野的"路"而非城内的"街"，见前文注释 102 毕汉思的翻译。此外，由于"翻车渴乌"被设置在平城门以西，而平城门直通南宫，并不通向城中其他地方，所以难以看出这个装置如何能够"用洒南北郊路，以省百姓洒道之费"。更有可能的情况是水流从护城河的另一边流经南宫南郊。

从这段材料以及前文注释 125 所引《论衡》来看，很早以来四面环墙的洛阳城大街看来一直有流动的活水和除尘的方法，并且灵帝将这一设施拓展到更远的郊野。

[135] 关于苏不韦，见第六章 302 页。

[136]《三国志》卷一《魏书·武帝纪》裴注引公元 4 世纪孙盛《异同杂语》，

对此的讨论见 deC, *Imperial Warlord*, 30。

[137]《世说新语·假谲第二十七》，译文见 Mather, *Tales of the World*, 31。从现存文献看，这则故事并没有更早的出处，很可能并非史实。《世说新语》不是史书，而是对奇闻轶事的汇编。

[138]《后汉书》志第二十六《百官三》；Bielenstein, *Bureaucracy*, 68。

关于苑囿，见 Bielenstein, *Lo-yang*, 80-82 及 Schafer, "Hunting Parks and Animal Enclosures"。

前汉上林苑包括长安周边广阔区域，司马相如《上林赋》对上林苑进行了描述，译文见注释 142 中吴德明（Hervouet）和康达维的著作，讨论见薛爱华（Schafer），第 362—330 页。前汉上林苑部分保存至后汉，见《后汉书》卷五《安帝纪》：公元 124 年安帝行幸长安，"历观上林"。

根据《后汉书》卷五四《杨赐列传》唐李贤注，上林苑位于洛阳以西，根据《后汉书》卷七《桓帝纪》，公元 163 年"（桓帝）校猎广成，遂幸函谷关、上林苑"。函谷关距洛阳大约 30 千米，上林苑肯定更近一些。

根据《后汉书》志第十九《郡国一》，河南尹新城县有广成聚，位于今临汝以西，刘昭注此地即广成苑。广成关是洛阳八关之一，详见前文注 27。

[139] 关于钩盾令，见《后汉书》志第二十六《百官三》；Bielenstein, *Bureaucracy*, 68 页（毕汉思译为 "Prefect Intendant"）。

[140] 关于鸿池，见前文第 21 页以及后文。《后汉书》志第二十六《百官三》本注："南园在洛水南。"此外没有其他记载，Bielenstein, *Bureaucracy*, 78。

[141]《后汉书》志第二十六《百官三》本注："苑中丞主苑中离宫。"而"离宫"可能不仅适用于猎苑内。根据《后汉书》卷十下《皇后纪下》，公元 125 年，安帝阎太后被监禁于离宫。该"离宫"也许位于某个宫苑，但阎太后更有可能被监禁于城内的某个宫殿中，见第五章 225 页。

Nylan, *Chang'an 26 BEC* 的导言第 16 页认为"离宫"即"行宫"（travelling palace），与之相反的是京城内皇帝的固定居所。唐晓峰在 "Urban Form", 71 note 3 及其他各处也持这种观点。

虽然将离宫解释为"行宫"（即统治者在旅途中居住宿营之地）似乎合理，但《后汉书》中并没有出现"行宫"一词。另一方面，离宫更应该被解释为"分离的宫殿"（detached palace），即洛阳与南宫、北宫分隔的固定建筑，位于城内或城外风景优美处，类似于秦代的夏宫或日本皇室在京都周边的各处宫殿。

[142]《史记》卷一一七《司马相如列传》、《汉书》卷五七上《司马相如传上》。见吴德明全文翻译的《史记·司马相如列传》，Hervouet, Chapitre 117;《上林赋》译文见第55—142页，本段材料见第90—91页。《上林赋》还收录于《文选》卷八，译文见 Knechtges, Wen xuan II, 72-113，该段材料见第89页。后汉没有其他作品敢于与如此精彩的描绘相提并论，班固的《两都赋》和张衡的《二京赋》通过对比前汉的挥霍无度，强调后汉的克制和美德。

[143]《后汉书》卷三《章帝纪》、《后汉书》卷四《和帝纪》、《后汉书》卷十上《皇后纪上》。可以注意到在这些例子中，每一次施加慷慨均发生在新的统治者刚刚即位掌权时。章帝前一年继承其父的皇位；和帝前一年灭掉外戚窦氏；邓太后在数月前挑选少帝即位，并临朝摄政。见第二章第99页，第三章第130页，第四章第173—174页。

[144]《两都赋》见《后汉书》卷四十上《班彪列传》，收录于《文选》卷一，译文见 Knechtges, Wen xuan I, 137。关于班固的赋，见后文注释163。

这种打猎方式被称作校猎。Bodde, Festivals, 381-386将"校猎"标音为"jiaolie"，在第383页讨论了多种译法，并表示更倾向于"competitive hunt"。Bielenstein, Lo-yang, 82标音为"xiaolie"，并采取了另一种解释："hunting within an enclosure"。

[145]《后汉书》卷五《安帝纪》。

[146] Bielenstein, Lo-yang, 80引用《后汉书》卷二七《赵典列传》、《后汉书》卷七《桓帝纪》。

关于洛水可能遭受污染，见前文第58页。如果当时洛水确实影响到鸿池，则洪水将清理出鸿池汇聚的大部分污水。

[147]《后汉书》卷七《桓帝纪》，第九章第461页。

[148]《后汉书》卷八《灵帝纪》，第八章第391页。

[149] Bielenstein, Lo-yang, 82。

[150]《后汉书》卷六六《陈蕃列传》。

[151]《后汉书》卷五四《杨震列传》。关于朝臣与皇帝宠信的宦官在朝堂

上争论，见第八章第 391 页。

[152]《后汉书》卷二三《窦融列传》，Ch'ü（瞿同祖），*Han Social Structure*, 461。章帝乘车出城，即"出"时，发现窦宪强占公主园田，并要求窦宪退还。见第三章第 118—119 页，关于外戚家族，见第二章第 110—113 页。

[153]《后汉书》卷三四《梁统列传》，Ch'ü（瞿同祖），*Han Social Structure*, 473, Bielenstein, *Lo-yang*, 73 以及第六章第 280 页。对梁冀园囿的描述当然有所夸大，但其中的土堆在三个世纪后仍然可见，见《水经注》卷十六。

[154] 例如小黄门赵津因贪横放恣被太原太守刘瓆收捕入狱，中常侍侯览在家乡山阳置田业，见第七章第 327—328 页。

[155] Bielenstein, *Lo-yang*, 83-87 基本根据公元 3 世纪皇甫谧《帝王世纪》详细列出了每座陵墓及其方位。Loewe, "Imperial Tombs" 进行了全面讨论。

[156]《后汉书》卷十上《皇后纪上》。尽管在 17 世纪明代万历皇帝的定陵中，万历皇帝和两位皇后同穴而葬，但汉代大多数皇后与皇帝同茔异坟，或为同坟异穴。

[157] 关于牟融，见《后汉书》卷二六《牟融列传》。关于伏恭，见《后汉书》卷七九《儒林列传》。关于刘般，见《后汉书》卷三九《刘般列传》。关于胡广，见《后汉书》卷四四《胡广列传》。类似的著名例子还有前汉武帝茂陵（今西安市以北）中有霍去病等大臣的陪葬墓。

[158]《后汉书》志第九《祭祀下》；Bielenstein, *Bureaucracy*, 20-21。尽管毕汉思没有提到准备食物，但官职"食官令"表明一定会准备饮食。

根据《后汉书》卷十上《皇后纪上》，公元 105 年和帝去世后，皇后邓氏被立为皇太后临朝，邓太后特别使周贵人、冯贵人免于分归外园，解释说自己需要这两位老友的陪伴。

[159] 关于这些园陵的方位和规格，见 Bielenstein, *Lo-yang*, 83-87 引用公元 2 世纪伏无忌《伏侯古今注》（见前文注释36）以及公元 3 世纪皇甫谧《帝王世纪》。

[160] 关于五供，见前文 38 页。关于上陵之礼，见《后汉书》志第四《礼仪上》，Bielenstein, *Lo-yang*, 87, 以及 Mansvelt Beck, *Treatises*, 74。

[161] 例如公元 59 年冬天明帝"西巡狩，幸长安，祠高庙，遂有事于十一陵"，公元 60 年、67 年"幸章陵（位于南阳郡），祠旧宅"，《后汉书》卷二《明

帝纪》。章帝于公元 82 年幸长安，公元 84 年幸南阳，《后汉书》卷三《章帝纪》。和帝于公元 91 年幸长安，公元 103 年幸南阳，《后汉书》卷四《和帝纪》。安帝、顺帝、桓帝也有类似记载。

[162] 关于明帝，见《后汉书》卷二《明帝纪》。关于章帝，见《后汉书》卷三《章帝纪》。

公元 103 年，和帝幸荆州，计划到汉水与长江交汇处的云梦泽，但由于强盗和叛乱的危险，朝臣劝谏阻止，参见《后汉书》卷四《孝和孝殇帝纪》、《后汉书》卷四四《张禹列传》。公元 124 年，安帝幸泰山，第二年死于幸南阳的途中，参见《后汉书》卷五《安帝纪》。顺帝仅在公元 137 年幸长安，参见《后汉书》卷六《孝顺孝冲孝质帝纪》。公元 159 年，桓帝幸长安，公元 164 年巡狩荆州，最远到达长江，参见《后汉书》卷七《孝桓帝纪》。

[163] 班固传记及《两都赋》见《后汉书》卷四十《班彪列传》。《文选》所收录的《两都赋》与之略有差异，译文见 Knechtges, *Wen xuan* I, 93-179，此处所引部分译文见第 159 页。

班固、张衡二人对两座都城做了仔细对比，Hughes, *Vignettes of Han Life and Thought* 对此进行了很好的总结，但修中诚仅翻译了部分段落。

[164] 班固以及东观的其他学者作品的顶峰是后汉末年编纂的《东观汉记》，见 Bielenstein, *RHD* I, 10-11 及 Loewe, *Early Chinese Texts*, 471-472, Mansvelt Beck, *Treatises*, 19-25 at 19-22。关于班固主持编纂前汉史书《汉书》，见 Hulsewé, "Historiography of the Han Period", 37-39, Loewe, *Biographical Dictionary*, 5-6 以及 deC, *Biographical Dictionary*, 6-7。关于班固撰写《两都赋》，见 Knechtges, *Wen xuan* I, 479-481。

[165] 关于班固之后的命运，见第三章第 131—132 页。

第二章　明帝、章帝时期
（公元57—88年）

年　表

57年	光武帝刘秀去世，明帝刘庄继位。
57—59年	第一次讨伐烧当羌。
59年	在洛阳创建三雍和五郊。
60年	立贵人马氏为皇后，皇子刘炟为皇太子。
62年	贬黜窦穆及窦氏。
65年	初置度辽将军。下诏赞赏其兄楚王刘英"诵黄老之微言，尚浮屠之仁祠"。
66年	为四姓小侯开立学校。
67年	迫使其弟广陵王刘荆自杀。
69年	西南的哀牢王率众归附。
70年	楚王刘英因大逆不道被废黜，受牵连者极广。
71年	明帝自制《五行家要说章句》。
73年	伐北匈奴。
74年	窦固降车师。初置西域都护。班超经丝绸之路南道出使西域。

75年	北匈奴攻破西域都护。班超出使疏勒。明帝去世,章帝刘炟继位。
77—101年	第二次讨伐烧当羌,先后与迷吾、迷唐作战。
78年	立贵人窦氏为皇后。
79—80年	会于白虎观,讲议"五经"同异。
82年	废黜宋贵人,宋贵人自杀,废皇太子刘庆为清河王,立梁贵人之子刘肇为皇太子。
83年	外戚梁氏被诛。窦太后收养皇太子刘肇。大败烧当羌首领迷吾。
87年	鲜卑击破并斩杀北单于。杀烧当羌渠帅迷吾,其子迷唐展开报复。
88年	章帝去世,和帝刘肇继位。

皇位继承

据《后汉书·光武帝纪》记载,公元56年春,复兴汉室的后汉开国皇帝刘秀在泰山举行盛大的封禅典礼。回到洛阳后,光武帝大赦天下,并更改年号。公元25年刘秀称帝时,定年号为建武,此时改元建武中元,即复兴的汉室要开创一个繁荣的新时代。[1] 但12个月之后,即建武中元二年二月戊戌(公元57年3月29日),光武帝去世。

据官方史料记载,光武帝崩于南宫前殿,但我们可以设想,他在人生的最后时刻享有私人空间,死后尸身才停放在前殿。随后,举办葬礼仪式。[2] 皇后、妃嫔等哭踊如礼,百官皆衣白单衣,白帻不冠,为皇帝守灵。皇帝尸身沐浴如礼,放置在装有冰的大盘中(根据郑玄的说法,是把冰放在大盘中,置于尸床之下,而非把尸体和冰一起放置在盘中。——译者注),缠以缇缯十二重,口中饭晗珠玉,身着金缕玉衣。由东园匠制作巨大的梓木棺椁,内外绘制图案,装饰着象牙雕刻的日、月、鸟、龟、龙、虎等代表罗盘方位的形象。[3] 皇帝尸身放置在棺椁中，五官、左右虎贲、羽林五将等卫戍屯于殿端左右厢，中黄门持兵陛殿上。

前汉时期，皇帝去世一段时间后才会确立继位者。[4] 刘秀临终时，他的几位皇子仍驻扎在都城中，[5] 他担心会出现混乱与冲突，所以立下遗诏，令太尉赵熹主持丧礼，皇太子刘庄即刻继位。[6]

3月30日黎明，百官再次会于南宫前殿广场。梓宫内放置有圭璋等物，棺椁合上后，三衽三束。刘庄及各皇子站于东侧。由于王莽篡乱导致旧典不存，一开始发生了一些混乱，诸皇子没有按尊卑站位。但太尉赵熹正色，横剑殿阶，使诸皇子按正确顺序站位，太子刘庄站在前列。

随后，在悲伤的哭踊中，供以牛、羊、猪太牢，并洒酒祭祀去世的天子。三公奏《尚书·顾命》[7]，在满朝文武的见证下请皇太子刘庄即皇帝位，刘庄之母阴皇后为皇太后。三公的请愿得到准许，随后百官去丧服，着吉服。

当百官着吉服重新聚集入会后，太尉赵熹自东阶而上，当枢御坐北面稽首，宣读继位策书，然后将传国玺绶东面跪授皇太子。[8] 刘庄以皇帝的礼仪南面居中，此外，玉具、随侯珠（传说出自长江深处，由大蛇所献）、斩蛇宝剑（出自前汉高祖刘邦斩白帝子的传说）等礼器也要在仪式中展示。[9] 太尉以这些宝物告令群臣，群臣皆伏称万岁，臣服于新皇权。至此，继位大典顺利完成，重新打开先帝去世后关闭的城门和宫门。[10]

《后汉书·礼仪志》制定了一套皇帝继位的规程，可以认为这基本反映了后汉的实际情况。根据《后汉书》卷二六《赵熹列传》记载，自王莽篡乱以来，礼仪旧典不存，需要专门下诏书授权太尉，加上诸皇子杂止同席宪章无序，这些表明刘庄的继位并非一帆风顺，他需要尽快确立皇位。《后汉书·礼仪志》中描述的这套流程很可能是在使用之前刚刚由赵熹及其属下所创,并成为之后继位典礼的模板。[11]

马恩斯讨论了司马彪对皇帝继位和葬礼的描述,并列出了不同史料的差异,认为司马彪的描述并非实际情况,而是理想状态,"《礼仪志》的历史价值有限,那些没有确凿证据的细节都值得怀疑"。[12] 毕汉思教授在一次私下交流中表示,司马彪记载的依据可能是某人曾目睹的后汉早期的一次继位大典,而且可能就是刘庄继位的这一次,这种观点也许有所偏颇。马恩斯和毕汉思的两种解释并非完全对立,因为尽管每个继位场合都有自己的政治特性,但是与现在的加冕礼或总统就职仪式一样,其基本流程都是确定的。[13]

已故皇帝的棺椁陈放在殿内,由专人守卫,直到占卜出葬礼的吉日。最终,在4月27日,即刘秀去世约一个月之后,庞大的送葬队伍抵达城外刘秀的陵墓。

《后汉书·礼仪志》描绘了葬礼的正式安排,虽然不是所有细节都完全准确,但场面一定非常宏大。[14]

首先,太常为先帝上太牢奠,作为他最后旅程的开端。之后太尉在夜晚乘车至殿门外,领诏书至南郊。到达南郊后,在群臣百官的见证下,太尉向神明宣告先帝谥策,并再拜稽首。治礼告事毕,太尉返回大殿,太常再一次上祖奠,此时棺椁已经放置在灵车中。

新皇帝收到谥策,其中写有先帝的谥号和记载其功绩的赞文。谥策的副本放于金匮中,藏在祖庙,原件随棺椁下葬。随着大鸿胪的指令,所有人踊脚、号哭十五次。然后太常第三次行遣奠,三公带领群臣上路。

方相氏乘坐四匹马拉的马车,作为先驱。他面容可怖,身着黑色束腰外衣和白色绑腿(《后汉书·礼仪志》称方相氏"玄衣朱裳"。——译者注),头上肩上披着熊皮,脸上戴的双重面具上绘有黄金四目,所以能看到所有方向。方相氏执戈扬盾,驱逐路上的疫鬼,赶走陵墓中的恶灵。[15]

在方相氏之后，是一面巨大的旗帜，24 英尺（7.31 米）长，十二垂旒曳地，旗帜上绘有日、月、升龙，写有"天子之柩"。随后，两名谒者乘车，其次是身着丧服的车驾仪仗队。

巨大的灵车装饰繁复，拉车的马匹穿有马衣，用长 300 英尺（91.4 米）的六条大绳挽车，每条大绳由五十名身着白色孝服、头戴素帻委貌冠的人牵着。随后是护送的三百名校尉，皆头戴赤帻，不冠，身穿绛科单衣，每人持一面幢幡。这三百人在候司马丞的带领下，皆衔枚以保持肃静。其次是六十名羽林孤儿，即阵亡官兵的子孙和西北凉州良家子孙，在取得军职之前，他们在都城中充当郎官。[16] 八名铎司马执铎，其后是六十名"巴俞"嬥歌者载歌载舞。"巴俞"是一种来自南方的武乐，汉高祖认为这是周武王伐纣之歌，因此汉朝沿用。[17]

葬礼由太仆指挥，其后是身着深色粗布孝服的新皇帝，在大鸿胪的引导下，群臣与使者入位。人群在陵墓的入口集合，在司徒的引导下，棺椁被放入墓穴中。皇帝遗体被安放在双重棺椁之中，外层为木椁，有房间大小，包裹着内层的朱砂。棺椁周围放置着大量东园匠提供的礼仪饰品和奇珍异宝，包括甲、胄、彤矢、彤弓等武器，钟、镈等乐器，各种粮食、酒，以及座椅、火炉、锅等实物模型。题写着对死者的赞颂、谥号的哀策被置于其中。新皇帝上前赠玉珪、紫巾。然后，在最后的哀悼和奠酒结束后，合上棺椁，封住墓穴，庄严的队伍返回都城。

葬礼结束几天后，刻有先帝名字和世系、由桑木制成的神主被放置在高祖庙中。这是交接仪式的最后一步，权力由上一代交接给下一代，在列祖列宗面前，新一代统治者向上一代统治者表达自己的敬意。[18]

光武帝遗诏中除了安排葬仪外，还要求务从约省，如前汉文帝制度：陪葬物品皆用瓦器，不以金银等金属装饰；陵墓要根据自然山脉起伏而建，不起坟。[19] 事实上，尽管我们不知道光武帝陵墓中陪葬品的材质，但据记载其陵墓高15米。[20]

如按照前汉文帝制度来推测光武帝的意图，则其神主应该藏于他在洛阳新建的高祖庙之中。起初神主无疑放置在那里，但明帝有不同的安排，他在高祖庙旁为光武帝建造了光武庙。公元60年冬，光武庙正式落成，成为后汉皇帝的宗庙。[21] 十五年后，刘庄去世，其遗诏下令将神主藏于光武庙。明帝庙号显宗，自此之后，后汉每一位成年的皇帝均有称"宗"的庙号（据《后汉书·祭祀志下》及后文第127页，灵帝并未获得庙号，和、安、顺、桓诸帝的庙号也被剥夺。——译者注），神主均放置在光武庙中。[22]

如前所述，光武帝去世时，几位皇子均居住在洛阳城中。太尉赵熹在丧礼和继位典礼过程中对他们非分无礼的行为进行了约束。[23] 根据《后汉书·赵熹列传》，当时诸皇子及其藩国官属经常出入宫省，与百僚无别，赵熹上奏，提出约束诸皇子入临宫省。从此，诸王被限制在自己的府邸内，只有在特定时间才能进入皇宫，皇宫拱门处设立了严密的守卫。[24]

明帝在继承大统时遭遇了不少窘迫，包括兄弟们在都城中的驻留，以及他们的任意妄为，这在之后导致一系列麻烦。公元43年，即十二年前，刘庄被立为皇太子。尽管他的父亲在立刘庄为皇太子这个决定上没有任何犹豫，但很可能曾经错误地骄纵过其他的儿子，不过这并没有影响立太子。

光武帝的第一任皇后郭圣通是北方豪族的女儿，公元24年被纳为妃子。这种家族联姻非常有效。公元26年，刘秀刚刚称帝即立郭圣通为皇后，并把尚在襁褓中的长子刘强立为太子。之后，郭皇后生次子刘辅，许美人生第三子刘英。

在纳郭圣通之前，刘秀于公元23年纳阴丽华为妃，公元26年立为贵人，地位仅次于皇后。阴丽华出身南阳郡大族。公元28年，阴贵人生刘庄,这是她的第一个儿子,也是光武帝第四子。[25] 光武帝还有五个女儿,她们的生母不见记载,其中一两个女儿有可能是阴贵人在生刘庄之前所生。光武帝共有十一位皇子,其中五位由郭皇后所生,五位由阴贵人所生,一位由许美人所生。[26]

　　内战结束后,改立阴贵人取代郭皇后的压力越来越大:北方联盟的作用不再重要,来自南阳的势力左右了朝政,南阳就是新皇室的家乡。公元41年,光武帝屈服于这种压力,废郭皇后,立阴贵人为皇后。刘强仍为太子,其他皇子分封为王。但在公元43年,理智占了上风,刘秀立刘庄为皇太子,刘强为东海王。[27]

　　废立皇后和皇太子是重大的政治决定,但光武帝真心宠爱前皇后,让她住在北宫,并且她的儿子们都继续住在洛阳。公元52年,郭圣通去世,她的四个儿子东海王刘强、沛王刘辅、济南王刘康、淮阳王刘延,以及许美人之子楚王刘英才前往封地。他们当时二十多岁,但郭圣通最小的儿子刘焉获准留在洛阳。光武帝增加了前太子刘强的封地,将鲁郡赐予刘强,使他的封地将近三十个县,刘强还获得了宏伟的灵光殿,并被赐虎贲旄头、使用宫廷音乐、拟于乘舆等特权。[28] 刘强曾数次上书拒绝这些赏赐,但光武帝坚持赐予,他对刘强的推辞非常赞赏,并将刘强的上书展示给公卿朝臣。

　　公元54年,光武帝幸鲁郡。公元56年春正月,他在封国的皇子们皆来朝贺新年。随后,刘强陪光武帝东巡狩,于泰山封禅,然后一起回到洛阳。次年光武帝去世时,刘强仍在洛阳城中。

　　没有任何证据表明光武帝对其长子怀有除父爱之外的感情,他在临终之时下遗诏给赵憙,表明他已经意识到自己的意愿可能会被曲解,他可能确实喜爱刘强。对刘强、刘庄两兄弟来说,这都是一段艰难的时期。

　　据记载,光武帝十分赞赏刘庄的经学水平:刘庄十岁通《春秋》,

并以著名学者桓荣为老师,学通《尚书》。[29]此外,在被立为皇太子前,刘庄便获准参与朝政,在帷幄后发表意见。公元51年,北单于遣使请求和亲,光武帝召公卿廷议,皇太子刘庄表示,由于南匈奴已经归顺,汉朝不应与北单于有任何往来,否则新归附的南单于将有二心。朝臣们也一致认同刘庄的观点,最终得到了光武帝的支持。[30]

如上所示,刘庄在朝颇有地位,他的继位应该是顺理成章的。但后汉王朝在进行第一次权力交接,即权柄从开国皇帝传至继任者时,仍然不可避免地出现了紧张局面。当公元前210年秦始皇去世后,懦弱的胡亥取代指定的继承人扶苏成为秦二世;[31]公元前195年,前汉高祖去世,惠帝继位,政局混乱,吕后大权在握,临朝称制;[32]后汉末年,公元220年军阀曹操去世后,曹丕为确立自己的权威也颇费了一番周折。[33]

这一次的权力交接尤甚,阴皇后第三子山阳王刘荆的介入使形势更加复杂。刘荆与他的同母兄弟均获准留在首都,光武帝去世时他正在洛阳。据记载,在哀悼仪式上刘荆"哭不哀",更严重的是他假冒刘强的舅舅、前皇后之弟、大鸿胪郭况,给自己同父异母兄弟、前皇太子刘强写信,怂恿刘强取代刘庄、夺回皇位。信中引用星象和面相之说,表示如果举兵将得到广泛支持并迅速获胜。由于刘荆这种力劝自己的异母兄弟去攻打同母兄弟的行为,以及他之后的种种举动,毕汉思认为他的精神有问题,这种推论很有道理。不论如何,刘强见信后极为惊恐,立刻将信封起,连同送信的使者一起上交皇帝。

这件事被掩盖下来,而刘荆被遣出首都洛阳至河南。由于他仍旧勾结星象术士,故次年徙封广陵王,封地变小,位于偏远的长江下游,并被遣就国。尽管刘荆没有受到责罚,但在当年冬天回到封地后,第二年夏天即去世。明帝派遣医者看望,允许兄弟们探病,并赐予刘荆死后哀荣。但这是一场令明帝获益的离奇死亡。

刘强对刘荆的怂恿的迅速反应没有给皇位继承引来任何问题，但这个危机无疑对刘庄这位新统治者产生了影响，不仅影响了他和兄弟们的关系，更影响了他对自身合法性的认识。

明帝的统治

明帝在统治初期兴建了大量礼制建筑，既巩固了朝廷的权威，又与神灵建立了联系。公元56年完成泰山封禅后，光武帝立即下令在洛阳建造北郊和三雍，即灵台、明堂、辟雍。光武帝去世之前，北郊已经建成，他在去世前几天首次祭祀北郊，但其他工作几乎没有启动，而明帝正是借助完成他父皇的工程来确立自己的地位。

公元59年2月20日，就在明帝继位两年后，祭祀光武帝于明堂，以配五帝。同日，首次登灵台，望元气，吹时律，观物变。几周之后，临辟雍，首次举行大射礼。至此，三雍创建完成。[34]

同年，在城外的五郊举行迎气礼。[35]冬十月壬子（11月28日），明帝在辟雍举行养老礼，后文讨论了这种儒家盛典的含义。[36]

冬十月（12月10日）明帝西巡狩至长安，途中可能在函谷关新修建的上林苑打猎，而幸长安是严肃的礼仪。他首先祭祀高祖庙、前汉各皇帝陵墓，然后派遣使者祭祀前汉名臣陵墓。随后，明帝向北渡过黄河至河东郡，一路上向各级官吏遍施赏赐。次年1月18日，明帝在离开洛阳六周之后返回都城。

公元60年冬十月，明帝在新建成的光武庙首次举行祭祀，初奏《文始》《五行》《武德》之舞。[37]几周后，明帝陪同其母阴太后至南阳，幸章陵旧居。近两个月后，即将新年时返回洛阳。[38]

公元61年春二月，明帝在洛阳东郊亲耕藉田。藉田是一种古老的礼仪，发源于前汉，之后广为流传。目前对这种礼仪仍有很多疑问有待解答，比如不清楚皇帝本人参加藉田的频率。根据当时的诏书，公

第二章　明帝、章帝时期（公元 57—88 年）　——　067

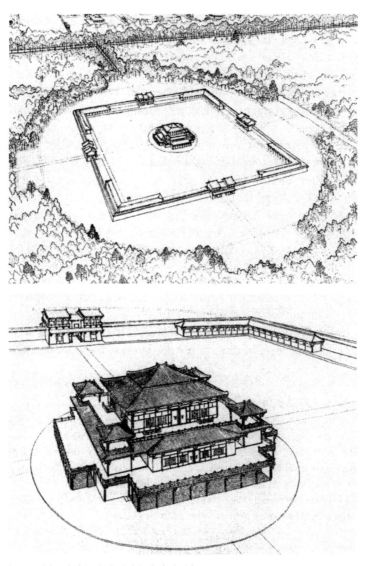

图 5　辟雍。根据汉长安城南郊考古遗址复原。
来源：王世仁，《汉长安城南郊礼制建筑（大土门村遗址）原状的推测》，《考古》，1963 年第 9 期。上图展现整体样貌，下图根据汉代建筑的图像和模型进行复原。我们可以认为洛阳的辟雍也按此样式设计建造。

元 61 年的这次藉田是后汉第一次皇家藉田,由于去年冬季以来洛阳地区降水稀少,故皇帝亲耕藉田,以祈农事。据记载,明帝分别于公元 70 年在洛阳,以及公元 72 年在东巡狩途中各举行过一次藉田之礼。虽然除此之外再无记载,但是并不表示明帝在其他年份缺席了藉田之礼,记载很可能不完整,并且明帝似乎是最认真负责的那种统治者。[39]

恢复藉田,以及之前落成三雍、兴建五郊、修建光武庙,这些行为与西巡狩幸长安、南巡狩幸南阳一起,确立了这位新统治者是王朝和帝国礼仪的称职君主的形象。此外,明帝还声称是经学的支持者和推动者。

公元 59 年春三月,后汉首次在辟雍举行大射礼,秋九月再次举行。[40] 射礼原本是古代六艺之一,当时仍与太学有关,但已经被认为是有些陈旧过时的礼仪,重要性不如养老礼。养老礼于冬十月举行,也发源于前汉,王莽时恢复,明帝将其进一步发展。[41]

《后汉书·礼仪志》记载了礼仪的基本情况。公元 59 年明帝诏书中描述了他如何为三老李躬、五更桓荣侍奉饭食、酒,[42] 然后参与讨论经学。诏书描述李躬"年耆学明",但史料中对此人没有记载。五更桓荣精通今文《尚书》,曾任刘庄的老师,后任太常。桓荣在太常的职位上深度参与了三雍和五郊的兴建工程,并得到了一批学者的支持,包括皇亲樊鯈。樊鯈是著名的今文《春秋》学者,参与制定郊祠礼仪、以谶记正"五经"异说。明帝受到鼓励,一直是此类经学的支持者,养老礼的第二部分是讨论经学,有可能以这项活动为发端,之后出现了一系列的年度集会。[43]

公元 71 年,明帝颁布《五[行]家要说章句》。该书由桓荣之子桓郁校定,但名义上由明帝亲自编纂,记录了皇家支持下的一次经学讨论,这次讨论也是养老礼的组成部分。这大概可媲美公元前 51 年前汉宣帝关于儒家五经同异的石渠阁讲论会,以及公元 79 年明帝之子章帝召开的白虎观会议。[44] 该书如今只存有残本，但其中对"五行"的强调显示此书内容是在回应《尚书·洪范篇》。《洪范篇》是汉代五行学说的主要来源，强调君主在宇宙中心的地位，指出上天的警示会以征兆、灾异的形式传达给君主。《洪范篇》有力地宣传了今文经学说。[45]

除了以上的经学辩论，公元 66 年明帝还为四姓小侯开立学校。最初，学校专为外戚开设，很快扩展至王侯、功臣子弟，以及匈奴等外族质子。学校教授"五经"，据推测应该是今文经，并且特别重视《孝经》，要求就读者都要通《孝经》章句。高祖之后前汉皇帝谥号中均有"孝"，并通过举孝廉选官，可见前汉时期非常重视孝道，但后汉以《孝经》作为官方道德核心。[46]

《尚书·洪范篇》将君主作为万民和宇宙（cosmos）的中介，《孝经》则是每个个体的行为准则，包括人类克制的美德、良好的秩序和对上位者的顺从。这两种思想相结合，为仁慈的独裁统治之下的臣民们提供了一个理想的行为准则，明帝的哲学也为继任者们提供了一个典范。公元 65 年，班固作《两都赋》时，对比前汉的奢靡无节制，强调后汉的道德约束。班固的赞美既反映了当时的社会理想，也反映了明帝的期待。[47]

帝国疆域之内，皇权巩固，边疆地区也取得可喜的成功。首次统一北方草原的匈奴冒顿单于曾挑战并打败了汉高祖刘邦，匈奴和前汉频繁交战，两大政权的外交往来贯穿整个前汉。王莽时期，匈奴政权中曾出现过强大的亲汉派，单于舆原本准备归附汉朝，但由于王莽的迟钝和敌意，他的态度从忍耐转为敌对。王莽命令大量军队在边境集结，导致其军事力量左支右绌。这种错误的策略导致王莽无力应对刘氏起义军，更导致了最终的灭亡。[48]

中国政权更迭并未影响单于舆，他支持北方各割据势力，并将自己的控制权扩展到长城以内。甚至在内战结束后,光武帝仍派军沿着整条北方边境驻守以抵御匈奴入侵。公元 1 世纪 40 年代中期后汉丢失大片领土,匈奴侵扰远至渭河(在今陕西)及洛阳以北的上党郡。

公元 46 年单于舆去世后,匈奴政权立即陷入传位之争。公元 49 年,匈奴王子比向后汉寻求庇护支持,光武帝同意了他的请求,王子比在鄂尔多斯地区建立独立政权。虽然自立为南单于,但单于比必须对汉朝皇帝叩头、向汉朝纳贡、纳质,同时汉朝派遣使匈奴中郎将长期驻居南匈奴都城西河郡美稷,监督南单于的统治。[49] 随着后汉在边境军事力量的恢复,以及北匈奴的主动求和,后汉将因战乱内迁的百姓迁回边地,但他们中很多人更愿意留在南方,避免战乱之苦。[50]

在朝廷最初商议匈奴归附问题时,明帝曾参与讨论,之后的安排符合他的政策,然而从 60 年代早期起,朝廷担忧南匈奴可能会借机与其草原上的同族们重修旧好。为了阻止南北匈奴相互接触,公元 65 年任命度辽将军,屯于五原郡(今包头附近),掌握边境内外的联络,防止南匈奴与北匈奴串通谋反。度辽营是一支精干的部队,将士来自黄河沿岸魏郡黎阳虎牙营。这支部队负责巡守长城,尤其是通往中亚的西北走廊一线,增强了卫戍力量。[51] 除此之外,命令死罪犯人及其家人诣度辽将军营,驻屯于朔方、五原。[52]

在更西、更南的区域,生活在黄河上游地区的羌人于公元 1 世纪 30 年代中期被马援击败,先零羌部落中的大量羌人被迁徙至后汉疆域内,在渭水河谷上游定居。[53] 受到如此重创后,存留在边境之外的先零羌被迫臣服于烧当羌的霸权之下。公元 57 年,羌人首领滇吾袭击金城郡,在今兰州附近取得胜利。后汉派军反击,于公元 59 年打败烧当羌。和之前的先零羌一样,滇吾和数千名族人被迁徙至后汉境内。这种迁徙将可能的反叛者置于监管之下,但也埋下了动荡的伏笔。

该时期后汉的一个主要成就是西南地区哀牢夷的归顺,不过这件事的真正后果尚难断定。

前汉时期,汉朝疆域扩展至洱海,公元前2世纪滇人即定居于此,[54] 前汉与哀牢夷在边境上有贸易往来。公元47年,哀牢夷王贤栗攻打居住在益州郡、已归附后汉的鹿茤人。虽然初期节节胜利,但雷雨使江水翻涌,打翻战船,导致哀牢夷最终战败,死伤众多。据说这展现出的新王朝的圣明令贤栗震撼。无论怎样,两年后贤栗率部请求归附后汉。

公元69年,哀牢王柳貌派其子至汉边境请求归附,贤栗所领人口将近一万八千,而柳貌据有称五十万人。归附的哀牢夷人口如此之多,后汉设置永昌郡以便管理,并将永昌郡扩展至今云南西部以及缅甸伊洛瓦底江上游。汉朝政府的中心地区与边疆相隔遥远,有人可能会怀疑它的统治是否强有力,而来自偏远的、几乎没有汉化地区的数据无疑要被怀疑,但终后汉一朝,朝廷不断向该地区任命行政官员。[55]

明帝通过传统礼制稳固统治,成为经学的支持者和领导者,并得到了偏远边疆地区少数族的归附,他达到了权威顶峰,收获了无数赞誉。据《后汉书·明帝纪》记载,公元66年后汉粮食桑蚕迎来大丰收,公元69年最后一条记载:"是岁,天下安平,人无徭役,岁比登稔,百姓殷富,粟斛三十,牛羊被野。"[56] 后世将这段时期称为黄金时代,但在之后的几年,明帝遇到国内国外的双重困境。

明帝共有十位兄弟,其中同母兄弟刘衡,异母兄弟、前皇太子刘强分别于公元41年、58年去世,寿数有限。[57] 另有三位兄弟与他关系不错,分别是异母兄弟、前皇后郭氏之子刘辅,同母兄弟琅邪孝王刘京、东平宪王刘苍。[58] 刘苍为人美须髯,好经书,很得明帝信任。在光武帝时期,刘苍便参与议定新朝礼制,成为冠冕车服、礼乐、祭拜制度的权威。明帝即位后,任命刘苍为骠骑将军,位在三公上。当明帝巡狩时，刘苍留镇洛阳，并负责侍卫皇太后。公元 62 年，刘苍为避免涉政过深，上疏请求辞去骠骑将军归国。尽管明帝最终同意了他的请求，但刘苍之后仍数次因皇太后驾崩等事返回洛阳，并且明帝一直给予他最大的尊荣。

明帝的其他兄弟们则惹了不少麻烦。最小的兄弟中山简王刘焉是郭太后少子，因缢杀了自己的妃子而被罚削去部分封地。广陵思王刘荆在光武帝去世后怂恿前皇太子刘强叛乱，[59] 之后又迷信星象术士，公元 67 年被告发使用巫祭祀祝诅。明帝虽可怜他，但仍同意判处死罪，刘荆自杀。刘荆也许精神有问题，但他的案件将带来糟糕且重要的影响。

楚王刘英为许美人之子，在其封地彭城（华北平原南部）聚集了一批黄老学者。这个流行的道教学派信奉黄帝和老子，以及他们的灵魂转世。虽然对黄老的崇拜已经存在了几百年，但楚王刘英也是最早的佛教拥趸之一，佛教此时刚刚传入中国。公元 65 年，刘英为赎罪而向明帝奉上黄缣白纨三十匹，这件事的细节尚不清楚，可能与政治有关。当时明帝婉言赞赏刘英"诵黄老之微言，尚浮屠之仁祠，洁斋三月"，以及其热情招待佛教教徒和僧侣。明帝归还了刘英奉上的织品，鼓励他继续大兴黄老、佛教。[60]

时人一般认为佛教和黄老思想有关，佛被认为是黄老神灵的另一种化身。之后佛教在洛阳得到发展兴盛，但有理由推测人们最初对佛教的兴趣源于与东南亚的海上贸易往来，而彭城在后汉一朝一直是佛教中心。[61]

刘英一直保持着自己对这种外来宗教的兴趣，并积极参与其中。但他似乎很快忘记了公元 65 年他的担忧，开始造作图谶。公元 70 年年末，有司告举刘英招聚奸猾，造作图谶，这属于大逆不道，是最严重的罪名。[62] 刘英被废，徙长江以南的丹阳泾县，几个月后刘英在丹阳自杀，楚国除，复为楚郡。

这件事是朝廷的不幸，但它本不必成为一个牵连众多的事件。刘英下狱后，朝廷残酷清洗了每一位被怀疑参与刘英罪行的人。南到会稽郡，北到渔阳郡，数千人被捕，很多人在严刑拷打下被迫认罪、牵连他人。济南王刘康被人举告，被削去五县封地。公元73年，淮阳王刘延被举告"招奸猾，作图谶，祠祭祝诅"，与刘英类似。刘延逃脱了死罪，被徙为阜陵王，封地仅剩两县。这件事给调查审讯更添了一把火，情况愈发严重。

这些皇帝的兄弟们相继对超自然产生兴趣，可能是因为这能使他们在封国的生活更加有趣，没有理由相信这是阴谋反叛。虽然如此，这件事造成一位三公被处死，另一位三公自杀；一位驸马被处死；十位侯爵被废黜，其中四位曾为宗室成员。死于恐慌和迫害的人数没有统计，但在明帝的愤怒和忧虑下，这种严重的指控和逮捕直到公元75年他去世才停止。

明帝如此不安的原因无从得知，有可能他虽然手握皇权，但坐在皇位上却从未感到安全，认为自己没有被完全承认。公元65年，明帝宽恕刘英，但公元67年刘荆使巫诅咒、意图谋反，无疑使明帝深受震动，当刘英再次被举谋逆时，引起了明帝的疑心病。不过这次大规模调查审讯产生的严重后果比不上公元前91年汉武帝晚年发生的巫蛊之祸。当时，大部分高官受到牵连，并引发了武帝宠臣和皇太子一方的公开冲突。尽管刘英叛乱之事威胁了后汉的走向，明帝的猜忌让很多人无端受牵连，但对朝廷基本没有影响，这也恰恰证明了他的恐惧是毫无理由的。[63]

除了国内，明帝时期还有国外的问题。后汉与南匈奴和解二十年，得以休养生息、恢复国力。尽管北方人口已经大幅减少，但到公元1世纪70年代早期，后汉的统治力量跨过北方草原，深入中亚。公元65年设度辽将军营是为了防止北匈奴和南匈奴的交通往来，取得了很好的效果。然而利用这段时间，北匈奴也恢复了元气，多次袭击凉州西部边境。当时北匈奴胁迫西域诸国侵扰河西郡县，据说从武威到敦煌的各城在白天也要关闭城门，以防北匈奴来袭。战争的火药味越来越浓。

公元73年，明帝发起对北匈奴腹地的远征。他共派出四路大军：一路从如今山西大同出发，一路从鄂尔多斯北部出发，还有两路从凉州出发，其中一路出河西走廊居延塞。中路由度辽将军营的将士和南匈奴骑兵组成，边郡军队得到了东部乌桓、鲜卑和西部羌族的补充辅助。

虽然明帝此次远征雄心勃勃，但结果令人失望。北线部队深入草原，但没有找到敌军；中路部队原本计划汇合，但过早撤退；居延部队只进行了几次小规模战斗。唯有奉车都尉窦固的军队取得战果，向西北进至蒲类海（今巴里坤湖），击败北匈奴呼衍王，占领伊吾卢城（今哈密）。窦固娶了光武帝之女，是明帝的姻亲。第二年冬天，窦固又率一万四千名骑兵远征匈奴，降车师国，占领波格丹山脉南北和天山东麓。明帝决心采取永久性措施来巩固胜利。

汉代西域（今新疆南部地区）起于敦煌郡，穿过罗布泊附近的沙漠之国鄯善，延伸到环绕塔里木盆地和塔克拉玛干沙漠的绿洲国家。长期以来这片领土被前汉所统治，虽然后来疏于管理，但此时汉人重新燃起了对西域的兴趣。[64]

丝绸之路在敦煌玉门关以西分为南北两线。北线：一路向北到今哈密，然后向西经过巴里坤山附近的车师、焉耆，沿着天山到达帕米尔高原脚下的疏勒。南线：向西到罗布泊附近的沙漠之国鄯善，[65]然后向南、西经过青藏高原山麓，穿过拘弥（今于田）、于寘（今和阗）、莎车，然后往北至疏勒。从疏勒起，主要的商路去往大宛、安息，最终到达大秦（即罗马）。

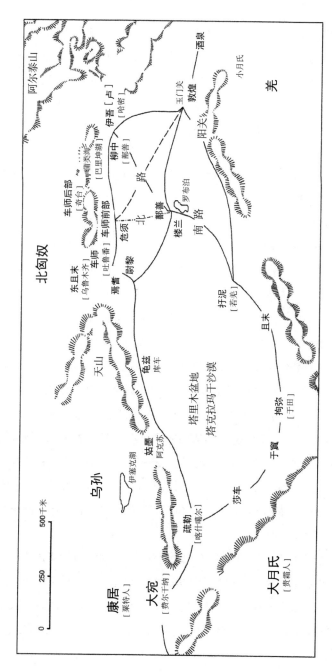

地图 3　西域

前汉武帝曾命军西征，从大宛获取马匹。在公元前1世纪，汉朝一直维持着对吐鲁番和塔里木盆地众小国的盟主地位。然而，王莽对西域的政策并不比他对北方的政策更有效。公元前16年焉耆大败汉军，之后汉朝便失去了对此地的控制与联系。[66]公元23年王莽覆灭，随之而来的内战使汉朝更加无暇顾及此地，西域各国相互争斗，并与匈奴作战。当时匈奴占据着今准噶尔地区，即吐鲁番盆地北部。传统上效忠汉朝的莎车国领导西域各国结盟抵抗匈奴。公元29年，莎车王康向光武帝派遣使臣，当即被后汉封为西域大都尉，并且在名义上代管西域其他国家。然而实际上莎车国与汉朝并无真正意义上的联系。公元1世纪40年代初，莎车王康的兄弟及继任者贤宣布独立。[67]公元45年，一支由18个西域国家组成的使团来访，请求汉朝帮助抵御莎车，但当时光武帝正在全力对付匈奴，无暇顾及，他甚至拒绝这些国家派遣质子入侍。次年，贤出兵攻打鄯善并杀害鄯善王安，新鄯善王再次向汉朝求援，但汉朝坚决表示西域各国只能依靠自己。在这种情况下，鄯善、焉耆及其邻国车师只能转向匈奴寻求保护。

起初，因南匈奴单于比叛走汉朝而实力大减的北匈奴能够提供的援助微乎其微，故而在整个50年代，莎车王贤始终称霸西域。直至公元61年，于窴王广德率领诸国军队攻占莎车，杀贤。广德取代贤成为西域霸主，但此时北匈奴已经十分强大，聚集丝绸之路北线上的焉耆、尉黎、龟兹等十五国军队围剿于窴，并逼迫广德承认他们的权威。尽管广德依然掌控着邻国，但匈奴已经控制了巴里坤和吐鲁番，并且遣使监护莎车。

随着公元73、74年窦固在西域接连得胜，明帝继而考虑在吐鲁番地区设置行政机构。在伊吾设置宜禾都尉以屯田，更重要的是在焉耆设置都护，在前车师、后车师派驻军营、设戊己校尉。尽管后汉已两次击败匈奴，但匈奴问题还未彻底解决。公元75年，匈奴军队卷土重来,杀西域都护、前车师、后车师的后汉军营遭到围攻。[68]

公元75年9月5日,明帝去世,享年48岁。[69]

章帝统治时期

明帝之后继位的章帝刘炟是明帝的第五个儿子,公元57年由贾贵人所生。章帝四位异母兄长的生母都是血统并不显赫的嫔妃,而贾贵人出身南阳,并且是马皇后的表亲。马皇后没有生育,实际上是她抚养了刘炟。正是在刘炟被立为皇太子的那天,即公元60年4月8日,马贵人也被立为皇后。贾氏家族似乎对此表示接受。不管怎样,无论是否有血缘关系,皇后都被认为是皇太子名义上的母亲。由于刘炟从小由马皇后抚育长大,他逐渐习惯于将马氏家族视为自己的外家,而贾贵人及其亲族却没有因此获得荣宠。[70]

按照中国传统计算,刘炟继位时为19岁。他已经正式成年,无需摄政,但在其执政的最初几年,太傅赵憙与太尉牟融共同录尚书事,掌管朝政。[71]也许有人认为两人和马太后对朝政施加巨大影响,不过牟融死于公元79年,赵憙和马太后死于公元80年,所以章帝从23岁起开始独掌大权。

然而在此之前,公元75年刚刚继位的年轻皇帝和他的辅佐者们就不得不应对来自西域的威胁。焉耆、龟兹攻陷了设置不久的都护,北匈奴、车师重重包围了驻守在前后车师的戊己校尉。当时朝廷对是否营救被围困的戊己校尉意见不一,经过激烈辩论最终决定应该尽力挽回颜面,发兵远征。于是在冬季到来前便集合了张掖、酒泉、敦煌三个边郡的军队以及鄯善士兵前去救援。当时围攻已持续了数月,尽管驻守在前车师的军队得以脱困,但损失惨重。后车师驻守军队由戊己校尉耿恭率领,仍然坚持抵抗,一支后汉远征部队在犹豫后翻过重山前来救援。他们最终击退敌军,幸存者得以返回后汉,包括耿恭和他的两名军吏在内,几百人的队伍仅有12人成功抵达敦煌,衣衫褴褛,形容枯槁。虽然史学家班固作赋赞美了这一军事壮举,但实际上后汉遭遇了惨败,颜面尽失,第二年撤回驻守在伊吾卢的屯兵,明帝的西域政策宣告失败。[72]

就在此时,班固的弟弟班超正出使丝绸之路南线上的疏勒,在之后的几年中,他将取得极大的成果。[73]

班超原本只是洛阳城中一个地位低微的文书,公元73年窦固远征北匈奴,以班超为假司马。班超多次领兵取得战绩,随后出使鄯善。鄯善名义上与汉结盟,但当时鄯善王广正在招待北匈奴使节,班超一伙人趁机除掉了北匈奴使节及其从属。班超将死者首级展示给广,极大地震慑了鄯善朝廷,鄯善立即派王子到洛阳为人质。班超被提拔为军司马,奉命出使西域。朝廷本打算多派给他兵马,但班超只愿带领原来的三十多人,因为他认为大队人马反而会成为拖累。

当时,于寘王广德受北匈奴使者的控制,并不礼遇班超一行,并且于寘巫师说服广德,要求班超献上自己的马匹。班超趁巫师前来取马,杀死了巫师,他的果决强横令于寘王广德改变了立场,转而杀死匈奴使者,向后汉臣服。

班超继续深入西域,抵达最远端的疏勒。当时北线的龟兹杀害疏勒王,并另立一位龟兹人为王。班超到疏勒后,加入当地叛军队伍,推翻了龟兹人的统治,使原来的疏勒王子登上王位。

班超之所以能施展这些铁腕手段,毫无疑问背后支持他的是窦固的频频捷报和汉朝重掌吐鲁番。而就在班超稳定了疏勒局势后,传来了新任大都护被攻没、车师戊己校尉被包围的消息。龟兹王建先是参加了对大都护的攻击,随后立即转向西攻打疏勒的班超。后汉朝廷考虑到大都护刚刚陷落,如果班超也战败,将更损颜面,故命令班超撤退。疏勒和于寘百姓认为班超的撤走意味着后汉放弃了两国,班超担心于寘人不肯放他东撤,同时也是为了满足自己建功立业的雄心,最终返回疏勒,击退龟兹敌军,并在疏勒建立据点。在之后的几年中,班超通过外交手段不断扩展地盘。公元78年,车师和伊吾陷落三年之后,班超率领北线的疏勒、于寘、拘弥士兵一万人,并联合帕米尔高原以西的粟特人,攻破姑墨石城。公元80年,班超得到了后汉朝廷的支持和增援。公元83年,班超被任命为将兵长史,假鼓吹幢麾。班超并未被任命为西域都护,而且他一直在处理与各个绿洲国家的关系,并未直接接触北部匈奴,但班超在汉帝国对抗匈奴的大业中已经大有作为。

而在汉帝国草原边缘、鄂尔多斯之外,北匈奴正日渐衰落。80年代早期的连年干旱严重影响了牧场,尽管汉帝国自公元73年的失利后不再发动大规模远征,但仍然不断资助东部的乌桓、鲜卑抗击他们的邻居。公元84年,北单于通过武威郡请求与汉通商,后汉同意了贸易请求,但当时日益强大的南匈奴趁机袭击北匈奴商队。这不仅是由于南匈奴对北匈奴恨意未消,更是由于他们担心后汉和北匈奴之间达成的任何协议都将削弱自己和后汉的同盟关系,也将损害后汉对自己的庇护。南匈奴的策略非常成功,尽管后汉对北匈奴死伤者加以抚恤赔偿,但双方并未进一步达成合作协议。

由于两线作战,北匈奴不断衰落。公元87年鲜卑击北匈奴,斩杀优留单于,取单于的人皮作为战利品凯旋。虽然之后北匈奴再立新单于,但由于内乱带来人祸,加之饥荒、蝗灾,北匈奴陷入大乱之中。[74]

北单于的这些不幸遭遇对他西至准噶尔的地位并没有太大影响,并且也并不意味着后汉开始对西域进行新的开拓。恰恰相反,凉州的羌人再次叛乱,持续威胁后汉的西北通道。

公元57—59年,烧当羌首次叛乱以失败告终,首领滇吾率部投降,羌人被迁徙至后汉境内。[75] 烧当羌被后汉所统治,也受到了他们汉人邻居的一些压迫,后汉皇帝的主要关注点是使羌族部落不要离开为他们设定好的迁徙地,不要越过边境与亲族联系。

公元 76 年,一名金城郡安夷县吏强暴卑湳种羌妇女,被其家人所杀,羌人逃窜出塞,并击退了安夷县长的追捕,多次袭击金城和陇西郡。这场骚乱终于被平定,不过后汉并没有严惩凶手、还民公正,朝廷意识到了防卫力量的薄弱,于是再次任命了一位护羌校尉。设置护羌校尉的本意是维护与非汉人群的良好关系、解决他们的不满、使各个族群和平共处。护羌校尉为前汉所创,后汉曾两次恢复,第一次在公元 33—34 年光武帝时期,第二次在公元 58—59 年第一次烧当羌战争时期,尽管每次担任护羌校尉的官员都有着政治和外交经验,但这两次任命的效果并不理想。这一次担任此官职的是前度辽将军吴棠,表明后汉的应对将更加强有力,同时曾对匈奴实施的分离政策也正在向西边推广。[76]

公元 59 年,滇吾之兄东吾投降后汉,并迁徙到塞内,但其弟迷吾则更加不屈不挠,带领部族成为寇匪,与他的汉人邻居为敌。公元 77 年,迷吾率众欲向西叛逃出塞,击退了追击的金城太守。在之后的十年间,迷吾接连发动一系列小规模袭击,公元 86 年击溃护羌校尉傅育的军队,并杀死傅育,取得了一次大胜。

公元 87 年,陇西太守张纡代傅育为护羌校尉,招降迷吾,但在宴席上趁机毒害迷吾及其部下,引发了一系列恶果。当时迷吾之子迷唐已长大成人,率领部族为父报仇,他的复仇反攻非常猛烈,后汉损失惨重,以至于章帝在夏秋季先后三次下诏,令死刑犯减刑,送往金城郡戍卫。[77] 最终迷唐战败,被迫休战,但他仍然是后汉的死敌。

尽管后汉军队往往能取得最终胜利,但如此频繁争斗使得大量汉人百姓不得不长期在边境驻防。各种突袭和进攻虽然终被平定,却仍然造成了不小损失，人们对春耕夏耘、秋收冬藏、放牧牛羊的安宁生活的向往愈发难以实现，军事训练和紧急军情时征调士兵同样产生了破坏性影响。在这种情况下，北方出现了持续不断的外迁移民现象，人们翻过秦岭，甚至越过长江，迁徙到耕地广阔、安全宜居的地区。在后汉国土最南端，移民们可能会缺乏军事保护，但他们也可能得以避免军事保护造成的种种需求。根据记载，在后汉两百多年间，中央政府一直在努力使百姓留在北方，但是长期来看无济于事。[78]

南方虽然不像北方这样受到战火的侵扰，但也不是一片净土。公元76—77年，在帝国偏远的西南部发生哀牢夷叛乱，导火索可能是汉朝官吏对这些新归附的外族臣民索取过多。在昆明夷等其他部落的帮助下，叛乱很快被平定。[79]绝大多数骚乱都是孤立的个案，往往由北方移民引起，这些移民占用土地，与当地人发生矛盾。有时矛盾是因为移民开拓，甚至异族通婚或者征用财产，但无论如何，在原住民和新移民之间一定存在风俗习惯的差异，也往往存在潜在冲突。[80]史料中记载了有些能干的官员将少数族儒家化：宋均在武陵和九江改变当地信巫鬼的风俗，建立学校；卫飒在桂阳设婚姻之礼，凿山修路，设置铁官，卫飒和茨充均在桂阳建立学校，以教导当地人儒家的婚姻和家庭伦理；栾巴在豫章"毁坏房祀，翦理奸巫"，禁止地方信仰。[81]还有其他官员有类似做法，他们的教化措施均受到赞扬，但这是直接冲击本地文化的核心，遇到对抗阻碍也并不奇怪。史料中仅记载了大规模的冲突事件，但想必当时经常出现小规模冲突。

矛盾比较集中的地区之一是武陵郡。武陵郡位于长江中游洞庭湖以西，那里的少数族隐藏在深谷峻岭之中。公元49年，马援收服叛乱的武陵蛮夷，[82]但武陵蛮夷并没有完全归顺，他们保持了一定程度的持续抵抗，不时攻击可能的移民。结果反映在人口数据的差异上：从公元 2 年（前汉末年）和公元 1 世纪 40 年代（后汉早期）的史料记载对比来看，武陵郡的登记人口增长三分之一，南部桂阳郡人口增长超过两倍，长沙和零陵郡分别增长四倍和七倍。在长江下游的扬州也发生了类似的变化。[83]

在更远的地方，后汉王朝的权威反映在来自境外的贡品上。公元 84 年，日南贡生犀、白雉。公元 87 年，位于今阿富汗、巴基斯坦北部的月氏国，以及位于今伊朗、美索不达米亚的帕提亚帝国也向洛阳进贡。[84] 后汉朝廷对征服这么遥远的土地没有野心，他们并不向西域派遣大股部队，也对南方没有兴趣。不过这些贡品提高了后汉的威望，章帝也将如其父明帝一样，其统治被后世史学家所颂扬。

在国内，这位年轻的君王及其朝廷努力向百姓施行仁政。当出现吉兆时，章帝数次大赦天下、赐民爵——这可以使人免受最重的刑罚；当出现灾异时，章帝数次下诏抚恤，比如赐予怀胎和新产子者特别的福利，规定只有冬天才能执行死刑，禁止使用过于残酷以至无法承受的刑罚拷问犯人。由于所费人力太大，章帝下令停止太行山的大型漕运工程，而另一方面，当时在南方开凿穿越南岭的道路，避开了如今福建沿岸的危险海运航程。[85]

从公元 1 世纪 80 年代早期开始，章帝每年都巡视各地。公元 82 年，他首次向北巡狩，经河内，至魏郡，随后向西至长安，乃至岐山。公元 83 年，章帝向东巡狩，至陈留、颍川。公元 84 年，章帝向南巡狩至荆州，首次到南阳祖宅，向南最远抵达长江。公元 85 年，他向东巡狩，越过华北平原，于济阴亲耕藉田劝农，幸泰山，祠孔子及其七十二弟子于鲁。公元 86 年，章帝再次至河内亲耕藉田以劝农，随后经中山抵达北方边境。最终，在公元 87 年夏秋，章帝在去世之前向东南巡狩，至彭城、沛。在每次巡狩过程中，章帝均举行祭祀、救济穷困、给予赏赐、听取当地官员的汇报、赦免罪犯、决断案件。后汉其他皇帝并不如此行事，这展示出章帝爱民如子的形象。

章帝看似由衷地想要使自己符合儒家理想，同时他非常热衷于儒学各流派之间的辩论。尽管他的父亲明帝和祖父光武帝都十分推崇今文经学，但新一代（反映在王充的理性主义精神上）正在对沉迷谶纬之学的今文经学家们失去信心，对复杂的今文和形而上的学术失去耐性，尤其是那些附加在每部经典上的连篇累牍的章句。[86]章帝继位后，诏贾逵讲解经书。贾逵精通古文、今文，但更加喜好古文经，尤其是《左传》。章帝非常欣赏贾逵的讲解，极力推崇古文经学，大批学者受命修订新版《春秋》《左传》，注《周礼》，研究《尚书》《诗经》。

然而贾逵等人并不是学术主流，以博士李育为首的今文经学家们反对贾逵等人的主张，抵制其修正主义的做法。两派争论不休，章帝遂召集了一次正式的辩论。公元79年冬，他在北宫白虎观召集儒生学者讲议"五经"同异，持续数月之久。章帝令参会儒生作《白虎议奏》，并在此基础上编纂《白虎通》。[87]

曾珠森认为，这种由皇帝亲自主持的会议旨在全面修正经文及其解释。虽然学者们掌握大量知识，但皇帝"是超级学者，凭借其神圣的地位拥有着能取代整个会议的智慧"。"最高祭司（pontifex maximus）——天子，正式决定了一套新的标准，终结了今文经和古文经两派之间的争执。"[88]但曾珠森发现，从现存的《白虎通》来看，这个说法并不成立。记载的会议成果明确的是今文经的地位，完全没有建立起古文经的权威，今文经学家们仍然把持着太学，与"圣上"的意愿背道而驰。

尽管遇到了一点挫折，肯定还有些受辱，但章帝锲而不舍地参与经学和礼仪工作。公元81年，古文经学家郑众被任命为大司农，受诏修订《左传》版本，即《春秋删》十九篇。[89]公元83年章帝下诏，再次批评"五经"章句繁多，要求儒生不仅要学习《左传》，还要学习《古文尚书》和《毛诗》。[90]

公元85年，章帝欲制定礼乐。有人提议再次召开会议，但章帝不愿再经历一次冗长且可能毫无效果的会议。博士曹褒自告奋勇承接这项工作，并在公元87年正式开始制礼作乐。曹褒肯定在此之前早已投身于礼乐制定中，所以在公元87年年末就完成了《新礼》一百五十篇，撰次天子至于庶人的冠婚吉凶终始制度。尽管曹褒是今文经学者，多利用伪经，但他也采用了很多古文经的解释，比如关于成人礼的年龄（即冠礼、笄礼）等。不过，虽然章帝接受了曹褒编纂的《新礼》，但从该书庞大的篇幅可见其中容纳了今文经和古文经的很多相左说法，当时这件事没有进一步发展。[91] 几个月后，章帝去世。

窦皇后和后宫中的男孩

后汉章帝刘炟死于公元88年4月9日，按中国古代虚岁计算享年33岁，按公历计算则为31或32岁。他在临终前无疑在自己的寝殿里，但正史记载章帝崩于洛阳北宫的章德前殿，并在章德前殿举行丧葬仪式，其子刘肇继承他的皇位。[92]

在公元88年的这次仪式上，出现了一种后汉从未有过的情况：与其先祖开国皇帝光武帝、明帝、章帝不同，刘肇尚未成年。刘肇生于公元79年，当时年仅10虚岁（按公历计则约为9岁），他登基继位时，处在摄政的章帝窦皇后，即此时的窦太后控制之下。我不确定这一点对继位仪式有怎样的影响，不过根据《后汉书·礼仪志》，在继位仪式上，先皇的皇后应封为皇太后，同时摄政的皇太后站在殿右，面向东方，皇太子站在殿左，面向西方。册书等文书准备两份，分别交给两人。[93]

关于幼子继位时皇太后的地位和职责，早在前汉即已确立。公元前2世纪早期，高祖遗孀吕太后即为其子惠帝摄政；公元前74年，昭帝年轻的遗孀上官太后废黜过继的皇太子刘贺，当时上官太后仅十几岁，处在其外祖父霍光的影响下，但并没有人反对她废皇太子的决定。[94] 公元前1世纪末，王政君成为汉元帝皇后，并最终成为太皇太后，王氏家族由此掌握朝廷大权。王氏家族的崛起在"篡位者"王莽推翻汉朝时达到顶峰，公元9年，王莽称帝。[95] 以上几个例子都没有好结局，[96] 但在皇帝未成年时，皇太后掌权摄政并在特定情况下决定继承者的原则，深深根植于汉朝传统中。

皇太后摄政被称为"临朝"，从这个词语可见皇太后是自己行使权力。比如前汉上官太后可能依靠父兄的势力获得支持，接受他们的引导，给予他们高官厚禄，但她的决定是自己做出的，并不是所有皇太后均是外戚的傀儡。[97]

即使不谈摄政这种特殊情况，对后宫中的女人及其家族来说，她们在皇帝后宫中的地位是极为重要的，皇帝的宠爱能为宫外的家族成员带来利益，而生下皇子后品级能超过其他嫔妃。所以后宫成为密谋和冲突的中心，嫔妃们为了博得皇帝的注意而你争我夺，或比拼个人魅力，或与他人结盟，或利用无所不在的宦官们的帮助，这些宦官也会受到嫔妃们在宫外家人的影响。成功的回报相当丰厚，失败的惩罚也非常惨痛，包括失宠、监禁，甚至死亡。

参与这种残酷竞争的大部分是十几岁的女子，有些刚过青春期，极少数二十多岁。按照汉代风俗，每年农历八月，朝廷派遣中大夫与后宫宦官掖庭丞在洛阳周边搜寻十三到二十岁的女子。候选者需要出身良家、容貌美丽、品行端正，同行的一位相工负责筛选出容貌符合标准者。[98] 这些获选的女子们被带进宫中，经受进一步挑选，最终才能获准为皇帝服务。

虽然很多候选者是经由这种公开途径筛选出的，但往往会有一些贵族或通过每年的筛选，或直接联系掌管皇帝私人事务的人，设法将自己的女儿送入宫中。事实上，绝大多数品级高的妃嫔都出身于少数几个贵族家族，那些家族的历史能追溯到开国皇帝，所以他们的儿女被认为是皇室联姻的绝配，很少有其他出身的女子能获得高位。例如明帝的马皇后是著名将领马援的女儿，马援是光武帝最重要的支持者之一；章帝的窦皇后是军阀窦融的曾孙女，窦融曾是光武帝在西北的重要盟友，同时窦皇后也是光武帝的后代，她的母亲是皇室公主。

毕汉思认为，光武帝之所以最初立郭圣通为皇后，是为了在内战时期与北方大族结盟，但在这种联盟关系不再那么重要后，光武帝废郭皇后，立来自老家南阳的阴贵人为皇后，并改立阴皇后长子刘庄为皇太子，即后来的明帝。[99] 毕汉思进而梳理出朝廷各派系，并强调出身南阳的大族和来自西北的马氏、窦氏贵族之间的竞争。[100]

毕汉思自然关注到光武帝统治时期各个派系之间的斗争，尤其是马援等人和窦氏的斗争。两派均出身西北，并在后汉早期崭露头角。窦融掌控河西走廊，是光武帝极具价值的盟友；马援富有资产，曾短暂地效命于军阀隗嚣，之后成为光武帝的重要将领。二人及他们各自的追随者针锋相对。公元49年马援去世，尽管马援成功领导军队对抗武陵（今湖南）先零羌，但在他死后仍被窦氏派系所构陷。构陷者还包括耿氏家族和梁氏家族。马氏家族经历了一段屈辱的时期。[101]

这些派系斗争非常激烈，无论官方的选拔流程如何，几乎在整个后汉，后宫高品级嫔妃和皇后宝座一直由少数几个大家族所把持，这些家族在开国时便地位尊崇。他们包括常山郭氏，出过光武帝第一任皇后；南阳阴氏，出过光武帝第二任皇后；马援和窦融的家族，均来自右扶风；安定梁统的后代，梁统也是西北地区的统帅；南阳邓禹家族，邓禹是最早加入光武帝的支持者之一，是光武帝麾下大将。直到公元2世纪70年代灵帝时期，只有一位来自其他家族的女子被立为皇后，且大众对安帝立阎皇后颇有微词。[102]

皇室女子们也是如此。光武帝的五个女儿分别嫁给了梁统之子梁松、窦融之侄窦固、郭况之子郭璜（也是郭皇后之侄）、阴皇后之侄阴丰，以及韩光。五位驸马中唯有韩光没有显赫家世。[103] 同样的，明帝的七位驸马也不是无名之辈，包括邓禹之孙邓乾、邓蕃，耿舒之子、耿况之孙耿袭（耿况、耿舒是光武帝早期在北方的支持者），光武帝大将王霸之孙王度，将军来歙之孙来棱，以及冯柱、冯顺。二冯虽然同姓但并不是近亲，冯柱是南阳郡冯鲂之子，冯鲂也是光武帝的支持者；冯顺是魏郡冯勤之子，冯勤是光武帝心腹，位列三公，冯顺之子冯由娶章帝之女。[104]

必须将这些世家贵族与遍布帝国的普通地主阶级区分开。前者的先祖可以追溯到开国初期光武帝的盟友，其子弟被认为是皇室成员嫁娶的良配。而后者中，有的家族满足于富甲一方的地位，有的通过做官攫取更多利益，少数几个家族则登上了全国性舞台，发挥着引领性的作用。他们也有对手和同盟，但无论自身达到何种地位都不可能将女儿嫁入后宫，或者让儿子娶回公主。这些家族的根源和天然关切都是他们在州郡的家乡，而非洛阳城内转瞬而逝的权力。

另一方面，这种世家贵族在朝廷和首都中维持了一百多年类似于世袭的地位，相当于后汉一多半历史，而且他们参政入仕的途径也与地主阶级、士大夫不同。[105] 很多世家贵族子弟，特别是窦氏和邓氏子弟掌握帝国军权，意图谋求核心权力。根据鲁惟一的分析，这些人是"时新派"（Modernist）的支持者，致力于维持并加强国家权力；而地方的士大夫从自身阶级进入官僚界，鲁惟一认为他们是"改造派"（Reformists），最注重在公共事务上品行端正，迫切希望限制国家对本地区的消耗。[106]

正是在这种背景下，不同的利益诉求在政治舞台上表现出来。每个皇帝都有自己的喜好和偏爱，考虑到这种个人癖好，阴谋诡计非常容易滋生，每个阶层的人之间都能产生紧张和对立，从世家贵族阶层以及受宦官帮助、牵制和影响的后宫女性，到他们的追随者和朝中盟友，概莫能外。最令人想不通的是，他们坚决认为派系本身在道德上站不住脚，因为每一个天子的臣民应该只关心忠君。所以，公然的冲突被认为是对君主的冒犯和不敬，只有在表面上有利于国家时，个人的争名夺利才是安全的。甚至当游戏已经开始，游戏的参与者们还假装没有牵涉其中。

以窦氏、马氏和阴氏家族之间的关系为例，可以清楚看到朝政的矛盾对立和复杂混乱。公元49年马援去世后，窦氏一派在阴皇后兄弟阴就、阴兴的支持下，诽谤、中伤马援，羞辱马氏家族及其派系。十年后（公元60年，即明帝继位三年后），明帝在母亲阴太后的劝说下立马贵人为皇后。由于马氏家族曾是光武帝第一任皇后郭氏的支持者，这是联盟关系相当大幅度的改变。毕汉思认为，阴太后正是出于对窦氏家族影响力与日俱增的担忧，才努力使朝廷势力保持平衡，这一观点很有道理。[107] 公元62年，窦融之子窦穆因矫诏获罪，[108] 窦氏家族子弟们先被放逐回故郡，然后被置于严密监控下。几年后，窦穆父子被指控犯有其他罪行，公元70年，窦穆及其子窦宣、窦勋死于狱中。

窦勋曾娶光武帝孙女东海恭王刘强之女沘阳公主，公主为窦勋生了两个女儿。公元77年，即明帝死后两年，窦勋的两个女儿进入章帝后宫。次年，大女儿被立为皇后，小女儿为贵人。即使对公主的女儿来说，这也是命运的巨大转折。窦皇后传记中的陈词滥调，如她六岁能够读写、在家族受辱时举止得宜，以及所有见到她的人都预言此女以后将极为尊贵，并不足以解释这一转折。[109]

窦氏家族的复兴可能借助了窦固的成功。窦固是窦融之侄、窦皇后年长的远房亲戚。尽管在1世纪60年代早期，他也因家人获罪而受到牵连，不过70年代被明帝授予军职，并在西域取得赫赫战功。章帝继位后，窦固被调回首都任大鸿胪。待窦勋长女被立为皇后之后，窦固地位更加尊崇。经过两代人，血缘关系已经日渐淡薄，但窦固自己也已迎娶光武帝的女儿，并且他的成就为家族名声赢得了荣誉。

窦氏被立为皇后时约15岁。根据窦皇后传记，章帝听闻了她的美貌才华，数次向人询问她的情况，且马太后也很看重她，支持她进入后宫。最后一点不大可能，因为马太后是在击败了窦氏的阻挠后才赢得了皇后和皇太后之位，而且她已经支持自己的两个表亲进入后宫，即两位宋贵人。（宋贵人之父宋杨的姑姑是马皇后的外祖母。）

此时的后宫政局非常复杂紧张。一方面，在马太后的庇护下，宋氏姐妹在刘炟继位前便被选入太子宫。公元75年刘炟继位后，二人均被封为贵人。公元78年，姐姐生刘庆，次年刘庆被立为皇太子。[110]同时，刘炟立窦勋的长女窦贵人为皇后，而没有立皇太子的母亲宋氏。窦氏姐妹的年龄比宋氏姐妹小五岁左右，对这位20岁的皇帝来说可能更具有吸引力，而且在这一关键时刻，怀孕中的宋贵人大概姿色不比往日，也无法如常服侍皇帝。还有可能章帝是在尽力避免过于依赖马氏家族和宋氏家族，同时预备恢复窦氏家族本应有的尊荣。

公元79年马太后去世时，窦皇后正式成为后宫之主，但三年来她一直没有生育，被人们认为不孕。窦皇后的不孕无疑带来了很多问题，公元82年窦皇后上奏皇帝，指控宋贵人姐妹使用巫术，可能正是她们导致自己不孕。宋贵人姐妹被送入暴室，随后自杀。

皇太子刘庆因其母宋贵人获罪而被废，窦皇后将梁贵人之子刘肇作为自己的养子，支持立刘肇为皇太子。梁贵人出身西北，祖父梁统在后汉初年曾支持光武帝，公元77年梁氏姐妹被选入后宫为贵人，两年后，时年17岁的妹妹产下皇子刘肇。[111]公元82年8月1日，废皇太子刘庆为清河王，立皇子刘肇为皇太子。

虽然宋贵人姐妹得到马皇后的支持，但其父宋杨并无官职，在外孙刘庆被立为皇太子之后也仅任议郎。在庇护者马皇后去世后，宋贵人姐妹就难以维系他们的地位了。

与此类似，尽管梁氏家族在光武帝时期显赫一时，之后也同样遭遇坎坷。梁统及其同产兄梁巡均曾因功封侯。梁统长子梁松娶了光武帝之女舞阴长公主刘义王，迁太仆。但公元63年，梁松失宠于明帝，获罪死于狱中，梁氏其他成员或自杀，或流放南疆（在今越南）。梁松之弟梁竦为梁贵人姐妹之父，遂闭门自养以避祸，梁竦之妻早逝，便由梁松遗孀舞阴长公主教养两个女儿。正是因为受到舞阴长公主的影响，两姐妹才能被选入后宫，成为章帝妃子。直到80年代早期，距梁松之死二十年后，在外孙被立为皇太子的情况下，加上窦皇后的支持，梁氏家族的命运似乎得以扭转。

然而公元83年，刘肇被立为皇太子几个月后，梁竦被匿名信举报谋逆，遭受下狱拷打。梁竦与其兄梁松一样，最终死于狱中，其女梁贵人姐妹也被杀害（或自杀），其子被流放南疆。梁氏全面失势，窦皇后遂能将时年4岁的刘肇作为自己的儿子养育，并且刘肇对生母完全没有印象。

窦皇后无疑是一位精通阴谋诡计的女性。她指控宋贵人姐妹使用巫术，直接导致其自杀，很难相信那封引发梁氏家族覆灭的匿名信与她无关。很可能窦太后不仅有后宫宦官的帮助，还有宫外窦氏外戚的支持，结果事实上她最终得到了章帝的宠爱，还控制了皇太子。这对于一位不到20岁的年轻女子来说，确实是不小的成就了。五年后章帝去世，曾经的窦贵人、如今的窦太后，代表她名义上的儿子和帝，手握汉帝国的摄政大权。

注释

[1] 《后汉书》卷一下《光武帝纪下》,以及第一章第 33 页。关于光武帝封禅,见《后汉书》志第七《祭祀上》,Bielenstein, *RHD*, IV, 173-180 对此进行了讨论。完整的年号"建武中元"记载于《后汉书》志第七《祭祀上》;Bielenstein, *RHD*, IV, 235 note 115。一般简称"中元"。

[2] 皇帝葬礼的流程参见《后汉书》志第六《礼仪下》。范晔《后汉书》只有纪传部分流传,公元 6 世纪,南朝梁学者刘昭为《后汉书》作注,并将公元 3 世纪司马彪所著《续汉书》志书加以注释,补入《后汉书》,以补范书无志之阙。

[3] 关于东园匠及其制作的葬具,参见 Bielenstein, *Lo-yang*, 78-80。1968 年,中山靖王刘胜(死于公元前 112 年)墓中出土了一套玉甲,即金缕玉衣。

[4] 根据 Bielenstein, *RHD*, IV, 182-183 前汉早期的皇帝需要等待前任皇帝葬礼仪式结束后,才能举行继位典礼。而后来的制度虽然不必等待葬礼结束,但新皇帝的继位确实在数天以后,其中汉武帝是唯一的例外,他在其父景帝去世的当天继位。

[5] 见后文第 80—81 页。

[6] 《后汉书》卷二六《赵憙列传》。

[7] 《尚书·顾命》篇记述了周武王的儿子周成王之死,周成王传位给其子康王钊,并对其劝勉指导。

[8] 据说汉代传国玺为秦始皇所作,玺上的字为秦丞相李斯所书。传国玺为玉制,据说其方圆四寸(大约 10 厘米),上纽交五龙。授传国玺是即位典礼的核心部分,在朝廷其他重要场合中,传国玺系在皇帝的腰带上。关于传国玺的讨论可见 deC, *Generals of the South*, 138-145,以及本书第九章第 465 页。

[9] 据《史记》卷八《高祖本纪》,前汉高祖刘邦为亭长时,曾醉酒夜行,遇大蛇挡路,于是斩杀大蛇。之后,一位老妪抱怨她的儿子是白帝子,被赤帝子所杀。

[10] 在《后汉书》志第六《礼仪下》对即位流程的描述中,新皇帝在先帝去世的第二天即位。但在皇帝本纪中,一般将二者系于同一天,例如《后汉书》卷一《光武帝纪》、《后汉书》卷二《明帝纪》、《后汉书》卷三《章帝纪》、《后汉书》卷四《孝和孝殇帝纪》。编年史家遵照了这个原则——"先王为矣,我王永世!"

(The king is dead, long live the king！)

[11] 所谓礼仪旧典在王莽篡乱期间遗失的记载肯定是有所夸大的，可以认为当时有一套通行的继位礼仪可以遵循。然而不幸的是，据 Mansvelt Beck, *Treatises*, 64-65，无论《史记》或《汉书》均没有记载司马彪《礼仪志》涉及的内容，"（司马迁和班固）讨论的是礼仪背后的哲学思想，而不是礼仪在实际中的应用"。另见注释 2。

[12] Mansvelt Beck, *Treatises*, 77-79, 88.

[13] Wechsler, *Offerings of Jade and Silk*, 80-91 虽然聚焦于唐代，但总结了继位礼仪的基本构成。可以看出，大英帝国的统治在几百年间不断更迭，国王、女王的加冕礼虽然在细节上出现了不可避免的变化，但是总体上延续了传统的模式。

[14] 皇帝葬礼的流程见于《后汉书》志第十六《礼仪下》。

[15] 关于方相氏的讨论见 Bodde, *Festivals*, 77-80 引用《周礼》的记载。

[16] 羽林孤儿：羽林军驻扎在都城西北方向、皇家养马的苑囿中，但都城中有大量羽林军作为皇帝禁卫。这样的军队共五支，每一支由一位中郎将统率。《后汉书》志第二十五《百官二》；Bielenstein, *Bureaucracy*, 27-29。

我在 "Recruitment Revisited", 13-14 等处指出，羽林和虎贲的成员可能是军队郎官，职能与五官、左、右中郎将相当，后者是为皇室宿卫侍从的试用中的郎官。

"良家"指没有犯罪记录，且不属于医、巫、商贾、百工的人家。《汉书》卷二八《地理志》注引用公元 3 世纪如淳。

[17] 巴俞是板楯蛮夷的音乐，板楯蛮夷居住在现在四川省东北，此地古时被称作巴，在渝水谷地居住着一些部落。公元 206 年，汉高祖封汉王，开始了他一统天下的征程，当时板楯蛮夷是其盟友。高祖十分欣赏他们的音乐舞蹈，称之为武王伐纣之歌，武王伐纣与他对于项羽的征讨相似。之后，高祖将巴俞引入汉朝。关于板楯蛮夷的记载，见《后汉书》卷八六《南蛮西南夷列传》。

[18] 公元前 74 年，昏庸的前汉皇帝刘贺被废黜。虽然他接受了皇帝玺绶，却并未谒见高庙。《汉书》卷三八《高五王传》，Loewe, *Crisis and Conflict*, 76-78。毕汉思在讨论公元 25 年光武帝在洛阳初建高庙时，指出"新皇帝只有

在谒见高庙后，才能完成继位仪式"。然而从后汉明帝起，这种规定发生了转变，新皇帝继位时需要谒见光武庙。

[19]《后汉书》卷一下《光武帝纪》。关于汉文帝下葬，见《汉书》卷四《文帝纪》，Dubs, *HFHD* I, 273。

[20] Bielenstein, *Lo-yang*, 82 引用皇甫谧《帝王世纪》。也可见于第一章第60页。

公元50年，光武帝曾下过类似的指示，令其园陵面积不超过2、3顷，即20—30英亩；但原陵建成后，其面积超过12顷。《后汉书》卷一下《光武帝纪下》；Bielenstein, *RHD* I, 162 and 231 note 97；又见第一章第67页。

[21]《后汉书》卷二《明帝纪》、《后汉书》志第九《祭祀下》；Mansvelt Beck, *Treatises*, 106。详见第三章146页。

后汉建有三个皇家宗庙。两个高庙，其一建于长安，其二由光武帝建于洛阳。后者与明帝修建的光武庙毗邻。大部分礼仪在洛阳举行，但长安保存有高庙。Bielenstein, *Lo-yang*, 165。

[22]《后汉书》卷二《明帝纪》、《后汉书》志第九《祭祀下》；Mansvelt Beck, *Treatises,* 106。第一章第41页。第三章第146页。

[23] 详见第73页。

[24]《后汉书》卷二六《赵熹列传》。

[25] 根据第一章注52，刘庄本名刘阳，公元41年被立为太子时，为避免避讳带来麻烦，改名为更加少用的字"庄"。方便起见，我统一称他为刘庄。

[26] 关于光武帝的嫔妃和皇子，见 Bielenstein, *RHD* III, 20-21。郭圣通和阴丽华的传记见《后汉书》卷十上《皇后纪》。除明帝刘庄外皇子的传记见《后汉书》卷四二《光武十王列传》。

[27] 公元39年，光武帝封诸皇子为公。公元41年，阴贵人第四子刘衡去世，没来得及和诸皇子一同进爵为王。故当时共有九位王，均为光武帝之子。

关于皇后和太子的废立，以及背后的势力斗争，见 Bielenstein, *RHD* III, 28-29，*RHD* IV, 114-121 及 "Wang Mang, the Restoration of the Han Dynasty, and Later Han", 277-278。

[28]《后汉书》卷四二《光武十王列传》。灵光殿由前汉景帝之子刘余所建，

公元前 154—前 128 年，刘余为鲁王。根据《后汉书》卷四二《光武十王列传》，灵光殿在两百年后仍然保存完好。

[29] 《后汉书》卷二《显宗孝明帝纪》。

[30] 《后汉书》卷八九《南匈奴列传》。

[31] 例如，Bodde, "State and Empire of Ch'in", 81-82。

[32] 例如，Loewe, "Former Han Dynasty", 130。

[33] 例如，deC, *Imperial Warlord*, 428-439, 450-451。

[34] 《后汉书》卷二《明帝纪》，第一章第 34—39 页。

[35] 《后汉书》卷二《明帝纪》，第一章第 39 页。

[36] 见第 84—87 页。

[37] 《后汉书》卷二《显宗孝明帝纪》，前文第 79 页。

[38] 《后汉书》卷二《显宗孝明帝纪》。光武帝将春陵改名为章陵，提高了它的级别，参见第一章第 31 页。

[39] 关于第一次藉田的诏书，见《后汉书》卷二《显宗孝明帝纪》。对藉田之礼的概述，参见第一章第 40—41 页及注释 67 引用 Bodde, *Festivals* 及其他文献和注家。

[40] 关于后汉首次举行大射礼和养老礼，参见《后汉书》卷二《显宗孝明帝纪》。史料中记载了举行养老礼的诏书。

《后汉书》卷九四《礼仪志》概述了大射礼。Bodde, *Festivals*, 365-366。张衡在《东都赋》中对大射礼做了优美的描述。Bodde, *Festivals*, 366 note 12 引用应劭《汉官仪》："春三月，秋九月，习乡射礼。"

[41] 关于王莽养老礼，见《汉书》卷九九上《王莽传》。Dubs, *HFHD* III, 225；Bodde, *Festivals*, 364。

[42] 《后汉书》卷二《显宗孝明帝纪》、《后汉书》志第四《礼仪上》。Bodde, *Festivals*, 361-380 有更深入的介绍。

卜德在第 372—380 页讨论了三老五更，认为三老由受尊敬的老人担任，具有传统意义，而五更仅为王莽时期所设置。在第 380 页，卜德表示，这种礼仪可视为一种对孝心和敬老这种社会需求的机械化。

据《礼仪志》记载，在都城举行的养老礼上，在担任过三公的人中选择三老、五更,卢植《礼记》注也可印证这一点,第 3109 页注释 1。卢植为公元 2 世纪学者,其记载可以反映当时情况。如下文所述,公元 59 年初行养老礼时,李躬尚未任高官,桓荣当时为太常,并非三公。卜德在第 378 页指出,三老和五更的任命是朝廷做出的,并不"民主",但很可能李躬作为象征性的老人而被挑选为三老,而五更计划由一位资深高级官员担任。无论如何,桓荣当时已为知名学者,《明帝纪》《桓荣列传》均记载他因为教授明帝《尚书》而被赐爵关内侯。

[43]《后汉书》卷三七《桓荣列传》、《后汉书》卷三二《樊鯈列传》。樊鯈为光武帝表兄弟。

《后汉书》卷七九《儒林列传》提及明帝时期对经典的讨论,强调明帝本人支持鼓励的重要性。《后汉书·桓荣列传》记载:"每大射养老礼毕,帝辄引荣及弟子升堂,执经自为下说。"但是《后汉书·明帝纪》的记载不甚详细,《桓荣列传》的描述大概有所夸大。另一方面,Tjan, *White Tiger Discussions* I, 158 暗示明帝仅召集过一次集会,我认为这是一个长期的过程。

[44] DeC, "Scholars and Rulers", 61-63 讨论了此书,该书书名有不同版本,但很可能全称是《五行家要说章句》。

目前该书仅有一卷残本留存。《后汉书》卷三七《桓郁列传》记载了明帝令桓郁校定此书,称之为《五家要说章句》。唐李贤注释时引用公元 3 世纪华峤《后汉书》和同时期的《东观汉记》,记载为《五行章句》。(据《东观汉记》记载,"上谓郁曰:'我为孔子,卿为子夏,起予者商也。'"传说孔子弟子卜商,字子夏,传《诗经》。)侯康《补后汉书艺文志》和姚振宗《后汉艺文志(拾补)》也引用了此书,皆作《五家要说章句》。大概是因为桓荣、桓郁的关系,两者在侯、姚两书中均被划分在《尚书》类别,但我在"Scholars and Rulers", 62 指出,其内容涵盖了更多领域。

关于石渠阁辩论,可参见 Tjan, *White Tiger Discussions* I, 128-136 及 Kramers "Development of Confucian Schools", 757。关于白虎观会议,参见后文第 107 页。

[45] 关于《尚书·洪范篇》以及其强调的君主宇宙中心论,参见 Nylan, *Shifting Center*, 特别是第 47—56 页。光武帝曾支持今文经和谶纬,参见 Bielenstein, *RHD* IV, 193。明帝是在延续其父的政策。

[46]"四姓小侯"分别为外戚樊氏、郭氏、阴氏、马氏。四姓小侯学校的建立记载于《后汉书》卷二《显宗孝明帝纪》及《后汉书》卷四五《张酺列传》,《后汉书》卷七九上《儒林列传上》也有关于四姓小侯学校的议论。在《儒林列传》中也有明帝鼓励学习《孝经》的记载。DeC, "Scholars and Rulers", 63。

[47] 关于《孝经》,参见鲍则岳(Boltz)在 *Early Chinese Texts*, 141-153 的解读。关于《孝经》的翻译,见 Legge, *Texts of Confucianism* 卷 3。公元 2 世纪的学者樊准赞美明帝鼓励教授《孝经》,见本书第四章,第 202—204 页。

《两都赋》由康达维全文翻译,*Wen xuan* I, 92-180。关于《两都赋》,参见 *Vignettes of Han Life and Thought*。 康达维在 "To Praise the Han"中探究了班固及与其同一时代的傅毅(约 47—92)、崔骃(约 30—约 90)的创作,傅毅、崔骃的作品有残篇流传。关于《两都赋》,可见本书第一章,第 69—70 页。

[48] 关于汉室复兴,参见 Bielenstein, *RHD*。关于王莽对匈奴的政策,参见 deC, *Northern Frontier*, 198-216。

[49] 关于设置使匈奴中郎将,参见 deC, *Northern Frontier*, 238-239,以及 Bielenstein, *Bureaucracy*,112-113(毕汉思译作 General of the Gentlemen-of-the-Household in Charge of the Hsiung-nu)。

Psarras, "Han and Xiongnu" II, 50-51 似乎将南单于比对汉的归附仅视为一种政治性考量,认为南单于比仍然保有统治的独立性。我相信她低估了强制叩头(enforced kowtow)这件事的重要意义,这个动作无疑使南单于比处在臣属的地位。Bielenstein, *RHD* III, 120 中描写了这个场景,在第 126 页称:"在此之前从未有匈奴单于向中国皇帝或其使者叩头,从使者的报告中可以看到比的窘迫。"("使者曰:'单于当伏拜受诏。'单于顾望有顷,乃伏称臣。")

[50] 关于光武帝时期北部边境的平定,参见本书第一章第 33 页及注释 47 引用 deC, *Northern Frontier* 及 Bielenstein, *RHD* IV。后汉曾丢失以下领土:滦河上游的承德流域,右北平、渔阳、上谷等郡大片土地。DeC, *Northern Frontier*, 242-247 讨论了北方各郡人口的减少。

[51]《后汉书》卷八九《南匈奴列传》;deC, *Northern Frontier*, 252-253。辽河穿过如今的中国东北,前汉为打击东北部的乌桓而设度辽将军。后汉时期,度辽将军仅驻防鄂尔多斯边境地区,与其名称中的"辽"已没有关联。

DeC, *Northern Frontier*, 254-256 探讨了当时长城沿线的军事部署。根据在该地区发现的竹简，我认为朝廷无疑维持着对包括居延边塞在内的甘肃走廊的驻防军队。度辽营很可能重新设置了在鄂尔多斯黄河大拐弯的驻扎，但并不确定长城以东、穿过平原北部的军队驻防情况。更多信息见本书第三章第154—155 页。

光武帝在靠近黄河的魏郡黎阳县（即如今的河南省内黄县）设立兵营，最初大概是作为招募和训练士兵的基地，但毕汉思认为它也是首都地区的防御阵地，见 *Bureaucracy*, 118。后汉初设度辽将军时，其部队从黎阳虎牙营中抽调，见《后汉书》卷八九《南匈奴列传》。之后黎阳虎牙营即作为度辽营的供给基地，见 deC, *Northern Frontier*, 253，以及 519 页注释 42。（《汉官仪》记载光武帝初设黎阳营，为《后汉书》卷八九《南匈奴列传》、《后汉书》卷二三《窦宪列传》、《后汉书》志第二十四《百官一》注释所引用。）也可见本书第三章第 156 页。

[52]《后汉书》卷二《明帝纪》。

[53] 公元前 2 世纪后半叶武帝统治时期，先零羌曾是羌人对抗前汉的首领。关于这段历史，见《后汉书》卷八七《西羌传》，关于马援平定羌人的记载，见《后汉书》卷一下《光武帝纪下》、《后汉书》卷二四《马援列传》。更加详细的讨论见 deC, *Northern Frontier*, 59-75。

"先零羌"中的"零"按现代拼音为 ling，但我遵循公元 3 世纪孟康的注释，即汉代至少在西北地区，"零"与"令"均读为"连"。《汉书》卷二八下《地理志下》、Karlgren, *GSR*, 823a and u，以及 deC, *Northern Frontier*, 471 注释 14。

[54] 关于滇人的记载，见《后汉书》卷八六《南蛮西南夷列传》。前汉与滇人的往来见 Yü（余英时），"Han Foreign Relations", 458-459。Rawson, *Bronzes of Yunnan* 等收录了该地区文化的图像资料。

[55] 关于哀牢，参见《后汉书》卷八六《南蛮西南夷列传》。关于哀牢的各种名称、率部归附者的身份，见 deC, *Biographical Dictionary* "柳貌"条。

Yü（余英时），"Han Foreign Relations", 460 提及哀牢夷投降归附。在注释 268，他认可哀牢王柳貌所辖人口达 553711 人："这些数据非常精确，说明其来源是一份真实的记录，它们不是近似值。"据《后汉书·郡国志》，公元 1 世纪 40 年代早期，永昌郡有口 1897344 人。Bielenstein, "Census", 141-143 接受了《后汉书·郡国志》的数据，他的根据是这反映出当地与印度之间贸易的获益很高，于是当地人非常愿意被计入人口统计，并且大量外来人口也愿意加入其中。另一方面，这个数据超过了益州总人口数的四分之一，这看起来不合比例。我不太认同这个数据，它可能是因为当地的富庶带来了较高的税收，而这又被视为人头税所致。

176年，史料中数次提到永昌郡郡守，包括曹鸾，见本书第八章第380页。

[56]《晋书》卷二六《食货志》、Yang（杨联陞），"Notes on the Economic History of the Chin Dynasty", 154 也提到永平年间百姓安宁、民无徭役，但将此和明帝公元62年修建常满仓联系起来，"粟斛直钱二十"。参见第一章注释22。

[57] 关于刘强等其他兄弟，见本书第79—81页及注释27。

[58] 本书用 Liu Jyng 指刘京，Liu Jing 指其兄刘荆。

[59] 见本书第82页。

[60]《后汉书》卷四二《光武十王列传》。明帝提到的"伊蒲塞"即佛教徒，"桑门"即僧侣。

[61] Zürcher, *Buddhist Conquest*, 26-28. 关于佛教在洛阳的发展、《四十二章经》、之后皇室对佛教的信奉，见本书第七章第343页。关于公元2世纪晚期笮融烧杀抢掠的记载，见 deC, *Biographical Dictionary* 笮融条。

根据《四十二章经》的序言，明帝因自己的梦而派遣使团西去印度求佛法，求得佛经回来后，在洛阳城外修建白马寺。

这个故事是虚构的。《四十二章经》的序言成书时间不早于公元3世纪中叶，该书是一本宣传佛教思想的著作。并无证据表明公元2世纪以前佛教已经在洛阳传播，而且尽管当时出现了佛教场所，但白马寺可能建于公元3世纪。参见 Zürcher, *Buddhist Conquest*, 22, 31-32, 69。如今在洛阳市通往洛阳老城的路上，还有一座白马寺。但现存的白马寺为明代以来的建筑，更多的是现代的修复。

[62] 大逆不道是最重大的一类罪行。犯下大逆不道罪的人将受到最严厉的处罚。见 Hulsewé, *RHL*, 156-158。

[63] Bielenstein, *RHD* III, 33-36 讨论了明帝的迫害行为。关于前汉武帝巫蛊

之祸，参见 Loewe, *Crisis and Conflict* 第二章。

[64] 关于前汉时期的西域，参见 Hulsewé/Loewe, *China in Central Asia*。

关于后汉时期的西域，参见 deC, *Western Regions*。

[65] 鄯善对西域东部大片地区有名义上的统治，而西域其他国家则不同，它们的领土范围基本限于绿洲城市。绿洲城市之外的土地全部覆盖着黄沙和盐碱，荒无人烟。这个国家本名楼兰，公元前 77 年向汉朝称臣之后更名鄯善。参见 Hulsewé/Loewe, *China in Central Asia*, 81-83。

另有一条更加艰难的道路也通往丝绸之路南线：穿过玉门关以南的阳关，一路沿着险峻的阿尔金山脉北侧。这条路线一般只在春末和冬季使用，那时玉门一路沿线水井可能会有盐碱。

[66] 关于王莽的失败，见《汉书》卷九六《西域传下》，Hulsewé/Loewe, *China in Central Asia*, 192-197。关于大宛马的更多信息，可见本书第八章注释 22，第 372 页。

[67] 关于莎车称霸西域、兼并各国，见《后汉书》卷八八《西域传》；deC, *Western Regions*, 6-9。当贤派遣使者进贡，请求被封为西域都护时，明帝最初同意下诏书赐印绶，但有大臣反对，认为"夷狄不可假以大权"，故拦截贤的使者，胁迫其交还印绶。贤因此怀恨在心，从此与后汉离心。

[68]《后汉书》卷八八《西域传》、《后汉书》卷十九《耿秉列传》、《后汉书》卷三《肃宗孝章帝纪》及 deC, *Western Regions*, 9-12。

[69] 按中国传统虚岁计算，孩子出生时即为一岁，每过一个农历新年就增加一岁。如果已知一个人的年龄和去世时间，便可轻易推算出他的出生年份。由于汉代史料中基本不记载人的生日，只能估计一个人的公历年龄比中国传统虚岁小 1—2 岁。

[70] 马皇后是光武帝伏波将军马援之女。马皇后传记见《后汉书》卷十上《皇后纪上》，紧接其后有关于贾贵人的记载。《后汉书》卷二《显宗孝明帝纪》记载公元 60 年立皇后、皇太子，《后汉书》卷十上《皇后纪上》记载贾贵人及其亲族并无权力和影响。

[71] 每个皇帝在继位之初，从三公九卿（最高层官员）中挑选并任命太傅。太傅的品秩高于三公，通常终身任职，当其去世后不会再任命其他人。《后汉书》

志第二十四《百官一》；Bielenstein, *Bureaucracy*, 5-7。此时赵熹年近八旬。公元 57 年赵熹被任命为太尉，他曾主持过明帝刘庄的继位仪式，见上文第 73—74 页。

尚书掌管朝廷所有的诏书政令，录尚书事即总领朝政。录尚书事可与其他官职连用，如经常以太傅或太尉录尚书事。比如章帝继位时年纪不大，需要指导，故任命太傅赵熹与太尉牟融录尚书事。Bielenstein, *Bureaucracy*, 153-154 将"录尚书事"解释为"诸尚书的管理者"；然而，一如其他与摄政权力有关的问题，我相信毕汉思的解释略有不确。详见注释 97。

[72] 明帝西域政策的失败和随后撤军的具体描述见《后汉书》卷八八《西域传》，《后汉书》卷二《明帝纪》、《后汉书》卷三《章帝纪》也有提及。

耿恭事迹见《后汉书》卷十九《耿恭传列》。公元 3 世纪潘岳（字安仁）在《关中诗》（或《关中记》）注释中引用了部分《耿恭守疏勒城赋》，保存在《文选》卷二十《诗甲》中，《全后汉文》卷二四引用。

耿恭固守的疏勒城是后车师附近的一个小型防御阵地，并非统治了如今喀什地区的城邦疏勒。如后文所示，后者将成为班超据守抵抗其他国家的总部。

[73] 关于班超的记载见《后汉书》卷四七《班超列传》，翻译见 Chavannes, "Trois généraux chinois", 216-245。关于班超的成就还见于《后汉书》卷八八《西域传》。班超是班固的弟弟，兄弟两人均生于公元 32 年，但并非双胞胎。他们应为异母兄弟，或者是其母间隔不久先后生下的亲兄弟。

[74] 《后汉书》卷八九《南匈奴列传》；deC, *Northern Frontier*, 264-265。

[75] 见上文第 90—91 页。

[76] 在公元前 2 世纪末和前 1 世纪，前汉不时设置护羌校尉。公元 33 年，光武帝正是在班彪的督促下恢复护羌校尉，班彪是班固、班超的父亲，曾在西北军阀隗嚣手下效力。班彪认为蛮夷骑都尉、乌桓校尉、护羌校尉等官职的职责是维护和平、安抚民众。《后汉书》卷八七《西羌传》；Bielenstein, *RHD* III, 135。关于公元 33—34、58—59 年恢复护羌校尉的记载，参见 deC, *Northern Frontier*, 62, 83-84。

关于度辽将军，见前文第 89 页。

[77] 《后汉书》卷三《肃宗孝章帝纪》。夏四月下诏："令郡国中都官系囚

减死一等,诣金城戍。"秋七月下诏:"死罪囚犯法在丙子赦前而后捕系者,皆减死,勿笞,诣金城戍。"秋九月下诏:"郡国中都官系囚减死罪一等,诣金城戍。"

[78]《后汉书》卷二《明帝纪》中有很多关于边人不得内移的记载,《后汉书》卷六五《张奂列传》最为生动地反映了这种"旧制",护匈奴中郎将张奂因为军功而受到特别的赏赐,户籍从敦煌徙属弘农。之后,张奂因获罪而需"禁锢归田里",他的老对手段颎当时为司隶校尉,本打算将张奂逐回敦煌,但张奂向段颎情深意切地恳求,最终获准留在安宁平静的弘农郡。见《后汉书》卷六五《张奂列传》。

关于后汉迁徙罪犯到北方边境戍守的例子,见本书第三章第138、153页,第五章第246页;关于南北方人口变化,见本书第五章第252—253页。

[79]《后汉书》卷八九《南蛮西南夷列传》。

[80] Bielenstein, *RHD* III, 73-75 列举了后汉时期的主要冲突,地图23展示了发生冲突的地区,图表3、4展示了事件发生的频率。他在第81—83页讨论了移民给南方原住民带来的压力。

[81] 关于宋均(或宗均),见《后汉书》卷四一《宋均列传》;关于卫飒和茨充,见《后汉书》卷七六《循吏列传》;关于栾巴,见《后汉书》卷五七《栾巴列传》。以上还可见 deC, *Biographical Dictionary* 相关条目;更详细的论述见 Miyakawa, "Confucianization",以及 deC, *Generals of the South*, 10-12。

[82] Bielenstein, *RHD* III, 67-73 详细讨论了这场战争,在 *RHD* IV, 112-113 中描述了在马援即将取得胜利之时,朝中的政敌如何利用他的去世贬损他的战功,诋毁他的同僚。详见本书第111页。

[83] 武陵郡的人口数据记载于《汉书》卷二八上《地理志上》、《后汉书》志第二十二《郡国四》。长沙郡、零陵郡、桂阳郡分别记载于《汉书》卷二八《地理志》、《后汉书》志第二十二《郡国四》。关于人口数据、对长江以南的开发等详细讨论,见本书第五章第257—264页。

[84] 见本书第三章第139页。

[85] 关于秦汉时期的道路系统,见劳榦《论汉代之陆运与水运》,谭宗义《汉代国内陆路交通考》及 Needham, *Science and Civilisation* IV.3, 5-27 and Figure

711。关于通向南方的道路,见 deC, *Generals of the South*, 27-29。秦代的重要成就之一是穿过南岭分水岭修建灵渠,灵渠沟通北边的耒水上游和南边的北江,至今仍在使用。

[86] 关于王充及其著作《论衡》,见 Loewe, "Religious and Intellectual Background", 698-703 以及 deC, *Biographical Dictionary*, 806-807。

关于今文经学和章句,见 Kramers, "Development of Confucian Schools", 757-758,以及 Tjan, *White Tiger Discussions* I, 148-149。

[87] 关于《白虎通义》的讨论和翻译,见 Tjan, *White Tiger Discussions*,关于白虎观会议及其历史背景尤其见于第 154—165 页。同样可见于 deC, "Scholars and Rulers", 63-64。

会议召开地点为白虎观或白虎殿。曾珠森(Tjan)在第 159—160 页表示更倾向于"白虎殿"。毕汉思认为,"白""虎"均代表西方,故该殿应该位于宫殿群西部。

据记载,学者班固编写完成《白虎通(义)》,他可能也是白虎观会议的报告起草者。但班固并没有正式参与学术辩论。

[88] Tjan, *White Tiger Discussions* I, 159, 163。

[89]《后汉书》卷三六《郑众列传》。

[90]《后汉书》卷三《肃宗孝章帝纪》。

[91]《后汉书》卷三五《曹褒列传》,其中有对于《新礼》的描述。Mansvelt Beck, *Treatises*, 87 和 deC, "Scholars and Rulers", 64-65 对此有讨论。《曹褒列传》记载曹褒受命编《礼记》四十九篇。在 *Early Chinese Texts*, 295,王安国(Riegel)认为曹褒所编的可能是现存《礼记》的基础。

关于冠礼的年龄及其对汉和帝的重要影响,见本书第三章第 127—128 页。

[92] 关于后汉章帝刘炟之死,见《后汉书》卷三《肃宗孝章帝纪》最后部分。关于章德前殿,见 Bielenstein, *Lo-yang*, 36。

[93] 立皇太后的仪式与皇帝继位仪式同时,见《后汉书》志第六《礼仪下》。关于摄政的皇太后的权力及其参与朝政,见公元 2 世纪蔡邕《独断》,《资治通鉴》卷四七胡注引用。

[94] 关于吕后,见 Loewe, "Conduct of Government", 135-136。关于刘贺

被废,见 Loewe, "Conduct of Government", 77-78, 以及 Loewe, *Biographical Dictionary*, 465。

[95] Bielenstein, "Wang Mang and Later Han", 225-231.

[96] 公元前 180 年吕太后去世后,吕氏家族的覆灭,见 Loewe, "Conduct of Government", 136 以及 Dubs, *HFHD* I, 171-172。关于霍氏家族的覆灭,见 Loewe, "Conduct of Government", 113-153。关于王莽篡位及其最终覆灭,见 Bielenstein, "Wang Mang and Later Han", 224-248。

[97] "临朝"一词最初被用来描述前汉高祖遗孀吕太后在其子惠文帝死后摄政,见《汉书》卷三《高后纪》及 Dubs, *HFHD* I, 192 及注释 1。Bielenstein, *Bureaucracy*, 152 称,摄政权由皇太后家族中的一位男性掌握,此人往往带大将军头衔。他列举了一些大将军,首先便是窦太后的哥哥窦宪。本书第三章对窦宪进行了讨论。但我认为毕汉思的这种观点有误。汉和帝遗孀邓太后在安帝时期握有摄政权,她的家族成员并没有参与其中,见本书第四章 201—202 页。

[98]《后汉书》卷十上《皇后纪》。关于良家,见前文注释 16。

[99] 见前文第 80 页。

[100] Bielenstein, *RHD* IV, 114-127.

[101] Bielenstein, *RHD* IV, 112-113. 另参下文注释 114。

[102] 关于阎皇后及其家族,见本书第四章第 207 页。

[103] 后汉的诸位公主及其封地见《后汉书》卷十下《皇后纪下》,列于诸位皇后传记之后。《皇后纪》中没有列出所有驸马的姓名,但对光武帝的五个驸马和明帝的大部分驸马有记录。

关于韩光的记载非常有限,其出生地不详。公元 73 年,韩光因被指控参与淮阳王刘延谋反而被诛,此事见上文第 94 页。

[104] 关于以上这些外戚关系的细节,见 deC, *Biographical Dictionary* 相关条目。章帝有三个女儿,冯由是史料中记录的唯一一位驸马。

[105] Bielenstein, *RHD* IV, 126 和 "Wang Mang and Later Han", 279-287,讨论了后汉时期各个外戚家族的更替,强调外戚权力在来自西北的马氏、窦氏、梁氏以及来自南阳的邓氏等家族之间交替,"像来回晃动的钟摆"。在"Wang Mang

and Later Han", 285, 毕汉思认为顺帝立梁贵人为皇后,显示出"西北势力已经重获声望"。关于皇后梁妠,见本书第五章第 238—239 页。

事实上,虽然这些世家贵族子弟们可能在名义上与先祖的家乡有联系,但到 1 世纪后半叶,他们已经在首都洛阳经营许久了。在这个社会阶层,不应根据一个人的老家来判断他的地位,这样做没有意义。

[106] Loewe, *Crisis and Conflict*, 11 阐述了他对时新派和改造派的定义,并在 "Former Han Dynasty", 106-108 做了进一步讨论。

[107] Bielenstein, *RHD* IV, 121. 马贵人的姓名不详,其传记见《后汉书》卷十上《皇后纪上》。

[108] 窦穆为使姻戚获得故六安国土地,矫称阴太后诏,命令六安侯刘盱与妻子离婚,娶窦穆的女儿。刘盱前妻家族上告,揭发了他的罪行。

[109] 窦皇后传记见《后汉书》卷十上《皇后纪上》。窦皇后及其妹妹的名字没有记载。窦氏家族传记见《后汉书》卷二三《窦融列传》,其家族受辱之事见于第 808—809 页。

[110] 宋贵人的名字不详,其事迹记载于窦皇后传记中,见《后汉书》卷十上《皇后纪上》。据此记载,刘庆的生母是姐姐大贵人,但司马彪《续汉书》卷一《后妃传》记载其生母是妹妹小贵人。

两位宋贵人的父亲宋杨的事迹记载于刘庆传记的开头部分,见《后汉书》卷五五《章帝八王传》。

[111] 梁贵人的名字不详,其事迹记载于窦皇后传记中,见《后汉书》卷十上《皇后纪上》。梁氏家族记载于《后汉书》卷三四《梁统列传》,其父梁竦记载于第 1170—1172 页,伯父梁松记载于第 1170 页。

第三章　和帝的统治（公元88—106年）

年　表

88年	章帝去世，和帝刘肇继位，窦太后临朝摄政。
89—91年	窦宪北伐匈奴，大败北单于。
91年	以班超为西域都护。
92年	皇帝除灭窦氏宗族及其党羽；窦宪被杀，窦太后失势。
93年	南单于屯屠何去世，师子继位；新降的北匈奴部众叛变；王子逢侯建立独立政权。
94年	班超大破焉耆，完全控制了塔里木盆地。
97年	班超遣甘英出使大秦（罗马），甘英到达波斯湾。
101年	烧当羌首领迷唐病死；部分羌人迁徙至凉州。
102年	废阴皇后，立贵人邓绥为皇后。班超返还洛阳，以任尚为西域都护。
105年	中常侍蔡伦改良造纸术。[1] 和帝去世；邓皇后被尊为太后，临朝摄政。

在大草原的胜利

此时窦皇后被尊为皇太后，为养子刘肇临朝摄政。窦太后早已成为后宫的核心，她的成功主要依靠自己。虽然可能也多少受益于其堂兄、将军窦固，不过70年代初其父窦勋便获罪死于洛阳狱，公元77年她才选入宫中。[2] 窦勋有四子，公元78年当窦贵人被立为皇后时，其兄窦宪迁侍中、虎贲中郎将，[3] 窦笃任黄门侍郎，兄弟二人并侍宫省。[4] 年纪较小的窦景、窦瓌当时没有被授予官职。没有资料显示这四人是否均与窦太后同母，还是其中有的是妾出庶子，也很难判断他们的年龄，不过可知至少窦宪应为她的同母兄，并且四人均比窦太后年长，当窦氏被立为皇后时，四兄弟皆二十岁左右。尽管如此，还是难以想象这几个年轻人能为窦氏的后宫争斗出什么力，她的成功全凭自己。

而窦贵人的家族无疑从她的上位中获得了荣宠和权力。据记载，四个兄弟很受章帝器重，无论马氏、阴氏外戚，甚至皇室成员都莫不畏惮。窦宪还继承了祖父窦穆的贪得无厌，和窦穆曾经的行径如出一辙，威胁明帝之女沁水公主刘致以低价贱卖园田。章帝对公主被侵夺田产非常愤怒，严厉指责窦宪，不再授以重任，窦宪在窦皇后的恳求下才得以逃脱严惩。[5]

公元88年，窦氏在章帝去世、年幼的养子继位后，获得了摄政大权。她恢复了窦宪的官职，命窦宪为她掌管百官群臣事务。除了贪得无厌，窦宪还骄傲自大、性情急躁、睚眦必报。三十年前，故河南郡谒者韩纡曾参与审讯其父窦勋，窦勋最终死于狱中，窦宪为此而疯狂报复，斩杀韩纡的儿子，并以其首祭奠窦勋之墓。众人畏惧反抗窦宪的后果，竟无人敢得罪他。

窦太后最初并没有注意到她兄长的恶行，但几周后窦宪的残忍暴戾影响到了她自己。齐殇王之子、都乡侯刘畅来洛阳凭吊章帝。刘畅之兄刘晃已继承王位，公元87年因与家人更相诬告，被贬为侯爵。但章帝遗诏令恢复齐国封地，正是基于这种情况，刘畅来吊国忧。[6]

刘畅曾数次往来洛阳，门路很广，但他素行邪僻。刘畅是邓叠的朋友，邓叠家族与窦氏结盟，邓叠母亲元氏将他介绍给窦太后。[7]刘畅与窦太后日渐亲密，虽然没有记载说明他们的关系亲密到何种地步，[8]但窦宪担心这个暴发户浪荡子可能会抢夺他妹妹的喜爱，遂遣宾客截杀刘畅。

最初朝廷对犯人并无头绪，而窦宪将嫌疑引向刘畅的弟弟刘刚，当时刘刚仍在青州封地。刘刚曾参与了之前导致长兄刘晃被贬的争吵，他有可能一直期望能获得齐国继承权。窦宪命青州刺史拷问刘刚及其从属，但随后太尉宋由的府吏、学者何敞也参与进来。何敞曾批评过窦氏的奢侈专权，尽管宋由没有采纳他的建议，且让他将问题留给当地官员处置，但他坚持己见。随着证词的出现，窦宪的罪行最终败露并被证实。这个丑闻骇人听闻，窦太后陷入极大窘境，将自己的哥哥关在内宫中。窦宪本应被处决，但几周后南匈奴使节来朝，给他了一个脱身的良机。

自南匈奴单于比在汉朝庇护下建立独立政权，已有四十年，南匈奴传位兄终弟及。单于屯屠何是单于比的长孙，当他于公元88年继位时，已是南匈奴第七位单于。屯屠何继承了叔叔单于长的王位，单于长在位长达二十多年。

汉朝与南匈奴的结盟使得双方均获益。南单于的贡品价值远不及汉朝高达几十亿钱的巨额赏赐，并且南匈奴百姓遍布整个北方，从鄂尔多斯黄河大拐弯到今河北北部桑干河河谷。他们以部落为组织，和人数逐渐减少的汉人移民居住在同一片土地上，并充当着汉朝军队的侦查员、戍卫和军事后备力量。

汉朝曾经一度担心北匈奴和南匈奴交通勾结,于是设置度辽营防止二者接触,但南北匈奴一直相互敌对。此时,南单于确实比洛阳的后汉朝廷更加决意对付北匈奴,孜孜不倦地破坏任何可能带来长久和平的努力。[9]

公元 87 年鲜卑斩杀北匈奴优留单于后,继任的北匈奴单于面临着极大的困境:部落贵族们拥立其兄弟为单于,加之牧场爆发蝗灾,导致大量部族人口躲进塞内避难。因此在这种情况下,公元 88 年秋天,新继位的南单于屯屠何向汉朝提出了彻底征服北匈奴的计划。屯屠何考虑到单凭南匈奴兵力不足,所以提议汉朝和南匈奴共同出兵。屯屠何在章和二年七月提出这一计划,并请求朝廷在九月前做出决定,故战役大概开始于当年年底。[10]

公元 73 年明帝对北匈奴的那次进攻并没有得胜,随后恢复西域都护的努力也完全失败了。[11] 但这一次前景非常乐观,对窦太后和她的兄长来说,这个建议提出的时机非常恰当:窦宪如果成为远征军的首领,那么他的罪行将完全被军功掩盖。窦太后询问了耿秉的意见(耿秉曾带兵参加公元 73 年的远征),并在耿秉的支持下下令准备发兵。章和二年十月,即公元 88 年 11 月 18 日,拜窦宪为车骑将军,统领大军伐北匈奴。

这个任命并不容易服众。窦宪此前没有军事经验,他曾担任的中郎将一职负责管理首都郎官,与带兵打仗几乎毫无关系,而且窦太后此举背后的意图昭然若揭。此外,朝中的重要力量拒绝接受如此激进的策略,虽然没有进一步就此进行讨论,但包括三公九卿在内的众多官员上书劝谏。他们争论的核心包括:没有一场在草原的战争能够获得长久的胜利,北匈奴正在寻求和平,而且远征计划的花费远远高于可能带来的收益。

在公元 73 年讨伐北匈奴以及随后对西域的各项举措上,也出现了

第三章 和帝的统治（公元88—106年） 109

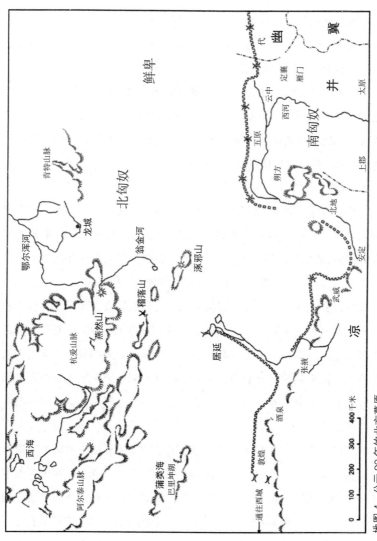

地图 4 公元 90 年的北方草原

以上这些反对的声音，可以看出当时存在着两派，一是主战的"激进派"，一是主和的和平派。正如前文所讨论的，窦氏等与皇位关系密切的世家贵族们野心勃勃地渴望获取帝国的权威和权力，而朝中的普通官员和地主阶级则关注地方利益、家族利益，认为国家收入应该用之于民，不能铺张挥霍或者浪费在不必要的战争上。[12]

但是窦太后坚持己见，对那些试图挑战她决定的大臣们疾言厉色。太尉宋由畏惧之下不再上书，大部分朝臣的劝谏也随之平息。司徒袁安、司空任隗则坚持反对出兵，但是他们受到压制，和平派遭到彻底打击，并且之后还将经受更多艰难。[13]

尽管南单于在上书中建议大军在当年冬天集结到位，但这样大规模的军队动员很费时间，直到公元89年夏天才发兵。军队来自北军（即帝国核心的战略储备力量）、度辽营和黎阳营，[14] 除此之外还有缘边诸郡的骑兵以及来自羌和南匈奴的少数族士兵的辅助。

在永元元年六月，三支部队出塞向北匈奴进发。窦宪及其副手耿秉率领北军等八千骑兵，与南单于左谷蠡王师子率领的一万骑兵出朔方郡鸡鹿塞；度辽将军邓鸿率领汉朝士兵及八千羌胡骑兵，与南匈奴左贤王安国率领的一万骑兵，出五原郡稒阳塞；单于屯屠何单独率领一万余骑兵出满夷谷。三支部队兵力总共达五万五千人，其中少数族占四分之三。[15]

三路大军在古尔班赛汗山的涿邪山汇合，涿邪山是通向北方道路上的第一处高地。北匈奴奋起抵御，但双方兵力悬殊。窦宪派左谷蠡王师子和副校尉阎盘率领一万精骑，[16] 在稽落山大破北单于，追击逃敌数百里，宣称斩杀敌军一万三千人，获得马、牛、羊、骆驼等百余万头。北单于及其残部躲藏在阿尔泰山，共八十一部二十余万人投降。

同时，窦宪和主力大军长驱直入抵达北匈奴核心地带，即今乌兰巴托。大军焚毁匈奴龙城，在杭爱山脉南脊燕然山立碑记录功绩。《封燕然山铭》为历史学家、文学家班固所作，他以窦宪中护军之职随军出征。碑铭记载了远征军是如何跋涉三千余里，跨越单于冒顿曾经统治的地区。碑铭内容颇有夸张，但他们创造的功绩确实非常关键，而且北匈奴从此再也没有恢复元气。朝廷派遣中郎将持节拜窦宪为大将军，使之成为帝国军队的最高统领，同时按三公标准置大将军府掾属，他的部下们也获得赏赐和晋升。[17]

之后北单于避难于西海，即今蒙古国边境处，窦宪派遣使节奉金帛招降。北单于一开始答应投降，但当听说窦宪已经撤回塞内后变得敷衍搪塞，与汉朝保持距离，派遣弟弟代替自己奉贡入侍。只要北单于亲自奉贡入侍，窦宪非常愿意接受其投降并使其成为汉的附属国，但他不满足于接受人质。90年初，窦宪派遣班固为行中郎将事，带人护送北单于来大营会面。

但南单于决心要彻底击垮他的对手，接管北单于在草原的领土。甚至当班固的使团已经在迎接北单于的路上时，一支由左谷蠡王师子率领的南匈奴军队大破北庭。北单于负伤逃亡，南匈奴军队得其玉玺财物，抓获阏氏及儿女，斩杀八千名随从。[18] 于是当班固抵达后发现北单于已经逃亡，窦宪只得向报告朝廷北匈奴势力大减，无需和谈。公元91年春天，窦宪派遣耿秉之弟、左校尉耿夔出居延塞，对北匈奴发起最后一击。耿夔只在居延塞留下八百士兵，一路追击北单于直至中亚地区，斩杀其百姓，尽获其珍宝财畜。北单于之后再无音讯。耿夔被封为粟邑侯。冬天，皇帝行幸长安，在汉高祖等汉朝皇帝庙中下诏，报告汉朝军队取得的成功。

然而窦宪仍有意在北方建立一个傀儡政权，建议立左鹿蠡王阿佟为北单于，阿佟在耿夔进攻前不久投降后汉。虽然很多朝臣表示赞同，但袁安、任隗认为光武帝已经确立南单于比为匈奴首领，若违反则不妥。而之后逃亡的北单于的弟弟右谷蠡王于除鞬自立为王，并遣使乞降，这使问题变得更加复杂。窦宪最终达到了他的目的，北匈奴与南匈奴并立，但北匈奴单于是于除鞬。永元四年（92）元月，他派遣大将军左校尉耿夔授玺绶，从此北匈奴为汉的附属国。[19]

永元四年夏四月丙辰（公元92年6月11日），大将军窦宪从边塞返回洛阳。窦氏家族的声望已经到达顶点，窦太后大概一直相信她哥哥犯下的那些罪行已经被他的不世功绩所掩盖，因为秦、汉两朝没有任何皇帝能如此成功地在整个北方草原扩张势力，甚至伟大的汉武帝也没有做到。汉朝与罗马共和国或罗马帝国不同，没有针对大军凯旋的仪式庆典，但我们知道大鸿胪将迎接得胜归来的将领，仪式很可能在洛阳西郊平乐观举行，并在仪式上对凯旋军队进行赏赐。可以相信，年幼皇帝和窦太后身处都亭，面前是一场盛大的仪式，包括献俘、献宝、阅兵、庆典等。[20] 然而，窦宪进入首都意味着掉入了一个陷阱，他的生命仅剩下几周时间。

窦氏家族的覆灭

在窦宪离京的三年中（公元89年夏天至92年夏天），窦太后帮助其他几个留在京城的兄弟权势显赫，倾动京都：窦笃任卫尉；窦景任执金吾，掌握京城治安；窦瓌任光禄勋。几个窦氏子弟均掌有戍卫兵权，并均加位特进，得以在洛阳修建豪宅。

但是几位窦氏子弟滥用职位，利用官府人员修建自家宅邸，放纵手下士兵掠夺百姓。据记载窦瓌最约束自己的行为，而窦景尤其骄纵暴虐，其奴客强夺财货、霸占妇女，还从边郡集结了一支精锐骑兵，组成了一支私人武装。大部分朝臣畏惧窦氏威权，不敢举奏，但司徒袁安数次上疏弹劾，窦太后最终免去窦景官职，之后窦景以特进就朝位，但丧失了行政权力。

窦氏家族的地位建立在皇帝年幼、窦太后临朝摄政的权力基础之上,而这种情况并不长久。永元三年正月甲子(91),吉日,和帝加元服。当时,和帝年仅12虚岁(按公历则为10岁或11岁),加元服仪式并没有立即影响到权力结构。然而正式来说,临朝摄政已经没有必要,因为和帝已经成年,可以亲政。

这种情况不同寻常。举行冠礼的通常年龄是十五六岁,儒家今文学派认为应该在十九或二十岁举行冠礼,这种观点得到了公元79年章帝举行的白虎观会议的支持。[21] 众所周知,章帝喜好古文经学,并不满意白虎观会议的辩论结论,公元87年令博士曹褒在旧典基础上整理完善礼仪制度。曹褒呈上的《新礼》更加详尽,但引发广泛争议,即便皇帝支持《新礼》,最终也没有作为法律颁布施行。[22]

不久后章帝去世,公元91年他的儿子和帝的冠礼成为曹褒《新礼》最早的实践。冠礼极为复杂,依次加四种冠。尽管在四十年后,公元129年顺帝可能也采用了这个流程,但《新礼》从来没被正式采用过,并且很快就被废弃了。主要的原因是曹褒遵循古文经学,将举行加元服仪式的年龄定得太小。[23]

尽管皇帝理论上应该已经有资格执政,但窦太后及窦氏家族仍然掌握权柄。窦氏兄弟把控了京城内的防卫:卫尉窦笃负责守卫皇宫宫门;光禄勋窦瓌麾下的郎官负责在皇宫内外保护皇帝;执金吾窦景掌握京城治安。此外,窦宪统领边境大军,此时匈奴威胁已解,他可以率领大军以摧枯拉朽之势直扑京城,摧毁一切敌人。与此同时,窦氏家族其他成员也在朝中担任要职:窦宪之叔窦霸为洛阳城门校尉,窦霸之弟窦褒为将作大匠,掌管着刑徒组成的劳役,窦褒之弟窦嘉为少府,掌皇帝饮食起居和诸尚书,另外还有十多位窦氏子弟、宾客担任各种文官武将。

公元91年,受窦景免官的影响,窦氏对京城的控制略微有所削弱。史料中没有记载是谁取代了窦景成为新一任执金吾,不过这位继任者并非窦氏成员,并不那么支持他们。公元92年夏天,邓叠代窦笃为卫尉。邓叠曾跟随窦宪远征北匈奴,此时与窦宪一同回到京城。

公元88年,邓叠及其母元氏作为中间人,帮助刘畅与窦太后相往来。尽管之后窦宪暗中杀害了刘畅,他们与窦氏仍然关系甚笃,结党谋私。除了邓叠和元氏外,邓叠之弟邓磊在北军担任步兵校尉,射声校尉郭举娶了窦宪之女,郭举父亲郭璜为太后居住的长乐宫少府。这些人互相交结,经常出入宫禁。据记载,郭举与刘畅一样,"得幸太后"。[24]

尽管窦氏及其党羽的实力显而易见,他们对手的力量也不容小觑。三公袁安、任隗曾据理力争反对出征匈奴和窦瓌越权。虽然公元92年袁安去世,丁鸿接任司徒之职,但他同样反对窦氏擅权。可是即便朝中公卿也难以觐见年幼的和帝,他们对此无能为力。在这种情况下,中常侍郑众开始聚集力量帮助和帝掌权,成为影响事件走向的关键。[25]

公元1世纪60年代明帝统治时期,郑众入宫侍奉太子刘炟,即后来的章帝。公元75年章帝继位后,任命郑众为小黄门,负责联系内宫内外及中宫以下众事。之后,郑众迁中常侍,和帝初年加位钩盾令。[26]那时郑众40岁左右,长期以来他一直支持皇室对抗那些骄纵外戚。作为中常侍,郑众能够随时出入皇宫,而钩盾令的职权范围覆盖了洛阳城内外所有的皇家苑囿。[27]因此,他大有机会联系朝臣和军队将领。

永元四年六月庚申(公元92年8月14日),有诏令执金吾守卫皇帝居住的北宫,下令收捕郭璜、郭举、邓叠、邓磊,皆下狱死。同时,调动北军把守宫门和洛阳城门,[28]并使谒者仆射收窦宪的大将军印绶。[29]窦宪四兄弟均被遣离京就国,和帝考虑到窦太后,没有判四人死刑,但窦宪、窦笃、窦景抵达封地后皆被迫自杀。窦瓌因为表现较好而暂时幸免，但次年因向穷人借贷，非侯家之法而被定罪，徙封至长江以南的长沙郡。

尽管《后汉书·和帝纪》《后汉书·窦宪列传》保存了一些关于此次政变的记载，但仍存在疑问。之后发生了几次类似的政变，比如公元 125 年宦官对阎氏家族发动政变，公元 159 年桓帝夺取大权，公元 168 年窦武被诛，以及公元 189 年的大乱，这些事件的描述都非常详细，主要人物和事件经过很清晰。但公元 92 年这次政变恰恰相反，史料中对反叛者及其动机的记载非常少。[30]

尽管官方史料记载，是年幼的和帝首先发起了进攻，但一个年仅十二岁的孩子竟然如此能干，不禁令人生疑。我们可以相信和帝确实痛恨窦氏，希望与之对抗，但很可能是郑众等人做出了关键决策，在复杂危险的局势下采取了有效措施。另一方面，除了和帝和郑众，没有列明其他参与者的姓名。比如，那位迅速派人保护皇宫的执金吾是谁？郑众招揽的宦官都有哪些？郑众在宫外的盟友有哪些？郑众是如何使北军对抗他们名义上的指挥官的？

另一个问题是，这是否一次将计就计？据《后汉书》记载，窦宪密谋反叛，欲刺杀皇帝。这是否仅仅是打击窦氏家族的一个借口呢？或者窦氏确实有这个计划，打算废和帝，立废太子刘庆？[31] 几十年后，一位傀儡皇帝在大庭广众之下讽刺权臣，结果不明不白地死了。[32] 和帝已经到了亲政的年龄，迫切想要独立掌权，对这一点窦氏可能也越来越担心。另一方面，废太子刘庆看似已不容易受控制，况且两兄弟是亲密无间的朋友。

关于这一点，有一个奇怪的传闻。曾随窦宪远征匈奴并在燕然山立碑作铭的班固已经部分完成《汉书》。和帝在谋划这次政变时，想阅读研究《汉书·外戚传》，借鉴前人对付强势外戚的做法。他担心直接索取会引来左右随从的怀疑，报告窦氏，于是令刘庆私下里给他一份。刘庆为和帝找来了《汉书·外戚传》，他还是和帝和郑众之间的传话人。刘庆仅比和帝年长一岁（两人都不到十五岁），这个故事说明两个男孩都在密切关注诛灭窦氏的行动。[33]

除了以上这些不太确定的举措，可以确定的是郑众在诛灭窦氏中扮演着关键角色。公元104年，郑众因首谋诛窦氏之功而被封为侯爵。除此之外，这次成功的政变没有带来其他的赏赐。不过和帝将中常侍从四人增加至十人，小黄门从十人增加至二十人，很可能这一措施是为了赏赐那些支持政变的宦官。无论如何，这是宦官首次如此活跃地参与朝政，郑众等人为后世树立了榜样，宦官将成为后汉政治的主要参与者。[34]

尽管窦氏家族倾覆，窦太后权柄不再，但她并没有受到伤害，仍然居住在自己宫中。而在别处，一场清除窦氏余党的行动正在大规模展开，多人遭到免官，有些被下狱，其中就包括班固。班固因与窦宪关系密切而受到株连，洛阳令种兢下令将其逮捕入狱，之后班固死于狱中。鉴于正是班固的著作在政变中帮助指导了和帝，在何为历史的作用这个问题上，班固的命运是一个令人困惑的例子。[35]

公元88年，邓彪在窦宪的支持下被任命为太傅，这是朝廷最高官职。每个皇帝在登基继位之初便任命太傅，位在三公之上，起到辅弼教导新皇帝的作用。这是一个终身的官职，在现任太傅去世后，除非新帝登基，通常不再任命新的太傅。此前邓彪已身居高位，德行高洁。但他作为太傅，更加效忠于窦氏而非皇帝，并因御史中丞周纡没有顺从窦太后旨意而奏免其官职。此时窦氏被诛，邓彪以老病上还太傅官职，得到和帝的允许。虽然如此，和帝诏赐牛酒。次年邓彪去世，和帝亲临吊祭。

而太尉宋由也没有太大作为。尽管他起初反对窦宪远征匈奴，但他并没有坚持抗争，之后转而支持窦太后。后来因被指控与窦氏结党而获罪被免，最终自杀。和帝以大司农尹睦为太尉，尹睦也反对窦宪的政策，并且一直坚持己见。和帝命尹睦"录尚书事"，即对整个朝政拥有行政权，但皇帝依然确保自己的皇权不容置疑。[36]

司徒袁安在宋由死的同一年早些时候去世，他一贯反对窦氏家族。之后丁鸿任司徒。据《后汉书·丁鸿列传》记载，他曾向和帝上封事，鼓动皇帝采取行动。由于摄政的窦太后甚至能够掌握密奏，丁鸿的建议相当危险，而且很可能难以实现，但密奏内容记载于《丁鸿列传》中。并且丁鸿很快被任命为行太尉兼卫尉，统领部队控制了南宫、北宫，并收窦宪大将军印绶。丁鸿的功绩并未载入《和帝纪》或《窦宪列传》，但可以认为他是郑众所联系的宫外朝臣力量的首领之一，协力推翻了窦氏家族。[37]

司空任隗在永元四年八月，即政变发生几周之后去世。永元四年十月，以宗正刘方为司空。刘方也与窦氏家族的政治立场相左。大体上，虽然一些高级官员有意抵抗窦太后及其家族，但他们的抵抗受到窦太后政治地位的限制，没有人能够采取有效措施推翻现有统治。然而一旦皇帝掌权，并且铲除那些窦氏家族的拥护者后，寻找忠心耿耿的臣子来辅佐皇权就并非难事了。年轻的皇帝对自己至高无上的皇权非常满意，而朝政事务依然由原班人马处理。

公元97年秋，窦太后去世，时年约三十岁。虽然人们并不太怀疑窦太后死于非命，但她的死使梁氏家族重新获得了往日的荣耀和政治地位。已故梁贵人的堂兄弟梁扈、梁檀上书请求追尊梁贵人为皇帝生母。太尉张酺询问查证后，支持他们的请愿。梁贵人姐姐梁嫕上书，详细描述了窦氏杀害和帝生母、姨母和外祖父梁竦的阴谋。[38]据记载，和帝感到非常惊诧，他一直将窦太后视作亲生母亲。和帝令中常侍、掖庭令查问梁嫕，证明其所言非虚，于是她被引见给和帝详细讲述当时情况。和帝将他的姨母留宿在宫中数月才令其离开，并赏赐衣被、钱帛、第宅、奴婢。

于是和帝追尊生母梁贵人为皇太后，梁氏姐妹改葬西陵。将梁贵人之父梁竦的遗骨从汉阳狱迎至京城改殡，赐东园画棺、玉匣、衣衾。同时，尽管三公上奏认为应贬窦太后尊号，不宜合葬先帝，但和帝认为她的错误并不能否定她的地位，于是将窦太后与章帝合葬敬陵。

次年，梁竦之子梁棠、梁雍、梁翟结束流放从南方回到京城，当路过长沙郡时，绕道到窦瓌的封地，逼迫这最后一位窦氏子弟自杀。一到京城，梁棠三人便被授予爵位，赏赐大量土地财物，梁棠、梁雍皆官至九卿。另一方面，据称尽管梁氏家族的财富无人可比，但和帝的舅舅们在宫中并没有特殊地位。一位出身阴氏的皇后此时成了后宫之主，虽然阴氏家族也获得了荣耀财富，但对朝政也并无影响力。

公元100年初，刘庆促使宋贵人姐妹的案子重新开审，她们也曾陷入窦太后的阴谋，于公元82年被害。此时宋贵人姐妹得以沉冤昭雪，并诏其兄弟从家乡右扶风回到京城。刘庆之子刘祜（即汉安帝）继位后，公元121年刘庆几位舅舅被封爵。[39]

窦宪被诛意味着他对匈奴策略的终止。后汉不再试图建立一个北匈奴傀儡政权，南单于被作为南北匈奴的统治者。然而实际上，南单于并没有很好地履行这一职责，南北匈奴之间的仇恨仍在延续，甚至当北匈奴来汉投降时还遭到攻击、掠夺和诛杀。年轻的左谷蠡王师子是南匈奴赫赫有名的武士，曾在窦宪大军中率队出击，他是率部入侵北匈奴的首领。单于屯屠何对调解缓和南北匈奴的关系做出了一些努力，使匈奴中郎将耿谭请求朝廷增置中郎将从事，以管理安置新降附的北匈奴，但师子及其部众坚持作战，并得到了很多南匈奴和后汉人的支持。[40]

公元93年单于屯屠何去世,他的死使局势进入危急关头。单于屯屠何的继任者安国也曾率军攻打北匈奴,但他的表现比不上师子,很嫉妒师子的名望。[41] 师子担心被单于安国所害,故在五原度辽将军朱徽那里避难,而单于安国与使匈奴中郎将杜崇产生争执。第二年,朱徽、杜崇向朝廷上书称单于安国不可信任。朝廷遣使调查,同时朱徽、杜崇发兵抓捕单于安国。单于安国逃窜,并举兵欲诛灭师子,但被朱徽、杜崇打退,之后被部下杀害。

师子被立为单于,但北匈奴降部反叛,攻击单于师子和使匈奴中郎将,他们的第一次叛乱没有成功,后汉军队给予其沉重打击。但很多叛乱者逃出边塞,立南匈奴薁鞬日逐王逢侯为单于,建立敌对政权。

朱徽、杜崇因其极其错误的策略而被逮捕,死于狱中。单于师子统治期间,分裂、怀疑和反叛不断发生,当他于公元98年去世时,南匈奴政权不仅没有成功实现对北匈奴的控制,还丧失了很多南匈奴百姓的拥护。同时,逢侯及其部众还受到鲜卑压迫,于公元104年遣使请求归顺后汉。和帝下发赏赐,但并没有正式接受逢侯的投降。在多次遣使投降后,逢侯和一些核心部下最终于公元118年获准进入边塞避难。

窦宪的巨大胜利摧毁了北匈奴在北方草原的势力,将其残余力量驱赶到西边,但也使南匈奴背负了难以承受的重压。师子和他那些好斗的部下们并不愿吸收北匈奴的降敌,在后汉官员的煽动下造成严重动乱,极大地破坏了单于的权力结构,甚至鄂尔多斯地区他自己的部落也未能幸免。此外对未来更大的影响是,北匈奴的溃败使鲜卑能够持续向草原扩张,对后汉来说,这些不安定的鲜卑部族将成为比匈奴更加难对付的邻居。

同时,北匈奴政权并没有完全被摧毁。阿尔泰山以西的北匈奴部落不在汉军势力范围内，基本没有受到窦宪远征的影响，于是一位新的北匈奴单于得以在吐鲁番以北准噶尔地区建立政权。这个缩水的政权远比之前的北匈奴部落联盟疲弱，被迫处于防守，并在与后汉的对峙中不断丧失领土和附庸。但是，这个政权确实存活了下来。

西部的百姓

这一时期后汉还有一项不那么出名的胜利——成功平定烧当羌。烧当羌盘踞在黄河上游，即今青海省贵德县附近。近四十年来，烧当羌一直在骚扰后汉边塞，并且是两次大战的主要参与者。第一次战争发生于公元57—59年，第二次战争开始于公元77年，持续了二十多年。[42]第二次战争中，第一阶段冲突以烧当羌首领迷吾的投降为结束，但公元87年护羌校尉张纡以诡计诱诛迷吾，迷吾之子迷唐着意复仇。公元89年，张掖太守邓训代张纡为护羌校尉，邓训比张纡更加老练世故，没那么残暴，兼用外交和军队手段打击迷唐。特别是当金城郡西部的小月氏胡遭到迷唐大军袭击时，邓训下令营救小月氏胡，并招募其中少年勇者数百人以为义从，即湟中义从胡。[43]到公元1世纪90年代早期，迷唐受到盟友们孤立，并被逐出边塞。

公元92年，邓训去世。之后后汉采取各种方式希望实现和平，但迷唐的敌意和侵略丝毫不减。公元95年迷唐被击退，但公元97年又率部袭击陇西郡，朝廷不得不从首都附近调遣大军前去抵御。第二年，迷唐投降，并被带回洛阳，但不久和帝便令其返回故土。公元100年，迷唐发动最后一次突袭，次年被护羌校尉平定。迷唐在病痛缠身与孤立无援中死去，他的儿子和仅剩的随从投降后汉。

处理羌族问题的一个技巧是在帝国疆域内重新安置羌人。这种安置政策由将军马援创立，马援本人便出身西北。在后汉初期，这个政策有效地隔离了闹事者，很好地控制了投降部落和避难者。但另一方面,当大量少数族人口被聚集在凉州普通汉人百姓周边时,出现骚乱的风险大大增加,该地区汉人的地位变得更加脆弱。为了改变这一现状,公元102年,朝廷下令在西宁谷地上游(金城郡西部,青海湖附近)重建西海郡。王莽时期,金城塞外羌献地,汉朝以之为西海郡,之后遭到荒废,而此时西海郡广设屯田,地位得到加强。[44]

然而在塞内,持续的叛乱令凉州的汉人定居者生活艰难动荡。尽管朝廷想方设法阻止边民迁出,并鼓励新移民迁入,比如使迁入边郡的罪犯免于刑罚,但是边郡人口还是持续下降。几年之后,这一人口上的劣势将导致非常严重的问题,不过此时汉朝在西北取得了相对的稳固局面,并且没有像窦宪远征匈奴时那样花费巨额的人力财力。

随着窦宪的胜利,西域丝绸之路北线的沿线国家纷纷归顺。公元91年,班超担任西域都护,这是公元70年代中期在西域的失败后,后汉对西域都护这一官职的重新启用。班超将治所设在龟兹,龟兹曾是匈奴的附属国。公元94年,班超征服焉耆,确立了他的领导权。在起初的几次出征中,班超麾下的汉朝将士极少,其军队主要是西域各国联军,其中最东边的国家是鄯善。但班超的确也带来了一千多位后汉官员到西域监管已占领地区。班超发兵讨伐焉耆及其邻国盟友尉黎,斩二王首级,传送洛阳,悬在蛮夷邸。据记载,当时西域五十余国均向后汉派遣使者并献上人质,请求归附。[45]

尽管班超以前与哥哥班固非常亲近,但他们二十年未曾相见。公元92年班固被免官,死于狱中,这件事似乎并没有影响班超与朝廷的关系。公元95年,班超因在西域的功绩而被封为定远侯,邑千户。公元100年,班超上疏请求返回,表示自己年近七旬,而蛮夷向来畏惧年轻力壮者、欺侮年老体弱者。然而,两年后朝廷才同意他还朝的请求。公元102年秋天,班超在回到洛阳一个月后,就离世了。

班超因其再次征服西域而被人们铭记、赞誉,但后汉对西域的控制并不像前汉时期那样牢固。很多时候,班超仅能从朝廷得到极小的帮助,甚至有时还被掣肘,并且他直到最后几年才被任命为西域都护。与前汉不同,后汉从未致力于统治西域。尽管班超受益于 90 年代初窦宪的胜利,但他的胜利更多源于自己的主动进取,而不是朝廷政策的结果。班超的继任者任尚继承了一个非常微妙的局面,这个局面是靠班超的个人才能维系的,而任尚更像是一个蛮夷斗士,而不是外交大使。

除了西域各部族以及送往洛阳的人质,班超一行还使后汉接触到了更加遥远的国度。公元 87 年,大月氏(即现在阿富汗北部的贵霜)派遣使节至洛阳,献上狮子和羚羊。第二年,来自安息的一个使团也献上了同样的礼物。公元 101 年,又有安息使团献上了狮子和鸵鸟。[46] 不过这种往来并非一帆风顺,公元 90 年,大月氏因求娶汉朝公主不得,发兵攻打班超,班超以焦土战术获胜。

公元 97 年,班超派遣掾属甘英出使大秦,即罗马帝国。但当甘英抵达条支(即今波斯湾)时,当地人告诫他海上风浪危险,渡海可能会耗时两年,于是甘英止步不前。尽管甘英的报告不是亲身经历,但这成为后汉认识地中海世界的基础。从波斯湾沿阿拉伯半岛向南以及向北去红海的航程确实非常危险艰难,相比较而言,从陆路向西到巴勒斯坦和地中海东部的行程更加简捷。有可能安息人为了保护自己的贸易垄断而隐瞒了有用的信息。[47]

甘英并未持节,他并非后汉派遣出使的使节,仅仅是班超的掾属。尽管大月氏的使节真心实意求娶后汉公主,但公元 89 年和 101 年来到洛阳的安息人可能只是富有的商人。然而无论他们真实的身份地位是什么,这些自诩为使节的人有益于帝国声望,大受欢迎,而且无论献上多么名贵的礼物,他们都能得到极佳的回报,从中大大获利。

西南少数族也向汉朝派遣使节。公元94、97年，永昌郡（在今云南）塞外少数族遣使进献犀牛、大象，公元97年，掸国（在今缅甸）遣使进献。另一方面，尽管当时后汉经缅甸与印度有贸易往来，但掌握在私人手中，表示归顺的礼节并不伴随着后汉对这一边远地区的实际权力。[48]

和帝的统治

史学家班固受到那场针对窦氏的政变波及而死，但这是因为其仇家洛阳令种兢趁机公报私仇，和帝从未下令也并不希望杀死班固。班固的弟弟班超继续出使西域，和帝令其妹班昭继续撰写班固未完成的《汉书》。

班昭比班固、班超小13岁左右，大约生于公元48年。班昭在14虚岁时嫁曹寿，生一子几女。曹寿早逝，大概死于公元80年代，班昭没有再嫁。班昭博学高才，著作颇多，包括诗、赋、《女诫》等。《女诫》为她未出嫁的女儿们而作，共七篇，内容包括主张以丈夫和夫家为尊、对婚姻忠贞、寡妇不能再嫁等。班昭以学术成就著名，有可能班固在世时她便已经参与了《汉书》的编写。

公元92年班固去世时，《汉书》的某些部分已经流传开来，但《天文志》和八《表》尚未完成，手稿凌乱，还有大量工作需要完成。和帝诏班昭进入东观，以利用图书馆中的图书、档案完成《汉书》的编纂。这是一道不寻常的命令，因为在东观任职的官吏皆为男性。班昭获准挑选全国最顶尖的学者来帮助自己，人们普遍认为《天文志》由著名数学家马续所写，其兄弟、更加著名的马融也参与其中。我们无从判断在《汉书》最终版本的完成上，班昭的贡献占多少，马续等人的贡献占多少。考虑到当时造纸技术已由宦官蔡伦进行了改良，有可能班昭的工作还包括对全书的编辑校对，以及从竹简誊写到更加轻便新潮的纸上。[49]

《汉书》最初为班固及其父班彪私下编撰，如今获得了皇家的支持。除此之外，后汉还有官方史书，即后世所称《东观汉记》。最初，明帝命人编撰其父光武帝事迹，作《世祖本纪》，之后这项工作持续了下去，最后成书，是为《东观汉记》。直到公元120年，安帝才下令正式续写。不过《孝和孝殇帝纪》记载，和帝幸东观，博选优秀学者在东观任职。[50]

　　和帝对班昭有更进一步的支持庇护，每当其他国家向朝廷进贡珍奇，和帝便诏班昭作赋颂。其中《大雀赋》留存至今，描述了公元101年由安息进贡的鸵鸟。[51]和帝还多次召班昭入宫，令皇后、诸贵人拜其为师。班昭被敬称为"大家"，还与年轻的邓皇后成为密友。[52]

　　邓绥是和帝的第二任皇后。[53]和帝的第一任皇后阴氏本名不详，与光武帝皇后阴丽华同族。尽管阴皇后的父亲、祖父并未获得高位，但其母亲出身邓氏家族，她的血统仍被认为适合与皇室联姻。据说阴皇后天资聪颖，博览群书，不过这有可能只是冠冕之词，因为她在公元92年选入掖庭时刚刚12岁。入宫后，她很快成为贵人，并在公元96年被立为皇后。[54]

　　然而阴皇后没有产子，皇帝的注意力很快就转移到了邓绥身上。邓绥于公元95年入宫，次年成为贵人。邓贵人只是邓叠和邓磊的远亲，而邓叠与邓磊是已经败落的窦氏家族的拥趸。邓贵人的父亲邓训是光武帝重臣邓禹之子，邓训本人也是一名在抗击羌族战争中功勋累累的将领。[55]邓训娶了阴氏家族的女儿，所以年轻的阴皇后与竞争对手邓贵人其实是亲戚。[56]

　　邓绥同样也以才学和品德著称，公元92年将要入宫时也是12岁（原文作"13岁"，据注[54]，可能是笔误。——译者注），但当时恰好父亲去世，所以她因服丧而推迟三年入宫。据记载，邓绥姿颜姝丽，绝异于众，左右皆惊。而且她穿着素雅，十分敬重阴皇后——不过这些可能也只是冠冕之词罢了。

邓贵人得宠后，阴皇后的愤恨不断增长，据说她曾威胁过这位竞争对手。阴皇后的外祖母邓朱经常出入宫掖，据记载，公元 102 年，阴皇后与邓朱共行巫蛊之事。[57] 和帝派遣中常侍张慎与尚书陈褒于掖庭狱调查此案。邓朱及其两个儿子、三个孙子先后认罪，相互揭发。其中三人死于狱中，邓朱等人被流放日南郡，即后汉疆域的最南端（今越南）。阴皇后被收走玺绶，关进暴室（即桐宫）。暴室是后宫中的医院，也作为监狱。阴皇后最终"以忧死"——这可能是对自杀而亡或者死于谋杀的一种委婉说法。[58] 她的父亲阴纲自杀而亡，其他家人被免官，遣返南阳老家。

对阴皇后"巫蛊"的指控可能并非空穴来风，这位不幸的皇后或许会希望利用巫蛊诅咒来重获皇帝宠爱、诞下子嗣。不过也有记载，随着皇帝的宠爱逐渐消退，阴皇后常常称病避开皇帝临幸。据记载邓贵人与之相反，她宽厚慷慨，担心皇帝继嗣不广，多次选进嫔妃帮助皇室开枝散叶。在阴皇后被废黜忧死仅数月之后，公元 102 年 11 月 21 日，邓贵人被立为皇后。[59]

面对重重挑战的环境，和帝在十几年中维持了个人的统治。虽然汉朝军队在北方和西部作战获胜，但对匈奴远征的胜利以及与羌族长期以来的斗争耗费巨大，同时在国内出现了一系列天灾，更加加剧了朝廷的压力。

自章帝初年牛疫在全国肆虐，几年间疫情不断，各地农民相继受灾。[60] 由于疫情严重，朝廷减免赋税、欠款，开放粮仓，允许百姓免费利用公共土地狩猎、打鱼、捡拾落穗，并向农户发放补助以帮他们渡过难关。以上这些救灾措施或是带来直接开销，或是耗费税收、人力,无论如何都要消耗国库,但朝廷准备充足,避免给失去土地的流民带来更大灾难。

然而自公元1世纪90年代早期起,朝廷面临着越来越严峻的天灾。公元92、94、96、97、104年,发生蝗灾和旱灾;公元98年以及自公元100年起每一年都发生暴雨或洪灾;此外,地震和山体滑坡频发,破坏巨大。除了帮助安抚、重新安置受灾百姓外,朝廷还力图恢复阴阳的平衡。和帝下诏复审案件,确保无辜之人不被妄罪,并且使刑罚更加宽大。公元94年,下诏令三公、中二千石、二千石、内郡守相举贤良方正、能直言极谏之士各一人,选补郎吏。公元104年春天,由于北方兖州、豫州、徐州、冀州等地连月大雨,影响粮食收获,皇帝下诏禁止贩酒。此外,朝廷为正在重新耕作农田的农民们提供种子,这个措施大概更加实际一些。几周后,朝廷派遣三公掾属从洛阳出发分行四州,给农民借贷雇用挽畜的花费。[61]

正如伊佩霞观察到的,史料中并没有某次天灾给某地带来摧毁性灾难的记录,并且她认为,朝廷救灾非常积极、成果显著,"这可以作为社会繁荣富足的证明"。[62]尽管如此,天灾频发和救灾需求肯定对后汉影响不小。此外,集合大军攻打匈奴以及90年代初在北方连年屯兵备战,这些也是对资源的消耗。对抗羌族的花费更少一些,班超在西域的活动则预算非常有限,而应对鲜卑则利用补贴和奖励——这比任何军事战斗的花费都少。[63]但窦宪对南北匈奴的宏伟计划过于昂贵,边疆和国内的开销叠加,使朝廷的财政压力与日俱增。

和帝至少有一次承担了他自己的责任。公元94年京城大旱时,和帝亲自视察监狱,释放冤屈的犯人,免去司隶校尉并逮捕洛阳令。之后,很快出现降雨。[64]和帝除了在公元91年大败匈奴后行幸长安外,并没有大范围巡幸过。唯一一次大的巡幸是公元103年巡狩荆州,祭拜刘氏祖先陵墓。和帝原本计划巡狩至汉江与长江交汇处的云梦泽,但由于南郡叛乱而未果。另外，和帝为了作出稳定财政、开源节流的姿态，下令停止郡县进献龙眼、荔枝的习俗，这些水果从遥远的南方快马加鞭运至皇帝案头，花费不菲。[65]范晔《后汉书》记载，和帝"每有灾异，辄延问公卿，极言得失"，以防止上天责难。[66]

元兴元年冬十二月，即公元106年2月23日，和帝去世。与他父亲章帝一样，史书记载和帝"崩于章德前殿"。和帝葬于顺陵，在京城东南17千米处，比章帝敬陵稍远一点。按照后汉传统习俗，尊庙号为穆宗，神主放置在光武帝世祖庙中。

按照古礼，只有被尊为"祖"（Founder）、"宗"（Exemplar）的皇帝，才能将其神主放置在祖庙中享受四时之祭，其他皇帝只能在适当时候移入旁边的房间，不经常享受奉祀。后汉以光武帝为世祖，其后的成年皇帝的庙号均为"宗"。到公元2世纪末，明帝、章帝、和帝、安帝、顺帝、桓帝均配享庙号称宗，并享受祭祀。公元189年灵帝去世后，学者蔡邕提出应尊古复礼，改变当时烦琐的宗庙体系，不仅灵帝不应称宗，前汉两个皇帝以及和帝、安帝、顺帝、桓帝也不宜称宗，"应毁之"。蔡邕的提议不仅是为了尊崇古礼，还因为他认为和帝等皇帝"功德无殊，而有过差"。[67]自此之后，蔡邕的观点反映在不少史学家和注释者的著述中。

不过至少在对和帝的称宗上，蔡邕的判断相当偏颇。尽管和帝继位时内外交困，但他成功地掌握了大权。他所继承的统治已经因窦宪的军事行动而被过度扩张，同时，持续的旱灾、水灾影响到帝国的很多地区。在这种背景下，和帝表现得勤勉负责、关爱百姓。但尽管和帝的统治取得了一些卓越成绩，自此开始，汉帝国进入了漫长的衰落期。

和帝有十几个子女，无一出自皇后。在最初几个孩子夭折后，后来出生的孩子都被养在宫外。和帝去世时，有二子、四女存活，并且均未成年。[68] 按照先例，邓皇后成为皇太后，临朝摄政。

邓绥本是一位能干称职、勤勉负责的统治者，但由于和帝盛年而亡，只留下两个幼子，造成帝国皇权衰弱。无论如何高效，太后临朝、外戚专权创造出一个天生就不稳固的结构。

和帝去世时年仅27岁，自其父章帝起，后汉没有一个皇帝的寿命超过40岁，章帝去世时30岁出头。此外，从和帝起，后汉的君主都是幼年登基。[69] 每一代君主的朝廷都充斥着派系斗争，这些派系不是支持幼帝，就是支持以幼帝之名掌握皇权的世家大族。那些幼帝的确会逐渐长大成人，能够按自我意志行使权力，但他们在位时间非常短暂，无法真正积累治国经验，也无法使自己的统治政策连贯长久。在任何一个朝代，一位年迈皇帝的长久统治都可能带来问题，但后汉因多位皇帝在位时间过短带来严重问题，时不时被各种政治欺诈和政变打断，比如和帝清除外戚窦氏。这并不是成就稳定的政府或者连贯一致的政策的诀窍。

尽管如此，我们可以看到，当和帝去世时汉王朝势力扩张到最大：北匈奴被赶出边塞，南匈奴归顺臣服，班超重建了汉对西域的霸权。在形式上，后汉帝国可与前汉最强大时期及同时代图拉真皇帝统治下的罗马帝国相媲美。但这样的辉煌成就建立在虚弱的基础之上，而且与罗马帝国不同，它没有长久维系下去。

后汉的军事结构

公元89—91年，在窦宪和南匈奴盟友的行动中，北匈奴部落联盟瓦解，这对后汉来说是巨大胜利，前汉的功绩也无法比拟。然而，胜利中蕴藏着危机的种子，而且北部边疆诸郡人口空虚，由此引发的问题并不是兵力能解决的。不过事实证明后汉的战略非常有效,后汉的军事结构能够有力对敌。看起来很合适就此进行讨论。[70]

前汉施行普遍征兵制度,帝国 20 岁以上的所有男性必须服 2 年兵役,首先在本郡接受训练,然后赴首都当卫士,或到本郡、边境充作戍卒。直到 56 岁为止,每当遇到战事紧急都需要随时应征。此外各郡每年还有额外的训练、考核校阅,由郡都尉掌管。但光武帝改变了这种兵役制度。公元 30 年,裁撤郡国都尉官,每年的考核校阅也随之废止。不过边郡仍然保留着都尉和考核校阅,每个王国设中尉,县、侯国仍保留尉。另外,郡国仅在遇到严重匪患、叛乱时才任命都尉,之前由都尉承担的军事职能转移给太守。由于民伍大多没有受过军事训练,并且郡太守的任命主要根据其政务能力,因而这类官员有不少会在战争中阵亡。[71]

改革兵役制度时,光武帝正在努力化解大规模内战造成的影响,致力于削减武装人员的数量。此外,从长期来看,削减受过训练的军人对政府有利:如果民伍不再是精兵,那么他们要对付的盗贼也不会是悍匪。当然,可能其中有些人曾经在军队服役,其他人在地方冲突中获得战斗经验,但帝国内部绝大多数的士兵几乎无力应对重大军事行动。正如公元 2 世纪应劭所说,"不教而战,是谓弃之"。[72]

对绝大部分帝国百姓来说,一种免服兵役税——更赋,取代了普遍征兵。更赋曾是代偿在边郡服兵役或徭役的税赋,此时适用于所有符合兵役年龄的男性。[73] 然而,朝廷仍然需要人参军,主要有两大兵源,一是志愿兵,二是罪犯。很多年轻的农家子弟乐于逃离繁重的农活,很多田地有限的家庭也愿意少负担几个人的口粮。地方郡县需要人维持治安、给衙门跑腿,京城等地也常年需要人充当卫士。洛阳城内的卫尉负责皇宫宿卫,统辖 3000 兵马。[74] 洛阳城门校尉所辖兵力可能多达 2000。[75] 执金吾负责京城内治安，下辖有缇骑 200 人、持戟 500 人，另有额外兵力难以统计。[76] 还有一些部门负责宗庙、祭祀、皇陵、苑囿等。

每年年终，朝廷在京城为那些结束守卫任务的卫士举行盛大仪式。[77] 但并非所有卫士每年都能换防，很多卫士要在京城戍卫多年。他们有升迁机会，也有可能调入北军，关于这些在后文有讨论。

在皇宫之内，在少府管辖下由宦官负责把守皇帝的宫殿和后宫，光禄勋负责其他地方的宿卫。五位中郎将管辖候补郎官，包括五官中郎将、左中郎将、右中郎将、羽林中郎将、虎贲中郎将。五官中郎将、左中郎将、右中郎将管理三署郎，三署郎是候补官员的入仕途径，其职能更多具有装饰性；羽林、虎贲则是皇帝的卫队，更加具有实际功能。羽林建制 1700 人，为骑兵部队，羽林骑从战死士兵的子孙及西北六郡良家子弟中挑选。虎贲建制 1500 人，大概是步兵部队，其中一部分以世袭获此职位。羽林郎有可能候补军职，类似于五官、左、右中郎将所辖的三署郎可选试尚书郎等文职。尽管军阶总有逐级晋升的可能，但史料中没有记载军队中哪些常规职位可以视为晋升的路径。[78]

前汉时期，卫尉统领的军队称作南军，但后汉没有沿用。相比之下，北军是一支训练有素的职业军队，包括五个营：由常规步兵组成的步兵营，由弓兵组成的射声营，以及三个骑兵营，即越骑、屯骑和长水。其中长水营由汉帝国东北的乌桓胡骑组成。每一营有一名司马，其下有 700 将士。长水营还另设有一名胡骑司马，管理少数族士兵。

北军中候掌监五营，但各营校尉的秩级远在北军中候之上，这些人往往是皇亲国戚。当某位重要的外戚成员被任命为大将军或其他高级军职时，就掌握了整个北军名义上的指挥权。[79] 尽管北军作为战略预备队通常驻扎在首都，不过其中一营、多营甚至五营都能用于抵御外敌入侵或者平息帝国内部的重大叛乱。

史料中并未记载京城卫士及北军士兵的选拔方式，而鉴于没有征兵制度，我们必须假定这些士兵通常都是志愿兵。然而，考虑到守卫如此敏感的区域必然要求绝对的安全可信，所以即使是任命最低级别的士兵，也肯定要通过某种推荐和评定。在其他不那么敏感的岗位上，很多士兵是被判刑的罪犯，他们以充军服兵役来将功赎罪、弥补过失。[80]

鲁惟一在研究额济纳河出土的居延汉简时，将刑徒分为三类：第一种是徒，作为劳力服刑，没有减刑；第二种是复作，对待他们不再那么严酷；第三种是弛刑，获得大赦，但必须在刑期内作为普通士兵服役。[81] 从前汉起，弛刑就被运用在战争中，[82] 不过陆威仪指出，后汉对弛刑的运用比前汉要频繁得多，并且认为当时对此制定了审慎的政策，设置了常设机构，使罪犯（特别是"减死"的罪犯）被送往边疆充作士兵。[83] 班固在《汉书·刑法志》中批评前汉每年有数万人被处以死刑："今郡、国被刑而死者岁以万数。"[84] 陆威仪认为虽然这个数字可能有夸大，但肯定有大量此类罪犯被送往边塞屯戍，他甚至认为所有边塞士兵可能都来源于此，但将领们肯定出身良好。[85]

在史料中经常能见到罪犯被送上战场的记载：公元87年，朝廷三次下诏书令罪犯减死"诣金城戍"，抵御迷唐率领的烧当羌。公元123年，班超之子班勇为西域长史，将弛刑士五百人，西屯柳中，破平车师。[86] 同样的，这类罪犯中很多人被派往边疆要塞，很多情况下都拖家带口，他们不仅是士兵，还是长期驻守者。这种强制流放是为了巩固边防，并且多少能填补那些因战乱而向南方迁徙造成的边郡空虚——但是这个缺口实在太大，没有政府能够解决。[87]

图6 今甘肃省汉长城烽火台（烽燧）。
来源:《长城》。

为了守卫遥远的西北边境，大约5000将士驻守在长城沿线，沿甘肃河西走廊扩展至居延绿洲。长城上设障防御，士兵定期巡逻，白天用旗语、夜晚用烽火传递信号。[88]长城得到了妥善的维护保养，使守军有时间观察敌情、做好准备迎战进犯敌军，并为那些胆敢越境的入侵者准备了一片杀戮之地，任何明智的侵略者都不会轻易涉险。

然而，长城只有在西北边塞的部分才一直使用。在更东部地区，公元1世纪40年代末南北匈奴的分裂已经去除了汉帝国的主要威胁，之后南匈奴定居在黄河大拐弯之内。结果，尽管秦和前汉修建的长城仍然存留，但却不再驻守军队。由度辽将军营（屯于今包头附近）以及使匈奴中郎将（屯于美稷）负责供给在长城驻防的军队。度辽营由大约5000名长期服役的职业士兵组成，美稷营拥有几百名驰刑犯人、一些弓弩手以及2000名来自西河郡的骑兵。[89] 沿着黄河东段，从南部的武威郡、北地郡到朔方郡境内黄河北部的大拐弯之间，汉朝对今银川以北地区的掌控似乎存在一个缺口，这是由于那里的鄂尔多斯沙漠环境过于严酷，人类无法定居。[90]

除了以上这些长期驻守的军队外，还有屯驻于陇西郡以西的护羌校尉、屯驻于上谷的护乌桓校尉（今河北西北部）。与使匈奴中郎将相同，护羌校尉、护乌桓校尉均主要负责政治事务和解决争端，但也都管辖着军队。[91] 护乌桓校尉不仅管辖乌桓人，还要应对边塞内外的鲜卑部落，特别是负责招募乌桓士兵以充实洛阳北军长水营。护乌桓校尉以上谷郡宁城（即今河北张家口地区）为治所。宁城设有官方集市"胡市"，管控边塞内外的货物供给。鉴于光武帝对守卫此地并不情愿，并且与南匈奴的和解减轻了此地的紧张局势，[92] 此时剩下的老旧防御工事主要作为关卡。

史料中没有记载护乌桓校尉直接统领的确切军力，但我们可知公元90年前后邓训组建的湟中义从胡在之后的几百年中一直效力于护羌校尉。湟中义从胡最初仅几百人，后来可能逐渐发展到超过1000人。[93] 尽管史料中没有直接证据，但有可能护乌桓校尉也有一支类似军队。另外，护羌校尉、护乌桓校尉都有权在需要时召集并指挥地方民伍。[94]

边塞之内，黎阳营是度辽将军征兵、训练的基地。右扶风雍营有可能也承担着类似职能，是西北各屯补充兵员、训练的基地。黎阳营和雍营均位于拱卫首都的关键地点，公元110年当羌族叛乱威胁到长安时，以长安虎牙营加强雍营力量。[95] 此外，公元121年，安帝初置渔阳营，以增强东北的防守力量。[96] 黎阳营、渔阳营"置营兵千人"，由此推测雍营和长安虎牙营的规模与此不相上下。

后汉士兵的护身铠甲可能与三四百年前的秦始皇兵马俑所示差别不大：由绳子连接起来的多块护板，即甲片。其中一个最主要的区别是秦朝士兵穿戴的甲片似乎是由皮革制成，而汉朝时期铁器已广泛使用，无论文献还是考古资料都显示当时存在铁制（也可能是钢制）头盔和铠甲。[97]

157　　公元167—168年段颎第一次攻打先零羌，他的战术安排列出了所部的武器装备和兵种配置："颎乃令军中长镞、利刃、长矛三重，挟以强弩，列轻骑为左右翼。"[98]

图7　马背上反身以反曲弓驰射：回马箭（a Parthian shot）。甘肃嘉峪关汉墓中出土的公元3世纪画像砖。
来源：《汉唐壁画》，第53页。

159　　前三种兵器，长镞、利刃、长矛，是近距离战斗的步兵传统装备，北军的步兵营大概也使用这些武器。有些人背着简易的木制或竹制弓箭，弩则包含复杂的扳机机械结构，中国最晚在公元前4世纪便开始使用。后汉时期的弩分不同尺寸：最大的弩被安装在城墙等防御工事上，最小的弩可以在战场上由单兵操作，有效射击距离达200米。[99]虽然文献没有记载，但北军的射声营很可能装备有弩。

第三章 和帝的统治（公元 88—106 年） — 135

图 8　骑兵。甘肃武威汉墓出土的铜骑兵俑。
来源:《新中国出土文物》，第 108 页。
三个骑兵俑为一列，戴平顶帽，穿短上衣和裤子，没有使用马镫，但马鞍前部和侧部加高以增加稳定性。每位骑兵手持一件长兵器，第一位持斧头，第二位持长矛，第三位持戟。

图 9　放马。甘肃嘉峪关汉墓中出土的公元 3 世纪画像砖。
来源:《汉唐壁画》，第 50 页。

159 　　复合弓由木材、牛角、牛筋制成，以胶黏合，是弩的有力替代品，并且射击速度更快。复合弓的有效射程达 150 米，能够与传统的威尔士或英式长弓相媲美，与弩接近，而且复合弓的箭头能够在 60 米外穿透铠甲。使用复合弓需要专门训练，对士兵能力要求很高，但它能够在马背上操作，大大提高了作战灵活性和机动性。长水营中的乌桓骑兵很可能装备有这种弓箭。[100]

　　辅助骑马的马镫直到公元 4 世纪才见于文献记载。汉朝骑兵依靠膝盖夹紧马鞍将自己固定在马背上，有时还辅以一定的侧向支撑。他们缺少冲击力，但合格的骑士能在挥舞剑、长矛或射箭时在坐骑上保持平衡，操作的灵敏足以弥补速度上的损失。

160 　　太仆正如其名，掌皇帝出行的马车。太仆更重要的职能是为军队提供马匹。前汉时期，西北有"牧师诸苑三十六所"，"分养马三十万头"，也为朝廷祭祀提供牛羊。由于后汉的少数族盟友通常能提供坐骑，故后汉不再像前汉一样拥有那么多的牧场，记载中仅有汉阳郡"流马苑"。当然不可能只有这一处养马场，窦宪远征北匈奴大胜后，公元 93 年和帝"诏有司省减内外厩及凉州诸苑马"。[101] 公元 112 年，该地受羌族叛乱威胁，朝廷在秦岭以南益州新建了 5 个马苑，而北方的马苑得以恢复。尽管按制马苑属太仆掌管，但羽林郎（招募自西北六郡，为皇帝禁卫）也参与驯马工作，马苑被当作军事单位，具有防御功能。公元 184 年，护羌校尉夏育遭到叛羌围攻，在汉阳郡畜官抵御攻击。[102]

　　后汉对草原发动了多次大规模远征，比如公元 73 年明帝发兵西域、公元 89 年窦宪远征北匈奴，这对物资供应能力提出了很高的要求。当时有可能使用牛车。尽管牛车速度慢，平均每日仅行进 20-30 千米，但牛的负重能力远远强于马，并且更加容易驾驭。无论怎样，只要车队抵达前方驻地，快速移动的骑兵小分队便能提前出击奇袭敌军。[103]

史料中没有记载这些负重牲畜的来源。很难相信那些负责养马的机构还要负责放牛,因为大部分战斗接近后汉居民点,无需投入大量资源养牛。当发生战争需要大量用于负重的牲畜时,最可能是从私人手中征用。胜利固然荣耀,但战争给农民们带来沉重负担。

在后汉朝廷掌握的所有武器、设备和策略中,我们必须认识到金钱的重要性。中华帝国所拥有的各项资源远远超过它的草原游牧邻居,帝国以多种方式充分地利用了这一优势。

其中最明显的方式就是贸易。由于草原人民对丝绸、布匹、酒、米等奢侈品和生活必需品有持续需求,而这些只能从汉朝获取,所以汉朝采取了一种重商主义的形式。官方哨所和集市掌控着货物流通,其中关于上谷郡宁城的胡市记载比较详细,宁城胡市由护乌桓校尉监管,而其他集市由当地管理。光武帝早期,在武威郡治所姑臧县设有集市,汉人和羌胡之间的贸易由姑臧长负责监管。[104] 朝廷禁止出口武

图10 牛车。甘肃嘉峪关汉墓出土的公元3世纪画像砖。
来源:《汉唐壁画》,第57页。

器、铁、马匹和其他战争物资，同时建立了一套通行证明、实地检查的体系，以阻止那些私下的或违规的贸易行为。这些限制并不完全成功，如果执行得过于严格，则是鼓励北方草原游牧民南下抢掠他们需要的物资，虽然如此，游牧民族对汉王朝存在着依赖性，相应的，汉朝四周的邻居们也心存怨恨。[105]

还有一种重要的交换形式隐藏在纳贡和互赠礼品的伪装之下：来到汉廷的使节带来贡品，而朝廷常常赏赐更加贵重的物品。对于较小的国家，例如来自朝鲜、中亚和东南亚的小国，帝国尊荣要求赠品应比贡品的价值更高；而朝廷接待那些来自遥远地域的使者则增加了皇帝的威望和权力。然而，在与草原民族的交往中，交换礼品通常等于一次直接的贸易往来。如札奇斯钦（Jagchid）和西蒙斯（Symons）所述，很多例子表明，"是汉人在向游牧首领'进贡'"。而余英时认为所谓"和亲"政策，尤其是前汉早期的和亲，可以在某种程度上被视作一种不平等条约："这是汉廷以高昂代价从匈奴手中买来的和平，除了他们极不牢靠的不侵犯的许诺外，汉廷没有从匈奴那里获得任何回报。"[106]

其他情况下，进贡的虚假面纱被完全摘下，朝廷直接用金钱从潜在的敌人那里换取和平。甚至在公元1世纪50年代匈奴分裂后，南匈奴单于比向后汉投降，鲜卑首领仍然继续获得每年2.7亿钱的赏赐，这笔钱直接由青州、冀州提供，绕过了朝廷中央财政。作为交换，史书记载："明章二世，保塞无事。"[107] 这是非常巨大的一个数目，差不多是后汉给南匈奴的3倍，但缴纳丹麦金（Danegeld，即向敌对方支付以换取和平的财货，源自10世纪英格兰人向丹麦人支付的赎金。——译者注。）远远比全面开战便宜，安帝时期羌族叛乱持续十年，所耗是鲜卑赏赐的近十倍，高达240多亿钱。[108] 公元2世纪60年代末，段颎率军消灭羌族叛军，这场战争规模较小，三年军费达54亿钱。[109] 鲜卑所做的的确不仅仅是维持和平:早到公元48年,其首领偏何曾奉汉朝之命进攻北匈奴、乌桓等敌对势力,鲜卑人"持首级诣辽东受赏赐"。[110]这种协约持续了四十年,而且在后汉各个拿着赏赐的盟友的共同努力下,公元87年后汉大胜北匈奴,给窦宪和南匈奴发起最后总攻提供了战机。几年后,鲜卑便取代了匈奴,成为比匈奴更危险、更加难以对付的敌人。[111]不过就当时而言,窦宪之所以能取得胜利,朝廷的财政支持和少数族盟友的支持同等重要,这种说法大概是公允的。

后汉职业军人约有1.5万—2万人,与5000万总人口相比并不算多。与之相比,同时代的罗马帝国与汉帝国疆域、人口相仿,却拥有20多个军团,25万常备军和辅军。[112]汉朝确实能够将数万兵力投入战场,不过这样大规模的远征依靠的是地方民伍的力量,同时越来越依赖少数族同盟的支持,而北军各营和其他常备军起到加强作用。公元89年窦宪所统领的大军中,大部分是匈奴等少数族士兵。如吴淑惠指出,这场战争是由南匈奴而不是汉朝发动的。[113]久而久之,这种失调带来的问题变得越来越重要。

从另一角度看,废除义务兵役制以及缺乏军事训练影响了朝廷和官员对战争、和平问题的态度。在罗马帝国,贵族青年需要在军团中担任护民官。而在汉朝,除了在光禄勋麾下担任名义上的郎官外,被任命的官员不会有任何直接的军事经验,除非他曾在自己家乡做过部曲首领。例如,窦宪曾任虎贲中郎将,但在率领大军远征北匈奴前,他从未见识过刀兵。同样,尽管州刺史、郡太守们需要应付地方叛乱,但那些曾在边疆征战的将领们几乎不会在朝中担任高官。[114]

这种情况导致两个严重后果。首先,根据鲁惟一提出的时新派、改造派分立说,与朝廷紧密联系的家族,特别是外戚,首要关注的是中央政权和国家力量,他们对待边疆的态度是锐意进取、志在必得。

与之相反，来自内郡的官员关注地方的利益而非帝国的开疆拓土，他们不愿在棘手的帝国边陲进行耗费巨大的战争。公元 88 年，朝廷就消灭北匈奴的提议进行了一场辩论，反映了当时两派观点的激烈冲突。在别处也可见到两派这种针锋相对的现象。[115]

而且，随着时间推移，朝廷和中央政权日益丧失了对边疆事务的兴趣。汉朝军人尽最大努力应对边境内外少数族带来的问题，虽然往往能取得胜利，但他们的文官同僚不以为意，文臣、武将两大集团联系有限、互不理解。这种分立现象最终将给首都政治和后汉未来带来深远影响。

和平与移民？

窦宪对北匈奴的胜利引发了两个出人意料的后果。第一，北匈奴曾经是一个相对团结一致的政权，领袖对于人民具有一定权威，并且这些领袖自身因汉朝军队的行动或威胁而受到一定控制。然而当单于及其残余势力被驱逐后，辽阔的草原就留给了来自东边的鲜卑部落。鲜卑部族之前已经在不断侵袭匈奴，此时他们有了取而代之的机会。

与匈奴相比，鲜卑人远没有那么严密的政治组织，每个鲜卑部族或家族决定他们自己的行动。结果导致汉朝军队和代理人无法对一个单独的鲜卑政权施加影响，而任何一个非正式群体都能集结在一个成功的首领周围尝试对汉帝国展开掠夺。长久以来，在经常性赏赐的积极推动下，鲜卑并非汉帝国的心腹大患，但鲜卑的突然袭击和小规模侵略并不能通过一次大型远征高效率地解决，这些侵袭是对后汉疆域的持续威胁，并且这个威胁会变得越来越严重。[116]

第二个不幸是南匈奴没能成功吸收其宿敌的力量，在汉朝北部和草原创建一个统一政权。南匈奴王子安国、师子二人通过对新投降的北匈奴人的态度来展现私人较量。就在胜利后不久，公元 93 年单于屯屠何去世后南匈奴内部出现纷争，导致单于统治权威分崩离析。[117]
之后单于统治再也没有完全恢复，南匈奴傀儡政权从此进入漫长衰落
期，并最终变得无足轻重。

另一方面，虽然鄂尔多斯地区的匈奴部落偶尔会发生一些反叛和
骚乱，但已经不再是汉帝国的关注重点，而东北的乌桓多年来一直保
持效忠。除了棘手的鲜卑外，后汉最大的问题是凉州的羌人。

羌的疆域向西扩展至青海湖和今西藏的崇山峻岭，但东部边境与
汉朝西北和甘肃走廊交界。从前汉武帝起，该地区便冲突不断。公元
前 61 年，赵充国将军取得了对西宁谷地的控制权。[118] 随着汉帝国实力
的增长，数个部落被纳入汉朝不断扩张的疆域内，史书中对此作了区
分，称边境以外为西羌，边境以内为东羌。在边郡地区，这些羌人由
属国管控[119]，不过那些更容易惹事的羌人被强迫迁离边境，徙至内地
定居，以便进行更有效的管控。

例如，赵充国正是以这种方式将罕羌、开羌迁至天水郡（明帝改
为汉阳郡）为他们新设的县定居。[120] 后汉仍沿袭这种政策，所以当光
武帝大将马援在公元 1 世纪 30 年代中期平定西北边塞时，将很多先零
羌移居至渭水上游，距其原居住地 400 千米远。[121]

然而，这项计划能否顺利开展，很大程度上取决于地方官员是否
具备有效应对这些外来移民的能力，而在这一点上他们经常失败。许
多郡太守、县长，甚至是专设的护某校尉、都护，都将少数族视为剥
削对象。所以羌和其他部落常常受到帝国官吏的压迫，几乎没有缔结
过什么条约和协议，更不要提执行了。

这方面有不少案例，例如护羌校尉张纡在本应庆祝议和的宴会上
杀害羌族首领迷吾。[122] 张纡的继任者邓训更有怜悯之心[123]，但当公元
155 年张奂任安定属国都尉时拒收了羌人献上的货物和贡品，这令他们
震惊，张奂之前的安定属国都尉均以贪婪闻名。[124] 即使是在和平时期，

后汉对少数族的通行管理模式也反映出对少数族的厌恶与歧视。

同样的，我们注意到在公元88年，朝廷进行了一次关于远征北匈奴的讨论，尚书宗意使用的贬义词"虏"不仅指代北匈奴，还用来指代汉帝国长期的盟友和属国——南匈奴。[125] 公元166年，当桓帝命令将军段颎讨伐先零羌时，称其"造恶反逆"，段颎在回复中也提到先零羌本质野蛮："狼子野心，难以恩纳。"[126] 不管是否因被激怒而有此语，这样极端的态度体现出对全局的认识不够——虽然段颎如此评价，但历史上多次出现因汉人排挤敌对而造成少数族骚乱，但最终都被富有同情心、真诚宽容的汉人官员所化解的例子，例如邓训、张奂及其同僚皇甫规。[127]

陆威仪在《早期中华帝国：秦与汉》"结语"指出，后汉对抗匈奴的胜利恰恰是其随后走向衰落的根源所在。在当时，汉帝国设计了战略：在少数族盟友广泛支持下建立强大军队，主要是为了对付草原上的强大敌人。然而，在北单于被驱离之后，这些前盟友们不再面临外部威胁，没有理由再保持对汉帝国的忠诚。[128]

北匈奴的覆灭无疑改变了后汉公元2世纪所面对的军事环境的性质。另一方面，很多新问题的出现并不是在草原取得辉煌胜利带来的直接后果，而是允许（或强迫）少数族部落移居帝国内部的政策所导致的。光武帝曾在鄂尔多斯地区的并州安置南匈奴，乌桓占据了今北京以北的边境地区，羌人则逐渐迁徙至凉州。当这些少数族作乱，顷刻间将影响到整个帝国疆域。

汉朝军队最终能够平定这些叛乱，并且通常能够在那些不那么不满或更加依赖汉的部落首领中找到盟友，例如南匈奴单于，但是旨在恢复秩序的战争本身就极具破坏性。勒特韦克在讨论公元3世纪罗马帝国使用的"纵深防御"策略时，描述了罗马帝国军队是如何做好准备使敌军深入国土，并确信那些核心防守阵地，比如要塞、城镇甚至农舍，能够在袭击中保全，直到优势兵力完成集结并在战场上击败侵略者。但正如他所观察到的："帝国中央权力机构的战略理性和地方的最大利益完全是两码事……"[129]

换句话说，尽管最终证明这些防御是成功的，但百姓还是会在大军夺取胜利前遭受大难；而在受到多次攻击后，保卫国土变得毫无价值。

因为虐待和因此而来的不满所导致的叛乱不断造成破坏，以上这些思考理当更进一步，适用于后汉对于境内少数族的应对。出于文化优越感和互相的不信任感，当地和地方官员不能公平对待辖内的少数族，这种歧视再三发生，导致了无休无止的反叛威胁、地区繁荣的衰落和朝廷威信的下降。对汉帝国在北方地位的最大威胁并不来自帝国军队的衰落，而是来自汉朝对百姓管理能力的缺乏。

注释：

[1] 见第四章第 176—177 页。

[2] 关于窦勋，见第二章第 114 页。关于窦固，见第二章第 96 页。

[3] 关于窦宪，见《后汉书》卷二三《窦宪列传》。

郎是官员的预备人选，试用期可达三年，但窦宪很快得到升迁，史料记载显示窦宪似乎是同时迁侍中及虎贲中郎将。

侍中，秩比二千石，为皇帝掌侍左右、赞导众事、顾问应对。虎贲等五支部队掌管皇帝宿卫，其成员可能受过军事训练，有战斗经验，但其职责主要是名义上的，掌管他们的中郎将更像是一个侍臣而非武将。更多信息参见后文第 150 页。

[4] 黄门侍郎，秩六百石，掌侍从左右、给事中、关通中外，及诸王朝见于殿上，引王就座。

[5] 见于第二章第 114 页、第一章第 66 页。

[6] 齐王是光武帝长兄刘伯升的后代，不是皇室直系血统，他们的封地可

能更不牢靠。

[7] 邓晨，南阳人，是刘秀早年的朋友和战友，并娶其姐刘元。公元22年，刘元在汉军与王莽的战斗中被杀害。据推测，邓叠可能出自这个家族，但没有明确证据证明他曾任北军步兵校尉，这类职位经常被授予皇室的母系亲属。邓叠之母肯定是窦太后的亲族。奇怪的是，光武帝的姐姐和邓叠的母亲均名"元"，并均嫁入邓家。但她们肯定不是同一个人。

[8]《后汉书》卷二三《窦融列传》记载：刘畅"得幸太后"。"幸"可用于表示嫔妃得到皇帝的宠幸。

[9] 度辽营设置于公元65年，见第二章第89页。关于南匈奴阻挠汉朝武威郡与北匈奴合市，见第二章第102页。

[10]《后汉书》卷八九《南匈奴列传》；deC, *Northern Frontier*, 266。

南单于在上书中称，前一年乌桓、鲜卑打败北匈奴并斩杀北单于，都是出于自己的命令。Psarras, "Han and Xiongnu" II, 60-61 认为南单于确实一直保持着"对北方少数族的统治"，并且认为这份上书证明了南单于的"权力和独立性"。然而南单于是在夸大自己的权力，因为除了这份上书外没有任何证据显示乌桓、鲜卑曾接受过他的命令，而汉朝确实一直通过补贴鼓励他们攻打北匈奴，见第二章第102页。普萨拉斯急于证明她对南单于独立性的观点，欣然接受了这种自吹自擂的说法。（她还认为年幼的和帝当时在朝政中发挥了作用，但我们已经看到和帝当时处于窦太后的摄政之下。）

与普萨拉斯不同，Lewis, *Early Chinese Empires*, 137 认为这封上书证明了南单于依赖汉朝的支持。

[11] 第二章第99—100页。

[12] 第二章第113页。

[13] 关于反对出兵的意见及两派的争论，见 deC, *Northern Frontier*, 257-268 引用《后汉书》卷四五《袁安列传》。《南匈奴列传》及《窦宪列传》中没有相关记载。

Wu Shu-hui, "Debates and Decision-Making: Battle of the Altai Mountains" 讨论了这场战争以及之前汉朝对匈奴的策略，特别关注到当时朝廷上的争论。

[14] 关于度辽将军和黎阳营，见第二章第89页及注释51，同样可见于下

文第 154—155 页。

[15] 见《后汉书》卷二三《窦宪列传》、《后汉书》卷四《孝和孝殇帝纪》。此次远征也记载于《后汉书》卷八九《南匈奴列传》。

[16] *Cambridge China* I, xxxiii 及 Bielenstein, *Bureaucracy*, 110 将阎盘的职位"副校尉"翻译为"Lieutenant-Colonel",其他大部分学者均采纳这种方式,表示副校尉的职位比校尉低。但在"Western Regions", 10 note 19,我根据史料中偶见的引文,认为这个官职高于普通的副校尉。

虽然如此,对于位在将军之下的将领而言,一万人马已是相当庞大的规模。可能左谷蠡王师子是主将,阎盘等则代表了汉朝的利益。

[17] 《后汉书》卷二三《窦宪列传》。以前,大将军位在三公之下,但窦宪位次在三公之上。Bielenstein, *Bureaucracy*, 152 认为大将军府掾属与摄政太后的掾属是同一批人,并用那些术语称呼窦宪;可参考第二章第 109—110 页。

在这段时间中,窦宪的行动存疑,《后汉书》卷二三《窦宪列传》记载,"诏使中郎将持节即五原拜宪大将军";《后汉书》卷四《孝和孝殇帝纪》记载,"(永元元年)九月庚申,以车骑将军窦宪为大将军",则其任命在公元 89 年,就在第一次打败北匈奴之后,但《孝和孝殇帝纪》随后记载公元 90 年秋天,"大将军窦宪出屯凉州",可见窦宪肯定曾返回首都,然后又一次出塞。

Bielenstein, "Wang Mang and Later Han", 282 认为窦宪在被封为大将军后返回洛阳,表明他在洛阳待了一年。但我怀疑,虽然窦宪可能短暂地从五原郡返回洛阳,然后再次出凉州,但他花了绝大部分时间用于监督战局和谈判。由于北单于已经被赶到西边,凉州距离更近,更方便处理后续事宜。在下文可见,公元 91 年汉朝对北匈奴的最后一战即自居延塞发兵。

[18] Wu Shu-hui, "Debates and Decision-Making: Battle of the Altai Mountains", 71 认为窦宪施行了一种"欺骗战术",他既主导班固出使,也促使南匈奴发兵进攻。但《后汉书》卷二三《窦宪列传》、《后汉书》卷八九《南匈奴列传》显示,左谷蠡王师子的进攻是在窦宪不知道的情况下进行的。尽管南匈奴使者已经证明,这可能是一次沟通失败导致的。

[19] Wu Shu-hui, "Debates and Decision-Making: Battle of the Altai Mountains", 75 混淆了于除鞬和阿佟,二者并非一个人。

[20] 关于平乐观和首都都亭中的阅兵场，见第一章第 51—52 页。

《东观汉记》卷二二及《后汉书》卷六五描述了公元 170 年迎接护羌校尉段颎讨伐先零羌凯旋的情形，据记载当时仪式上有五万名士兵、逾一万名敌军俘虏。段颎获得大胜，能够率领如此规模的部队前来，但这两个数字可能有所夸张。第八章第 372—373 页对此有图讨论。

[21] 比如，deC, "Scholars and Rulers", 63-64。关于这次会议的主要著作是 *White Tiger Discussion,* 作者曾珠森（Tjan）翻译了留存至今的材料。关于冠礼的年龄，见《白虎通》卷四一，第 1b—2a 页；*White Tiger Discussion,* 612-613 页。

[22] 第二章第 108 页。

[23] 《后汉书》志第四《礼仪上》描述了加元服礼仪，列明了四种冠。清朝学者惠栋《后汉书集解》注释《顺帝纪》时引用后世的《开元礼义鉴》："汉顺帝冠用曹褒新礼，四加，初加缁布进贤，次爵弁，武弁，次通天，皆如高祖庙以礼谒见世祖者。"（顺帝加元服时是 15 岁）

Van Ess, *Politik und Gelehrsamkeit,* 175-181 讨论了当时对冠礼年龄的争论以及其对和帝的重要性。

[24] 关于步兵校尉、射声校尉，见《后汉书》志第二十七《百官四》，及下文第 151 页。

长乐宫并非一座具体宫殿的名称，而是太后居所，位于皇宫之内。长乐宫内的大部分宫人自然都是宦官，但长乐少府一般不是。见《后汉书》志第二十七《百官四》；Bielenstein, *Bureaucracy,* 71-73。

郭璜是光武帝第一位皇后郭氏的侄子，他娶了光武帝的女儿。见第二章第 112 页。

[25] 郑众传记见《后汉书》卷七八《宦者列传》。

[26] 《后汉书》志第二十六《百官三》；Bielenstein, *Bureaucracy,* 65。小黄门秩六百石，与九卿下属秩级相同。

中常侍也是皇帝的心腹，秩比二千石，接近九卿。虽然按制度中常侍之下不设部属，但他们被看作宫内宦官的首领。钩盾令仅六百石，但郑众无疑继续以中常侍之位占据高位。

[27] 见第一章第 62 页。

[28] 鉴于邓磊和郭举是北军将领，有人因此认定两人在大军调动前便已被调离。但恰恰相反，两人对北军的控制权只是名义上的，他们与军队没什么接触，北军实际上由北军中候、校尉等中级军官指挥。

[29] 谒者，秩比六百石，其长官为谒者仆射，秩比千石。谒者参与京城典礼仪式，为皇帝出使封地和少数族，也可为皇帝完成很多特殊任务。比如由谒者指挥黎阳营，参见下文注释 95。

[30] 关于公元 125 年的政变，见第五章第 223—225 页；关于公元 159 年的政变，见第六章第 307—309 页；关于公元 168 年的政变，见第八章第 367—368 页；关于公元 189 年的政变，见第九章第 444—446 页。

[31]《后汉书》卷四《孝和孝殇帝纪》记载："窦宪潜图弑逆。"《后汉书》卷二三《窦宪列传》记载：邓氏、郭氏得幸太后，"共图为杀害"，见前文第 129 页。Ch'ü（瞿同祖），*Han Social Structure*, 463 怀疑谋逆计划并不存在，根据《后汉书》卷二三《窦宪列传》，认为窦宪没有参与其中，他只是傲慢专横。

[32] 汉质帝刘缵，死于公元 146 年，见第六章第 272—273 页。

[33]《后汉书》卷五五《章帝八王传》中刘庆的传记。

[34] 尽管郑众首开先例，但现代对后汉宦官权力的研究讨论中，几乎没有人强调郑众的成就。例如 Bielenstein, *Lo-yang*, 91-101 讨论了公元 125 年、159 年、168 年和 189 年的政变；Bielenstein, "Wang Mang and Later Han", 282, 287 按照正史的记载，强调年幼皇帝的作用。

[35]《后汉书》卷四十下《班固列传》。洛阳令种兢曾被班固的一个奴仆当街辱骂，种兢因为畏惧班固和窦宪的关系而不敢作声。等窦氏倾覆后，种兢趁机报私仇。而和帝谴责了种兢的行为，处罚了他负有责任的属吏。班固的弟弟班超和妹妹班昭也在和帝朝为官，班昭与和帝关系密切，见下文第 138、141—142 页。

[36]《后汉书》卷四《孝和孝殇帝纪》。关于"录尚书事"，见第二章注释 71。

[37]《后汉书》卷三七《丁鸿列传》。Mansvelt Beck, *Treatises*, 161 认为如果记载正确，丁鸿是后汉唯一一位身兼司徒、太尉和卫尉的朝臣。

[38]《后汉书》卷三四《梁统列传》。公元 83 年梁氏一案只牵涉梁贵人之

父梁竦一家，梁扈、梁檀幸免于难。梁嫕大概也牵扯其中，但梁贵人被害时她已经出嫁，被当作她丈夫家的一员。

[39] 关于宋贵人姐妹的遭遇，见第二章第 115 页。安帝刘祜是刘庆之子，即宋贵人的孙子。见第二章第 115 页、第四章第 171—172 页。

[40]《后汉书》卷八九《南匈奴列传》；deC, *Northern Frontier*, 276-283。

[41]"师子"可能是一个绰号，即狮子，见下文注释46。"安国"可翻译为"平安的国家"。当然，这是汉语的翻译，我们不清楚两个名字是否对匈奴语的翻译转录，也不清楚它们与本地语言中男子名字的关系。

[42] 关于烧当羌叛乱的记载见《后汉书》卷八七《西羌传》；deC, *Northern Frontier*, 76-86。

[43] 湟中义从胡：湟中指西宁谷地，湟水是黄河支流，向西连通青海湖。关于邓训组建议从胡，见《后汉书》卷十六《邓训列传》。

公元前 3 世纪，居住在甘肃走廊的月氏人与北方草原的匈奴为敌，但在公元前 3 世纪末，月氏人被匈奴首领冒顿重创。月氏国灭亡，很多月氏人西迁，但仍然受到匈奴的压迫。这些月氏人最终定居在今阿富汗北部地区，被称为大月氏，一般认为是该地区的贵霜人。Yü（余英时），"Han Foreign Relations", 384-388，另见下文第 139—140 页。

小月氏指那些留在甘肃走廊的月氏人，他们先臣服于匈奴，之后又臣服于汉，成为居住在羌族部落之间的少数群体。

[44]《后汉书》卷四《孝和孝殇帝纪》、《后汉书》卷八七《西羌传》。屯田是一种自给自足、自我防御的定居方式，最初是为了巩固边防。公元前 61—前 60 年，前汉将军赵充国在与西宁谷地（湟中）的羌族部落的战斗中，临时建立屯田。Loewe, *Crisis and Conflict,* 226-227; Hsü（许倬云），*Han Agriculture,* 236-237; deC, *Northern Frontier,* 62-65; Dreyer, "Zhao Chongguo", 693-699。屯田也用于西域地区。

但赵充国短暂的屯田绝不是前汉唯一一次尝试，两汉均利用屯田来巩固边疆和西域地区。例如《后汉书》卷八五《东夷列传》：（在遥远的东北地区）"置玄菟郡屯田六部"，《后汉书》卷八八《西域传》：在西域地区屯田；deC, "Western Regions", 10-11; 也见第二章第 98 页和第五章第 252 页。关于之后内战时期国内屯田的发展，见 deC, *Imperial Warlord*, 90-91。

[45]《后汉书》卷四《孝和孝殇帝纪》。

[46]《后汉书》卷三《肃宗孝章帝纪》、《后汉书》卷四《孝和孝殇帝纪》。史书中所记载"师子"，即狮子；"扶拔"（或"符拔""桃拔"），被描述为"似麟无角"，例如《后汉书》卷八八《西域传》。由于麒麟是一种神兽，这个描述对理解没什么帮助。不过 Hulsewé/Loewe, *China in Central Asia*, 114-115 note 262 讨论了这个问题，认为这种动物是羚羊。

"条枝大爵"即鸵鸟。有的学者将"爵"（或"雀"）解释为麻雀，虽然符合字典，但显然不正确。关于"条枝"，见后文注释47。Schafer, *Golden Peaches*, 102 认为这种鸟是吐火罗鸵鸟（tocharian ostrich），这种鸟曾经生活在叙利亚和阿拉伯的沙漠之中，现在已经绝迹。雄性吐火罗鸵鸟的头颈部为红色或粉色，身体羽毛呈黑色，尾部和翅膀呈白色。

[47] 关于甘英出使大秦的经历见《后汉书》卷八八《西域传》；Leslie and Gardiner, *Roman Empire in Chinese Sources*, 141-150。对大秦的介绍见《后汉书》卷八八《西域传》, Leslie and Gardiner, *Roman Empire in Chinese Sources*, 47-52。《后汉书》卷八八《西域传》记载，建议甘英不要渡海的是安息人，Yü（余英时），*Trade and Expansion*, 156-157 讨论了安息人的动机。

"条支"的方位一直是讨论的重点，但大多数学者现在认为"条支"位于波斯湾，是前塞琉古帝国的一部分，公元前2世纪被安息人占领。Hulsewé/Loewe, *China in Central Asia*, 113 认为"条支"位于波斯湾东岸，为今伊朗布什尔（Büshehr）地区。而 Leslie and Gardiner, *Roman Empire in Chinese Sources*, 146-147 认为是查拉赛尼（Characene），为安息帝国内的一个王国，拥有现今伊拉克南部大片地区，其首都位于现今科威特的查拉克斯（Charax）。也有可能"条支"被用来泛指整个美索不达米亚地区。

[48] 关于公元94、97年的出使，见《后汉书》卷四《孝和孝殇帝纪》。

"掸国"也作"擅国"，不同注家注释其音作 Shan 或 Tan。这可能是对现今缅甸较早的记载。《后汉书》卷八六《南蛮西南夷列传》中也记载了掸国遣使一事，并记载明帝时期（公元69年）哀牢夷归顺后后汉为之置永昌郡。

关于穿过群山通往天竺（印度）的贸易通道，以及汉人没能成功与之建立联系, 见 Yü (余英时), *Trade and Expansion,* 112-115。

[49] 关于班昭, 见 Swann, *Foremost Woman Scholar*, 该书第 42 页讨论了书写材料从竹木变为纸张的可能性。关于纸的发展, 可见 Needham, *Science and Civilisation* V.1, 40-41, 107, 引用了《后汉书》卷七八《宦者列传》中蔡伦的传记。

[50] 《后汉书》卷七九《儒林列传》; 公元 101 年和帝幸东观之事记载于《后汉书》卷四《孝和孝殇帝纪》。

公元 120 年, 临朝摄政的邓太后下令续修, 见第四章第 204 页。关于《东观汉记》更完整的成书过程, 即直到公元 2 世纪 70 年代灵帝时期, 该书被第三次修订, 才被正式命名为《东观汉记》, 见 Bielenstein, *RHD* I, 10-11, Bielensten and Loewe, *Early Chinese Texts*, 471-472, Hulsewé, "Historiograghy of the Han Period" ,33-34, Mansvelt Beck, *Treatises*, 19-25。

[51] 《艺文类聚》卷九二《鸟部下》, 见前文注释 46。

[52] "大家" 在此处应该读作 "大姑"。

[53] 邓皇后, 即之后的邓太后, 传记见《后汉书》卷十上《皇后纪上》。公元 121 年邓太后去世, 享年 41 岁, 故她生于公元 81 年。

[54] 阴皇后传记, 见《后汉书》卷十上《皇后纪上》。根据邓皇后传记, 她本当于公元 92 年选入掖庭, 由于邓皇后生于公元 81 年, 则此时 12 虚岁。阴皇后入宫时很可能年龄相仿。

[55] 见前文第 136—137 页。

[56] 根据前文注释 7, 邓叠与邓磊应该与邓晨同族。邓晨娶了光武帝刘秀的姐姐刘元。邓晨和邓贵人的祖父邓禹同族, 均是光武帝的老臣, 但两家关系并不紧密。

[57] 在后宫的政治氛围中, 这类怀疑和指控并不鲜见, 而且并非毫无根据。巫蛊仅是这类信仰的表现形式之一, 但却被认为是最邪恶的一种。Feng and Shryock, "Black Magic in China" 对此做了讨论。前汉武帝时期发生了最著名的巫蛊之乱, 见 Loewe, *Crisis and Conflict*, 37-90: "The Case of Witchcraft in 91 BC"。

[58] 用来审讯邓朱的地方是掖庭狱, 这是通常使用的后宫监狱, 见《后汉书》卷十上《皇后纪上》。

"暴室"的职责是织作染练，故取暴晒为名。暴室也作为后宫养病治病的场所。有时，皇后、贵人有罪，被幽禁于暴室。见《后汉书》志第二十六《百官三》；Bielenstein, *Bureaucracy*, 53。暴室也被称为桐宫，见 Bielenstein, *Loyang*, 53-54。

"以忧死"这种表述经常被用来描述那些被废黜的皇后的命运。

[59] 邓皇后的传记，见《后汉书》卷十上《皇后纪》。

[60] 关于牛疫，见《后汉书》卷三《肃宗孝章帝纪》。关于此次天灾以及朝廷的应对，见 Ebrey, "Economic and Social History of Later Han", 620-621。

[61]《后汉书》卷四《孝和孝殇帝纪》。

[62] Ebrey, "Economic and Social History of Later Han", 621。

[63] 见后文第 162 页。

[64]《后汉书》卷三五《张奋列传》记载了洛阳令的姓名，为陈歆。《张奋列传》和《后汉书》志第十三《五行一》均记载收洛阳令下狱，而《后汉书》卷四《孝和孝殇帝纪》记载洛阳令只被免官。（《和帝纪》："收洛阳令下狱抵罪。"作者似有误。——译者注）《张奋列传》记载，和帝幸洛阳狱后，大雨三日，但《孝和孝殇帝纪》记载，和帝尚未返回皇宫便下雨。

我们注意到，皇帝的这种直接介入很不寻常，证明了前洛阳令种兢逮捕班固入狱，使班固死于狱中一事，和帝并没有参与的说法。见前文第 132 页及注释 35。

[65]《后汉书》卷四《孝和孝殇帝纪》。

[66]《后汉书》卷四《孝和孝殇帝纪》。

[67] 对"毁"的讨论见 Mansvelt Beck, *Treatises*, 105-108，deC, *Establish Peace* 引用。

[68] 关于和帝子女及其夭折等记载，见《后汉书》卷十上《皇后纪上》。四位公主列在《后汉书》卷十下《皇后纪上》。关于和帝的两个皇子刘胜、刘隆，见第四章第 171 页。

[69] 献帝是后汉短命皇帝中的例外。献帝生于公元 181 年，死于公元 234 年，公元 220 年被迫禅让。见第十章第 475 页。

[70] 我已在不同地方讨论过后汉的军事结构，比如 *Northern Frontier*, 45-53,

Generals of the South, 59-69, Biographical Dictionary , 1233-1236, "Military Culture of Later Han", 93。然后，我还是需要参考陆威仪（Mark Edward Lewis）的研究，特别是他的"Han Abolition of Military Service"。我们在一些细节上存在异议，但陆威仪书的要点令人赞赏。

我在这里关注的是后汉总体的军事安排，而不是关于军阶、头衔的制度结构。关于后者可以参考毕汉思的研究，特别是其 Bureaucracy；我在拙著 Biographical Dictionary, 1233-1236 对此问题作了简短说明，并附上了一份译名表。

[71] 光武帝的新军事安排记载于《后汉书》卷一下《光武帝纪下》、《后汉书》志第二十八《百官五》，deC, Northern Frontier, 48-50, Lewis, "Han Abolition of Military Service", 34-37 作了讨论。Bielenstein, Bureaucracy, 114-118 认为之后恢复了征兵，但与证据相左。

为王国任命中尉（Bielenstein, Bureaucracy, 107）略显异常，但我们可以推测这是为了表示诸王地位的尊崇，而非出于真正的军事目的；郡比王国范围更大，更为重要。

[72] 引用自《后汉书》志第二十八《百官五》。见第四章第 184—188 页，deC, Northern Frontier, 94-95。

[73]《东汉会要》卷三一。Loewe, RHA I, 81, 162-164, 鲁惟一翻译了汉以来关于兵役的材料（也可见 Dubs, HFHD I, 80-81 及 II, 176-177）；又见 Nishijima(西嶋定生), "Economic and Social History of Former Han", 598-599。

[74] 关于卫尉，见《后汉书》志第二十五《百官二》；Bielenstein, Bureaucracy, 31-34。关于卫尉所辖兵力数量，见 Lewis, "Han Abolition of Military Service", 49。关于京城和皇宫的防卫，也见本书第一章第 45—46 页。

[75] 关于城门校尉，见《后汉书》志第二十七《百官四》；Bielenstein, Bureaucracy, 83-84。关于洛阳城门，见地图 1，以及第一章注释 72。

城门校尉掌管洛阳城的十一座城门，但史料中没有记载他所辖的兵力。根据《后汉书》志第二十五《百官二》刘昭注引《汉官》，卫尉所辖每个宫门的卫士人数不等，少则约 40 人，多则近 200 人。人数的多寡无疑取决于每个宫门的重要性，以及是否皇帝起居的宫殿。在《汉官》一书编纂之时，南宫应该是守卫更为严密的。给城门划拨了如此多的人手，大概不仅仅考虑到安全，还因为他们要负责管理物资的出入。

[76] 关于执金吾，见《后汉书》志第二十七《百官四》，Bielenstein, *Bureaucracy,* 79-80，又见第一章第 45 页。缇骑、持戟可能是大部队中的精英兵力。根据 Bielenstein, *Bureaucracy,* 178 note 323 引用《汉官仪》《汉旧仪》，每当皇帝出宫时，执金吾率领 6000 人护卫。这些护卫人员中应该有很多是暂时从别处借调过来的。

[77]《后汉书》志第二十五《百官二》、《后汉书》卷十上《皇后纪上》，Bodde, *Festivals,* 75。

[78] 关于五官中郎将、左中郎将、右中郎将、羽林中郎将、虎贲中郎将，见《后汉书》志第二十五《百官二》；Bielenstein, *Bureaucracy,* 27-29；deC, "Recruitment Revisited", 9-14。

"良家"指非罪犯、医、巫、商贾、百工的人家。见《汉书》卷二八下《地理志下》引如淳（公元 3 世纪）注。

关于羽林郎可能为预备军官的观点，见 deC, *Northern Frontier,* 47 和 "Recruitment Revisited", 14。后世的将军董卓在为军司马前，也曾为羽林郎。见《后汉书》卷七二《董卓列传》、《三国志》卷六《董二袁刘传》。

[79] 关于北军中候，见《后汉书》志第二十七《百官四》，Bielenstein, *Bureaucracy,* 117-118。北军中候秩六百石，五营司马秩千石，五营校尉秩比二千石。

有学者认为，越骑校尉所辖士兵招募自东南的越地或者西北的月氏。但南方人并不以骑兵著称，凉州小月氏似乎已经被邓训收服，即湟中义从胡，见前文第 137 页。位于现今阿富汗的大月氏当时与汉朝基本没有往来，见前文注释 43 和第 139—140 页。越骑营与长水营相比，后者多了一个特别设置的胡骑司马，掌管乌桓骑兵，而前者并没有这样的设置。晋代的晋灼注释"越骑"中的"越"为"允"，据此，"越"在此更应该被理解为"精锐"（"elite"，Bielenstein："精选的" [picked]）。

长水流经长安附近，前汉时期少数族骑兵在河边扎营。尽管后汉京城迁至洛阳，但"长水"这个名称仍延续下来。

根据后汉服虔的注释,"射声"得名于能在黑暗中射中目标。与他同时代的应劭称,射声校尉所领"待诏射声士","须待诏所命而射,故曰待诏射也"。《汉书》卷十九上《百官公卿表上》。

[80] 公元 91 年和帝从长安返回洛阳后不久,下诏"减弛刑徒从驾者刑五月",《后汉书》卷四《孝和孝殇帝纪》;Hulsewé, *RHL*, 242。可见此类罪犯可以作为皇帝的侍卫。

[81] Loewe, *RHA* I, 78-79 引用 Hulsewé, *RHL*, 240-244。

[82] 公元前 61 年,前汉宣帝为支援赵充国平定西宁谷地的羌人叛乱,组织了大量京城长安附近的弛刑罪犯,《汉书》卷六九《赵充国传》,Dreyer, "Zhao Chongguo", 682。

另一方面,当时有大臣上书,建议部分罪犯可以通过向军队捐粮赎罪,有影响力的大臣萧望之强烈反对这一提议,最终朝廷没有采纳,《汉书》卷七八《萧望之传》,Loewe, "Former Han Dynasty", 202 及 *Biographical Dictionary*, 606。

[83] Lewis, "Han Abolition of Military Service", 54-57. 在第 56 页,陆威仪引用了一些诏书,"平均每五年颁布一次法令",在这些诏书中,皇帝下令死刑犯减死,诣边境戍卫。比如可见于第二章第 104 页及注释 77。

[84] 《汉书》卷二三《刑法志》;Hulsewé, *RHL*, 345。

[85] 《后汉书》卷四七《班超列传》记载,公元 102 年,班超从西域返回洛阳,嘱咐他的继任者任尚:"塞外吏士,本非孝子顺孙,皆以罪过徙补边屯。"

Lewis, "Han Abolition of Military Service", 55 将这句话理解为班超的自我贬低,但我认为他的理解有误,因为班超出身贵族,深具自信。班超是在警告任尚,应该以和缓的方式来驾驭自己新的手下以及少数族盟友。正如记载中惠灵顿公爵对英军的描述:"我不知道这些人会对敌人造成什么影响,但是上帝啊,他们令我恐惧。"关于班超和任尚,见第四章第 179 页。

[86] 《后汉书》卷三《肃宗孝章帝纪》,第二章第 103 页;《后汉书》卷八八《西域传》,第四章第 190 页。

[87] 关于从北方边郡向内郡的移民,见第二章第 89 页、第五章第 253—254 页、第八章第 401 页。

[88] Loewe, *RHA* I, 86-87, 103-103 引用了关于边防设施的汉简材料。在第 90—91 页，鲁惟一估算从武威郡至敦煌郡一线驻守了 3250 名士兵，并且在防线后还需要另外配置增援部队。

[89] 关于度辽营的建立，见第二章第 89—90 页。关于那些隶属于使匈奴中郎将的军队，见《后汉书》卷八九《南匈奴列传》，Bielenstein, *Bureaucracy*, 112。

[90] 南匈奴的突袭部队能够穿越这个地区，掠夺北匈奴赴武威郡贸易的商队，见第二章第 102 页。

[91] 前汉设有护羌校尉，公元 33 年后汉复置护羌校尉官，见《后汉书》志第二十五《百官五》；Scott, "A Study of the Ch'iang", Appendix I,16；Bielenstein, *Bureaucracy,* 110-111。

护乌桓校尉设立于约公元 49 年，见《后汉书》志第二十五《百官五》；Bielenstein, *Bureaucracy,* 110-111。

[92] 关于此前匈奴的侵袭和光武帝的防御策略，见 Bielenstein, *RHD* III,110-116。

[93] 见前文第 137 页，第九章第 421—422 页。

[94] Lewis, "Han Abolition of Military Service", 57-59 描述了北方的驻防。在第 59 页，陆威仪引用《后汉书》卷八七《西羌传》，认为护羌校尉军力达万人，其中似乎包括大量郡民兵，校尉的个人守卫力量应该更小一点。

[95] 史料中对雍营的记载相互矛盾。根据《后汉书》卷五《孝安帝纪》及其所引《汉官仪》，永初四年二月（110），"初置长安、雍二营都尉官"。然而,《后汉书》卷二三《窦融列传》记载，公元 89 年，窦宪"发北军五校、黎阳、雍营、缘边十二郡骑士，及羌胡兵出塞。"（见前文第 122—124 页）《后汉书》卷八七《西羌传》记载，公元 97 年，"将北军五营、黎阳、雍营、三辅积射及边兵羌胡三万人"讨伐羌族首领迷唐（见前文第 137 页）。

所以，似乎雍营在公元 110 年前已经存在。有可能雍营最初主要作为训练学校，和黎阳一样，受谒者监管。之所以在公元 110 年任命雍营都尉官，可能是决意加强它的军事能力，因为雍县靠近反叛羌人的地盘。见第四章第 182 页。

[96]《后汉书》卷五《孝安帝纪》及注释所引伏侯无忌《古今注》。

[97] 见 Dien, "Armor", 11-20 以及 Six Dynasties Civilization, 331-334。Loewe, RHA I, 86 及 II, 163 提到了西北长城屯中出土的铁制铠甲、头盔。"玉甲"是皇帝、诸侯王尸体所穿的寿衣,是这类军甲最奢华的版本。见第二章第 73 页。

DeC, Imperial Warlord, 168-173 广泛讨论了公元 2 世纪晚期所使用的铠甲、武器和战术。

[98]《后汉书》卷六五《段颎列传》、下文第八章第 369。现代标点版《后汉书》卷六五《段颎列传》为"张镞",但《后汉书集解》引用宋刘攽注已更正为"长镞",殿本和《资治通鉴》卷五六作"长镞"。

"镞""矛"均指矛、枪。但我怀疑"长镞"可能有两个刃或尖,这种武器通常称作"戟",也称作"鈹"或"錟",很早以前便已闻名。见 Wagner, Iron and Steel, 185-186, Needham/Yates, Science and Civilisation V.6, 113。武威市雷台汉墓出土的青铜骑兵配备有戟,见《文物》1972 年第 2 期,图版七。对"长镞"的另一种翻译是标枪,但标枪在中国古代并不常用。

Graff, Medieval Chinese Warfare, 41 赞成杨泓《中国古兵器论丛》第 124、130—131 页的观点,认为到公元 2 世纪,早期的剑(直、薄、双面开刃)已被单面开刃的刀或称刃所取代,被步兵和骑兵所使用。

[99] 关于弩,见 Needham/Yates, Science and Civilisation V.6, 120-144, Lewis, "Warring States: political history", 622-623, Di Cosmo, Ancient China and its Enemies, 203, 234-235。

[100] Needham/Yates, Science and Civilisation V.6, 102-106 有复合弓的图像及其示意剖面图。Luttwak, Byzantine Empire, 22-28 联系公元 4、5 世纪欧洲匈奴人对复合弓的使用,描述了更多细节。复合弓箭头能够从很远距离穿透铠甲,这一点在西方人眼中至今也很不可思议。勒特韦克(Luttwak)还讨论了如今蒙古人骑马射箭的水准,在蒙古,小孩子从能走路起便开始学习骑马。

曹植《白马篇》描述了一位老兵弓马娴熟,能在马背射箭:"控弦破左的,右发摧月支。仰手接飞猱,俯身散马蹄。"秦朝军队也有同样的训练考核要求,见 Etienne Zi, Pratique des examens militaires, 17, 60-61。

罗马共和国晚期及罗马帝国早期,其军队使用标枪、弓箭和投石器,但短小的斯基泰弓的射程远远不及东亚的复合弓。公元前 53 年，罗马统帅克拉苏率领的军队在卡莱战役遭到全歼，部分可以归因于配备东亚复合弓的波斯轻骑。

[101]《后汉书》卷四《孝和孝殇帝纪》，引用《汉官仪》：前汉"牧师诸苑三十六所，分置西北边，分养马三十万头。"还可见《后汉书》志第二十五《百官二》；Bielenstein, *Bureaucracy,* 34-37。公元 93 年诏书中所谓的"诸苑"，即说明当时不仅一个养马场。

[102]《后汉书》卷五八《盖勋列传》；deC, *Huan and Ling,* 187。

[103] 对长距离物资供应的讨论，见 Luttwak, *Byzantine Empire,* 31 及 deC, *Northern Frontier,* 465 及 44 页注释 49，提供了类似的、公元 1696 年清朝康熙皇帝远征的细节。

[104]《后汉书》卷三一《孔奋列传》，Yü（余英时），*Trade and Expansion,* 106 引用。

[105] 关于通行证明、朝廷控制贸易和走私，见 Yü（余英时），*Trade and Expansion,* 126-129。Jagchid and Symons, *Peace, War and Trade* 对两者之间的贸易关系做了更加批判性的分析。同样可见 deC, *Northern Frontier,* 384。

[106] Jagchid and Symons, *Peace, War and Trade,* 15 及 Yü（余英时），*Trade and Expansion,* 10 note 3。关于和亲，见 Yü（余英时），"Han Foreign Relations"，386。

[107]《后汉书》卷九十《乌桓鲜卑列传》、《后汉书》卷八九《南匈奴列传》、《后汉书》卷四五《袁安列传》。对此的讨论，见 Yü（余英时），*Trade and Expansion,* 55-56 和 "Han Foreign Relations", 401，以及 deC, *Northern Frontier,* 292，525 note 16, 17。

据《后汉书》卷九十《乌桓鲜卑列传》记载，提供费用的是青州、徐州，但《后汉书》卷七三《刘虞列传》记载，更有可能是青州、冀州，因为二者紧靠着位于边境的幽州。见 deC, *Establish Peace* 52。

公元 2 世纪末，征税仍在继续，不过那时应该是用于直接的军队花销。朝廷再也不能通过赏赐来控制鲜卑。《后汉书》卷七三《刘虞列传》。

[108]《后汉书》卷八七《西羌传》；deC, *Northern Frontier,* 114；后文第四

章第 188 页。

[109]《后汉书》卷六五《段颎列传》；deC, *Northern Frontier,* 142；后文第八章第 371 页。

[110]《后汉书》卷九《乌桓鲜卑列传》；Jagchid and Symons, *Peace, War and Trade,* 33；deC, *Northern Frontier,* 291。

[111] 见后文第 165 页。

[112] 关于公元 1 世纪罗马军队的规模，见 Luttwak, *Grand Strategy of the Roman Empire,* 13-16。

[113] Wu Shu-hui, "Battle of the Altai Mountains", 70.

[114] 当然，也有特例。桓帝、灵帝时期，李膺曾担任度辽将军，学者张奂曾是边疆将领。然而张奂出身西北（凉州），尽管其同僚段颎高升为太尉，但这一职位与其说是因为他的政务能力，不如说是因为他的军功成就和政治手腕。更多讨论见后文第 7、8 章。

[115] 关于鲁惟一对"时新派""改造派"治理国家方法的分析，见 *Crisis and Conflict,* 11-13 及 "Former Han Dynasty", 187-190, 198。对理论问题的讨论见本书第 2 章第 113 页，关于对于是否出兵匈奴的争论，见前文第 121—122 页。

[116] Luttwak, *Grand Strategy of the Roman Empire,* 195-200 解释了"suasion"（劝说）的概念，即通过威慑而不是武力来影响别的国家，并以罗马和日耳曼的例子作对比，前者控制了东地中海各组织有序的附庸国，而后者内部部落林立、困难重重。在 *Northern Frontier,* 417-422，我对比了北匈奴（汉朝的潜在附庸国）和其后继者鲜卑，"鲜卑没有一个统治者能在汉朝军队中立足，也没有一个统治者受到汉朝军队的重视"。

[117] 前文第 135 页。

[118] 关于前汉时期羌的历史，见《后汉书》卷八七《西羌传》，翻译见 Scott, "A Study of the Ch'iang", Appendix I, 12；讨论见 deC, *Northern Frontier,* 55-67；关于赵充国的战役见《汉书》卷六九《赵充国传》，Dreyer, "Zhao Chongguo" 对此有讨论。

[119] 关于汉朝的属国，见 Bielenstein, *Bureaucracy,* 109; deC, *Northern Frontier,* 445-447 note 4。在形式上，属国设都尉管理，安置归附朝廷统治的少

数族部落，前汉时期这种统治建立于帝国扩张过程中；而后汉时期，尽管官方解释没有改变，且属国仍然管理着少数族部落，但其地域建立在原来的郡县上，这反映出原有郡县统治的衰弱。

[120] 《汉书》卷二八下《地理志下》颜师古注；deC, *Northern Frontier*, 65。

[121] 第二章第 90 页。

[122] 第二章第 103 页。

[123] 上文第 137—138 页。

[124] 《后汉书》卷六五《张奂列传》，Lewis, *Early Chinese Empires*, 149 有讨论。

[125] 《后汉书》卷四一《宋意列传》。"虏"经常用来指代少数族，这一用法持续到明朝。

[126] 第七章第 359—360 页；《后汉书》卷六五《段颎列传》；deC, *Northern Frontier*, 135。

[127] 比如，公元 161 年，皇甫规清除贪污官吏。见第七章第 358 页。

[128] Lewis, *Early Chinese Empires*, 254。

[129] Luttwak, *Grand Strategy of the Roman Empire*, 136.

第四章 邓太后和安帝（公元106—125年）

年　表

105年	和帝去世，其少子刘隆继位，邓皇后被尊为皇太后并临朝。
106年	殇帝刘隆去世，邓太后立安帝刘祜。
	西域发生叛乱；在高句丽压力下，从东北撤军。
106—111年	中国北方频发洪水，时有严重干旱。
107年	发生试图推翻邓太后、刘祜的政变。
	下令放弃西域；凉州先零羌叛乱；邓骘率军平叛。
108年	帝国攻势受挫；羌族首领滇零于北地自称"天子"；梁慬击败羌族返回右扶风；邓骘任大将军，但没有行政权。
109年	安帝加元服，但邓太后仍然掌握朝政。
	羌人占据陇西、金城郡的大部，占领长安，袭击华北平原。
	出售秩级较低的官职和爵位。
	南单于叛乱，很快被平息。
110年	为守卫长安和右扶风，建永久屯戍；朝廷征集的士兵拒绝前进；有提议放弃凉州。
	邓氏兄弟辞去所有官职。

	校定"五经"。
111 年	西北诸郡官府内迁,实行焦土政策。
	任尚在洛阳以北击败羌族叛军;汉阳发生叛乱。
112 年	滇零去世。
113 年	朝廷在金城郡发动反攻。
	从长江流域运送粮食到中国北方,以缓解灾情。
114 年	再次占领金城郡;帝国军队进军安定;羌在河内、汉阳、汉中大胜汉军,但汉朝在陇西取得胜利。
115 年	汉朝军队与先零羌于灵州交战,汉军战败;以任尚为护羌中郎将,任尚舍甲胄,驰轻兵,追击先零羌。
	立贵人阎姬为皇后。宫人李氏生皇子刘保,阎姬因嫉妒而鸩杀李氏。
	为抵御东北鲜卑,设置辽东属国。
116 年	于灵州大胜先零羌,重新控制黄河东部疆域。
117 年	对反叛首领的背叛和暗杀;在北地富平上河大破狼莫,西河虔人种羌万一千口诣邓遵降。
118 年	第一次羌族叛乱结束;中郎将任尚有罪,弃市。
	叛变的匈奴王子逢侯来降。
119 年	在伊吾恢复屯戍。
120 年	北匈奴占据车师,肆虐伊吾。
121 年	邓太后去世,安帝正式掌权。
	贬黜邓氏子弟,蔡伦自杀。
	鲜卑首领其至鞬首次进攻。
123 年	以班超之子班勇为西域长史,逐渐建立对西域有限的领导权。
124 年	废皇太子刘保为济阴王。

125 年　　　　　安帝去世,阎皇后掌权。

幼帝与摄政

和帝刘肇于公元 106 年 2 月 13 日去世,他的遗孀邓皇后成为皇太后。当公元 88 年尚未成年的和帝登基时,窦太后,即他父亲章帝的遗孀,成为临朝摄政的皇太后,[1] 而他的继承合法性毫无疑问,因为刘肇在几年前就被立为皇太子。[2] 然而公元 106 年,已故皇帝的孩子中没有一个被立为皇太子,因为已有数位皇子死于宫中,所以幸免于难的皇子们被藏匿在宫外。没有关于这些皇子寄养父母的记载(可能只是平民百姓),[3] 邓太后是少数几个知道他们身在何处的人之一。

几个小时之内,两个男孩被带回宫中,他们很可能是同父异母的兄弟,但其生母(即和帝嫔妃)的名字不详。长子刘胜比次子刘隆年长几岁,但邓太后宣称他患有不治之症,不适合继承皇位。所以在其父去世当晚,次子刘隆,一个仅 3 个月大的婴儿,登上了皇位。[4]

无从判断邓太后的决定是否正确。从史书中可清晰看到,刘胜当时年龄尚幼,可能确实身体有恙或在某种程度上智力迟钝。刘胜于几年之后(公元 113 年)去世,大概是自然死亡。即使选择立刘胜为皇帝,邓太后也会代表他临朝摄政好几年。考虑到皇子的藏匿方式,邓太后完全可以自由决定哪个皇子会被选中,而哪个会被遗忘。我们可相信邓太后已经尽力,她的确找回了幸存的两个皇子,并安排了一个健康的皇子继承皇位。[5]

然而不幸的是,公元 106 年 9 月 21 日,婴儿刘隆在登基后仅仅 9 个月就去世了。按中国传统,刘隆 2 虚岁,而按照公历计算方式,他尚未满 1 周岁。因为刘隆的统治时间太短,没有超过一个日历年,所以他没有庙号,定谥号为"殇",以示其早夭。[6]

此时,有人可能会期望和帝最后幸存的皇子刘胜继位,但邓太后仍然坚定不移地认为刘胜有痼疾,不可奉承宗庙。在这种先帝没有皇子,或没有适合继承的皇子的情况下,邓太后可以从皇室家族中挑选一位继承人。她选择了刘祜。刘祜的父亲是先帝同父异母的兄弟清河孝王刘庆。9月23日,就在刘隆去世两天之后,刘祜即皇帝位,谥号安帝。[7]

刘祜生于公元94年,当时虚岁13岁。与和帝12岁加元服不同,刘祜此时尚未加元服,因此仍被视为未成年,需要太后摄政。鉴于刘胜没有继位资格,邓太后选择刘祜是比较明智的,因为刘祜的父亲刘庆是和帝的同父异母兄弟,曾经被立为皇太子。刘庆本人当时仍在世,不到30岁。作为一位成年人,刘庆本可以有能力掌控朝局,但他在儿子继位仅几个月后就去世了。有可能刘庆早已患病,没有行动能力。[8]无论如何,当时邓太后掌握了绝对的权力。

然而,在继位程序的一个重要方面,前汉传统发生了改变。根据《后汉书·孝安帝纪》,继承人问题"定策禁中",并且邓太后只与其兄弟车骑将军邓骘商议。[9]在此之前一年,殇帝刘隆在和帝去世当晚继位。没有进行朝会等正式程序,也没有朝臣参与提出建议。

皇帝去世时尚未指明继承人,类似情况也曾出现在前汉,但前汉的处理方式与后汉大相径庭。汉高祖遗孀吕后曾立幼帝作为自己的傀儡,并试图建立吕氏政权,但公元前180年吕后去世后,吕氏家族随之覆灭,大臣迎立刘恒继承皇位,即后来的文帝。[10]公元前72年,昭帝去世,没有立皇太子,上官皇后被尊为皇太后,上官太后最初立刘贺为帝,之后因刘贺胡作非为而废之,立刘病已为帝,即后来的宣帝。当时,15岁的上官太后听从了她外祖父霍光的建议,临朝听政,得到了公卿和将军们的支持。[11]公元前1年,哀帝去世,没有留下皇子,元帝皇后、哀帝之母王政君选择立时年9岁的刘箕子(刘衎)为帝。当时，太皇太后王政君的侄子、大司马王莽等王氏外戚参与了这一决策，大鸿胪使持节迎中山王刘箕子，即后来的平帝。[12]

邓太后自己做决定，开创了一个先例。由于当时不仅有三公辅佐，还有张禹可供咨询（张禹在一年前被任命为太傅，负责教导年幼的殇帝），于是这个先例更加引人注目。由于太傅张禹被赐予极大尊崇，并且理论上他对后汉的未来肩负着责任，故他被排除在决策之外令人震惊。

张禹是著名学者，品德高尚，曾任州刺史、下邳相，之后在京城先后任大司农、太尉。张禹得到了和帝的信任，公元103年和帝南巡长江流域时，命张禹以太尉兼卫尉留守京城。和帝死后，邓太后任命张禹为太傅，与太尉徐防同录尚书事。[13]安帝继位并不得益于张禹的建言，所以难怪在安帝登基后不久张禹便上书请求退休。张禹以患病为理由，但这样突然退休比较尴尬，邓太后诏遣小黄门问疾，并赏赐各种财物。一年后，即公元107年，张禹以定策功封安乡侯。这样双方都保存了脸面，张禹继续担任太傅一职。[14]

当年秋季，因寇贼、水灾等凶兆，太尉徐防、司空尹勤被免职，张禹不自安，再次上书乞求退休。这次他的请求得到准许，接替徐防担任太尉。[15]在他之后，无人任太傅，并且当时无人录尚书事。

邓太后立殇帝刘隆并临朝摄政后，即任命其兄邓骘为车骑将军、仪同三司。但邓氏外戚比之前的窦氏更加克制守礼。关于这是和帝的决定还是邓氏家族的政策，观点可能会有所不同。据邓太后传记记载，邓氏被立为皇后之后，和帝打算赐给邓氏子弟官爵，邓皇后哀请谦让，所以和帝时期邓骘仅担任虎贲中郎将。[16]

《后汉书·邓骘列传》记载了和帝时期邓骘的任职情况，并载邓骘兄弟邓京、邓悝、邓弘、邓阊皆为黄门侍郎。这种模式与章帝时期的窦氏家族一样，但邓骘没有享受到额外荣誉，并未任侍中，并且邓氏子弟也没有如前朝外戚那样权倾一朝。由于和帝自己亲身经历了外戚专权,可以想见和帝对抬举另一支外戚掌权会极为谨慎。[17]

殇帝即位后,以邓骘为车骑将军,其弟邓悝代之为虎贲中郎将,邓弘、邓闾皆为侍中,邓京几年前卒于官。数月后,殇帝去世,安帝即位,邓悝迁城门校尉,邓弘代之为虎贲中郎将。

这与窦氏家族的模式也非常相似,甚至在邓太后摄政初期,邓骘兄弟常居禁中。但据《后汉书·邓骘列传》记载,"骘谦逊不欲久在内,连求还第,岁余,太后乃许之"。公元107年,邓骘及其兄弟们均封侯,食邑各万户。其中邓骘因迎立安帝,有"定策功",故增邑三千户。为表示谦恭,邓骘等人上疏邓太后,拒绝爵位和封地,邓太后不准,最后将食邑减少为五六千户。同时,邓骘兄弟四人并奉朝请,位次在三公下,特进、侯之上。奉朝请为后汉对罢省的三公、外戚、宗室、诸侯的优待,奉朝请者,即有参加朝会的资格。[18]

然而邓太后并没有将权力让与他人。邓太后应该是一位个性强烈的女性,尽管她对自己兄弟们特别照顾,但她并不简单地按其意见行事,比如在是否"居禁中"以及封地大小的问题上,邓太后并不情愿接受邓骘等人的意见,没有当时便改过来。这可能是称赞人的陈词滥调,不过在之后数年中,邓太后相当独立自主地进行统治。

还有一件感人的事情能表现出邓太后的仁慈和自信。当皇帝死后,其皇后被尊为皇太后,后宫其他嫔妃宫人等则按照旧典居住在先皇陵墓外园,作为名义上的守护者,这无疑是一种与世隔绝、沉闷乏味的处境。然而邓太后使周贵人、冯贵人成为特例。邓太后表示"朕与贵人托配后庭,共欢等列,十有余年",赐周贵人、冯贵人恩典,允许她们仍然住在京城中。

但是,邓太后的权威绝没有得到朝野的广泛认可和接受,公元

107—108年，就在刘祜继位十二个月之后，司空周章密谋发动政变废安帝、邓太后，另立平原王刘胜为帝。

周章初仕为南阳郡功曹，公元92年和帝罢黜大将军窦宪，周章跟随郡太守路过窦宪的封国时，太守欲拜谒窦宪，周章进谏劝止，因而得名，之后通过举孝廉入朝为官，任光禄勋。公元107年，即永初元年九月，邓太后任命周章代替尹勤为司空。这并不是一个明智之选。

一些官员对刘胜被剥夺继承权很不满。刘胜是先帝皇子，并且有人认为他所谓的"痼疾"并没有到"不可奉承宗庙"的地步。周章就是这群心怀不满的大臣之一，他利用自己司空的高位，领导了一次对抗邓太后的密谋。[19] 周章及其同党计划关闭宫门、杀邓骘兄弟、劫尚书、废太后于南宫，然后将刘祜废为偏远之地的王侯，立平原王刘胜为帝。

这个计划令人震惊，但我们不知道它最终进行到了哪一步。当年十一月，密谋败露，周章自杀。周章家无余财，家人陷入困顿，但他的自杀应该减轻了家人的罪责。《后汉书·天文志》记载，司空周章与王尊、叔元茂等密谋。据推测在周章自杀时，王尊、叔元茂也丧命了，但不清楚二人的官职，史料中也没有记载其他的同谋者。周章的密谋中似乎没有任何其他三公九卿的参与，不过也有可能是邓太后为了避免牵连过广引发更大麻烦而没有展开更深入的审讯。

除了邓太后及邓氏家族，还有两个宫中宦官也在周章等人的目标之列，即中常侍郑众、蔡伦。[20] 郑众当时大概60岁，在公元92年那场诛灭大将军窦宪的斗争中，郑众是和帝最主要的支持者。[21] 随后，郑众以功迁大长秋，管理皇后宫中事宜，并成为邓皇后的心腹。公元102年，郑众封侯，食邑一千五百户，公元107年，邓皇后益封三百户。公元114年郑众去世后,养子郑闳继承爵位,成为后世宦官及其子弟兴起繁盛的先例,"故郑众得专谋禁中,终除大憝,遂享分土之封,超登宫卿之位。于是中官始盛焉"。

蔡伦出身偏远的桂阳郡(在今湖南),大概与郑众同岁。公元1世纪70年代早期给事宫掖,章帝时期为小黄门。蔡伦与窦太后亲近,公元82年,窦皇后令蔡伦调查被指控作蛊道祝诅的宋贵人姐妹(即清河王刘庆的母亲及姨妈)。宋贵人姐妹自杀。公元88年,窦皇后被尊为皇太后,以蔡伦为中常侍、尚方令。[22]蔡伦没有参与针对窦氏的政变,但他并没有因为早期与窦氏的联系而受到责难,仍在和帝手下当值。

蔡伦监作秘剑及器械等,"精工坚密,为后世法"。但最为著名的是公元105年他呈奏改良的造纸术。早在前汉时期便出现了用植物纤维制造的纸,大概蔡伦的主要功绩是利用树皮、麻、破布、渔网等材料,制造出质量更好的纸张,使纸张的大规模生产成为可能。木、竹、丝绸均曾作为书写材料,丝绸也曾被称作纸,于是这种新的书写材料被称作"蔡侯纸",逐渐取代了别的材料。[23]

据说蔡伦在政治上是一个诚实、谨慎、判断力很强的人。他非常关心学术,自大约公元110年起,负责监典东观各部经典。公元114年,蔡伦封侯,当年郑众去世后,蔡伦被任命为长乐太仆。长乐宫为邓太后居所,长乐太仆掌管太后宫中事务。

公元109年初,安帝加元服,正式有权独立统治。然而邓太后并没有移交权柄,皇帝没有得到个人权威。由于西北形势严峻,羌族叛乱席卷凉州,并威胁到汉帝国旧都长安,此时并不是将朝廷交给一个青涩少年天子的良好时机。无论如何,邓太后直到去世为止,十多年中一直掌握着朝政大权,安帝不得不等待。

羌人叛乱

新任命的西域都护任尚是一位带兵经验丰富的干将。公元89年，任尚随邓训大军对迷唐发起最后一战，90年代初参加了窦宪对匈奴的远征，公元94年，任尚率领乌桓、鲜卑联军协助邓鸿攻打匈奴王子逢侯。[24] 之后，任尚在班超麾下，在西域担任戊己校尉，公元102年班超返回洛阳，由任尚接任西域都护。

据说班超建议任尚在处理西域各国关系、统治当地百姓时，要宽和仁慈，但任尚生性强硬，并没有听从班超的建议。我们并不清楚班超治理西域的具体情况，但班超在西域的多年经历显示出，汉朝在遥远西域的地位相当脆弱。公元106年秋天，就在和帝去世、殇帝继位、邓太后开始摄政临朝时，任尚遭到叛军围攻，因守于疏勒（疏勒是当时汉朝控制的最远点）。随着任尚向朝廷紧急求救，西域副校尉梁慬立即率领凉州的羌、胡骑兵前来救援。在梁慬到达前，任尚已经解围，但他仍然被免去西域都护之职。然而他的继任者段禧也没有成功平叛，叛乱扩大至龟兹。为安全考虑，加之不愿在边疆地区投入更多人力物力，所以邓太后决定彻底将汉朝统治撤出西域，罢西域都护。

但即便是撤退，也需要有实实在在的短期投入。除梁慬已率河西四郡（即位于甘肃走廊的敦煌、酒泉、张掖、武威郡）的5000名羌、胡骑兵赶去救援任尚外，朝廷派遣骑都尉王弘率领金城、陇西、汉阳郡羌族骑兵前去接应，帮助梁慬等人撤退。召集起来的羌族骑兵仅数百人，也许达千人，朝廷本不打算让他们服役数月，但这支部队在急迫催促中仓促派出。羌人以为会远屯不还，行到酒泉时发生哗变，多人散叛。朝廷各郡对叛逃的羌族士兵展开围捕，这演变为对少数族的大范围迫害，流言和恐惧向东蔓延。烧当羌等部族由于担心遭到汉朝报复，纷纷向西出塞，回到归附前的塞外居住地；而有的部族则转而与汉朝为敌，袭击他们的汉人邻居。[25]

《后汉书·安帝纪》记载，羌族叛乱发生在公元107年夏天。在"（永初元年六月）壬戌（西历7月29日）罢西域都护"这条记载之后写道："先零种羌叛……遣车骑将军邓骘、征西校尉任尚讨之。丁卯（西历8月3日），赦除诸羌相连结谋叛逆者罪。"[26]

在这条史料中还记载了先零羌"断陇道"。陇道以长安为起点一路向西北，经右扶风，穿过陇山，经过陇关，进入渭水上游的汉阳郡，然后经凉州达敦煌及西域。陇关是防御要塞，而陇道则是战略交通要道，陇道上设有屯、仓库、武器库。[27] 如果叛羌已经取得了如此重要的胜利，那么朝廷下诏书赦免只不过是承认现实罢了。

《后汉书·安帝纪》中的记载非常简单，是被提炼压缩过的，很难相信羌族叛乱发展得如此迅猛。《后汉书·梁慬列传》记载，就在王弘被派去接应梁慬等人的同时，朝廷罢西域都护，而《后汉书·西羌传》记载朝廷任命邓骘讨伐叛羌是在当年冬季。如果以上材料可信，则对王弘的命令是在夏季下达的，他用了几周时间强行征集士兵，大约一个月后的仲秋时节发生了酒泉哗变，哗变后来导致叛乱。至少又过了一个月，这场叛乱才引起朝廷关注，派遣邓骘率大军平叛。[28]

后汉思想家王符，安定人，大约生于公元90年，死于公元165年。王符《潜夫论》大约作于公元2世纪40—50年代，广泛讨论了当时的各种问题，其中有三篇讨论边疆政策和羌人问题。王符目睹了公元107年以及公元2世纪40年代的羌人叛乱，他的很多文章被收录在《后汉书》关于第一次羌人叛乱的记载中。王符批评朝廷政策，他的一些描述可能有所夸张，但斯科特（Scott）认为，这些描述为历史增加了生气和情感。[29]

根据《潜夫论》《后汉书》，叛乱的初始阶段（即公元107年下半年）是一段非常混乱的时期。烧当羌出塞之后，留在后汉境内的羌人是归附时间比较长的部族，他们没有作战经验和武器。一开始，叛羌以竹竿、木枝为戈矛，以竹木板案为盾牌，据说还有人举着铜镜，希望通过镜子反射阳光，使他们看上去装备了金属武器。叛羌的汉朝邻居们装备也很差，可以想象双方在绝望中两败俱伤。同样的情况也见于19世纪70年代甘肃的回民起义（即同治陕甘回乱），以及当代非洲的很多军事冲突，例如1994年卢旺达种族大屠杀。在卢旺达种族大屠杀中，可以清楚看到原始武器和嗜血欲望可以造成怎样可怕的灾难。在后汉帝国的整个西北地区，朝廷官署和军事据点都被叛羌摧毁，官员和百姓惨遭寇掠屠戮，越来越多的人为躲避战乱而逃到南方和东部。

从8月3日朝廷下诏"赦免诸羌相连结谋叛逆者罪"来看，很明显朝廷希望能尽快平定叛乱，甚至直至冬季还向叛乱周边的司隶、冀州、并州下敕书，令当地鼓励那些逃亡的百姓返回本郡。但是这场灾祸已经蔓延开来，造成很大危机，远远超出了军队哗变或地方骚乱的规模，因为羌族已经有了一位强有力的战争领袖。

在骚乱初期，先零羌（居住在陇西西部的一个小型羌人部族）首领滇零率领部族，与钟羌等一起袭击陇道。他们从陇道上的屯驻点中获取了武器和补给，增强了自己的军事储备，而滇零成为部族联盟的首领。当邓骘率大军于冬天抵达汉阳郡时，基本上凉州全境都处于叛羌的控制下。

朝廷军队的核心力量是北军五营的职业军人，加之来自并州太原、上党，豫州汝南、颍川，荆州南阳，以及长安、洛阳附近三河、三辅等地的军队，兵力共5万人。然而这些地方大多是帝国内郡，这种士兵基本缺乏军事训练，从未上阵打仗。[30]

北军五营有4000将士，是后汉帝国的精英战斗力量，在战场上是支撑其他部队的专业核心。20年前窦宪远征匈奴时，北军五营便是远征军的核心。然而，在朝中更加反战的儒家官员的支持下，似乎这些年来邓太后的统治忽视了军事问题,比如中断每年的皇家游猎、阅兵仪式,并将举行这些仪式的苑囿土地出让给他人。[31] 这种出让也许是出于经济原因,但游猎和阅兵是训练军队、检阅军容的大好机会,[32] 如果摄政政权没有兴趣,那么我们可以相信,北军的战斗力和士气已经衰落。至少在此次战争初期,常规部队没有取得胜利。[33]

按照计划,邓骘将占领陇关以西的汉阳郡,并以此为据点进击叛军。然而邓骘大军在完成集结之前,滇零和钟羌数千人便于公元108年春袭击了邓骘军队在汉阳郡治冀城以西的前哨基地,将邓骘大军逼退。此后数月没有发生战事,直到冬季邓骘派任尚与滇零等数万人战于汉阳郡北部。任尚遭受重创,损失8000余人,被迫转为防守。朝廷拜邓骘为大将军,召回京城,无疑是避免他再次丢脸,而任尚被留下来尽最大努力稳定战局。

滇零在这次大胜的鼓励下自称"天子",定都于北地灵州,即今宁夏银川以南黄河岸边。先零羌和钟羌控制了安定郡、北地郡,与南部武都郡的参狼羌结盟,并得到了东部上郡、西河郡各羌人部落的支持。

然而就在此时,梁慬从西域带兵返回,平定了甘肃走廊从张掖至武威各郡,包括叛乱起源地酒泉。与王弘的军队不同,梁慬征募的少数族辅军忠诚不二,地方部族首领前来表示拥护。于是河西四郡复安。

朝廷命令梁慬屯驻金城郡(今兰州),而他听闻叛羌正威胁长安,于是率军继续向东南进发。梁慬大军沿着陇道穿过汉阳郡,并在右扶风与叛羌交战,在距长安几百公里处的美阳关展开了一系列战斗,最终击退敌军。[34] 这是一次重大胜利,梁慬虽在战斗中负伤,却仍不顾创伤亲自指挥。然而,胜利的果实并不持久:朝廷与西北的交通仍然非常脆弱,金城郡西部西宁谷地(即湟中诸县)被困,粮草短缺,"粟石万钱,百姓死亡不可胜数";南部武都郡参狼羌越过群山袭击汉中郡，杀汉中太守。

公元 109 年，事态更加恶化。在帝国西部，钟羌攻占陇西郡治临洮县，西宁谷地的羌人反叛，攻占破羌县，控制了该地。与此同时，叛羌再一次向长安进发，寇掠三辅。骑都尉任仁率领郡兵保卫长安，尽管屡战屡败，但数次挫败了羌人的进攻。此外，羌族各部还越过太行山，袭击华北平原的赵国、魏郡。当年冬天，南单于檀在西河郡反叛，他与羌人没有联系，但是确实同东北的乌桓结盟。朝廷命梁慬行度辽将军事。梁慬在数月内平叛，但需要 2 万士兵，导致朝廷应对羌人的力量更加薄弱。另外，海贼张伯路寇略沿海九郡，范围从山东半岛北部至今中国东北，这更加使朝廷分身乏术。朝廷派遣御史率领幽州、冀州郡兵讨伐，但一度得胜之后张伯路再次寇略，直到公元 111 年才彻底平定。[35]

到目前为止，帝国军队在与叛军战斗时一直处于下风。起初朝廷试图通过直接进攻来应对叛乱者，但很多军队装备落后，攻势很快转为守势。朝廷意识到平叛得胜遥遥无期，于是自公元 110 年起改变了战略。大部分征募自内郡的士兵被遣散，他们在邓骘等官员的指挥下表现欠佳，朝廷再次命任尚率领其最精锐的部队守卫长安。同时，为巩固防御、形成军事训练基地，在长安设置京兆虎牙都尉，在右扶风雍县设置扶风都尉，雍营此时处于前线。[36]

到了秋天，之前的战略显现出颓势，骑都尉任仁率领的郡兵多次在对羌作战中失败，并且不服从出击命令。虽然很快重新严明了纪律，但是任仁被召回洛阳，下狱死。公元 111 年年初，任仁的上级任尚也因没有取胜而遭到罢免，但他没有受到别的惩罚。[37] 事实上，战局不利并非将领之过，而在于所率军队缺乏训练。

这一次，朝中对是否应该舍弃整个西北地区发生争论。公元 109

第四章　邓太后和安帝（公元106—125年）

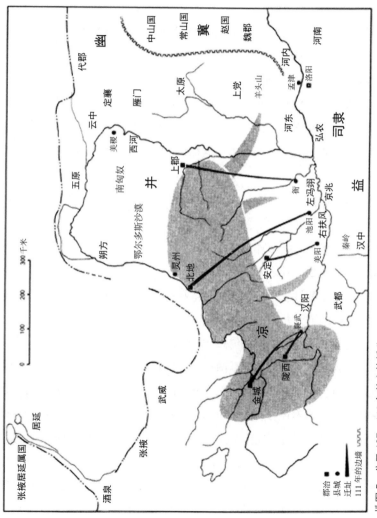

地图 5　公元 107—118 年羌人的叛乱

年发生叛乱后，金城郡西部的西宁谷地已经基本沦陷，公元110年朝廷将金城郡郡治从允吾（今兰州附近）[38]迁至陇西郡东部的襄武，而护羌校尉治所移至张掖。谒者庞参曾在长安附近带兵，将凉州士民迁徙至三辅，此时他更进一步，建议后汉从凉州全境撤军。他认为，凉州局势不稳，屡屡遭受羌人袭击和叛乱，而为维持帝国在该地区的势力而耗费的金钱和实物给其他郡县造成过重的负担，"名救金城，而实困三辅。三辅既困，还复为金城之祸矣……"庞参认为应该将边郡饱受战乱的百姓迁徙至长安三辅地区，那里"山原旷远，民庶稀疏，故县丘城，可居者多"，然后减少其徭役负担，鼓励其休养生息，这是上上之策。[39]

邓太后的哥哥邓骘对西北羌人叛乱有着切身体会，支持庞参的建议。然而，曾辟太尉李修府的郎中虞诩劝说李修，认为守卫先帝开拓的疆土、保护后汉历代皇帝园陵，是朝廷的神圣义务，那些野蛮的羌胡必须在朝廷掌控之中。李修得到了其他三公的支持，于是朝廷放弃了全面撤军的计划，同时征辟凉州西州豪杰为掾属，拜牧守长吏子弟为郎，鼓励地方大族在郡县任职。[40]

除此之外，第二年年初，即公元111年春，有更多郡的郡治内迁。安定郡、北地郡、上郡的郡治徙至右扶风、左冯翊，陇西郡郡治向东迁徙，与金城郡郡治同在襄武。此外，很多地方的百姓被迫抛弃房屋土地，虽然庞参曾提出组织百姓有序地迁徙，为那些移居至更加安全的内郡的百姓们提供支持和特权，但事实并非如此。据《潜夫论》《后汉书》记载，为逼迫百姓搬离故土，士兵毁坏房屋、踢打难民、劫掠财物，百姓流离分散。[41]很多例子中，那些被迫远离故土的百姓并没有迁徙至三辅来加强防守，而是继续向南迁徙，尽可能远离对他们的不公待遇。无论有谁说这是权宜之计，这实为对庞参提出的政策的残酷滥用。

尽管有些地方坚持平叛，朝廷也没有正式决定放弃凉州，但滇零及其部族此时控制了大片土地，从西宁谷地向东远至今晋陕交界处的黄河南岸，从荒凉的鄂尔多斯向南远至渭水谷地，直抵长安。汉阳郡仍处于双方争夺之中，陇西郡成为后汉疆域的边缘，武都郡参狼羌不断越过群山袭击汉中郡，继上一位太守郑勤之后，又一位汉中太守战死。

公元111年，羌族叛军还向东越过黄河扩展至太行山、向南进入河内郡、河东郡，与首都洛阳所在的河南尹隔东西走向的黄河相望。朝廷命令太行山下的这片平原（北起中山国、南至魏郡）都要做好防御准备，修建起600所坞候把守每一条从高处进攻的路线。同时，北军主力从西面撤回，驻扎在洛阳北部的孟津。并在此任命任尚为侍御史，于上党郡羊头山击败羌族叛军。这次胜利的战果并不丰厚，仅杀敌200人，但解了洛阳之危。之后驻守孟津的军队很快撤走，朝廷大军逐渐重新控制了河内郡、河东郡，以及相邻的并州各郡。

公元112年，战争出现转折。公元111年秋天，地方汉人首领杜琦加入叛羌军队，双方合谋占领了汉阳郡南部上邽城。郡官府悬赏杜琦首级，数月后杜琦被叛徒所杀。刺杀杜琦者被封列侯、赐钱百万。侍御史唐喜率领诸郡兵消灭了杜琦残部。

不久之后，滇零死于灵州。其子零昌年幼，由狼莫辅佐。杜琦之弟、加入叛党的杜季贡在汉阳战败后，北逃至灵州附近的丁奚城建立据点，成为叛羌三位首脑之一。但他们三人都无法企及滇零的能力或权威，叛羌联盟开始逐渐削弱。

公元113年，护羌校尉侯霸、骑都尉马贤以武威郡为据点，出兵复克金城，到公元114年，已经控制了金城郡全境。朝廷在汉阳郡和金城郡的两次胜利，将叛军占领地成功地分为两段，马贤还对安定黄河东岸的叛军发动袭击，缴获两万余头马、骆驼、牛、羊。对游牧民族来说，这是巨大损失。这些战利品被作为奖赏赐给那些参加朝廷军队的少数族。尽管羌人没有停止进攻，但此时汉军及其盟友们已经与其势均力敌，叛羌在河内、汉阳、汉中郡节节败退。另一方面，凉州刺史试图收复陇西临洮，但遭到大败。所以双方互有胜败，汉军占据优势，但也只是苦苦维持。

公元114年，侯霸去世，汉阳太守庞参代为护羌校尉。虽然庞参曾认为应该放弃凉州，但此时他承担起了重建朝廷权威的重任。庞参的政策与侯霸不同，他试图安抚羌人，让羌人相信朝廷的好意。公元115年，在庞参的劝说下，羌人首领号多率部7000余人来降，被赐予侯爵印绶，护羌校尉治所迁回金城郡令居。[42]

此时，汉军开始对敌军大本营发起总攻，但遭遇惨败。庞参率领羌胡兵7000余人，另有数名将领率领左冯翊、右扶风、安定、北地8000余人从东部进军。但庞参在与大部队会合前便被杜季贡打败。虽然东路大军攻克丁奚城，但将领们对下一步计划意见不一，分裂四散，遭到羌军伏击，损失了近一半兵力。

庞参因战败而被撤职，马贤代领护羌校尉，任尚再次被任命为中郎将，屯于长安，负责保卫三辅地区。任尚采取了新的策略，遣散郡兵等民兵（这些士兵大多是步兵），令其出钱代为征战，然后用这些钱组建了一支轻骑兵部队，拥有能与羌人匹敌的快速机动。[43] 公元115年年底，任尚遣轻骑兵于丁奚城袭击杜季贡，斩首400余级，获牛马羊数千头。

据记载，任尚采用这个策略是按照虞诩的建议。五年前虞诩曾反对朝廷撤出凉州，此时任河内郡怀县令。这种机动作战的策略可能已经酝酿多时。早在公元112年，朝廷便在益州修建养马场（万岁苑），[44] 无疑是为了代替被叛羌占领的西北养马场，现在这些养马场可为军队提供大量训练有素的坐骑。

任尚还在左冯翊以北建造了多所候坞来保护自己在渭水谷地的大营。公元116年，任尚再次于丁奚城击破先零羌。后汉已经收复黄河以东的土地（即今山西），并重建了灌溉系统，西河郡南匈奴重新对后汉效忠。夏天，邓太后的侄子、度辽将军邓遵率领包括南匈奴士兵的一万骑兵，于灵州攻打羌人首领零昌。冬天，任尚又遣军占领叛羌首都北地，杀零昌妻子、孩子，缴获零昌的僭号文书、诸将印绶以及两万头牲畜。

同时，汉朝官员们一直在劝降叛羌，并不断刺杀敌军首领，比如公元112年汉阳太守遣人刺杀杜琦。公元117年，任尚遣人刺杀杜季贡和零昌，并将刺客分别封为破羌侯、羌王。当年冬季，任尚率军远征狼莫，这是叛羌三位首领中的仅存者。任尚与护羌校尉马贤并进，马贤大军包括汉人以及西部投降的羌人。大军在富平（之前为北地郡郡治，即今甘肃庆阳附近）大破狼莫，斩首五千级，缴获十余万头牛、马、驴、骆驼，释放了一千余名奴隶（大概是叛羌之前掳掠的汉人）。

富平一战的胜利标志着叛羌对朝廷的有效抵抗就此结束，他们只能向以前的敌人投降。次年，即公元118年，狼莫也遭刺杀身亡，刺杀他的人同样被封侯。邓尊被封为武阳侯，三千户。但从最初便参与平叛、率军取得最后胜利的任尚则因贿赂、贪污、夸大战果的罪名，被朝廷用囚车召到洛阳，处以弃市，并没收全部财产。

此次羌人叛乱的全部影响难以估计，但无疑是巨大的。汉军最终取胜，但凉州、并州的大部分土地脱离朝廷掌控将近十年，并且那些与凉州、并州相邻的地区，包括三辅、三河、华北平原西部等，也成为叛羌袭击或威胁的对象。无数百姓遭受屠戮，而更多的百姓因惧怕叛羌或因朝廷强制命令而不得不流离失所，大量乡村凋敝废弃。这场战争的直接损失极大，耗钱240余亿，[45]但对经济造成的影响甚至更加巨大，因为大量流亡人口不愿返回家乡，他们荒废的田地被游牧民族占据。

叛乱初期邓骘大军的羸弱暴露了后汉民兵的缺陷。来自内郡的士兵缺乏武器训练和作战经验，也许可用于平定地方盗匪或小规模起义，但无力抵御边境险情。在战争的最后阶段，任尚靠民兵付钱代役，建立了一支人数较少而战斗力更强的军队，成为未来军事政策的方向。洛阳北军和驻守于黄河大拐弯的度辽营，以及在甘肃走廊守卫长城烽燧的部队，这些皆为职业化军队，但人数很少。随着民兵体系的失败、边郡人口的减少以及对附属少数族的担忧，朝廷不得不拉长士兵的服役期限，并给他们提供更好的训练。

汉代北方人口的下降速度难以估计，因为史书中的相关记载仅有两条，其一是前汉末年，即公元2年，其二是公元2世纪40年代初。[46]除了王莽覆灭后的内战以及光武帝时期与匈奴的战争影响之外，人口减少的原因还包括此次大规模叛乱之前汉羌在边塞内外的冲突，并且在此之后更多的麻烦接踵而至。长期以来，汉朝禁止边郡百姓迁移至内郡，[47]但在严重的动乱和叛乱情况下，这个规定无异于一纸空文，无法实行。在公元2—140年间，北地郡、安定郡的在册人口从35万多降至不到5万，而金城郡、陇西郡人口也从38.5万降至不到5万。在北方地区，这种人口下降的情况随处可见。这种人口衰减现象意味着，汉朝的地位无法由和平的农耕维持，而不得不依靠屯戍和军队的武力威慑或直接讨伐。

除了军事问题和战争开支外，洛阳朝廷还损失了一大笔叛乱波及地区的可观收入，尤其是凉州和并州。这笔收入的具体数额同样无从考证，但朝廷被迫通过增加其他地区的税赋压力以及缩减开支来弥补资金的不足，前者招致地方的不满和抵抗。这两项政策都削弱了王朝统治的权威。

这场大规模叛乱的平定仅使西北局势逐渐地、部分地恢复，这不足为奇。烧当羌等羌人部落在黄河上游塞外地区避难，此时开始对金城、张掖、武威郡发动袭击。直到公元122年马贤重创羌族各部，重建工作才得以开展；公元124年陇西郡郡治才得以恢复；穿越秦岭山脉的官方主道褒斜道曾毁于汉阳郡叛乱，公元125年才被修复并重新使用。虽然之后还发生过动乱，但自公元126年马贤打败陇西种羌后，这一地区维持了十年的相对和平局面。

尽管凉州局势动荡是由朝廷对西域插手过深以及之后突然撤走造成的，但一些大臣仍然敦促朝廷在中亚重建汉帝国霸权。在某种意义上这很有道理，因为迁徙至准噶尔（今新疆北部）的北匈奴已经重新掌控了车师和塔里木盆地，正在侵袭甘肃走廊各郡。

于是在公元119年，即平定叛羌的次年，敦煌太守曹宗派遣长史索班率一千人屯于伊吾（今哈密附近），大概用作前哨防御点。鄯善王尤还的母亲是汉人，他一开始为此高兴，并且车师前王态度友善，但次年车师后王杀死了前来劝降的后汉官吏，并邀请北匈奴回到车师。由于索班的据点已经沦陷，车师前王遭到驱逐，鄯善王尤还向曹宗求救，曹宗向朝廷请求出兵五千前去解围。

朝廷公卿多认为应该"闭玉门关"，彻底断绝与西域的接触，而不是再次向如此偏远的地方投入朝廷资源。然而，邓太后采用了班超小儿子班勇的意见。公元107年后汉从西域撤出时，班勇曾作为军司马接应西域都护和西域甲卒。在班勇的建议下，朝廷决议，应该恢复后汉对西域的宗主权，恢复敦煌郡营兵，出屯西域各城邦。由于匈奴持续不断的侵袭，公元123年，朝廷以班勇为西域长史（他父亲班超曾担任此职位)。自公元124—127年,班勇沿着塔里木盆地的丝绸之路北线建立了联盟网络。但班勇在西域的权威和影响没有班超那么大,持续时间也没有那么长,虽然汉人对遥远的西方仍怀有兴趣,但再也没有恢复对西域的全面霸权。[48]

财政问题

当帝国西部、北部爆发叛乱动荡时,东部沿海也出现了海盗寇掠,洛阳朝廷不得不应对帝国心脏地区发生的损失和灾害。和帝时期,公元1世纪90年代大旱,随之而来是公元100年起经常发生洪水泛滥,这种旱涝交加的模式一直持续到和帝之后几位皇帝。《后汉书·安帝纪》和《后汉书·五行志》记载了公元106—111年间每年发生的雨水、冰雹、洪水情况,这些灾害影响着整个黄河流域和华北平原,此外还记载了多次地震、大风。这些自然灾害往往被视为吉凶征兆,或对朝政的批评,但这一时期的记载无疑真实反映出天灾对百姓和庄稼的伤害。[49]当时还有"人相食"的记载,可能有所夸大;朝廷连年开粮仓赈济灾民。公元112年,御史中丞樊准认为帝国内部的经济困境比西部的羌族叛乱更值得关注,呼吁朝廷立即节省开支。[50]

邓太后确实在努力寻找解决之法。临朝掌权后,她立即下诏抚慰灾民,次年又令灾区实施特殊政策。公元107年,她下令将扬州五郡租米向北送至徐州、兖州赈灾。公元108年,邓太后派光禄大夫樊准、议郎吕仓作为特使赴帝国东部组织救济。不久,旱期在人们的祈诚祈雨中结束,蝗灾后朝廷分拨物资、减免税赋。公元113年,朝廷再次将长江以南郡国租米调至北方赈灾,还将鸿渠边滨水县的粮食输送至敖仓。公元119年,会稽郡发生疫情,朝廷特别派遣太医前去治疗,并免除田租、田赋,赐棺木——这有点令人毛骨悚然。

朝廷还通过大力修建基础设施来解决地方问题。公元115、116

年，下诏修理渭水和太原旧沟渠，为新移居的百姓提供更多耕地。然而，边境战争的花费，以及各地紧急要求减税、救灾，意味着朝廷可能的财政进项十分短缺，并且由于各种问题应接不暇，导致朝廷没有多少机会做出战略规划。

和帝为了作出节俭的姿态，下令停止从遥远的南方进献龙眼、荔枝等异域水果，[51]邓太后做得更多。据记载，邓太后不信鬼神，公元106年年底，下诏罢鱼龙曼延百戏，公元109年，下诏减少参加大傩逐疫的人数。[52]每年年底卫士役期满后换防，举行飨会，公元110年邓太后下令飨会时不设戏作乐，并减少正月元日宴会的娱乐。同时，邓太后"诏太仆、少府减黄门鼓吹，以补羽林士；厩马非乘舆常所御者，皆减半食；诸所造作，非供宗庙园陵之用，皆且止"。邓太后个人生活也很注意节俭，减少宫廷宴会，每日只吃一顿肉。

甚至在公元107年爆发羌人叛乱之前，朝廷便意识到了很多改革势在必行，只是叛乱爆发之后，这些改革显得更加迫在眉睫。改革包括：官职被空缺或废除，削减百官及州郡县官员俸禄，并且严厉处罚收受贿赂、挪用公款的官吏，违者三代不得为官。削减爵位的收入，侯爵死后其继承者只能继承一半封地。公元109年，三公以国用不足，奏令将部分低级官职和爵位标价售卖。[53]

在汉代，朝廷对百姓普遍赐予低等爵位是比较普遍的现象。永初三年春正月，为庆祝安帝加元服，"大赦天下，赐王、主、贵人、公、卿以下金帛各有差；男子为父后，及三老、孝悌、力田爵，人二级，流民欲占者一级"。[54]这是安帝朝第一次如此赐爵，同样的行为在光武帝、明帝、章帝、和帝时期层出不穷，之后顺帝朝也延续了这种做法。[55]鲁惟一认为，由于爵位给人法外特权，则这种赏赐在某种意义上就类似于大赦（不过很少被应用）。[56]前汉时期朝廷也曾买卖官爵，武帝通过卖官聚敛钱财，但公元109年这次是后汉朝廷第一次允许个人通过直接缴纳钱财获取地位。

五十年后，桓帝再次下令售卖官爵，而灵帝则将其发展为一种大规模腐败制度，但最初安帝的这次售卖官爵并没有带来重大影响。爵位分二十等，最高为列侯，其次为关内侯。这次卖爵的最高一等是关内侯，还有二十等爵的第九等五大夫。[57] 关内侯可被赐予小片土地，类似于养老金（食邑）。虽说五大夫免受最严厉的刑罚，能够以爵位赎买刑罚，但没有直接的金钱收益。[58]

可供公开买卖的官职是相对低级的官职，并且让人感到惊讶的是，这些官职主要为军职。除了朝廷各部的"官府吏"，即文职外，还有负责宿卫侍从的虎贲、羽林郎，负责京城治安的执金吾麾下的缇骑，[59] 以及北军中的"营士"。虽然部分虎贲、羽林郎可能是候补官员，[60] 但无法想象为何有人要在对羌作战正激烈时交钱获得北军的低阶军职。我们只能认为这些是荣誉或加官，并不要求真刀真枪地服役——他们甚至可能免于征兵。[61]

《后汉书》卷五《孝安帝纪》列出了可供售卖的官爵，在一定程度上支持了这种观点："三公以国用不足，奏令吏人入钱谷，得为关内侯、虎贲羽林郎、五大夫、官府吏、缇骑、营士各有差。"关内侯地位高贵，朝中秩二千石的九卿可封为关内侯；虎贲羽林郎和五大夫则对应秩六百石；官府吏、缇骑、营士则地位很低。[62]

因此，这次"卖"官也许使一些人能购买到正常情况下不会受封的爵位和以前不敢设想的官职。作为交换，这些人从他们的同乡和地方官那里获取地位和尊敬，并得到法律保护。至于买卖官爵的行为在公元109年之后是否继续，并不清楚，但这个制度大概多多少少保存了下来。对财政紧张的统治者来说，在常规的税收体系之外，从最富裕的人群获取钱财是一种妥当、可控的开源办法。[63] 常规的税收体系确实越来越捉襟见肘，难以满足朝廷的开支需求。[64]

对一个以农耕为基础的社会来说，土地税是财政收入的天然来源，所以土地管理非常重要。然而，要实现高效精准的土地测量往往十分困难，公元39年光武帝"诏下州郡检核垦田顷亩及户口年纪"，出现了大范围的贪污和隐匿土地户口的现象。[65] 随着朝廷严厉责罚那些未尽职官吏，情况逐渐好转，到了公元2世纪初，据测量帝国耕地面积大约700万顷，即逾30万平方千米或12万平方英里。在之后50年间，该数字大体保持平稳。[66]

理论上，农田可以根据其品质和产能分为三等。一些史料显示，当时实行了这种农田等级体系。章帝时期，著名的山阳太守秦彭"亲度顷亩，分别肥塉，差为三品，各立文簿，藏之乡县"，之后朝廷在全国广泛推行这种做法。[67] 然而这样划分农田等级并不用于纳税评估：前汉普遍施行"三十税一"的田租，公元30年光武帝下诏恢复"三十税一"旧制。[68] 实际上，无论是农田的等级还是谷物的价格都难以评估，故所谓"三十税一"的田租是根据土地面积来收取固定比例税赋，官方实际上的税率大概为每亩10升（即1斗）。[69] 谷物价格随季节变换有升有降，每年同一时间的价格也会出现巨大差异，但后汉时期被广泛接受的粮价平均为1斛（即10斗）米价值100钱。[70] 按照这个比率，则每亩田租为10钱，普通农户有七八十亩农田，则田租为700—800钱。[71]

这一体系的建立，使朝廷无需每年调查农田产量，且这一比率相对较低，因为按照每亩农田平均产量2—3斛，则一个普通农户的收成约为15000钱。[72] 然而，任何估算都在很大程度上取决于地域、收成、钱粮比价的情况，可是税率的制定根本上是武断的，并不因丰年、灾年而改变（不过当遇到严重灾荒时，朝廷可能会免去赋税），此外还有额外的赋税和其他要求。

除了土地税之外，15—56岁的男女需要缴纳算赋120钱，7—14

岁的儿童需要缴纳算赋23钱。[73]政府还向私有财产征税,例如车船税;刍稿税,大概是对役畜、家畜征收的税赋;对渔民、樵夫、商人、手工匠人征税,这些人每年将收入的一定比例上缴。此外,身体健全者需要每年服一个月徭役,并缴纳300钱更赋雇用他人代替自己戍边,遇到紧急战事则需随时应征。[74]

尽管可以从各种来源中找到不同时期赋税情况的零碎记载,并可据此进行估算,但这些不过是初步结论。如果如前文所述,帝国耕地面积为700万顷(即7亿亩),每亩10钱,则朝廷可收取70亿钱田租;如果帝国人口约4900万,平均寿命可达60岁,则朝廷可收取算赋共计40亿钱。[75]在理想情况下,朝廷从这两项赋税中可得收入约110亿钱,还能从各种额外税赋中得到10亿钱。由于收税行为天然低效,加之户口隐逃,朝廷实际收到的金额可能不到120亿钱的一半,但正如西嶋定生指出,帝国的岁入规模庞大,管理任务繁重。[76]

据毕汉思计算,一个自由农民所拥有的耕地如果达到平均水平,那么在丰年的情况下,能够承受得起赋税和其他劳役,并生活得比较好。然而,佃农可能要向地主上交一半的收入,境遇相对更差,将不得不依靠家庭手工业维持生计,或将一个儿子租给别人服劳役、军役。[77]正如伊佩霞所指出的,在任何情况下,税赋结构都是不稳定的,尤其是与农业相关的税赋结构,因为它依赖于风调雨顺、朝廷管理得当以及稳定的政府收入。[78]

每个县长官平均掌管一万户,即4万—5万人,但他缺乏精细控制这些百姓的能力。[79]由于县衙属吏从本地招募,受本地影响,并且郡县长官都出身士绅,与他们所辖境内的势族拥有相同的背景,那么这些郡县长官会认为不必全力以赴地进行土地测量和征税,而后汉后期有证据显示相当多的钱掌握在私人手中。[80]

无论这些计算孰是孰非,我们必须认识到收税官吏们面对着敌意,他们的手段往往笨拙、粗暴,不考虑个人实际的经济情况,从每家每户收取定额税赋,无论百姓是否有支付能力都必须到期缴纳。唐代柳宗元在其著名的《捕蛇者说》中描述了他所经历过的官府征税:

悍吏之来吾乡,叫嚣乎东西,隳突乎南北;哗然而骇者,虽鸡狗不得宁焉。[81]

汉代的情况似乎并不会更好一些。

此外,文献记载和考古发现都证明,自前汉末年就出现了拥有大庄园的富裕地主,租佃土地变得越来越普遍,这种情况在后汉变本加厉。由于算赋、劳役、兵役并不因人的财富或收入情况而不同,所以对农民来说,算赋、劳役、兵役比田租的负担更为沉重。[82] 朝廷要求百姓以一定形式上缴税赋,百姓不得不将产品兑换成钱或者借钱来交税,而钱、谷物及其他产品之间的兑换比例在不断波动,这增加了百姓的困难。此外,由于市场情况变幻不定,在困难时期,任何小农场主都岌岌可危,要么被收购,要么为了安全而依附一个强大的庇护者。[83]

这个过程是逐渐演进的,但随着越来越多的小农转而依附豪族,朝廷在争取额外赋税收入时节节败退,越来越难对地方财富分一杯羹。虽然出现了各种灾害,但帝国作为一个整体是繁荣富庶的,而当不幸降临或叛乱战争爆发时,需要大量的支持和救援。和帝时期出现的旱灾、水灾等灾害大量消耗了朝廷的响应能力,而随后羌人叛乱造成的耗费和破坏是一个更加巨大的挑战。

在这一点上,邓太后的政策,无论是售卖官爵或是减少朝廷开支,都反映出一个日益严重的问题。人们期待朝廷能为困境中的地方州郡提供救援和支持，如果不能做到这一点，那么它在百姓中的权威将被削弱。

邓太后的统治

公元 109 年年初，时年 16 虚岁的安帝加元服，被授权独立统治。但邓太后仍然处于朝廷首脑地位，无人质疑她的权威。在中国历史上，最著名的女性统治者包括前汉高祖的遗孀吕后，公元前 188—前 180 年掌握朝廷大权；唐代武后，统治时期为公元 690—705 年；晚清慈禧太后，公元 1875—1908 年掌握衰败的清帝国。[84] 自公元 106 年至 121 年她去世这段时期，是邓太后在统治后汉帝国，所以她也应该包括在这个名单中。

邓太后醉心于权力，不愿分享权力，更不愿让位。公元 109 年秋天，安帝成年数月后，邓太后身体抱恙。左右侍从十分忧虑，为之祷请祝辞，但当祝辞建议她移交权柄时，邓太后极为愤怒，禁止再议论此事。[85]

由于后汉当时内外交困，大部分人自然更期待一位成熟沉稳、经验丰富的统治者，而不是一个资质不明的 16 岁少年。当时邓太后将近 30 岁，已摄政 3 年，而安帝并不是令人赞叹的人物，也没有如郑众之于和帝那样的强力支持者。我们可以假定当时有人对女性执掌朝廷大权不无忧虑，我们也注意到公元 107 年周章等人密谋废掉安帝和邓太后，[86] 尽管皇帝本人可能一直心怀怨恨，但无人能够真正撼动邓太后。邓太后身材高大，7 尺 2 寸（166 厘米），比当时男性平均身高还要高，仪表威严，这样的外表大概为她临朝掌权增添了优势。[87]

一旦忽略了性别因素，很多人确实会发现女性统治者有很多优点。由于相较于真正的统治者而言，她的地位相对弱势，所以不能过于独裁激进，必须小心谨慎地处理与大臣的关系，史书中多次出现朝堂辩论，公卿们能够公开表达自己的政策观点。朝廷对其最大难题——与叛羌的战争，正在竭尽所能地努力解决之中，对水患、干旱、地震等自然灾害的救援工作也在按部就班进行。

邓太后也履行个人作为统治者的职能，皇帝偶尔为了形式也一同参加，比如在宗庙举行典礼、斋戒，[88]并对那些遭遇不幸的人民表示同情，史料记载她"每闻人饥，或达旦不寐，而躬自减彻，以救灾厄"。[89]更实际的例子比如，公元108年夏季出现旱灾时，邓太后幸洛阳寺，发现囚犯饥饿困顿，很多人有冤屈，于是她下令逮捕廷尉、洛阳令等有关官员，然后在回宫的路上便天降大雨。公元112年，邓太后再次幸洛阳寺，不过没有详细记载结果。大旱可被视为法治失败的象征，光武帝、明帝、和帝也曾幸洛阳寺。如毕汉思所说，一些罪犯最大的愿望就是长时间不下雨。[90]

邓太后并不依赖邓氏子弟，也没有使自己的兄弟子侄成为朝廷重臣。与窦氏家族相反，邓氏家族的势力在和帝时期一直是受到压制的。虽然邓太后与邓骘商议策立安帝，并在临朝掌权后让自己的兄弟们住在禁中，但只是一时。公元107年羌人叛乱爆发后，邓骘是首批讨伐将领，次年任大将军（窦宪也曾被任命为大将军），但那次远征没有取得胜利，并且邓骘从未录尚书事，这才是真正的权力运作的核心。[91]另外，公元110年，邓骘及其兄弟邓悝、邓弘、邓阊辞官还乡。表面上，这是对其母阴氏去世表示哀思，但似乎是邓太后更愿意自己处理朝政，鼓励兄弟们辞官还乡，他们之间可能已达成共同协定。之后，邓骘还辅朝政，并奉朝请，地位可比拟侯爵，同时他参与议政，但位次在三公之下，不任官职，而他的兄弟们仍在归隐。[92]

对邓太后影响最大的顾问之一是樊准。樊准出身于南阳郡最富有的家族，樊氏家族以信奉黄老之学著称。[93]但樊准更加信奉儒家学说，父亲去世后，他将先父产业分给侄子们。樊准进入当地官府，为郡功曹，即郡太守的高级顾问，负责内部的选人用人以及向朝廷举荐人才。公元103年和帝幸南阳时，召见樊准，甚为器重，于是拜为郎中。樊准跟随和帝车驾返回洛阳，特补尚书郎。[94]

公元106年邓太后临朝，樊准上疏谴责当时儒学衰落，主张新朝应该效仿明帝振兴儒学，当时甚至军队将士和匈奴首领都通晓《孝经》。[95] 樊准认为儒学对法律和公共行政有价值，批评太学的教授毫无新意，提议召集地方上包括黄老等各学说的知名学者入朝讲授，以重现昔日讲经盛况，重振经学。邓太后采纳了他的建议，在其临朝时期，多次下诏令地方举荐贤良方正、有道术之士、能直言极谏者等，多达五六百人。[96] 这是对道德和经学的一种关切，尽管在举荐人才时，评价标准和审核过程肯定会出现很多问题，但可以认为至少一部分被举荐者对处在艰难时局的朝廷做出了贡献。

不久之后，樊准迁御史中丞，上疏建议朝廷节俭开销、减少奢费。公元108年，樊准作为特使赴帝国东部的冀州，打开仓库发放粮食，救济灾民，之后任巨鹿太守、河内太守，在任上均成功抵御羌人袭击。樊准因病归家一段时间后，于公元114年前后任尚书令。公元116年起至公元118年去世，樊准担任光禄勋。樊准通过他的学识广泛施加影响，强调个人道德的重要性、举荐贤德之人而不是严守法律的官吏，这成为几年后改革运动的重要主题。[97]

樊准对《孝经》的推崇反映并唤起了朝野对儒家道德的重视。高祖和光武帝之后，两汉所有皇帝的谥号均有前缀"孝"。"孝"把对家庭的关切投射到对国家的忠诚上，被认为是中华文明的核心，这与少数族的野蛮状态完全不同。从更长远的角度来看，在个人关系的需求和社会责任的需求之间存在天然张力，这种张力在公元2世纪逐步加大，但邓太后关心的是通过对道德的支持，使自己的权力具有合法性。公元116年，在司徒刘恺的支持下，邓太后下令甚至三公九卿、二千石、刺史也需要在父母死后服丧三年。

这种儒家道德标准非常好，刘恺认为这对中低级官吏和广大百姓弘扬孝道做出了表率，这种表率的价值超过了该政策带来的不便。然而实际上，这个政策使朝廷行政管理陷入混乱，邓太后死后很快便被废除。[98]

邓太后传记中称其"六岁能《史书》，十二通《诗》《论语》。诸兄每读经传，辄下意难问"。她被家人称为"诸生"，当母亲抱怨她不学习女红等家务时，她就白天学习妇业，晚上诵读经典。[99]

这些记载中也许有夸大的部分，但我们也看到，当邓太后进入和帝后宫时，她跟随班昭学习经书以及历史、数学、天文；掌权之后，邓太后与在家时一样，白天处理政事，晚上读书学习。她还下令宫里的宦官们学习经传，这样他们能教授后宫妇女。这些故事至少做了正面宣传。

邓太后受到顾问樊准的观点影响，不怎么关注太学。当时普遍认为太学迂腐守旧，十分过时，充斥着懒惰的老师和愚笨的学生。然而，邓太后的确支持了两个重要工程。[100] 第一个工程是确定"五经"的官方版本，即《诗经》《尚书》《礼记》《周易》《春秋》。[101] 这项工作由宦官蔡伦监典，学者刘珍、刘陶骏、马融等于东观图书馆编纂校订。一些太学博士们也参与其中，但太学本身并没有参与。

第二个工程是公元120年刘陶骏的侄子刘毅主张尽快编修后汉官方史书，[102] 邓太后准奏，并命令刘毅、刘陶骏、刘珍等人负责。明帝为纪念其父光武帝而开始编修后汉史书，之后历代不断续撰，形成《汉记》，增加明帝、章帝、和帝的纪，以及若干表、列传。之后的几代皇帝也相继进行编纂，最终成书被称为《东观汉记》。然而，次年邓太后去世后，安帝并没有继续支持这项工程，所以最终完成了多少计划内的编修成了未知数。[103]

另外，公元 119 年，邓太后为刘氏、邓氏家族开设了一所学校，其中皇室学生从和帝之弟济北王刘寿、河间王刘开的子女中挑选。[104] 邓太后下令为学生们在京城开邸第，提供住宿，教导经学，亲自监管课程、举行考核。邓太后称此举既是致力于弘扬经学，也是为了发扬美德，可以说她是在效仿明帝。明帝曾为四姓小侯特设学校。[105] 她可能还有更为长远的计划。

如前所述，和帝长子刘胜因痼疾被剥夺帝位继承权。[106] 之后刘胜被封平原王，公元 113 年去世时没有子嗣，以乐安王刘宠之子、光武帝曾孙刘得为平原王，承嗣刘胜。刘得于公元 119 年夏天去世，同样没有子嗣，由刘开之子、和帝之侄刘翼继承。[107]

立刘得承嗣平原王并不是一件大事，因为刘得不在刘氏宗族的主脉上，他是光武帝第一位皇后郭氏的后裔，只是开国皇帝众多曾孙中的一个。刘翼的身世更有意思，他当时大概十几岁，[108] 与和帝血缘关系很近，至少如和帝与安帝的关系那么近，并且他很得邓太后的宠爱。

此时安帝的地位让人有些担心。距他成年加元服已过去 10 年，他此时比邓太后开始临朝时的年龄还大，但仍然没有任何迹象表明邓太后准备向他让渡任何权力。邓太后在给从兄河南尹邓豹、越骑校尉邓康的信中解释了为刘氏、邓氏家族开设学校的原因，但至少邓康并不满意。之后，他称病不上朝，以示抗议，邓太后遣婢女前去问疾时，邓康责骂婢女。邓太后免去邓康官职，遣归国，绝属籍。[109]

《后汉书·宦者列传》记载的一条材料提供了一种更严肃的解释。[110] 根据记载，安帝的前乳母王圣和宦官李闰警告安帝，称邓太后的兄弟邓悝劝邓太后废黜安帝，立平原王。安帝肯定特别恐慌。公元 118 年邓悝去世，刘得承嗣刘胜为平原王，故这一威胁大概早露端倪，但情况肯定在公元 119 年变得更加危急，因为血统更为纯正的刘翼成为平原王。

很显然当时朝局形势不明：至少邓太后拒绝给安帝亲政的权力，并且可能已经在谋划废黜他，就像公元前 74 年上官太后废黜刘贺一样。[111] 此举将令人震惊，可能引发朝局动荡。而据《后汉书·邓骘列传》记载，尽管安帝年幼时被人称赞聪明，但长大后多有不德之处，[112] 并提到李闰、王圣对安帝的忧虑。

结果，虽然邓太后仍然不让安帝实际参与朝政事务，但没有采取直接行动。要废黜安帝会很困难，没有什么正当理由，本应该还有时间去审时度势，然而邓太后在公元 121 年春天患病，并于 4 月 17 日去世。她的去世大概出乎世人意料，按公历计算年仅 40 岁。邓太后在艰难时局中治理朝政逾 15 年，公正来看，她可作为后汉历史上最称职得力的统治者之一被人们铭记。

安帝的喜好

邓太后去世时安帝 27 岁，此时他终于掌握了最高权力。安帝嫔妃阎姬出身河南郡，于公元 114 年被选入后宫。阎姬容貌过人、十分性感，入宫第二年便被立为皇后。[113] 同样在公元 115 年，安帝皇子刘保出生，其母为宫人李氏，李氏产子后不久便被阎皇后毒杀。刘保由乳母王男、宋娥养育。据记载，刘保温柔慷慨，熟读《孝经》，得到邓太后喜爱。安帝再无其他儿女，公元 120 年立刘保为皇太子。[114]

尽管阎氏家族在后汉早期曾与皇室联姻，但并不显赫。明帝时，阎氏曾出过两位阎贵人，其兄长阎章曾担任尚书，被推荐升迁。但明帝不愿赐予阎章过多恩典，仅任命其为校尉，最初在北军，之后在新组建的度辽营。对阎章的记载仅限于此，阎章之子阎畅没有凭自己努力获得官职。但阎畅作为阎姬的父亲，在阎姬被立为皇后之后，获得了高官厚禄,历任侍中、北军长水校尉,封北宜春侯。两年后阎畅去世,其子阎显继承爵位,但当时阎显及其弟阎景、阎耀、阎晏并没有得到特别拔擢。

毕汉思认为,邓太后为了巩固自己的地位而挑选阎姬立为皇后,这是为了避免出现能匹敌邓氏的外戚。毕汉思还指出,虽然明帝是光武帝第二任皇后阴丽华所生,但之后直到灵帝,没有一个皇帝与皇后产下子嗣。他认为这是因为皇后是以政治理由挑选出来的,所以皇帝对皇后没有任何浪漫的感情。[115]

但是我认为毕汉思的观点有些夸张。欧洲历史中有很多这样的例子,国王出于外交考虑不得不迎娶并不喜爱的皇后,两人产下子女,[116]甚至一次交媾便能够产下孩子。而另一方面,现在很多无子女的夫妻发现,融洽的感情并不一定能带来孩子。

在中国古代,一个女子难以生育的原因包括:流产、死胎,以及由此造成的或其他原因造成的对子宫的损伤。考虑到妊娠并发症和传染病的危险性以及当时的医疗条件,对一位皇后来说,最好的策略可能是让另一位嫔妃怀孕,然后带走孩子自己养育——作为皇帝的正妻,皇后是所有皇子名义上的母亲。[117] 章帝时期,窦皇后和梁贵人便上演了这一幕,梁贵人是和帝生母。[118] 明帝时期,马皇后和外甥女贾贵人也上演过这一幕,贾贵人是章帝生母。[119] 此外前文提到,和帝邓贵人,即后来的邓太后,通过将其他女人送上皇帝枕席而获得和帝赞赏,表面上邓贵人此举是为了皇室繁衍,但肯定也是为了给皇帝换换口味、增加乐趣。[120]

因此,很有可能安帝真的很喜爱阎皇后,而邓太后并没有深入干预安帝后宫事务。刘保母亲、宫人李氏的死可能是一块试金石:刘保成为邓太后宠爱的皇孙,但阎皇后毒杀了李氏。有人可能预测安帝将惩处阎皇后,[121] 或者邓太后会极力主张安帝施以严惩,但结果阎皇后没有被废，仍为皇后，据此可以推测安帝更属意阎皇后而不是死去的李氏，并且如果邓太后试图劝说安帝，她的努力也会徒劳。

安帝初掌大权时，对过世的邓太后家族表示敬意，将邓骘进爵为上蔡侯，位特进，为侯爵的最高等级。然而几周之后，安帝乳母王圣以及宦官李闰、江京再次诬告邓太后及其兄弟们曾计划废黜安帝。安帝很可能已经等这个机会很久了，他令有司奏邓悝等人大逆无道之罪，削去爵位，废为庶人，罚没财产。只有邓康因曾违逆邓太后而逃过一劫。[122] 邓骘因未曾参与谋划，保住了爵位，但被勒令离开京城去封地。然而不久之后，邓骘被徙封为罗侯，从汝南郡迁到长江以南的长沙郡，这标志着进一步的失宠和流放。在这种情况下，邓骘自杀。之后在朝臣劝说下，安帝将邓骘还葬洛阳，邓氏诸从昆弟皆从流放地返回京城。而告发邓氏的人得到了奖赏和提拔。

平原王刘翼（邓太后曾属意立其为帝）被贬为都乡侯，从京城遣归河间郡。而安帝掌权后，遭遇最悲惨的是蔡伦。据说安帝回想起蔡伦对当年祖母宋贵人姐妹下狱死负有责任，刚刚掌权便令蔡伦自行前往廷尉认罪。蔡伦不愿受辱，沐浴整衣冠，饮药而死。这的确可能是出于个人动机，但蔡伦的罪名要追溯到四十多年前，那时安帝尚未出生，有可能是有人提醒安帝，加上他的宦官朋友们从旁撺掇，意图以此扳倒一位在宫中位高权重的对手。公元2世纪10年代初，宋氏家族便基本恢复名誉，而此时他们被授予封地、追加尊号，巩固了恩宠。[123]

随着邓氏家族的失势，阎皇后家族等受安帝恩宠的人们有了机会。阎皇后的兄弟们并为卿校，典禁兵，而乳母王圣、王圣之女王永以及大长秋江京等宦官成为安帝亲信心腹。安帝以舅舅耿宝为大鸿胪，耿宝的叔父、久历军旅的耿夔取代邓遵为度辽将军。邓氏覆灭时，邓遵受到牵连,被迫自杀。[124]

阎氏家族的血统并不非常尊贵,而耿宝的爷爷耿舒是后汉初内战时光武帝的重要盟友,耿夔的哥哥耿秉曾率大军北伐匈奴。[125]耿宝的母亲是明帝的女儿,妹妹是清河孝王刘庆的嬿妃,是安帝名义上的母亲。[126]由宦官、乳母组成的小集团本不起眼,但与耿氏这样的世家贵族相联合,声望日重。

在与叛羌作战的最后阶段,后汉北部边疆保持着相对和平。公元118年,叛出的匈奴王子逢侯率数名部下投降。但他的归顺不是因为汉军的逼迫,而是因为受到鲜卑的压迫。后汉帝国东部的局势变得越来越麻烦了。

距离公元1世纪90年代初窦宪远征北匈奴近二十年之后,鲜卑取代匈奴成为北方草原霸主,而汉朝非常幸运,在对羌作战期间,帝国边疆没有出现大的危机。但是,鲜卑不再是可信赖的盟友,自公元1世纪90年代末以来,出现多起鲜卑部族袭击帝国东北的孤立事件,公元106年鲜卑袭击渔阳郡,杀渔阳太守。当时的情况比较复杂:公元109、110年南匈奴单于檀叛乱期间,有些鲜卑人趁机袭击五原,其他鲜卑人成为汉军的辅军,而在单于檀投降后若干年间,鲜卑部族没有生事。

然而自公元115年起,鲜卑先后袭击东北的辽东郡、辽西郡,公元117、118、119年,鲜卑进一步向西袭击代郡、上谷郡。最初后汉守军没有做好准备,但在最后时刻度辽将军邓遵集合麾下兵马以及辽西、右北平民伍和南匈奴辅军,鲜卑受到重创,被驱逐至草原。这次胜利换来了鲜卑部族短暂的、部分的归顺,邓遵的继任者耿夔继续利用匈奴盟友守卫边塞。但自公元121年起,在首领其至鞬率领下,鲜卑发动了一系列攻击,波及整个幽州。公元122年冬至123年初,其至鞬军队最远抵达今山西太原,公元124年,他们两次在鄂尔多斯战胜匈奴。之后因为连年征发新归附的匈奴士兵，匈奴军中出现哗变和叛乱，叛乱很快被平定。[127]

此外，在遥远的东北地区，辽东、玄菟二郡持续受到少数族邻居的威胁，经常遭到袭击，特别是来自高句丽的侵袭。高句丽稳步扩张，控制了该地区其他部族。公元106年，朝廷将玄菟郡郡治撤回长城以西，但高句丽威胁仍在。幸运的是，位于玄菟郡以北松花江流域的夫余国是高句丽死敌，数次帮助汉军抵御高句丽侵袭。所以该地区处于动荡的僵持局面。[128]

在这段时期，邓太后统治下的朝廷建立了一套属国体系。属国与郡同级，其下分设县，长官为属国都尉，主要是军事机构。理论上，设置属国来安置新归附的少数族，是为了扩张帝国疆域，但实际上，设置属国反映出汉帝国的控制力在削弱，因为属国是从郡分割出来的，下辖的行政区——通常为"道"，即为原来的县。[129] 公元115年前后，随着鲜卑侵袭越来越频繁，东北地区的一个属国发展壮大。辽东属国合并了原辽东郡的三个县以及原属辽西郡的三个县，把守着大凌河河谷（今辽宁西部）。[130]

在帝国其他地方也有类似设置。在甘肃走廊，从张掖郡分出张掖属国和张掖居延属国，两个属国向北直入沙漠、草原，控制着额济纳河的绿洲。前汉在此设置都尉，此时被提高到郡一级，作为抵御匈奴向东侵袭鄂尔多斯高原上的凉州、并州的前哨基地。[131] 在南方，公元107—108年羌人叛乱初期，益州曾发生边境少数族纷争，朝廷在广汉郡、犍为郡西部边缘设置属国。公元122、123年，蜀郡边境地区发生骚乱，朝廷设置蜀郡属国。[132]

安帝似乎并没特别关注这些设置，也没有决定任何政策。他关注具有象征意义的事务。受颇有声誉的尚书陈忠的鼓励，安帝表现出对古文经的兴趣，诏选三署郎以及通《古文尚书》《毛诗》《穀梁春秋》者，并且在民间察举隐居的学者为官。其中第二道政策效果有限，[133]但正是在这项新制度下，许慎《说文解字》这部伟大字典才能得到朝廷认可。许慎是知名的古文经学家，尽管在公元100年左右便完成了《说文解字》，但直到公元123年才由其子许冲敬献朝廷。[134]公元124年，安帝幸太学。当时太学已经衰败，但安帝并没有采取有力措施振兴太学。

安帝甚至在亲政前便参与讨论礼制。公元119年，朝廷更立六宗，举行一系列祭祀，改变了邓太后时期六宗祭祀之法，变得更加简洁克制。该领域专家、史学家司马彪批判这一做法，将其归咎于安帝。[135]

安帝还关心吉凶征兆。公元122年，安帝按照传统，因地震和大范围雨水雷电而将司空陈褒免官，这削弱了三公权力。[136]这类自然灾害接连不断，而据记载，在后汉各代皇帝中，安帝朝的灾异的确最多。[137]除了旱灾、水灾、地震等重大灾害外，地面或空中的异常现象也被解释或编造为政治评论的手段。如马恩斯所示，一些关于奇异现象的报告是受政治反对派的怂恿，其他则多是因后世史学家们的观点而被保留和解释，[138]很难估计它们在当时的影响。某种程度上，我们可看到形式化辩论的要素：向统治者展示灾异作为对当前政策的直接批评，而朝廷做出恰当回应，但两方都不必相信这些超自然力量，比如天、地、五行等，真的影响着灾异。[139]

与此同时，朝廷也受到很多祥瑞和外国使节的祝福，二者都是美德与成就的标志。公元120年，掸国（在今缅甸）遣使团来到洛阳。[140]公元122、124年，塞外少数族部落（在今越南）献上贡品。公元122年，九真郡上报当地出现黄龙，此年九真郡出现嘉禾。[141]另外，公元

124年，安帝东巡狩时，济南郡某县长上报，称凤凰聚集在县丞房舍的树上。安帝赏赐该县长以及县丞、县尉、小吏等人帛若干匹，并免去凤凰所过亭部的当年田租，赐男子爵，人二级。

最后这一例祥瑞的成功促发了一系列类似的报告，让人怀疑这是有人希望能够讨得这样的奖赏。上报凤凰祥瑞几周后，沛国上报丰县降临甘露，右扶风上报见到白鹿，左冯翊上报甘露频频降临，颍川上报出现木连理、白鹿、麒麟，不久颍川上报又出现一只白鹿和两只麒麟。而济南不甘示弱地称发现黄龙。在这个祥瑞频现之年的年底，东部沿海琅邪郡出现另一黄龙。[142]

对后汉王朝来说，公元124年无论如何都是意义重大的一年。安帝在春季东巡时，幸泰山，柴告岱宗，宗祀五帝于汶上明堂。冬季，安帝行幸长安祠高庙，祭拜前汉十一位皇帝以及萧何、曹参、霍光等重臣。在行幸长安期间，另一群凤凰聚集在长安东部不远的新丰迎接他。不过，安帝确实需要所有他能获得的祝福：他在九月丁酉（即公历10月2日）废皇太子刘保为济阴王，刘保是他唯一的儿子。安帝没有对他死后的帝位继承预先做什么准备。[143]

刘保当时虚岁10岁，生母在他出生后不久便去世，他从来不知道自己的母亲，由乳母王男、宋娥抚养长大。然而公元124年初，在王男和安帝乳母王圣、王圣之女王永、大长秋江京、中常侍樊丰之间，展开了一场争夺影响力的激烈斗争。宋娥没有牵扯进去，王男得到厨监邴吉的帮助。邴吉是刘保的朋友，很受宠信。但王圣比他们技高一筹，刘保在惊病不安中躲进了她的宅邸，王男和邴吉劝刘保说那里"新缮修，犯土禁，不可久御"，但刘保不听，二人被控谋反，最终被处死。

虽然刘保也许曾一度抛弃过王男、邴吉，但他为自己已故的同伴而悲叹。王圣等人担心刘保将来可能会报复，于是构陷他参与了王男和邓吉的所谓谋反,主张废黜刘保,而安帝准许了。

安帝似乎是一个有着强烈私人感情的人,很容易受到亲密之人的左右。这一切的主导者是阎皇后,但王圣和宦官们也发挥了巨大的作用,此外还有其他人参与:冯石,其母是明帝女儿,冯石很受安帝宠爱,官至三公;[144] 耿宝,被安帝敬重,公元124年封大将军。这些宠臣都从刘保被废中得到好处,因为在皇位继承不明朗时,他们的权力能变得更大。最令人震惊的是,安帝自己不怎么关心皇室兴衰和朝廷未来。皇帝与太子的关系往往很微妙,有可能当时年仅30岁的安帝期待能再生一个儿子,可是使太子位空缺无疑是不负责任的做法。

另外,朝廷百官表示出强烈抗议。通常,关于皇室家族的决定都能得到官员们的接受,不论是挑选皇后、任命太子,抑或是临朝皇太后安排新的皇帝人选,这些事情具有特权性,外臣不宜介入。然而这一次,皇帝的诏书如此出人意料,看上去十分危险,以致遭到广泛抗议和示威反对。

早在当年年初,太尉杨震便已试图向安帝上疏反映王圣的铺张奢侈及其宦官盟友的贪腐。杨震坚定反对那些宠臣佞幸。然而恰逢皇帝东巡泰山,杨震只能被迫等候。但在杨震能够递上奏疏之前,他的敌人就指控他联合已失势的邓氏家族对皇帝不忠。于是杨震被收缴太尉印绶,不久因大将军耿宝奏其"不服罪,怀恚望",不得不自杀。[145]

虽然杨震的死可以视为政治斗争的结果,这在三公中并不罕见,但他早已因明经博览、正直公廉而闻名天下,广受尊敬。而安帝下一步废太子刘保的举动,显示出安帝及其宠臣们已经不再关心王朝的未来。

领导群臣反对废太子的是太仆来历。来历是明帝外孙,少袭爵,宦途顺利。当安帝首次召集公卿讨论废太子时,来历与太常桓焉、廷尉张皓表示反对,而当安帝不听建议执意废黜刘保后,来历率领二十位公卿重臣至北宫鸿都门证太子无过。安帝派中常侍前来劝说,表示废太子为父子之间的事,群臣不应参与,但来历独守门阙,连日不肯离去。安帝大怒,免去来历及其兄弟的官职,削去封地,并禁止其母武安公主入宫。[146] 来历表达异议的方式史无前例,他最终能逃过更严厉的处罚非常幸运。

如前所述,数月之后安帝幸长安,祠高庙,祭拜前汉皇帝陵墓。有人大概会好奇,他是如何在祖先面前为自己的行为辩护的。

延光四年春正月(125),东郡上报见两条黄龙、一只麒麟,安帝无疑受到了这些持续不断的祥瑞的鼓励,于二月再次启程向南巡狩。三月上旬(4月23日),安帝抵达南阳郡宛城。虽然体感不适,但翌日仍祠章园陵庙(后汉开国皇帝光武帝出身于此),在宛城短暂停留后,启程返回京城。但在返程途中,安帝于4月30日去世,时年32虚岁。

史料中没有记载安帝病情的细节,而他的死出人意料、令人不安,阎皇后及其家族竭尽全力来掩盖此事。安帝死后三天,仍向安帝车驾提供饮食、问起居如故,装作一切如常的样子。甚至在车驾返还洛阳之后,又延迟了24小时,并遣司徒刘喜等分诣郊庙,告天请命,载入北宫,假装安帝仍在世。[147] 5月4日,朝廷才发丧,并秉承传统尊阎皇后为皇太后,临朝摄政,以其兄弟阎显为车骑将军,定策禁中。阎太后和阎显跳过了废太子刘保,选择立北乡侯刘懿为帝。刘懿为章帝之孙、济北惠王刘寿之子。[148] 当晚宣诏。

刘懿与安帝平辈,是他的堂兄弟。刘懿的父亲刘寿死于公元120年,有一些较年长的儿子,故这一选择并不是特别合适,肯定还有别的人选。而由于刘懿年仅五岁,阎太后及阎氏家族可以期待长期摄政以及随之而来的家族繁盛。

安帝刘祜葬于恭陵（位于洛阳西北部），庙号恭宗。安帝统治近二十年，但亲政仅四年。他是后汉第二位三十岁出头便去世、没有成年子嗣继承皇位的皇帝。

从各方面来看，安帝不是一位英明的统治者，也不大可能成为一代明君。大概是由于长期处在邓太后摄政阴影之下，十分沮丧灰心，他没有表现出任何个人权威或政治谋划，倒是十分关心满足阎皇后和自幼伴随左右、后宫受宠诸人的愿望，而他对儿子刘保的态度非常奇怪，肯定是错误的。如果邓太后晚年确实疑虑自己最初立刘祜为帝的选择，质疑刘祜是否适合坐上皇位，那么可以相信邓太后的忧虑是有理由的，安帝自己证明了这一点。

注释：

[1] 见第二章第 109—110 页。

[2] 见第二章第 115—116 页。

[3]《后汉书》卷十上《皇后纪上》："后生者辄隐秘养于人间。"

[4]《后汉书》卷四《孝和孝殇帝纪》、《后汉书》卷十上《皇后纪上》。

[5] Bielenstein, "Wang Mang and Later Han", 283 提出了一个不那么宽容的观点："很可能邓绥已经在操纵并将继续操纵皇位的继承。"

[6] 尽管刘隆在位时间很短，但他被葬在独立的陵墓葬群中，即庚陵。《后汉书》卷五《孝安帝纪》错为"康陵"，但唐代注释改正为"庚陵"。庚陵距离刘隆的父亲和帝刘肇的陵墓很近，位于洛阳城东南。见 Bielenstein, *Lo-yang*, 118-119。（《孝安帝纪》："葬孝殇皇帝于康陵。"注："陵在慎陵茔中庚地……"作者似误。——译者注）

[7]《后汉书》卷五《孝安帝纪》记载安帝名"刘祜"，但《后汉书集解》引清惠栋注释："《说文》：祜，上讳。徐铉云，安帝名也，从示，古声，祐当作祜。"所以，《后汉书》有误。但大部分学者仍按照《后汉书》，本书依从常例。（国内通行本均已作"祜"，译文从改。——译者注）

[8] 清河王刘庆死于公元 107 年 2 月 1 日，《后汉书》卷五《孝安帝纪》。

[9] 《后汉书》卷五《孝安帝纪》。

[10] 《汉书》卷四《文帝纪》；Dubs, *HFHD* I, 222; Loewe, *Biographical Dictionary*, 36 "陈平"条。

[11] 《汉书》卷八《宣帝纪》；Dubs, *HFHD* II, 203-204；Loewe, *Crisis and Conflict*, 76-79。

[12] 《汉书》卷十二《平帝纪》；《汉书》卷九八《元后传》；Dubs, *HFHD* III, 45, 62。继位后，因"箕"字"通于器物"，为避讳，平帝改名刘衎。

[13] 录尚书事是一种特殊的授予行政权力的方式。见第二章注释 71。

[14] 《后汉书》卷四四《张禹列传》。

[15] 《后汉书》卷五《孝安帝纪》。

[16] 《后汉书》卷十上《皇后纪上》。

[17] 《后汉书》卷十六《邓骘列传》。

[18] 《后汉书》卷十六《邓骘列传》。

[19] 《后汉书》卷三三《周章列传》记载了周章行动计划的细节。

[20] 《后汉书》卷三三《周章列传》、《后汉书》志第十一《天文志中》。关于郑众，见第三章第 115 页。

[21] 第二章第 115 页。蔡伦的传记见《后汉书》卷七八《宦者列传》。

[22] 关于尚方令，见《后汉书》志第二十六《百官三》；Bielenstein, *Bureaucracy,* 52, 61。

[23] 关于纸的发展过程，见 Needham, *Science and Civilisation* V.1, 40-41。

[24] 南匈奴王子逢侯试图在北单于死后于鄂尔多斯边境处建立一个独立政权，详见第三章第 135—136 页。

[25] 叛乱的过程见《后汉书》卷八七《西羌传》；讨论见 Scott, "A Study of the Ch'iang", Appendix 34-46；deC, *Northern Frontier*, 90-114。

[26] 《后汉书》卷五《孝安帝纪》。前文第二章注释 53 讨论了这个羌人部落的名称："先零"。"先零羌"中的"零"按现代拼音为 ling，但我遵循公元 3 世纪孟康的注释，即汉代至少在西北地区，"零"与"令"均读为"连"。《汉书》卷二八下《地理志下》，deC, *Northern Frontier*, 471 note 14, 481 note 28。

这应该是这一地区内专有名词的特殊变体。

[27] DeC, *Northern Frontier*, 15, and Map 2 at 92; 又见第一章第 24—26 页并参地图 2。

[28] 《后汉书》卷四七《梁慬列传》、《后汉书》卷八七《西羌传》。

[29] 《后汉书》卷四九《王符列传》。对王符生平和著作的讨论，见 Balazs, "Political Philosophy and Social Crisis", 198-205; Pearson, *Comments of a Recluse*; Ch'en(陈启云), "Thought in Later Han", 789-794; Ch'en(陈启云) and Pearson, *Early Chinese Texts*, 12-15。《潜夫论》卷五内容为：断讼、衰制、劝将、救边、边议、实边。见 Scott, "A Study of the Ch'iang", ix and 101-106；deC, *Northern Frontier*, 90, 480-481 note 26。

[30] 见第三章第 149—189 页；deC, *Northern Frontier*, 49, 94-95。

[31] 例如，《后汉书》卷六十上《马融列传》；deC, *Northern Frontier*, 95, 481 note 31；《后汉书》卷四四《张禹列传》；Bielenstein, *Lo-yang*, 82。

[32] 关于汉代皇家游猎的性质，以及其军事训练的作用，见 Bodde, *Festivals*, 330, 349-352 等，以及前文第一章第 64 页。

[33] 关于这个时期北军的衰落，见 deC, *Northern Frontier*, 95。

[34] 《后汉书》卷四七《梁慬列传》。

[35] 《后汉书》卷五《孝安帝纪》、《后汉书》卷三八《张宗列传》。

[36] 关于雍营，见第三章第 156 页。

[37] 史料中没有记载任尚或任仁的籍贯，但任氏是北地郡大族，二人有可能是亲戚，但是没有更多材料证明他们之间的确切关系。

[38] 按汉语普通话，"允吾"音为"Yunwu"，但我根据了公元 2 世纪应劭的变体，写作"Yuanya"，《汉书》卷二八下《地理志下》；deC, *Northern Frontier*, 474 note 37。

[39] 《后汉书》卷五一《庞参列传》；deC, *Northern Frontier*, 101-102。

[40] 《后汉书》卷五八《虞诩列传》；Yü(余英时), "Han Foreign Relations", 430-432。

[41] 《后汉书》卷八七《西羌传》；《潜夫论》卷五"实边"； deC, *Northern Frontier*, 103。

[42] 令居位于大通河沿岸，在现在兰州市西北数百千米处。关于"令居"的注音，见第二章注释 53、本章前文注释 26，以及 deC, *Northern Frontier*, 450-451 note 18，471 note 14。

[43] 《后汉书》卷八七《西羌传》。

[44] 《后汉书》卷五《孝安帝纪》。

[45] 《后汉书》卷八七《西羌传》。

[46] 关于对后汉人口史料的性质、时间、真实性的讨论，见第五章第 257—263 页。北方郡县人口的减少也在第 250—252 页作了讨论，见图表 1、2。

[47] 例如《后汉书》卷二《显宗孝明帝纪》、《后汉书》卷六五《张奂列传》。

[48] 《后汉书》卷四七《班勇列传》、《后汉书》卷八八《西域传》；deC, "Western Regions", 17-19. 更多内容见后文第五章第 252 页。

[49] 关于征兆如何被用于批评朝政，见 Bielenstein, *RHD* I, 156, Mansvelt Beck, *Treatises*, 170, 213-215 以及后文注释 138、139。

[50] 《后汉书》卷三二《樊准列传》。

[51] 第三章第 146 页。

[52] 关于鱼龙、曼延，见 Knechtges, *Wen xuan* I, 230，康达维不同意 Bodde, *Festivals*, 159-161 的解释。关于大傩，见《后汉书》志第五《礼仪中》，Bodde, *Festivals*, 81-82。卜德在第 75—139 页对此作了全面讨论，并在第 75—76 页提到了邓太后的节俭。

[53] 《后汉书》卷五《孝安帝纪》；Loewe, "Orders of Aristocratic Rank", 131. 鲁惟一对汉代贵族等级做了简明易懂的整理，但主要着重于前汉时期。还可见西嶋定生《中国古代帝国的形成与结构：二十等爵制研究》。

《孝安帝纪》记载的此类官爵包括：关内侯、虎贲羽林郎、五大夫、官府吏、缇骑、营士。下文对这些它们有详细讨论。

[54] 《后汉书》卷五《孝安帝纪》。

[55] Loewe, "Orders of Aristocratic Rank", 141. 在第 168—171 页，鲁惟一列出了汉代每年赐爵的情况，显示出频繁的赐爵持续到公元 147 年，之后便非常少见。至于大赦则每年均会进行，一直持续到灵帝末年。更多情况见第六章第 293 页及注释 68。

[56] Loewe, "Orders of Aristocratic Rank", 155-156.

[57] Loewe, "Orders of Aristocratic Rank", 99. 根据《汉书》卷十九上《公卿百官表上》列出了二十等爵。

前汉时期，列侯被授予县，但后汉的侯可为乡侯、亭侯。列侯封地通常世袭。

我认为应将关内侯翻译为"secondary marquis"：deC, *Biographical Dictionary*, 1219 note 20。"关内"即关隘之内的土地，指前汉首都地区。按照传统，臣的封地不得在君主的领土之内，所以没有赐予过这种封地，但有些关内侯被赐予食邑，至少在前汉初年，曾赐予关内侯小片土地。《张家山汉简·二年律令》."关内侯九十五顷，大庶长九十顷，驷车庶长八十八顷，大上造八十六顷，少上造八十四顷，右更八十二顷，中更八十。"这条材料的年代很可能为公元前186年。关于张家山木竹简（247 号墓），Giele, "Excavated Manuscripts", 127 作了讨论，Loewe, "Social Distinctions, Groups and Privileges", 305 引用。与列侯相比，大部分关内侯不能世袭。

[58] 全面讨论见 Loewe, "Orders of Aristocratic Rank", 其中在第 163 页总结了五大夫获得的好处，第 131 页提到了公元 109 年对它的买卖。在第 149 页，鲁惟一观察到，虽然普通人可以通过朝廷广泛赐爵将爵位提升到最低的八级，但五大夫爵位需要特批，是"高等"爵位中的最低一级。

[59] 关于郎、骑、北军，见第三章第 150—152 页。

[60] 关于这个问题，见第三章第 150—151 页。

[61] 在 20 世纪 60 年代至 70 年代初，未来的美国总统乔治·布什为国民警卫队的一员，而他并没有上过越南战场。

[62] 关于关内侯、五大夫的等级，以及其在朝中各自对应的官职高低，见 Loewe, "Orders of Aristocratic Rank", 161-162。

[63] 关于之后桓帝、灵帝时期售卖官爵，见第七章第 323 页、第八章第 393—394 页，以及 deC, "Recruitment Revisited", 41ff。

[64] 一些现代学者们已经对税收方面的资料展开研究。其中最重要的分析来自 Bielenstein, *RHD* IV, 第五章；Loewe, "Operation of Government" 引用了考古资料；Nishijima（西嶋定生）, "Economic and Social history of Former Han"；Ebrey,

"Economic and Social History of Later Han"; Hsü(许倬云), *Han Agriculture*。

[65] Bielenstein, *RHD* IV, 136-137 提到光武帝面临的问题以及他的强硬对策。另见 Hsü(许倬云), *Han Agriculture*, 73。

[66] 刘昭在《后汉书·郡国志》注释中引用了公元 2 世纪学者伏无忌关于垦田面积的记载,《后汉书》志第二十三《郡国五》。伏无忌还记载了后汉每位皇帝去世时的全国垦田面积。关于伏无忌记载的准确性,第五章第 262—263 页进行了讨论。

[67] 秦彭传记见《后汉书》卷七六《循吏列传》。关于农田的分级,见 Hsü(许倬云), *Han Agriculture*, 73-75, 以及许倬云所引用的日本学者们的研究,如吉田虎雄、米田贤次郎、平中苓次。

[68]《后汉书》卷一下《光武帝纪下》; Bielenstein, *RHD* IV, 157; Hsü(许倬云), *Han Agriculture*, 72-74; *Js* 26: 781; Yang(杨联陞), "Economic History", 154。关于后汉税赋结构,见 Bielenstein, *RHD* IV, 157-159。

[69] 1 升大约为五分之一公升,10 升为 1 斗,10 斗为 1 斛,则 1 斛将近 20 公升。汉代史料中区分去壳的米和未去壳的粟。可见 Loewe, "Measurement of Grain"。

Hsü(许倬云), *Han Agriculture*, 75 引用公元 87 年记载证明每亩 5 升田租为当时标准。Ch'en(陈启云), "Economy, Society, and State Power", 139-140 质疑许倬云的计算,认为真实的税率接近官方标准每亩 10 升。

[70] 劳榦《居延汉简考释·考证之部》1, 第 20a—23a 页。Yang(杨联陞), "Economic History", 154 note 47; Bielenstein, *Bureaucracy*, 194 note 11 引用并支持劳榦的观点。但毕汉思在第 126 页提出, 史料记载中, 米价最低时为公元 62 年, 每升 5 钱, 最高时为公元 194 年天下大乱时, 每升 50 万钱。

[71] 关于农田面积, 见第五章第 265—266 页。

[72] Hsü(许倬云), *Han Agriculture*, 75 引用公元 2 世纪末仲长统。Bielenstein, *RHD* IV, 147 指出公元前 2 世纪早期晁错称亩产 2.4 斛; 参见 Eberhard, "Bemerkungen zu statistischen Angaben", 4-5, 他引用了晁错的说法, 但没有正确换算成当时较小的亩。

[73] 关于算赋、算訾及后文提到的其他税赋, 见 Bielenstein, *RHD* IV, 157-

160；Nishijima(西嶋定生), "Economic and Social History of Former Han", 592, 598-599；Ebrey, "Economic and Social History of Later Han", 619。

[74] 关于更赋，见第三章第 149 页。

[75] 第五章第 258 页讨论了后汉帝国人口数量，我指出，从一份公元前 100 年的木简可知，需要缴纳算赋的人口约占总人口的一半。

[76] 桓谭（公元前 1 世纪末至公元 1 世纪初）《新论》记载，自前汉宣帝时期（前 73—前 48）起，朝廷每年税收，即"赋钱"（或"赋敛"）约 53 亿钱。而这一数据反映了前汉时期更为庞大的人口规模，当时人口数量约五千八百万。《新论》残篇见于《太平御览》卷六二七，《文选》李善注部分引用，王先谦《后汉书集解》引用；翻译见 Pokora, *Xin lun* 6, 49，第 55 条，第 58—59 页有注释。

Bielenstein, *RHD* IV, 159 讨论了桓谭的记载。毕汉思认为："考虑到汉代中国有各种抑制税收的因素，不到一半的比例并非毫无道理。"还可见 Nishijima(西嶋定生), "Economic and Social History of Former Han", 593-594。

Yü(余英时), *Trade and Expansion* , 61-64 主要根据《新论》的记载，提出了另一套计算方式。余英时也得出结论，认为后汉政府一年的税收总数为一百亿钱，但他采用的是另外一种计算方式。首先，余英时认为桓谭所谓 53 亿赋钱仅包括算赋、更赋等，不包括田租。其次，余英时注意到，公元 159 年梁冀倒台时，其财产被没收，价值合计 30 多亿钱，史料称因此而减去当年一半的赋税，余英时用这条史料证明每年的土地税为 60 亿钱。但事实上，《后汉书》卷三四《梁冀列传》记载为："收冀财货，县官斥卖，合三十余万万，以充王府，用减天下税租之半。""税租"为税赋的统称，并非特制"田租"；此外，正如我在第七章第 321 页所提出，30 多亿这个数字很可能是史学家的估计，并不是朝廷收入支出的真实反映。另外，余英时接受了桓谭所谓"少府所领园池作务之八十三万万，以给宫室供养诸赏赐"，认为皇帝个人收入为 83 亿钱；劳榦在《秦汉史》第 136 页反驳这种观点，认为"八"应作"凡"，正确的数额为 13 亿钱。劳榦的修订得到了毕汉思和西嶋定生的认可。

Pokora 在第 59 页评论最后一个问题时指出："在史料如此缺少的情况下研究这些问题，说明汉代经济史研究仍然具有很大的不确定性。"确实，西方中世纪学者们有一个传奇的计算:一根针尖上能有几个天使在跳舞——与汉代经济史研究相比,这个问题简直可称得上简单明了。

[77] Bielenstein, *RHD* IV, 148.

[78] Ebrey, "Economic and Social History of Later Han", 621.

[79] 据《后汉书·郡国志》记载,公元 2 世纪 40 年代早期,帝国共有约 1180 个县,控制的在册人口约 4900 万,平均每个县 4 万多人口。《后汉书》志第二十三《郡国五》;第五章第 253 页。

《后汉书》志第二十八《百官五》对大县、小县做了区分。大县超过一万户,长官为县令;小县长官为县长。我将"县令""县长"统称为县长官。

[80] 例如,第八章第 393—394 页及注释 80,讨论了卖官收入的剧增。

[81] 柳宗元(773—819)《捕蛇者说》,《古文观止》卷九。

[82] Ebrey, "Economic and Social History of Later Han", 619 note 45.

[83] 《后汉书》卷四三《朱晖列传》;Nishijima(西嶋定生), "Economic and Social History of Former Han", 606;deC, *Biographical Dictionary*, 1065, "张林"条。

[84] 关于吕后,Loewe, "Former Han Dynasty", 135-136。

关于武后,见 Guisso, "Empress Wu, Chung-tsung and Juitsung"。武后不仅独立统治,没有立一个傀儡皇帝来证明自己的正当地位,还建立了她自己的短暂王朝。

关于叶赫那拉慈禧皇太后,见 Hummel, *Eminent Chinese* I, 295-300(房兆楹)。

[85] 《后汉书》卷十上《皇后纪上》:"太后体不安,左右忧惶,愿得代命"。Loewe, "Conduct of Government", 301-302 解释"代命"一词,"有人认为可解释为改变朝廷天命"。按我的理解,"代命"在这里指将统治从邓太后转移给安帝的可能性。

[86] 前文第 175—176 页。

[87] 《后汉书》卷十上《皇后纪上》。Bielenstein, *RHD* III, 18 指出后汉时期男性的普遍身高为 7 汉尺(162 厘米)。

[88] 《后汉书》卷五《孝安帝纪》、《后汉书》卷十上《皇后纪上》。

[89] 《后汉书》卷十上《皇后纪上》。

[90]《后汉书》卷五《孝安帝纪》；Bielenstein, *Lo-yang*, 51-52。公元 94 年，和帝幸洛阳狱，见第三章第 145 页。顺帝时期的一次旱灾（公元 134 年）也减轻了对囚犯的拷打，"诏以久旱，京师诸狱无轻重皆且勿考竟，须得澍雨"。

[91]《后汉书》卷五《孝安帝纪》、《后汉书》卷十六《邓骘列传》。毕汉思认为大将军一职等同于摄政权，例如 *Bureaucracy*, 152，但邓骘并未录尚书事，说明邓骘在任该职的短暂时间中并未掌握广泛的行政权力。也可见于第二章第 110 页注释 97。

[92]《后汉书》卷十六《邓骘列传》。

[93] 关于黄老学校，见第二章第 93 页、第六章第 275—276 页，第七章第 338—339 页。

[94] 樊准的传记见《后汉书》卷三二《樊准列传》，他的初次上疏见第 1125—1127 页。

[95]《孝经》篇幅简短，为孔子与弟子曾参（曾子）的讨论，见 Boltz, *Early Chinese Texts*, 141-153。尽管《孝经》未被收入太学教授的经典，但在汉代十分著名，影响广泛。也见于第二章第 87—88 页，第十章第 481、486 页。

[96] 樊准上疏的概述见 Loewe, "Conduct of Government", 299。DeC, "Recruitment Revisited", 26-27 列出了邓太后不同时期下诏令举荐的各类人才。

[97] Ch'en(陈启云), "Thought in Later Han", 787.

[98]《后汉书》卷三九《刘恺列传》、《后汉书》卷五《孝安帝纪》。公元 154 年，朝廷再次施行该政策，但公元 159 年再次废除，见《后汉书》卷七《孝桓帝纪》，还可见 Loewe, "Conduct of Government", 300-301。

[99]《后汉书》卷十上《皇后纪上》。

[100] DeC, "Scholars and Rulers", 66 以及后文引文详细讨论了这些工程。

[101]《后汉书》卷七八《宦者列传》。在 Loewe, *Early Chinese Texts*, 295 对《礼记》的讨论中，王安国（Riegel）认为现行的《礼记》文本有可能以章帝时曹褒所编《新礼》为基础。见第二章第 108 页、第三章第 127—128 页。

[102] 这个时期共出现三个名为 Liu Yi 的人，令人迷惑。其一为此处的"刘毅"，为北海敬王之子，醉心于学术。其二为"刘翼"，见后文第 205—206、209 页，河间孝王刘开之子，邓太后有可能曾考虑以其取代安帝。其三为"刘

懿",见本章结尾第 218 页,为济北惠王刘寿之子,安帝死后,阎太后迎立刘懿为帝。

[103]《后汉书》卷十四《宗室四王三侯列传》、《后汉书》卷五九《张衡列传》。这一修订本的一些难题在于工程的倡议者、伟大学者张衡对该书体例和内容的见解有悖于官方观点。DeC, *Biographical Dictionary*, 1049。

关于《东观汉记》的成书过程,见 Bielenstein, *RHD* I, 1, 10-11; Bielenstein and Loewe, *Early Chinese Texts*, 471-472; Mansvelt Beck, *Treatises*, 19-25。公元 2 世纪 50 年代早期及 70 年代,桓帝、灵帝分别下令继续编纂。最终由曾任三公的杨彪(公元 142—225 年)完成。DeC, *Biographical Dictionary*, 945。另见第三章第 142 页、第五章第 260—261 页、第八章第 384—385 页。

[104]《后汉书》卷十上《皇后纪上》,Loewe, "Conduct of Government", 299 对此有讨论。一般认为河间王名"刘开",但也有可能是"刘恭",见 deC, *Biographical Dictionary*, 524-525。尽管存疑,但我依从普遍的说法,作"刘开"。

[105] 关于明帝四姓小侯学校,见第二章第 87 页。

[106] 前文第 171—172 页。

[107]《后汉书》卷五《孝安帝纪》、《后汉书》卷五五《章帝八王传》。

[108] 刘翼的父亲刘开肯定与和帝年龄近似,和帝生于公元 79 年,故刘翼大概生于公元 100 年后。

[109]《后汉书》卷十上《皇后纪上》。

[110]《后汉书》卷七八《宦者列传》。

[111] 前文第二章第 109 页。

[112]《后汉书》卷十六《邓骘列传》:"帝少号聪敏,及长多不德。"

[113] 阎姬传记见《后汉书》卷十下《皇后纪下》。"姬"有后妃的意思,但在此处应该是人名。

[114] 顺帝刘保的本纪见《后汉书》卷六《孝顺孝冲孝质帝纪》。《后汉书》卷十下《皇后纪下》列出了后汉所有的公主。

[115] Bielenstein, *RHD* IV, 126-127.

[116] 如法国历史上的两个例子:

亨利二世(1547—1559 年在位)非常宠爱戴安娜·德·普瓦捷(Diane

de Poitiers），但四子三女均出自他的皇后凯瑟琳・德・美第奇（Catherine de Medici）。

路易十三（1610—1643年在位）的皇后奥地利的安妮（Anne of Austria）被怀疑参与了其祖国西班牙针对法国的一系列阴谋。她不被众人所接纳，据说她丈夫路易十三"断断续续地勉强履行他的婚姻义务"。然而，在经历了几次流产和长时间的分居后，1637年她偶然与路易十三共度一夜，九个月后便产下路易十四。参见 O'Connell, *Richelieu*, 106, 361-365。

[117] 安帝虽然不是邓太后的儿子，也不是她丈夫和帝的儿子，但邓太后是安帝名义上的母亲。

[118] 第二章第115—116页。

[119] Bielenstein, *RHD*, IV, 124引用《后汉书》卷二《显宗孝明帝纪》、《后汉书》卷十上《皇后纪上》。

[120] 第三章第144页。

[121] 可对比灵帝在得知何皇后杀害王美人后的反应，王美人是未来献帝刘协的生母。见第九章第438—439页。

[122] 前文第206页。

[123] 两位被追封的宋贵人中的一位是安帝父亲刘庆的生母，见第二章第115页、第三章第134—135页。

[124] 《后汉书》卷十九《耿夔列传》。耿夔在三十多岁时，即随车骑将军窦宪远征北匈奴，随后多次参与平定羌人叛乱，见第三章第126页；deC, *Northern Frontier*, 273, 285-286, 300。公元111—114年，耿夔行度辽将军事，后因多次侵陵使匈奴中郎将郑戬而被免官下狱，由邓遵取代其为度辽将军，现在又取代邓遵。

[125] 第三章第121—122页。公元91年，耿秉去世，其传记见《后汉书》卷十九《耿秉列传》。

[126] 安帝生母为左姬，等级很低。邓太后去世后，安帝追尊清河孝王为孝德皇，生母左姬为孝德皇后，见《后汉书》卷五《孝安帝纪》。按照传统，以清河孝王妃耿氏为甘陵大贵人，至孝德皇后甘陵守陵居住。

[127] 《后汉书》卷九十《乌桓鲜卑列传》；deC, *Northern Frontier*, 299-

300, 289。

[128] 关于高句丽、夫余国，见《后汉书》卷八五《东夷列传》。Gardiner, *Early History of Korea* 对此有讨论。

[129] 关于建立与郡同级的属国，见《后汉书》志第二十八《百官五》、《后汉书》志第二十三《郡国五》，讨论见 deC, *Northern Frontier*, 3, 445-445 note 3, 4。在帝国一些普通的郡中，有的县也称作"道"，可能是因为居住着大量少数族。之所以在西河郡和上郡设置县一级的属国，是因为公元 90 年窦宪远征草原得胜，以此安置投降的匈奴人，见《后汉书》卷四《孝和孝殇帝纪》；deC, *Northern Frontier*, 277, 523 note 1。与此类似，公元 155 年设安定属国，见第三章第 166 页。郡一级的属国反映出一种新发展。

[130] 关于辽东属国及其下辖的县/道，见《后汉书》志第二十三《郡国五》。关于辽东属国所管辖的地域，见 deC, *Northern Frontier*, 39, 46-465 note 53 以及《中国历史地图集》第二册，第 61—62 页。

[131] 《后汉书》志第二十三《郡国五》。如果想了解居延汉简所记载的居延军事体制，见 Loewe, *Records of Han Administration*。

[132] 《后汉书》志第二十三《郡国五》、《后汉书》卷五《孝安帝纪》、《后汉书》卷八六《南蛮西南夷列传》。

[133] 关于察举地方名人隐士，见 Vervoorn, *Men of Cliffs and Caves*, 156-157。

[134] 关于《说文解字》的历史，见 Boltz, *Early Chinese Texts*, 429-431。

[135] 关于六宗地位的争论，见《后汉书》志第八《祭祀中》、《后汉书》志第九《祭祀下》, Mansvelt Beck, *Treatises*, 97-98。田天, "Suburban Sacrifice Reforms and Imperial Sacrifices", 278-279 认为王莽早已承认这些神祇，把它们确认为日、月、雷、风、山、河。

需要注意的是，这一时期"六宗"还指六位汉代皇帝，即前汉的文帝、武帝、宣帝、元帝以及后汉的明帝、章帝，均配享庙号称宗，见第三章第 147—148 页。

[136] 因灾异而免官的首例出现在公元 107 年，以寇贼水雨而将太尉徐防、司空尹勤免官。之后多次出现因灾异而免官的例子。见《后汉书》卷四四《张

禹列传》。

[137] DeC, *Portents of Protest*, 19, and Bielenstein, "Portents and Prognostications", 103-104.

[138] DeC, *Portents of Protest*，比如第 11 页。我认同毕汉思的观点，即"每年所记载的灾异数为我们提供了一个曲线图，反映出在那些掌管各部并总体上代表其同僚的政治观点与偏见的官员学者心中，朝廷的声望"。在某种程度上这可能是正确的，但必须意识到，皇帝本人可能会表现出对祥瑞现象的兴趣，相关官员接受这种导向大概是明智之举。

更重要的是，马恩斯（Mansvelt Beck）在关于《后汉书》/《续汉书》志书的研究中，强有力地论证了《五行志》不能作为反映当时思想观念的参考材料。他的主要论述见于 *Treatises*, 163-173。他在第 170 页表示，《五行志》所提供的仅仅是"人为浓缩的关于某些事件的灾异现象，是由编纂者预先挑选的"。他在第 157 页认为《五行志》主要是"根据司马彪的观点所改写的后汉历史"。

[139] DeC, *Portents of Protest*, 15. 几年后，学者襄楷以木星、火星的表观逆行警示桓帝。但木星每年都会发生逆行，火星大约每两年发生一次逆行。此外，当时的天文学家掌握了行星的会合周期，所以不应将行星逆行视为不寻常或别有意味的事件。见 DeC, *Portents of Protest*, 22, 52-54 引用 Needham, *Science and Civilisation* III, 401 及第七章第 348 页。

Yang（杨劭允），"Politics of Omenology", 340-341 对于援引（或有时编造）这些灾异的人是否真的相信其正确性展开讨论。他引用了 Eberhard, "Astronomy and Astronomers", 69, 艾博华（Eberhard）认为有些参加这种辩论的人并不相信灾异之说，但更同意韦纳（Veyne）所说的："在一个人的头脑中并存着互相矛盾的真相……这是普遍存在的事实。"乔治·奥威尔称其为"双重思想"（double-think）。Cai(蔡亮)，"Hermeneutics of Omens" 从一种更加怀疑性的角度讨论了这个问题。

在 Rogers, "Myth of the Battle of the Fei River", 53 可以看到，唐代史家们也使用了类似方法。为了劝唐太宗采取更加明智、克制的对外政策，唐代史家们发现，他们所持的道德伦理的真实 (ethical truth) 直接关系到那些亟须关注和决策的政策问题——因为他们自己也被卷入其中，因此对他们而言，道德伦理的真实比抽象概念的历史事实 (historical truth) 更令人信服。

参见 Holzman 对 Rogers, *Chronicle of Fu Chien* 的评论。

[140] 公元 97 年，掸国也派遣过使团，见第三章第 140 页。

[141] "嘉禾"是一种植物，描述各异：有的称嘉禾茎高五尺，一禾三十五穗，每穗两粒谷；有的称嘉禾有三根，一茎，九穗；有的称嘉禾生长时能刺穿桑树；有的称其穗巨大，"大几盈车，长几充箱"。见 Tjan, *White Tiger Discussions* I, 341 note 360，讨论《白虎通》卷十八等材料。

[142] 这些祥瑞记载于《后汉书》卷五《孝安帝纪》。《后汉书·五行志》《后汉书·天文志》中记载的大多是灾异。

[143]《后汉书》卷五《孝安帝纪》。

[144]《后汉书》卷三三《冯石列传》。

[145]《后汉书》卷五四《杨震列传》。

[146]《后汉书》卷十五《来历列传》。Bielenstein, *Lo-yang,* 27-28 note 103，认为鸿都门位于南北两宫之一内部，并根据 17 世纪学者顾祖禹的观点，认为它可能在南宫之内，但毕汉思在注释 103 注明这一观点并无确凿证据。Knechtges, "Court Culture", 35 note 3 注意到据 10 世纪地理志书《太平寰宇记》，鸿都门位于北宫之内。

根据 *Lo-yang*, 40, 安帝似乎居住在北宫，增加了鸿都门位于北宫的可信度。因为这种情况下，它更像是一个表示强烈抗议的场所。此外，之后灵帝主要居住在北宫，建于公元 2 世纪 70 年代的鸿都门学是灵帝主导设置的，见第八章第 385 页。

[147] 考虑到当时是春末，要掩盖住尸体腐烂的气味可能很困难，但史书不作评论。

公元前 210 年盛夏，秦始皇死在东巡途中时，据说尸体放置在辒凉车中，这种车的车窗"开之则凉，闭之则温"，见《史记》卷八七《集解》注。当时将车封闭，但宦官侍从每日送进饮食，"百官奏事如故，宦者辄从辒凉车中可其奏事"。一段时间之后，夹杂着腐烂鲍鱼的味道，车中的气味更加难闻。这种方法将秦始皇的死讯掩盖了两个月。《史记》卷六、卷八七；Chavannes, *MH*

II, 192-193; Nienhauser, *GSR* I, 154-155 及 VII, 342。(沙畹在第 193 页注释 3 指出，如果秦始皇当时还活着，很难相信他能忍受烂鱼的味道。)

然而在安帝的例子中，自他去世到发丧，仅经过四天时间，故不需要采取那么特别的手段，大概使用封闭的车厢足矣。

[148] 关于另外几位读作 Liu Yi 的人物，见前文注释 102。

第五章 顺帝统治时期
（公元125—144年）

年　表

125年	4月30日，安帝去世；阎太后临朝掌权。
	5月18日，年幼的刘懿被立为皇帝。
	6月3日，耿宝等人失势被贬。
	12月10日，少帝刘懿去世。
	12月16日，中黄门孙程等宦官发动政变，推翻阎太后，将前皇太子刘保推上皇位。
126年	政治调整，政变引发了一些混乱。
	在北方重新部署军队，应对接连不断的鲜卑叛乱。
127年	虞诩、左雄、黄琼在尚书台发起儒学改革。
	从西域召回班勇，汉朝在西域的影响衰退。
129—139年	在凉州重新安置百姓
132年	立梁妠为皇后。
	修缮太学。
133年	孙程去世后，顺帝下诏让其养子继承爵位和封地，开了宦

	官封地可由亲属继承的先例。
	张衡地动仪首次记录地震。
	鲜卑王其至鞬去世；北方的侵袭有所缓和。
135 年	梁皇后父亲梁商被任命为大将军。
140 年	匈奴发生叛乱；单于休利去世。
	羌族再次发生叛乱。
	击败自立的单于车纽，南匈奴失去统帅。
	[大约在那时，《太平经》被献给朝廷，见第六章。]
141 年	马贤进攻叛羌，大败战死；西北各地发生叛乱，郡县长官撤回中原；羌族进攻直逼长安。
	梁商去世，其子梁冀继而担任大将军。
142 年	设置八使巡行风俗，报告州郡官员情况。
143 年	[减少百官俸禄，强制借贷王侯封地租税。见第六章]
144 年	最终解决羌族、匈奴叛乱，但凉州、并州的大片地域没有得到有效管控。
	顺帝去世，由幼子刘炳继承皇位；梁太后临朝。

阎氏家族的覆灭

阎太后立年幼的刘懿为帝，以刘懿的名义实行统治。刘懿是后汉第四个尚未成年便登基的皇帝，而阎太后是第三位临朝的皇太后，也是继邓太后之后第二位能够自己挑选皇帝的太后。前汉已有先例，后汉则已经以制度形式完全固定下来，尽管前些年还有反对者，但在安帝之子刘保被废后，当阎太后挑选刘懿为帝并临朝掌权时，已经没有反对的声音了。[1]

安帝 4 月 30 日去世之后，阎氏立即做出了立刘懿为帝的决定，但直到公元 125 年 5 月 18 日刘懿才即位，这时已过去了近三周。又过了十天，先帝宠臣、太尉冯石任太傅，在巡幸途中帮助掩盖安帝去世消息的司徒刘熹任太尉，二人通过参录尚书事掌握大权。

虽然在安帝死前，以大将军耿宝行太尉事，耿宝无疑参与了掩盖死讯的阴谋，但他并没有得到冯石、刘熹那样的重权。相反，几天之后阎氏着手解决之前的盟友：大将军耿宝、中常侍樊丰、乳母王圣等先帝宠臣被控结党，樊丰等人下狱死，王圣及其家人被流放至北方边塞雁门，耿宝被免官、贬爵，最后自杀。[2] 8月6日下诏大赦天下，并减免先帝巡狩所幸地区当年一半的田租，巩固了新政权。

此时阎太后二十五六岁，[3] 无人挑战她临朝摄政的地位，她的兄弟们掌控了洛阳的主要安全部队。除了阎显为车骑将军，名义上统领北军外，阎景为卫尉，掌管皇宫城墙城门，阎耀为城门校尉，阎晏为执金吾，负责保卫首都。这应该是一张坚不可摧的权力之网，但很多朝臣一直为刘保被废感到愤愤不平，他们仍然将刘保视为正统皇太子，而阎太后的权力完全依赖于她对幼帝刘懿的掌控——刘懿是她亲自挑选的继承人，也受她保护。

公元125年12月10日，刘懿在登基仅6个月之后去世。《后汉书·安帝纪》记载，当时京师大疫，有可能刘懿是死于这场四处蔓延的疾病。[4]

对阎皇后及阎氏家族来说，傀儡皇帝的死亡导致了迫在眉睫的难题。理论上，阎太后有权挑选一位新的皇帝，而当刘懿最初病重时，中常侍江京（公元106年迎安帝于邸，后任阎皇后大长秋）曾劝说阎太后挑选一位新的继承人，但不能是刘保，因为刘保会因之前的遭遇而怨恨他们。阎皇后同意他的建议，征召诸位王子来京，但他们未到洛阳刘懿便去世了。

还有一派意见不同。辟车骑将军阎显府的陈禅、崔瑗等人认为如果不立刘保为帝将有伤阎皇后统治的合法性，试图劝阻阎显。但阎显

"日日沉醉，不得面见"。[5] 不管怎样，少帝去世时，他们没有采取什么强有力的措施。

阎氏一党为获取更多时间，再次试图掩盖皇帝死讯，但宫中侍从们自然得知了消息。安帝时曾给事长乐宫的中黄门孙程见机发动政变，将十岁的废太子刘保推上皇位。[6]

虽然刘保已被废为济阴王，但并没有就国，仍在京城，软禁于北宫他自己的住所内。孙程劝说济阴王谒者长兴渠，在兴渠的帮助下，联系到王康等废太子下属，这些人都对刘保被废、自己失势而心怀怨愤。其中，王国现为长乐太官丞，是为阎太后服务的宦官，肯定作为内应发挥了很大作用。

12月14日，刘懿去世四天后，孙程遂与王康等十八人聚集于北宫德阳殿西钟之下，他们割裂单衣，发誓效忠刘保。德阳殿是北宫主殿，前太子居所肯定距此不远，故刘保的部下们能被孙程召集，以确认行动计划。[7] 两天后，孙程等人发动政变。

12月16日晚，孙程等人再次聚集于崇德殿。崇德殿位于德阳殿以西70多米处。随后他们向北进入章台殿门，当时江京、刘安、李闰、陈达等人都坐在宫门下，毫无防备。孙程一伙出其不意地斩杀江京等人，唯独留下李闰，并举刀威胁李闰与他们一起去刘保住所将他释放。随后在德阳殿举行简短仪式，刘保即皇帝位。

由于阎太后宫殿也在北宫，北宫基本上受阎氏家族控制，故新帝党立即将年幼的皇帝用辇搭载穿过复道搬往南宫。[8] 他们占据云台（云台为悬空建筑），召百官服侍新皇帝，并命令尚书令及其属下起草任命诏书，以开创并支持新政权。

当小黄门樊登报告政变的消息时，阎显和妹妹阎太后正在北宫太后宫殿中。阎显凭借太后摄政权威召越骑校尉冯诗、[9] 虎贲中郎将阎崇（阎显的亲族），[10] 令其率领所部军队屯于朔平门。阎崇依令执行，但朔平门位于北宫北面，与南边事发地有一定距离，不知为何选择此处为集合点。[11]

更值得注意的是，冯诗入省后，受到阎太后亲自接见。阎太后承诺，"能得济阴王者封万户侯，得李闰者五千户侯"。但是冯诗的忠心并不坚定，并且手下兵马不多，所以阎显令樊登与冯诗一同赴左掖门外召集其他守卫，这也是监视冯诗。尽管如此，冯诗无视了那些奖赏许诺，格杀樊登，率部归营屯守。之后冯诗没有采取其他行动，北军其他各营效仿冯诗。

因为某些原因，可能是"日日沉醉"，很明显阎显无法从他名义上统率的军队那里获得支持。阎显的弟弟、卫尉阎景当时也在阎太后宫殿中，政变发生后即刻出宫，从城内自己衙门中召集了一小队人马返回北宫。然而此时，孙程已传召诸尚书派出卫兵进入北宫。碰巧正在卧病的尚书郭镇听说后当即率领直宿羽林加入搜捕队伍，羽林军大概比普通守卫更加训练有素。两方人马在宫内狭路相逢，短暂交锋后，阎景被剑刺中，坠下车被俘，随后被送往廷尉狱，死于当晚。

阎景的失败终结了阎氏的抵抗，刘保的拥护者们命令羽林、虎贲把守南北两宫宫门。次日早晨，遣使者入宫夺得皇太后玺绶，遣侍御史持节解除阎显及其兄弟们的官职，下狱诛杀。阎太后被迁至离宫，阎氏其他成员党羽被流放南方（今越南）。

12月18日，这场危机终于结束，开宫门，罢屯兵。12月21日，诏司隶校尉仅收捕阎显、江京近亲，其他人从宽饶恕。十日后，年轻的顺帝谒高庙、光武庙，拜见祖先。1月7日，葬少帝刘懿。刘懿短暂的统治被认为是对皇位正统的错误中断，所以既没有庙号，也没有以皇帝礼仪下葬，仅以诸王礼下葬。官方以其原来的爵位"北乡侯"来指代刘懿，通称"少帝"。[12]

顺帝以及改革者们

顺帝登基后，行事谨慎。赐公卿百官钱、谷各有差。尚书令以下从辇幸南宫云台者，皆增秩赐布各有差。司空刘授被免官。安帝时，刘授对大将军耿宝特别谄媚，曾为此举荐中常侍李闰的哥哥为官。除此之外，特别下令从地方举荐官吏：令郡国守、相视事未满岁者，一切得举孝廉吏。永建元年（126）新年刚过，下诏将京城的大面积疫病归咎于错误打破皇位正统。（"奸慝缘间，人庶怨讟，上干和气，疫疠为灾。"——译者注）此时秩序已经恢复，朝廷大赦天下，并向各类人等赐爵、赐粟帛。

然而，很难估计当时是谁在真正把持朝政。在政变之时，刘保并没有独立自主地采取行动。他只是一个 10 岁男孩，这在意料之内；公元 92 年和帝的行为则是意料之外，当时和帝 12 岁。[13] 此时，这位新皇帝被推上皇位，但朝局处于一种奇特的状态：无上的权力掌握在一个未加元服的男孩手中，却没有人摄政代表他行使大权。此外，很多公卿重臣因与阎氏集团有交往而受到牵连，比如这一年年底，刘授被免去司空之职，永建元年正月（126），太傅冯石、太尉刘熹也因同样的原因被免。

司徒李郃是一个特例。[14] 尽管李郃是在安帝去世后由阎皇后任命为司徒的，但在少帝病重期间，李郃却谋划重新扶刘保继承皇位。孙程等人在李郃行动之前就发动了政变，故李郃的功绩不被人注意。此时朝中有人上疏表示阎太后对待顺帝的方式，尤其是她废黜顺帝太子之位、使之被排除出皇位人选的举动，有悖母子恩情，应该迁居别馆、绝朝见。而李郃上疏反对，认为这样苛刻对待会引起天下人非议，故公元 126 年初，顺帝准许朝觐太后如旧。几天后，阎太后去世（她的死未必是自然原因），太后和新帝的和解消除了新政权潜在的尴尬。

当冯石、刘熹被免官时，李郃也被免。表面上看这是由洛阳的瘟疫所致，但可能是因为他为阎太后的辩护使他也被当作阎太后的同情者。不久后，有人上报了他"潜图大计，以安社稷"的功绩，朝廷封李郃为涉都侯，但李郃辞让不受，之后再未担任官职。

上述种种变化导致所有的三公九卿均在政变后几周内遭到更换。新任太傅为桓焉。当刘保为皇太子时，桓焉即为太傅，他也是公元124年刘保被废时参与抗议表示反对的官员之一。[15] 新任太尉为朱宠，与邓氏家族交情颇深，以学识和节俭著称。桓焉、朱宠参录尚书事。

其他参与公元124年抗议的官员也都被授以高官显爵。为首的来历被任命为卫尉，后任车骑将军。张皓于公元126年任司空。另外，赐予所有参与抗议者特权，能以一子为郎官，这是出仕的重要途径。

至少在新政权的最初阶段，可以确信孙程等宦官拥有相当的影响力，政变刚一结束，这十九位宦官就被封爵。不过李闰没有被封爵，他是在利刃胁迫下协助政变者的。孙程被任命为骑都尉，这是一个清闲尊贵的美差，但他却在一个戏剧性的场景中顷刻间失宠。[16]

事情的起因与虞诩有关。在前文羌族叛乱部分曾提到他。[17] 在此之后，虞诩任武都太守，驻守武都郡防范羌人，但大概是受邓太后去世、阎氏掌权的波及，很快被免官。公元126年初，虞诩被任命为司隶校尉，多次上奏冯石、刘熹等人的不法事，导致冯石、刘熹以及其他朝臣宦官们受到弹劾免官。虞诩心性坚定，极有主张，因刑罚苛刻而招致批评，但他回应称太多高官将过失推诿给下级，应该从上进行改革。据说年幼的顺帝听从了他的上奏，当年冬天罢免了虞诩重点批评的官员——司空陶敦。

虞诩受这次胜利的鼓励，将目标转向中常侍张防。虞诩上奏称张防贪污受贿、谋划叛变。张防与已经覆灭的阎氏家族并无牵涉，他是顺帝宠信的宦官。张防向顺帝哭诉喊冤，虞诩被下狱拷打，但他仍坚持自己对张防的控诉。

孙程等人为虞诩辩护，称赞其为忠臣，请求顺帝恢复虞诩官职，并称"今客星守羽林，其占宫中有奸臣"。[18] 当时张防站在顺帝身后，孙程呵斥令其下殿，张防躲进东厢。顺帝召集诸尚书询问意见，尚书贾朗一向与张防交好，表示虞诩有罪。顺帝令孙程退下，自己再考虑一下，而这时中常侍高梵在虞诩之子虞颉等人的劝说下，入殿为虞诩等人求情。高梵也是顺帝宠信的宦官，在阎太后临朝时遭到流放，对顺帝忠心耿耿。张防以阴谋叛国获罪，他和同党被处以死刑、流放、刑罚或免官。这些获罪的人当中还有两位中常侍、尚书令、尚书仆射、尚书、兖州刺史、金城太守、敦煌太守、使匈奴中郎将等，但难以想象这些边郡官员是如何牵涉进朝中事件的。[19] 虞诩被释放，很快迁尚书仆射。

事情没有按照自己的意愿来发展，令年幼的顺帝感到愤怒和耻辱。顺帝将孙程由浮阳侯（浮阳位于勃海郡）徙封为宜城侯（宜城位于南郡，逊于勃海郡），并遣之前封侯的十九个宦官就国。孙程对此非常怨恨，封还印绶、符策，归隐山中。

孙程等宦官的失宠发生在公元127年，而之后有人劝说顺帝这种行为忘恩负义，于是在公元128年下诏令孙程等人返回京城，复故爵土，孙程与另外两人再次拜骑都尉。公元132年孙程病重时，再次得到拔擢，死后追赠车骑将军印绶，并下诏令其弟孙美、养子孙寿继承爵位封地。在公元114年郑众养子继承爵位的先例后，这是又一次宦官养子袭爵的例子，公元133年顺帝下诏"宦官养子悉听得为后，袭封爵"，确定为常制。[20]

尽管顺帝年幼，但很有个人尊严，"号令自出"，愿意帮助那些自己偏宠的人，其中包括他的前乳母宋娥。长期以来这位年幼的皇帝肯定常常处于孤独中，宋娥一直能够左右他。公元133年，顺帝以宋娥在六年前有拥立之功，封其为山阳君——但其实宋娥并没有直接参与拥立顺帝，而顺帝登基后很快便下诏赏赐宋娥。朝臣劝谏，反对将宋娥封侯，并提到当时出现灾异，但顺帝执意如此：顺帝显然能够自己做决定，即使这些决定不全是正确的。

但在某种程度上，朝廷可以在皇帝没有深入参与的情况下自行运转。地方事务、上报、监察等官僚体系下的常规流程基本不需要朝廷高层的介入，很多事务可以由各部官员处理。太傅桓焉与太尉朱宠同参录尚书事，正式执掌行政权。公元127年，太尉朱宠被免官，公元128年太傅桓焉被免官，分别由刘光、庞参接任，并录尚书事。直到公元133年太尉庞参被免后，接任者才不再录尚书事。

除了处理文书等日常事务外，尚书可参与纠察、裁决、典案百官，例如张防一事，同时在政治决策中也承担着重要角色。尚书秩六百石，尚书令仅秩千石，相当于大县县令的秩级，但尚书与皇帝关系紧密，这使尚书拥有巨大影响力。安帝时期，尚书仆射陈忠便已上疏警告"三府任轻，机事专委尚书"的现象，认为三公才应掌握朝政真正权力，尚书不应重于三公。[21] 而到年幼的顺帝统治时，一群忧心忡忡的儒者得以担任尚书，他们利用这个机会发起了一场改革。

顺帝初年，南阳郡左雄因任冀州刺史时有声望而公车征拜议郎。议郎仅六百石，掌顾问应对，属于后备官员。左雄多次上疏批评朝廷贪污腐化。公元127年，当时的尚书仆射虞诩推荐左雄任尚书，后迁尚书令。之后不久，黄琼接替虞诩为尚书仆射。黄琼的父亲黄香曾为和帝的亲密顾问，官至尚书令。虽然黄琼最初更愿意隐居乡里，但在受征召入朝为官后,他很快加入虞诩等人的阵营,积极投身政治。虞诩多次关注乱权贪腐问题,特别是宦官和皇帝宠臣的乱权贪腐,而左雄、黄琼则试图改革通行的政府管理方式,特别是州刺史制度和选官制度。[22]

左雄任尚书令不久便上疏批评朝廷对地方官员管理不善,监察者"见非不举,闻恶不察",对百姓苛刻,赋税过于沉重。他认为那些贪污残暴的地方官员应"锢之终身",不得赦免,若有官员试图逃避劾奏,应该牵连全家。同时,左雄呼吁应大力选拔贤臣,鼓励清白的儒生担任地方长官,以获取任职经验。另外,地方官员不应经常迁转,应在一地长时间任职以保证政令持久,故应该限制辞官行为,非父母去世不得去官。这些提议指出了现行制度的一些顽疾,得到一些支持,但遭到保守势力阻拦,最终付诸实施的很少。

公元129年,在大范围洪水暴发后,左雄第二次上疏,呼吁加强行政管理,并批评法律过于严酷,比如"一人犯法,举宗群亡"。同样,看起来很多官员满足于现状,对个人的影响力和赤裸裸的腐败一直十分包容。

继左雄之后,黄琼任尚书令。他强调儒学传统,例如公元127、128年分别上疏劝谏重视祥瑞灾异、藉田礼。此外,左雄、黄琼二人均非常关注察举制度,为郡一级的选拔设置了更高的标准(左雄甚至主张"孝廉年不满四十,不得察举"),对孝廉孝悌等郎官进行更严格的审查。然而朝廷需要定期选拔一批官员进入官僚机构,这意味着左雄、黄琼的提议要么不切实际,要么不被重视。[23]

尽管左雄、黄琼的改革收效甚微,但他们确实在恢复太学上有所进展。当时太学已荒废多年。[24] 章帝曾担忧官方今文经学教授过于复杂,公元79年在北宫白虎观召集会议,希望借此机会确立古文经地位。那次会议过程被记录成书，即《白虎通》，据此可见会议明确的是今文经的地位，与皇帝的意愿背道而驰，但章帝仍持续支持古文经学，特别是通过著名古文经学家贾逵进行扶持。当时认为学者的个人讲授比太学教育更加活跃、有创造性。[25]

和帝对今文经、古文经均很宽容，他对历史感兴趣，但对太学不怎么关心。到公元102年，有大臣上疏抱怨各家今文经流派众多，儒学经典的真意淹没其中，因而命令老师们注重章句，今文经学体系变得更加僵化。公元106年，尚书樊准提议召集地方上的知名学者至京城，以加强讲经的力量。[26]

邓太后曾表现出对经学和道德的关注，这确实是受樊准观点的影响。邓太后没有给予太学强有力支持，但力图吸引优秀人才入朝为官。顺帝朝也采取同样的政策，并取得了更大的成功。但著名隐士樊英入朝为官后仕途不畅，杨厚多次解读谶纬，但他的仕途也比较失败。虽然如此，有人认为当这类处士同意入朝为官时，他们提高了统治者的道德标准，使州郡士人心生好感，并且他们的成熟和令人尊敬的品行为低级官吏树立了榜样。[27]

然而在同一时期，据记载到公元2世纪20年代时，太学已经废弛，博士们不再教课，太学生们不再学习，校舍倒塌，场地荒置。公元131年，左雄上疏请求"宜崇经术，缮修太学"。这一提议得到了太尉庞参等公卿的支持，顺帝应允。公元132年秋天，太学新成，用工徒十万余人，建成近两百五十间房、两千室。通过考试明经来选拔博士，下第者补弟子。[28]虽然不确定太学的教学体系是否出现了明显改善，士人通过考试也并不意味着能直接或自动进入官僚队伍，但年轻士子们及其家人受此鼓励，将修缮后的太学作为准备进入仕途的手段，越来越多的学生聚集在洛阳。[29]

尽管左雄、黄琼在尚书令任上掌握有一定的权力，但更多的低级官员也能对朝廷政策产生影响。其中最有名的是周举。周举的父亲曾为博士，周举凭自身能力成为著名学者。[30] 公元126年，时为司徒李郃府文吏的周举劝说李郃，认为尽管阎太后曾对顺帝不好，但应该尊敬阎太后，这样更加明智。在李郃的劝谏下，顺帝没有将阎太后迁居别处，明年正月朝阎太后于东宫。这一举动向天下人展现出了顺帝对阎太后的善意，阎太后不久后的去世看上去就不那么令人怀疑了。[31]

不久之后，孙程等十九侯因反对宠臣张防而失宠（他们是将刘保推上皇位的功臣），离开京城，被遣就国。[32] 朱伥接替李郃为司徒，周举仍为司徒府吏，他劝说朱伥为十九侯向皇帝求情，称其迎立顺帝的功绩巨大，应得到更多感谢。最终顺帝听从了朱伥的劝谏，感念孙程等人的功勋，悉征还京师。

以上这些故事都来自对私下交谈和幕后行动的记载，不尽可信，不过周举确实因直言劝谏而为人称赞。周举先后为平丘令、并州刺史、冀州刺史，公元134年，在司隶校尉左雄的荐举下，征拜尚书，回到洛阳，与尚书仆射黄琼"同心辅政，名重朝廷"。

当年春季，京城附近出现大旱，顺帝亲自求雨，并令司隶、河南祷祀河神、名山、大泽。此外，顺帝以周举才学优深，特下策询问意见。[33] 策书以"朕以不德，仰承三统"之类的套话开头，而周举的回复充分利用了这一点。周举表示，之所以大旱，是由于皇帝挥霍奢侈、对官员贪污受贿行为一再容忍，他劝谏顺帝节俭开销，包括"出后宫不御之女""除太官重膳之费"。周举还表示，梁妠被立为皇后已有两年，但一直没有子嗣，这是对王朝的未来不负责任。

这封上疏非同寻常，因为周举不仅在议论皇帝的私生活，还直接站在了皇后梁氏及其家族的对立面上。顺帝对他印象深刻，于是召见周举，尚书仆射黄琼、尚书令成翊世陪同。[34] 周举再次表示应该"去斥贪污，离远佞邪"，但当顺帝询问哪些官员贪污佞邪时，周举仅提到司徒刘崎，称刘崎任司徒多年，但却一无所成，"未闻有忠言异谋"。司徒刘崎、司空孔扶被免，不过这并非他所期待的"清除佞邪"。周举接替左雄担任司隶校尉，但顺帝仍然依赖那些宠臣，梁氏家族也继续发展壮大。

尽管周举有如此非难，或者说正是因为周举对梁氏的严厉指责，大将军梁商很敬重他，以周举为从事中郎。公元141年梁商去世，在死前向顺帝举荐周举，称赞他"清高忠正，可重任也"。梁商可能是希望周举能约束梁氏家族，使之不至于放肆越轨。然而当时周举仅任谏议大夫。

中国的史学家们将顺帝统治早期视作复兴时期，当时朝廷受到虞诩、左雄、黄琼、周举等贤臣的影响。改革者们经常遭到更加保守的官员抵制，而顺帝有自己的偏宠，在朝中大臣和宫中宦官内部都有党派之争。但总体上，公卿们能够避开皇帝、摄政者或宠臣的强势干预，独立地处理政务。

另一方面，尽管改革者们努力改善朝廷的组织管理，但他们都任职于尚书台，与皇帝关系紧密，同样不得不依赖于派系支持，依赖于自己与皇帝的联系。朝中其他官员，甚至是理论上掌管尚书的三公，都常常被绕过，无法发挥有效作用。皇帝掌握最高权力，官员们必须接受皇帝的决定，这一情况并无改变。虽然能够创立新的选拔、监督体系，并揭发腐败无能的官员，但真正的改变取决于皇帝或皇帝所宠信之人的意志。

对此，我们可以注意到人们再次将吉凶征兆作为政治辩论的形式，尤其是当官员们迫切希望能够影响到皇帝时。我们在前文讨论安帝时期朝政时描述过这种技巧，[35]顺帝朝改革者们也采用了类似的方法来对付顺帝。黄琼对这些上天的警示极度重视，公元129年因洪灾而上疏劝谏。公元134年顺帝之所以下策问周举，也是因为当时河南、三辅大旱。[36]

同样的，公元133年京城发生地震时，顺帝下诏询问对策。很多公卿推举前任司徒李郃之子、著名学者李固。李固首先表示对顺帝前乳母宋娥的封爵是毫无根据的，进而批评外戚梁氏威权日重、宦官"望风进举"。李固强调朝廷需要诚实正直的臣子，劝说皇帝"招会群儒，引问失得，指摘变象，以求天意"。据记载，顺帝对他的意见多有采纳，令乳母宋娥出宫居住，诸中常侍悉叩头谢罪。然而，李固的政敌们不断诽谤构陷他，李固最终仅在大将军梁商的支持下拜议郎。[37]

顺帝可能受到李固的影响，公车征辟隐居的学者郎𫖮入朝。[38]郎𫖮是北海郡人，其父郎宗学《京氏易》，长期隐居乡里，安帝时期受征召入朝，不久即辞官而去。郎𫖮受其父影响，广泛学习儒家经典以及占卜之术，教授数百人。此前他数次拒绝州郡辟召，但接受了顺帝的征辟。他上疏详细陈述自己对朝政的见解（包括要尊敬隐士）、强调灾异祥瑞的重要性、强调统治者的个人能力对恢复政令的作用。此外，他认为应该缩减后宫规模，批评三公九卿不作为，主张对朝臣进行全面检查、净化官场。尽管郎𫖮反对左雄改革察举制度，因为新制度的年龄要求和评定标准难以实施，[39]但他强烈赞成这些改革者们，包括举荐他的李固。

此外，郎𫖮预测立夏之后又将出现一次地震和旱灾，羌人和鲜卑将发动袭击。这些预测均一一实现。朝廷诏拜郎中，但他辞病不就。对于一位杰出的学者来说，郎中并非高官显位。郎𫖮返回乡里，之后又有公车征辟，但他拒绝了。

无论公元133年的地震代表了何种征兆，也无论它是否提前被预测，它最早是由张衡的地动仪记录下来，这是历史上最早的地震监测仪器。根据《后汉书·孝顺孝冲孝质帝纪》，阳嘉元年秋七月，"史官始作候风地动铜仪"，在此之后最近一次地震是发生在次年夏四月的京师地震。[40]

公元100年，张衡任南阳郡功曹，作《二京赋》，其后为郡治宛城作赋。[41]除此之外张衡还创作了很多文学作品，其作品经常引经据典。除了文学才能外，张衡还是汉代最伟大的科学家之一，在数学、天文学、地图学方面很有造诣。公元110年前后，朝廷以公车特征，拜郎中，之后任太史令。太史令秩仅六百石，但据毕汉思研究，在中央各官职中，太史令是职能最多、所受训练最多的官职，职责包括观测天时、掌管历法、记录祥瑞灾异等重大事件。[42]大约在公元120年，张衡迁公车司马令，秩级同样是六百石，为卫尉属官。

张衡一直对天文学很有兴趣。公元123年，有人提议将四分历改为合于图谶的甲寅元历，张衡反驳了这一提议，认为这样修订历法只能增加错误，谶纬之说不足信。张衡的观点得到朝臣的广泛支持，最终保留四分历不变。但当张衡进一步建议禁绝图谶时，并没有得到认可——光武帝喜爱图谶，之后各代皇帝均支持图谶。此外，尽管张衡有志于史学，并一直担任太史令，但朝廷第二次组织修订汉史，即《东观汉记》时，并未准许他参与编修，也没有采用他编写的《天文志》。[43]

尽管经历了这些失落，但顺帝继位之初，公元126年，张衡再次被任命为太史令。在太史令任上，张衡通过个人研究学习，在理论科学和实践科学上取得巨大成就。他所作的《灵宪》一文列举了一万四千颗星（《灵宪》："中外之官常明者百有二十四，可名者三百二十，为星二千五百……微星之属，尽万一千五百二十。"——译者注），后汉官方的星图即为张衡所作。张衡所作《浑仪注》，描述了浑天仪中漏壶以及地平线、子午线的运转。[44]张衡似乎还准备为汉帝国制作一份地图，他可能是历史上最早使用矩形网格系统制作地图的人。[45]

张衡公元132年的发明能指示地震发生的方位，这与风向标指示风的方向相类似，这个仪器被称为候风地动仪。樽中安装的验震棒原本处于杠杆平衡状态，当地震来袭之时会发生摆动，将外壁周围的八条龙首之一嘴中的铜珠撞出来，然后铜珠落进下方一只蟾蜍的口中，据此来确认震源的方位。李约瑟把候风地动仪称作所有地震仪的鼻祖，并且认为这样的装置通过校准，不仅能监测地震方位，还能够监测地震强度，这样就能提前准备疏散和救助工作。[46]

尽管张衡不认同谶纬之说，但他能够接受巫觋的某些说法，在《灵宪》一书中将月食、彗星和行星的运行情况作为朝政的指引。张衡利用祥瑞灾异与阴阳平衡来证明自己的观点，多次上疏进言议论朝政，反对宦官，劝谏顺帝自主行使权力。之后张衡迁侍中，顺帝引在帷幄，讽议左右。但不久后，张衡遭到宦官诽谤，于公元136年离开京城。

张衡出为河间相，在河间国内严整法度，规范名姓大族，上下肃然，称为政理。但他的文学作品反映出个人的不得志，其《思玄赋》上追屈原《离骚》的浪漫神秘风格，讨论好人是应该逃离腐朽的现实，还是应该身在其中努力保持本心。[47]虽然张衡于公元138年在河间相任上上书乞骸骨，但被朝廷征拜尚书，返回洛阳，次年于洛阳去世。

梁氏家族的兴起

永建四年元月（129），顺帝加元服，时年15虚岁。为庆祝加元服，向皇室、公卿赏赐金、帛，并在全国广泛赐爵。顺帝的正式成年终于结束了皇帝年幼却无人摄政的异常情况。虽然顺帝年幼，但他已经有了自己的后宫，公元128年梁妠选入掖庭为贵人。

梁妠是和帝生母梁贵人的孙侄女，公元83年梁贵人被窦皇后构陷去世。公元97年，和帝追尊生母梁贵人为皇太后，恢复了梁氏家族的名誉和尊荣，[48]梁妠的父亲梁商承袭侯爵，并在朝中任职。梁妠生于公元116年，[49]史书记载她出生时"有光景之祥"，并且"善女工，好《史书》，九岁能诵《论语》，治韩诗"，以古代列女为榜样。梁妠13岁时被选入掖庭，同入掖庭的还有她的姑姑，可能是为引导并保护她免于后宫阴谋。而相工茅通见到梁妠后很惊讶，认为她"相之极贵"，太史为她占卜，卦象非常吉利。据记载，顺帝很宠爱梁妠，但她引经据典劝顺帝雨露均沾。当然这些记载多为陈词滥调、宣扬鼓吹，但梁妠确实被封为贵人，受到顺帝宠幸。

后宫中其他嫔妃们也在争夺皇帝的宠爱。公元132年顺帝欲选立皇后，当时后宫中至少有四位贵人候选。梁贵人是其中之一，但她已经入宫数年却尚无子嗣，似乎皇帝最初的宠幸已经随着时间而渐渐消退。顺帝对皇后人选没有偏好，有大臣建议用抽签的方式，"以神定选"。但尚书仆射胡广上疏劝谏，认为应遵循传统的评选标准：首先"参良家"，其次"简求有德"，如果德行相同，则看年龄，最后看相貌。[50]根据这一标准，最终选择了梁妠。公元132年3月2日，16周岁的梁贵人被立为皇后。

梁妠被封为贵人后，其父梁商迁侍中、屯骑校尉。梁妠被立为皇后之后，梁商加位特进，更增国土，赐安车驷马，当年便拜执金吾，掌管京城防卫。公元134年，以梁商为大将军。梁商一开始称疾不起，公元135年夏天太常桓焉奉策就第即拜，梁商乃诣阙受命。[51]

此时顺帝已20岁，自加元服已六年。公元133年太尉庞参被免，他是最后一位参录尚书事的三公。甚至在梁贵人尚未被敲定为皇后人选时，顺帝也已被这位年长自己二十多岁的岳父的才干打动，准备让其辅佐自己。大将军统领北军，地位与三公并列。此外，梁商被授权开府，像三公那样建立府署并自选僚属。[52]虽然梁商并没有录尚书事，不能称之为全面掌握摄政权，但他深受年轻的顺帝信任，为顺帝重臣。

梁商虽手握大权身处高位，但"每存谦柔"，比较克制地利用自己的影响力。在拜大将军之前，朝廷封其子梁冀为襄邑侯，梁商辞让不受。据记载，他要求家人不以权势乱法纪。梁商征辟贤良，其中包括李固。李固曾直言批评外戚梁氏专权，并上疏反对前乳母宋娥。[53] 公元137年，宋娥及其党羽被指控贪污受贿，宋娥被废除爵位，失去了顺帝宠信。梁商十分感佩，与控告宋娥的中常侍曹腾、孟贲相结交。

虽然如此，朝中的党派之争并未停歇，不少人怨恨梁商的权势。公元139年，一批宦官指控梁商及中常侍曹腾、孟贲谋划废帝另立。顺帝不相信他们的指控，于是中常侍张逵矫诏收缚曹腾、孟贲，企图使二人认罪。但孟贲设法将消息传出，顺帝听闻后震怒，下令释放二人。张逵等人被杀。虽然梁商遭到了张逵的构陷，但他上疏请求皇帝宽大处理，最终部分同党仅被流放。[54] 史料再没有提到过孟贲，有可能不久后离世，而曹腾声名日重。[55]

公元141年秋天，梁商病重，于9月2日去世。梁商以当时边境不宁、盗贼未息，嘱咐葬礼仪式从简，但朝廷并没有依从梁商的意愿，赐予东园朱寿器、银镂、黄肠、玉匣、什物二十八种，下葬时，宫中宦官一路陪同，顺帝在城门处瞻望车骑，与梁商作别。

梁商去世数日后，顺帝于9月28日任命其子梁冀继任大将军一职，梁冀也继承了梁商在朝廷的影响力。[56]

梁冀是顺帝皇后梁妠的哥哥，拜大将军、成为顺帝左右手时大概三十出头。自他妹妹于公元132年立为皇后以来，梁冀先后任虎贲中郎将、北军校尉。公元135年，梁冀继任其父金吾卫一职，负责京城防卫，次年任河南尹。梁商以小黄门曹节受到重用，指示儿子们与之交友，认为将来能成为重要助力。[57] 梁冀虽患口吃，但身材高大，孔武有力。他精于射箭、蹴鞠，[58] 喜好骑马打猎、饮酒赌博，擅长棋类游戏，撰写有关棋类的著作。[59] 梁冀少为贵戚，逸游自恣，交友广泛，甚至在自己取得实职前便在京城内网罗了一群年轻人，其中很多日后都获得官职。

梁冀任大将军的同时，其弟梁不疑接任河南尹之职。虽然有人对这种偏爱恩宠表示不满，但普遍认为梁不疑是一位正直的河南尹，他喜好经学，与其父一样礼遇举荐贤良。[60]

如前文所述，梁商在接受大将军一职时辞让不受，显示出恰到好处的勉强之态，而其女梁皇后也一直约束言行，举止妥当，"不敢有骄专之心"。令人有些惊讶的是，这样一个家族新一代的核心人物竟然成为历史上骄纵跋扈的典型。虽然梁冀的这种名声可能是出于陈词滥调，但确有证据支持。

一旦不再受到父亲的压制，梁冀很快就不顾一切、毫不掩饰地积极提拔自己的亲戚、朋友和宾客，极力从皇帝的支持中攫取好处。一些人获得了毫无依据的提拔，而其他人相信梁冀的权势能够保护他们，因此滥用职权。

其中一个例子是高赐。高赐当时在富庶的南阳郡任太守。为平息肆虐荆州多年的盗贼，朝廷任命李固为荆州刺史，李固曾被梁商征辟为从事中郎。李固到任后遣人调查官吏的不当行为，赦免盗贼，劝其信任自己的诚意，于是在半年内盗贼悉数投降，州内清平。当李固向朝廷上奏南阳太守高赐的暴政时，高赐以重金贿赂梁冀，而当梁冀想要插手时，李固已呈上文书，这个案件已经得到处理。梁冀恼羞成怒，迁李固为泰山太守，在形式上这次调动属于升迁，但多山、多沼泽的泰山地区一直是法外之地。高赐则在不久后被任命为司隶校尉。

梁冀拜大将军后不久，发生了一系列灾异，令顺帝想起了梁商临死前大力举荐的周举，于是召周举于显亲殿，询问灾异之事。[61] 虽然周举的回答比较概括笼统，不过要点明确，认为"朝多宠幸，禄不序德"，朝中偏宠、大族滥权导致朝政腐化，而这转而导致百姓不满、法度废弛。周举呼吁对州郡官府进行细致监察，详查世家大族的奸猾行径。

朝廷听取了周举的建议，公元142年秋天诏遣八使巡行风俗。八使并守光禄大夫，巡行州郡，负责"班宣风化，举实臧否"。在八使中，杜乔、周举级别最高，拜侍中，其余六人分别为周栩、冯羡、栾巴、张纲、郭遵、刘班。八人均为著名宿儒，其中有人曾任州刺史或郡太守。[62]

八使巡行可被视作士大夫改革派压制梁氏及其党羽的最后一搏。八使的权责范围很广：可上表推荐清正廉明的好官，也可使用驿马向朝廷上疏弹劾有罪的刺史、太守，有权当即逮捕关押县令以下的官吏。例如杜乔巡察兖州时，表奏泰山太守李固平定泰山郡盗贼（至少当时平定了），并上疏指控梁冀叔叔、陈留太守梁让等梁氏子弟。其他几人也有类似的报告和举荐，而八使中最年轻的张纲没有赴州郡巡察，而是直接表明政治观点。张纲坚持留在洛阳，称"豺狼当路，安问狐狸"，认为问题的关键就在京城，不在州郡，批评梁氏集团手握特权、恣意妄为、残害忠良。据说顺帝很欣赏张纲的直言进谏，但终不任用。[63] 同样的，梁冀一伙能够阻塞言路，不受弹劾的影响，虽然八使案察天下，但没有产生长效。最终，顺帝撤回了八使的权力。

尽管如此，有一些贤臣受到了提拔。李固被召回京城，任将作大匠、大司农。次年，李固上疏劝谏顺帝重新审问八使劾奏之人，顺帝采纳，罢免了一些罪责最重的刺史、太守。此外，李固等人还建议有司仔细考察选试郎官，诸州刺史要更严格地监察郡守、县令。虽然李固等人努力改变朝政弊病，但梁氏集团并没有被撼动。这些改革者中，虞诩、左雄于公元2世纪30年代末去世，黄琼在40年代初一度去官，而李固成为周举、杜乔的有力盟友，在顺帝末年，三人并为九卿。李固、周举都曾在大将军梁商府任从事中郎，但二人在很多问题上反对梁商。当时顺帝有意扶持外戚梁氏，委以重任，但注意到朝廷内外对梁氏的指责，表现出任用贤臣的意愿。无论是梁氏或是儒家改革者们都没有做好给对方致命一击的准备。

胡人、移民以及叛乱

至公元 2 世纪 20 年代初，鲜卑部族已称霸北方草原，曾经处于匈奴联盟统治下的百姓已将自己视为鲜卑人。自公元 121 年起，鲜卑以其至鞬为首领，屡次入侵后汉领土。邓遵、耿夔先后任度辽将军，依靠职业军队、地方民伍、匈奴辅军维持抵御，但时有败绩。公元 124 年，南匈奴内部发生叛变，南单于请求汉朝在边塞加强防卫，修复障塞，增派守军列屯塞下。公元 126 年，鲜卑再次来犯，庞参接替耿夔为度辽将军，[64]建议遣黄河边的黎阳营兵出屯中山北界，以更好地防御鲜卑入侵。于是，朝廷下令加强和完善代郡、上谷郡的防御，对郡兵增强军事训练，教习战射。公元 127 年初，护乌桓校尉耿晔率南单于军队讨伐鲜卑获得胜利，之后该地区的形势一度平稳。

然而，公元 128 年秋天，鲜卑向东入侵渔阳郡（今北京东北部），次年又入侵朔方郡，朔方在渔阳以西 500 千米。不过在 30 年代早期，鲜卑进犯主要集中在汉帝国东北部。据记载，其至鞬出身辽西鲜卑，无疑由他来负责协调从渔阳向东至辽东属国、大凌河谷一线弧形边境的军事行动。护乌桓校尉耿晔将驻地从上谷移至处于战线中央的辽东，通过赠送礼物、加封头衔获得乌桓部族首领的支持，成功抵御鲜卑侵犯。[65]公元 133 年，匈奴自代郡发起惩罚性的远征，在同一地区遭遇反击；史载不久之后其至鞬去世，鲜卑势力大减，不过偶然进犯，已不再是后汉的心腹大患。除了公元 145 年入侵代郡外，直至公元 2 世纪 50 年代末，鲜卑与后汉都保持着动荡的和平。

尽管羌人大规模叛乱已于公元 118 年被平定，但西北一直没有恢复安宁，重建工作进展缓慢。而精力充沛的虞诩从未忘记这片土地，一直给予高度关注。公元 129 年，尚书仆射虞诩上疏，向朝廷提出了一个更加积极主动的方案。虞诩的上疏既富有感染力，又夸大其词：提出君主应守住祖先的土地；认为凉州沃野千里、形势险要、易守难攻。虞诩对凉州的判断出自《尚书·禹贡》，但他忽视了凉州的现状——多年来饱受战火，已然荒废。然而朝廷基本接受了虞诩的提议，恢复安定、北地、上郡三郡郡治，鼓励躲避战乱的百姓迁回旧县，划拨财力、刑徒修缮道路、河渠灌溉系统以及城郭等防御工事。[66]

然而，重新安置百姓面临着两大难题。首先，受少数族叛乱的威胁，或是受汉朝军队焦土政策的逼迫，很多以前定居于此的汉人百姓不得不搬离故土，此时他们已迁徙至南方，远离了这一战乱之地。[67] 无论朝廷颁布了怎样的政策法规，这片土地已经永远失去了这些百姓，在很多地方都需要依靠士兵和刑徒建立军屯。

此外，汉朝展现的这种新能量同时使少数族陷入不安，激起了他们的敌意。公元 130 年，朝廷在黄河上游沿岸建立起多部屯田，羌人不安警戒，将聚居地撤回西宁谷地（湟中）。公元 133 年，就在朝廷将陇西南部都尉治所迁回临洮（今甘肃岷县）后，钟羌发起袭击，最远寇略至汉阳。很明显，钟羌将朝廷迁移陇西南部都尉治所视为对羌的侵犯，而不是恢复旧制。护羌校尉马续遣兵出击钟羌，取得了数次胜利，朝廷又诏拜前任护羌校尉马贤为谒者，镇抚诸羌。[68] 马贤先后率军斩杀二千多人，获马牛羊五万余头，钟羌首领率部投降。

公元 136 年，马续迁度辽将军，再次以马贤为护羌校尉。公元 137 年，马贤平定武都塞上白马羌叛乱，随后前去平息正在进犯金城的烧当羌叛乱。在湟中义从胡等少数族协助下，马贤于公元 139 年胜利平定烧当羌，得马骡羊十万余头。

马贤虽然在军事上获得了成功，但他的平叛耗时数年，破坏性很大，并且他缴获了大量牛羊家畜，对后汉与边塞内外羌人的关系并无助益。他的举措更像是出于贪婪掠夺，而不是意图威慑少数族，他表现出的冷酷残忍大概不能以对方最初的进犯为正当理由。尽管如此，马贤因军功而授爵，此时他被提拔为弘农太守。

另一方面，正如朝廷对内的政策强制驱赶百姓离开边郡、削弱了汉人定居点的力量，朝廷对少数族的政策也同样严厉，持续对少数族地域施加压力，导致他们的怨恨和敌意。公元 140 年夏天，羌人再次叛乱，叛乱最先在金城边塞地区掀起，进而以相当快的速度扩展至渭水河谷上游。朝廷派兵加强陇道的驻防力量，设置坞壁、屯兵以保聚百姓，但叛羌突破陇关屯兵，掠夺汉阳郡马苑，并对通往长安的道路产生威胁。

此外，几周之前，边郡云中、定襄的南匈奴首领吾斯、车纽起兵反叛南匈奴单于休利。吾斯、车纽率军一路穿过鄂尔多斯北部，杀朔方、代郡长史，进而攻打单于王庭（西河郡美稷）。马续率度辽军击退吾斯、车纽的叛军，但就在此时，五原太守陈龟以单于休利不堪其任，逼迫休利及其弟左贤王自杀。陈龟因威逼单于、政策错误被召回并下狱，但匈奴没有了指定的统治者。

车纽自立为单于，其众扩展到数万人。正当马续组织防御时，车纽大军击败上郡地方军，向南侵袭直至渭水。车纽东引乌桓，西收羌胡，甚至威胁到华北平原各郡。于是朝廷将西河郡郡治向南迁至离石，上郡郡治再次迁回左冯翊，朔方郡郡治迁至五原，由度辽将军马续守卫这些地区残存的民政。

公元 140 年年底，新任使匈奴中郎将张耽率领幽州乌桓诸郡营兵

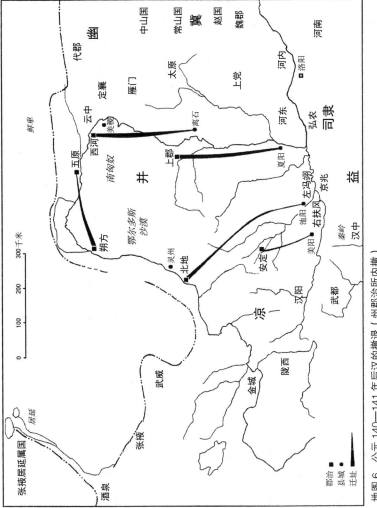

地图6 公元140—141年后汉的撤退（州郡治所内撤）

于雁门击败车纽,车纽率部投降。虽然吾斯率部逃脱,但几周后再次被马续率领的西河鲜卑骑兵击败。至此,后汉迅速地完成了反击,获得胜利。

在南线,朝廷将长安的防守全权托付给马贤,拜马贤为征西将军,率领十万大军屯于汉阳。虽然马贤所部包括北军五营的一部分,但主要是州郡民伍,大多缺乏训练,没有做好战斗准备。公元141年初,马贤率六千骑兵赴北地郡进攻叛羌,这六千骑兵可能是他所能召集的最精锐部队。但这支规模不大的军队遭受重创,马贤战死。

这次战斗并不太重要,但马贤之死对士气的影响远远超过了帝国军队在北方对抗匈奴的成功。随着叛乱在凉州、并州不断蔓延,从武威到鄂尔多斯草原都受到波及,安定郡、北地郡郡治再次内撤至左冯翊、右扶风,而叛军甚至冲击三辅,烧毁了部分前汉皇帝园陵。

虽然羌人最初成功起事,之后对汉军作战节节获胜,但与三十年前的羌人叛乱相比,朝廷平定公元2世纪40年代早期羌人叛乱没有遇到太多困难。朝廷召集了一支大军守卫长安,长安城没有再陷入危局,而敌人并没有一个条理清晰、组织有力的首领:在这一代的羌族叛军中,无人能与首次起兵叛变的滇零相媲美,而南匈奴政权已经分裂为氏族和部落首领的混合体。吾斯一直率部四处寇略,直到公元143年遭到汉朝刺杀,他残余的匈奴、乌桓人盟友于公元144年被使匈奴中郎将马寔消灭。[69] 在南线,朝廷令威武太守赵冲督河西四郡兵,以他为护羌校尉。在鲜卑辅军的帮助下,赵冲击败羌族多部,并劝说其余羌族部落投降。虽然赵冲在公元144年一次小规模战斗中战死,但剩余的叛羌很快全部投降。[70]

此次羌族叛乱持续近十年,朝廷平叛耗资80余亿钱。这一金额仅为上一次平定羌族叛乱的三分之一(上一次叛乱持续时间稍长,自107年至118年),不过我们不清楚后汉对匈奴作战所消耗的金额,这一部分应该是另算的。此次叛乱持续的时间不是很长，战争规模和军队数量也远不及上一次。以匈奴为例，公元1世纪90年代，匈奴单于曾派2万大军加入窦宪的远征队伍，而吾斯等人在力量鼎盛之时也不过7—8千人，单于休利则毫无还手之力，最终叛军被后汉军队和非匈奴辅军打败。

公元143年，在平定车纽叛乱三年之后，汉朝立兜楼储为南匈奴单于，继承前单于休利之位。战乱时兜楼储曾在京城避难。单于兜楼储在美稷举行盛大仪式宣告继位。公元147年单于兜楼储去世，居车儿为单于，统治长达二十五年，其间没有出现叛乱。然而这种平静的状态应该归因于这一事实，即单于及其傀儡政权已经基本名不副实：鄂尔多斯草原上仍然居住着匈奴人，但匈奴政权的权威已荡然无存。

同样的，在这次叛乱最后阶段向南迁移的几个郡治也没有迁回。公元2世纪40年代后期，度辽将军陈龟（前使匈奴中郎将）认识到了自己曾经的错误，从中汲取教训，大力推进并州、凉州等边地的重建工作，对那些重新返回边郡的边民免除租赋。据记载，陈龟得到了西域胡夷、并凉民庶的广泛爱戴，甚至于鲜卑不敢进犯边塞；但实际上陈龟的改革影响力非常有限。[71] 从此时起，黄河大拐弯以内的大片地区以及大部分百姓不再受后汉或匈奴的统治。以东的雁门、代郡等郡仍然管理下辖疆域，但朔方、西河、上郡、安定、北地等郡仅仅是地图上的标注罢了。保持疆界线的是驻防的军队，还有对过度的不服从进行报复的威胁。[72]

北方在行政管理上的变化反映在两汉人口数据对比上，在地处鄂尔多斯黄河大拐弯的并州，人口出现大幅下滑。[73] 前汉末期，并州在册人口为360万；公元2世纪中叶，该地人口刚刚超过80万。降幅达四分之三。而在某些直接与边塞相邻的郡，百姓流失超过九成。[74]

在与并州相邻的凉州，情况一样糟糕。凉州除了沿甘肃走廊的各郡（自武威以西直至敦煌），东部七郡（安定、北地、汉阳、金城、陇西、武都、武威）的人口从130多万下降至不到35万，降幅巨大。[75] 公元107—118年羌族叛乱，自此之后持续动荡，凉州七郡是受影响冲击最大的地区。[76] 随着战火肆虐，人口随之凋敝。

表1 前汉、后汉时期并州人口数量表

	前汉	后汉	下降	降幅
定襄郡	163,144	3,571	159,573	98%
上郡	606,658	28,599	578,059	95%
上党郡	337,766	127,403	210,363	62%
朔方郡	136,628	7,843	128,785	94%
太原郡	680,488	200,124	480,364	71%
五原郡	231,328	22,957	208,371	90%
西河郡	698,836	20,838	677,998	97%
雁门郡	293,454	249,000	44,454	15%
云中郡	173,270	26,430	146,840	85%
代郡*	278,754	126,188	152,566	55%
总计	3,600,326	812,953	2,787,373	77%

* 前汉时期，代郡属于并州，后汉时期属于幽州。考虑到连续性，我将后汉时期代郡人口数据放入表中。

表2 前汉、后汉时期凉州东部七郡人口数量表

	前汉	后汉	下降	降幅
安定郡	143,294	29,060	114,234	80%
北地郡	210,688	18,637	192,051	91%
天水郡/汉阳郡	261,348	130,138	131,210	50%

(续表)

	前汉	后汉	下降	降幅
金城郡	149,648	18,947	130,701	87%
陇西郡	236,824	29,637	207,187	87%
武都郡	235,560	81,728	153,832	65%
武威郡	76,419	34,226	42,193	55%
总计	1,313,781	342,373	971,408	74%

（作者在表1、表2的计算中存在一些错误，已据前二列数据重新计算，整体而言不影响并、凉地区人口降幅巨大的结论。比较严重的错误见于表2，如据所列前后汉人口数据，陇西郡人口减少207,187，作者原作155,096，降幅应为87%，而非66%；前汉七郡人口总计应作1,313,781，降幅74%，原作写作4,645,653，降幅92%。——译者注）

在以上州郡的大部分地区，很明显汉人人口数量不足以承担地方的军事防卫任务，甚至连是否有能力维持基础的行政管理、满足社会手工业需求、与周边牧民商贸往来都值得怀疑。过去，这片地区曾广泛发展灌溉农业，但此后不再有足够多的百姓通过农业维持生计。事实上，能够承担保境安民责任的兵力来源只有度辽将军、州刺史、护羌校尉、护乌桓校尉以及朝廷派驻该地的其他类似将领所辖军队。[77]在人口统计的意义上，北部边疆的大部分地区已经不属于汉帝国了。

在中亚（今新疆），班超之子班勇曾部分恢复了其父对西域的权威，但公元127年他被召回洛阳，下狱免官。[78]班勇之后，朝廷再未派遣西域长史，管理西域的职责被委托给敦煌太守，疏勒王臣槃很有影响力，被汉任命为汉大都尉。[79]

公元129年，于寘王放前占领邻国拘弥，自立其子为拘弥王，并派遣使者向汉朝进贡，以期望得到汉朝的承认，但遭到朝廷拒绝。

第五章 顺帝统治时期（公元125—144年）

朝廷令放前从拘弥国撤军，放前不肯，于是朝廷派遣疏勒王臣槃发兵二万攻打于寘，取得大胜，拘弥国恢复独立。[80]虽然臣槃向洛阳遣子为质，并献上各种贡品，但还是让人怀疑臣槃在西域追逐自己的利益，来自遥远汉朝的背书固然可能是很有用的宣传手段，但并非臣槃政策的主要考虑。后汉朝廷偶尔接到来自西域的使者，官方称之进贡，但实际上汉朝在中亚地区的力量已经消失殆尽。

至于更靠近汉帝国边塞的车师，后汉以其"接近北房，为西域蔽捍"，于公元2世纪30年代曾数次发兵，想维持屯戍，但此地并不安全，曾多次因北匈奴袭击而沦陷。据《后汉书》记载，汉朝在西域的权威已经逐步式微。[81]公元2世纪40年代早期数个郡治从鄂尔多斯内撤，进一步打击了汉帝国的地位。

如果说汉朝在北部和西北部的地位正在衰弱，相反，它在长江以南则不断扩张，这体现在当时的人口数据上。

公元3世纪末，司马彪作《续汉书》，其中包括《郡国志》等八志。公元6世纪刘昭将司马彪八志补入范晔《后汉书》。《郡国志》中记载了后汉各州下辖的郡、国、属国。其中每郡条目中包括该郡的户数、人口、所辖各县以及前汉以来的历史沿革和地理特点。《郡国志》的内容是基于详细的在册人口信息，保留了公元140年左右后汉的人口情况，我们可以假定这些州郡人口数据真实反映了公元2世纪中叶后汉的人口情况。[82]

毕汉思曾出版过两汉人口地图，北方、西北地区，包括前汉首都长安地区，人口呈下降状态，同时今四川、云南地区人口有所增长，而长江中游地区（今湖南）人口出现剧增。[83]在湘水河谷，荆州南部三郡（即长沙郡、零陵郡、桂阳郡）人口已增长近四倍，自前汉的50多万增至250多万。[84]同样，相邻的扬州豫章郡（今江西鄱阳湖附近）

人口已由 35 万增至近 170 万。长江下游的其他地区也出现了人口的增长，但规模没有这么大：王莽时期华北平原的洪灾导致部分百姓向南迁徙至丹阳郡，或向东南入吴郡、会稽郡，而更多的百姓已向上游、向西迁徙以躲避水灾。[85]

在南岭以南地区，郁林郡（今广西）和红河河谷交趾郡（今越南河内附近）[86]的人口数据缺失，并且西南地区（今云南）的数据看起来夸张不可信。[87]因此，无法做出公允的对比。

后汉时期人口大量南迁的原因主要有三点：北方边疆战乱导致的外迁；为躲避政府税赋、劳役的压迫而产生的自然欲望；无家可归、失业游荡的农民越来越多。在正常时期，小农也许有能力维持自己和家人的生活，但经常会陷入债务危机，一次歉收、一次厄运或者一次简单的判断失误都可能难以避免地导致他的财产被某个更富裕的邻居接管。在这种情况下，一个更大的地主拥有规模优势，往往也拥有更高效的生产工具，能够凭借更少的人力获得相同或者更高的产出。一些失业的农民成为朝廷的士兵或私人部曲，其他人成为流民——潜在的强盗或叛军，但他们可以在南方更好地谋生。[88]

然而，长江以南在册人口数量的增长可能并不只因为汉人的移民，也与当地人的归附、通婚有关。北方种植谷物的灌溉技术能够适用于南方的稻谷种植，而朝廷官员鼓励本地人定居、移风易俗。另一方面，尽管在南方各地出现了不少叛乱、匪患，但基本不是少数族受汉人移民压力而发起的严重反抗。纵观整个后汉，《后汉书》本纪没有记载豫章郡发生过此类麻烦，零陵郡仅发生过一起少数族"叛乱"，另外桂阳郡一起，长沙郡三起，以上这些均发生在公元 2 世纪 50—60 年代汉人移民大量涌入之后。[89]长江下游也是如此，虽然确实出现反抗——朝廷眼中的叛乱，但一般在当地就被解决了。

长江中游的武陵郡则是一个特例，该地叛乱接连不断。武陵郡自洞庭湖西南沿澧水、沅水河谷直抵重峦叠嶂的雪峰山。[90] 尽管武陵郡位于北方至南方最直接的道路上，[91] 荆州刺史部治武陵郡汉寿（今常德），但后汉时期武陵郡人口仅从 18.5 万增长至 25 万，远远不及以南相邻各郡。限制人口增长的部分原因在于此地多崇山深谷，不适宜居住，而少数族经常发起猛烈反抗也是重要原因。

公元 48 年，沅水上游五溪蛮曾重创后汉大军，伏波将军马援率军历经数月平定叛乱迫使其投降。[92] 之后，据《后汉书》本纪记载，公元 1 世纪 70 年代末、90 年代初、公元 115 年及 116 年、公元 2 世纪 30 年代中期、公元 151 年、公元 2 世纪 60 年代初，武陵数次出现叛乱，直到后汉末年战乱四起时，五溪蛮仍十分活跃。对绝大多数汉人移民来说，这种邻居还是避开为好，于是新移民往往继续向南，定居在湘水流域长沙郡等较为和睦稳定的地区。

此外在帝国西部的益州，公元 2 世纪初爆发的第一次羌人叛乱在益州北部的武都郡、汉中郡激发了骚乱，同时益州南部的越巂郡、益州郡也出现动乱，但与少数族的严重冲突发生得更晚。[93] 与此类似，在帝国南端、南岭以南地区，继公元 1 世纪 40 年代初征侧、征贰姐妹的反叛被马援平定之后，百年间仅偶尔发生叛乱和边界战争。[94]

然而，公元 137 年，日南郡受到塞外侵犯，朝廷召集临近的交趾郡、九真郡军队营救时情况变得更加严峻，士兵发生哗变，转而攻击郡府。朝廷召集公卿百官集会商讨方略，认为应从内地荆、扬、兖、豫州发四万大军前去平叛，而当时大将军梁商府中的从事中郎李固表示反对，认为这样大规模征兵将削弱对内地的控制力，并且大军在南方酷暑瘴气的环境中必然损失惨重。李固建议选拔勇略仁惠者为当地刺史、太守，将百姓从叛乱之地迁至受保护的定居点，并鼓动各蛮夷头目相互攻击、自相残杀。李固的策略获得了成功，事实上这也是朝廷常见的应对方式：施以仁慈宽大、控制人口、促使敌人内部分裂——这一策略早已被用于对付羌人以及其他北方敌人。[95]

然而在顺帝末年，帝国内部叛乱频发。除了泰山郡附近出现的不法行为，公元132年章河领导了一场宗教运动，影响到长江、淮河下游地区，另外在东南沿海杭州湾附近出现海盗。[96]公元134年，益州发生叛乱，公元137年在南岭外发生反叛和兵变，紧接着公元138年长江下游出现匪患，公元139年南阳郡太守贪污引发暴动。以上均事态严重，才被记载在皇帝本纪中，我们必须认为当时还出现了更多的不那么严重的叛乱。虽然最终这些叛乱都被平定，但汉帝国还在北方、西北与羌人、匈奴作战耗费了巨大人力财力，并且受到草原上鲜卑的持续威胁，可见朝廷被置于重压之下。

公元143年，即便叛羌的最后残部已被消灭，朝廷立了新的南单于，但在长江下游淮河流域再次出现骚乱。就在此时，朝廷下诏书减少百官俸禄，并向王国、侯国强制借贷一年的租税。同时，朝廷下令允许罪犯（甚至死刑犯）通过缴纳赎金减罪；无法缴纳赎金的罪犯则要遣送至西北边塞劳作两年。事实上，尽管已经恢复和平，但帝国统治已经遭到削弱，并面临着越发严重的财政困难。

人民和土地

任何对汉帝国领土面积和人口数量的讨论都困难重重，这些讨论基于笼统概括的数字，数字之间往往不可比较，又通过散落在历史记载中的各种偶然或频繁出现的奇闻轶事加以补充。然而《后汉书·郡国志》提供了一份统计数据，时间大概为顺帝末年。[97]《郡国志》中记载了各郡的人口数量、所辖各县等，如前文所见，学者们利用这些信息能够估算出前汉末年以来一个半世纪的移民人口变化情况。一般来说，《郡国志》以及其他史料（包括后世注释者的引

第五章　顺帝统治时期（公元125—144年）　—　247

文）为我们提供了大量材料，能够说明帝国整体资源情况。然而首先要考虑的问题是，这些留存至今的记载是否足够准确、能够作为估算的基础。

早期中华帝国的行政结构没有能力开展现代意义上的全面的人口统计，即某一天某地所有人的完整名单，这是毋庸置疑的。在这一点上，如鲁惟一等学者所注意到的，毕汉思的论文《公元2年至742年中国的人口统计》（"The Census of China during the Period 2-142 AD"）虽然令人钦佩，但标题有误导性——这是按年呈给朝廷的登记数，而不是单独一次统计调查的结果。

另一方面，汉朝确实拥有一个登记、上报的强大体系。公元2世纪士大夫胡广称："秋冬岁尽，各计县户口垦田，钱谷入出，盗贼多少，上其集簿。"各县的集簿汇总到郡太守处，然后派人送至朝廷。各州刺史也要进行进一步检查，每年秋天巡察下辖郡国，并派人进京汇报。[98] 今湖北张家山汉墓简牍中保存了前汉早期的大量律令（这些律令还有很多副本，被仔细归档），证实胡广描述的情况是真实的。[99]

此外，今安徽天长前汉墓中出土木牍中的记载证实了这种记录行为。木牍的年代大约为公元前2世纪末或前1世纪初，明显是关于某县的材料，有可能是长江下游广陵郡某县。木牍一面是户口簿，记载6个乡中有9千余户、4万余口，则平均每户4.5口；另一面是算簿，记载了算赋（即人头税）情况，仅一半人口需要缴纳。正如鲁惟一指出，这份材料显示出中央行政力量能够将其调查延伸到非常小的、遥远的县乡。[100] 在鲁惟一之前，毕汉思在研究中引用了一份关于公元416年敦煌某家庭的类似的简牍，显示出甚至在那么偏远的地方、在那么战乱的时代，仍有一套程序在记录每个人的年龄、性别、身体情况。近年来汉墓中出土的材料也印证了毕汉思的观点。[101]

尽管存在腐败的可能，但很明显中央政府在汇总国民的个人基本信息和他们所持土地情况。这些信息每年上报朝廷,被记录归档。我们可以相信,这些信息为当时朝廷考评州郡以及之后司马彪编《郡国志》提供了材料。

刘昭注释《郡国志》时,认为其编纂工作可上溯至顺帝统治时期,这一观点得到普遍认同。《郡国志》中关于州郡人口的第一条材料即首都所在的河南尹,记载了河南尹在顺帝永和五年(140)的户口数量。《汉书·地理志》第一条也是首都所在的京兆尹,记载了平帝元始二年(2)的户口数量。包括王先谦在内的很多学者认为,这两个时间点也适用于所有之后的条目,[102] 毕汉思也同意这一观点。

但钱大昕认为,《郡国志》所列各郡及其人口数量的时间应是公元145年或146年,而不是公元140年。这一论断的依据是关于阜陵国、乐安国、勃海国的年代错误,[103]《郡国志》错误地将很多县列为侯国或公主食邑,其中有些县在整个后汉都不是侯国或食邑。[104] 马恩斯在讨论《郡国志》时,认同钱大昕的观点,指出了史料中的矛盾之处,并指出司马彪任意"在《郡国志》中零星标注侯国和食邑"。[105]

马恩斯引用唐代刘知几《史通》对《后汉书》编纂情况的论述,指出在顺帝统治的某个时期,学者伏无忌、黄景受命为《汉记》编纂传、表以及地理志。《汉记》即后世所谓《东观汉记》。公元120年(安帝永宁元年),邓太后诏令编纂《中兴以下名臣列士传》,伏无忌、黄景的工作便是在此基础上的继续更新,之后在梁太后临朝摄政时,朝廷于公元151年(桓帝元嘉元年)召集一大批学者继续编修这部史书。[106] 由于伏无忌还编写完成了《伏侯古今注》,该书囊括了人口数据等很多史料,故马恩斯认为伏无忌是《地理志》的作者。[107] 无论怎样,我们可以假定官方史书的编纂者们能够接触到朝廷的各种记录,虽然后汉末年大部分档案都毁于战火,但《东观汉记》的很多内容得以流传。[108]

有可能正如马恩斯所认为，司马彪利用了伏无忌的《地理志》。尽管马恩斯批评司马彪"毁了"（maimed）《地理志》，但他指的是前文提到的封地混乱问题以及其他小问题，而不是指《地理志》所列各郡国、郡国下辖各县以及其人口数量等核心内容。[109] 我们可以认为，伏无忌所作《地理志》在顺帝时期已完成编纂，为司马彪《地理志》提供了基础材料。

司马彪在《地理志》文末总结道：后汉全国总人口"至于孝顺，凡郡、国百五，县、邑、道、侯国千一百八十，民户九百六十九万八千六百三十，口四千九百一十五万二百二十"。毕汉思将每一郡人口数相加，注意到有三个郡数据缺失，正确户数为950万。但他仍估算人口数约为4900万。毕汉思同时指出，《汉书·地理志》记载前汉共1220万户，5960万人，然而合计每一个郡国的数据，则户数应为1240万，口数为5770万。[110] 随后毕汉思指出，人、户总数存在某些数据缺失以及计算错误，因此以这两个总数为基础的计算并不可靠、难以接受，唯一的办法是不看任何概括性结论，而是依据志书中记载的各郡详细人口数据。关于这些，毕汉思认为，在统计和资料流转过程中产生的错误影响较小，那些有严重问题的数据很容易被鉴别出来："事实上，一旦对这类数据加以考虑，不可能不发现其中难以自洽的地方。"[111]

毕汉思确实从各种文献中寻找关于后汉总人口的记载，并逐条列出，其中有些数据显然很有问题。[112] 刘昭注释《后汉书·郡国志》时，引用应劭《汉官仪》：永和年间（136—141），全国共5390万人；引用公元3世纪皇甫谧《帝王世纪》：公元146年全国人口较《汉官仪》中记载多了700多万人。这些数据远远超过了《后汉书·地理志》中记载的户口、人口数，刘昭很合理地怀疑是否能够在如此短的时间内发生这么大变化。

而刘昭进一步指出，伏无忌汇总了每位皇帝去世时的全国人口数据，并将这些数据一一列出：

> 光武帝去世时（公元 57 年），全国共 2100 万人，430 万户，平均每户 4.9 人。
>
> 明帝去世时（公元 75 年），全国共 3410 万人，590 万户，平均每户 5.8 人。
>
> 章帝去世时（公元 88 年），全国共 4330 万人，740 万户，平均每户 5.9 人。
>
> 和帝去世时（公元 105 年），全国共 5320 万人，920 万户，平均每户 5.8 人。
>
> 安帝去世时（公元 125 年），全国共 4970 万人，960 万户，平均每户 5.2 人。
>
> 顺帝去世时（公元 144 年），全国共 4970 万人，990 万户，平均每户 5 人。
>
> 冲帝去世时（公元 145 年），全国共 4950 万人，990 万户，平均每户 5 人。
>
> 质帝去世时（公元 146 年），全国共 4760 万人，930 万户，平均每户 5.1 人。[113]
>
> 司马彪《郡国志》最后部分记载了全国总人数为 4910 万，总户数为 970 万，平均每户 5.1 人。[114]

毕汉思列出了上述数据，但同样对此保持怀疑。[115] 另一方面，如果我们注意到毕汉思计算得出顺帝朝人口可能超过 4900 万，[116] 并且考虑到后汉初年准确统计人口的困难，那么伏无忌的这一系列数据不一定大错特错。光武帝、明帝、章帝时期人口数量少，但增长幅度大，反映出朝廷统治效率在稳定提升；和帝时期人口达到顶峰，显示出窦宪大胜北匈奴，边塞局势得到稳定，登记户籍中增加了一些少数族；之后，随着安帝时期大规模羌人叛乱，在册人口稳定在4800万—4900万左右。不必过于在意每年人口的小变化，但有可能《后汉书·地理志》所载公元140年全国人口4900万是作为帝国人口衰减前的高点而记录下来的，之后帝国因西北战事而出现人口衰减，并且伏无忌所载公元146年人口的下降反映出边疆地区人口损耗。

前汉在册人口近5800万，对比之下后汉在册人口大幅减少。然而我们注意到：王莽时期黄河流域的大面积洪灾使大量百姓从华北平原迁徙他乡；[117]光武帝被迫放弃今北京以北边塞上的大片土地；[118]百姓不断迁离战乱的西北地区。同时，虽然存在活跃的南迁现象，但是朝廷的管控没有跟上移民的脚步。

关于最后一点，可以从长江以南设县情况来看。从《汉书·地理志》所记载的公元2年至《后汉书·郡国志》所记载的公元2世纪中叶，长江以南各郡在册人口急剧增长，然而朝廷并没有迅速反应、果断行动。豫章郡人口增长了5倍，所辖县仅增加了3个，从18个到21个；长沙郡人口增长4.5倍，而县的数量没有变化，仍为13个；桂阳郡人口增长3倍，而县的数量仍为11个；零陵郡增长7倍，县的数量仅从10个增加到13个。[119]这显示出朝廷的管理力度很小，尽管我们可认为移民和地方官员为了扩展其事业而携手，但要在南方河道纵横、群山环绕、沼泽遍布的环境中建立起有效管控当然不会轻松——据此推测南方的移民人口很可能甚至超过了在册人口数。

如毕汉思所述，自汉朝至唐朝，中国人口总量稳定在5500万左右，大部分人勉强为生，人口的任何增长趋势都被自然或人为灾难、疾病、饥荒、杀婴等平衡掉了。[120]一般来说，我们必须认识到，上报人口信息很大程度上依赖于地方官员的效率和诚信,他们常常要应对地方大族,这些豪门大族可能会隐瞒佃农等依附者的完整人数以谋取利益。此外,这种人口统计系统最适用于定居的自耕农,其他人口难以计算:渔民、樵夫并不以耕地谋生;商人、流浪者、难民四处流动;叛军和盗贼自然超出了朝廷的掌控范围(他们的力量和人数年年不同)。

刘昭在注释《后汉书·郡国志》时指出,除了人口总数外,伏无忌还记录了自公元105年(和帝去世)至公元146年(质帝去世)的全国垦田面积。垦田面积从公元105年的730万顷到公元2世纪40年代中期的690万顷,这些数据精确到"亩"甚至"步"。虽然这些细节靠不住,但可以认为这些数据是在可接受的范围内,就像伏无忌所记载的人口数据一样。故公元2世纪上半叶登记在册的垦田面积约为700万顷,即超过30万平方公里或12万平方英里。[121]

艾博华、毕汉思和许倬云分别计算了每户的土地面积,虽然三人方法各异,但都得出平均每户70—80亩(即约3.5公顷)的结论。[122]然而实际面积存在天壤之别,农田小的仅半公顷(即1英亩),大者如庄园,其中有众多佃农、奴仆为庄园主工作。绝大多数的小农户种植谷物来养活家人、缴纳赋税,并发展丝绸、养猪、养鸡等地区产业。[123]大土地占有者们拥有大量的农业和金融产业,其中有些有充足的闲钱去进行靛蓝等经济作物贸易。[124]

对于那些拥有广阔土地的士大夫家族,公元2世纪是他们财富稳固增长的时代。士大夫与地方官员来自同样的阶级,受地方官员宠信,他们中很多人控制着巨额财富。其中有的会召集部曲,咄咄逼人,欺凌他们的邻居;有的会修建华丽的陵墓来彰显美德。残存的遗迹、考古发现(包括墓穴建筑本身及其中的陪葬品),以及石刻资料、文献资料,均证明这些大地主家族的财富日益增长,在乡里的影响力日益增加。

这些财富中有很多是避税所得。理论上,每个人都需要缴纳算赋(人头税)、土地税,并承担兵役或劳役,但是实际上,佃户或宾客可以不直接缴纳任何税赋,而是将责任转嫁到地主身上,如果地主有足够的影响力则可以隐匿一部分。在某些情况下,可以通过敲诈社区内的其他成员来弥补亏空,但是考虑到发生反抗与骚乱的风险,官府更有可能篡改账目,而一段时间之后,这种低税费就成为常态被大家接受。结果,豪强大族变得越来越强大,而政府要承担损失。

在和帝末年以及窦太后摄政时期,帝国的财政困难就已经显现出来,[125] 并因羌人叛乱造成的损失和花费而进一步恶化。公元2世纪20年代至30年代早期,帝国财政状况有所好转,因为安帝于公元124年下令恢复右校(将作大匠属官)。[126] 当时后汉仅设左校,掌管刑徒在京城修造宫室、宗庙、园陵、道路等。设置右校一职则预示着维护工作和新建工程都将继续扩大。公元132年修缮太学是一项大工程,南宫玉堂殿建筑群很可能也在同一时期建成,此外还有一些较小的工程。[127]

另一方面,帝国各项资源因豪强大族的偷税漏税而愈发流失,到公元2世纪中叶,情况已经非常严峻。整个帝国很繁荣,但朝廷却没有钱,虽然一些官员批评朝廷铺张奢侈,但真实情况是公共需求和必要开支已经超过了朝廷的偿付能力。下一章将对这些问题展开讨论。

很遗憾,帝国的统治者没有特别关注这些问题。所有的证据都表明,自刘保年幼时起,甚至在他被孙程等人以政变推上皇位之前,他就一直依赖他人。作为一个统治者,刘保对他的地位和权力充满信心,但他行使权力时却极易受到那些意志坚定的顾问的影响。最初,他依靠奶妈宋娥、王男等人,然后依赖宦官张防;有段时间他曾在劝说下重用改革者虞诩、左雄等尚书；但在晚年，他又将政事委托给岳父梁商，之后又委托给梁商之子梁冀。刘保一直没有一以贯之的政策，后世认为顺帝统治时期是儒家理想占主导地位、太学恢复原先地位的时期，但刘保并没有深入参与这些——刘保对发生这样的事情很满意，但他在其中扮演的角色非常被动，他没有承担重要责任。

公元144年9月20日，顺帝崩于南宫玉堂前殿，[128] 享年30岁（29周岁）。"遗诏无起寝庙，敛以故服，珠玉玩好皆不得下。"顺帝刘保庙号敬宗。

顺帝有一个儿子刘炳，为虞贵人所生。在几个月前，刘炳被立为皇太子。刘炳是年仅2岁（1周岁）的婴儿，新的皇太后梁妠以他的名义临朝摄政。

注释：

[1] 关于皇太后的权力，见第二章第109—110页。关于刘保被废，见第四章第215—217页。

[2] 《后汉书》卷五《孝安帝纪》记载，任命冯石、刘熹是在夏四月丁酉，即公历5月30日，贬黜耿宝等人是在辛卯。然而，延光四年夏四月没有辛卯日，第二天即进入农历五月。紧接着《孝安帝纪》记载"己酉，葬孝安皇帝于恭陵"，这也在农历四月，即公历6月11日。在该年的记事中，没有提到五月。很可能"辛卯"应写作"辛丑"。四月辛丑即公历6月3日。

[3] 阎氏于公元114年被选入掖庭，当时选入掖庭的普遍年龄是13—15虚岁，故阎氏可能大约生于公元100年。

[4] 《后汉书》卷七八《宦者列传》。

[5] 《后汉书》卷五二《崔瑗列传》。

[6] 关于此次孙程主导的密谋和叛变，见《后汉书》卷七八《宦者列传》、《后汉书》卷六《孝顺孝冲孝质帝纪》，以及《后汉书》卷十《皇后纪下》中阎皇后部分。关于政变过程，可见 Bielenstein, *Lo-yang*, 91-93。

[7] 关于德阳殿，以及后文的崇德殿、章台殿，见 Bielenstein, *Lo-yang*, 35, 36, 以及第一章第 43 页。

[8] 复道，即洛阳城中悬空的通道，连接南北两宫。见 Bielenstein, *Lo-yang*, 22, 以及第一章第 28 页。关于云台，见 Bielenstein, *Lo-yang*, 26-27, 以及第一章 28 页。

[9] 校尉冯诗与前文提到的冯石是两个人。冯石是安帝宠臣，刘懿登基后任太傅。后文也将提到冯石。

[10] 史料中没有明确记载阎崇与阎太后及阎显的关系，但阎崇肯定为阎氏家族一员，可能是其堂兄弟。

[11] 朔平门外是洛阳北部城墙之内的林荫大道，关于其位置，见 Bielenstein, *Lo-yang*, 34。

[12] 刘辩也被称为"少帝"。刘辩是灵帝之子，在位时间不到一年。见第十章第 497 页。

[13] 第三章第 131 页。

[14] 李郃传记见《后汉书》卷八二上《方术列传上》。

[15] 第三章第 217 页。桓焉是一位优秀的学者，其传记见《后汉书》卷三七《桓焉列传》。

[16]《后汉书》卷七八《宦者列传》。

[17] 第四章第 184、187 页。其传记见《后汉书》卷五八《虞诩列传》，孙程参与之事见第 1870—1871 页。

[18] 羽林星以皇帝宿卫军队来命名，属于西方水瓶座，见 Chavannes, *MH* III, 354；Ho(何丙郁), *Astronomical Chapters*, 108 及星图 5。《后汉书》志第十一《天文中》没有记载当时出现过这样的彗星，但将张防等人的覆灭与永建二年 (127) 二月癸未、闰月乙酉两次"太白昼现"，以及八月乙巳"荧惑入舆鬼"联系在一起。

[19] 根据《后汉书》卷五八《虞诩列传》，"防坐徙边，贾朗等六人或死或黜"。而《后汉书》志第十一《天文中》记载的一份更长的名单中没有提到贾朗，但包含了高梵。高梵确实获罪，但可能是在另一时间因另一事件而获罪，见《后汉书》卷七八《宦者列传》。《天文志》此处记载应该有误。

[20]《后汉书》卷七八《宦者列传》,第三章第 132 页。

[21]《后汉书》卷四六《陈忠列传》;Bielenstein, *Bureaucracy*, 154-155。

[22] 左雄、黄琼传记见《后汉书》卷六一。

[23] 关于这一时期改革选官察举制度的提议及政策,见 deC, "Recruitment Revisited", 16-19。

[24] 关于和帝、邓太后、安帝时期的太学,见 deC, "Scholars and Rulers", 65-66,关于此次修缮太学,见第 67 页。

[25] 关于章帝以及白虎观会议,见 deC, "Scholars and Rulers", 63-64 及本书第二章第 107 页。

[26] 第四章第 202 页。关于当时太学的情况,见《后汉书》卷四四《徐防列传》;以及 Loewe, "Conduct of Government", 298-299。

[27] 樊英传记见《后汉书》卷八二上《方术列传》,杨厚传记见《后汉书》卷三十上《杨厚列传》,对此问题的讨论见 deC, *Biographical Dictionary* 相关条目。议郎李固的评论记载于《后汉书》卷六一《黄琼列传》,Vervoorn, *Men of Cliffs and Caves*, 163 引用。

[28]《后汉书》卷六《孝顺孝冲孝质帝纪》、《后汉书》卷七九《儒林列传》、《后汉书》卷六一《左雄列传》。DeC, "Scholars and Rulers", 67. 关于"弟子",可见 deC, "Recruitment Revisited", 35-36 note 74。

[29] 太学作为进入官僚体系途径的作用比较有限,具体见 deC, "Recruitment Revisited", 36-37。关于之后太学学生的数量,尤其是公元 2 世纪 50—60 年代,见第七章第 332 页。

[30]《后汉书》卷六一《周举列传》。周举出身汝南郡,因学识而广受尊敬,京师为之语曰:"《五经》从横周宣光。"

[31] 前文第 226 页。

[32] 前文第 227—228 页。

[33] 关于阳嘉三年的旱情,见《后汉书》卷六《孝顺孝冲孝质帝纪》,但诏书中仅对狱中犯人施恩,"诏以久旱,京师诸狱无轻重皆且勿考竟,须得澍雨"。可对比第三章第 145 页、第四章第 201 页。关于顺帝求雨、各地举行祷祀,见《后汉书》卷六一《周举列传》。

[34] 成翊世传记见《后汉书》卷五七《杜根列传》。成翊世曾反对废黜太子刘保，顺帝即位后，成翊世因其勇气而受到敬仰。

[35] 第四章第 213—214 页。

[36] 《后汉书》卷六一《左周黄列传》；前文第 230—233 页。

[37] 《后汉书》卷六三《李固列传》；Loewe, "Conduct of Government", 308-309。

[38] 《后汉书》卷三十下《郎𫖮列传》。关于郎𫖮及其父郎宗，见 Vervoorn, *Men of Cliffs and Caves*, 192。

[39] 前文第 230 页。

[40] 《后汉书》卷六《孝顺孝冲孝质帝纪》。更多信息见后文第 237 页及注释 46。

[41] 第一章注释 31。

[42] Bielenstein, *Bureaucracy*, 19, 22 讨论了太史令的职责。在第 163 页注释 62，毕汉思注意到王毓铨的观点：太史令也负责记录皇帝的日常活动，即起居注。毕汉思不同意这一观点，认为作这些记录的官吏需要进入后宫，则其中必然有宦官，故起居注不在太史令的职责范围内。但我倾向于认可王毓铨的观点，尽管太史令可能并不直接参与收集一手材料，但有可能由其属下掌管起居注，并参与一些编辑、校对工作。可见 Bielenstein, *RHD* I, 21-22；Hulsewé, "Historiography of the Han Period", 41。

[43] 见第三章注释 103。除了批判图谶，张衡还建议将更始帝刘玄的本纪排在光武帝之前，因为汉代中兴开始于更始帝登基即位。这一条也没有被朝廷接受。见 Bielenstein, *RHD* I, 115-116。

[44] Needham, *Science and Civilisation* III 多处讨论了张衡在天文学方面的成就，例如第 216—217 页关于《灵宪》《浑仪注》，第 264 页关于星图，第 343 页关于浑天仪。《晋书》卷十一记载了葛洪对张衡浑天仪更详细的描述。Ho (何丙郁), "Astronomical Chapters", 55-56。

[45] Needham, *Science and Civilisation* III, 537-538. 关于《地形图》，李约瑟明显依从姚振宗《后汉艺文志》第 2375b—c 页的内容，姚援引唐代张彦远《历代名画记》卷三第 28b 页的内容，并对《后汉书》卷五九《张衡列传》加以按语。

[46] 关于地动仪的细节参见《后汉书》卷五九《张衡列传》。该段文字的翻译参见 Needham, *Science and Civilisation* III, 627-628；有关地动仪的讨论、描述和复原详见第 626—632 页。

据记载，地动仪在一次地震监测中证明了其效果，当时地动仪显示有地震发生，但京城中没有其他任何常规观测发现地震迹象，几天之后，来自陇西的信使报告发生地震。然而，在《后汉书集解》卷五九，清朝学者沈钦韩注释称当时在陇西并没有关于地震的记载，他怀疑这个故事可能有所夸大。但是《后汉书》卷六《孝顺孝冲孝质帝纪》记载，公元 143 年在凉州发生过多次地震，虽然这些地震发生在张衡死后，但其中的某次可能就是这一记载的来源。

[47] 《后汉书》卷五九《张衡列传》。《离骚》作者屈原，公元前 4 世纪末至前 3 世纪初，楚国人。《离骚》译本见 Hawkes, *Song of the South*, 21-34。关于对《思玄赋》的讨论，见 Knechtges, "A Journey to Morality"。

[48] 第二章第 116 页、第三章第 133—134 页。

[49] 《后汉书》卷十下《皇后纪下》记载，公元 150 年梁妠去世，"年四十五"，据此推算梁妠生于公元 106 年。但《皇后纪》又记载，梁妠选入掖庭时"时年十三"，这是入掖庭的普遍年龄，则这一记载比较可信。以此计算，则梁妠去世时仅三十五岁。

[50] 《后汉书》卷四四《胡广列传》。

[51] 梁商传记见《后汉书》卷三四《梁统列传》。关于桓焉，见前文第 226—227 页、第 229 页。公元 128 年，太傅桓焉因辟召禁锢者为吏而被免官，罪名不严重，之后复拜光禄大夫。

[52] 汉制，三公皆可开府，称为"三府"。史料中最早出现"四府"一词，为《后汉书》卷六《孝顺孝冲孝质帝纪》：公元 138 年"令大将军、三公各举故刺史、二千石及见令、长、郎、谒者、四府掾属刚毅武猛有谋谟任将帅者各二人，特进、卿、校尉各一人"。但有可能梁商公元 135 年拜大将军时，即被赐予开府权力。

[53] 《后汉书》卷六三《李固列传》。见前文第 234—235 页。

[54] 《后汉书》卷三四《梁商列传》。

[55] 曹腾传记见《后汉书》卷七八《宦者列传》。曹腾的养子曹嵩是汉末

大军阀曹操的父亲。《三国志》卷一《魏书·武帝纪》；deC, *Imperia Warlord*, 16-26。

[56] 梁冀传记见《后汉书》卷三四《梁统列传》。

[57] 《后汉书》卷三四《梁商列传》。曹节确实成为宦官首领，在桓灵两朝威势煊赫。见《后汉书》卷七八《宦者列传》，本书第六章、第七章。

[58] 蹴鞠被认为是一种武术，用于十月举行的军事训练。《汉书》卷三十《艺文志》记载有"《蹴鞠》二十五篇"。Bodde, *Festivals*, 331。

[59] 《弹棋经》，见《宋史》卷二〇七《艺文六》。

[60] 《后汉书》卷三四《梁统列传》。

[61] 《后汉书》卷六一《周举列传》。关于周举，见前文第233—234页。

《后汉书》志第十六《五行四》记载了公元138—140年京城发生的历次地震，《后汉书》志第十八《五行六》记载了公元138、140、141年的日食。《后汉书》卷六《孝顺孝冲孝质帝纪》亦有记载。《后汉书》志第十一《天文志中》记载公元140年"太白昼见""荧惑入太微"，公元141年两次出现彗星。《天文志》将天象变化与梁商去世、梁冀掌权，以及九江郡马勉起兵叛乱相联系。关于马勉叛乱，见第六章第274页。另一方面，这些解释大部分出自司马彪的笔下，并不足以显示当时人们对这些现象赋予的意义，当时可能也发生过别的天文现象或地震，只是没有被收录在《天文志》《五行志》中，例如第四章第213—214页注释138引用马恩斯、第一章注释109引用毕汉思。

[62] 关于建立八使巡行制度，见《后汉书》卷六《孝顺孝冲孝质帝纪》，更多情况见《后汉书》卷六一《周举列传》。关于杜乔，见《后汉书》卷六三《杜乔列传》；关于栾巴，见《后汉书》卷五七《栾巴列传》；关于张纲，见《后汉书》卷五六《张纲列传》。

[63] 见《后汉书》卷五六《张纲列传》。司马彪《续汉书》、谢承《后汉书》中，没有记载张纲的这段进言。

相反，《华阳国志》卷十中记载张纲传记，称他成功弹劾太尉桓焉、司徒刘寿、司隶校尉赵峻，以及三位郡守。这些官员遭到惩戒或免官，还有官员自杀，州郡风气大有改观，"威风大行，郡县莫不肃惧"。但根据其他史料，八使巡行没有带来实际改观。《后汉书》卷六《孝顺孝冲孝质帝纪》记载，"司隶校尉赵峻为太尉"，而据《华阳国志》，司隶校尉赵峻被免官。张纲是犍为人，犍为位于汉帝国西南部，《华阳国志》所记述的正是西南地区的地方史，夸大了张纲的成绩。也可见 deC, *Biographical Dictionary*, 1045-1046。

[64] 大约在公元 124 年，度辽将军耿夔因违法而被免官。很可能不久之后，耿夔便死于家中，因为记载中公元 125 年阎氏贬黜其堂兄耿宝（据推算耿夔为耿宝的叔伯辈。——译者注）时，耿夔没有受到处罚。见前文第 222 页。

[65] 耿氏出身右扶风，长久以来一直在边疆前线统兵作战，耿晔与耿夔、耿宝同族，但亲缘关系并不近。见 deC, *Biographical Dictionary* 相关条目。

[66] 《后汉书》卷八七《西羌传》。Scott, "A Study of the Ch'iang", Appendix, 50-51。

[67] 第四章第 184—185 页。

[68] 公元 129 年，护羌校尉马贤曾因罪被免职。虽然马贤、马续同姓，但并非近亲。

[69] 《后汉书》卷八九《南匈奴列传》；deC, *Northern Frontier*, 312-313。马寔，右扶风人，推测出身于当地大族，马氏最著名的祖先是光武帝时期的将军马援，见《后汉纪》卷十九。

[70] 《后汉书》卷八七《西羌传》；deC, *Northern Frontier*, 121。

[71] 《后汉书》卷五一《陈龟列传》；deC, *Northern Frontier*, 314。关于陈龟以前的事迹，见前文第 247 页。之后，陈龟与外戚梁冀发生冲突，见第六章第 284—285 页。

[72] DeC, *Northern Frontier*, 313-317.

[73] 见表 1。注意，代郡在前汉时属于并州，后汉时被划归幽州。

[74] 太原郡、上党郡更靠近内地，人口"仅"分别下降 71%、62%。

[75] 见表 2。

[76] 见地图 5，第四章第 183 页。

[77] 关于度辽将军、护羌校尉、护乌桓校尉，见前文第三章第 154—156 页。关于后来几年朝廷的各项军事任命，见第七章对张奂、皇甫规、段颎的讨论，第 322—323 页、第 358—359 页。

[78] 朝廷曾派敦煌太守张朗率军配合班勇进击焉耆。张朗错误地赶在约定

日期之前抵达,虽所带士兵不多,但焉耆王投降,随后班勇因后到而受到朝廷责罚。《后汉书》卷四七《班勇列传》。

不久之后,张朗参与中常侍张防的阴谋(前文第 227—228 页),不过被获准抵罪。

[79]《后汉书》卷八八《西域传》;deC, "Western Regions", 19。

[80]《后汉书》卷八八《西域传》;deC, "Western Regions", 20。

[81]《后汉书》卷八八《西域传》;deC, "Western Regions", 20。

[82]《郡国志》见《后汉书》志第十九至二十三。关于《郡国志》的成书历史及其与范晔《后汉书》的关系,见 Bielenstein, *RHD* I, 16-17; Mansvelt Beck, *Treatises*。关于对《郡国志》史料来源、可信度以及相关材料的更多讨论,见后文第 257 页以下"人民与土地"部分。

[83] 前汉时期人口分布情况见 Bielenstein, "Census", 图版 2 及第 158—159 页的注释, 讨论见第 135—139 页。后汉时期的人口分布情况 Bielenstein, "Census", 图版 3, 及第 159 页的注释, 讨论见第 139—145 页。Bielenstein, *RHD* III, 156, 157 重制了两张地图。

《中国史稿地图集》地图 41 清晰反映出从前汉至后汉,长江中下游以南地区人口的增长情况。

[84] 关于后汉时期中国南方的地理和人口情况,见 deC, *Generals of the South* 第一章;长沙郡、零陵郡、桂阳郡情况见第 26—29 页。本书第二章第 105 页对此有概述。

[85] 关于扬州以及长江下游,见 deC, *Generals of the South*, 43-58;关于豫章郡,见第 51—53 页。1 世纪初华北平原发生洪水,黄河决口改道,对王莽的统治产生了深远影响,见第一章第 22 页及注释 19 引用 Bielenstein, *RHD* I, 145-154。

[86] 多少容易混淆的是,"交趾"不仅指位于今越南北部的交趾郡,还指帝国南岭以南的整片地区,自今广东省向南直至越南沿海,最远达顺化市。公元 3 世纪初,这片地区才被划为交州。可见 deC, *Generals of the South*, 31-32 note 57。(与此命名方式相同,益州下辖益州郡。)

[87] Bielenstein, "Census", 141-142 及图版 3, 注意到今与缅甸交界附近的洱

海地区人口的巨大增长。该地属于永昌郡。永昌郡包括前汉益州郡的部分区域，公元69年设郡，以管理归附的大量哀牢夷人，见第二章第91页及注释55。可能还有进一步的移民扩张，特别是与该地的矿业以及对缅甸的贸易有关，但该地的在册人口很可能有所夸大。

[88] Ebrey, "Economic and Social History of Later Han", 618.

[89] Bielenstein, *RHD* III, 73-76 详细列出了历次叛乱，但毕汉思的研究方法以及对叛乱的解释与我不同。《后汉书》卷八六《南蛮西南夷列传》记载了长江中游地区的历史概况。

[90] 武陵郡见《后汉书》志第二十二《郡国四》。DeC, *Generals of the South*, 24-26 对此有讨论。

[91] 秦始皇修建驰道，自首都咸阳起向东至南阳，于襄阳跨越汉水，于江陵跨越长江，之后继续向南至湘江。Needham, *Science and Civilisation*, IV.3, 8, 16 及图711 复原了这条驰道，可见它穿过了今洞庭湖东部。然而，这条道路有可能会穿过云梦泽，当时西侧路线更加可行，见 deC, *Generals of the South*, 24。

[92] Bielenstein, *RHD* III, 67-73.

[93] 关于今四川、云南少数族的记载，见《后汉书》卷八六《南蛮西南夷列传》。

[94] 关于今广东、广西、越南少数族的记载，见《后汉书》卷八六《南蛮西南夷列传》。

[95] 《后汉书》卷六《孝顺孝冲孝质帝纪》、《后汉书》卷八六《南蛮西南夷列传》。Loewe, "Conduct of Government", 310-311 以及 Yü（余英时），"Han Foreign Relations", 455 对李固的策略作了讨论。

[96] 《后汉书》卷六《孝顺孝冲孝质帝纪》。我将"妖贼"一词译为"religious rebel"。《后汉书》应该是在述及章河时首次提到"妖贼"。"妖"可理解为对异教的普遍的贬义指代，大致与一些民间信仰的形式有关。即便两支叛军都被称作"妖"，也并不意味着二者有同样的宗教信仰，只是二者都不符合儒家传统、都不被朝廷认可。"妖贼"一词在之后变得更为普遍，章河的这次叛乱虽然持续时间不长，但可被视为一个新方向的开端。

[97] 关于《郡国志》写作的历史，见前文第253页注释82。关于《郡国志》

第五章　顺帝统治时期（公元 125—144 年）　—　263

的可靠性，见下文的讨论。

[98] 《后汉书》志第二十八《百官五》刘昭的注释引用了胡广的叙述。"诸州常以八月巡行所部郡国"，出自《后汉书》志第二十八《百官五》。另外可见 Bielenstien, *Bureaucracy*, 92, 96。

[99] Loewe, "Operation of Government", 312. 关于湖北张家山出土的汉简，见 Giele, "Excavated Manuscripts", 128-129，以及《张家山汉墓竹简》。西北边疆地区发现的竹简、木牍证明后汉时期朝廷也有类似的关切，例如 Loewe, *Records of Han Administration*。

[100] Loewe, "Operation of Government", 318-319 引用《文物》2006 年第 11 期，《安徽天长西汉墓发掘简报》，第 4—21 页。

[101] Bielenstein, "Census", 129-130 援引斯坦因简牍 Slip 922，该简保存于不列颠博物馆内，Giles, "A Census of Tun-huang" 作了讨论。这份材料记录了数个家庭的详细情况，毕汉思特别提到其中一条关于一个七口之家的记载：夫妻二人六十多岁，两个儿子及其各自的妻子，以及一个两岁的孩子。

毕汉思严格区分了完整的人口统计数和纳税登记数，前者即七口之家的所有人，后者则不包括老人、孩子和身体残疾者。更多情况见后文。

[102] 《后汉书》志第十九《郡国一》、《汉书》卷二八上《地理志上》。也可见《后汉书集解》第 4217—4128 页，以及 Bielenstein, "Census", 139。

[103] 《后汉书集解》卷一〇九志第十九，第 4218 页。

[104] Mansvelt Beck, *Treatises*, 183-186 及第 185 页的图表。马恩斯将"邑"翻译为"bathtown"，我翻译为"appanage"。

[105] Mansvelt Beck, *Treatises*, 189.

[106] 刘知几《史通·外篇·古今正史第二》对《东观汉记》进行了讨论，《四库全书总目提要》卷五十史部六十《别史类》的"《东观汉记》二十四卷"条主要依从《史通》，见台北重印版《四部备要》卷首。Mansvelt Beck, *Treatises*, 19-25 详述了《东观汉记》的成书过程，Bielenstein, *RHD* I, 10-11 以及 Bielenstein and Loewe, *Early Chinese Texts*, 471-472 也对此有讨论。

《史通》将梁太后摄政时期召集学者编纂《东观汉记》的时间定在元嘉元年，即公元 151 年。而《四库全书总目提要》仅记载为元嘉年间，则包括公元 151

年和 152 年。毕汉思依据《四库全书总目提要》，将这一时间点定为公元 151 年或 152 年。具体年代可以更加精确。

Bielenstein, *RHD* I 以及 Bielenstein and Loewe, *Early Chinese Texts* 仅提到公元 120 年及 151 年朝廷正式下令续写《东观汉记》，而《后汉书》卷二六《伏无忌列传》仅记载了公元 151 年的编纂。然而《史通》明确记述在刘珍死后，朝廷下令继续编纂《地理志》等部分。刘珍是第一次编纂任务的主要编修人员，于公元 125 年顺帝继位后不久去世，见《后汉书》卷八十上《文苑列传上》，deC, *Biographical Dictionary*, 593。

[107] Mansvelt Beck, *Treatises,* 187-189. 伏无忌是当时著名学者，还参与校定"五经"、诸子百家等。《伏侯古今注》已经散佚，后人根据其他文献的注释辑录整理，今有辑本传世。关于伏无忌对人口数据的记载见后文。

伏无忌是伏湛的直系子孙。伏湛在光武帝时为大司徒，封不其侯。伏氏家族与皇室联姻，伏无忌的曾孙女为后汉最后一个皇帝——汉献帝的皇后。见《后汉书》卷二六《伏无忌列传》、本书第 6 章注释 37。

[108] 根据刘知几《史通·外篇·古今正史第二》记述，经过桓帝朝的编纂（当时称为《汉记》），共撰成 104 卷。灵帝时期作了进一步的修订编纂。最终成稿由汉献帝时期历任三公的杨彪于公元 220 年完成，当时后汉已经灭亡。成稿的篇幅无疑更长。在之后的几个世纪中，《东观汉记》可能有所散佚，但据《隋书·经籍志》著录，全书 143 卷。流传至今的仅 22 卷和一些散句，《地理志》已亡佚。

[109] Mansvelt Beck, *Treatises*, 189-192.

[110] 《后汉书》志第二十三《郡国五》、《汉书》卷二十八下《地理志下》；Bielenstein, "Census", 128. 毕汉思总计各郡人口数量，得出后汉总人口为 4800 万，但在第 139 页指出那些缺少数据的地区应增加不少于 100 万的人口。同样可见 *RHD* III 12。

[111] Bielenstein, "Census", 139.

[112] Bielenstein, "Census", 126. 毕汉思有两大资料来源，一是唐代杜佑《通典》卷七《食货七》"历代盛衰户口"，记载了夏商以来历朝人口数量；二是宋代郑樵《通志》卷六一《食货略第一》"历代户口"。其中有些数据的确是虚构的，

或者非常不切实际，但我在这里只关心汉代数据。同样可见后文注释115。

[113] 在这里以及之后的讨论中，我以百万为单位，精确到小数点后一位。从这些数据可见，平均每户为4.9—5.8人，恰好在毕汉思提出的完整的"人口统计表"的范围内，而不在"纳税登记列表"的范围内，纳税登记列表中仅包括负有纳税义务的人。见 Bielenstein, "Census", 129。

伏无忌死于公元2世纪50或60年代，早于桓帝去世（公元167年）。

[114]《后汉书》志第二十三《郡国五》。

[115] Bielenstein, "Census", 126, 以及 *RHD* III, 13。由于毕汉思没有正确理解刘昭注释，"Census"错误地将所有数据都当作应劭的记载，忽略了伏无忌，见 Mansvelt Beck, *Treatises*, 188-189 和注释11。Bielenstein, *RHD* III 对此做出了更正。

Bielenstein, *RHD* III 再次讨论后汉人口问题时，对安帝时期的数据予以更多肯定，但坚定地反对其他数据。特别是对两条材料：伏无忌所谓公元105年全国人口5320万、应劭所谓永和年间全国人口5390万，毕汉思认为"难以置信"。正如下文，我倾向于接受伏无忌公元105年数据，但不认可应劭和皇甫谧所记载的更多的人口、户口数。毕汉思将后汉早期较低但持续增长的人口、户口数据作为统治效率不断增强的证据，见 Bielenstein, *RHD* III, 15。

《通典》卷七及《通志》卷六一记载，桓帝永寿三年（157）全国共5650万人，Bielenstein, "Census" 引用了这条记载，但他错将年代写为公元156年。这个数据看上去也是偏高的。

[116] 见前文注释110，Bielenstein, "Census", 128 以及 *RHD* III,12。

[117] 第一章第22页，以及前文第253—254页及注释85，引用 Bielenstein, "Census" 和 *RHD* I。

[118] Bielenstein, *RHD* III, 123, 140-141, 关于人口下降的地图见第175页。还可对比两汉幽州边界情况，参考《中国历史地图集》第2册，前汉见第27—28页，后汉见第61—62页。公元207年，军阀曹操带兵穿过今河北北部、承德以东地区，袭击乌桓骑兵，这块区域曾在前汉境内，但被后汉舍弃，见《三国志》卷十一；deC, *Establish Peace*, 357-358, *Northern Frontier*, 408-410 以及 *Imperial Warlord*, 233-235。

[119] 见前文第 253—254 页。

[120] Bielenstein, *RHD* III, 15-16. 严格来说, 这并不是主动杀死婴儿, 而是遗弃他们或无法养育。

毕汉思引用了后汉的两个事例。第一个事例是, 虞延（之后位列三公）的妹妹将女儿抛弃在沟中, 虞延收留了孩子。毕汉思认为, 虞延肯定受到良好教育, 他们肯定属于大夫家族, 见《后汉书》卷三三《虞延列传》。第二个事例是, 周燮出生时面貌丑陋, 其母想要抛弃他, 其父认为他有圣贤的相貌,"于是养之", 见《后汉书》卷五三《周燮列传》。此外, 成帝皇后赵飞燕在出生时, "父母不举, 三日不死, 乃收养之", 见《汉书》卷九七下《外戚传下》。根据以上的例子以及其他材料, 毕汉思提出, 当时杀婴行为是很寻常的、被广泛接受的。

瞿同祖与毕汉思的观点相反, Ch'ü（瞿同祖）, *Social Structure*, 24 提出杀婴行为应被视作犯罪。他引用《后汉书》卷六七《党锢列传》的例子: 汝南郡新息长贾彪惩处一位杀害自己儿子的妇女; 引用《后汉书》卷七七《酷吏列传》的例子, 沛相王吉斩杀"生子不养"的父母。

然而, 贾彪是一位注重道德的儒家弟子, 所管辖的是一处孤立的地区, 尽管他的影响可能会拯救一些孩子的性命, 但很明显杀婴行为根深蒂固, 在别的地区肯定一直存在, 而且在贾彪离任后, 新息县的杀婴行为还会死灰复燃。至于王吉, 他是中常侍王甫的养子, 因在任时过于残忍而声名狼藉, 最终因此获罪, 死于狱中。瞿同祖所举的这两个例子反而证明了杀婴行为很普遍, 官府管制或以法律约束这一风俗是不常见的, 会被认为逾矩。

[121] 《后汉书》志第二十三《郡国五》, 前文第 262—263 页。Bielenstein, *RHD* IV, 147 以及 Hsü（许倬云）, *Han Agriculture*, 21 将这些数据整理成表格。

[122] Eberhard, "Landwirtschaft", 99-100, 以及 "Bermerkungen zu statistischen Angaben", 4; Bielenstein, *RHD* IV, 147; Hsü（许倬云）, *Han Agriculture*, 21。

[123] Bielenstein, *RHD* IV, 148 为一个小农及其家庭列出了一份预算。

[124] 陈留郡广泛种植"蓝"这种作物, 见 Hsü（许倬云）, *Han Agriculture* IV.9, 247 引用赵岐（公元 2 世纪中叶）《蓝赋》: "此境人皆以种蓝染绀为业, 蓝田弥望, 黍稷不植。"崔寔（公元 2 世纪中叶）《四民月令》对这一产业多有

记载,译文见 Hsü(许倬云), *Han Agriculture,* 215-228。

[125] 见第四章"财政问题"部分,第 190 页以下。

[126]《后汉书》卷五《孝安帝纪》;Bielenstein, *Bureaucracy*, 81。

[127] Bielenstein, *Lo-yang,* 26 指出玉堂殿仅记载于后汉后期的文献中,很可能建于顺帝时期。

[128] 如前文所示,玉堂殿建筑群很可能建于顺帝时期。据记载,顺帝的继任者,冲帝刘炳和质帝刘缵,也都死于玉堂前殿。

第六章 梁冀擅政（公元144—159年）

年 表

144年	顺帝去世，幼子刘炳继位；梁太后临朝。
	马勉自称黄帝，在九江起义，不久被平定。
145年	冲帝刘炳去世；梁太后及其兄长梁冀立刘缵为帝。
	华孟自称黑帝，在九江起义，不久被平定；之后几年，类似的宗教性叛乱不断出现。
146年	质帝刘缵去世，梁太后及其兄长梁冀立刘志为帝，是为桓帝。
147年	立梁女莹为皇后。
	清河刘文反，杀国相射暠，欲立清河王刘蒜为天子；前太尉李固、杜乔下狱死。
148年	桓帝加元服。
150年	梁太后去世；梁冀继续把持朝政；持续扩大皇帝后宫。
153—155年	华北平原发生蝗灾、洪灾；向私人储存谷物收取赋税。
154—160年	帝国东部泰山郡及其周边出现盗贼反叛。
150年代中期	张奂平定帝国北部叛乱。
150年代末	长江中游以南发生骚乱。
159年	梁皇后去世；桓帝与宦官联盟，除掉梁氏家族。

梁冀及其傀儡

顺帝去世时（公元 144 年）已享有后宫 15 年，但只在去世前一年由虞美人生下皇子刘炳。此前虞美人还生下一位公主。[1]"皇嗣不兴，东宫未立"曾让朝臣非常忧虑。公元 132 年，立梁皇后仅两年，周举便上疏批评皇后没有子嗣。[2] 公元 141 年，李固劝当时辅政的梁商"令中宫博简嫔媵，兼采微贱宜人之子"进入皇帝后宫，并建议"若有皇子，母自乳养，无委保妾医巫，以致飞燕之祸"。李固的建议显然威胁到了皇后的权力，梁商没有采纳。

除了虞氏所生的皇子、公主外，顺帝在二十多岁时还有了两个女儿。两位公主的生母不详，但肯定不是梁皇后。[3] 无论如何，公元 144 年夏天，尚在襁褓中的刘炳被立为皇太子，同时改年建康，大赦天下，广泛赐民爵位。四个月后，9 月 20 日，顺帝去世。可能顺帝已经患病多日，他的死是可以预料的。按照先例，刘炳于同一天继承皇位，而原来的皇后梁妠，即此时的皇太后，则临朝摄政。[4] 虞贵人被称为"虞大家"，没有加尊号。[5]

新皇帝继位后，以太尉赵峻为太傅，大司农李固为太尉。赵峻、李固以及大将军梁冀，三人均录尚书事。赵峻是梁太后及梁氏的老朋友，[6] 而李固反对梁冀。可以认为他们之间关系紧张，梁太后在居中平衡。[7]

公元 144 年冬天，群盗盗发顺帝宪陵。这件事并未记载于《后汉书·五行志》，但顺帝刚刚下葬就发生这种玷污亵渎的事，非常不祥。而公元 145 年 2 月 15 日，即永憙元年正月初六（戊戌），刘炳就去世了。三周后，刘炳被葬于怀陵，怀陵距离宪陵不远。尽管刘炳的统治只持续了不到六个月，但跨越两年，刘炳谥号冲帝：幼少在位曰冲，幼少短折曰冲。刘炳没有庙号。[8]

如之前的邓太后、阎太后一样，梁太后也拥有从皇族子弟中选立新皇帝的权力。梁太后挑选的是刘缵,章帝玄孙,乐安王刘鸿之子。刘缵是皇室支脉,血统并不十分贵重。其母陈夫人以声伎入刘鸿王宫,但没有称号,从未被正式纳入后宫。[9]血缘更近的皇室子弟不少,很明显刘缵的优点在于他当时只有8虚岁,所以皇太后能够期待若干年的临朝摄政,而梁氏家族能够享有权力的果实。

刘炳患病多日,梁太后在他死前便已经着手考虑挑选继任者。如以往一样,她暗中进行挑选,仅和兄长梁冀商议,外朝百官没有参与。随后,梁冀赴乐安接走刘缵,并陪同他来到洛阳,将他安顿在北宫附近的都亭。[10]然而,在刘炳去世两周之后,梁冀才持节以王所用青盖车迎刘缵入南宫。翌日,公元145年3月6日,刘缵被封为建平侯,并在同一天即皇帝位。

考虑到刘缵早已来到京城,推迟这么久才入宫即位令人有些惊讶,看来三公九卿,特别是李固,反对再次挑选年幼皇子为皇帝,认为继任者应该是成年人。特别是清河王刘蒜一年前刚刚继承王位,被认为是更加适合的皇帝人选。刘蒜"为人严重,动止有度",也是章帝玄孙。他也被征入京城,朝臣百官莫不归心,但梁太后决意立刘缵,于是刘蒜被送回封地。[11]

刘缵的统治仅维持了15个月。尽管年纪很小,但他自然明白自己是外戚梁氏的附庸。然而不幸的是,他没有清楚地认识到自己应该对此事保持沉默。刘缵曾在朝会中当着群臣的面直视梁冀,称其为"跋扈将军",[12]很可能梁冀视他为后患。

公元146年7月26日,质帝食用煮饼后腹痛。这顿饭可能是在玉堂中举行的宴会,因为李固当时也在。皇帝对李固说:"食煮饼,今腹中闷,得水尚可活。"梁冀也在现场,并称"不可饮水"。不管怎样,刘缵几乎是即刻死亡。

人们普遍认为梁冀为了清除后患而毒害刘缵,但也有可能只是因为烹饪不当，也许刘缵天生体弱，容易消化不良。虽然李固想要仔细调查皇帝死因，但什么都没有查出来。而令人怀疑的是，刘缵的堂兄弟刘志不久前被征入京城，梁太后要将妹妹梁女莹许配给他。[13] 如果期待刘缵能正常统治若干年，那么梁氏家族肯定应该将梁女莹嫁给他，以巩固影响力，看来梁冀和梁太后已经预知了刘缵的命运。公元146年8月1日，刘缵去世六天后，刘志即皇帝位。刘志的婚事被推迟了，但次年梁女莹被立为皇后。

像往常一样，梁太后只与兄长梁冀商议，正是梁冀持节以王青盖车迎刘志入南宫。此前梁冀召集公卿商议立嗣，很多朝臣反对立刘志，太尉李固再次主张立刘蒜。李固得到了司徒胡广、司空赵戒、大鸿胪杜乔等公卿的支持，梁冀一度有所动摇。但中常侍曹腾不断劝说梁冀，称如果立刘蒜为帝，则将给梁太后和梁氏家族带来祸患。最终梁冀鼓起勇气重新召集公卿商议，压倒了反对的声音。大部分公卿都被梁冀所威慑，皆称"惟大将军令"，唯独李固、杜乔坚持己见，梁冀厉声宣布"罢会"。李固上书抗议，梁冀说服太后罢免李固。[14] 以司徒胡广接替李固任太尉，司空赵戒为司徒，这两个变节者与梁冀一同参录尚书事。胡广一直保守中庸，不愿做出强硬决定，而赵戒在为官早期曾表现出不畏权贵的勇气。然而对二人此时的表现，范晔评价其为"粪土"。[15]

质帝刘缵被葬在洛阳东部的静陵。其陵墓并不大，但与冲帝不同，并没有和其他皇帝陵墓相连。质帝的统治时间非常短暂，所以没有庙号，但从给他的谥号来看，质帝忠正无邪：言行相应曰质，忠正无邪曰质。

叛乱称帝和太平道

公元 144 年秋天，在冲帝短暂的统治时期，九江太守因罪被免，死于狱中。不久之后，他的继任者邓显以及扬州刺史尹耀讨伐九江贼范容、周生，兵败被杀。朝廷派遣御史中丞冯绲率领州郡兵征讨，但没有取胜，当年冬天又发生了两起叛乱。阴陵人徐凤自称"无上将军"，马勉自称"黄帝"，于九江郡当涂山中筑营。马勉穿黄衣、戴皮冠，建年号，置百官，其众四处劫掠，并遣别帅黄虎攻陷重镇合肥。[16]

公元 145 年年初，与九江郡相邻的广陵郡（位于长江入海口）叛军加入九江叛军的队伍。二月，九江都尉滕抚率军讨伐叛贼，斩杀马勉、范容、周生，虽然徐凤率残部逃至下邳，但很快被下邳地方领袖谢安伏击，徐凤被杀。朝廷为奖赏谢安，封其为平乡侯，邑三千户。马勉的头颅及其黄衣、皮冠、玉印被传回洛阳，悬挂在城门之上。

这并非该地的最后一次叛乱。翌月，滕抚（任中郎将，督扬徐二州事）既要平定广陵郡叛乱，又要平定庐江郡叛乱，而丹阳郡也出现盗贼。另外，年底九江郡盗贼华孟于历阳（扬州治九江历阳）自称"黑帝"。华孟率众杀郡守，但旋即被滕抚剿灭并斩杀。

九江郡人口近 50 万，这几次平叛伤亡人数并不多：剿灭马勉时，斩杀 1500 人；剿灭华孟时，斩杀近 4000 人，俘获仅 700 余人。然而获得的战利品很多，因此叛乱的经济影响相当大。该地州郡长官的死亡率相当惊人，共战死一位扬州刺史、三位九江太守，一位太守被罢免、死于狱中，而广陵、豫章、零陵、南阳郡太守也因贪污或滥杀等罪名而遭遇了相同的命运。统领军队的冯绲曾因作战不积极而被免，甚至在成功剿灭徐凤、马勉后，滕抚麾下中郎将赵序因畏懦不进、诈增首级而被处以弃市。有可能当时对军队腐败、怯战的处罚特别严重，但这些处罚更能显示出朝廷控制力的虚弱、地方政府的失败以及道德的沦丧。

在公元145年有人自称"黄帝""黑帝"后，类似情况再次出现。公元147年，陈留盗贼李坚自称皇帝。公元148年陈国陈景自号"黄帝子"，署置官属；南顿人管伯亦自称"真人"（真人为当时流行的黄老学说中对圣人的称呼）。公元150年，皇帝下诏书，对这种利用黄老教义起兵反叛的现象表示担忧，号召地方官员要采取有力手段遏制，但这种行为在持续扩散。就在诏书刚刚下达之后，右扶风人裴优也自称皇帝。此外，公元154年蜀郡人李伯诈称后汉宗室，当立为"太初皇帝"，同样伏诛。[17]

这些叛军首领并不是致力于实现新世界秩序的信仰者，不过是小股盗贼借机扩张势力，但是章河曾在公元2世纪30年代初于扬州煽动起一场短暂的"妖贼"叛乱，[18]之后在东南地区爆发的这些叛乱将一种新的因素引入帝国内部的叛乱模式中。公元108年羌族首领滇零曾自称"天子"，而自一百年前光武帝建立后汉、内战进入尾声以来，从未有土生土长的汉人胆敢如此放肆。此外，这些称号以及潜在篡位者的性质显示出，一个新的时代将要取代汉朝。[19]

首个声称拥有如此精神权威和皇权的人出现在淮水流域，这也许并不是巧合，因为长久以来淮水流域一直以异端信仰闻名。公元1世纪，明帝的兄弟楚王刘英与其都城彭城是黄老，甚至中国早期佛教的支持庇护者，[20]公元140年前后，道士、琅邪人干吉将《太平经》献给顺帝。相传《太平经》为干吉所作，或是其所得，而不管怎样该书的起源相当漫长。

在最早的文献中便可见"太平"一词，但是以之作为理想国家权威性的概念，则应形成于公元前1世纪后半叶，而关于《太平经》最早的记载也可追溯到那时。公元4世纪葛洪《神仙传》记载，前汉元帝时，学者宫崇、道士干吉"于曲阳泉上遇天仙，授吉青缣朱字《太平经》十部"，之后将《太平经》献与朝廷。[21]此后两百年间对此事再无记载，而在公元 166 年学者襄楷上书桓帝，称大约 25 年前自己参与了向顺帝敬献《太平经》一事。此处的《太平经》可能是对原书的修订版，也可能是一部全新的文本，但范晔认为这本书思想异端、充满错误："其言以阴阳五行为家，而多巫觋杂语。"虽然有司上奏该书妖妄不经，但朝廷还是将其收藏在皇家图书馆中，即使"太平"一词之后将成为叛变的口号，但在前汉以及后汉初年，"太平"并没有这样的含义。[22]

其实，这种神秘信仰并不是必然要站在朝廷的对立面。皇帝权力的理论基础是他作为与超自然之间的媒介的地位，所以皇帝的很大一部分注意力都投向了那些旨在歌颂自然力量、平息自然灾害的祭品、祈祷和仪式。在过去某些时候，一些民间宗教信条被用于支持国家利益和精神权威。有的时候这是个人利益的问题，例如秦始皇和前汉武帝为自己寻求长生不老，[23] 但神秘宗教的手段与口号能够加强朝廷的威望，出于这种考虑，前汉武帝才在公元前 104 年宣布年号"太初"，立土德。[24]

随后在公元 1 世纪，前汉成帝受到了齐人甘忠可"太平"概念的影响。[25] 公元前 5 年，甘忠可的信徒夏贺良说服哀帝自称太平皇帝，并且改年号为太初元将。[26] 此举维持时间很短，甘忠可和夏贺良均死于狱中。但在后汉初期的内战中，光武帝和竞争对手们利用道教理论进行宣传，[27] 而占据统治地位的今文经学者非常愿意接受伪经的神秘主义解释。长期来看，黄帝与真人的出现并不是本朝吉兆，但对当时而言，汉朝君主虽然只是强大摄政者手中的傀儡，但也依然拥有精神权威。[28]

梁冀的统治

后汉桓帝刘志[29] 为蠡吾侯刘翼之子。刘翼的父亲为河间孝王刘开（刘恭），[30] 是章帝之子，故刘志为章帝曾孙。安帝时，以刘翼为平原王,并且邓太后有可能曾经考虑由刘翼继承皇位,但公元121年邓太后去世后,安帝将刘翼贬为都乡侯,遣归河间。[31] 公元130年,顺帝同意以蠡吾为其封地,则刘翼为蠡吾侯。公元140年左右刘翼去世,其子刘志嗣。刘志是刘翼长子,有一个双胞胎弟弟刘悝。

质帝刘缵死于公元146年7月26日,刘志于8月1日即皇帝位。次年,有司上奏称梁冀和梁太后之妹梁女莹"膺绍圣善",请求将其立为皇后。这一提议无疑是梁太后和梁冀指使的,立刻得到准许。建和元年六月,梁女莹入掖庭,八月乙未(公元147年9月30日)立为皇后。无论如何,据记载只是因为质帝去世、刘志继位,这桩婚事才从前一年被延迟到此时。[32]

刘志立皇后时年16虚岁,尚未加元服,但没有理由不立皇后。这是有先例的,前汉惠帝、平帝曾在尚未成年时立皇后。[33] 婚礼按照"旧典"进行,和平帝与王莽之女成婚时的流程相符,聘礼纳采包括黄金二万斤、大雁、玉璧、乘马、束帛。[34]

这位新的梁皇后年龄不详。她的姐姐梁妠生于公元116年,父亲梁商死于公元141年,她被立为皇后时大概是二十五六岁,比姐姐梁妠小十岁,比丈夫桓帝大几岁。其传记记载,梁皇后"独得宠幸",这很可能是事实,因为梁太后和梁冀独掌朝政、控制后宫,所以级别较低的女性无法接近皇帝,至少在最初几年梁皇后的美貌也许能够满足这位缺乏经验的少年。

梁氏家族出了两位皇后,成为继前汉外戚王氏之后又一个具有无人能及持续影响力的家族。邓太后并不曾试图操控安帝的婚姻(或是她尝试了,但没有成功),而且后汉时期再也没有出现过这种机会。从许多方面说,这都是外戚权力的自然发展——公元9—13世纪,日本藤原家族确保几乎所有皇后都出自藤原氏,并且家族中男性占据着朝中最高官职。梁氏才刚刚开始以这种方式巩固自己的权力,但他们可能早已在心中谋划许久。

当时出现了反对的声音，特别是来自太尉李固和光禄勋杜乔的反对声。在立年幼的桓帝这个问题上，二人已经表现出担忧，坚决提出应立更年长的清河王刘蒜为皇帝。那时，梁冀安排免去了李固三公之位，但李固与杜乔得到了朝廷上下广泛支持，无法采取更多措施对付他们。最终，杜乔于公元147年夏天被任命为太尉，位居三公之首。

梁冀和妹妹梁太后本希望将杜乔拉到自己一边，但他拒不服从。立梁女莹为皇后时，梁冀不按旧典，想以厚礼迎之，杜乔不听。杜乔还不肯任用梁冀推荐的宾客为尚书。他的敌意非常明显，三个月后便被免官。表面上，杜乔是因京城地震而被免去太尉一职。

几周后，在建和元年十一月，梁冀的政治生涯交了好运。清河刘文为立清河王刘蒜为帝而杀国相，举兵谋反。谋反很快被平定，刘文被诛，而刘蒜坐贬为尉氏侯，徙桂阳，自杀。（刘蒜有可能对谋反之事一无所知，是无辜的。）这并非一个大阴谋，对皇位或梁氏也没有造成任何实质性的威胁，但梁冀劝说梁太后和年幼的桓帝，称李固、杜乔以前便支持刘蒜，这次也参与了谋反。杜乔死于狱中，李固被诛，二人被暴尸于城北。

李固、杜乔刚下狱时，很多人声援支持他们，有两位忠心耿耿的追随者为其收尸下葬，但李固、杜乔这两位首领的死标志着儒学改革运动的结束，确立了梁冀及梁氏家族的权力。从此之后，无论是百官还是朝廷，都无法撼动梁氏的权力。

公元148年初，在梁氏被立为皇后数月、李固和杜乔被诛数周之后，桓帝加元服。虽然太后摄政理应结束，但朝政没有发生实质性改变，梁太后仍然参与并掌控着朝廷，而大将军梁冀仍然占据着官僚体系的最高位置。

公元 150 年（和平元年二月），梁妠去世，享年三十五六岁（史书记载为四十五岁）。梁太后去世前患病多日，于和平元年正月乙丑下诏，正式归政于桓帝。[35] 然而，权力结构再一次维持不变：桓帝似乎对统治没有兴趣，梁冀继续掌握朝政。

另一方面，桓帝和皇后梁女莹的关系随着时间发生改变。梁皇后略为成熟的魅力此时已不再那么吸引 18 岁的桓帝了，加之她还负责监视皇帝的活动及其与皇宫内外的联系，使得宠爱日减。此外，桓帝对性的兴趣越来越大。每年有数百位年轻女子进入后宫，随着桓帝对某一位（或同时对数位）女子忽冷忽热地宠爱，阴谋诡计有了滋生的温床，服侍这些囚犯般女子的宦官们有了很多寻求庇护、贿赂、晋升的可能性。

尽管在公众和政治生活中，桓帝可能要依靠梁皇后及其家族，但他的后宫提供了一种建立个人独立性的途径。从梁冀的角度来看，这些娱乐当然很好地服务于他的目的，而梁皇后大概感到嫉妒和沮丧——据记载皇帝鲜少临幸她，对于自己丈夫选择伴侣，她无力干预。然而，她可以干预结果，她的传记特别提到："后既无子，潜怀怨忌，每宫人孕育，鲜得全者。"[36] 无法得知到底有多少位后宫女子遭到流产或强迫堕胎，也不知有多少孩子被流产或一出生便被谋害，但在那段时间只有一个孩子降生并存活至成年，这就是公主刘华。[37]

除了梁太后和梁皇后相继把持宫内，梁氏家族还掌握了京城的军事和治安权。梁冀作为大将军，统领北军；几位梁氏子弟担任北军各营校尉；梁冀的弟弟梁不疑为河南尹，控制京畿地区。

大体来说，自公元 2 世纪 30 年代中期梁商被任命为大将军，掌握着同三公一样的开府权力起，他和儿子梁冀相继成为官僚机构的首脑，前后超过十年，而依附于他们或受他们恩惠的人持续增加。所以梁冀得到了一大群托庇者的支持，他坚持自己的权利以及下属对他的义务，要求所有得到任命的官员都要亲自向他表示敬意。

有证据表明，梁冀对财富和权力都非常贪婪，最明显地体现在朝廷给他的封地和赏赐上。和帝永元九年（97），窦太后去世，追尊梁氏为恭怀皇后，梁氏家族复兴，众子弟封爵，其中梁商之父梁雍封乘氏侯，邑五千户。顺帝永建元年（126），梁商袭父爵，封乘氏侯。[38]梁商死后，梁冀承袭爵位，而当桓帝被推上皇位时，他的食邑增加到一万三千户。弟弟梁不疑、梁蒙以及儿子梁胤均封侯，食邑各万户。[39] 公元150年，又增封万户，食邑共三万户。次年，以梁冀有援立之功，欲崇殊典，乃大会公卿，共议其礼，于是准其"入朝不趋，剑履上殿，谒赞不名"，礼仪与前汉高帝重臣萧何相当；增加两县为食邑，[40] 与邓禹相当；并赏赐金钱、奴婢、彩帛、车马、衣服、甲第，与霍光相当。公元前1世纪，霍光拥立宣帝登基后，受到以上赏赐。[41]

尽管得到如此尊荣，但据说梁冀非常嫉妒弟弟梁不疑。梁不疑好经书，善待士人。梁冀派人监视梁不疑，害死了他的好几位宾客。当江夏太守田明前来拜访梁不疑，梁冀令人构陷田明，施髡笞之刑，流放朔方郡，田明死在路上。[42]

类似的，学者马融当时任南郡太守，梁冀认为马融与梁不疑过从甚密，于是弹劾马融贪污受贿，判处流放朔方郡。马融试图自杀，但没有死，之后得到赦免返回洛阳，任议郎，再次进入东观校书。后来马融因病去官，但在之后的十几年中一直开设私学，学生达数千人。[43]

梁冀还将梁不疑调任光禄勋，这样自己的儿子梁胤（当时年仅16岁）就能代之为河南尹。除了受到了这些侵扰外，梁不疑也不赞成梁冀的个人操守，于是在公元152年与弟弟梁蒙辞官归家。[44]

总的来说，史书中对贤明的父亲梁商和恶劣的儿子梁冀二人做了对比，与此并列的是，也将贤良的顺帝皇后、之后的皇太后梁妠和她的妹妹、善妒又奢靡的梁女莹做了对比。[45]这种修辞学上的表述,导致难以评估梁冀和他同党的真面目,也难以判定梁冀统治的整体质量。

此外,虽然对梁冀所受尊荣和封赏的记载可能基本准确,但史学家们显然不赞同梁冀的擅权,受这种好恶影响,史书中梁冀的形象令人费解。《后汉书·梁冀列传》记载了多个例子表现出梁冀的傲慢冷酷,别处也记载有类似的事例。除了前文提到的田明和马融,还有其他人据说遭到梁冀迫害:

崔琦:梁冀在梁商在世时曾任河南尹,他仰慕崔琦的才学、文章,请与交往。而大概在梁冀拜大将军后,崔琦作《外戚箴》《白鹄赋》,批评讽刺梁冀。梁冀不悦,责问崔琦,崔琦回应称梁冀"不能结纳贞良,以救祸败,反复欲钳塞士口,杜蔽主听"。于是梁冀遣崔琦归家,之后崔琦被任命为临济县长。由于害怕梁冀谋害,崔琦不敢任职,解印绶去,而梁冀确实派遣刺客刺杀崔琦。[46]

陈龟:度辽将军陈龟在恢复后汉边疆的地位上建有功勋。然而,陈龟与梁冀素有嫌隙,受梁冀诬陷,因获罪而被召回。之后陈龟被任命为尚书,随后上疏批评梁冀的做法。因为自知会遭到梁冀报复,遂绝食而死。[47]

耿承:安帝名义上的母亲耿贵人去世后,梁冀向其侄子耿承索取耿贵人的珍玩。耿承为侯爵,曾娶公主为妻,与皇室关系紧密。耿承拒绝了梁冀,但数年后梁冀诛杀了耿氏家族十余人。[48]

士孙奋:士孙奋十分富有,梁冀以四匹马向他借贷五千万钱,而士孙奋不情愿,仅给梁冀三千万钱。随后梁冀告郡县,称士孙奋的母亲为自己以前的奴婢,从家中盗取白珠、紫金后逃走。于是士孙奋兄弟被捕入狱,遭到拷打,死于狱中,而家财一亿七千万钱被没收。[49]

吴树:吴树被任命为南阳郡宛令,赴任前向梁冀辞行。梁冀为自己在宛县的宾客向吴树请托,但吴树表示自己的职责是坚守法律。吴树斥责梁冀如此偏袒宾客，到任后履行职责诛杀数十个有罪的梁冀宾客。之后，吴树被梁冀毒杀。[50]

侯猛：辽东太守侯猛得到任命后没有拜谒梁冀。梁冀假托其他事情弹劾侯猛，侯猛被腰斩。[51]

袁著：年轻的郎中袁著诣阙上书批评梁冀。梁冀派人诛杀袁著，尽管袁著托病伪死，并举行了葬礼，但最终被抓，并被笞杀。[52]

郝絜、胡武：二人是袁著的朋友，没有向梁冀致敬，但联名奏记三府，荐海内高士。梁冀杀害胡武等人，并株连胡武家族六十余人。郝絜在梁冀门前自杀，家人才得以保全。

刘常：刘常为当世名儒，也是袁著的朋友。梁冀通过召补令史来羞辱他。令史是秩级很低的小吏，远远配不上刘常的声望能力。

然而，这些事例中存在着一些难以理解的地方。令人奇怪的是，崔琦当面批评梁冀但却没有遭受处罚，而是在被任命为县长后担心被梁冀迫害，这看上去不合逻辑。史书中还称，当刺客来刺杀崔琦时，他正在悠闲地耕田，当时"怀书一卷"。刺客不忍杀害这样一位高尚的人，没有下手转而离开，但之后崔琦仍遭梁冀捕杀。整件事看上去像好几个传奇故事的杂糅。

与此类似，耿承及其族人的死，以及吴树、侯猛的死，据说都在某种程度上是由于以前得罪了梁冀：耿承在数年后被诛；吴树在即将赴任之时被毒杀；侯猛除了没有礼敬梁冀外，没有具体的原因导致其被腰斩。此外，腰斩是很特别的刑罚，极少施行，仅仅用来惩罚最严重的罪名，然而史料中对这一所谓的罪名没有更多细节描述。

陈龟是多年老臣，仕途有起有伏，他也可能在某次得罪了梁氏家族。但陈龟为何特意上疏（他肯定知道上疏不会起到任何作用）然后绝食自杀？他本有更加快速的、引人注意的自杀方式。

耿承、士孙奋的故事都和梁冀的贪婪有关，但通过士孙奋的母亲来打击士孙奋也有些奇怪。我推测梁冀是因为告发而获得了数以百万计的财产作为奖赏，但一个奴婢之子（即便是一个偷东西的奴婢）如何能拥有如此大的财富？

最后，在关于袁著、郝絜、胡武这三位小官的故事中，梁冀对这样的小人物采取如此手段，显得杀鸡用牛刀。特别是袁著，他虽然没有官职，但肯定出身汝南袁氏，汝南袁氏是帝国最大的豪门世族之一。汝南袁汤是梁商的亲密盟友，公元146—153年间在大将军梁冀摄政时先后任司空、司徒、太尉，并因册立桓帝、顺从梁氏而被封为安国亭侯。袁汤真的能忍受自己的亲戚（哪怕远亲）遭受如此打击？而梁冀是否认为必须诛杀袁著？

总而言之，可以认为梁冀非常贪婪，唯恐失去自己应有的地位和尊崇，但史书中记载的这些个例在细节上似乎靠不住，很可能有所夸张甚至是杜撰的。

梁冀的妻子孙寿也因丈夫的地位捞到了好处，被封为襄城君（襄城县位于颍川郡），兼食阳翟租，岁入五千万，加赐赤绂，比长公主。

史书记载，孙寿是最美的女人之一，"色美而善为妖态"，魅惑、淫荡，同时又善妒、任性、奢靡、引领时尚。她作愁眉、啼妆、堕马髻、折腰步、龋齿笑；所谓愁眉者，细而曲折；啼妆者，薄拭目下，若啼哭之痕；堕马髻者，发髻侧在一边；折腰步者，好像双脚承受不了身体的重量而腰肢摆动；龋齿笑者，若齿痛，不乐之状。孙寿的这些装扮引起了全京城女性的效仿，并且风潮扩展至全国。[53]

虽然孙寿外表如此娇弱，但她无论个人还是政治上都胜过梁冀。史书记载，梁冀听从了孙寿的劝说，褫夺梁氏子弟的官职，为的是给孙氏宗亲让位，十余个孙氏宗亲改姓为梁，冒名而为侍中、卿、校尉、郡守、长吏。不过很难理解这样做的目的，如果他们已经取代了梁氏子弟,则为何又需要改姓呢。[54]

孙寿为梁冀生子梁胤,而梁冀至少还有一个儿子梁伯玉,为友通期所生。梁商曾将友通期献给顺帝,被封为美人。友通期因过错而被遣回梁商处。虽然梁商不愿留下这位曾经的嫔妃,但梁冀并没有这种顾忌,将友通期置于城西的宅邸中。孙寿发现后,抓住友通期,"截发刮面,笞掠之"。孙寿本想上书顺帝告发梁冀冒犯君主之罪,但梁冀哀求孙寿的母亲,她劝孙寿不要揭发这个丑闻。但孙寿仍然在伺机报复,令她儿子梁胤(当时任河南尹)诛灭友氏家族,并想要杀害友通期的儿子梁伯玉。梁冀将伯玉藏在宅邸的墙壁中,但史书中再没有关于梁伯玉的记载。[55]

除了孙寿和友通期外,史料中没有提及梁冀其他妻妾的名字,但据记载梁冀在城西有别第,里面住着大量女人,很多都出身良家,梁冀使她们成为自己的奴婢。[56] 此外,《后汉书》还记载梁冀与监奴秦宫有同性恋情,梁冀使秦宫官至太仓令。同时秦宫也能出入孙寿的居所,孙寿假借商讨事情而与秦宫私通。秦宫的影响力极大,得以"内外兼宠,威权大震,刺史、二千石皆谒辞之"。[57]

据记载梁冀穿得极为古怪,"作平上軿车,埤帻,狭冠,折上巾,拥身扇,狐尾单衣"。[58] 梁冀为自己在城内建起一座极为宏伟的宅邸,使用最好的材料,以绮疏、青琐、金玉作装饰。而孙寿在街对面建造自己的宅邸,与梁冀相互攀比夸耀。二人乘坐着装饰以金银、羽盖的辇车在宅邸内游览观赏,有娼妓在旁奏乐演唱。为了保护宅邸的私密性,二人常常数日不见客,来访的宾客官员都需贿赂门人才得通,门人收取的贿赂达到千金。[59]

梁冀还在洛阳城外建造了数个大型游乐园,规制如同皇家苑囿。梁冀在城西的主宅建在园囿之中,挖土筑山,其中有珍奇林木、河流桥梁、奇禽驯兽。此外,梁冀在更西边(今洛阳市的位置)建造菟苑,

第六章　梁冀擅政（公元 144—159 年）

纵横数十里，其中饲养着梁冀的野兔和兔子。[60] 梁冀下文书到全国各地调集活兔，并在这些兔子的毛上做记号，谁伤害了他的宠物谁就犯了死罪。有一位西域胡商不知其中禁忌，误杀了一只兔子，导致十余名同伴被处死。梁冀的禁地不止于此，他的弟弟梁不疑、梁蒙曾私下派手下到上党打猎，上党离菟苑至少 50 千米远，梁冀知道后逮捕并杀死了三十余人。

《后汉书·梁冀列传》对这些事的记述顺序飘忽不定，它用一种否定的、羞辱的眼光来看待梁冀，甚至不在意有些记载或许不太准确，但这些事情对于一个擅政二十余年的人而言并非难以想象。此外，还有两项涉及州郡的罪名更加严重。其一，一些官员（特别是孙寿的宗亲）"各遣私客籍属县富人，被以它罪，闭狱掠拷，使出钱自赎，货物少者至于死徙"；其二，梁冀派遣宾客仆人在国内外为自己搜罗奇珍异宝，这些人欺压百姓、掳掠妇女、驱击吏卒。[61] 此外，梁冀不仅要求新任职官员"皆先到冀门笺檄谢恩，然后敢诣尚书"，甚至"其四方调发，岁时贡献，皆先输上第于冀，乘舆乃其次焉"。故而外戚梁氏一手遮天，其霸权压迫着整个帝国，也篡夺了皇帝的特权。

传闻越多，就越难估计情况究竟有多严重：到底有多少人曾遭到梁氏、孙氏宾客仆从的贪婪掠夺？造成了多大范围的恐慌忧虑？对朝廷的日常活动带来了多严重的影响？

从国内的叛乱情况看，梁冀统治时期是相对平稳的。公元 2 世纪 40 年代曾令梁商焦头烂额的长江下游、淮水谷地叛乱已经有效平定，直到 60 年代中期该地没有再出现严重问题。这一时期主要的骚乱集中在今山东地区。公元 154 年，盗贼首领公孙举于泰山郡、琅邪郡反叛，率众三万人劫掠青、兖、徐三州。公元 156 年，朝廷以出身边塞的段颎为中郎将讨伐叛军，斩杀公孙举，但之后泰山郡又发生叔孙无忌反叛，直到公元 160 年中郎将宗资将其平定。险峻多山的泰山地区一直是闹事者的避难所，之后也一直是威胁的发源地。

公元 2 世纪 50 年代末期，无疑是受到汉人迁徙压力影响，在帝国南方发生了长沙郡、零陵郡少数族暴动，并且最南端的九真郡再次出现骚乱。而北方边塞地区则出现了一段相对和平时期。此时鲜卑没有重要的战争领导者，各部落似乎更加关注巩固自己在草原上的地位，而不是从汉帝国捞取好处。对匈奴采取更加宽大的政策（例如陈龟）明显起到了效果，单于兜楼储和继任的居车儿皆为后汉傀儡，虽然他们与自己名义上的臣民百姓基本无关，但自公元 143 年南匈奴左部句龙王吾斯死后，匈奴数年来没有出现过一致反抗的局面。[62]

公元 155 年，匈奴发生了一次短暂的叛乱，左薁鞬台耆、且渠伯德等七千余人欲与南部羌人一同举事，但安定属国都尉张奂切断了南匈奴和羌人的联系，说服羌人与他共同抗击南匈奴。因为这次胜利，张奂很快迁使匈奴中郎将。面对匈奴休屠各部和朔方乌桓的结盟反叛，张奂再次分化瓦解敌人，怂恿乌桓攻打匈奴，最终敌军首领投降。[63]

因此，从表面上看，梁冀的统治是称职有效的。但是，其他的证据表明行政管理上的顽症越来越严重，官员腐败愈演愈烈。这些问题部分归咎于梁冀追随者们的恶行（如前文所列），但似乎更加普遍，甚至那些与梁氏没有直接关系的人也被指控有不法行为。

公元 147 年，名义上在桓帝统治下的朝廷下诏，令群臣举荐贤良方正、能直言极谏、至孝独行之士。著名学者、书法家安平人崔寔得到郡国举荐。崔寔称病，不对策，除为郎，退而论当世便事数十条，名曰《政论》，当时得到广泛称赞。[64]

崔寔《政论》的核心观点是，传统道德已遭废弛，失之于宽，朝廷缺乏控制力：

> 每诏书所欲禁绝，虽重恳恻，骂詈极笔，由复废舍。终无悛意。故里语曰：州郡记，如霹雳；得诏书，但挂壁。[65]

结果导致各级官员滥用权力，不仅失职受贿，还欺骗工匠和商人。于是公共物品和设备不敷使用或遭到偷窃，甚至那些用于保卫边境的武器"铠则不坚，弩则不劲"，而普通百姓尽量避免接触朝廷。崔寔认为，群臣必须服从君主的权威，而级别很低的长吏应该增加俸禄，这样长吏才能廉洁奉公、不通过鱼肉百姓来养家糊口。[66] 然而，崔寔与上一代改革者们不同，他强调只有通过严刑峻法才能控制住当时的各种问题："夫刑罚者，治乱之药石也。"药虽苦，但却是国家健康的关键。[67]

在这点上，崔寔反对当时的一个新现象：频繁大赦。

传统上，只在皇帝登基、立皇后、立太子或更换年号等王朝庆典时进行大赦，在重大典礼或为了度过灾荒凶年时也会进行大赦。何四维注意到，正史皇帝纪在提到大赦时并没有记载详情，每一次大赦可能都有不同的缘由。然而，每一次大赦都是减轻刑罚，比如将死刑改为劳役、改善罪犯的处境。[68] 在汉朝大部分时期，很少施予这种仁慈，但从梁冀把持朝政起，一直到桓帝、灵帝统治时期，各种恩赏越来越频繁，几乎每年施行。[69] 虽然不确定这样做的具体动机，但可认为这是朝廷试图借此赢得民心，并通过减轻通常残暴的刑罚来维持慈父的表象，这是儒家努力在他们的理想君主身上寻找的。崔寔代表法家反对如此宽宥，当时很多思想家同意崔寔的观点，但朝廷将这一政策一直坚持了下来。[70]

我们可以为梁冀的统治风格辩护：纵使他贪婪成性、铺张自负，但他坚持新任命的官员要亲自前来拜谒，可能是计划以此来建立一张个人关系网,这样从京城发出的指令就能切实在州郡得到执行。崔寔可能对此表示赞许。

同样的,四方调发、岁时贡献都先送到梁冀而不是皇帝处,可以将此视为梁冀代表皇帝控制了朝廷,皇帝似乎对后宫更有兴趣,并且无论如何他既没有成年也不够有魄力,无法赢得广泛尊敬和服从。崔寔希望统治者能够拥有臣下的绝对忠诚,如果皇帝没有发挥这种作用,则权臣可以通过个人权威和宾客、同伙的关系网来弥合差距。传统史学家们期盼由贤良高尚的官员掌握朝政,他们一直贬低梁冀,因为梁冀权威的性质不符合他们的期待;但之后出现的另一种情况则距儒家理想更加遥远,即皇帝借助宠臣来运用权力。

州郡大族 [71]

梁冀想要和那些被派到州郡任职的官员们保持私下交往,以此来稳固自己在整个帝国的权威,而主要困难是梁冀及其后继者都无能为力的财政困难。财政问题的核心是,公元2世纪中叶,国库已经严重赤字。首先,公元1世纪90年代初,窦宪野心勃勃地远征草原匈奴;接着,安帝时期羌人叛乱造成了巨额花费和严重破坏;然后,鲜卑进犯西北边塞;随后,是第二次羌人叛乱以及南匈奴的混乱与衰弱。以上每一次战争都需要大量的军事开支,而战火波及地区的财政收入受到很大影响,特别是北方和西北地区。长江以南地区已经出现了大规模移民,但移民的主要动机就是希望能逃离赋税和朝廷控制,而长江以南新设县的数量很少,这意味着大量人口并不在朝廷监管之下。[72]

结果,财政的严峻形势不再是特例,而是已然成为朝廷常态,有的时期出现严重短缺。早在公元143年,无疑是因为前几年羌人和匈奴叛乱,朝廷下令"减百官奉""贷王、侯国租一岁"。[73]

在这种财政受限的情况下,朝廷不再有能力向受灾州郡提供有效的帮助。公元153年秋天,三十二个郡国出现蝗灾,同时黄河发洪水,冀州受灾尤为严重。无家可归、饥饿穷困、流亡道路的百姓达数十万户。虽然朝廷下诏,令当地州郡赈济灾民、使其不再流亡,但没有下拨额外的财物。在之后的两年中,再次出现洪水、蝗灾、粮食减产,在冀州甚至司隶出现了"人相食"现象。"人相食"可能是夸张的说法,但这显示出当时灾情非常严重。朝廷下诏令受灾郡国种植芜菁作为食物——这在将小麦和粟作为主食的国家属于极端举措,同时"敕州郡赈给贫弱。若王侯吏民有积谷者,一切贷十分之三,以助禀贷;其百姓吏民者,以见钱雇直。王侯须新租乃偿"。很明显,朝廷粮仓在这样的艰难时期里无法提供足够的粮食。同样明显的是,虽然私人手中掌握着相当多的粮食,但是即便在紧急灾情下能征用的数量也是有限的。[74]

州郡权力的传统结构建立在当地地主和朝廷派去统治他们的官员之间亲密合作关系的基础上。由于教育对文官选拔任命至关重要,且通常只有那些出身富裕家族的人(他们的财富自然基于所拥有的土地)才有受教育的闲暇,所以官员和士大夫通常来自同一阶级,有着相同的利益——对商人进入文官体系有限制。[75] 此外,任何官员都会小心不去冒犯地方社会领袖,因为这些地方领袖可能有亲属能在别的地方为他或他的家族报仇,而朝廷官员的大部分属官也是乡里的一员,拥有强有力的关系和盟友。

由于这样的相互关联,州、郡、县的权力形式严重受世家大族影响,这些家族支配他们的邻居们,使很多邻居成为自己的佃农,纳入经济控制中。甚至在骚乱和饥荒时期,这些世家大族也维持着庞大势力。崔寔所著《四民月令》成书于公元2世纪40—50年代,是一部田庄经营手册,记载了一年中的农业生产活动以及每个季节的农产贸易活动，包括：在初冬供货充足、价格便宜时买入粟、黍、豆、麻等，在第二年春则"粜黍买布"，那时穷人家经过一冬，旧粮已经吃完，新粮尚未成熟，陷入青黄不接。此外还经常出现向陷入困顿的人放有息贷的情况，如果借贷人的处境没有改善，则放贷人有机会获取其财产。[76]

学界对汉代自耕农和佃农的比例尚无定论。许倬云认为，前汉武帝时期的佃农人口可能不超过总人口的五分之一，而地主仅占有十分之一多一点的耕地。[77] 而陈启云并不认可这个比例，他认为佃农可能占将近一半人口，地主拥有三分之二的耕地。[78] 一般认为，大地产的扩大是一个不断持续的过程，后汉时期加速进行，当时独立自耕小农成了特例。陈启云将针锋相对的观点列表进行对比：许倬云认为，地主与佃农之间存在"两极化"的社会差异和潜在的冲突；而陈启云不同意这一观点，认为：

> 大型的自给自足的半自治田庄的兴起，得到了血统、亲属关系和社区团结的加强，削弱了统一的汉帝国，诞育了中世纪的士大夫阶级。[79]

出于两方面考虑，我认为陈启云的观点更令人信服。首先，失去田产、不被雇佣的人口持续增长，这些人是盗贼和叛军的潜在储备。[80] 其次，虽然朝廷财政疲软，但朝廷权威的力量——只要这种权威得到维持和认可——足以维持对帝国的全面控制。在第九章中可以看到，当朝廷力量衰弱后将出现什么情况。

对于世家大族来说，祖先的陵墓和祠堂彰显了财富，确认了亲属关系，令他们的邻居和对手惊叹。前汉时期，宏伟的陵墓属于皇室、皇亲所有，虽然这种情况延续到后汉，但这时平民百姓也能够拥有。坟墓及周围的园陵成为艺术的纪念碑，里面有壁画、珍贵的陪葬品，让人回忆起此生的欢乐并憧憬来世的希望，而葬礼为宗族、盟友、宾客提供了一个尊重相互关系、确认自己在社会中地位的机会。[81] 历史记载和现代考古发现证明了墓葬构造的恢宏奢侈以及陪葬品的珍贵。公元151年山阳人武梁死后，他的子孙修建的武梁祠展现出这类工程的建筑质量和奢华铺张。[82]

一般来说，除了经常在墓前立碑，碑上刻有纪念死者的铭文，还有一些碑是用来纪念功业或贤人名士，比如修路、筑桥、广受喜爱的县官的治理或者某个人的道德行为。有的碑是由朝廷建立，而很多碑是由朋友、同僚、前任官员为纪念功绩而捐款建立。这些纪念碑以及伴随的礼仪营造出了一种共同体意识，由于大部分汉代石碑和碑铭都可追溯至公元2世纪后半叶，那一时期某些地区的地方史和地方志也得到了发展。[83]

除了有农业日历的实用性，《四民月令》还列出了很多祭祀神明、祖先灵魂等仪式活动，并规定年轻人在冬季农闲时节要学习："成童以上入大学，学'五经'"；"幼童入小学，学篇章"；"命女红趣织布"。庄园还必须划出军事训练、准备武器的时间：农历二月，"顺阳习射，以备不虞"；农历九月，"缮五兵，习战射，以备寒冻穷厄之寇"。[84] 汉代的陪葬品中有设置防御工事的房屋农舍的模型，有些模型中还有装备武器的人物。

这种自信和独立持续发展的另一个方面是，随着朝廷权力的削弱、豪强不断获得越来越多的佃农和依附者，由部曲、宾客组成的私人武装不断增多，其中很多都是流离失所、失去土地的人，不能继续在土地上劳作。[85] 虽然有的成员曾在边境服役，但这些私人武装的战斗水平基本都不高，不过对于更加弱势的邻居来说却足以为害，而

图 11　坞堡。其中有不成比例的望楼。[后汉墓葬出土的明器]

图 12　望楼中的弓箭手。一个坞堡望楼的细节，展现出弓箭手正在防御。[后汉墓葬出土的明器]

两幅照片通过 Artstor Digital Library 数据库获取，来自纽约大都会艺术博物馆，访问号 2000.662.3 以及 2000.662.4a-c。

第六章 梁冀擅政（公元 144—159 年） —— 291

图 13 宴会中的表演者。四川省成都汉墓出土的石刻拓片。
来源：《四川汉代画象选集》，图 75。
图像左上部两人中右坐者以及右下部跳舞者有头饰，表明这两位是女性。

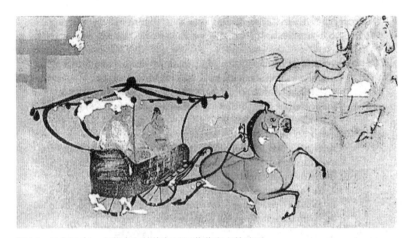

图 14　马与马车。内蒙古和林格尔后汉墓葬出土的壁画。
来源:《汉唐壁画》,28 页。

图 15　二牛犁地。甘肃嘉峪关汉墓出土的公元 3 世纪画像砖。
来源:《汉唐壁画》,49 页。

豪强家族的年轻人能率领这些武装，扮作恶霸以自娱：当时出现了"侠""游侠"，"游侠"有时被翻译为"knight-errant"，最好应理解为当地的亡命徒（local bravo），这些人常常是社会公害。[86]

确实，尽管叛乱和盗贼可能构成威胁，但对一位拥有土地的士大夫来说，最大的危险来自他的邻居们。儒家对家族的强调导致没有理由反对宗族争斗，而在汉代，家族复仇被广泛接受。此外，到公元2世纪中叶，这种活动已经变得更加普遍，乡村名义上的和平被暴力和小规模冲突所打断，起事首领因大胆英勇而得到赞赏。有不少例子：

太原人贾淑"性险害，邑里患之"，公元160年前后他因为舅报仇而杀人。贾淑被捕入狱，按罪当死，但名士郭泰为他说情。贾淑被释放，之后朝廷原宥了他的罪行。[87]

虞伟高的父亲死于家族仇杀，但他在报仇前病重。虞伟高的朋友、南阳人何颙代他复仇，将仇人的头带到虞氏墓地。何颙进入洛阳太学，因擅于品评人物而扬名，他与太学生领袖郭泰以及尚书台陈蕃、李膺交好。[88]

酒泉人赵娥的父亲被李寿所杀。由于赵娥的兄弟们当时都生病或去世，所以李寿确信无人能向自己报仇，但赵娥光天化日下于都亭刺杀李寿。赵娥诣县自首，而县长以之为义，拒绝逮捕她。不久后赵娥得到赦免，逃脱了一切惩罚。[89]

右扶风苏不韦的父亲被司隶校尉李暠所害，苏不韦欲为父报仇。之后李暠迁大司农，而苏不韦与几个亲从兄弟挖地道潜入李暠居所，杀害其妾室和小儿子。然后，苏不韦掘开李暠父亲的坟墓，断取其父头颅来祭祀自己父亲的坟墓。直到李暠忧愤而死后，苏不韦的复仇才结束。然而之后，曾在边疆作战的将军段颎任司隶校尉，收捕并杀害了苏不韦及苏氏一门六十余人。[90]

我们必须假设以上几例是最惊人的复仇事件，有大量不这么激烈的冲突都被历史学家们忽视了。在统一和皇权的表象下是地方上的暴力，这些暴力不是针对家族敌人，就是针对贫困的农民以及其他地位更低阶层群体（后者无疑是更普遍的现象）。

此外，这种行为得到了地方领袖的背书支持。凉州刺史、酒泉太守上表，称赞赵娥烈义，"刊石立碑，显其门闾"，她的勇敢之举得到了整个帝国的歌颂。郭泰作为公共道德的护卫者，不仅支持贾淑复仇、是何颙的朋友，还称赞苏不韦的孝心和勇气；尽管苏不韦屠杀了一位无辜女子和她的幼子，但他甚至超越了传奇英雄伍子胥，因为伍子胥需要凭借大军复仇，而苏不韦"单特孑立"对抗国家很有权势的人物。[91]

从儒家忠孝观念的角度，这样对暴力的认可是合乎情理的，同样，在西方，决斗也一度被视为绅士之间的荣誉准则而被社会接受。然而，这显示出一种特殊的道德观和善行观，意味着社会和经济关系的转变能够引发严重的武力炫耀。政权从根本上依赖于百姓对它权威的普遍的、大体和平的接受，因此对政权来说这种对暴力的认可是一个潜在的危险——导致未来汉帝国分裂瓦解的原因离此不远。

梁氏的倾覆 [92]

公元 159 年夏天，皇后梁女莹去世，时年 35 岁左右。梁女莹进入后宫 12 年，尽管她已经很久不得丈夫的宠爱，但她的地位证明了兄弟梁冀的权威，而她在后宫内的权威也保证了梁冀能够消息灵通，足以控制宫内诸事。似乎梁女莹的去世是出人意料的，梁冀非常震惊，对这个意外没有应急的措施。

尽管梁冀已被任命为大将军（按照传统，大将军一职由外戚担任），并且得到了朝廷和官僚体系中的门客、官员的支持，但如果没有他妹妹梁皇后维护其正当性，梁冀的任命便能被撤回，能够被随意免职。对梁冀来说，极为紧迫的是要找到方法重新建立与皇帝的关系。

最初，似乎梁冀手中已经握有机会。桓帝后宫中女人众多，而他当时宠爱的是邓猛女。邓猛女是邓香与妻子宣的女儿（史料中没有记载邓香妻子的姓氏）。邓香曾任郎中，之后在掖庭任职，但英年早逝，邓猛女出生后不久便去世了。[93]

邓香是邓太后的族中晚辈，邓太后在安帝朝曾临朝摄政，但邓氏家族在公元121年邓太后去世后已经衰落。[94]不过邓氏仍是帝国最重要的几个世家大族之一，尽管邓氏众多子弟曾因安帝复仇遭受牵连，但邓氏家族并没有遭到毁灭。[95]更重要的是，邓香的遗孀宣再嫁梁纪，而梁纪是梁冀的妻子孙寿的舅舅。[96]梁纪也在不久后去世，但孙寿庇护支持邓猛女（邓猛女已随继父改姓梁），于公元153年前后使她进入掖庭。据推测邓猛女当时13虚岁。

孙寿早已认识到这个年轻女子的美貌动人，希望邓猛女能作为代理人来帮助支持收养自己的家族。邓猛女最初为采女，即嫔妃的第三级，但她得到了皇帝的喜爱和宠幸，一年之内封贵人，地位仅次于皇后。邓猛女似乎和梁皇后、孙寿都保持了良好的关系，但同时也支持其兄邓演，邓演被封为南顿侯，位特进。数年后邓演去世，由其子、邓猛女的侄子邓康嗣。

尽管据记载桓帝有几百甚至几千位嫔妃，但他特别中意邓猛女，公元159年秋天梁皇后去世后，他决定立邓猛女为皇后。当时邓猛女大约二十岁，桓帝二十七岁，能够自己拿主意。有迹象显示，桓帝对梁冀权倾朝野、迫害异己感到愤恨，而在前一年，宦官徐璜找到了一个巧妙的方法将皇帝和权臣置于直接对抗之中。

公元158年农历夏五月甲戌晦，太史令陈授上报出现"日蚀柳宿"现象："日有蚀之，在柳七度，京都宿也。"[97]之后，徐璜控诉太史令避重就轻，没有准确上报此次日食以及其他灾异现象的严重性，包括

"今太岁在丙戌，五月甲戌"。"太岁"（指木星）的运行轨迹和周期预示着皇室的灾异。徐璜召陈授诘问，陈授在重压下表示这些灾异征兆所牵涉的是大将军梁冀而不是整个朝廷。结果，梁冀逮捕了陈授，将其拷打致死，而桓帝因此十分愤怒：向自己建言献策的大臣竟然被如此对待。[98]

只要梁氏家族控制着宫内，那么皇帝的这种不满并不十分重要，直到梁皇后去世前，桓帝几乎不能自主行动。而梁冀在妹妹梁皇后去世后，失去了自己的主要盟友，急切需要替代人选。考虑到桓帝对邓猛女的宠爱和邓猛女与梁冀夫人孙寿的关系，那么梁冀希望由邓猛女作为适宜的替代者是合情合理的。因此，梁冀计划正式收养邓猛女，通过邓猛女对皇帝的影响使形势恢复原样。

这个计划还有一个阻碍：要收养邓猛女，需要得到她家族的同意，尤其是其母宣的同意。邓猛女的姐姐嫁给了议郎邴尊，邴尊认为如果岳母宣拒绝收养的提议，则自己有机会获得升迁。然而，邴尊对形势过于乐观，梁冀见状当机立断采取行动：他无意让一个出身低微的小官、业余阴谋家坏了自己的计划。梁冀并没有通过协商或贿赂邴尊来解决问题，而是令刺客杀了他。[99] 宣仍然拒绝梁冀，梁冀同样派刺客刺杀宣。虽然难以理解梁冀这种通过杀害母亲来让女儿合作的举动，可以认为梁冀是希望能恐吓邓猛女，使她默许收养一事。梁冀可能有些孤注一掷。

作为皇帝宠妃的生母，宣在京城绝佳位置拥有大宅，与中常侍袁赦的宅邸相邻。梁冀的刺客为了进入宣宅，爬上了袁赦宅邸的围墙，被袁赦察觉，袁赦鸣鼓会众警告邻居，宣飞驰入宫将遇刺一事告诉了桓帝。

桓帝正面临着既复杂又危险的情况。到目前为止，他虽然可能厌恶梁冀的某些行为，但并没有亲自参与抵制梁冀。然而此时，梁冀袭击了宠妃的母亲，还刺杀了她的亲人，并且因为梁冀还没有得逞，他可能会进一步采取措施。无论真相如何，很多人都相信梁冀就是害死先帝刘缵的幕后黑手，桓帝有理由担忧自己的安全。桓帝可能之前考虑过如何才能摆脱这样一位大权在握、冷酷无情的重臣，但此时这个问题迫在眉睫。

于是桓帝借如厕询问小黄门史唐衡（桓帝唯有在厕所中才能有点隐私），虽然小黄门秩级很低，仅六百石，但他们是皇帝的私人信使和代理人。[100] 桓帝问唐衡有哪些宦官能够帮助自己对付梁冀，唐衡推荐了四个人，分别为中常侍单超、徐璜，黄门令具瑗以及小黄门左悺。中常侍秩二千石，为宦官的最高官秩，而黄门令掌管省中诸宦者。[101] 以上几人，或是和梁氏家族有私人恩怨，或是担心自身权力。[102]

在唐衡的建议下，桓帝先后召单超、左悺以及徐璜、具瑗加入。四人同意对付梁冀，桓帝咬单超手臂，出血为盟。这比普通的誓约更加庄重严肃。[103] 然后单超建议皇帝保守秘密保持等待，直到他们几个宦官做好动手的准备。

在8月9日梁皇后去世后，出现了一段紧张不安的时期，每一派势力都在努力维护自己的地位：梁冀试图恢复自己在宫内的影响力，宦官们则在为计划做准备。到了9月9日这一天，事情发展到了紧要关头。梁冀听说了宦官针对他的传闻，深感不安，于是派遣自己的代理人、中黄门张恽入省宿，以防其变。但黄门令具瑗掌管省宿，以张恽无权进入、欲图不轨，收押了张恽。

随后，桓帝亲临南宫前殿，召诸尚书并告知自己对付梁冀的计划，使尚书令尹勋持节勒丞郎以下皆操兵守省阁；[104] 首先收敛诸符节送省中，并派遣黄门令具瑗率兵包围梁冀宅邸，这支部队混杂了左右厩驺、虎贲、羽林、都候剑戟士等，大概一千余人，被卷入阴谋的司隶校尉张彪率州郡兵与之汇合。光禄勋袁盱同样持节，收梁冀的大将军印绶，将梁冀徙封日南郡（今越南，位于后汉国土最南端）。[105] 但梁冀及其妻子孙寿均在当日抢先一步自杀，避免受到这样的羞辱。

紧接着桓帝立刻展开对梁氏党羽的肃清。梁氏、孙氏宗亲被捕入狱，很多人遭弃市。三公（太尉胡广、司徒韩缜、司空孙朗）皆因"不卫宫"减死一等，免官，关在长寿亭，但之后缴纳赎金被释放，贬为庶人。[106] 三百余位梁冀的故吏宾客遭到免黜，据称当时"朝廷为空"（这个表述有些夸张）。

值得注意的是，梁冀的覆灭是如此轻易。在此次受牵连被捕被诛的亲人中，包括梁冀的儿子河南尹梁胤、侄子卫尉梁淑、叔父屯骑校尉梁让，以及另外两个侄子越骑校尉梁忠、长水校尉梁戟。[107] 梁冀担任大将军，对帝国的专业军队——北军有指挥权，并且在文官中构建起了一张庇护网络，梁冀家族本应该承受得住任何威胁。然而，策划反对梁氏密谋的那些人发现自己毫不费力地便获得了宫外官员的支持，当面对着下定决心的皇帝和他的盟友时，梁冀的统治轰然坍塌。至少在朝廷的上层，皇权一旦行使，绝对没有任何官员能够与之抗衡，无论这个官员看上去多么强大。

注释：

[1] 虞美人传记见《后汉书》卷十下《皇后纪下》。虞美人是良家子，公元135年前后选入掖庭，当时13虚岁。据《后汉书》卷十下《皇后纪下》引用司马彪《续汉书》，虞美人祖父虞衡为北军屯骑校尉，而其父虞诗仅为郎中（虞诗有可能早逝）。

《皇后纪》记载虞氏为"美人"，而《后汉书》卷六《孝顺孝冲孝质帝纪》记载刘炳继位，其母虞氏为"贵人"。有可能虞美人是在几个月前刘炳被立为皇太子时，被立为贵人的。

[2] 第二章第233页。

[3] 关于后汉各位公主，见《后汉书》卷十下《皇后纪下》。顺帝三女，其

中两位于公元 138 年被封为公主,一位于公元 141 年被封为公主。封地可能是在公主出生时赐予的。

[4] 关于冲帝刘炳短暂的统治,见《后汉书》卷六《孝顺孝冲孝质帝纪》。

[5] "大家"读作"大姑",和帝时班昭被称作"曹大家",见第三章第 142 页和注释 52。随着第二年虞贵人的儿子、冲帝刘炳去世,虞氏从此便默默无闻,直到三十年后,灵帝想起她是冲帝生母,于是公元 175 年拜虞大家为宪陵贵人(顺帝陵为宪陵)。

[6] 《华阳国志》卷十中记载,公元 142 年,八使之一的张纲巡行风俗,奏司隶校尉赵峻"赃污浊乱",槛车送廷尉治罪。然而,《后汉书》卷六《孝顺孝冲孝质帝纪》记载赵峻被任命为太尉。两条记载相互矛盾,显然《华阳国志》有误。见第五章注释 63。

[7] 《后汉书》卷六《孝顺孝冲孝质帝纪》仅记载赵峻、李固录尚书事,《后汉书》卷三四《梁冀列传》记载当时梁冀与二人参录尚书事。《梁冀列传》的记载很有可能。

[8] 见第四章第 171 页。

[9] 关于质帝刘缵短暂的统治,见《后汉书》卷六《孝顺孝冲孝质帝纪》。陈夫人传记见《后汉书》卷十下《皇后纪下》。梁氏将其子立为皇帝后,陈夫人并没有得到尊号,公元 175 年与冲帝生母虞贵人一起,被拜为勃海孝王妃。见本章注释 5。

[10] 关于都亭,见第一章第 48 页注释 97。

[11] 关于刘蒜的传记,见《后汉书》卷五五《章帝八王传》。根据《后汉书》卷六《孝顺孝冲孝质帝纪》,在年幼的冲帝去世时,清河王刘蒜征至京城。

[12] 关于"跋扈将军",见《后汉书》卷三四《梁冀列传》。

[13] 《后汉书》卷七《孝桓帝纪》。刘志被征至洛阳夏门亭,见第一章注释 97。关于梁女莹传记,见《后汉书》卷十下《皇后纪下》。

[14] 《后汉书》卷六三《李固列传》。据记载,顺帝时,李固奏免百余位玩忽职守的官员。这些官员共作飞章诬陷李固,虽然当时梁太后没有理会,但此时在梁冀的劝说下,将这些飞章作为罢免李固的依据。7 月 29 日,即刘缵去世三天后,也是刘志继位三天前,李固被免职,

[15]《后汉书》卷四四《胡广列传》。范晔的评价见《后汉书》卷六三《杜乔列传》文末"论":"其顾视胡广、赵戒,犹粪土也。"

[16]《后汉书》卷六《孝顺孝冲孝质帝纪》、《后汉书》卷三八《滕抚列传》。当涂为九江郡一县名,《后汉书》卷十三《公孙述列传》记载谶纬"代汉者当涂高",徐凤等人无疑对此加以强调,见 Mansvelt Beck, *Treatises*, 186。公元 2 世纪末,这句谶纬又激励了军阀袁术称帝,见 deC, *Imperial Warlord*, 102 注释 10 引用《后汉书》卷七五《袁术列传》、《三国志》卷六《魏书六·董二袁刘传》引用《典论》。

[17] 以上这些称帝的例子均出自《后汉书》卷七《孝桓帝纪》,诏书见第 295 页。详情见 Seidel, "Image of the Perfect Ruler", 219-220。

[18]《后汉书》卷六《孝顺孝冲孝质帝纪》。关于"妖贼",见第五章第 257 页及注释 96。

[19]《后汉书》卷七《孝桓帝纪》。"太初"即开创新时代,曾被用作前汉武帝年号,见 Loewe, "Crisis and Conflict", 31-32;又见下文。

[20] 第二章第 93 页,《后汉书》卷四二《光武十王列传》;Zürcher, *Buddhist Conquest*, 26-27 及 Bielenstein, "Wang Mang and Later Han", 258。

[21]《后汉书集解》卷三十惠栋引用葛洪《神仙传》。但《神仙传》文本不统一,有的版本(包括《四库全书》电子版)有删减。

元帝在位时间为公元前 49—前 33 年。干吉与甘忠可二人的姓不同,甘忠可为成帝时期黄老道代表人物,见后文第 278 页及注释 25。据记载,干吉于公元 2 世纪 40 年代献《太平经》,并于公元 200 年被军阀孙策所杀,与《神仙传》中所谓干吉在前汉时的活动时间不符。

Mansvelt Beck, "Date of the *Taiping jing*" 仔细研究了这些早期文本,他在第 161 页指出,前汉时期可能已经形成了该书雏形,而干吉是后汉学者的代表,他向顺帝献上了进一步完善后的作品。

[22] 关于向顺帝献上《太平经》,在《后汉书》卷三十下《襄楷列传》中有三处记载,对由谁主导献书并不统一:"臣前上琅邪宫崇受干吉神书""前者宫崇所献神书""初,顺帝时,琅邪宫崇诣阙,上其师干吉于曲阳泉水上所得神书百七十卷。"

范晔在论及该书的性质及收入藏书的过程时指出,《太平经》为琅邪宫崇所献,由其师干吉于曲阳泉获得。唐李贤注:"润州有曲阳山,有神溪水;定州有曲阳山,有神溪水;海州有曲阳城,北有羽潭水;寿州有曲阳城,又有北溪水。而干吉、宫崇并琅邪人,盖东海曲阳是也。"范晔记载,该书名为《太平清领书》,而《三国志》卷四六《吴书一·孙破虏讨逆传》裴松之注引用公元 4 世纪虞喜《志林》:"初顺帝时,琅邪宫崇诣阙上师于吉所得神书于曲阳泉水上,白素朱界,号太平青领道,凡百余卷。"两处所指无疑为同一本书,其中一处记载中可能有误。

《后汉书》卷三十下《襄楷列传》引文的翻译见 deC, *Portents of Protest*, 27, 31, 讨论见第 73 页注释 55,第 90—94 页注释 80、81。

关于《太平经》与公元 2 世纪 70 年代末 80 年代初的张角黄巾起义的关系,见第八章第 407—408 页。

[23] Bodde, "Empire of Ch'in", 78 和 Loewe, "Former Han Dynasty", 172。

[24]《汉书》卷六《武帝纪》;Dubs, *HFHD* II, 98。Loewe, "Crisis and Conflict", 17 做了讨论。关于五德之间的关系,见第一章第 30—31 页,以及第八章第 408—409 页。

[25]《汉书》卷七五《李寻传》记载,齐人甘忠可向成帝献上《天官历》《包元太平经》二书,声称"汉家逢天地之大终,当更受命于天,天帝使真人赤精子,下教我此道"。甘忠可曾经影响了一些人,但之后被下狱治罪,死于狱中。见 Loewe, "Crisis and Conflict", 278-279 和 "Problems and Controversies", 226, 以及 Yang(杨劭允), "Politics of Omenology", 340。这件事无法确认具体年代,而成帝统治时期为公元前 33 年—前 7 年。

[26]《汉书》卷十一《哀帝纪》;Dubs, *HFHD* III, 30-32;还可见于注释 25 中鲁惟一、杨劭允的著述,以及 Loewe, *Biographical Dictionary*, 113, 593-594。

[27] 例如 Bielenstein, *RHD* II, 232-248。

[28] Mansvelt Beck, "Fall of Han", 337 认为之所以公元 2 世纪 40 年代末出现这些称帝的叛军首领,是因为梁冀在洛阳操纵帝位继承。然而我对此表示怀疑,在京城的这些密谋不可能传到偏远州郡去,这些叛乱称帝更像是出于各种动机而发生的地方现象。

[29]《后汉书》卷七《孝桓帝纪》。

[30] 刘志祖父的姓名通常记载为刘开,但也有记载称之为刘恭,见 deC, *Biographical Dictionary*, 524-525,以及第四章第 205 页及注释 104。

[31] 见第四章第 205—206、209 页。关于刘翼,见《后汉书》卷五五《章帝八王传》。

[32] 桓帝皇后梁女莹的传记见《后汉书》卷十下《皇后纪下》。DeC, "Harem", 4-11 对梁女莹有讨论。

[33]《汉书》卷二《惠帝纪》;Dubs, *HFHD*, 182。公元前 192 年 11 月 10 日,惠帝立张嫣为皇后,而他于公元前 191 年 4 月 1 日加元服。(张嫣是吕后的外孙女,其母是鲁元公主,惠帝是吕后之子,故惠帝与自己的外甥女成婚。见 Loewe, *Biographical Dictionary*, 426, 695。)

《汉书》卷十二《平帝纪》;Dubs, *HFHD* III, 79。公元 4 年 3 月 16 日,王莽的一个女儿被立为平帝皇后。平帝于公元 6 年 2 月去世,时年 14 虚岁,尚未加元服,但在他死后举行了加元服的仪式,见《汉书》卷十二《平帝纪》;Dubs, *HFHD* III, 85-86。

[34] 见《后汉书》卷十下《皇后纪下》李贤注,对比《汉书》卷九九上《王莽传》;Dubs, *HFHD* III, 161-162。德效骞(Dubs)在第 157 页脚注 9.3 讨论了"旧典"。根据《白虎通》卷四十《嫁娶》:"赘用雁者,取其随时而南北,不失其节,明不夺女子之时也。又是随阳之鸟,妻从夫之义也。" Tjan, *White Tiger Discussions* I, 246-247 及第 345 页注释 399 引述早期注家。

[35] 见《后汉书》卷七《孝桓帝纪》、《后汉书》卷十下《皇后纪下》。《后汉书》卷七《孝桓帝纪》记载了诏书内容。

[36]《后汉书》卷十下《皇后纪下》。

[37] 桓帝所生皇女,列于《后汉书》卷十下《皇后纪下》。皇女华于公元 158 年被封为阳安长公主,但她两个妹妹,皇女坚、皇女修,分别在公元 164、166 年才被封为公主。她们不大可能在梁皇后死前出生(梁皇后死于公元 159 年)。

公主刘华嫁给了不其侯辅国将军伏完,伏完是琅邪郡大族子弟,其女伏寿成为后汉最后一位皇帝——献帝的皇后,见《后汉书》卷十下《皇后纪下》。

[38] 《后汉书》卷三四《梁竦列传》；第三章第 134 页。

[39] 《后汉书》卷三四《梁冀列传》。

[40] 《后汉书》卷三四《梁冀列传》记载，当时梁冀食邑达到四个县。和乘氏县一样，新增的定陶县、成阳县也在济阴郡内。而注释中记载，梁冀"初封襄邑"，襄邑县位于与济阴郡相邻的陈留郡。《后汉书》卷三四《梁冀列传》记载，公元 133 年，顺帝便欲封梁冀为襄邑侯，但梁商辞让不受。这条记载可能有误，或是梁冀后来获得了这块封地，时间可能是在公元 150 年增封万户时。史料中没有记载当时梁冀总共拥有的户数。

[41] 关于萧何，见 Loewe, *Biographical Dictionary*, 170-174；关于萧何所获得的特权，见《史记》卷五三《萧相国世家》；Watson, *RGH* I, 94；《汉书》卷三九《萧何曹参传》。关于霍光，见 Loewe, *Biographical Dictionary*, 603-605 和 *Crisis and Conflict*, 119-121，以及第四章第 172 页。关于霍光所受赏赐，见《汉书》卷六八《霍光金日䃅传》。

[42] 《后汉书》卷三四《梁冀列传》。

[43] 《后汉书》卷三四《梁冀列传》、《后汉书》卷六十上《马融列传》；另见第三章第 141 页、第四章第 204 页。《后汉书》卷六十上《马融列传》记载，马融曾几次违抗梁冀，而《后汉书》卷三四《梁冀列传》记载，马融与田明一样，是因为与梁不疑的交往而遭受惩罚的。

[44] 《后汉书》卷三四《梁冀列传》。梁蒙可能曾任官职，但史书中没有记载。

梁胤又名胡狗，据说他容貌丑陋，不胜冠带，见到他的人都会耻笑他。

[45] 《后汉书》卷三四《梁冀列传》中很多相关内容的翻译见 Ch'ü (瞿同祖), *Social Structure*, 471-476；《资治通鉴》卷五四有概述；deC, *Huan and Ling*, 8-11。

关于梁氏姐妹，可以将《后汉书》卷十下《皇后纪下》对梁妠的记载（第五章第 239 页有引用）与《后汉书》卷十下《皇后纪下》以及 deC, *Huan and Ling*, I, 8 对梁女莹的描述作对比。对于梁商、梁冀这对父子的传统认识，见 Ch'ü (瞿同祖), *Social Stucture*, 471 note 339。瞿同祖认为梁商谦恭正派，没有利用职权和影响力去干涉法律，而认为梁冀"攫取权力，专横暴虐"。

[46] 崔琦的传记见《后汉书》卷八十上《文苑列传》。《外戚箴》一文已经散佚。崔琦被害的具体时间不确定，但看起来到公元150年崔琦已经去世。(《外戚箴》可见于《后汉书》崔琦的传记中。——译者注）

[47] 关于陈龟传记，见《后汉书》卷五一《陈龟列传》。关于陈龟公元140年对匈奴的失利，以及十多年后被任命为度辽将军战功累累，见第五章第247、250页，还可见于 deC, *Northern Frontier*, 307-308, 314。

[48] 耿贵人是清河孝王刘庆的嫔妃，见第四章第210页。这段记载见《后汉书》卷十九《耿弇列传》，时间大约在公元150年前后。

[49] 关于士孙奋，见《后汉书》卷三四《梁冀列传》；Ch'ü（瞿同祖), *Social Stucture*, 472。

[50] 关于吴树，见《后汉书》卷三四《梁冀列传》；Ch'ü（瞿同祖), *Social Stucture*, 473-474；deC, *Huan and Ling*, 9。

[51] 关于侯猛，见《后汉书》卷三四《梁冀列传》；Ch'ü（瞿同祖), *Social Stucture*, 474；deC, *Huan and Ling*, 9。

[52] 关于袁著，见《后汉书》卷三四《梁冀列传》，随后即关于郝絜、胡武、刘常的记载；见 Ch'ü（瞿同祖), *Social Structure*, 474；deC, *Huan and Ling*, 10。

[53] 《后汉书》卷三四《梁冀列传》、《后汉书》志第十三《五行一》。《后汉书·五行志》取自司马彪《续汉书》，他记载梁氏的这些行为意在说明其权势，并作为他们将"举宗诛夷"的预兆。刘昭注引自《梁冀别传》，称梁家女子"有不聊生髻"。

[54] 《后汉书》卷三四《梁冀列传》；Ch'ü（瞿同祖), *Social Stucture*, 472。除了孙寿与梁冀的夫妻关系外，梁孙两家还有别的姻亲关系，孙寿的母亲姓梁，有一位舅舅叫梁纪，见本书第305页及下文注释96。虽然不清楚两家的确切关系，但孙氏确实有理由依附于梁氏。

[55] 《后汉书》卷三四《梁冀列传》。

[56] 《后汉书》卷三四《梁冀列传》。这些人被称为"自卖人"。城西别第也可能是上文中安置友通期的宅邸。梁冀位于城西的这座满是奴婢的宅邸和他在城内的宏伟第舍、城外林苑都各有所指，不是一处产业。

[57] 《后汉书》卷三四《梁冀列传》载，孙寿"托以言事，因与私焉"。

[58]《后汉书》卷三四《梁冀列传》。

[59]《后汉书》卷三四《梁冀列传》。

[60]《后汉书》卷三四《梁冀列传》；Ch'ü（瞿同祖）, Social Structure, 473。"菟苑"应该是得名于其中饲养的兔。不清楚梁冀感兴趣的是野兔（hare）还是兔子（rabbit），野兔在中国神话中相当重要，而兔子更加招人喜爱。（瞿同祖将"菟"解释为兔子。）梁冀可能既养了野兔也养了兔子。

[61]《后汉书》卷三四《梁冀列传》；Ch'ü（瞿同祖）, Social Stucture, 472。

[62]第五章第 247—249 页。

[63]《后汉书》卷六五《张奂列传》；deC, Northern Frontier, 318-321。

关于休屠（著）各或屠各部落，以及其各种读音，见 deC, Northern Frontier, 529-531 note 3。休屠各部落本来住在武威，公元 1 世纪末或 2 世纪初迁徙至鄂尔多斯地区，与汉帝国或敌或友，逐渐为人所知。其后，他们的重要性在日益衰落的匈奴国家内部不断上升。

[64]《后汉书》卷五二《崔寔列传》记载了《政论》的概要。唐代的《群书治要》卷四五保存了《政论》的部分内容，《资治通鉴》卷五三也收录了概要。Balazs, "Political Philosophy and Social Crisis", 205-213 对崔寔及其著作做了详细分析。

举荐崔寔的条件和时间存在疑问。根据《后汉书·崔寔列传》，"桓帝初，诏公卿郡国举至孝独行之士。寔以郡举，征诣公车……除为郎"。根据《资治通鉴》卷五三，"（元嘉元年，即公元 151 年）十一月，辛巳，京师地震。诏百官举独行之士。涿郡举崔寔，诣公车"。白乐日（Balazs）书第 205 页和 Loewe, "Conduct of Government", 311 页采用了《资治通鉴》的记载。然而，《后汉书》卷七《孝桓帝纪》记载公元 151 年洛阳确实发生地震，但没有关于举荐的内容。崔寔被举荐一事，最可能发生在公元 147 年（建和元年），根据《后汉书》卷七《孝桓帝纪》，"（建和元年）夏四月庚寅，京师地震。诏大将军、公、卿、校尉举贤良方正、能直言极谏者各一人。……又诏大将军、公、卿、郡、国举至孝笃行之士各一人"。

根据《资治通鉴》卷五三，"涿郡举崔寔"，崔寔是涿郡人，但这有时代错误。崔氏家族来自安平县，安平县在后汉早期隶属于涿郡，但之后划归乐成国，公元 122 年乐成国改名为安平国。公元 158 年，安平县划归新置的博陵郡。一般将崔氏家族视作博陵人。例如 Ebrey, *Aristocratic Families*。曾讽刺梁冀的崔琦（见前文第 284、286 页）肯定是崔寔的族人。

[65] Ch'en（陈启云），"Thought in Later Han", 789.

[66] Balazs, "Political Philosophy and Social Crisis", 212-213 根据《群书治要》卷四五概括了本文要点，发现崔寔倡议应增加俸禄 50%。

在本文开头，崔寔提出"夫百里长吏，荷诸侯之任，而食监门之禄"，每月俸禄为粟二十斛、钱二千。根据 Bielenstein, *Bureaucracy*, 125-131 对官吏俸禄的讨论，这样的俸禄属于百石，即最低的一等。而崔寔确实提出应给那些俸禄百石甚至更低的官吏增加 50% 俸禄："其益吏奉百石以下什五。"

毕汉思相信，大部分官员的俸禄已足够高，特别是朝廷有各类补助增加了官员的收入。毕汉思认为，"之所以有些地方发生腐败，是因为官员的贪婪，而不是经济需要"，不过他确实同意那些低级官吏，即所谓斗食者，不能没有额外收入。

很明显，崔寔很关心低级官吏，这些人很容易因俸禄过低而贪污受贿，但令人疑惑的是，在本文开头，崔寔首先提到的是那些承担着更大职责"分威权、御民人、理狱讼、干府库"的官员。

[67] 虽与这一问题无关，但我们会注意到崔寔批评了前汉文帝的政策。文帝废除肉刑，"当劓者笞三百，当斩左趾者笞五百，当斩右趾者弃市"。然而，受笞刑者往往致死，"虽有轻刑之名，其实杀也"，还不如前代的重刑。可见例如 deC, *Imperial Warlord*, 375-376。

[68] 关于汉代大赦，见 Hulsewé, *RHL*, 225-250, "Ch'in and Han Law" 和 McKnight, *Quality of Mercy*, 12-36，以及 deC, *Huan and Ling*, 1 note 2。

[69] 爵位偶尔也被赐予某几类人，有时范围很广，赐爵使人获得某些刑罚方面的减免。关于赐爵，见 Loewe, "Orders of Aristocratic Rank of Han China"。鲁惟一在第 141 页指出，在公元 2 世纪后半叶，赐爵很快变得不那么常见。他在附录第 165—171 页，列出了两汉时期所有的大赦和赐爵记载。还可见第四章第 192 页及注释 55。

[70] 同时代的思想家王符就是当时反对大赦的代表。几年后，政治哲学家

仲长统也极力主张严刑峻法。公元196年军阀曹操掌控了朝廷后，后汉再没有进行大赦，见deC, *Imperial Warlord*, 373-374。

[71] 我曾在多处讨论过公元2世纪乡村地区士绅社会的性质，比如"Local Worthies"。

[72] 第五章第264页。

[73] Ebrey, "Economic and Social History of Later Han", 621引用《后汉书》卷六《孝顺孝冲孝质帝纪》。

[74]《后汉书》卷七《孝桓帝纪》。

[75] 例如，Ch'ü（瞿同祖）, *Social Stucture*, 121引用了王烈（约公元200年）的例子：王烈为了逃避官府的征辟，去做商人来自贬身份。《后汉书》卷八一《独行列传》；Ch'ü, 382，以及deC, *Establish Peace*, 87。

[76] 崔寔即《政论》的作者，见前文第291—292页。关于《四民月令》的讨论，见Ebrey, "Estate and Family Management",《四民月令》的译文见Hsü（许倬云）, *Han Agriculture*, 215-228。

关于小农的问题，见Bielenstein, *RHD* IV, 146-148，以及Hsü（许倬云）, *Han Agriculture*, I.3 第160—163页。许倬云引用前汉晁错（公元前2世纪）著名的《论贵粟疏》来解释小农问题，而后汉的情况没有什么改变，仍然是自给自足的经济。

[77] Hsü（许倬云）, *Han Agriculture*, 65-66.

[78] Ch'en（陈启云）, "Economy, Society and State Power", 135-136.

[79] Ch'en（陈启云）, "Economy, Society and State Power", 146以及第147—148页的图表，引用 *Han Agriculture*, 56。

[80] 例如，第五章第254—255页。

[81] 可见，例如，Ebrey, "Patron-Client Relations", 539; "Economic and Social History of Later Han", 622-624; 以及Powers, *Arts and Expression*。

[82] Powers, *Arts and Expression* 以及Wu Hong（巫鸿）, *The Wu Liang Shrine*。武梁墓只是家族墓葬群之一。还有很多家族墓地已被发掘，包括弘农杨氏（《文物》1975.11,《考古》63.1）、沛县曹氏（《文物》1978.8；deC, *Imperial Warlord*, 18-19）。关于曹氏墓地的记载，见《水经注》卷二三《阴沟水》。此外

还有一些关于墓地的条目，比如《水经注》卷三一《漳水》："彭山径其西北，汉安邑长尹俭墓东。冢西有石庙，庙前有两石阙，阙东有碑，阙南有二狮子相对，南有石碣二枚，石柱西南有两石羊，中平四年立。"

[83] 关于石碑，见 Ebrey, "Stone Inscriptions"。有的碑和碑铭保存于原位或者当地博物馆，西安碑林中藏有大量珍贵的石碑，还有更多的石碑是通过现代考古发现的。宋代洪适所撰《隶释》《隶续》收录了当时可见的碑刻铭文，其中很多至今已经遗失。今人有两部重要的碑刻汇编：永田英正《汉代石刻集成》、"石刻史料新编"。

关于地方史和地方志，见 deC, "Local Worthies", 545。

[84] 崔寔关于武器和军事训练的记述见《四民月令》"二月"（Hsü [许倬云], *Han Agriculture*, 218）、"九月"（Hsü [许倬云], *Han Agriculture*, 225），此外还有关于保养武器的记载，见"五月"（Hsü [许倬云], *Han Agriculture*, 221）、"八月"（Hsü [许倬云], *Han Agriculture*, 225）。

[85] 第五章第 254—255 页，前文第 296—297 页，以及 Ebrey, "Economic and Social History of Later Han", 618。

[86] 例如，见 Liu (刘若愚), *The Chinese Knight Errant*，但应与 C. T. Hsia (夏志清), *The Classic Chinese Novel*, 97-103 的评论相比较。

[87] 《后汉书》卷六八《郭泰列传》。第七章对郭泰有更多讨论。

[88] 《后汉书》卷六七《党锢列传》。

[89] 《三国志》卷十八《魏书·庞淯传》裴松之注引皇甫谧《列女传》。

[90] 《后汉书》卷三一《苏不韦列传》，以及第一章第 60 页。关于段颎，见第七章。

[91] 《史记》卷六六《伍子胥列传》记载伍子胥的父亲被楚王所杀，伍子胥逃往敌国吴国，最终率大军攻打楚国。当时杀害他父亲的楚王已经去世，伍子胥"乃掘楚平王墓，出其尸，鞭之三百，然后已"。

[92] 公元 157—168 年为桓帝个人掌权统治时期，这一时期的历史记载于《资治通鉴》卷五四至卷五六，翻译见 deC, *Huan and Ling*, 1-87，在第 265—397 页对此有注解。

关于此次打击梁氏的政变，主要见《后汉书》卷三四《梁冀列传》、《后汉书》

卷七八《宦者列传》；deC, *Huan and Ling*, 11-14. 还可见 Bielenstein, *Lo-yang*, 93-95。

[93] 邓皇后传记见《后汉书》卷十下《皇后纪下》；关于邓皇后的讨论，见 deC, "Harem", 11-25。

邓皇后的名字存在疑问。《后汉书·皇后纪》记载为"邓猛女"，而《梁冀列传》记载为"邓猛"。在当时，两个字的名不常见，但这进一步证明了"猛女"的说法，我采用"邓猛女"一说。

根据《后汉书》卷十下《皇后纪下》，邓皇后的父亲邓香是"和熹皇后从兄子"，而根据《后汉书》卷十六《邓禹列传》，邓香为光武帝重臣邓禹的曾孙。关于邓香简短的仕途经历以及其遗孀之后的再嫁，见《后汉书》卷三四《梁冀列传》。

[94] 关于邓氏家族的衰落，见第四章第 209 页。

[95] 我曾提出，邓氏家族的衰落意味着邓氏子弟不再被视为高贵体面，例如 deC, "Harem", 20, 以及 *Biographical Dictionary*, 129。当时白马令李云"露布上书，移副三府"，批评邓猛女不是皇后的合适人选，"不得其人则地动摇宫"，并将往年的众多自然灾害称之为"皇天之戒"，见《后汉书》卷五七《李云列传》。因此及其他不敬之辞而被处死，见第七章 314—316 页。（关于"其人"一词，还见于第七章 325 页。）

李云的评判得到了司马彪的支持，司马彪在《五行志》中将火灾、冰雹和地震都归因于立邓氏为皇后，见《后汉书》志第十四《五行二》、志第十五《五行三》、志第十六《五行四》。在这些记载中，第一条称邓氏为"贱人"，第三条称其"本小人"。

然而进一步考虑这些记载，我相信自己过度解读了李云的评论，李云大概指的是邓皇后的个人素质而不是她的家庭背景。一百多年后的司马彪在写作时，可能曾采用当时流传的其他材料（现在已经失传），但所表达的无非他的个人观点，他的判断是不可信的。

[96] 为区别梁纪与梁冀，将梁纪写作 Liang Gi。

[97] 日食发生在公历 7 月 13 日。奥伯尔泽（von Oppolzer）《日食典》（*Canon*）第 3276 号。见 Stephenson and Houlden, *Atlas*, 212a。记载于《后汉书》卷七《桓

帝纪》、《后汉书》志第十八《五行六》。柳宿属于西方长蛇座。

[98]《后汉书》卷三四《梁冀列传》记述了陈授的不幸遭遇，并称陈授"因小黄门徐璜，陈灾异日食之变，咎在大将军"。更多的细节记载于《后汉书》志第十八《五行六》刘昭注引用《梁冀别传》：徐璜反对陈授上报灾异时"去重见轻"（在此处，《梁冀别传》记载陈授作"陈援"）。两处材料出现矛盾，似乎陈授（或陈援）极力要撇清徐璜的指控，称灾异所牵涉的是大将军梁冀而不是整个帝国。梁冀果然非常担忧，他的反应会令所有想向皇帝建言的人担心。

[99]《后汉书》中多处提到了姓邓的人物，邓尊为议郎，官职并不高，并且这一职位有可能是因为邓猛女在后宫得宠而获得的。

[100] 关于小黄门，见 Bielenstein, *Bureaucracy*, 65。唐衡以及下文的左悺为小黄门史，即他们有秘书职责。

[101] 关于中常侍，见 Bielenstein, *Bureaucracy*, 63。

[102] 五个宦官的传记见《后汉书》卷七八《宦者列传》。在前一年太史令陈授之事上，提到过徐璜，当时他任小黄门，之后肯定得到了提拔。

据记载，唐衡告诉桓帝，单超、左悺曾拜访河南尹梁不疑，但被粗暴对待。公元152年梁不疑从河南尹任上辞官，不久去世，宦官们对仇怨记恨了这么长时间令人惊讶。并且我们知道，梁冀和弟弟梁不疑并不亲近。这种对私下谈话的记载，其细节并不可信。

[103] 例如《礼记》卷一下《曲礼下》；《礼记》的法语翻译见 Couvreur, *Mémoires* I, 92。Ch'ü（瞿同祖），*Social Stucture,* 477-478 note 361 列出更多的例子，指出以动物为牺牲是确认盟约的通常做法，而在如此机密的情况下，可以用人血。

[104] 根据《后汉书》卷一上《光武帝纪上》唐注引用公元2世纪应劭《汉官仪》："节，所以为信也，以竹为之，柄长八尺（约185厘米），以旄牛尾为其眊三重。"理论上，"节"给予持有者全权代表的权力，代皇帝行事，能够自己主动采取措施，事后再汇报。见 Bielenstein, *Bureaucracy*, 50。

[105] 光禄勋负责皇帝的个人安全，因此掌管羽林、虎贲军，以及郎官。

[106] 根据《后汉书》卷七《孝桓帝纪》："太尉胡广坐免。司徒韩縯、司

空孙朗下狱。"而根据《后汉书》卷四四《邓张徐张胡列传》、《东观汉记》卷三，太尉胡广、司徒韩縯、司空孙朗坐不卫宫，皆减死一等。

公元146年，胡广以定策立桓帝的功劳，受封育阳安乐乡侯，见《后汉书》卷四四《胡广列传》。史料中没有记载韩縯、孙朗的封爵，但在他们生前可能也获得过爵位。

虽然遭到如此耻辱，但胡广不久后重新出任尚书仆射，公元166年再次任三公，见《后汉书》卷五三《徐稺列传》、《后汉书》卷四四《胡广列传》。公元165年，韩縯任司隶校尉，见《后汉书》卷四五《韩棱列传》。孙朗再无提及。(《韩棱列传》及《宦者列传》写作"韩演"，但确为一人。本书下文边码第329页亦作"韩演"。——译者注)

[107] 以上人名及官职列于《后汉书》卷三四《梁统列传》、《后汉书》卷七《孝桓帝纪》。长水校尉梁戟也作"梁乾"，见 deC, *Biographical Dictionary* 相关各条。

第七章　桓帝与宦官（公元159—168年）[*]

年　表

159 年	桓帝在宦官的支持下，诛灭梁冀，接管朝政；邓猛女被立为皇后；五位宦官被封侯，称为"五侯"。 太尉黄琼征辟各地名士做官，但很多人推辞。
159—166 年	张奂、皇甫规一定程度上保证了北方的安定。
160 年	李云、杜众被处死；"五侯"之一的单超去世。
161 年	减少百官俸禄。卖官职和爵位。
163 年	太尉杨秉、司空周景上言，批评宦官子弟"特拜不试"，遍布州郡为官，之后有五十多人被处死或免官。
164 年	宦官徐璜、唐衡去世。
165 年	初令郡国有田者亩敛税钱。 杨秉弹劾中常侍侯览之弟侯参"贪残元恶"；侯参自杀，侯览被免官。

---

* 注：公元159—168年，为桓帝个人统治时期。此划分根据《资治通鉴》卷五四至五六，翻译见 deC. *Huan and Ling*, 1-87 及 265-397 注释。

	具瑗、左悺，桓帝对抗梁冀的最后两位旧日盟友，失去了桓帝的宠信。
166 年	刘瓆、南阳太守成瑨因反对宦官，入狱而亡，太尉陈蕃被免。
167 年	段颎发兵对抗凉州羌人。
168 年 1 月 25 日	桓帝去世；窦太后临朝摄政，定策禁中选立刘宏为皇帝。

宠　臣

公元 159 年 9 月 14 日，在梁冀自杀五日后，邓猛女被立为皇后，其母宣被封为长安君。在桓帝的指示下，邓猛女及家人放弃梁姓，改姓为薄。之所以改姓薄，可能是出于薄太后，薄太后是前汉高祖嫔妃、文帝生母。与高祖皇后吕氏相比，薄姬因谦逊端庄、对薄氏家族多加约束而广受赞誉。薄太后成为桓帝新皇后的榜样，也是在警告皇后宗亲，不能一人得道鸡犬升天。[1] 两年后，公元 161 年，有司上奏由于皇后本来为郎中邓香之女，应该改回邓姓，得到桓帝批准。

在公元 161 年皇后认祖归宗后，她的亲戚们得到封赏，但他们的权力无法和之前的外戚梁氏相比。邓皇后的母亲宣、侄子邓康均受封大县，宣死后由邓康之弟邓统袭封。邓皇后父亲邓香被追封为车骑将军、安阳侯，爵位由侄子邓会承袭，邓会任北军虎贲中郎将。邓皇后的一个堂兄邓万世（他是皇帝幼年时的朋友）因父亲度辽将军邓遵而被绍封为南乡侯，拜河南尹，这使情况进一步复杂化。[2]

邓氏子弟获得了与梁氏等之前那些外戚同样的尊荣。然而，他们在朝中的地位绝不像梁氏那样高，只有邓万世获得了河南尹这样的实权职位。

顺帝对帮助他登上帝位的孙程等人一开始便没有给予很大的信

任,[3] 与顺帝不同,桓帝当即就奖赏了他的宦官盟友们。在推翻梁冀几日后,桓帝将单超、徐璜、具瑗、左悺、唐衡五人同日封县侯,单超二万户,徐璜、具瑗一万五千户,左悺、唐衡一万三千户,并且五人俱为中常侍。尚书令尹勋在诛灭梁冀中"参建大谋",在准备必要文书上作用重大,与其他六人被封为亭侯。他们的奖赏没有那么丰厚,而宦官成为首领,"自是权归宦官"。

随着梁氏被推翻后最初的兴奋归于平静,一些大臣们期待这位新统治者能够在公卿的指导下,按照传统儒家国家的理想行使自己的权力,反对偏宠和贪腐。

桓帝任命大司农黄琼为太尉,光禄大夫祝恬为司徒,大鸿胪盛允为司空,这三个人成为朝廷新的三公。盛允在成为司空前任大鸿胪,其他情况不详。祝恬的任命令人有些惊讶,他曾任侍中尚书、司隶校尉,仕途履历亮眼,但他也曾阿谀依附梁冀。公元 151 年,桓帝提议赏赐大将军梁冀特殊尊荣,时任司隶校尉祝恬带头称赞梁冀功德可比周公,唯有黄琼强烈反对,最终黄琼的意见占了上风。[4] 尽管祝恬与梁冀曾有这一层联系,但桓帝还是任命祝恬为司徒。第二年夏天祝恬去世,以司空盛允为司徒,但几个月后盛允因日食被免。

无论如何,三公中占主导地位的是朝廷元老黄琼。黄琼任尚书仆射时,便是顺帝朝改革派的领袖,虽然在 2 世纪 40 年代早期曾辞官归家,并在之后不断反对梁氏,但黄琼的重要性不容忽视。公元 150 年,黄琼任太常,公元 151 年迁司空。在反对比照周公给予梁冀特殊赏赐后,黄琼遭到免官,但在公元 153 年迁司徒,并在第二年取代胡广任太尉,"首居公位"。黄琼反抗梁冀,对于梁冀所请托的人,即便是德行优良者也不任用。公元 158 年,黄琼因日食再次被免,之后复为大司农,在梁冀被推翻后再次担任太尉。

黄琼一以贯之地努力推动文官选拔制度改革。除了京城中的梁氏一派成员，黄琼还举劾州郡中依附梁氏的官员，十余人遭到免官和惩处，并且在全国各地鼓励征辟处士贤人。然而黄琼的倡议成效不大，很多人并不应征。司隶校尉陈蕃以公车征五人，均不应。安阳人魏桓数次被征，乡人劝他应征，魏桓解释：

"夫干禄求进，所以行其志也。今后宫千数，其可损乎？厩马万匹，其可减乎？左右悉权豪，其可去乎？"皆对曰："不可。"桓乃慨然叹曰："使桓生行死归，于诸子何有哉！"遂引身不出。[5]

魏桓所在意的并非个人安危，而是因为朝廷统治奢靡腐败，毫无希望，改革徒劳无功，不如隐居山野，转而关注个人道德。

这无疑会令黄琼、陈蕃等京城中的官员们感到失望，他们竭力在新统治下寻求改革，但很快情况变得更加糟糕，起因是一个叫李云的小官错误挑衅。

李云，甘陵人，任东郡白马令。虽然曾举孝廉，但李云没有在京城中获得实职，他秉承着严格的理想化儒学观念，在政治现实中没有坚实基础。公元2世纪60年代早期，李云"露布上书，移副三府"，公开向桓帝劝谏。在谏书中，李云首先批评邓猛女不适宜被立为皇后，认为正因为皇后人选"不得其人"，才导致近期京城发生多次地震。[6]随后，李云提出反对桓帝肆意封赏支持过自己的宦官盟友们，因为诛杀梁冀不过是一件很轻易的事，对这些人的封赏过重。李云称，前汉高祖坚持论功行赏，如果高祖听说桓帝如此封赏，必定会在墓中辗转反侧；边疆将士面对着更大的危险却没有得到如此封赏，他们也会质疑这一决定。孔子曰："帝者，谛也。"现今官位错乱、小人谄进、财货公行、政化日损，显示出皇帝不愿正确行事，"是帝欲不谛乎？"[7]

桓帝是一位初掌大权的年轻人，他不可能接受这样的苛评，而且这种表述方式以及对他个人生活的批评都是对他的冒犯。据记载，"帝得奏震怒"。李云很快被捕，关押在黄门北寺狱，受到了中常侍、御史、廷尉的严刑拷打。[8]

然而，有一些人准备营救李云。首先是弘农五官掾杜众，他上书称如果李云被诛，他愿意同日死。杜众的做法也很冒失，是一种低级的情感主义。而官职高得多的大鸿胪陈蕃上疏，称诛杀李云是商纣王辛杀比干剖心那样的恶行。[9] 太常杨秉以及洛阳市长沐茂、郎中上官资也上疏为李云求情。桓帝愈发愤怒，有司奏以为大不敬（最为严重的一种罪名），陈蕃、杨秉被免官归乡，官职较低的沐茂、上官资贬秩二等。[10]

中常侍管霸负责审讯李云，试图平衡一下局面。当桓帝在他很喜欢的濯龙池时，管霸进言："李云野泽愚儒，杜众郡中小吏，出于狂戆，不足加罪。"桓帝不以为然："帝欲不谛，是何等语，而常侍欲原之邪？"桓帝立即下令处死李云，杜众实现了愿望，他也被处死了。[11]

正当这个新政权要试着建立改革的名声时，这件事情极大地损害了皇帝和官员之间的关系。管霸是对的，在当时的政治环境中，李云只是个小人物，但桓帝还没有成为经验丰富的统治者，他对批评非常愤怒，犯下了错误。

李云一死，桓帝便试图去弥补一些损害。史料中没有提及那些低级官员，但几个月后杨秉、陈蕃再次被任命，虽然二人继续批评朝政，但仍升迁至百官之首：公元162年杨秉任太尉，一直到公元165年去世，之后由陈蕃继任。[12] 另一方面，虽然桓帝需要这样有声望的大臣来维持自己的统治，但他还是对他们支持李云而感到愤恨。甚至黄琼也称病上疏表示无法承担职责，但他仍继续担任太尉，直到两年后去世。[13]

问题的核心是信任。桓帝无法忘记,直到不久前,朝廷和百官还在接受梁冀的统治,很多官员都受到那段历史的影响。另外,在桓帝执掌权力之前,他与宫外任何人都没有接触,此时他面对着一群各有主见的改革者,而其他人拒绝征辟,并且所有人都在批评指责他。皇帝是否真的是必需的,或者皇帝只是官员们实现道德雄心的一件工具?

在梁冀诛杀邓尊并威胁邓猛女母亲宣后,桓帝有理由为自己的安危担忧,在那样的危急时刻,他寻求支持的对象是宫中的宦官,这些宦官是桓帝能依赖的人,这一点意义重大。以宦官为中介,宫外官员得以入宫支持政变,但单超等人才是那次政变的驱动力。因此,将参与政变的宦官们封侯并不是没有道理的,而李云称推翻梁冀的政变既不艰难也不危险,无怪乎桓帝会对这种观点非常愤怒。司马光记载,李云的死使桓帝宠臣愈发骄横:"于是嬖宠益横。"[14]

公元159年冬天,在梁冀被诛几个月后,桓帝行幸长安,赏赐长安百姓每人十斛粟,并祠高庙,通报自己的胜利。当他出发时,单超已经病重,桓帝遣使者就拜其为车骑将军,与顺帝朝宦官孙程死后追赠的官职一样。次年年初单超去世,赐东园秘器,下葬时发北军五营骑士。其他四侯仍然很得桓帝宠信,在京城中竞起第宅,楼观壮丽,其仆从皆乘牛车而从列骑。当时天下为之语曰:"左回天,具独坐,徐卧虎,唐两堕。"[15]

那些与皇帝亲密的人获得如此财富并卖弄炫耀或许并不出人意料,但有三个原因增加了人们对这四人的普遍怨恨:其一,宦官为自己的亲人操纵谋求任命,"兄弟姻戚皆宰州临郡";其二,宦官新获得的财富和权力使他们能够在家乡购买土地房产;其三也是最关键的——他们是宦官。

儒家士大夫、学者对宦官的鄙视轻蔑，导致中国古代宦官的形象有些令人迷惑。阉人无法履行将祖先崇拜延续到后代的基本职责，儒家士大夫和学者对这些被阉割的人类竟然能获得如此高的地位感到非常愤怒。自顺帝时期的宦官孙程开始，宦官被准许收养儿子甚至女儿，他们死后养子能够继承财产和爵位，但保守的人不相信这种收养有什么价值和效果。[16] 这种敌意反映在后世史学家笔下，导致宦官往往被看作是一种生性残忍、攫取非法权力的走狗，被排除在社会主流之外。

我们对招募宦官的情况了解有限，但虽然宦官可能家境穷困，出身却不一定低微。特别是几百年后唐代的很多宦官出身于南方或西部地区的土著部落，[17] 而汉代宦官是来自帝国内郡的汉人。桓帝五侯中，单超、左悺是河南人，徐璜是下邳人，具瑗是魏郡人，唐衡是颍川人。[18]

大多数士大夫和学者以怀疑的眼光看待阉割及接受阉割者，但对于一个无权无势的年轻人来说，阉割为他带来了很好的机遇，远远比在官府中效力好，而一旦他在仕途上获得了成功，亲戚们则有望从中获利。举例来说，大宦官曹腾的家族可能与沛国士大夫夏侯氏有关，由于曹腾是其父的第四子，他的祖辈们会得到充分的照顾。[19] 随着曹腾在朝中的成功，他的几位亲戚被拔擢为高官，在公元20世纪70年代中期发掘的曹氏宗族墓葬群中，出土了带有"太守""沛相"等字样的碑铭，以及一些残存的珍贵陪葬品。[20]

在大部分情况下，似乎阉割手术是自愿进行的——至少就父母而言是自愿的，[21] 并且是在青春期前或青春期之中进行的，有时受阉割者年仅8岁。[22] 阉割（即腐刑或宫刑）不是一种正式的法定刑罚，虽然后汉在公元1世纪时曾出现过以阉割作为死刑减刑的现象，但是这种做法在公元2世纪早期被废止。[23] 前汉元帝时的权阉弘恭、石显均是因罪被处以腐刑，但后汉时期没有受腐刑后成为宦官的记载。[24]

无论是生殖器全切除还是仅切除或压碎睾丸，阉割手术无疑都非常危险，但如果由有经验之人来实施，则死亡率不是特别高。[25]前汉时期，对罪犯的宫刑是在长安皇宫中的蚕室内进行的。据说之所以称为"蚕室"，是因为人受宫刑后对保暖非常敏感，必须处于温暖黑暗的房间中，类似养蚕，故而得名。在公元1世纪时，蚕室仍作此用途，虽然没有直接记载提及公元2世纪的情况，但即使在宫刑不再作为法定刑罚后，蚕室这种机构依然存在：这种官方设施能够帮助提供后宫所需的宦官，故不是所有宦官都需要利用私人资源获取。[26]

大部分宫内的宦官都只是侍从和清洁工，但有一部分被挑选出来从事更高端的事务，这些人要接受教育、获取实践经验。邓太后令宦官蔡伦监典儒家典籍的校雠工作；顺帝刘保为皇太子时，曹腾奉命为刘保侍书；唐衡、左悺为小黄门史，"史"意味着有秘书能力。[27]其他宦官则负责管理行政机构：协助和帝对抗窦氏的宦官郑众任钩盾令，典诸近池苑囿游观之处；[28]桓帝宦官具瑗任黄门令，掌管省宿；此外，宦官还任掖庭令，负责后宫嫔妃的起居，也参与挑选女子入掖庭，永巷令则掌管官婢。[29]以上这些官职皆秩六百石，与朝廷九卿的属官或者中等县县长的秩级相同。皇后所居宫殿称为长秋宫，设大长秋总管皇后宫中事务，秩二千石，而皇太后所居宫殿长乐宫则设长乐少府，秩中二千石，与朝廷九卿的秩级相同。[30]以上这些都是非常关键、很有影响力的职位，可认为在宫中掌管这些机构或为皇帝担任机要秘书、代理人的宦官，都有能力处理复杂文书和明细账目、应对重大政策问题。

对于朝廷官僚体系中清一色的男性官员而言，和帝、顺帝、桓帝接连依赖宫内宦官保住自己的皇位，甚至有时是性命，一定非常令人难堪，同样令他们难堪的是，这么多帝国的文官武将都曾容忍甚至拥护窦氏、梁氏等外戚的滔天权势。宦官们在自己的政治领域内尽心服侍好了自己的主人，并因此得到了奖赏；实际上，桓帝的宠臣们所获封地、宅邸，讲究排场的花费比不上梁冀及其家人所耗的钱财，而且虽然皇宫和朝廷花费巨大，但这只占帝国财政的一小部分。

财政问题

梁冀倾覆时，他和梁氏家族的财富被朝廷没收变卖，据说合计30亿钱，"用减天下税租之半"。[31] 这一数字可能是真实的，但帝国财政收入不可能得到这么大的增加，因为政府开销的规模远大于此。

关于汉代官僚体系的大小和规模，材料有限，并不明晰。《汉书·百官公卿表》简要记载了前汉的职官构成，称"吏员自佐史至丞相，十三万二百八十五人"。[32] 后汉没有可对比的记载，但据唐代《通典》（可能依据现在已经失传的史料），后汉官数为152986人，其中"右内外文武官七千五百六十七人"，"内外诸色职掌人一十四万五千四百一十九人"。[33] 史书中记载了公元50年和公元106年不同秩级官员的俸禄，[34] 但后汉给官吏的俸禄和赏赐的总额无法估算。不过，在军事方面，公元2世纪40年代早期第二次羌人叛乱的花费高达80余亿钱，而对匈奴作战的花费又是一笔开销。[35] 梁冀及梁氏家族固然奢靡挥霍，但与朝廷的日常开支相比，他们对国库的劫掠显得微不足道。同样的道理，新上位的宠臣所获得的赏赐与那些失宠的权贵们被充公的财物，总是能够相互平衡。

在北部边疆，公元159年，功勋卓著的将领张奂因是梁冀故吏而遭禁锢，由他的朋友以及同僚皇甫规任使匈奴中郎将。公元163年，张奂复拜武威太守。次年，张奂接替皇甫规再次任度辽将军，而皇甫规为使匈奴中郎将，二人以有限的兵力维持了一定程度的和平，"数载间，幽、并清静"[36]。

然而他们不过是在维持现状而已。由于南单于的统治已经瓦解，黄河鄂尔多斯大拐弯之内的并州疆域不在任何政权的有效控制范围内，同时境外鲜卑部族虎视眈眈，对后汉的威胁越来越大。该地区的税收可以忽略不计，甚至小规模的战斗也是对国库的消耗。

公元161年，"减公卿以下奉，贷王侯半租"。这一举措与公元143年梁冀施行的"减百官奉"类似，但在五十多年前邓太后的政策基础上增加了内容："占卖关内侯、虎贲、羽林、缇骑营士、五大夫钱各有差。"[37]关于前几次减百官俸的举措，无法得知执行了多长时间，也不清楚节省了多少钱财、获得了多少收入，但很显然朝廷面临着财政压力。

另外，公元165年，"初令郡国有田者亩敛税钱"，按每亩10钱收税。根据当时的材料，后汉垦田面积为7亿余亩，则潜在收入达70亿钱。这属于额外的税收，对耕地的税率通常为一亩10升，因为一升谷物通常价值1钱，则桓帝增加了一倍的田亩税。该命令肯定遭到了抵制，虽然收税过程遇到困难，而且仅执行了一年，但它无疑充盈了国库。[38]

考虑到全国有以上这些问题，很不幸的是，在桓帝掌权亲政时期（即公元159—167年），朝廷很大一部分能量和利益被官僚制中官员和后宫宦官之间的激烈政治斗争所占据。由于双方都在争宠，年轻的皇帝处于持续不断的压力之下，不确定自己可以从哪一方获取可信的建议，也没有好办法做出决定或保持一以贯之、切实可行的政策。

士大夫与宦官

在顺帝统治时期，当左雄、黄琼等改革者获得影响力，樊英、杨厚等杰出学者、著名隐士被举荐入朝时，人们期待儒家道德准则能够产生实际效果。然而当外戚梁氏掌权，特别是梁商死后，这种期待落空了。公元147年李固、杜乔的死标志着一个时代的结束，而梁冀对朝廷长达十五年的统治，意味着以贤臣治国、以德行选官的统治理想，让位于施恩和庇护。

这一转变带来了两个影响。很多人想要远离京城，视仕途为祸源。正如魏桓所描述的困境：要么对朝中的奢靡浪费沉默不言，要么冒着生命危险反对滥权，却只会徒劳无功。所以最好还是拒绝征辟，"隐身不出"，留在郡县保住自己的名声。所以贤明之人拒不仕宦、退隐山林的行为，得到了士族的认可和称赞。[39]

同时，准备做官的人承受着个人压力。鉴于选官的正规程序需要举孝廉，要求有一段考察期来确保候选人具备真正的道德价值，此时人们认为这种评估方式用处不大，对候选人也不太尊重。取而代之的是，到了公元2世纪中叶，对个人观点的接受程度越来越高，由个人品评人物，不拘泥于官方程序或地位。有些人因善于"清议"而闻名，当他们所赞扬的人得到声誉时，这些品评者也就获得了影响力，有很多关于他们如何发掘人才、成功举荐的轶事。

例如，郭泰不应察举拒绝仕进，但因善于鉴识人物而著名，他是朝廷高官的密友，吸引了大批崇拜者。与郭泰交好的贾彪曾任县长，因改变当地风俗而著名：

> 初仕州郡，举孝廉，补新息长。小民困贫，多不养子，彪严为其制，与杀人同罪。城南有盗劫害人者，北有妇人杀子者，彪出案发，而掾吏欲引南。彪怒曰："贼寇害人，此则常理，母子相残，逆天违道。"遂驱车北行，案验其罪。城南贼闻之，亦面缚自首。数年间，人养子者千数。

之后，贾彪辞官进京。与郭泰相同，贾彪在京城没有任何官职，但他同样因品评朝廷、褒贬人物而获得很多人的敬仰。

除了这些能品评人物的个人外，人们希望每个官员都注重自己同僚的素质。一方面，三公九卿、州郡长官因门生众多、成就巨大而获得赞誉；另一方面，他们所推荐支持的门生也有权利和责任来确保自己的举主值得效忠。在这种道德氛围下，"非其人"成了拒绝任命、辞职归隐的理由，能够彰显德行、提高声望。例如：

> 宗慈字孝初，南阳安众人也。举孝廉，九辟公府，有道征，不就。后为修武令。时，太守出自权豪，多取货赂，慈遂弃官去。
>
> 巴肃字恭祖，勃海高城人也。初察孝廉，历慎令、贝丘长，皆以郡守非其人，辞病去。
>
> 张俭字元节，山阳高平人，赵王张耳之后也。父成，江夏太守，俭初举茂才，以刺史非其人，谢病不起。[40]

这些决定是基于被举荐者对举主的认识评价，此时对老师、故主、举主的忠诚比对公共服务的忠诚更重要。讽刺的是，尽管汉朝一直通过强调"孝"来鼓励对国家的"忠"，但此时个人以他们对朝廷的责任为代价，将主要关注点放在自己的家族——同时扩展到自己的举主。[41]

这种私人关系极大地影响了所有的高级官员，在他们做官期间，会举荐或任命非常多的官吏。同时，希望在仕途上更进一步的年轻人们努力和那些大人物们产生关系：有的在高官麾下任职，则可自称为其"故吏"，但有很多人无法实现这一目标，则他们自称为其"门生"，通过这种想象中的关系获得荣光。

梁冀及梁氏家族就是以这种方式巩固了他们在京城的地位，我们也已经看到了州郡中的世家大族是如何编织他们自己的影响力网络，以经济手段或暴力手段控制自己的邻居，并极大地影响着地方统治。[42]

然而，在公元 2 世纪 60 年代，这种广为接受的结构遭到宦官及其宗亲、依附者的挑战，双方相互攻讦、斗争激烈。

问题的核心在于，宦官及其宗族宾客想要利用皇帝的恩宠以及在京城的财富地位，作为在自己家乡获得地位的手段。在这样做的过程中，他们给乡里带来混乱，因为直到此时，本地的地主们在各个层面都自如地担当着领导者的角色。这是一场零和博弈，因为无论宦官及其宗族宾客获得了哪些土地、佃农、影响力，都是以牺牲世代坚守的本地家族为代价的。这已经够糟糕了，而这些新来者还被视作外人、非法，他们受到遥远皇权的保护和支持，展示出与他们的士大夫邻居保守观点不同的世界观。

包华石（Martin Powers）在讨论汉代的艺术和政治表达时，展现了宦官及其宗族宾客是如何露富、比阔的，这与儒家经典形象截然不同。他们的墓葬中装饰着表现奢华宴席的图画，而不是神灵与圣贤的图画；线条自由，而不是用规则的几何图形塑造形象。最值得注意的是，包华石指出，迥异的风格同时被运用在不同的墓葬中：朱鲔祠中自然主义风格的画像与武梁祠中规则严谨的画像是同时代出现的，二者都建于小小的山阳郡。[43]

所以传统的士大夫面对的是持有不同世界观和宗教观的对手，并且我们已经注意到墓葬结构和葬礼仪式在地方社会扮演的重要角色。[44] 此外，尽管京城中的冲突斗争在某种程度上受限于朝廷律法，但在地方州郡则没有那么多限制，地方官员们（他们本身就属于士大夫阶层，对自己的利益十分警觉）跃跃欲试，准备和敌人开战。斗争的结果往往十分血腥，双方都很残暴。

小黄门赵津在家乡太原郡利用职位权势"贪横放恣，为一县巨患"。公元 165 年，太守刘瓆派郡吏王允将赵津捉拿下狱。虽然朝廷有赦令，但最终赵津被诛杀。[45]

南阳张汜（一作张汎）"善巧雕镂玩好之物，颇以赂遗中官，以此并得显位，恃其伎巧，用势纵横"，在当地有很多追随者。然而，南阳郡广受尊敬的长官认为张汜只是一个商人，过于夸耀傲慢，郡功曹岑晊等劝太守成瑨逮捕张汜等人。尽管朝廷也下了赦令，但成瑨诛杀张汜，并收其宗族宾客，杀二百余人。[46]

两起事件是由郡吏还是郡太守主动发起，史料并不一致，但在两个例子中，朝廷都下了赦令，而且都被地方忽略了。

山阳侯览不在诛灭梁冀的"五侯"之列，但在政变后"上缣五千匹"，之后假托曾参与诛灭梁冀立有大功，被封侯。

侯览在家乡拥有巨额产业，其母死后大起茔冢。山阳郡督邮张俭举奏侯览贪侈奢纵、侵害乡邻，但侯览"伺候遮截，章竟不上"。于是，张俭毁坏侯览冢宅、没收田产，并上书具言罪状，但仍旧没有送达京城。[47]

宦官徐璜的侄子徐宣为下邳令，但为官暴虐。徐宣求娶故汝南太守下邳李暠之女，被拒绝后令吏卒绑架其女，"戏射杀之"。

当时下邳县属东海，有人将徐宣的恶行告发给东海相黄浮，黄浮收捕了徐宣所有亲属，无论长幼全部拷打，并将徐宣弃市。[48]

史官们本身属于士大夫，《后汉书》等史书的记载天然是倾向于士大夫阶级的，并且宦官及其宗族宾客无疑经常违法犯罪。然而我们可以认为这些事例只是公元2世纪60年代中期发生在州郡的冰山一角，它们证明公共秩序出现普遍性的崩溃。王允、张俭等郡县官吏被认为有责任维护法律，他们主动采取措施打击他们反对的人，不顾正规流程甚至赦令，对其施加严厉惩罚。地方社会领袖们从不惮于在世仇或争执中对邻居或彼此施加暴力，此时他们也要这样对待新来者。

但是京城的政治使情况很复杂。一方面，宦官能够影响桓帝和公卿，所以侯览能够压制山阳郡的弹劾。另一方面也有负面作用，宦官因为他们自己及其宗族宾客的越轨行为而变得易受攻击。徐璜等宦官搜刮财货、中饱私囊的行为原本也许是可以容忍的，以前也有不少先例，但是他们在郡县为官的宗族子弟恶行不断，为他们的敌人提供了把柄。除了徐宣令人震惊的罪行外，单超的两个亲人任郡太守时臭名昭著，左悺之兄左称、徐璜之弟徐盛同样"为所在蠹害"，而侯览之兄侯参时任益州刺史，"民有丰富者，辄诬以大逆，皆诛灭之，没入财物，前后累亿计"。

公元163年，太尉杨秉与司空周景上言批评宦官子弟宾客的违法行为，虽然所涉及的主要人物在保护下逃避了处罚，但其他人被罢免或诛杀。两年后，即公元165年初，杨秉上疏弹劾侯参，取得了更大的胜利，侯参"槛车征诣廷尉"，在途中自杀，被没收的财产装了三百余辆车，皆是金银锦帛珍玩。

鉴于侯览兄弟侯参的行径如此恶劣，杨秉进一步上疏弹劾侯览等宦官："臣案国旧典，宦竖之官，本在给使省闼，司昏守夜，而今猥受过宠，执政操权"，认为他们"不宜复见亲近"，否则会对皇帝产生威胁。这些言论有些华而不实，站不住脚，尚书召对杨秉掾属，质疑杨秉身为"公府外职"是否可以"奏劾近官"。但掾属成功反驳，尚书不能诘，于是侯览被免官。

这次弹劾打击了宦官势力，受此鼓励，司隶校尉韩演弹劾左悺以及其兄太仆左称"请托州郡，聚敛为奸，宾客放纵，侵犯吏民"。左悺、左称自杀。随后，韩演又弹劾具瑗之兄沛相具恭行贿，具恭被征诣廷尉，具瑗诣狱谢罪，上还东武侯印绶，被贬为都乡侯，卒于家。

公元160年单超去世，公元164年徐璜、唐衡去世，以及之后左悺、具瑗的死和贬谪，意味着桓帝的旧日盟友们都已离去。这是杨秉、韩演等人的重大胜利，他们随后对桓帝原先偏宠者普遍进行了降级：那些因参与诛灭梁冀而获得的封地爵位都被削减，有些被一并夺去。[49]

虽然在朝官员获得了如此巨大的成功，但他们州郡同僚们的行为使得宦官集团收复了部分失地。

侯览虽因其兄获罪而坐免官，但旋即复官，重新夺得了在朝廷中的影响力，成为宦官集团的首领。当张俭毁坏侯览母亲的坟墓，并收没其财产后，侯览对张俭大加污蔑。山阳太守翟超因此坐髡钳、输作左校，而东海相黄浮也因诛杀徐璜之侄下邳令徐宣获罪。翟超有可能并没有直接参与张俭一事，而徐宣行事残暴，有人也许会同情惩处徐宣的黄浮，但是仍可争辩二人都要为滥用权力负责。

南阳太守成瑨、太原太守刘瓆受到的指控更加严重，因他们不顾赦令诛杀了小黄门赵津和南阳大猾张汜，故罪当弃市。侯览使张汜寡妻上书控诉成瑨，而一些宦官为赵津上诉，最终成瑨、刘瓆死于狱中。

尽管成瑨、刘瓆等人的行为有违法律，但任何打击宦官利益的行为都得到了京城官员名士的赞许。正如名儒郭泰曾称赞苏不韦对无辜妇孺的血腥屠杀，[50]成瑨、刘瓆的被捕以及翟超、黄浮的受刑遭到了广泛的抗议。公元166年夏，太尉陈蕃与司徒刘矩、司空刘茂共同进谏，为成瑨、刘瓆、翟超、黄浮等人求情。在桓帝表示不支持后，刘矩、刘茂不敢复言，但陈蕃（在杨秉死后任太尉）独自上疏。[51]

这两起案件的关键不同点在于赦令。陈蕃在为翟超、黄浮辩护时，称二人只是"奉公不桡，疾恶如仇"，虽然翟超收没侯览财物、黄浮诛杀徐宣不对，但是他们已经受到了惩处，应该宽大处理。二人应该在不久之后就被释放了。[52]而在为成瑨、刘瓆辩护时，陈蕃称：

    虽言赦后不当诛杀，原其诚心，在乎去恶。

但是,"赦后诛杀"的违逆之举极为严重,因为赦令是皇帝下发的诏令,违抗赦令是严重的犯上行为、对皇帝的大不敬。之后不久,陈蕃被免,公元166年(延熹九年九月),成瑨、刘瓆被杀。[53]

除了对宦官的敌意对抗以及施加的暴力行为外,以上事例中有两点值得注意。首先,虽然采取直接行动的是王允、张俭等郡吏,但是遭到惩处的是他们的上级官员,即郡太守。郡太守要为下级的行为负责,虽然他们可能发现难以约束下级,但是显然也没有对下属的违规行为加以惩罚。

其次,朝廷的三公九卿,尤其是陈蕃,做好了为那些违法行为辩护的准备,称犯罪者品德高尚、动机良好,"原其诚心,在乎去恶"。这可能是一种儒家观点,但并不适用于朝廷的需求,反映出官员和他们本应效忠的执政者在观念和态度上存在着本质分歧。到公元2世纪60年代中期,皇帝和大臣之间明显欠缺共情,严重程度达到了后汉的顶峰。

以上这些事件的发生年月不明,成瑨、刘瓆似乎于公元166年初被捕下狱,但他们的案件中唯一可能涉及的大赦是在前一年夏天。这些案件肯定持续了数月,甚至可能拖得更久。实际上,在公元2世纪60年代中期,在京城的杨秉等人一直在通过法律手段打击宦官及其宗亲宾客,而宦官则反过头来指控州郡官吏的不法行为。

另外,在这段纷争不断的时期,有另一股力量加入战局反对宦官。公元132年重修太学后,梁氏家族通过支持经学,包括公元2世纪50年代初支持继续编修关于本朝的官方史书《汉纪》,获取了赞誉。著名学者伏无忌、崔寔、边韶均参与编纂《汉纪》,此书即后世所谓的《东观汉记》。[54]

在更平民主义的形式上,梁冀鼓励儒生进入太学。太学每年于乡射月有飨会,更重要的是增加了儒生们进入帝国官僚体系的新机会。公元 146 年,大将军下至六百石,悉遣子就学,有 10 个补郎、舍人的名额:"岁满课试,以高第五人补郎中,次五人太子舍人。"公元 148 年,增加到 65 个名额:"诸学生年十六以上,比郡国明经试,次第上名,高第十五人、上第十六人为郎中,中第十七人为太子舍人,下第十七人为王家郎。"公元 156 年,诏复课试诸生,补郎、舍人,并且通过考试、通儒家经典的学生可以补吏,但这一过程需要八年时间。

这些新安排并不冗滥。以公元 148 年的 65 个中选者为例,其中只有 31 人为郎中,其余 34 人秩级很低。州郡的荐举仍然是选官的主要途径,每年有 200 多人。另一方面,当时人们相信进入太学有机会遇到未来的举主和同僚,对任何年轻人的仕途都是重要一步。到公元 2 世纪 50 年代末,据说太学生已多达三万人。我们可以推测,当时大多数太学生与 19 世纪、20 世纪初的剑桥、牛津学生或者 20 世纪 60 年代欧美大学中激进的学生一样,不再醉心于学业。

然而,无论是否有学术兴趣,学生们已经找到了为之奋斗的事业:关注真正的儒学(无论如何理解),并且公开反对皇宫的铺张奢侈。长期以来,朝廷口头上鼓吹儒家道德,典型例子就是察举孝廉(这是入仕为郎的主要途径),但是这种常规程序此时得到了加强,受到郭泰等个人品评清议的影响,也受到大量褒贬人物的谣谚的影响。

历史学家范晔指出"党人之议"起源于甘陵郡周福和房植二人的竞争:"初,桓帝为蠡吾侯,受学于甘陵周福,及即帝位,擢福为尚书。时同郡河南尹房植有名当朝,乡人为之谣曰:'天下规矩房伯武,因师获印周仲进。'二家宾客,互相讥揣,遂各树朋徒,渐成尤隙,由是甘陵有南北部,党人之议,自此始矣。"[55]

伯武、仲进分别是房植和周福的字,这两句谣谚在前四个字处停顿,结尾处均押韵。[56]

到公元 2 世纪 60 年代初，这种形式的谣谚广为流传，比如汝南太守宗资及其功曹范滂、南阳太守成瑨及其功曹岑晊之间的关系被描述为："汝南太守范孟博，南阳宗资主画诺。[57] 南阳太守岑公孝，弘农成瑨但坐啸。[58]"

宗资事实上是一位很有能力、经验丰富的官员，曾带兵镇压泰山郡叔孙无忌叛乱。之后成瑨被捕入狱身亡，岑晊成功逃亡。但这些评论是否公正并不重要，重要的是一个朗朗上口的节拍和简单的押韵本身就具有权威性。太学生们也为官僚体系中他们认为的英雄人物创造了类似的谣谚，尤其是改革者李膺、陈蕃："天下模楷李元礼，不畏强御陈仲举。"[59]

李膺、陈蕃都因对抗宦官而闻名，但陈蕃反对的是朝廷和后宫的奢侈浪费，而李膺更加直接。李膺在做河南尹、司隶校尉时，曾利用手中权力直接打击宦官及其宾客子弟，甚至得到了皇帝的批准：

宦官张让之弟张朔为野王令（野王县属河内郡），治民残暴。公元 165 年前后，李膺为司隶校尉，掌管河内，张朔畏惧李膺逃还京城，藏在张让处。尽管有张让的庇护，李膺带人进入张让宅邸，逮捕张朔并将其诛杀。

张让向皇帝诉冤，皇帝诘问李膺不先请便加诛辟。然而李膺回应，孔子为鲁国司寇时，七日而诛少正卯，他只是以孔子为榜样，且到任已经一旬。[60] 李膺称自己接受处罚，但请求推迟五日时间，以"克殄元恶"。

皇帝被李膺的言辞说服，对张让说："此汝弟之罪，司隶何愆？"

据记载，这件事之后，宦官们非常畏惧李膺，鞠躬屏气，除非有公务，否则不敢复出宫省。

以上这些记载，不禁让人对桓帝产生同情。他最亲近的伙伴遭到打压（往往是有理由的），而他最高秩级的官员们更关心自己同僚的利益而不是法律规定或正确流程。桓帝当时仅三十岁出头，处于统治的最后五年，但即使在理论上他拥有绝对的权力，持续的纷争带来压力和混乱，权力运行受挫，甚至原本应是愉悦放松之地的后宫，也成了政治矛盾的中心。

皇帝嫔妃以及推崇黄老

早在公元159年，即桓帝独立统治之初，就有人批评他后宫中嫔妃众多。名士魏桓在拒绝朝廷征辟时称"今后宫千数"，大约同时期，陈蕃在上疏中称"采女数千"。[61] 桓帝为了表现出节俭，出宫女五百余人，但公元165、166年，郎中刘瑜、荀爽先后上疏批评桓帝后宫女子众多。荀爽对策称："臣窃闻后宫采女五六千人，从官侍使复在其外。"[62]

难以想象后宫这么多女人的用处和意义是什么，但必须承认，桓帝的后宫极为庞大。另一方面，虽然桓帝这些年性生活丰富、嫔妃众多，但史料中记载他仅有三个孩子，并且均为女孩：皇女华，延熹元年（158）封阳安长公主；皇女坚，延熹七年（164）封颍阴长公主；皇女脩，延熹七年（164）封阳翟长公主。前文已讨论过，皇后梁女莹无子，并且她竭尽全力阻止其他嫔妃生育。[63] 皇女华大概是唯一一个逃脱梁女莹谋害的孩子。

史书中没有记载这三个孩子的生母，但当后宫中有女性怀孕时，情况一定很奇怪：直到生产的那一刻，没人能知道孩子是不是男孩——要么生下的是皇位继承人，生母及其家族欢欣雀跃；要么生下的是女孩，对生母没有记载。无论如何，到公元2世纪60年代中期，邓猛女被立为皇后已超过五年，桓帝仅多了两个女儿，并且都不是邓猛女所生。

不管后宫中有多少女人，邓猛女一定有很多竞争者在争夺皇帝的注意力，她们中不仅有已经成功怀孕的嫔妃，还包括一大群渴望同样成功的女人。邓皇后曾与桓帝宠幸的郭贵人更相谮诉，肯定还有其他类似冲突。根据邓皇后的传记，邓猛女"恃尊骄忌"，而司马彪《续汉书》称其有时酗酒，并参与使用邪术。[64] 无论如何，虽然皇帝最初很宠爱邓猛女，但现在已经厌烦了。

公元165年3月27日，邓皇后被废，并送入暴室。暴室是后宫中的医院，也被用作监狱。之后，邓猛女"以忧死"，她的死可能有外力作用，[65] 而她在朝为官的家人被免官、下狱，侄子邓会以及堂兄邓万世（他是皇帝幼年时的朋友）下狱死。虽然其他家人之后得到释放，但均被遣送回家乡南阳郡，财物没入县官。她的亲属中没有人能拥有匹敌梁冀的权力，都被毫无困难地清除了。

这位不幸的皇后很可能曾想用生育符咒或药物来帮助自己怀上皇子。但是，在这个与皇权关系如此紧密的问题上，使用符咒是非常危险的。前汉武帝著名的巫蛊案是一个极端的例子，而这类对后宫嫔妃的指控一而再、再而三地出现，后果往往是致命的。[66] 另一方面，皇帝本人对非儒家学说越来越有兴趣，最可能将其作为加强自身合法性的手段，以挣脱儒家思想的约束。这一问题将在后文讨论。

之后，前朝、后宫出现了持续数月的政治斗争和激烈争宠。具瑗、左悺、侯览刚刚失势，邓皇后便被废，具瑗、左悺是公元159年扶持桓帝掌权的五个宦官中仅剩的两位。在李膺成功打击宦官的鼓励下，传统主义占据优势，虽然皇帝的权力毋庸置疑，但他的个人地位比较弱。新皇后的选择使新的权力平衡非常明晰。

在邓皇后被废之前的某个阶段，桓帝曾十分宠爱采女田圣。田圣虽不出身世家大族，但获得了皇帝的喜爱，与其他八人一起被封为贵人。封九女为贵人，可能是因为桓帝放荡的享乐主义，不过九是一个奇妙的数字，更有可能是皇帝通过聚集这么多女人近身相伴，期望其中一人能够怀上男性继承人。这个计划尚未获得成功，而桓帝喜欢上了田贵人，想要封她为皇后，有可能还将继续与田圣等嫔妃进行这种类似密宗的活动。

但是，桓帝对后宫的偏爱引起了朝廷百官的强烈反对。司隶校尉应奉上疏劝谏，称田贵人对朝廷的危害与赵飞燕对汉成帝的危害一样，[67] 太尉陈蕃反对立出身卑微的田贵人，认为应该立贵人窦妙为皇后。[68]

窦妙之父窦武为后汉开国皇帝光武帝名臣窦融的玄孙，也是章帝窦皇后的旁系。公元92年和帝推翻窦太后临朝、正式亲政后，窦氏家族被逐出洛阳，[69] 窦氏还没有恢复在朝中的地位，但仍在家乡（扶风，长安附近）拥有财富和影响力。窦武之父窦奉曾为定襄太守，窦武本人"少以经行著称，常教授于大泽中，不交时事，名显关西"。公元165年，窦妙被选入掖庭，很快被封为贵人，而窦武进京拜郎中。

选立皇后是一个公众关注的大问题，有百官参与讨论的先例，但这次情况不同以往。公元132年，顺帝曾在后宫的四个贵人间犹豫不决，最终因梁妠的良好家世和对他父亲侍中梁商的尊敬而选择立她为皇后。[70] 这一次情况相反，桓帝将自己的意愿公之于众，表示无意立窦贵人为皇后，她的父亲不过是一个郎中。另外，虽然梁氏和窦氏都被称为世家大族，但窦氏的地位并不比失势已久、身负污点的邓氏更高。尽管如此，公元165年12月10日，窦贵人被立为皇后，而窦武迁越骑校尉，封槐里侯。[71]

另外，根据《后汉书·皇后纪》记载，窦妙于邓皇后被废之后被选入掖庭，这可能就发生在后宫每年秋季例行选人时。[72] 但是，这个十多岁的年轻女子并不是凭自己获得皇后之位，而是儒学官僚为了在皇帝身边的小圈子拥有一个发言人，即窦武，而采取的手段。窦武作为皇帝岳父，继承了梁商、梁冀的某些权威，同时作为以经行著称的传统学者,他对陈蕃等改革者的道德关注报以同情。这是相当漂亮的一击,皇帝对此无能为力。在失去了自己最亲密的宦官伙伴后,桓帝在政治上软弱无力,邓皇后的被废和去世无疑让人难堪,公卿有能力对他施以巨大压力来达到他们的目的。

桓帝周围是利用儒家学说来反对他偏好的公卿们,而新的外戚是公卿的天然盟友,在这种背景下,桓帝当然要寻找其他方法来恢复他个人统治的合法性。他在当时流行的道教特别是黄老学说("黄"指黄帝,"老"指老子)中找到了。

黄老学说的核心是信仰神可以在不同时候以不同的形象显现。黄帝便是其中一个化身,另一个化身是《道德经》的作者、道教始祖老子,但每一代还有很多其他化身。从公元前2世纪初前汉时期起,黄老思想非常兴盛,文帝窦皇后(公元前135年去世)是著名的黄老信徒,后汉明帝时期,楚王刘英也非常信奉黄老。[73]随着儒家思想兴起,黄老信仰被视为异端,朝廷不再为之背书,但在公元2世纪中叶,很多叛乱首领自称神的代表,比如"黄帝""黑帝""真人"等。[74]其中最后一位叛乱首领于公元154年被诛杀,但公元165年,这种叛乱再次爆发。最初是勃海郡(位于山东半岛北部沿海)盖登叛乱,自称"太上皇帝",并向追随者赐予玉印、珪、璧、铁券等。之后,几乎在同时,沛国(位于淮水流域)戴异在耕田时获得黄金印,黄金印上没有文字,但他自称"太上皇"。戴异到相邻的广陵郡加入当地首领龙尚的叛军,二人共祭井,作符书。盖登、戴异叛乱均被平定,首领被诛杀,但他们代表了一种运动的复兴,这种运动将超自然学说与宣布反抗汉朝统治相结合,反映出人们对指引新的乌托邦时代的救世主的期待。[75]

对桓帝来说,在朝中有儒学家的压制,在地方州郡有妖贼叛乱,黄老信条的背书为自己提供了一个美妙的解决方案。在桓帝之前,前汉的好几位皇帝,从武帝到短命的哀帝,都曾致力于类似的庇护行为,君主是人与自然力量的中介,适合这一额外的角色。

传说老子出生于陈国苦县,位于华北平原,在洛阳东南约三百千米处。公元6世纪《水经注》描绘了老子祠庞大的建筑群,包括老子庙、李母庙、李母冢,[76] 其侧还建有孔子庙。公元149年,孔子后人孔畴在孔子庙前立碑,公元153年,县令王阜在李母冢东立碑。碑的年代可以确定,但这些建筑的年代不详,也不确定这些建筑是由中央出资,还是地方州郡主动建造。[77] 延熹八年(165)正月,桓帝派遣中常侍左悺"之苦县,祠老子",这是他首次展现对黄老思想的兴趣。[78]

正是在此时,针对宦官及其子弟宾客的打压攻击到达顶点,因为弹劾侯参、罢免侯览大概就发生在延熹八年正月。二月,左悺刚刚回京,便被牵连进其兄左称"请托州郡,聚敛为奸,宾客放纵,侵犯吏民"一案,左悺被逼自杀。随后,具瑷因其兄具恭行贿而遭弹劾贬黜。二月底,邓皇后被废,邓氏子弟遭到罢免,或被杀或被流放。

中常侍左悺被派遣去"祠老子",说明宦官参与了祭祀老子这项新事业。有可能所谓邓皇后"左道"不仅指她意图通过巫蛊怀孕,也指她参与支持民间信仰。[79] 考虑到朝中正统人士对邓氏家族和宦官的敌意,邓氏和宦官两派有理由鼓励桓帝对非儒家信仰产生兴趣,以此作为对付敌人的手段。[80] 结果,他们的政治/宗教操纵既没有成功保护邓氏家族,也没有成功保护受宠宦官,但他们的激励在死后持续发挥作用,桓帝一直是黄老的庇护者。

延熹八年四月,桓帝下诏"坏郡国诸房祀"。从这条材料看,私人的坟墓祠堂并不受波及,但这条禁令不仅针对自然神灵以及传奇英雄的祠庙(其中对有些英雄的崇拜能与对汉朝本身相匹敌),还包括近代著名贤良的祠庙。有两个祠庙是例外:洛阳令王涣祠和光武帝太傅卓茂庙，前者在洛阳城中广受崇敬，后者在南阳郡有庙。祠王涣可能是由于他是京城官员楷模，而祠卓茂则是因为他是后汉开国皇帝光武帝的老师。[81]

现代庙宇中供奉着城市守护神和男女英雄，这些是如今人们崇拜的中心，后汉很多祠庙肯定也承担着类似的功能，桓帝时期如此大规模地毁坏祠庙，令人怀疑将造成怎样深远的影响。[82]桓帝悉毁诸房祀，唯独特诏保存了卓茂庙和王涣祠，由此可以认为，桓帝禁令针对的是儒学崇拜中心，尤其是几个世纪以来汉帝国内受到颂扬的官员，这些人不是全都名实相副。在这一点上，桓帝是在挑战正统道德的象征，为尊崇另一种思想做准备。

几个月后的秋天，学者边韶作《老子铭》。边韶作为陈相，管理老子出生地。《老子铭》首先简要罗列了老子的一生，称其为孔子的老师，偶尔回来给世界的统治者提建议。桓帝曾"潜心黄轩（即黄帝）"，此时"梦见老子，尊而祀之"，老子"劳不定国，功不加民，所以见隆崇于今，为时人所享祀"。[83]石碑所刻时间为延熹八年八月甲子，即公元165年9月24日，但立碑的时间应在延熹八年十一月之后，即公元166年年初，当时桓帝派遣中常侍管霸再次到苦县"祠老子"。管霸之行发生在窦贵人被立为皇后、其父儒学家窦武迁越骑校尉几周后，二者并存，标志着政治和思想上的冲突还在持续。

第二年夏天，延熹九年六月庚午（公元166年7月27日），桓帝"祠黄老于濯龙宫"，[84]"文罽为坛，饰淳金釦器，设华盖之坐，用郊天乐也"，以猪牛羊三牲祭祀。[85]

公元21年，王莽曾造华盖以象征黄帝，[86]而桓帝祠黄老的时间恰恰选在每年年中祭祀黄帝和后土（大约7月22日）之后几天。[87]每年正月于丁日在城外南郊祭天，此外，还在南郊舞雩求雨，皇帝生病或驾崩也在南郊告天。[88]南郊祭天是汉朝最重要的礼仪之一，桓帝"祠黄老于濯龙宫"很可能是特意要将祠黄老与祭天相匹敌。[89]

皇家"祠黄老"活动还结合了"祠佛",佛陀此时被认为是这一复合神的又一化身。据记载,公元1世纪中叶,楚王刘英热衷于黄老和佛教,"诵黄老之微言,尚浮屠之仁祠",[90]另一处简略提及佛教的是公元2世纪初张衡《西京赋》中记载的"桑门",说明这个词及其背景知识在朝廷和京城已经广为人知。[91]《四十二章经》是早期小乘佛教的经典著作,此时得到流传,在京城内外很可能有崇拜佛祖的场所。自公元2世纪40年代末,安息人安世高便居住在洛阳,将佛经翻译为汉语。当时的译经水平欠佳,但译经的出现确保了佛教学说的某些知识得到流传,尤其是数字占卜和瑜伽。[92]道教和佛教有时被混为一谈,道教信徒声称老子西出函谷关后化身佛陀创立佛教,[93]但无论如何这种神秘异国的学说很吸引人,一个"重要的小圈子"已经逐渐接受并支持它们。

如果说桓帝正试图通过这种新的非儒家教义来巩固自己的地位,那么反对者们则准备与此教义进行辩论。儒学本身,特别是统领官学的今文经学,同样诉诸超自然权威,大约与桓帝祠黄老同时,学者襄楷进京上书批评这种新发展,并批评支持此事的桓帝。

襄楷是平原郡人(位于华北平原东部,即今山东临沂附近),无官职,以善天文阴阳之术闻名。公元166年秋天,襄楷进京两次上书。第一次是关于太原太守刘瓆、南阳太守成瑨的案子,十日后第二次上书,提到祠黄老。刘瓆、成瑨于公元166年春天因无视赦令而被捕入狱,在之后的大半年中,朝中对如何惩处二人争论激烈,关于此事的请愿、抗议一直持续到秋末二人被处决。太尉陈蕃等人从现实政治的角度,提出应该宽恕二人,襄楷则提出了更加全面的质疑。[94]

襄楷第一次上书的很大一部分内容关注近年来天文地理方面的灾

异现象。天空中的灾异现象包括：公元 164 年冬天火星、木星逆行，他将此与邓皇后去世相联系；公元 165 年夏天火星、金星轨迹异常，他认为这预示着"天子凶""法无继嗣"；而当年元月，木星的"久守太微"和逆行，意味着"咎在仁德不修，诛罚太酷"。地理上的灾异现象包括：公元 164 年冬天"大寒"；"洛阳城中人夜无故叫呼，云有火光，人声正喧"；当年夏天"连有霜雹及大雨雷"——他把这些都与"仁德不修，诛罚太酷"联系起来，意指邓氏、梁氏外戚作威作福，同时也特别指刘瓆、成瑨二人的遭遇。

襄楷随后提到右扶风两次落下陨石，河内野王山上有龙死，这两件事均发生在公元 164 年，之后指出公元 161 年发生瘟疫，公元 162 年太学门"无故自坏"，黄河水清。即便太学门"无故自坏"是几年前的旧事，但意义重大。虽然当时对死龙有异议，但襄楷指出，即便讹言也预示着灾难。另外，襄楷在循环论证中指出，虽然黄河水清通常是祥瑞，但是如果在如今"天垂异，地吐妖，人厉疫"的情况下出现，则更是厄运的警告。[95]

这些灾异现象大部分可从《后汉书》纪、志中得到印证，但在上书结尾，襄楷提到"干吉神书"。襄楷从琅邪宫崇处受干吉神书，并将之献给顺帝。当时神书"不合明听"，但襄楷再次请求桓帝关注，希望自己能有机会详细说明。

前文已讨论过《太平经》早期流传历史。关于该书在汉代的起源和内容存在学术争论。但有可能现存《太平经》的核心部分是后汉所著，成书年代大概在公元 2 世纪下半叶。[96]

范晔在襄楷传记中注释，公元 184 年黄巾起义首领张角利用了《太平经》，这是张角所创"太平道"得名的一个早期来源，后文对此有讨论。[97]虽然之后"太平"成了叛乱的同义词，但流传下来的《太平经》并不内在地具有革命性,道教和黄老思想未必不能被后汉政权所接受。毕竟今文经学家们非常关注预兆、灾异祥瑞以及其他超自然现象,整个王朝有很多人虽然受过儒家教育,但还是被那些自称的专家或是狂热信徒的预言、占卜所吸引——其中很多与追求长生不老有关。[98] 康德谟(Kaltenmark)将"太平"总结为平等的理想,并指出君主仍是负责宇宙秩序的主要人物,这不是一种号召叛乱的宗教信仰。[99] 与康德谟相反,索安士(Seidel)认为,"太平基本上是儒家对社会和谐的理想",大儒董仲舒将他所处的朝廷(即前汉武帝时期)称为"太平世"。[100]

从这个角度,如襄楷所言,向顺帝献《太平经》是有助于皇帝和朝廷的善举:

> 前者宫崇所献神书,专以奉天地顺五行为本,亦有兴国广嗣之术。其文易晓,参同经典。[101]

襄楷称,此书献上后,"顺帝不行,故国胤不兴,孝冲、孝质频世短祚",明显在暗指桓帝至今只有公主,没有皇子。

有司上奏称《太平经》"妖妄不经",但仍收入朝廷的图书馆藏,但没有材料显示这部书不恭敬,或持有此书的人会受到惩罚。[102]

襄楷第一次上疏后,"书奏不省",桓帝对他想要详细解释《太平经》的请求也没有回应。十日后,襄楷再次上书。

第二封上书同样以天象开头,金星、火星异动,之后发生日食,"三光不明,五纬错戾"。襄楷再次请求释放刘瓆、成瑨,并转向了李云、杜众的案件,力陈他们的忠心应得到尊崇,应奖励他们的家人。考虑到桓帝曾对李云、杜众一案震怒,襄楷这个请求不大妥当。[103]

第二封上书的措辞确实相当激烈。襄楷再次提到向顺帝献《太平经》一事，称皇嗣不繁，并进一步指出宦官是"天刑之人"，"陛下爱待，兼倍常宠，系嗣未兆，岂不为此"，声称宫廷中被阉割的宦官经由感应导致桓帝无子。然后更进一步，襄楷提到近日宫中"立黄老、浮屠之祠"，将老子、佛陀与桓帝本人的行为作对比：

> 此道清虚，贵尚无为，好生恶杀，省欲去奢。今陛下嗜欲不去，杀罚过理，既乖其道，岂获其祚哉！[104]

襄楷提到"老子入夷狄为浮屠"的传说，强调佛陀禁欲，并引用《四十二章经》：

> 天神遗以好女，浮屠曰："此但革囊盛血。"遂不眄之。其守一如此，乃能成道。[105]今陛下淫女艳妇，极天下之丽，甘肥饮美，单天下之味，奈何欲如黄老乎？

这封上书后，襄楷因其直言不讳而被召诣尚书问状，在向尚书解释时，他更加直言，触怒了皇帝。襄楷称以宦者为官是汉武帝末年才设置的，"古者本无宦臣"，批评宦官权势过大，并再次表示皇帝对这种非人者的宠信正是导致没有皇嗣的原因之一。尚书上奏，称襄楷这些言论错误，"不正辞理，指陈要务，而析言破律，违背经艺，假借星宿，伪托神灵，造合私意，诬上罔事"。襄楷本应受到严重惩处，但桓帝以其"言虽激切，然皆天文恒象之数"，故不诛。襄楷仅被处以一年刑罚。

这件事除了对佛教在中国早期的发展历史具有重要性之外，还有几点奇异之处。虽然平民个人可能评论朝政，但他们通常是按诏书的要求，或是受邀去官府发表意见。襄楷似乎是无人要求、自发的行为，而他的批评无疑近乎不敬。另一方面，李云、杜众同样冒犯了皇帝，但襄楷与他们相比遭遇完全不同，桓帝显示出相当大的宽容，使襄楷免于一死。

另外，襄楷对皇帝以子之矛攻子之盾。首先，皇帝对黄老、佛教的崇信先是遭到了《太平经》学说的挑战，继而成为对比佛陀思想与统治者实际行为的基础，二者之间的差异令人不快：佛陀不近女色，而桓帝严刑峻法、奢华纵欲。

诚然，襄楷广泛利用包括天文、地理在内的各种灾异现象，在这一点上，他有很好的儒家今文经学传统。根据《白虎通》："天所以有灾变何？所以谴告人君，觉悟其行，欲令悔过修德，深思虑也。"[106]为了阐明他的观点，襄楷广泛选取各种灾异现象，包括瘟疫以及四五年前（公元161、162年）太学门的毁坏，而他提到的一些天象并不值得注意。例如，早在公元前1世纪末，中国天文学家们便根据木星、火星与太阳轨道的度数，得出二者的运行速度，进而计算出了木星、火星的会合周期，两个行星在特定时间在视觉上保持静止或向西移动：木星每年发生一次逆行，火星每两年发生一次。这种逆行不仅是一种规律性现象，也是当时训练有素的观测者们了解的现象，不应被视作灾异。[107]

所以，尚书对襄楷曲解天象、篡改事实的指控是正确的。而同时，也可以说襄楷不过是参与了一场大家心知肚明的做戏。有很多人真诚地相信奇异事件可以作为对未来威胁的预兆，或者是对当前政策的批判，但在襄楷这件事以及其他类似情况中，有理由相信很多参与者清楚地知道他们在作伪，灾异、祥瑞预兆都是他们的工具，既用于保持一定距离进行辩论，也用于在更广泛、信息更匮乏的民意中造势宣传。桓帝的干预和宽大处理，不仅显示出他能够容忍尖锐批评，还显示出他对复杂政治游戏规则的理解。[108]

公元 159 年冬天，就在除掉梁冀后不久，印度（天竺国）来献，两年后（公元 161 年年底），夫馀王遣使来献。和帝时期，后汉与印度、安息曾有往来，而班超掾属甘英曾抵达波斯湾，[109]但公元 107 年羌族叛乱破坏了经过中亚的沟通渠道，这些往来中断，这次天竺国的使节是从海路进入日南郡的。[110]他们对皇帝崇信佛教不大可能有什么直接影响，但他们增加了新政权的权威。

另外，公元 166 年，大秦（即罗马帝国）国王遣使奉献。公元 120 年（安帝时期），掸国（今缅甸）曾遣使团来到洛阳，"献乐及幻人，能变化吐火，自支解，易牛马头"，据说"幻人"出自大秦，但公元 166 年这次大秦遣使是亚欧大陆两端两大帝国的首次直接接触。

虽然关于此次来使已有很多讨论，但汉文记载非常有限。《后汉书·孝桓帝纪》仅简单记载"大秦国王遣使奉献"，《后汉书·西域传》对大秦国的记载中包括此次遣使来献，但无非是大秦国与天竺国一样，"遣使自日南徼外献"。据记载，这次来献是由大秦王安敦所遣，可能指罗马皇帝安东尼乌斯（Marcus Aurelius Antoninus, 公元 161 年—180 年在位），所献包括象牙、犀角、玳瑁，并指出"其所表贡，并无珍异"，《西域传》认为人们对这个遥远国家的出产可能有所夸大，"疑传者过焉"。[111]

有些学者从表面上来解读这段记载，但罗马帝国并没有记载提到与中国的往来。如沙畹等学者指出，更有可能是一伙商人自称官方使节，以提高接待标准、获取更大利益。[112]这些人可能是罗马帝国国民，公元 1 世纪中叶由居住在埃及的希腊人所写的《厄立特里亚海航海记》（*Periplus of The Erythraean Sea*）描绘了印度洋以西的情况，记载当时出现了繁盛的跨洋贸易往来，而据《梁书》记载："（大秦）其国人行贾,往往至扶南、日南、交趾(即今越南)。"[113] 七月,船只离开埃及,顺着印度洋季风向印度西部航行,但用于跨洋远航的大船无法通过南亚次大陆和斯里兰卡之间的海峡,所以之后货物通常由当地船舶运送。航程距离遥远,一次商贸需要数年时间而非数月,需要多次中转运输,所以无人能从头至尾完成整个商贸航行,这些人在途中搜集贡物并不是不合理。[114]

对那些到达中国南方的人来说,通常的路线是从今广州向北沿着河流和运河,穿过湘水谷地,逆流而上抵达南阳和洛阳。那些自称为使节的人有可能通过海运,沿着中国东南沿海海岸抵达长江入海口甚至更北的地方,但这条路线似乎主要用于本地沿海贸易。[115]

这些从千里之外来献的使节增加了朝廷的声望,至少在消息散播最为迅速的京城地区起到了这个作用。没有理由相信后汉朝廷积极参与任何作伪,我们可以确信在延熹九年确实有外国人来访,而且很可能是罗马帝国国民。无论如何,这位来自那个传奇帝国的使节肯定使处境艰难的桓帝增强了权威,就在使节抵达洛阳的公元166年,桓帝和他的宦官盟友们刚刚诛杀刘瓆、成瑨,将很快开始肃清朝中的反对者和批评者。

第一次党锢之祸 [116]

尽管有襄楷的抗议和三公的恳求,但刘瓆、成瑨仍于公元166年秋被杀,几周后,宦官在对抗京城官员中的政敌时,获得了最大的一次胜利。

这件事的导火索是张成一案。河内人张成结交宦官,据说他善于风角占卜之术。因为推占朝廷很快将会大赦,所以张成令儿子杀害了一个曾与自己争吵的人。有人怀疑张成与宫中的结交比风角之术还有用,但确实恰好遇到大赦,张成之子因而获免。之后河南尹李膺识破此事，收捕并诛杀了张成父子。[117]

李膺曾做过类似的事，公元165年他诛杀了宦官张让之弟张朔，在那次事件中，桓帝支持了他。然而这一次，宦官集团安排张成的弟子牢脩上书控告李膺。[118] 与刘瓆、成瑨的罪名相同，牢脩也控诉李膺无视赦令，并且"养太学游士，交结诸郡生徒，更相驱驰，共为部党，诽讪朝廷，疑乱风俗"。

理论上，所有的官员都直接效忠于皇帝，没有私人感情或私人联络存在的空间。实际上，与今天所谓"关系"一样，官僚体系中的官员以及他们所出身的地主阶级都陷入了个人关系之中，这些个人关系包括家族纽带、施恩庇护或地方利益。从前文可看到，在考量决策时，这种关系网络比名义上对君主和国家的义务发挥着更大的作用。[119]

这个体系是被高度认可的，以前官员们曾因自己的靠山倒台而被免官，最近一次是公元159年外戚梁氏的覆灭导致一大批官员受牵连。然而这一次，对宦官们的连续打击、显而易见团结一致地支持刘瓆、成瑨，加之学生们示威呼吁、支持他们的英雄，这些足以使指控具有说服力。桓帝对如此不忠震怒，下令逮捕李膺等人。[120]

以指控结党对付儒学信仰者尤其有效。孔子提倡对统治者的忠以及对家族的孝，但这两种美德往往处于紧张状态，当时中央官员和州郡士大夫与宦官及其依附者斗争激烈，使情况更加恶化。有些反对宦官的人确实在忧心帝国统治、关注改革的必要性，尽管如此，指控中存在真实部分。桓帝对梁冀、对自己与大小官员不断闹翻有着痛苦回忆，对桓帝来说，忠诚问题十分重要。

李膺等人并没有被投入洛阳狱，而是被分别关在皇宫内的三处地点：掖庭狱，通常作为后宫监狱；若卢狱，前汉所设，公元98年后汉和帝重建，[121] 黄门北寺狱，是近期所设。黄门北寺狱位于北宫，公元159年逮捕李云，将其关押在黄门北寺狱，此为史书中首次提到它。此时黄门北寺狱成为宦官所掌管的审讯机构。[122] 入狱后枷锁上身、施以拷打，导致有些犯人提供口供，牵连其他人，并且朝廷下诏书令州郡"举钩党"，自行调查逮捕党人，如果没能找出足量的嫌疑人则将受到惩处。[123] 被牵连受起诉的共计二百余人，包括太仆杜密、御史中丞陈翔、太丘长陈寔、汝南郡功曹范滂。这些都是著名的改革派，全部被收捕进皇宫内的监狱。[124]

党人遭到大肆收捕后，自然有人抗议反对，比如前太尉陈蕃、度辽将军皇甫规等，但因为害怕言辞过于激烈被当作共犯，所以批评肯定受到了压制。数月后，随着狱中有的供词（不知真假）开始牵连宦官的支持者和同党，甚至宦官们也不再那么急于迫害党人。公元167年夏天，窦皇后的父亲窦武在名士贾彪的说服下为党人求情，他的请愿被拒绝后，窦武威胁辞官，并上还城门校尉、槐里侯印绶。局面很尴尬，曾支持桓帝诛杀梁冀、表明自己忠心的尚书霍谞也上表为党人请愿。[125] 当宦官也进言称"天时宜赦"，桓帝才听劝。

永康元年六月庚申（公元167年7月12日），"大赦天下，悉除党锢"。所有党人释放出狱，回到家乡，但"禁锢终身"，并且"党人之名，犹书王府"。

宦官们对这次胜利感到极为欣喜，也许是为了纪念他们的胜利，改元"延熹"为"永康"。两个年号的含义相似，但改元的意义非常重大，表达了桓帝的宽宏大量以及统治进入了新时期——公元159年政变后并没有改元以示纪念。但是，永康年号只持续了六个月，永康元年十二月丁丑（公元168年1月25日），桓帝崩于德阳前殿，当时距新年只有三天。

根据旧制，由于皇帝没有留下子嗣，窦皇后，即此时的窦太后，可挑选任何一位皇室男性成员继承皇位，并且新皇帝最好年幼，这样她有权以皇帝的名义临朝摄政。然而由于一系列奇怪的情况,一个本将继承皇位的人不久前被剥夺了继位资格,此人就是桓帝之弟刘悝。[126]

刘悝为蠡吾侯刘翼之子,刘翼生桓帝刘志。刘悝与刘志为同母兄弟,皆出自蠡吾侯刘翼媵妾郾明,二人可能是双胞胎。公元 146 年刘志即皇帝位后,刘悝袭爵蠡吾侯,次年被封为勃海王。刘悝与其兄刘志一样,都喜好女色,不过他拥有的女性没那么多。除了宫中侍女外,刘悝有十一位妃妾。不过和桓帝刘志不同的是,刘悝有七十个子女。

据记载,刘悝"骄慢僭侈,不奉法度",并暗自有"嗣汉之望"。这种期待并非毫无凭据,因为如果桓帝死时无子,则皇位有可能传给兄弟。历史上有这样的先例:安帝刘祜与殇帝刘隆、少帝刘懿是平辈;而桓帝刘志继承质帝刘缵的皇位,他比刘缵高一个辈分。[127]当时刘悝已经成年,子嗣繁盛,他本可以重振后汉,但因平原相史弼的插手,并被指控谋逆,最终丧失良机。

公元 148 年,桓帝和刘悝的弟弟刘石被封为平原王。刘石嗜酒,多过失,无法胜任,桓帝遂令马贵人(刘翼的嫔妃,可能是刘石生母)"领王家事"。[128]史弼担任平原相,负责管理平原国事务,但在公元 164 年,史弼不满足于本职,上封事批评刘悝。刘悝的罪行无非是行为不端,对于身处奢华、受困于身份而不得施展才华、被剥夺了有意义职业的年轻人来说这很常见。但史弼反对自己的同僚,指责"州司不敢弹纠,傅相不能匡辅"。史弼请求将刘悝加以惩戒。

史弼是一名优秀的儒家卫道士,之后他保护自己治下的百姓免于第一次党锢之乱,[129]但这一次他所干涉的事情严格来说并不在自己所管范围内。对一地长官来说,随意评论其他地区治理情况的行为极不寻常,也不合适。尽管平原国与刘悝的勃海国相邻,但两地并不属于一州。桓帝置之不理,这很明智。

然而很快，公元 165 年年初，有司指控刘悝谋逆。史书中没有记载具体是谁提出了指控，也没有记载所控罪行的细节，仅指其"谋反"。刘悝被贬为瘳陶王，食邑仅一县（位于巨鹿郡）。[130] 刘悝抑郁地待在瘳陶，直到公元 167 年年底桓帝临终时下诏宽恕了他，将刘悝复为勃海王。刘悝虽然恢复了之前的爵位，但已经失去了继承兄弟皇位的所有可能性。

公元 172 年，刘悝的命运再次也是最后一次发生转折。他曾通过中常侍王甫向桓帝求情，并许诺给王甫一笔钱，但之后发现桓帝回心转意恢复自己的王位并非王甫的功劳。刘悝拒绝付钱给王甫后，王甫与宦官曹节等密告有司称刘悝谋反，随后朝廷就此展开大规模调查。刘悝被迫自杀，勃海国被除，但他的敌人们仍不满足，刘悝的妃妾、伎女以及七十个子女均死于狱中。曹节、王甫等十二人以功封侯。

《后汉书》特意指出，刘悝第二次被控谋反实属诬告，[131] 有可能第一次的指控也缺乏事实基础，无非是一些说如果他的兄长没能生下皇嗣，则刘悝有可能继承皇位的流言。[132] 但不管理由和最终的悲剧，史弼对刘悝的批评以及之后控告其谋反，意味着桓帝血缘最近的亲人被隔绝于皇位之外，因此年轻的窦太后及其父窦武在挑选新皇帝人选上有很大的余地。关于他们的决定，将在下一章讨论。

鼓励屠杀

这段时期除了士大夫和专横宦官之间发生的小规模冲突外，地方州郡的骚乱得到了一定程度的控制。公元 2 世纪 60 年代初，泰山郡延续日久的叛乱得到平定，公元 165 年罢泰山都尉官，解散军事组织；[133] 尽管"妖贼"叛乱首领勃海郡盖登和广陵郡戴异、龙尚挑战了皇权，但是在 60 年代中期很快被平定，并没有花费太大力气。[134]

在更远的南方，荆州陷入了一系列骚乱。公元 160 年，长沙蛮寇郡界,武陵蛮寇江陵。虽然一度平定,但是很快扩展至长沙郡、桂阳郡、零陵郡、苍梧郡,加之地方军队哗变,平叛变得更加困难。随着长沙陷落,地方长官或被杀或被俘,叛军劫掠跨过荆州,向东进入扬州豫章郡,向南进入交州南海郡。朝廷以太常冯绲为车骑将军,率军讨伐叛军,取得了一些胜利,这笔费用足以要求借公卿以下俸禄并扣留王侯租以助军粮。荆州刺史度尚率领另一支军队南下讨伐叛乱,但小股骚乱仍持续爆发,直到公元165年才最终平定。

自从公元127年班勇下狱免官后,后汉在中亚的地位持续下滑。后汉再没有任命过西域都护,西域事务由敦煌太守和凉州刺史掌管,而他们的当务之急是处理眼前的羌人叛乱。[135] 同样的,公元2世纪20年代后汉东北部高句丽崛起,进犯玄菟郡、辽东郡(今中国东北)。虽然高句丽内部纷争削弱了新政权的统治力量,使后汉能够恢复大片领土,但后汉在东北的地位并不牢固。[136]

然而,到了公元2世纪50、60年代,后汉最迫在眉睫的担忧在北方和西北,南匈奴势力衰弱、政权不稳,而40年代初撤回内地的州郡治所再未重返鄂尔多斯。[137] 随着安定郡、北地郡、上郡、西河郡遭到弃废,在这一地区并州所辖仅剩五原郡,五原郡也是度辽军的驻地。实际上,汉帝国对该地区的控制掌握在军队手中,张奂、皇甫规等将领不仅负责边塞防御,还要负责维持塞内的和平。

对张奂、皇甫规二人的任命很重要。公元161年,以皇甫规为中郎将,全权负责西部对叛羌的作战。次年取得一次胜利后(当时叛军中出现疫情),皇甫规对一批贪污、严酷、老弱不堪任职的地方官员"悉条奏其罪",随着这些官员"或免或诛",很多羌人来皇甫规处投降。这证明了皇甫规在军中的职位对地方民政有重要影响。

经历了短暂的免官后,公元162年朝廷以皇甫规为度辽将军,但他数月后请辞,举荐好友张奂代为度辽将军,自己为使匈奴中郎将。张奂之前曾担任过度辽将军,他正身洁己、不好财货,受到少数族的尊敬。并且张奂以胡制胡,与少数族结盟充实后汉军队。[138]然而,公元 166 年,张奂从边境返回京城任大司农,当皇甫规再次代他为度辽将军时,鲜卑入塞猛烈进犯,鲜卑还招结乌桓、南匈奴单于居车儿数道入塞。

很快,朝廷复拜张奂为护匈奴中郎将,他重返北部,这一次全权掌握边塞三州的军权、民权,"以九卿秩督幽、并、凉三州及度辽、乌桓二营,兼察刺史、二千石能否"。[139]据记载,甚至张奂任命的消息都很有威慑力,匈奴、乌桓听到张奂任护匈奴中郎将后纷纷投降,还劝鲜卑撤回草原,但显然这一地区需要一个广泛的军事权威,传统的设置州郡、驻扎军队的安排并不足以抚境安民。

在南方,羌人在公元 2 世纪 50 年代相对平稳,在护羌校尉第五访的管辖下出现了一段和平期。但公元 159 年,当好战的段颎取代第五访担任护羌校尉时,塞外烧当、烧何、当煎、勒姐等八个羌人部族(即所谓"西羌")沿着黄河对陇西、金昌诸郡发起一系列进攻。[140]段颎在湟中义从羌一万二千骑的支援下,率军大破西羌,但公元 160 年年初,西羌突然进犯甘肃走廊张掖郡,初战得胜,并引来后汉境内的东羌部落大批起事。段颎再次击溃进犯羌人,并出塞追击,之后率军返回平定境内叛乱。

虽然如此,骚乱还在继续。公元 161 年,段颎受政敌弹劾下狱,由皇甫规代为护羌校尉,皇甫规取得了一些胜利。那个诬陷段颎的官员是个贪官,被皇甫规上奏,遭到免职。公元 163 年,段颎恢复官职,再次任护羌校尉,对西羌作战多次取胜。至公元 165 年秋天,段颎已将敌人基本上驱赶出塞。段颎被封为都乡侯,邑五百户。

在公元160、165年的战斗中,段颎率领孤军深入塞外展开追击,敌人在他的驱赶下远走他乡,段颎展现出了非凡的坚韧与进取。据记载,段颎对西羌作战中共"斩首二万三千级,获生口数万人,马牛羊八百万头"。经过了公元166年的和平期后,当煎羌于公元167年进犯武威郡,同样被段颎重创,从此之后西羌问题基本得到解决。

但在帝国内部,先零羌等东羌部落再次叛乱,甚至威胁到长安,桓帝朝廷开始仔细考虑彻底解决之法。桓帝诏问段颎,称皇甫规、张奂都拥有强大兵力,但都没能实现长久和平,张奂虽然击退了东羌对长安的进攻,但此时可能到了采取更有效率的对敌策略的时候了。与其被动地应对敌人一次次的突然袭击,桓帝打算先发制人:[141]

> 欲颎移兵东讨,未识其宜,可参思术略。

这是鼓励段颎使用屠杀的手段。段颎的回应非常积极,他表示张奂总是想招降,不愿真正动用武力,但胡人狼子野心,一旦朝廷大军撤走就会再次起兵。与张奂相反,他认为:

> 今若以骑五千,步万人,车三千两,三冬二夏,足以破定,无虑用费为钱五十四亿。

虽然这样会给朝廷兵马辎重等带来短暂的压力,但是花费比以往平叛所需要的还少,并且承诺一劳永逸。桓帝同意了段颎的提议,这是桓帝统治时期做的最后几个重大决定之一,公元167年冬天,段颎发起了对先零诸羌的战斗,此时恰好在桓帝去世之前。

注释：

[1]《后汉书》卷十下《皇后纪下》记载，其姓作"薄"，《后汉纪》卷二一《孝桓皇帝纪上》以及《后汉书》志第十四《五行二》作"亳"。"薄""亳"当时互通，Karlgren, *GSR*, 771ρ and 773α 认为二者可以互换。前汉薄太后传记见《史记》卷四九《外戚世家》；Chavannes, *MH* VI, 32-38, 以及《汉书》卷九七上《外戚传上》；以及 Loewe, *Biographical Dictionary*, 14-15。

Bielenstein, *Lo-yang*, 95 认为，整个梁氏被改姓为薄，"薄"含义为品质低劣。虽然可以这样理解《后汉书》卷十下《皇后纪下》的文字，但是《后汉书》卷三四《梁冀列传》没有提到这样改姓。更可能的是，只有邓皇后和她的直系亲属改姓。

[2] 为避唐太宗李世民的讳，邓万世也作"邓万""邓万代"。相关文献唐以后版本的编纂者有时会保留这处修改。

度辽将军邓遵对羌、鲜卑作战功勋卓著，被封为武阳侯，食邑三千户。邓太后死后，安帝打击邓氏，邓遵受此牵连，于公元 121 年自杀，见第四章第 188、210 页。这种追溯其父邓遵的功勋而绍封邓万世的做法遭到了一些大臣的反对，认为"非功臣不侯"，最终邓万世仅被封为南乡侯，见《后汉书》卷六六《陈蕃列传》。

爰延在桓帝时任大鸿胪，为桓帝心腹，也反对邓万世封侯。爰延在封事中称："陛下以河南尹邓万有龙潜之旧，封为通侯，恩重公卿，惠丰宗室。""龙潜之旧"即皇帝继位前的朋友。见《后汉书》卷四八《爰延列传》。

[3] 见第五章第 227—228 页。

[4]《后汉书》卷六一《黄琼列传》。

[5]《后汉书》卷五三《周黄徐姜申屠列传》；deC, *Huan and Ling*, 17-18, 以及 Vervoorn, *Men of Cliffs and Caves*, 168-169。这段材料并非传记的一部分，而是范晔在卷首的序，指出贤人不愿在不清明的朝廷中做官。

多处史料都提及桓帝后宫的规模，但没有史料记载他的马厩中有如此多的马匹。魏桓毕竟住在汝南郡乡村里，不是京城人士，很可能他的这句话反映了某些流言，并且他可能把军队所需的马匹数量和皇家马厩中的马匹数量弄混了，太仆掌管皇帝的马厩，也掌管朝廷畜牧业。

[6] 李云的谏书记载于《后汉书》卷五七《李云列传》,《资治通鉴》卷五四载有部分内容; deC, *Huan and Ling*,18-19。然而,司马光省略了李云关于新皇后的内容,仅保留了李云对宦官受封赏过多的批评。

李云在谏书中称"地动摇宫",当时最近一次京城地震发生于公元156年,而157年在河东郡、158年在右扶风出现了地裂,见《后汉书》卷七《孝桓帝纪》、《后汉书》志第十六《五行四》。这些信息无疑被张衡的地震仪记录了下来。

[7] "帝者,谛也",出自《春秋运斗枢》。《后汉书》《资治通鉴》注释中引用过《春秋运斗枢》部分内容,但此书已经散佚。

[8] 这是"黄门北寺狱" 第一次出现在史料中。所谓"黄门"意味着这个监狱与皇宫以及宦官关系紧密。关于黄门北寺狱,见 Bielenstein, *Lo-yang*, 52-53。

[9] 比干劝谏商纣王辛,纣王怒曰:"吾闻圣人心有七窍,信有诸乎?"遂杀比干剖视其心。

[10] 犯下"大不敬"罪行的人会受到最重的惩罚。见 Hulsewé, *RHL*, 156-158(何四维将"大不敬"翻译为"nefas"),指出"不敬"比"不道""无道"的程度略轻一些。

[11] 根据《后汉书》卷七《孝桓帝纪》,李云因劝谏下狱死一事发生于延熹三年闰月,大约公元160年3月。

李云、杜众与李固、杜乔这两个组合的姓氏一样,后者是被梁冀诛杀的儒家改革者,见第六章第281页、下文第324页。他们籍贯不同,也并非亲戚,对这个新政权的名声来说,这种偶然令人叹息。同样可见后文注释124。

[12] 杨秉传记见《后汉书》卷五四《杨震列传》。陈蕃传记见《后汉书》卷六六《陈蕃列传》。

[13] 《资治通鉴》卷五四记载了黄琼的上疏,黄琼在其中批评桓帝的统治"即位以来,未有胜政",也提到了李云、杜众的遭遇"李云、杜众复以直道继踵受诛"。司马光与《后汉纪》观点一致,都认为此事发生于延熹二年,但这个时间可能有误。根据更加详细的《后汉书》卷五四《黄琼列传》,以及《后汉书》卷七《孝桓帝纪》,虽然黄琼当时称病辞官,但直到延熹四年才被免职,并在第二年复为司空。而黄琼的上疏至少在延熹七年之后,离他去世不远。在

李云案发生之时，黄琼可能已经表示了反对，但直到几年后他才充分表达了自己的观点。

[14] 《资治通鉴》卷五四；deC, *Huan and Ling*, 20。

[15] 《后汉书》卷七八《宦者列传》；deC, *Huan and Ling*,26。这四句分别指四侯。称徐璜为"卧虎"，指无人敢招惹他。（"唐两堕"或作"唐雨堕"，作者译作"Tang Heng rains evil upon us"，从"雨堕"。——译者注）

[16] 关于孙程封爵，见第五章第 227—228 页；关于孙程收养的继承人，见《后汉书》卷七八《宦者列传》。关于孙程之前的宦官郑众封爵，见第三章第 132 页，关于郑众养子继承其爵位，见《后汉书》卷七八《宦者列传》。

Brown and deC, "Adoption in Han China", 229-232 讨论了应劭的观点，即只有亲生儿子才能继承真正的血统。然而，当时不是所有人都持有这么严格的观点。

[17] Rideout, "Eunuchs in the Tang Dynasty, Part One", 54-55.

[18] 《后汉书》卷七八《宦者列传》。

[19] 曹腾传记见《后汉书》卷七八《宦者列传》，以及《三国志》卷一《魏书·武帝纪》引用司马彪《续汉书》。曹腾的养子曹嵩在灵帝时官至太尉，曹嵩之子曹操是汉末大军阀，开创了魏国。由于曹操非常重要，相比同时代其他宦官来说，史料中保留下来了更多关于其养祖父曹腾的详细情况，而曹腾的例子可以从大体上展示当时的其他宦官的情况。关于曹腾的家族和他的经历，见 deC, *Imperial Warlord*, 16-25。关于曹腾家族是否与夏侯氏有关，这个问题存在争议，但我相信二者有关。

[20] DeC, *Imperial Warlord*, 16 引用《文物》1978 年第 8 期，第 32—34、46—50 页，以及 Powers, *Art and Expression*, 330-333。

[21] Jugel, *Eunuchen*, 47 引用《后汉书》卷七八《宦者列传》，指出阉割是在父母的吩咐下进行的，期望受阉割者能在这种相当特殊的文官系统中干一番事业。尤格尔（Jugel）博士的著作是讨论汉代宦官问题最全面的研究，而更新的研究也很有帮助，比如 Tsai（蔡石山），"Eunuch Power in Imperial China" 和 Dettenhofer, "Eunuchs, Women and Imperial Courts"。还可参考 Stent 以及 Scholtz 的著作。

[22] Jugel, *Eunuchen*, 77-78.

[23] 腐刑或宫刑可以作为死刑的一种替代选择，但这不是死刑被减去一等的标准处罚，也不能算作肉刑，见 Hulsewé, *RHL*, 127。前汉历史学家司马迁是著名的腐刑受害者，武帝下令对他施以腐刑，见《汉书》卷五四《李广苏建传》；Chavannes, *MH* I, xxxix-xl, Watson, *Ssu-ma Ch'ien*, 62 以及 Nienhauser, *GSR* I, x-xi。

公元 52 年，后汉光武帝下诏："死罪系囚皆一切募下蚕室，其女子宫。"公元 65 年明帝，公元 82、84、87 年章帝，公元 96 年和帝也下过类似诏令。而安帝时期，尚书陈忠上疏建议废除蚕室刑，得到准许，见《后汉书》卷四六《陈忠列传》；王永宽《中国古代酷刑》，第 162—163 页。

在曹操执政时期，以及三国末期，数次讨论是否应该恢复肉刑，例如《三国志》卷二二《魏书·陈群传》、《三国志》卷十三《魏书·王肃传》。但这些刑罚有可能仅仅指破坏肢体，并非阉割，并且事实上曹操或曹丕并没有恢复肉刑，见王永宽《中国古代酷刑》，第 163 页。

[24] 关于弘恭、石显，见 Loewe, *Biographical Dictionary*, 479-480。

[25] Scholz, *Eunuchs and Castrati*, 136-140 以及 Dettenhofer, "Eunuchs, Women and Imperial Courts", 84-86 描述了这种手术的传统技术，朔尔茨（Scholz）在第 199 页对比了公元 19 世纪的埃及和中国的阉割手术死亡率，前者是 60%，后者是 2%。但他没有标注中国 2% 数据的出处，可能过于乐观了。

[26] 关于蚕室的注解，见《后汉书》卷一下《光武帝纪下》以及《后汉书卷》四六《陈忠列传》李贤注。前文注释 23 所引用的各诏令将宫刑描述为"募下蚕室"，因此可认为在公元 1 世纪时，存在"蚕室"这一机构。

前汉时期，蚕室设在长安少府若卢狱下，但后汉时期洛阳的若卢狱在公元 98 年才复置。故后汉蚕室曾独立存在，之后有可能被并入若卢狱。见 Bielenstein, *Lo-yang*, 50-51；*Bureaucracy*, 67。

[27] 见第六章注释 100。前汉武帝曾设机构"中书"，由宦官担任。中书体系没有延续到后汉，但每个皇帝在私人住所中都需要文书辅助，而且正如毕汉思指出的，这些服务必须由宦官提供，见 *Bureaucracy*, 49, 57。

[28] 第三章第 129—130 页、第一章第 62 页。

[29] Bielenstein, *Bureaucracy*, 64.

[30] Bielenstein, *Bureaucracy*, 70-73.

[31]《后汉书》卷三四《梁冀列传》。另外，第四章注释76讨论了Yü（余英时），*Trade and Expansion*, 61-64 对后汉赋税收入的计算。

[32]《汉书》卷十九上《百官公卿表上》。王先谦《汉书补注》根据宋本作"十二万二百八十五人"，百衲本采用了王先谦的看法。Bielenstein, *Bureaucracy*, 156.

[33]《通典》卷三六《职官十八》。Loewe, *Men who Governed*, 71 对这些数据做了讨论，认为"内外文武官"和"职掌人"的划分不是非常明晰。

Bielenstein, *Bureaucracy*, 156 对官员的增长速度表示惊讶：后汉的人口数量较前汉更少，而且光武帝曾裁并了四百多县。毕汉思指出，虽然后汉朝廷中央的官员数量增多，但这不足以抵消州郡官员的减少。

[34] 公元50年的百官俸禄，见《后汉书》志第二十八《百官五》"百官受奉例"，还可见《后汉书》卷一下《光武帝纪下》唐注引用《续汉志》，以及《汉书》卷十九上《百官公卿表第七上》颜师古注。

公元106年的百官俸禄，见《后汉书》志第二十八《百官五》刘昭注引用公元4世纪早期荀绰《晋百官表注》。

毕汉思在 *Bureaucracy*, 125-131 将以上两组数据列成表进行讨论。

[35] 第五章第249页。

[36] 张奂、皇甫规的传记见《后汉书》卷六五《皇甫张段列传》，其中还包括段颎传记。段颎平定少数族的举措更加直接和暴力。《后汉书》卷六五《皇甫张段列传》的翻译见 Young, *Three Generals*。

[37]《后汉书》卷七《孝桓帝纪》。公元143年"禁沽酒，又贷王、侯国租一岁"，见《后汉书》卷六《孝顺孝冲孝质帝纪》。公元109年"诏减百官及州、郡、县奉各有差"，见《后汉书》卷五《孝安帝纪》，本书第五章第194页对此做了讨论。

[38]《后汉书》卷七《孝桓帝纪》；deC, *Huan and Ling*, 63 及延熹八年注释8。据记载，后汉垦田面积为七百余万顷，一顷为十亩，第五章第265页讨论了公元2世纪伏无忌提供的垦田数据（《后汉书》志第二十三《郡国五》刘昭注引用了伏无忌的数据）。

关于后汉的税收制度，以及对土地税的估算，见第四章第 194—197 页。

[39] 关于魏桓，见前文第 313—314 页，关于当时对退隐行为的日益赞许，见 Vervoorn, *Men of Cliffs and Caves*, 157-164。

[40] 宗慈、巴肃、张俭传记见《后汉书》卷六七《党锢列传》。

[41] 关于效忠的混乱，见 deC, "Protest and Proscription", 5-6 note 2 and 14。Nylan, "Confucian Piety and Individualism" 对此作了进一步讨论。还可见本书第十章第 486—487 页。

[42] 关于"州郡大族"，见本书第六章第 294 页。

[43] Powers, *Arts and Expression*, 25-29 和第 334 页以下数页，"Conflict of Taste"。Wu Hong（巫鸿），*Wu Liang Shrine* 深入细致地研究了今山东省嘉祥县武梁祠（建于公元 2 世纪 50 年代，是武氏家族墓群的一部分）。还可见 Ebrey, "Later Han Stone Inscription", 334-335 以及第六章注释 82。包华石（Powers）在第 352—361 页提出了一个有趣的设想，即今山东省金乡县朱鲔祠是后汉宦官侯览为其母所建。

[44] 第六章 297 页。

[45]《后汉书》卷六六《陈王列传》。

[46]《后汉书》卷六七《党锢列传》。

[47]《后汉书》卷六六《陈王列传》、《后汉书》卷七八《宦者列传》。《陈王列传》的翻译见 Ch'ü（瞿同祖），*Social Stucture*, 481-482，其中详细描述了侯览的奢华建造，除了其母的墓葬外，还有大量宅邸、池苑，占地广阔。

据《后汉纪》记载，张俭诛杀侯览之母，但据司马光《通鉴考异》，《后汉纪》记载有误。

[48]《后汉书》卷七八《宦者列传》。

[49]《后汉书》卷七八《宦者列传》。

[50] 第六章第 302—303 页。

[51] 陈蕃上疏的内容见《后汉书》卷六五《陈蕃列传》。

[52] 第二次党锢之祸时（公元 169 年），翟超被捕并死于狱中，见第八章第 376 页。可以假定在此之前翟超是自由之身。

[53] 据《后汉书》卷七《孝桓帝纪》记载，二人"并以潜弃市"。但据《后

汉书》卷六七《党锢列传》中曾为成瑨功曹的岑晊传记记载，成瑨"下狱死"。其他史料与《孝桓帝纪》一致。

[54] Bielenstein, *RHD* I, 11.

[55]《后汉书》卷六七《党锢列传》。

[56]"矩""武""印""进"押韵。Karlgren, *GSR*, 95, 104, 1251, 379.

[57] 范滂，字孟博。句末的"博""诺"二字押韵。Karlgren, *GSR*, 771a, 777e.

[58] 岑晊，字公孝。句末的"孝""啸"二字押韵。Karlgren, *GSR*, 1168, 1128.

[59]《后汉书》卷六七《党锢列传》。李膺，字元礼；陈蕃，字仲举。"楷""礼""御""举"押韵。Karlgren, *GSR*, 599, 60, 75.

[60]"少正卯"是鲁国大夫，据说有"五恶"。孔子任司寇，七日后便诛杀少正卯。这件事没有记载于《论语》等儒家经典，但见于《荀子》第二十八《宥坐篇》、《孔子家语》卷一。Kramers, *School Sayings*, 205, 254-255；《史记》卷四七《孔子世家》；Chavannes, *MH* V, 326. 还可见 deC, *Huan and Ling*, 65 and note 61。

[61] 前文第 333 页，《后汉书》卷六六《陈蕃列传》；deC, *Huan and Ling*, 23。

[62]《后汉书》卷五七《刘瑜列传》、《后汉书》卷六二《荀爽列传》；deC, *Huan and Ling*, 59-60, 67。

[63] 第六章第 282 页。

[64]《后汉书》卷十下《皇后纪下》。《后汉书》志第十八《五行六》记载，延熹八年（165）正月出现日食，司马彪将此解释为"女主象"，"邓皇后坐酬，上送暴室，令自杀"。《后汉书》志第十六《五行四》记载，延熹五年（162）京城地震；《后汉书》志第十二《天文下》记载，延熹七年（164）太白（即金星）、荧惑（即火星）出现奇异星象。这两条材料均称邓皇后"坐执左道废"。还可见 Goodrich, "Empress of Later Han" II, 200 note 26。

[65] 关于暴室和"以忧死"，见第三章第 143 页及注释 58。

[66] 关于公元前 91 年发生的巫蛊案，见 Loewe, *Crisis and Conflict*, 37-90。关于后汉时期指控使用巫蛊手段，例如《后汉书》卷十上《皇后纪上》，章帝

宋贵人被诬陷"挟邪媚道",和帝阴皇后被指控"挟巫蛊道",以及《后汉书》卷十下《皇后纪下》,灵帝宋皇后被构陷"挟左道祝诅",见本书第二章第 115 页、第三章第 143 页、第九章第 437 页。

[67] 据《后汉书》卷四八《应奉列传》,应奉上疏称田贵人"微贱",对比第六章注释 95,皇后邓猛女被称为"贱人"。

赵皇后,又被称为赵飞燕,出身低微,后被汉成帝立为皇后。汉成帝之后痴迷于赵飞燕的妹妹,在她们的影响下,成帝与其他嫔妃所生的两个儿子被害死。有的学者对成帝在多大程度上参与合谋抱有疑问,但根据各方材料以及事后审讯,赵氏姐妹直接参与其中。见《汉书》卷九七下《外戚传下》,对此事的讨论见 Dubs, *HFHD* II, 369-372, Wilbur, *Slavery*, 424-429, Ch'ü(瞿同祖), *Han Social Structure*, 221, 以及 Loewe, *Biographical Dictionary*, 704, 610, "Problems and Controversies", 223。

[68] 《后汉书》卷六六《陈蕃列传》称田贵人"卑微"。

[69] 第三章第 130 页。

[70] 第五章第 239—240 页。

[71] 桓帝窦皇后传记见《后汉书》卷十下《皇后纪下》。据《皇后纪》:"其冬,立为皇后,而御见甚稀,帝所宠唯采女田圣等。"

[72] 《后汉书》卷十上《皇后纪上》,第二章第 110—111 页:按照汉代风俗,每年农历八月,朝廷派遣中大夫与后宫宦官掖庭丞,在洛阳周边搜寻十三到二十岁的女子。

[73] Loewe, "Religious and Intellectual Background", 694-696;第二章第 93 页。

[74] 关于这些叛乱,见第六章第 274—276 页。

[75] 可见例如 Seidel, *Divinisation* 和 "Image of the Perfect Rule"。

[76] 传统上认为老子姓李名耳。

[77] 根据《后汉书》卷七《孝桓帝纪》:"八年春正月,遣中常侍左悺之苦县,祠老子。"注:"苦音户,又如字。"Karlgren, *GSR*, 49u, 53a, 94g。

公元 6 世纪《水经注》描述了老子祠及周边的建筑群。关于老子祠的讨论,见 deC, "Harem", 37-38 and note 50, 51。

[78] 《后汉书》卷七《孝桓帝纪》。

[79] 前文注释 64。

[80] 我在"Harem"的附录中，首次提出了这个观点，在"Politics and Philosophy"中进一步做了阐述。

[81] 《后汉书》卷七《孝桓帝纪》、《后汉书》卷七六《循吏列传》。更多讨论见 deC, "Politics and Philosophy", 79-80。王涣传记见《后汉书》卷七六《循吏列传》，卓茂传记见《后汉书》卷二五《卓茂列传》。

[82] 关于为州郡官员立庙立祠的例子，比如公元 164 年左右为武威太守张奂立祠，见《后汉书》卷六五《张奂列传》。当时张奂还在世，史书称"百姓生为立祠，举尤异"。

张奂祠应该也在桓帝下令毁坏的祠堂庙宇之列。但根据《张奂列传》，"武威多为立祠，世世不绝"。可见在第二年桓帝死后，这道禁令并没有延续很长时间。

[83] 《老子铭》记载于《隶释卷三》，翻译见 Seidel, *Divinisation*, 122-128。

[84] 关于此次亲祠老子的记载，见《后汉书》志第八《祭祀中》、《后汉书》卷七《孝桓帝纪》。《祭祀志》中没有记载时间，《孝桓帝纪》错记为秋七月，根据《后汉纪》卷二二，正确时间为延熹九年六月庚午。《东观汉记》卷三记载为永康元年，即公元 167 年，记载有误。

关于此事的讨论，见 Seidel, *Divinisation*, 38; deC, "Politics and Philosophy", 73; *Portents and Protest*, 29, 82-83 note 70, 以及 *Huan and Ling*, 68 翻译《资治通鉴》卷五五。

[85] 关于三牲太牢，见 Bodde, *Festivals*, 56。

[86] 《汉书》卷九九下《王莽传下》；Dubs, *HFHD* III, 413-414。

[87] 关于五郊，见 Bodde, *Festivals*, 197; Bielenstein, *Lo-yang*, 76-77; Mansvelt Beck, *Treatises*, 99-103; 以及第一章第 39 页。据《后汉书》志第八《祭祀中》记载，"先立秋十八日，迎黄灵于中北，祭黄帝后土"。

[88] 关于南郊以及在南郊举行的仪式，见第一章第 29、33 页，以及 Bielenstein, *Lo-yang*, 73-75。

[89] 《后汉书》志第八《祭祀中》仅记载"祠老子"，而《后汉书》卷七《孝桓帝纪》记载为"祠黄老"，范晔论曰：桓帝"设华盖以祠浮图、老子"。"浮图"

即佛祖。关于"祠浮图"一事，后文襄楷的上疏可证明。

桓帝在一年后，即永康元年十二月驾崩。之后《后汉书》中没有关于"祠老子"的其他记载，故公元166年的这次祭祀活动应该是唯一一次。正如前文注释84，《东观汉记》记载此事发生于公元167年，记述的细节与《后汉书》志第八《祭祀中》相近。有可能《东观汉记》错误地推迟了一年，但也有可能在公元166、167年先后发生了两次"祠老子"活动。桓帝死后，则肯定没有再发生过。

[90] 第二章第93页、第七章第339页。

[91] "桑门"见张衡《西京赋》；Knechtges, *Wen xuan* I, 236-237。

[92] Zürcher, *Buddhist Conquest*, 32-34, Loewe, "Religious and Intellectual Background", 670, 以及 Demiéville, "Philosophy and Religion", 824；又见 Forte, *The Hostage An Shigao*。安世高的姓无疑出自安息国，根据某些材料，安世高出身安息王族，他可能是以人质身份来到中国。

关于安世高译经的质量和内容，见 Zürcher, *Buddhist Conquest*, 34。

[93] 关于"老子化胡"，见 Zürcher, *Buddhist Conquest*, 290-293 等。记载老子教导圣人孔子的《老子铭》以及襄楷第二次上书中都提到了老子与佛教的关系。到了公元3世纪，这一观点得到发展，形成《老子化胡经》，据说该经是公元300年左右的道教徒王浮所写。

"老子化胡"的故事有历史基础。根据《史记》卷六三《老子韩非列传》，老子西出函谷关，进入中亚，留下《道德经》而去，"莫知其所终"。而根据《水经注》卷十九，在长安附近渭水流域的槐里有大陵，据说为老子陵。

后文"重要的小圈子"（"magic in-crowd"）为许理和（Zürcher）所创，于1975年在莱顿的学术报告会上一篇未发表的论文中提出。

[94] 关于刘瓆、成瑨的案子，见前文第327、330—331页。襄楷传记见《后汉书》卷三十下《襄楷列传》，其中记载了他的两次上书内容，翻译见 deC, *Portents of Protest*。

[95] 襄楷引用京房（前77—前37）《易传》："河水清，天下平。"但随后引用《春秋公羊传》，鲁哀公十四年（前480）麟为猎者所获，孔子为之流泪，因为麟受到了伤害，而且这种仁兽出现在错误的时间，当时没有仁君在位。这

则故事也记载于《孔子家语》卷四。

[96] 关于《太平经》的讨论，见第六章第 276 页及注释 22、278 页注释 25。Mansvelt Beck, "Date of the *Taiping jing*", 176 指出现在流传的《太平经》尽管经过了重新整理，但应保留了很多后汉的内容。

[97] 《后汉书》卷三十下《襄楷列传》，《三国志》卷八《魏书·张鲁传》，《后汉书》卷七五《刘焉列传》注（有错误）引用《典略》，以及第八章第 403—404、407—408 页。

[98] 例如，Kalinowski, "Divination and Astrology", 342, 351 及 Appendix 2。《后汉书》卷八二《方术列传》汇集了此类方术的传记，其中有的在朝中担任官职。Ngo, *Divination, magic et politique*; DeWoskin, *Doctors, Diviners and Magicians*.

[99] Kaltenmark, "Ideology of the *Tai-p'ing ching*", 45.

[100] Seidel, "Taoist Messianism", 164. 例如 Loewe, *Dong Zhongshu*, 94。

[101] 《后汉书》卷三十下《襄楷列传》；deC, *Portents of Protest*, 30；Mansvelt Beck, "Date of *Taiping jing*", 158。

[102] 《后汉书》卷三十下《襄楷列传》。

[103] 前文第 314—316 页。

[104] 《后汉书》卷三十下《襄楷列传》；deC, *Portents of Protest*, 29。

[105] 《后汉书》卷三十下《襄楷列传》；deC, *Portents of Protest*, 30。

[106] 《白虎通·灾变》；Tjan, *White Tiger Discussion* II, 489。

[107] 关于荧惑（即火星）、岁星（即木星）的逆行以及早期中国人对这两个行星运行规律的认识，见 Needham, *Science and Civilisation* III, 398-401; Eberhard, "Contribution to the Astronomy of the Han Period III", 208-209; 以及 deC, *Portents of Protest*, 8, 52-54, 在该书 15 页，我指出：为了判断什么是异常，首先需要定义何为寻常。于是我们发现，天文学家们精确预测各行星的时间，制作细致复杂的历法，然后运用自己的知识设计出各种显示上天谴责的凶兆。

[108] 也可见第四章第 213—214 页及注释 139，引用 Yang（杨劭允）, "Politics of Omenology", 340-341。

[109] 第三章第 139—140 页。

[110] 《后汉书》卷七《孝桓帝纪》、《后汉书》卷八八《西域传》。前汉时期，

印度被称作"身毒",后汉则被称作"天竺"。

这里的"来献"或其他类似用语,是对域外国家或人群使节的标准描述。

[111] 关于大秦的记载,见《后汉书》卷八八《西域传》;Hill, *Through the Jade Gate*, 23-27。更多细节见《三国志》卷三十《魏书·乌丸鲜卑东夷传》引《魏略》;Leslie and Gardiner, *Roman Empire in Chinese Sources*, 153-158。

关于大秦国此次遣使的记载,见《后汉书》卷七《孝桓帝纪》、《后汉书》卷八八《西域传》。《西域传》记载大秦国王名"安敦",《孝桓帝纪》唐李贤注印证了这一点:"时国王安敦献象牙、犀角、玳瑁等。"如一些学者的观点,有可能大秦王安敦指安东尼·庇护(Antoninus Pius,公元138—161年在位),在马可·奥勒留之前任罗马皇帝。当时大秦至后汉路途遥远、沟通不便,使节所掌握的信息可能已经过时了。

[112] 关于沙畹的观点,见 Chavannes, "Pays d'Occident d'après le *Heou Han chou*", 185 note 1。Hill, *Through the Jade Gate*, 289-296 对此有很多讨论,但他与沙畹观点不同,见第 293 页。

[113]《梁书》卷五四《诸夷列传》。Leslie and Gardiner, *Roman Empire in Chinese Sources*, 100, 155。他们在第 100 页指出,虽然《梁书》主要记载了南朝萧梁皇朝(502—557)五十余年的史事,萧梁所统治的地域主要在中国南方,但《诸夷列传》记载了"中天竺国",提到中天竺与大秦有商贸往来,以及"延熹九年,大秦王安敦遣使自日南徼外来献,汉世唯一通焉"。《南史》卷七八《夷貊列传上》有相似记载。

[114] 关于《厄立特里亚海航海记》,见 Casson, *Periplus Maris Erythraei*, 6-10。其中关于从埃及出发的航行见第 289—291 页,关于更远的航行,见第 24—25 页。

[115] 关于中国在印度洋的贸易,见 deC, *Generals of the South*, 41-43,有相关引文。

后汉在东南沿海有三个县:位于闽江入海口的东冶、候官(今福州),以及位于瓯水入海口的永宁(今浙江温州),见《后汉书》志第二十二《郡国四》、《后汉书集解》有订正(东冶后改东候官,实为一地。——译者注)。这三个县是进行海上贸易、可能还有与台湾的跨海峡贸易的转运港口,但对内陆腹地控制力很小，见 deC, *Generals of the South*, 43-44。也可见本书第二章第 106 页及注释 85。

[116] 关于桓帝时期第一次党锢之祸的讨论，见 deC, "Protest and Proscription" 及 "Politics and Philosophy"。很多被禁锢士人的传记载于《后汉书》卷六七《党锢列传》，卷首对党锢之祸的过程进行了叙述。

[117] 当时最近一次大赦发生在公元 165 年年初。李膺是在公元 166 年下半年收捕张成父子的，据大赦已有相当长一段时间。另一方面，李膺完全可以辩解自己并非违抗大赦，而是惩罚张成父子恶意利用大赦机会杀人。

[118] 牢脩，也作"牢顺"，有时错写作"牢川"。关于李膺杀张朔，见前文第 334 页。

[119] 前文第 325 页。

[120] 关于第一次党锢之祸发生的时间，有不同说法。根据《后汉书》卷七《孝桓帝纪》，此事发生于延熹九年十二月冬（即公元 167 年年初），而根据《后汉书》卷六六《陈蕃列传》，时任太尉的陈蕃参与阻止抓捕行动，于七月被免。根据这条材料，司马光认为第一次党锢之祸发生在夏秋，见《资治通鉴》卷五六及"考异"；deC, *Huan and Ling*, 79。

我在 "Protest and Proscription" 的附录中讨论了这个问题，总结认为《后汉书·孝桓帝纪》记载的日期更为可信，即延熹九年十二月冬。我主要的考虑是，襄楷对刘瓆、成瑨在秋天被诛的命运提出控诉，但是没有对逮捕党人表示抗议。此外，已知之所以在次年夏天释放众人，是因为窦武的介入以及担心认罪指控牵连的范围越来越大，对这个过程来说，12 个月似乎有些长。

[121] 《后汉书》卷四《孝和孝殇帝纪》。掖庭宫中设暴室，暴室是后宫养病治病的场所，当皇后、贵人被废后，有时被幽禁于暴室。见第三章第 143 页及注释 58。

[122] 《后汉书》卷六九《窦武列传》及其注释。关于黄门北寺狱，可见 Bielenstein, *Bureaucracy*, 64-65, 以及 *Lo-yang*, 52-53。关于李云，见前文第 314—316 页。

[123] 《后汉书》卷六四《史弼列传》（《资治通鉴》卷五六；deC, *Huan and Ling*, 85-86）记述了平原相史弼拒绝上报党人，因此受到责难。之后"党禁

中解",史弼以俸禄赎罪得免。

[124] 支持改革的官员士大夫们往往将杜密与李膺相联系,并称"李杜",虽然二人观点相同,但仕途关系并不近。将此二人并称"李杜"是对之前两对"李杜"的追忆,即公元147年外戚梁冀把持朝政时的李固、杜乔(第六章第281页),以及公元159年的李云、杜众(前文注释11)。

[125] 霍谞列传见《后汉书》卷四八《霍谞列传》,但他与窦武共同上表的记载见贾彪的传记。据记载,贾彪说服窦武、霍谞为党人求情。

公元2世纪50年代外戚梁冀及梁氏把持朝政时,霍谞是为数不多的敢于抵制梁氏的大臣。公元159年诛杀梁冀的政变后,霍谞等人因功受封亭侯,见前文第312页。

[126]《后汉书》卷五五《章帝八王传》记载了刘悝的简单传记,其他记载见《后汉书》卷十下《皇后纪下》、《后汉书》卷六四《史弼列传》、《后汉书》卷七八《宦者列传》以及《后汉纪》卷二二《孝桓皇帝纪下卷》。

[127] 关于刘隆、刘懿与安帝的关系,见第四章第171—172、219页。关于刘缵和桓帝的关系,见第五章第273、278页。刘缵为章帝玄孙,桓帝刘志为章帝曾孙。

[128] 刘硕(刘石)也名刘顾。其传记见《后汉书》卷五五《章帝八王传》。

[129] 前文注释123。

[130]《后汉书》卷七《孝桓帝纪》:"延熹八年春正月……勃海王悝谋反,降为瘿陶王。"根据《后汉书》卷五五《章帝八王传》中刘悝的传记:"悝谋为不道,有司请废之。"根据《后汉书》卷六四《史弼列传》:"后悝竟坐逆谋,贬为瘿陶王。""谋反""谋为不道""逆谋",这些表述都很模糊。

[131]《后汉书》在关于这件事的叙述上,多次出现"诬",特别是《后汉书》卷七八《宦者列传》:"节遂与王甫等诬奏桓帝弟勃海王悝谋反。"

[132] 传说刘悝死后,灵帝在去世之前(公元189年)梦见桓帝指责自己杀害勃海王刘悝、废黜宋皇后。此事记载于《后汉书》卷十下《皇后纪下》,关于这一段史料的翻译和讨论见 Goodrich, "Empress of Later Han" II, 190-191 及以下数页。

[133] 第六章第290页。

[134] 前文第 339 页。

[135] 关于这一时期汉与中亚的关系，见 deC, "Western Regions", 21-25。

[136] 关于高句丽，见《后汉书》卷八五《东夷列传》，讨论见 Gardiner, *Early History of Korea*, 29-32。

[137] 第五章第 247—250 页及地图 6。

[138] 皇甫规、张奂、段颎这三位将领的传记见《后汉书》卷六五《皇甫张段列传》，这段时期西域发生的大事见《后汉书》卷八九《南匈奴列传》。

[139] 这次任命见《后汉书》卷六五《张奂列传》。

[140] 除了张奂、段颎的传记《后汉书》卷六五《皇甫张段列传》外，此事还记载于《后汉书》卷八七《西羌传》。

[141] 桓帝的诏问和段颎的上言，记载于《后汉书》卷六五《皇甫张段列传》。

第八章 灵帝:失控的朝政(公元169—184年)

年　表

168年	2月17日:窦太后及其父窦武将灵帝刘宏推上皇位。
	段颎将羌人从鄂尔多斯草原向南驱赶。
	10月25日:以曹节为首的宦官力量推翻外戚窦氏,控制朝政。
	鲜卑首领檀石槐在北方草原建立宗主权;鲜卑部族频繁进攻后汉北部边塞。
169年	段颎对羌人最后的作战,大破先零羌于塞外射虎谷,斩其渠帅以下万九千级。
	第二次党锢之祸,大举钩党。
170年	段颎凯旋京城。
171年	[灵帝加元服,立贵人宋氏为皇后。][1]
	首次出现大面积疫情,之后连年大疫;基于信仰治疗的各种教派层出不穷。
172年	清洗太学(司隶校尉段颎抓捕太学生千余人)。
173年?	[灵帝嫔妃何氏生皇子刘辩。]

172—174 年	许生于会稽郡起兵叛乱。
175 年	诏诸儒正"五经"文字,刻石立于太学门外。
176 年	对党人的门生、故吏、父兄、子弟在位者,皆免官禁锢。
177 年	伐鲜卑失败。
178 年	[宋皇后被废,以忧死。]
	设置鸿都门学,成为入仕途径。
	灵帝卖官。
179 年	诸党人禁锢小功以下皆除之。
	使匈奴中郎将张修斩杀单于呼徵,更立右贤王羌渠为单于。
180 年	[立贵人何氏为皇后。]
181 年	[刘协出生,即未来的献帝;何皇后毒杀其母王美人。]
约 182 年	檀石槐去世,鲜卑部族联盟衰弱瓦解。
184 年	春夏:张角率领黄巾军反叛,劫掠华北平原和南阳郡。
	大赦天下党人。
	秋天,巴郡"妖巫"张修叛乱,很快被平定。
	冬天,对黄巾军作战,取得最终胜利。

窦氏家族与宦官

公元 167、168 年之交的冬天,桓帝去世,没有留下子嗣,这意味着他的遗孀窦皇后,即此时的窦太后,有权从皇室宗亲中挑选任何一位男子作为继承人。桓帝的弟弟刘悝本是皇帝的有力人选,但已因被控谋反——很可能是诬告——而被取消了资格,窦太后与父亲窦武定策禁中。在二人谋划过程中,他们曾询问过侍御史刘儵(河间人),在刘儵的建议下,他们选择了河间国的解渎亭侯刘宏,当时 10 岁。[2] 刘儵被临时任命为守光禄大夫,持节率左右羽林至河间奉迎,并将年少的刘宏带到洛阳。

刘宏并不是公认的皇帝人选。桓帝的父亲平原王刘翼是河间孝王刘开之子,刘开有好几个儿子,很多儿子有更加显赫的世系:刘开一脉主支嫡系的封地仍在河间,此时的河间王刘利是刘开的曾孙;刘开之子刘德于公元122年被封为安平王,其子刘续袭爵;刘德的次子刘理于公元148年被封为甘陵王;刘开之子刘博于公元132年被封为亭侯,公元161年被封为任城王,以孝著名。

公元168年,刘利、刘续、刘理、刘博均成年。[3]刘开另外十二个儿子已在公元132年被封亭侯,[4]刘宏的祖父刘淑正是其中之一。这块小小的封地传给了刘宏的父亲刘苌,然后传给了刘宏。[5]

据说侍御史刘儵对这位新君主的道德品质大加赞扬,但很难相信刘宏能如此早熟,而且无论早先看来多么有前途,后来都没有成为现实。另外,刘宏的世系既不高贵也不杰出,封地狭小贫瘠,他的好几位堂兄弟都可能被选为皇位继承人。有人怀疑这位新皇帝的主要优点在于年幼,这样窦氏家族能控制朝政好几年,可能像邓太后或梁冀那样长期把持朝政,而且结局不像梁冀那样悲惨。刘宏的父亲、祖父、祖母均得到朝廷追尊,但为了避免朝中的竞争,他的生母董夫人被勒令留在河间,尊为慎园贵人,慎园是刘苌的陵墓。[6]

公元168年2月16日,未来的皇帝及其随行护卫抵达夏门(洛阳北部城墙最东端的城门),群臣谒见后,在万寿亭住了一晚。[7]次日早晨,窦武持节以王青盖车将刘宏迎入北宫德阳殿前殿,那里停放着桓帝棺椁。被中断的登基大典重新开始,王朝神圣的宝物陈列出来,在窦太后临朝摄政下,新皇帝登上了皇位。

3月8日,桓帝死后大约六周,被葬在洛阳东南部的宣陵。桓帝庙号威宗。大约三周后,即3月27日,刘宏谒高庙(前汉开国皇帝),次日谒世祖庙(后汉光武帝),并大赦天下,向全帝国百姓赐爵及帛各有差。[8]

尽管窦太后正式负责掌管新政权,但她很放心地将公众事务交给自己的父亲,窦武立刻占据了梁冀曾掌握的荣耀与地位。作为大将军,窦武统领京城北军,还与陈蕃建立了亲密联盟。灵帝继位后,以陈蕃为太傅。窦武、陈蕃与司徒胡广参录尚书事,并且将前一年被指控为党人、遭到禁锢的官员重新召回京城。以李膺为长乐少府(负责太后宫中事务),再次以杜密为太仆,其他人也获得高位。

窦氏家族及其宾客充分利用了他们的绝佳时运。窦武被封为闻喜侯,儿子窦机被封为渭阳侯,两个侄子窦绍、窦靖也被封侯,还有七人因参与策立灵帝而被封侯。另一方面,太傅陈蕃上疏坚决辞让爵位,认为自己的功劳不足以封爵,对封赏诚惶诚恐,并表示"窃慕君子不以其道得之,不居也"。学者卢植就当时窦武因援立灵帝而封爵献书规劝:

> 今同宗相后,披图案牒,以次建之,何勋之有?岂横叨天功以为己力乎?[9]

窦武和女儿窦太后使建立新帝这一过程更加复杂,但卢植在这里强烈暗示:他们的介入是不必要的,肯定是错误的,当然没有理由大肆庆功。

除了这些无足轻重的意见外,窦武和陈蕃对朝政安排达成了完全一致,儒家改革派实力占优。但不幸的是,桓帝时期宦官横行朝野的情景历历在目,前一年党人被禁锢、诛杀的血腥犹在昨日,这些是无法忽视的。此外,由中常侍曹节、王甫为首领的宦官集团与年轻的窦太后关系紧密,还得到了灵帝乳母赵娆的帮助。赵娆获准陪伴刘宏入京。窦太后对他们信任有加,数次下诏令对宦官封爵授官,窦武、陈蕃都很痛恨宦官干政。[10]

灵帝刚刚登基,这一矛盾便已显现。当年夏天,陈蕃便劝说窦武剪除宦官,扫除后患:"中常侍曹节、王甫等,自先帝时操弄国权,浊乱海内,百姓匈匈,归咎于此。今不诛节等,后必难图。"建宁元年五月丁未朔发生日食后,窦武趁机劝窦太后:"故事,黄门、常侍但当给事省内,典门户,主近署财物耳。今乃使与政事而任权重,子弟布列,专为贪暴。天下匈匈,正以此故。宜悉诛废,以清朝廷。"但窦太后不听,认为"但当诛其有罪,岂可尽废邪"。最后窦武依从窦太后的观点,逮捕并诛杀中常侍管霸、苏康等。

桓帝的死使窦太后有机会向田圣等占据皇帝宠幸的嫔妃们复仇,甚至当桓帝梓宫尚在前殿时,窦太后便杀了田圣。她还想杀掉其他八位曾爬上龙床的贵人,但在管霸、苏康苦劝下没有动手。[11] 由于管霸、苏康曾阻止窦太后诛杀其他嫔妃,这个嗜杀的年轻女子不太会关心他们二人的命运,但对于宫中的宦官群体来说,管霸、苏康的被诛是一个可怕的迹象,预示着新朝廷可能会做什么事。毕竟管霸曾是桓帝亲近的宦官,公元165年曾被派往苦县祠老子,并在墓旁立老子铭碑。管霸以才学和能力而受到认可。如果管霸这样声望的人都被如此简单地处理掉了,那么所有宦官都有理由担心自己的命运。

窦武成功除掉管霸、苏康,初战告捷,信心大增,又把目标对准曹节。[12] 陈蕃随之上疏弹劾曹节、王甫、侯览等宦官以及赵娆等后宫诸人存在派系斗争、分裂朝廷,"附从者升进,忤逆者中伤"。陈蕃力主将其诛杀,并请窦太后将自己的上疏公之于众:"愿出臣章宣示左右,并令天下诸奸知臣疾之。"[13] 虽然当时窦太后没有听从,但威胁愈发明显。

一系列新的任命为下一步的全方位肃清做好了准备：以朱㝢为司隶校尉，掌管京畿各项事宜；刘祐为河南尹；虞祁为洛阳令。这些都是改革派，其中刘祐尤其仇视宦官。此外，建宁元年九月，窦武奏免黄门令魏彪，由自己推荐的小黄门山冰代为黄门令。山冰逮捕长乐尚书（长乐宫为太后所居，长乐尚书等官职按例由宦官担任）郑飒，郑飒在狱中受到严刑拷打，他的供词牵连到曹节、王甫。

虽然计划周密，但推进缓慢，宦官的敌人们已经非常清晰地表露出他们的意图，他们似乎志得意满、胜券在握。10月24日，即便已经呈上了收捕曹节等人的奏疏，但窦武仍旧出宫回自己的府邸过夜。这件事事关重大，并且他们意图谋害的人很可能进行反抗，可是窦武竟然没有留在宫中监控局面、确保安全，这实在是匪夷所思。事实上，长乐五官史（太后宫中宦官）朱瑀打开了奏疏，发现自己和其他宦官们危在旦夕。[14] 朱瑀召集了十七个健壮的宦官朋友，与十年前桓帝与宦官盟友起誓推翻梁冀一样，朱瑀等人歃血为盟，发誓诛杀窦武、陈蕃以及他们的同党。

此时，曹节掌控了形势。他首先去找灵帝，表示目前局势危急，令年幼的皇帝"拔剑踊跃"，并在乳母赵娆等左右的陪同下，一路穿过通道、连廊前往北宫德阳殿。抵达德阳前殿后，曹节利用皇帝权威召集尚书官属，胁迫其制作诏板，拜王甫为黄门令，并下令收捕山冰。由于当时与窦武关系紧密的尚书令尹勋已离宫，正在监狱参与拷打郑飒，故无人反对曹节。消息传到北寺狱后，山冰试图抵抗，不受诏书，但他和尹勋都被立即杀害。[15] 郑飒被释放出狱。曹节下令封闭通向南宫的复道，阻止任何人进入，同时王甫夺得太后玺书，并使郑飒持节率人收捕窦武等人。

此时，窦武已经听闻宫中发生政变，飞驰躲进步兵营，侄子窦绍时为北军步兵校尉。郑飒持节前来宣诏，但一些人被窦武和窦绍射杀,其余人退回。窦武身为大将军,拥有北军指挥权,他率领北军五校士数千人屯都亭,都亭位于北宫南大门朱雀门外。[16]

当时已经破晓,陈蕃已知道危机降临,率领官属诸生八十余人突入承明门,目标是尚书官属,他希望从宦官手中夺回下诏的权力。但是陈蕃遭到了王甫及其卫士的阻拦,在短暂的激烈交锋后,陈蕃被擒,关进黄门北寺狱,并死于狱中。

危机双方势均力敌,因为北军的职业军人有能力强行攻入宫殿,压垮宦官率领的装备简陋的士兵。但就在此时,边将张奂出场了。他刚刚回到洛阳,据说对正在发生的这些事情一头雾水,但王甫矫诏使张奂加入宦官一方,王甫率领虎贲、羽林、厩驺、都候、剑戟士合千余人与张奂所率五营士汇合,一起对抗窦武的军队。

张奂声望很高,足以使北军立场向他这方倾斜。面对这样一位真正的大将,窦武和手下那些从未上过阵的校尉们并不得军队的忠心,当两股兵力对阵交锋时,北军将领士兵开始转变阵营,转而投奔张奂、王甫。到了上午,战斗结束,窦武、窦绍被自己的士兵围追,皆自杀,被枭首于洛阳都亭。失败一方的宗亲、宾客、姻属遭逮捕、诛杀或流放,窦太后被软禁在南宫云台。

此时,朝廷被牢牢掌握在宦官手中。与桓帝处置梁冀的方式相同,灵帝的命令足以推翻原本牢固的政治结构。此外,桓帝诛杀梁冀时已经成年,在发动政变时已经即位数年,而诛杀窦武是以年幼灵帝的名义进行的,当时灵帝刚刚即位数月,缺乏参谋辅佐,统治根基不牢。这件事非常好地演示了君主的权力中心地位,而皇帝与宦官接触亲密、对宦官信任有加,将确保宦官拥有持续的权威。

窦氏家族的亲密支持者们遭到免官、禁锢,有些被诛杀,其中包括推荐灵帝继位的刘儵。被卷入第一次党锢之祸的李膺等人也遭到禁锢，但这一次并没有受到其他惩处。要换掉所有曾在窦武、陈蕃手下任职的官员是不现实的，允许一段时间的调整非常明智。老臣司徒胡广取代陈蕃任太傅，司空刘宠为司徒。几周后，建宁元年冬十月甲辰发生日食，太尉刘矩因此免官，以闻人袭为太尉。任命九卿填补新朝廷空缺的官职，底下的官员纷纷效仿，表面上维持了连续性。

段颎与胡人

桓帝在位时最后几项决策之一是支持段颎攻打东羌，公元167年冬天，段颎发动了第一次进攻。段颎率领士兵一万余人（其中很多是跟随段颎多年的旧部），从安定郡彭阳向西直达高平（古秦长城的一处关隘），与先零羌战于逢义山（今宁夏南部）。羌人集结大军应对，段颎兵力不及羌人，但他下令"军中长镞、利刃、长矛三重，挟以强弩，列轻骑为左右翼"，并号召将士"今去家数千里，进则事成，走必尽死，努力共功名！"段颎亲自带领部队冲锋，骑兵突入敌阵，羌人溃败逃亡。据记载，此战斩首八千余级，获牛马羊二十八万头。[17]直到此时，段颎一直担任护羌校尉，而窦太后临朝，下诏赏赐钱财，拜段颎为破羌将军，巩固了段颎的功业。

公元168年夏天，段颎开始发动第二次进攻，这一次规模更大。段颎率军自安定郡向北进发，追羌人出古长城桥门（今陕西榆林）。经过一系列交战，段颎横穿鄂尔多斯南部，将大量先零羌向西驱赶，之后向南达渭水，一路追击，路程达五百千米。到了秋天，溃散的羌人还剩下四千落（"落"指家庭或共用一处营火的单位），都逃到逢义山以南、汉阳山谷间。第一次进攻东羌的战争就是在逢义山达到高潮。[18]

虽然羌人可能是后汉的一个潜在威胁，但段颎两次出击并非对羌人挑衅的还击，他的目的是杀戮而非俘虏或使之投降。张奂震惊于段

374 — 洛阳大火：公元 23—220 年的后汉史

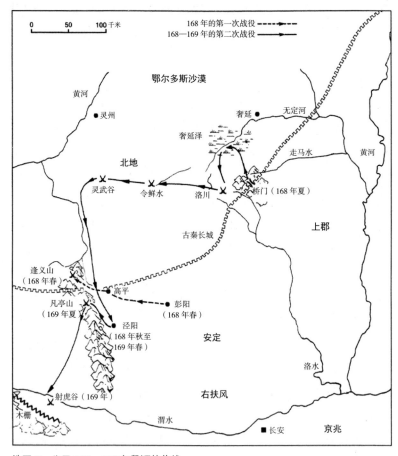

地图 7　公元 168—169 年段颎的作战

颎的屠戮,上言请朝廷下令阻止。朝廷将张奂的上疏发给段颎,段颎的回应不出所料:长期以来,羌人不断伤害他们的后汉邻居,唯一的解决方法就是斩断羌人根本,不让其继续繁衍。此外段颎表示:

> 本规三岁之费,用五十四亿,今适期年,所耗未半,而余寇残烬,将向殄灭。[19]

就在此时,即公元168年秋末,宦官发动政变诛杀窦武、陈蕃,但即使张奂参与了这次政变,他的建议并没有影响朝廷政策。公元169年年初,朝廷派遣谒者劝说散入汉阳的羌人投降,共招降四千人。其余羌人准备抵抗,段颎坚持自己的命令和政策,并于公元169年夏天发动最后一次进攻。

羌人屯于山谷之中,段颎派遣田晏、夏育率五千人占据高地,羌人试图驱逐他们,失败后放弃据点逃走,越过渭河,聚集在射虎谷。段颎令人建造栏栅——砍下树枝用绳子捆绑制成,枝杈对着敌人——共16千米长,以切断羌人向南逃入秦岭的所有道路。然后,段颎对羌人营地组织了一次夜袭,将敌人从山上驱赶至狭窄的山谷中。据记载,共斩杀一万九千人,其中既包括渠帅、士兵,也包括渠帅、士兵力图保护的妇孺。[20] 相比之下,段颎手下死亡军士不到五百人,军费共计44亿钱,比预算低10亿钱。据记载,"于是东羌悉平"。

段颎更封新丰县侯,邑万户。公元170年春天,段颎凯旋,"将秦胡步骑五万余人""生口万余人"。[21] 跟随段颎回京的还有著名的"汗血千里马",汗血马来自中亚大宛国,体型好,耐力强。过去从中亚引入的汗血马种畜可能已经开始在西北地区繁育,但在京城仍然罕见。[22]

当段颎大军接近京城,朝廷派遣大鸿胪持节慰劳于镐(长安附

近),并陪同他至洛阳。根据《东观汉记》:

> 段颎起于徒中,为并州刺史,有功,征还京师。颎乘轻车,介士鼓吹,曲盖朱旗,马骑五万余匹,殷天蔽日,钲铎金鼓,雷振动地,连骑继迹,弥数十里。[23]

人们肯定要怀疑这个数量有所夸大。尽管羌人被彻底击败,但从边塞防线上调动如此庞大的军队并不明智,并且大军无论在路上还是抵达京城后,后勤保障都会极为困难。5万人的确相当于京城人口相当大的比例,我认为当时京城人口不超过50万,任何政府都不可能欢迎如此庞大的一支军队进入帝国核心地区——军队不仅需要补给饮食、安排住宿,还要有娱乐活动。这只是一幅壮美的图景,与之最接近的是古罗马凯旋式。[24] 段颎拜侍中,之后任河南尹。

《后汉书·段颎列传》记载,段颎斩杀近四万羌人,可他又是一个极为仁爱的将领,"士卒疾病者,亲自瞻省,手为裹创"。然而,他的进攻最终毫无意义:段颎大军所过之处,荒废凋敝,给西北地区留下了恐怖回忆,但从公元2世纪初第一次羌人叛乱开始,这些年战乱不断,已经使越来越多的汉人移居南方,而40年代因战争而南迁的北方边郡郡治也再未恢复。那些被屠杀的先零羌的土地被其他人重新占据,但这些人不是汉人。游牧民取代农民的进程持续发展,并不受朝廷政策或战争屠杀的影响。从渭水上游谷地向北至鄂尔多斯,凉州、并州的大部分地区正在逐渐脱离汉帝国的掌控。

虽然段颎以及他的同僚(也是竞争对手)皇甫规、张奂都已被召回京城,与旧部分隔两地,但他们的生平标志着北部和西北的帝国权力结构的发展变化。朝廷对边疆地区的传统统治结构已遭到严重削弱,这既是由于公元2世纪40年代早期后汉将边郡郡治南撤,也是由

第八章 灵帝：失控的朝政（公元169—184年） — 377

于那些地区形势动荡，人口持续流失，而之后朝廷任命边疆将领全权负责地方民政。[25] 更重要的是，这些将领对自己统领的军队拥有个人影响力，士兵们对和他们同甘共苦、并肩作战的将领的忠心，与对帝国、朝廷等抽象理想的忠心不相上下。在之后的时期，这种模式愈演愈烈。

从另一个角度，如果我们仔细研究这个时期主要将领的生平，很明显他们经常遭到弹劾、惩处，甚至在获胜时也是如此。任尚的遭遇最为戏剧性，他成功平息第一次羌人叛乱后立即被斩首，[26] 而所有高官都有可能被找麻烦。公元162年，皇甫规攻打叛羌得胜后，本来"论功当封"，但由于他曾举奏贪污官员，建议免官严惩，并且拒绝向宦官行贿，反而被判入狱。[27] 同样的，虽然张奂50年代末驻守边塞时功勋卓著，但于公元159年因曾为梁冀故吏而被免官禁锢，[28] 之后张奂平定公元167年羌人大规模进攻三辅，虽然又一次"论功当封"，但因为"不事宦官"，没有得到应有的封赏。[29]

公元162年，带兵经验丰富的将领冯绲将这个问题直接挑明。当时，荆州爆发长沙蛮、零陵蛮、武陵蛮大规模叛乱，朝廷以冯绲为车骑将军，率大军前去平乱。由于国库空虚，"每出征伐，常减公卿俸禄，假王侯租赋"，而宦官常常诬陷将领折耗军资。冯绲为了自保，上疏请朝廷派一位中常侍来军中负责"监军财费"，这样如果出现亏空，他不至于受到责难。有的尚书指责冯绲"以财自嫌，失大臣之节"，但桓帝没有理会，冯绲最终顺利平乱。[30]

不管怎样，带兵将领无论职衔高低、责任轻重、功绩大小，在战争结束后都不得不面对政治阴谋、敌对攻击，或被控有受贿罪行。那些以生命来守卫帝国的人并没有获得感激，这些人面对着来自宫廷和文官的重压，他们的功绩由此更显伟大。但从长远来看，将这些将领的忠诚视为理所当然是不明智的。

第二次党锢之祸以及太学的衰落

公元 168 年秋天宦官对外戚窦氏家族的巨大胜利并没有剪除所有的反对者，在新统治开始的最初几个月里，胜利者们反而处事谨慎小心。李膺等改革派与窦氏亲近，遭到免官禁锢，但直到次年冬天没有进一步行动。

在那段时间，事实上自桓帝以来，褒贬政治人物的押韵谣谚有了新的发展：[31] 太学生们开始将名士们按德行高下分类。根据作者的兴趣喜好，出现了各种不同的称号，但首先流传的是理想典范而不是实际存在，因为其中好几位已经过世，这些人之所以闻名京城，是由于声望而不是人际关系或当前的活动。这种挑选原则与现代学生或体育评论人罗列历史上最伟大的板球、棒球、足球运动员使用的原则一样，这种行为也早有先例：公元 1 世纪末班固《汉书·古今人表》，将历史上的传奇人物分为"上上"到"下下"九个等级。[32]

其中有一份名单当时大概广为流传，被保存在范晔《后汉书·党锢列传》中，包括 35 人，被分为五类：上曰"三君"，次曰"八俊"，次曰"八顾"，次曰"八及"，次曰"八厨"。[33] "三君"为窦武、陈蕃、刘淑。刘淑出身世族，祖父曾任司隶校尉，桓帝听说刘淑高名，延请至洛阳，先后拜议郎、尚书，为桓帝"陈时政得失""纳忠建议，多所补益"，还上疏建议"罢宦官"。[34] 其他人背景各不相同：有的在朝廷任高官，比如李膺、杜密，二人对宦官的厌恶人尽皆知；有的在州郡任职，比如督邮张俭曾与太守翟超联手打击侯览，又如被南阳太守成瑨辟为功曹的岑晊。著名的太学领袖郭泰自然也包括其中，京城中的其他积极分子也被列入，但"三君""八俊""八顾""八及""八厨"中有好几位与钦慕他们的太学生们并无往来，比如宗慈、夏馥从未在京城做官，檀敷"连辟公府皆不就"，一直在乡里教授讲学，因家贫志清而受到赞誉。

除此之外，当时还有别的名单，划分类别和所列成员各不相同，有的名单零星保存在史书中。比如山阳刘表被列为"八及"，为第四类，但有的地方也称其为"八俊"或"八顾"。[35]

与那些褒贬人物的押韵谣谚一样，"三君""八俊"这样的分类也是一种宣传形式，编纂者们由此得以表达自己对名士贤臣的支持赞赏，并能将自己与这些品行高洁的榜样相联系（哪怕仅仅是形式上的）。

根据背景推断，《后汉书》中的主名单形成于公元 166 年前后，大概最晚在公元 168 年，但可能在当年秋天窦武、陈蕃被诛之前。这 35 人中，只有李膺、度尚两人曾在边塞担任军职，可见编纂者的偏好。[36] 当时最著名的三位将领都没有被列入：段颎不支持改革派的事业，但张奂也是著名学者，而皇甫规曾针对公元 166 年发生的第一次党锢之祸上疏抗议，明确表示支持被捕的党人。由于张奂将在推翻窦武的政变中扮演重要角色，而且之后对此深表后悔，[37] 很可惜改革派没有努力认可或结识这位心怀善意的人。

早期的名单可能是对褒扬赞誉和道德规范的抽象表达，但之后自然发展出更加具体的表现。列在主名单上的 35 人中，有 5 位是山阳人，山阳郡位于华北平原，面积不大，公元 2 世纪 40 年代初官方记载的人口数量为 60 万；汝南、颍川两个大郡分别有 3 人在名单中，两郡人口分别为 200 万、150 万；其他各郡都不超过 2 人。山阳人显然在改革运动中具有相当影响力，在某个时刻，他们采取更进一步的、更有逻辑的做法，形成了真正的联合。

根据后来的指控，正是张俭"与同乡二十四人别相署号，共为部党"。这些人将自己分为三类，即"八俊""八顾""八及"，将自己的姓名"刻石立埤，共为部党"。[38] 与主名单中的一些人不同，张俭等人比较年轻,是志趣相投的伙伴,致力于实现良法美治的理想。在中国历史和小说中,类似的盟誓有悠久传统,可以想象当时在京城几千名学生、官员中,形成了不少这样的小团体。[39]

公元169年冬天,侯览安排张俭的一个敌人上书控告山阳郡有人"别相署号,共为部党,图危社稷"。接着,曹节暗示有司上奏"诸钩党者,请下州郡考治",特别点名李膺、杜密等窦武的支持者,以及一年前曾遭免官禁锢的陈蕃。迄今为止,这些人只是被强制退休,但他们一直不愿步胡广等人后尘,不愿为新政权效力。[40]被宦官控制的朝廷目前已掌权超过一年,宦官首领准备采取行动对付残余的反对者。

根据公元4世纪袁宏编纂的编年体史书《后汉纪》,在曹节等宦官力劝灵帝下旨时,这位14岁的皇帝和他们进行过简短的交流:

> 时上年十四,问节等曰:"何以为钩党?"对曰:"钩党者,即党人也。"上曰:"党人何用为而诛之邪?"对曰:"皆相举群辈,欲为不轨。"上曰:"党人而为不轨,不轨欲如何?"对曰:"欲图社稷。"上乃可其奏。[41]

以上对话很可能是史家的想象,但确实反映了年幼皇帝被孤立隔离,依赖于他接收到的建议。灵帝不再疑虑,从此之后巨大的皇权将受宫廷宦官支配。

对党人的清除、迫害活动进行得卓有成效,在历史上留下了党人勇敢赴死的事迹。李膺不屑于逃跑,亲赴洛阳诏狱,并遭拷打死去。有人劝汝南郡范滂逃走自救,但他自己主动去监狱,坚守自己的命运。共计一百多位改革运动领袖被处死,他们的妻子孩子被流放边疆,这个现象在历史上被称作"党锢"。

对党人的指控也出现了扩大化，一开始是宦官及其子弟宾客打击异己，随后"诸为怨隙者，因相陷害，睚眦之忿，滥入党中"（这种模式在现代仍然常见）。调查进一步扩展，导致另外六七百人遭到诛杀、流放或免官。在十五年的时间里，告发某人为党人成了一个强有力的政治武器，而那些获罪的党人及其门生、故吏、父兄，皆被禁锢。

但不是所有党人都遭到逮捕和处罚。南阳郡何颙本不在名单中，但他得到陈蕃、李膺的赞赏，公元168年宦官发动政变推翻窦武后，何颙改名亡匿。当宦官开始迫害改革者们时，何颙组织了一个关系网帮助他们逃亡，并且他数次潜入洛阳救援那些受到威胁的人。[42]

最著名的逃亡者当然是张俭。张俭曾因反对宦官侯览而闻名天下，一直是山阳郡党人的领袖人物，在对党人的清除、禁锢行动开始后，他立即逃亡。之前举荐张俭为督邮的山阳太守翟超早已受刑，被押往左校劳役，并死于洛阳狱中。但张俭向南、向东逃亡。很多人收留保护张俭，但朝廷紧跟踪迹追赶，那些帮过他的人遭到逮捕、拷打，有些被杀。然而张俭在今江西的沼泽湖泊中找到了容身之所，他一直待在那里，虽然不舒适但是比较安全，直到朝廷解除党锢他才回到家乡。张俭曾经的同道夏馥顿足而叹："孽自己作，空污良善，一人逃死，祸及万家，何以生为！"[43] 这不是英雄所为。

公元176年，发生了对党人的最后一波压迫。当时永昌太守曹鸾上书为党人鸣冤，称被禁锢的党人是朝廷栋梁，"或耆年渊德，或衣冠英贤，皆宜股肱王室，左右大猷者也"，请求解除禁锢。[44] 永昌郡位于后汉帝国最西南端（今云南），曹鸾当时90岁。人们肯定会设想曹鸾地处偏僻，宦官势力鞭长莫及，而他的介入当然没有好结果：曹鸾遭到逮捕和诛杀，禁锢范围进一步扩大，党人的门生、故吏也被免官禁锢，并"爱及五属"。[45]

在第二次党锢之祸时,那些反对宦官控制朝廷的人大多遭到镇压。太学仍是政治骚乱的源头,但最终于公元172年遭到肃清。

公元172年年中,窦太后死于洛阳太后宫中。她于公元165年选入掖庭成为桓帝的嫔妃,自公元168年她父亲被诛杀后,一直被幽禁在南宫云台。她幸存的家属被迁往比景(今越南)。据说这位年轻女子听闻自己母亲死于南方流放地后,"感疾而崩",当时大概20岁。

正是在这个时间前后,宦官首领侯览被免官、随后自杀。侯览和他家人行为可疑、过分逾矩,虽然他数次遭到免官,但总能恢复官职。公元171年,侯览代曹节领长乐太仆,长乐宫为太后宫殿,故侯览负责幽禁窦太后。熹平元年五月(172),有司举奏侯览专权骄奢,收其印绶,侯览自杀,很多子弟宾客也被免官。根据《后汉书·孝灵帝纪》,侯览的死发生在熹平元年五月,窦太后在数周之后去世,时为熹平元年六月癸巳。史书没有提及这两件事有什么关系,也不认为窦太后的死令人怀疑。[46]

灵帝知道正是窦太后将自己推到皇位,所以一直对窦太后表示尊敬,但宦官们深知窦氏家族对宦官的敌视,他们将窦太后孤立隔绝。时值盛夏,窦太后尸体被放置在城南市舍数日,曹节、王甫主张用贵人礼殡,不得配食桓帝。灵帝诏公卿大会朝堂,商讨此事。太尉李咸、廷尉陈球等力主应由窦太后配食桓帝,得到灵帝支持。故窦太后得以与桓帝合葬宣陵。

几日后,可能是听到朝堂争论的流言,或是因为侯览免官自杀,有人在北宫正门朱雀门上书写:"天下大乱,曹节、王甫幽杀太后,常侍侯览多杀党人,公卿皆尸禄,无有忠言者。"关于公卿尸位素餐的指控可能并不公平,但宦官非常敏感,诏司隶校尉刘猛调查此事。刘猛同情抗议进谏者,不肯立案急捕,一个月后被贬为谏议大夫,以御史中丞段颎为司隶校尉。段颎曾为边疆大将,没有刘猛那种内疚之情,他各方追捕,一千余名太学生被牵连逮捕,虽然史料记载并没有人遭到诛杀,但太学生们无疑在狱中煎熬,然后被遣返家乡,遭到禁锢,今后基本上仕途无望。多年来,太学一直是发声抗议的中心,但从此时起,太学生们不会再惹麻烦了。

这次肃清的一个附带的结果,在某些方面也是无意中造成的结果,就是太学从此衰落。《后汉书·儒林列传》记载,即便在公元2世纪40—50年代外戚梁氏支持时,基于今文经学的官学经学也是形式化的,没有太大意义。[47]名儒学者们更愿意以私学教授,太学的主要吸引力是通过考试得到任命的极小可能性,以及有机会参与京城政治、获得认可和举荐(后者可能性更大一些)。在公元2世纪60年代末、70年代初的肃清和禁锢后,第二种希望彻底破灭。太学生人数骤降,太学官员辞职,剩下的人"章句渐疏,而多以浮华相尚,儒者之风盖衰矣"。[48]

公元175年年初,宦官李巡向皇帝报告,称一些博士贿赂兰台官员(兰台是皇宫图书馆,保存着朝廷文书和权威书籍),修改兰台保存的经书文字,使之既符合他们自己的经文,又能帮助自己的学生考试,这样能获得更大的影响力。著名学者蔡邕与其他学者同样上疏请求正定"六经"文字,理由与李巡类似。灵帝下诏,令诸儒"正定'五经'",即《论语》《易经》《礼记》《尚书》《春秋公羊传》,"刊于石碑"。[49]

"五经"由太学五经博士代表,即《诗》《书》《礼》《易》《春秋》。七十多年前,在邓太后临朝时期,朝廷曾校订"五经"官方版本。[50]《论语》不在这一"五经"之列,本次正定"五经"竟然选择《论语》而不是《诗经》,乍一看令人奇怪。这种反常也许可以用这项工程的性质和目的来解释:入选的《易经》《礼记》《尚书》《春秋公羊传》以及《论语》都是散文形式,与孔子及其后学的教导紧密相关;一个

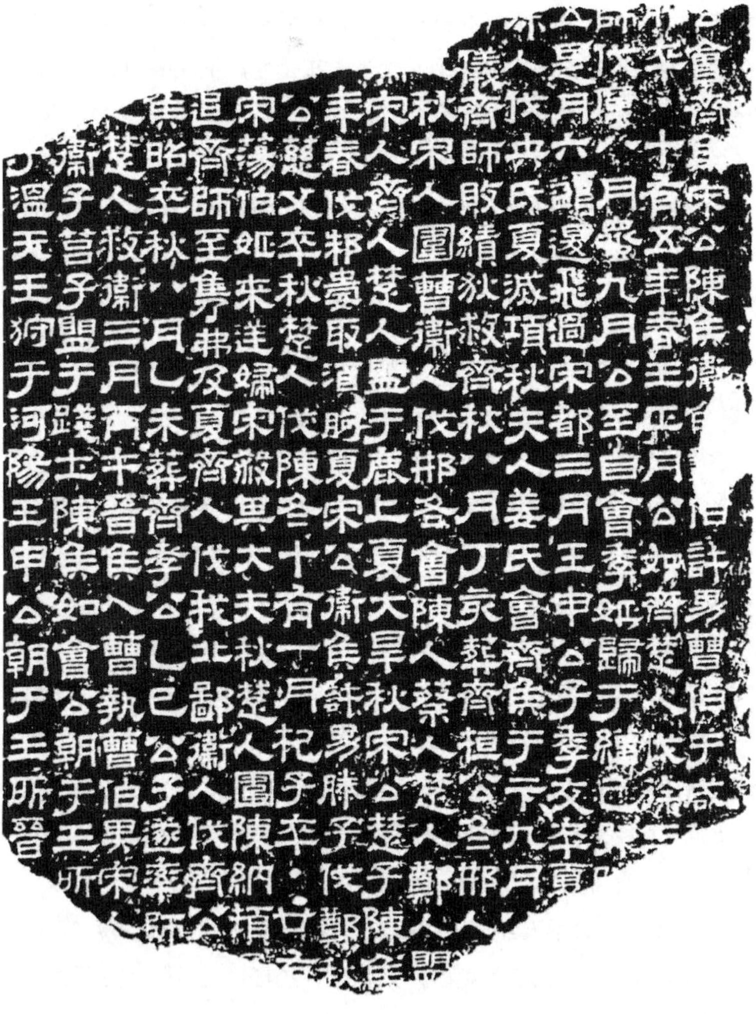

图 16　公元 180 年熹平石经残石拓片。
来源：台北故宫博物院。
此块残石所刻内容为《春秋》鲁僖公八年至二十八年（公元前 652—前 631 年）；Legge, *Classics* V, 150-203。

有进取心的伪造者能够修改个别文字，并以此发展出新的观点。《诗经》可能更被人所熟知，它的文本更加结构化，再者《诗经》存在各种不同的解释，没有必要特意修改。

石经的校定工作由一批学者参与完成，蔡邕负责最终的呈现，他用丹砂直接将经文写在石碑上，然后使工匠照此镌刻。但公元178年，蔡邕失去皇帝宠信，被流放至北方边塞，尽管之后回到内地，但应该没有再参与这项工作。石经由其他人继续完成，包括马日磾、韩说、卢植、杨彪，除了李巡外，宦官赵祐（以博学多览为人称道）也参与了校定工作。[51] 这个团队可能是由马日磾领导，因为其中一块石碑上有马日磾和蔡邕的署名。

公元183年，石经完工，被立于太学门外。每块石碑高3米，宽1米，除《论语》外的四部经书的石碑呈L形排列，西侧28块石碑为《尚书》《周易》《春秋公羊传》，南侧15块石碑为《礼记》，其上有谏议大夫马日磾和议郎蔡邕的署名。东侧5块石碑为《论语》。所有石碑都被保护在瓦片屋顶下，学者们可以进入其中观看摹写。[52]

雕刻石经既是经书校定的巨大成就，也是书法艺术的高峰。"于是后儒晚学，咸取正焉。及碑始立，其观视及摹写者，车乘日千余两，填塞街陌"，熹平石经在当时广受追捧，标志着学术标准的失败。记载中参与建造熹平石经的学者没有一人是太学博士，将石经立于太学门外的做法可以解释为对太学没有成功坚持真正经学的批评。

在准备石经的同时，同一批学者中有人受朝廷委派，还在续编本朝官方史书——《汉记》。最初，明帝令人编撰其父光武帝事迹，即《世祖本纪》，之后的皇帝们在此基础上继续组织编修。距离灵帝时期最近一次续编发生在公元151年桓帝统治时期，由当时摄政的外戚梁氏下令进行。[53] 有可能编撰《汉记》的命令是公元177年所下，就在朝廷"诏诸儒正'五经'文字，刻石立于太学门外"后不久。据记载，有五位学者参与了《汉记》编纂工作，分别为马日䃅、蔡邕、韩说、卢植、杨彪。[54] 与建造石经时一样，蔡邕在《汉记》编撰中的工作也受他政治问题的影响，但直到公元192年去世，蔡邕一直坚持独立编撰。[55] 最终，由杨彪将《汉记》内容延续至公元220年后汉灭亡，那时魏已代汉，杨彪作为曹魏国民完成了这项编纂。[56]

这部史书的编纂工作是在南宫东观中进行的，从这时起被称作《东观汉记》。同样的，石经的编纂者当时与太学没有关系，也不在太学中任职。自此之后，太学博士与严肃经学不再相关。

太学的地位受到皇室支持下新建机构的进一步威胁。大约在下令建造石经的同一时期，灵帝下诏在北宫建立鸿都门学，[57] 召擅长文学、书法者进入学习，所教授的内容包括儒家经典、官府文书，以及若干种书法、辞赋。几年后，鸿都门学于公元178年正式成为入仕的途径之一，[58]"其诸生皆敕州郡三公举用辟召，或出为刺史、太守，入为尚书、侍中，乃有封侯赐爵者。"

有人提出，鸿都门学为是为宦官设置，但没有相关证据能够支持这个观点，根据记载，鸿都门学的学生中没有宦官。鸿都门学只是正常士人入朝为官的另外一种途径。

被广为接受的入仕途径包括举荐、试用等，鸿都门学这种直接做官的方式超越了原有制度。对比太学极为有限的做官机会，鸿都门学的机会多了很多，而且能够迅速提拔至郡守这样的高位，无疑表明得到皇帝恩宠。由于鸿都门学挑战了已有的选官任职方式，不出所料它遭到传统学者、官员们的激烈反对。蔡邕、司徒杨赐、尚书令阳球等人上疏抗议，请求"罢鸿都之选"，并且"士君子皆耻与为列焉"。[59]

杨赐上疏中提到了四位从鸿都门学出来的士人：侍中乐松、尚书任芝、益州刺史郄俭、书法家梁鹄。[60] 乐松、任芝是灵帝宠臣，郄俭为政贪腐，但乐松"工书画擅言辞"，梁鹄很有才华，之后在魏国曹操手下任军假司马。[61]杨赐形容此四人："今妾媵婢阉尹之徒，共专国朝，欺罔日月，又鸿都门下，招会群小，造作赋说，以虫篆小技见宠于时"，但很难相信目不识丁的平民能够鉴赏辞赋的博大精深，[62]并且鸿都门学诸生首先需要得到州郡三公举荐。的确有人会说，进入鸿都门学学习的人受到了良好训练，他们与太学诸生一样能够胜任官府事务，并且这一过程至少与传统上郎官试用期担任守卫一样严格——此时郎官基本上是一种挂名闲职和例行公事。

在杨赐雄辩的上疏背后，是对朝廷改变已有制度的愤怒，虽然这个制度已经变得腐败不堪，并且从鸿都门学毕业的学生数量远远赶不上每年 200 个由州郡举荐到京城的孝廉。不管怎样，灵帝对杨赐等人的反对无动于衷，当灵帝将鸿都门学设置为入朝为官的正式途径时，他下令将孔子及七十二弟子的像画在墙上，另外还将乐松等三十二位鸿都门学优秀毕业生画在旁边，"以劝学者"。这些并不有助于改善与批评者的关系。[63]

据记载，灵帝喜好书法、辞赋，19 岁时作《皇羲篇》（可能是对"三皇"之一伏羲的研究）。而康达维（Knechtges）观察到，可以认为这位年轻人从经验丰富的学者们那里获得了很多支持，（甚至比明帝在研究五行时所获得的帮助还大）[64]——有可能灵帝真心实意地关心经学和文学。康达维认为，之所以书法能被称为一门艺术、得到不断发展、之后很多世纪中影响深远，其重要因素是灵帝对书法的兴趣。[65]无论如何，如果不考虑灵帝组织学者编撰石经的原因，雕刻石经可被视为他支持书法的重要之举。另外，建立鸿都门学可以与二十多年前桓帝崇拜黄老、佛教相比，二者都旨在打破已有制度的限制。尽管如此，对于当时的著名学者和官员来说，这无疑是一种明显的冒犯，不禁令人怀疑灵帝是否真的明白或者在意他正在做的事情。

灵帝的统治

刘宏生于公元 156 年，于公元 168 年即皇帝位，公元 171 年年初加元服，当时虚岁 16 岁，按公历计算则 14 岁。所以，推翻外戚窦氏的政变和大规模禁锢党人都发生在灵帝尚未成年时，并且当推翻窦太后的摄政后，主要是靠宫中宦官以灵帝名义进行统治。甚至当他所谓成年时，也不过十几岁，前文提到的那些重大决定——公元 172 年肃清太学、公元 176 年扩大禁锢范围、公元 175 年开始制作石经、建立鸿都门学——都是由一位非常年轻的人所做出的，或是在他支持下所做出的。

很难想象刘宏之前的人生经历对他自己的影响。即位之前，刘宏靠乡村的一份小产业为生。父亲去世，母亲出身不显，当刘宏被推上皇位后，他母亲不被允许来京城陪伴他。到了洛阳，刘宏与自己家族分隔，最初是窦氏家族的被保护者，并且在京城没有其他关系。在窦武被诛杀、窦太后（不比灵帝本人年长多少）被幽禁后，刘宏的母亲董夫人得以接到京城，上尊号曰孝仁皇后。[66] 而宦官们已经控制了刘宏本人以及他的家庭，所以在之后的日子里，灵帝经常说："张常侍是我公，赵常侍是我母。"[67]

撇开此时复杂的政治局势不谈，这位新统治者原本相当贫困，而此时这个广袤富饶帝国的各项资源都供他享用支配，各种奢华应有尽有。虽然董贵人对灵帝的影响无法和宦官相比，但她劝儿子最大限度地利用自己的好时运。很可能是在母亲董夫人的引导下，灵帝对自己的私人财富产生了不同寻常的兴趣，在北宫西园造万金堂作为私人储藏室。这种行为非常荒谬，因为皇帝坐拥天下财富，但年幼时生活贫困的记忆根深蒂固，加之母亲心胸狭隘，灵帝直到去世一直坚持敛财政策。[68]

另外，这位年轻人除了是这个文明世界的最高统治者外，还是人类的必死性与宇宙精神之间的中介和联系。朝廷需要定期进行各种仪式：每当季节更替时的仪式以及历法规定的其他礼仪，特别是新年时的礼仪；祭拜祖庙等礼制建筑；在旱灾、水灾以及凶兆出现时，特别举行的献祭。不确定皇帝本人多久需要履行一次这类职责——《后汉书》本纪几次记载皇帝亲耕藉田，说明其他年份皇帝没有参加藉田礼——虽然不是所有要求都能避开，值得注意的是灵帝从未离开京城出游，甚至没有去过长安祭拜前汉皇帝的祖庙和陵墓。灵帝的一生，活动范围十分有限。

灵帝的很多时间似乎花在西园里，用来和嫔妃们享乐。他的后宫没有桓帝那么大，至少没有人像批评桓帝那样批评灵帝后宫的规模，但京城中流传的一些故事被记载在史书中。灵帝曾以四头驴驾车，并亲自操辔，在西园中驱驰周旋，于是驾驴车成为风尚，公卿贵戚竞相效仿，民间驴价陡涨，堪比马价。此外，据称灵帝将自己的宠物狗"著进贤冠，带绶"，进贤冠是儒生学者所戴的冠帽。其中一只狗逃走，在宫中穿行，跑入司徒府门。《五行志》的编撰者司马彪厌恶地评论："今在位者皆如狗也，故狗走入其门。"[69]

还有记载描述灵帝在后宫中仿造市场，组织嫔妃宫女们摆摊贩卖，当她们交易、盗窃、争斗时，灵帝身穿商人衣服，与众人饮宴为乐，看上去灵帝扮演的是行商的角色。[70]这些游戏无疑重复进行了好几次，而且据说灵帝还特别喜欢草原胡人的服饰和风俗，使用胡服、胡帐、胡床、胡坐，吃胡饭，观赏胡空侯、胡笛、胡舞。与宫中驴车一样，胡人风俗也在朝廷和京城流行开，《后汉书·五行志》称此为"服妖"，是凶兆。[71]

尽管不能完全依靠反面证据，其他情况可能并没有被记载，但在整个灵帝统治时期，只记载过一次传统校猎活动。《后汉书·孝灵帝纪》记载，公元182年冬天，灵帝"校猎上林苑，历函谷关，遂巡狩于广成苑"，然后返回京城。由于没有提到灵帝在长安祠高祖庙、祭陵，则可以假定灵帝最远走到广成关，然后就向南返回广成苑了。[72] 在上林苑的校猎可能是以准军事活动的形式，士兵们将猎物成群地驱赶围困，在陷阱中射杀。[73]

不久之前，公元180年，灵帝建造了两个离京城更近的苑囿，即毕圭苑、灵琨苑。司徒杨赐曾上疏劝阻灵帝，认为洛阳周边的苑囿绰绰有余，其中包括桓帝所建鸿池，若建毕圭苑、灵琨苑，则将"坏沃衍，废田园"。但是与灵帝亲密的侍中任芝、中常侍乐松赞成这个计划，称周文王苑囿百里而无人反对，因为他与百姓共享。[74] 灵帝受此鼓励，于是按他的计划修筑毕圭苑、灵琨苑。

确实，后汉在一些情况下，允许平民进入皇家苑囿，但不知道灵帝新建的这些苑囿是否也开放。另一方面，毕圭苑、灵琨苑并不大，根据《后汉书·孝灵帝纪》唐李贤注，毕圭苑分为两部分，东毕圭苑周长约2000米（一千五百步），即不到1/3平方千米，而西毕圭苑大约是东毕圭苑的两倍大；推测灵琨苑面积与毕圭苑相当。毕圭苑、灵琨苑似乎距离京城南郊不远，大概位于洛水湿地中。[75]

对于文明世界的统治者来说，两个小苑囿并不过分，杨赐的反对当然没有道理。但是，对所谓皇帝穷奢极侈的抱怨由来已久，很多批评都过于苛刻。[76] 与之相比，更严重的问题是灵帝卖官。

前汉时期便出现卖官鬻爵，邓太后和桓帝也都曾卖官，[77] 但灵帝卖官的程度史无前例。就在建立鸿都门学作为士人进入帝国文官体系新途径的同一年（公元178年），灵帝开始售卖官职来增加自己的财富。[78]《后汉书·孝灵帝纪》记载了最初的卖官情况，虽不完全清楚哪些官职可以卖，但范围肯定不断扩大，到了公元2世纪80年代中期，所有新任职的官员都必须先到西园商定要缴纳的费用。[79] 一些秩

第八章 灵帝：失控的朝政（公元 169—184 年） — 391

图 17　打猎与采集。四川省成都汉墓出土的石刻拓片。
来源：《四川汉代画象选集》，图 72。
图像上部展现了弓箭手瞄准空中飞鸟，水中有鱼。图像下部展现了男人们割芦苇，女人们收集茎秆。有可能这是一种理想化情景，即皇室猎苑也对普通百姓开放；这种理想图景为灵帝在京城南部洛水沼泽地为自己修建苑囿猎场增加了正当性。

级较低的官职有可能是直接卖出,但是对于秩级较高的官职,则本质上是向那些有资格任职的官员征收罚金。对于特别出色的官员,金额可以降低,并且可以按较高利率分期付款;但是当买官费用被定到几百万钱时,难以想象这笔投资要如何收回成本。实际上,虽然史料中将这项交易称为"卖",但这种交易必然是迫于压力,称之为"罚金"更合适。[80]

西方也有类似卖官制度。公元18世纪,法国贵族地位能够免除部分税赋,政府卖官鬻爵作为年金的一种形式:购买者买官时一次性付的钱由将来的薪金弥补。公元17世纪30年代,英格兰查理一世在与议会的斗争中被剥夺了税收收入,于是强迫富有的地主接受骑士爵位,然后交钱免除兵役,那些拒绝爵位的地主也不得不交钱。[81]后汉时期的情况与法国、英格兰相差不多,朝廷长期财政紧张,而州郡世家大族控制着地方经济。有人能付得起如此高的价钱,说明大量财富掌握在私人手中,而朝廷无法通过常规税收获得这些财富。卖官鬻爵为缓解这个问题提供了一种方法。[82]

但是,灵帝不关心朝廷的收入,而是关心他个人的财富,西园中囤积的钱并没有支持整个帝国的财政。相反,如鸿都学影响太学的声望一样,卖官行为对帝国官僚体制的权威性、有效性造成了更加深远的损害。

此外,官僚体制中的高位不再掌握大权。早在顺帝时期,朝廷重要政策由尚书制定,[83]并且自此之后,从外戚梁氏、桓帝,到最近的窦武、陈蕃,朝廷先后由皇帝或自称以皇帝名义统治。结果,虽然三公名义上是辅佐皇帝的重臣,有权利和义务提建议,有权力管理方方面面的行政事务,但他们实际上有名无实,没有独立性,他们的建议常常被忽视。

三公任命极为频繁，任职时间非常短暂，这使问题更加恶化。例如桓帝时期，在外戚梁氏掌权的十二年间，继顽固不化的太尉杜乔于公元147年被免官之后，[84]先后四人被任命为太尉：赵戒，公元147—149年；袁汤，公元149—153年；胡广，公元153—154年，158年；黄琼，公元154—158年。桓帝亲政后，受诛灭梁冀政变余波牵连，太尉胡广被免，[85]之后八年间（公元159—167年）共有五人先后任太尉：黄琼，公元159—161年；刘矩，公元161—162年；杨秉，公元162—165年（公元165年死于任上）；陈蕃，公元165—166年；周景，公元166—168年（公元168年死于任上）。考虑到有两人在任职时去世，并且这一时期的政治斗争导致刘矩、陈蕃被免，这些任命合乎情理。

灵帝朝的情况则不同。在公元169—189年二十年中，有二十一人曾担任太尉，其中闻人袭、刘宽、段颎三人两度任太尉。故太尉平均任职时间不到十二个月，仅李咸（公元171—173年）、刘宽（公元179—181年）、杨赐（公元182—184年）三人任职到了第三个历法年。公元178年，共四人先后任太尉，公元169、176、187年，均有三人先后任太尉。任职司空、司徒的情况与太尉类似，有的官员在三公之间来回变换，三公的频繁更替自然也影响到九卿。最终，这些任命没有任何意义，只是敛钱的手段罢了。

桓帝时期，有的三公以对外戚梁氏谄媚恭顺而出名，其他的则被草草免职，尽管如此，官僚体系的最高层仍保持着一定的连续性。而在灵帝时期，三公更替频繁，导致政令无法一以贯之。朝廷有正式的集会和讨论，执行可由下面的官员在职责范围内完成（比如郡太守、作战的将军），但官僚体制主要对统治和传统起作用，无论三公还是他们的下属都没有对政策发挥重要影响。这有利于宦官和宠臣。

任何一个做到高位的官员自然都曾担任过其他官职，有很多故吏门生。杨秉、袁汤等三公也许在朝廷中权力有限,但这些人和他们的亲族获得了巨大声望,他们的门生故吏也愿意接受这个政权。在这点上,尽管个人关系网络与直接效忠君主的观念相冲突,但只要这种私人效忠的领袖愿意任职做官,他们的榜样就会使统治稳定,并维持对国家一定程度的——尽管是次一等的——忠诚。

当君主最关心的是他的个人财富,并且官僚体系的首领在没有长期权力的情况下任职,则没有人会反抗宦官及其子弟宾客对朝廷的影响。但在公元179年的几个月中,司隶校尉阳球以血腥手段想要挑战宦官的地位。

阳球性情傲慢残忍,爱与人争执,因为官严苛出名,在地方任职时曾两次因此下狱。而灵帝欣赏阳球的能力,公元178年将阳球调入京城任职,先后担任将作大匠、尚书令。公元179年夏天,阳球任司隶校尉。司隶校尉有权调查处理任何级别的官员,阳球立即利用了这一机会。他诣阙谢恩时,上奏指控宦官首领中常侍王甫、前太尉段颎(长期与宦官集团往来密切)以及其他同党。这些人均被收捕送洛阳狱,阳球亲自参与拷打审问。段颎自杀,王甫和养子王萌、王吉被打死。王甫的尸首被放置于夏门,幸存的家人被流放至比景(汉朝疆域最南端)。[86]

王甫的老盟友曹节看到自己的前同僚被暴尸,知道自己是阳球的下一个目标。于是曹节建议宦官们待在宫中避难,自己面见灵帝,提醒皇帝阳球之前曾做出的残暴行径,提出不应让这种人任意行使权力。在曹节的劝说下,阳球被调任卫尉。卫尉比司隶校尉秩级更高,但没有危害。

阳球激动地向灵帝请求再给他一个月时间,定能完成计划,净化朝廷:"愿假臣一月,必令豺狼鸱枭,各服其辜。"但尽管他叩头至流血，却被呵斥抵抗皇命，最后被迫接受调令。于是宦官得以喘息，曹节暂时领尚书令。尚书令通常不由宦官担任。

阳球及其支持者们仍期望阳球重新被任命为司隶校尉，他们想说服司徒刘郃安排阳球调回。但计划败露，刘郃因与藩国交通、意图谋反而获罪，所有参与者均死于狱中，包括阳球和刘郃。[87] 宦官暂时不再面临威胁。

檀石槐和边塞灾难

段颎发动的凶残战争已经基本解决了羌人问题，包括塞外（今西藏）以及塞内的羌人——特别是不幸的先零羌。[88] 然而，在西北的胜利对北方的局面没有影响，在北方，鲜卑部族持续不断地给汉朝带来麻烦。自公元2世纪60年代末，灵帝统治初期，鲜卑发起了有规律的袭击。根据《后汉书·孝灵帝纪》，每年冬季鲜卑发动袭击，东至幽州（今北京、东北地区南部），西至并州（鄂尔多斯黄河大拐弯），影响了整个北方边塞。

自公元90年窦宪击败北匈奴单于，鲜卑在中国北方草原不断扩张势力，公元2世纪20年代、30年代早期，鲜卑首领其至鞬对后汉发动袭击。之后情况平复，虽然50年代中期再次出现侵袭，但张奂等后汉将领有时获得鲜卑部族的支持，结盟共同平定其他叛乱者。60年代末开始的持续性袭击是一种新情况，对帝国各项资源带来很大压力，后汉朝廷面对的是草原上取代了匈奴联盟的政权，这个政权（至少暂时）在首领檀石槐的带领下联合凝聚。

檀石槐的出身不明。他父亲投鹿侯是鲜卑贵族，在外作战三年后回家，发现妻子怀孕，妻子解释："尝昼行，闻雷震，仰天视而雹入其口，因吞之，遂妊身。"投鹿侯不相信，遗弃了这个孩子。但之后孩子获救，被他母亲的亲戚收养。

据记载,檀石槐十几岁时便显露出不凡才干,带领部落袭击汉朝领土,他勇健有智略,众人畏服。近三十岁时,檀石槐被推为部落首领,虽然关于他的崛起的叙述中没有多少事实,但在 60 年代末,檀石槐统治着草原上的各个部族,并能一定程度地协调它们的行动。[89] 檀石槐将王庭建在代郡以北约 150 千米处(代郡位于汉朝北部边塞的中心),宣布在整个草原上建立帝国,并与他东部(即东北地区)的各部落结盟。檀石槐将疆域分为中、东、西三部,中部大人为慕容,很可能是公元 4 世纪政治中显赫的慕容氏的祖先;西部大人推演有可能即推寅,为公元 4—6 世纪统治中国的北魏拓跋氏祖先。[90]

檀石槐的帝国只是宗主国,其协调性比不上匈奴国家——匈奴是一个海盗王国而不是团结一致的政权——但鲜卑的势力是实实在在的,对汉朝造成的影响难以应对。虽然不是每一次鲜卑袭击都会严重到要被朝廷记录下来,但不言自明的是,长城这种古老的防御工事毫无作用,防御压力非常严峻,安全形势持续恶化,实际损失巨大。毫不令人惊讶,到了公元 2 世纪 70 年代中期,朝廷有压力要采取主动,以分裂敌人、获得喘息。

公元 174 年冬,鲜卑袭击凉州北地郡(朔方郡以南,鄂尔多斯西部),北地太守夏育率领地方军队和匈奴休著各部落成功击退敌人。夏育因功被迁为护乌桓校尉。护乌桓校尉也负责处理鲜卑事宜。经历了鲜卑两年来的一再侵袭后,夏育于公元 177 年向朝廷提出反击计划,大举进攻鲜卑的腹地。

夏育曾是公元 2 世纪 60 年代末段颎讨伐羌人时麾下两员大将之一,他的提议是对那次大规模进攻的效仿:"请征幽州诸郡兵出塞击之。"——幽州是他作为护乌桓校尉的管辖腹地——然后直捣敌人大本营。夏育的风格和段颎相似,自夸"一冬二春,必能禽灭"。[91]

田晏曾与夏育同在段颎麾下效力,此时二人再度并肩作战。田晏击败先零羌后,被任命为护羌校尉,后坐事论刑被免职,急切期望有机会恢复职位。更重要的是,田晏与中常侍王甫有联系,王甫劝说灵帝派遣夏育、田晏二人出塞远征。

公元 173 年,在抓捕太学生千余人、肃清太学后,司隶校尉段颎被提拔为太尉,这是官僚体系中的顶端,但数月后因病罢。夏育提出发兵讨伐鲜卑时,段颎任颍川太守,没有史料显示朝廷针对这个计划征求过段颎的意见。有些大臣确实表示担忧,灵帝召百官议朝堂,议郎蔡邕表示坚决反对,认为这项计划将把朝廷拖进战争,无法预见结局,而且对人力、物力耗费极大,汉帝国无法承受。前汉武帝曾因类似的远征政策导致国力耗尽、百姓穷困,此时后汉更加没有做好准备。[92]

但是灵帝不从,坚持发兵。公元 177 年秋天,夏育率领 1 万骑兵从代郡高柳出发,田晏率领一万骑兵从云中出发,使匈奴中郎将臧旻率南单于及其部队从雁门出发。

这次远征遭受惨败。史书记载,"三道出塞二千余里",然后被檀石槐骑兵包围,"各将数十骑奔还,死者十七八"。夏育、田晏、臧旻三位将领"槛车征下狱,赎为庶人"。田晏再没有出现在史书中,但夏育和臧旻在公元 2 世纪 80 年代再次成为将领。

史书中对这次远征的描述有几处疑点:"出塞二千余里",则应抵达今西伯利亚,远远超出了匈奴的核心区域(今蒙古乌兰巴托附近),而且三位将领全部从这么遥远的塞外逃回中原,这不大可能。史书中没有提到度辽将军或北军五营的参与,北军是汉朝主要的职业军队,在这种战争中通常作为加强力量。有可能夏育、田晏率领边郡的郡兵出征,在匈奴单于军队的支持下,想要对檀石槐的大本营(离后汉疆域相对较近)施加惩罚性袭击。结果,鲜卑大本营还是太过遥远,这次战败是前汉以来最惨重的一次失败。

必须认为这次计划判断有误，夏育等人野心过大，有的官方记载非常拙劣地试图解释汉军的不幸。但是无论如何，这次失败极大地损害了汉朝的威望。尽管遇到很大困难，张奂、皇甫规、段颎一直维持着胜利表象，可夏育、田晏暴露出后汉帝国在边塞的真实弱点。于是，平衡已经改变：至今为止汉军能期望在野外击败敌人，而此时对结果不那么确信了。

更加深远的影响是，这次失利使南匈奴傀儡政权失去了最后的伪装下的权威。屠特若尸单于率军与使匈奴中郎将臧旻出雁门击鲜卑，大败而还后不久便去世。其子呼徵继位，但呼徵与使匈奴中郎将张脩不和，公元179年张脩斩杀呼徵，立右贤王羌渠为单于。张脩因擅自诛杀单于而被槛车征诣廷尉抵罪，但他造成的伤害难以抹去：如果能够以这种手段更替单于，则南匈奴对汉朝的依附实在是太明显了。同时，远征的失败标志着幸存的南匈奴政权不能对以前的领土提出主张。即使有汉朝军队的支持，单于也没有机会奢望恢复祖先称霸草原的地位。南匈奴日渐衰落，变得无关紧要。

对后汉来说，幸运的是檀石槐于数年后（大概在公元2世纪80年代初）去世，其子和连继位，能力和成就都不如他父亲。据记载，和连"性贪淫，断法不平"，故很多部落叛离。不久，和连在一次叛乱中被杀。众部落冲突不断、争权夺利，导致联盟瓦解，随着大规模进犯不那么频繁，鲜卑对汉帝国边塞的威胁下降。

除了战败损失惨重外，夏育、田晏提出的错误计划也可被看作边塞上一种新的军事结构的象征。我们已经注意到，北军没有参与远征，虽然可以看到北军在洛阳政局和守卫京畿中扮演着重要角色，但朝廷不再召集北军五营赴边塞作战。同样的，这次事件后，史料中不再提及度辽将军，似乎度辽营已被解散。[93] 从此之后，边塞的防御，无论护羌校尉、护乌桓校尉所辖军队或是北方各州刺史征召并率领的军队，都掌握在地方州郡手中。

按汉朝传统，平定地方盗贼是郡太守的职责，出现盗贼后他们要征募军队并且亲自带兵平定；在边郡，郡太守有都尉从旁协助，并且训练一支半永久的军队用于防御。如果问题特别严重，凭借这些力量难以应对，则州刺史有权在本州内其他郡征调兵力投入战斗。但这被视作危急时刻的特殊安排。

但在公元2世纪下半叶，汉人从动荡的北方边郡迁徙他乡，人口大量减少，导致郡兵不足以保护边塞。护羌校尉、护乌桓校尉（后者也负责与鲜卑作战）拥有自己的军队，但他们的职责是解决小规模政治问题，不足以解决大麻烦。

在这种新背景下，边塞各州刺史的职责变大，要全面关注边塞防御，此时刺史们掌握着常备军，而不是临时处理危急事件。这个过程是逐渐变化的，可能永远无法被正式承认，但它的起源可以从张奂、皇甫规、段颎60年代长期作战指挥的方式中看到，而夏育、田晏指挥的战争是进一步的发展。

更重要的是，军事指挥的性质出现了新的模式。公元168年政变诛杀窦武时，张奂的个人声望已经使北军的忠诚发生扭转；而段颎驻守边塞十余年，"与将士同苦，故皆乐为死战"。[94]这样的将领与自己的军队关系紧密，比任何官阶都更有力量，并且他们拥有核心支持者，这些人从一个职位到另一个职位一直追随将领们。至少在眼下，皇帝的军队和将领仍继续服从皇帝，但权威的纽带正在变得越来越脆弱。

黄　巾

公元2世纪60—70年代汉帝国面临的困难相当大：宦官权倾朝野；大批士大夫遭到禁锢，他们本应该是政权的天然盟友；北方边塞战败，势力衰落。但是，后汉仍然维持着统治，朝廷的权威看似安全，后汉境内唯一的大规模战斗发生在帝国东南，杭州湾附近。

公元172年冬天，宗教首领许昌在偏远的会稽郡自称"阳明皇帝"，发起叛乱。许昌称其父许生为"越王"，周朝时当地受越国统治。叛乱持续了两年，直到公元174年年底扬州刺史臧旻最终平定。[95]孙坚是三国时期吴国开国皇帝的父亲，"以郡司马募召精勇，得千余人，与州郡合讨破之"，并因参与平叛的功劳，得到朝廷褒奖，被任命为盐渎丞。[96]

前文已经讨论过，在长江下游、淮水、华北平原东部地区有非正统信仰传统，这些地方曾数次爆发叛乱。[97]但是，不是该地所有的宗教导师和首领都天然地反对汉室。有些人只是对占卜预言感兴趣，所谓"越方"，即向人、动物、植物、自然物体施加咒语，或是使其静止，或是使其复活。会稽人徐登曾使溪水不流，他的同伴赵炳使枯树生芽。[98]在更北的地方，据说《太平经》起源于琅邪，[99]而公元2世纪末著名的医生华佗是沛国人，他精于诊断和治疗。[100]

然而，在灵帝时期，随着疫病在全国各地传播蔓延，药物和治疗成为越来越令人担忧的问题。

在后汉早期几位皇帝统治时期，基本没有关于疾病大规模传播的记载：公元38年，在东南（会稽郡）；公元125年，在洛阳附近；公元151年，再次在洛阳和东南地区（九江、庐江郡）。公元161年，似乎也局限于洛阳，[101]次年皇甫规率军在西北讨伐羌人，"军中大疫，死者十三四"。[102]

但是，公元171年发生的"大疫"似乎在史籍中第一次没有标注地域。疫情似乎扩散到整个帝国，因为朝廷"使中谒者巡行致医药"，并且在公元173、179、182、185年，也记载发生"大疫"，均没有标注地域，推测应该范围广泛。公元173、179年，朝廷再次派遣官员巡

第八章　灵帝：失控的朝政（公元 169—184 年）　— 401

行致医药，虽然在后面几次大疫时没有提到，但有的官方应对措施（比如派遣官员巡行致医药）可能会坚持下去。[103]

罗马帝国的史料中记载了安东尼瘟疫，首次发生在公元 2 世纪 60 年代中期马可·奥勒留（Marcus Aurelius Antoninus）统治时期。据记载，瘟疫在塞琉西亚（罗马帝国东部边境，今巴格达附近）的罗马军队中爆发，可以认为瘟疫通过商人向东横穿欧亚大陆传到了汉帝国。[104] 瘟疫在地中海地区肆虐长达十五年，五千万人口中有五百万人因此丧命。与马可·奥勒留共同统治罗马帝国的路奇乌斯·维鲁斯（Lucius Verus）就死于这场瘟疫。在一些地区，三分之一人口丧生。希腊医生盖伦（Galen）对这场瘟疫有直接了解，在其著作《论治疗的方法》（Methodus Medendi）中描述了染上瘟疫的症状，包括发高烧、口渴、呕吐、腹泻并伴随着干水泡形成的黑色溃疡性皮疹，但是同时代中国并没有这类记载。[105] 对这种疾病到底是天花还是麻疹观点不一——直到公元 16 世纪，才分清这两种疾病——而有人认为是斑疹伤寒，这种疾病的早期症状与天花类似。这种疾病可能已经以各种变型在不同时期出现过，并且它极有可能像现在的艾滋病一样，最初是从动物身上跨物种传播给人类。[106]

不论起源如何，到公元 2 世纪 70 年代早期，后汉帝国全境确实频繁爆发严重疫病，导致大面积死亡，虽然用意良善，但无论是皇帝派发的药物还是当时任何治疗方法，都无法解救痛苦的人们。[107] 人们反而对以超自然手段战胜或避免瘟疫越来越感兴趣，大量教派在帝国境内各个地区出现。公元 3 世纪历史学家鱼豢《典略》记载：

> 熹平中（172—177），妖贼大起，三辅有骆曜。[108] 光和中（178—183），东方有张角，汉中有张脩。骆曜教民缅匿法，角为太平道，脩为五斗米道。[109]

关于骆曜，除以上材料外再无记载，但《典略》指出，张角与张脩的教义相似。二者均要求病人"思过"，喝"符水"，据说有些病人即可痊愈，而那些没有痊愈的则被认为"不信道"。骆曜的治疗方法无疑与之类似，还有其他人也会使用相似的信仰治疗法，并将疾病视为对恶行的惩罚——这种观念甚至在现代社会也很常见，而在那个瘟疫反复爆发的年代，这种观念显得更加紧迫、更加权威。鱼豢在描述张脩五斗米道的治病方法后，嘲讽地指出：

> 实无益于治病，但为淫妄，然小人昏愚，竞共事之。

张脩的五斗米道以汉中为据点，之后传至张鲁。张鲁创立天师道，在台湾保存到现在，[110] 而张角的太平道当时即刻造成影响，不过流传时间不长。

张角是幽州北部涿郡人（今北京西南），是当时最成功的宗教首领。更多关于他学说宗派的记载，见《后汉书·皇甫嵩列传》，皇甫嵩是张角的主要对手。[111] 据《皇甫嵩列传》，张角自称"大贤良师"，"奉事黄老道"，其弟子"跪拜首过，符水咒说以疗病"——《典略》记载，张角太平道"师持九节杖为符祝，教病人叩头思过"。有些人痊愈，于是"百姓信向之"。张角派遣八名弟子到各地劝人信教，十余年间（公元2世纪70年代），从华北平原至长江中下游，有数十万信徒纷纷响应，前来朝圣的信徒挤满了道路。

《典略》记载，"张角为太平道"。《三国志·孙破虏讨逆传》记载，张角"自称黄天泰平"。[112] 虽然《后汉书·皇甫嵩列传》没有提到"太平（泰平）"，但《后汉书·襄楷列传》在叙述《太平经》起源时称，"后张角颇有其书焉"。[113]

结合《典略》以及《后汉书》的记载,得出张角和《太平经》之间存在联系,很多学者接受了这个观点。但马恩斯指出《后汉书·襄楷列传》的记载含糊不清,是在一百五十年之后创作的,我认为他的怀疑有道理。[114] 没有其他证据表明张角与《太平经》直接相关,范晔所谓"后张角颇有其书焉"可能只是根据二者都以"太平"为名而将其合理化。张角很可能将其学说描述为一种关于"太平"的教义,因为"太平"一词在汉代多次出现,用来形容理想国家和社会。然而,在普通文本语境下,儒家和效忠皇帝者也使用"太平"这个词,这里没有反抗现有秩序的意思,而是指达到祥和美好的结局。

除了信仰治疗外,关于张角还有一点很重要,那就是他对黄色的使用——张角和他的追随者们因此被长久铭记。

后汉初期,开国皇帝光武帝以后汉为火德,与此同时声称自己在继承延续前汉。光武帝这样做也许是错误的,但是这一决定无人质疑,后汉各位皇帝们一直将自己与火德联系起来。[115]

一个朝代可以通过某一德运获得并掌握合法性,但有一个必然的结果:当新的德运兴起后,它必然让位于另一朝代。根据当时流行的理论,德运的更替变化可以是"五行相生",也可以是"五行相克",在这点上,公元 2 世纪 40 年代由自称"黄帝""黑帝"或其他自称有超自然力量的人发起的叛乱,挑战了汉朝的火德。自称"黑帝"有些反常,可能是想借助水德以克火德,也可能是想恢复秦朝,但是有一个观点被更广泛接受(比如王莽):汉朝的火德将产生黄色的土德并被土德取代。这个观点受到广泛传播的黄老信仰的鼓励,而桓帝支持黄老信仰。[116]

这个观点的一个早期形式是:"苍天已死,黄天当立。"该口号最早出现在公元 2 世纪 70 年代,不确定这个预言是否为张角提出。但确定的是，张角采用并扩展了这句话："苍天已死，黄天当立，岁在甲子，天下大吉。"[117] 在中国传统干支纪年法中，甲子是第一年，下一个甲子将从公元 184 年 1 月 31 日开始。

无法确认张角是何时决定转向暴力反抗，随着他意识到自己得到广泛支持，他的野心可能在一点点增长。似乎一开始地方州郡赞成张角的学说，将其视为引导百姓向善的方式，只是在传教活动广受欢迎后，州郡开始担忧太平道将对抗朝廷权威。但到那时，太平道的很多信徒已经非常坚定，他们准备违抗禁令、无视赦免。

当时还有一些预警。早在公元 177 年，司徒杨赐上疏，建议朝廷令州郡阻止张角信徒四处流窜，"简别流人，各护归本郡，以孤弱其党，然后诛其渠帅，可不劳而定"。公元 183 年，就在张角发动叛乱数月前，侍御史刘陶（曾为杨赐掾属，支持杨赐上疏建议朝廷打击张角）再次提出这个问题，并抱怨州郡面对张角的威胁默不作声，"州郡忌讳，不欲闻之，但更相告语，莫肯公文"。

另外，此时随着甲子年的迫近，人心浮动。有些信徒准备等待"天下大吉"，而其他信徒更加积极主动，在官府建筑的墙壁和大门上用白土书写"甲子"字样，以示即将来临的改变将席卷整个汉帝国。同时，张角任命三十六方部帅，各率大军，准备在全国掀起叛乱。[118]

叛乱最初发起于邺城，邺城是冀州魏郡郡治，位于华北平原西南部、黄河北岸。考虑到张角盘踞的涿郡位于华北平原北缘，邺城则位于可以将洛阳与帝国东部隔开的要地。大方部帅马元义率领荆州（长江中游）、扬州（长江下游）数万人，负责筹划在邺城起兵。他还数次往来洛阳，谋划内外共举。

计划起兵的日期存在疑问。有史料记载，"约以三月五日内外俱起"，即公历 4 月 3 日，但更可能是在当年晚些时候，在完成夏收后。[119] 无论如何，这个方案很复杂：一大群南方人在黄河北岸的重要城市附近聚集，设定好某一天同时发动攻击。考虑到保密的需要——那些写在官府建筑上的"甲子"字样多少有损保密性——以及在广阔区域进行协调的困难，这个任务实际上无法完成。不出所料，三月初，张角弟子、济南人唐周上书揭发密谋。[120]

这一次，朝廷对这一警示严肃对待。马元义在洛阳被捕，他被绑在一组分别向不同的方向拉扯的马车上，遭受车裂之刑。[121] 同时，灵帝派宦官钩盾令周斌将三府掾属，"案验宫省直卫及百姓有事角道者，诛杀千余人。推考冀州，逐捕角等"。

为准备反叛，张角已从涿郡向南移居，将总部设立在冀州巨鹿郡。他一听到马元义被捕以及密谋暴露的消息，便星夜派人令诸方部帅立即起兵。这些人头戴黄巾以为标识，并以此代表"黄天"。虽然当时人称"黄巾"，但这种帽子只是布条，类似物品在今天中国、日本的葬礼等仪式上还可见到。

虽然张角的信使飞驰各地进行通知，但朝廷驿站的速度更快，因此很多官员已经得到预警。一些潜在的反叛者被地方军队震慑，匆忙聚集，肯定还有其他人正忙于农活无法提前应征入伍。特别是，虽然青州东部很多人接受张角的教义，但他们并没有参与叛乱——不过这些人保存力量，数年后将制造麻烦。[122]

但是，有很多人确实回应了张角的召唤。叛乱主要分布在三大区域：华北平原北部、张角大本营附近（今河北）；人口密集、繁盛富庶的颍川郡、汝南郡（黄河南岸、洛阳以东）；大郡南阳郡（今河南南部）。在以上地区，叛军的宗教狂热很大程度上压倒了地方军队，州郡失守。

朝廷的反应十分迅速。皇后的兄长何进被任命为大将军，率北军等镇守京城，同时设置八关都尉官，守卫通向洛阳的各条道路。[123] 同时，朝廷全面征召军队，下令州刺史、郡太守收集马匹、弓弩，并举荐"列将子孙及吏民有明战阵之略者"。北地太守皇甫嵩、前交州刺史朱儁以及先后任九江太守、庐江太守的卢植,均为经验丰富的将领,三人被朝廷任命为中郎将,派往各地平叛。北中郎将卢植在华北讨张角,左中郎将皇甫嵩、右中郎将朱儁讨颍川郡、汝南郡黄巾军。[124] 最初,朝廷遭遇失败,但随着越来越多的军队征集受训,帝国投入的各项资源开始生效。到了五月盛夏时,颍川郡、汝南郡叛军被击溃,皇甫嵩将残余叛军驱赶至东部。

在北方,虽然遭到张角的激烈抵抗,但卢植取得相当大的胜利,将张角等人围困在巨鹿郡。但当灵帝派小黄门左丰来军中察看战斗进程时,卢植拒绝向左丰行贿,被左丰陷害,被免职、槛车征至京城。边将董卓接替卢植,但董卓被叛军击溃,直到皇甫嵩北上冀州,叛乱才被平定。朝廷在冬天取得了最终胜利,抓获并诛杀张角两个兄弟。张角此时已经去世,但被"剖棺戮尸,传首京师"。

南阳郡的战局同样激烈。前郡守战死,继任者击溃并诛杀叛军首领,但叛军调头占据南阳郡治宛城。朱儁在汝南郡取得胜利,朝廷派其南下襄助南阳郡地方军队,几周后,朝廷军队将黄巾军赶出宛城,并诛杀黄巾军的新首领。但是,叛军再一次聚集,重新据城防守。在四个月的进攻与反击中,宛城数次易手。最终在十二月,即公元185年1月11日,朱儁攻克宛城,最后一位叛军首领被杀。[125]

这场战争死亡人数不计其数。黄巾军被描述为乌合之众,严重依赖成群进攻,并且没有得到丝毫宽恕。在黄巾军被围困于宛城时,首领韩忠曾向朱儁乞降,朱儁的几位下属建议接受韩忠投降。但朱儁不同意:"昔秦、项之际,民无定主,故赏附以劝来耳。今海内一统,唯黄巾造寇,纳降无以劝善,讨之足以惩恶。"[126] 朱儁继续进攻。

在北部战场残忍的庆典上,皇甫嵩建造了一座"京观",即聚集敌人尸体,建造高冢,以炫耀武功。[127] 皇甫嵩和朱儁分别被拜为左车骑将军、右车骑将军，封为槐里侯、钱塘侯。公元185年2月16日，即农历新年前两天，为确认叛乱结束，朝廷大赦天下，改元中平。[128]

事实上，虽然朝廷已经很好地应对了黄巾军的挑战，但太平并未恢复。甚至当帝国东部最后的抵抗被镇压后，大范围的动荡骚乱仍然存在，而在西北凉州，一场严重的叛乱正在酝酿。朝廷需要更多的军队。

在这样一个令人忧心的时期，在朝廷中心洛阳自然存在政治张力和冲突，所以很多记载令人费解，一些事件难以确定时间。

在黄巾军发动叛乱之初，马元义及其在朝、在京支持者的所谓密谋便令人生疑。如果存在造反危险，令人吃惊的是竟然只找出一千余人参与阴谋叛乱。这些人肯定不足以对有数百名守卫的皇宫和数千名士兵（在京城附近驻扎的北军）驻守的京城产生什么实质性威胁。

另外，据记载与马元义密谋起事的反叛者包括中常侍封谞、徐奉；根据《后汉书·宦者列传》，还有其他宦官也信奉张角太平道。[129]但是，直到叛乱开始数月后，朝廷首次调查，才发现封谞、徐奉参与密谋。中常侍是宫中的宦官首领，秩级与九卿相匹敌，难以想象位高权重的中常侍竟然会想要对抗自己的保护人——皇帝。他们能期待从一个新的叛军政权中获得什么好处呢？

在之前的数年中，张角以及当时其他信仰治疗者的教义，很可能已经在京城被很多人接受，但这并不意味着张角所有的信徒都准备追随他的号召参与叛乱。有些人是极端主义者、激进主义者，但很多被逮捕、受刑罚的人之所以获罪，并不是因为他们的行为，而是因为以前与张角的联系。

据记载，张让等宦官之前与张角有来往，豫州刺史王允讨伐黄巾军时，得到了中常侍张让宾客与黄巾军往来的书信。灵帝责问张让，张让叩头谢罪，逃脱责罚，而王允被免官下狱。后因司徒杨赐和大将军何进（灵帝的妻兄）介入调解，王允才得以免去死罪。[130] 同样的，中郎将张钧上书指控宦官，被诬奏学黄巾道，在狱中受拷打致死。[131]

尽管如此，宦官的地位受到了削弱。灵帝不愿抛弃自己多年来的指导者、守护者，愿意听到宦官保证自己诚信善意，但至少有时候，灵帝不愿一股脑相信他们说的每一句话。有一次，灵帝愤怒地责问张让等人："汝曹常言党人欲为不轨，皆令禁锢，或有伏诛。今党人更为国用，汝曹反与张角通，为可斩未？"[132] 张让等宦官皆叩头，将错误归咎于中常侍王甫、侯览（二人都已去世），并提出辞职、召回在州郡做官的亲属。灵帝接受了他们的借口，召回宦官宗亲弟子当然是个好主意，既有利于他们自己的安全，又少了一个可能诱发动乱的原因。

最重要的是，在宦官吕强建议下，灵帝下令"大赦天下党人"，遭到流放的党人被召回京任职。[133] 公元176年，灵帝下令扩大禁锢范围，"诏党人门生、故吏、父兄、子弟在位者，皆免官禁锢"。公元179年，灵帝撤回了这一决定，"大赦天下，诸党人禁锢小功以下皆除之"。但公元184年这一次"大赦党人"的大转折，不仅由于灵帝对所宠信宦官的建议开始将信将疑，还由于党人在家乡州郡广受敬重却不被朝廷接纳，他担心这一大群愤怒的党人会加入黄巾军的队伍，给予支持并助长其威势。[134] 事实上，党人和黄巾军之间并不存在同情，也没有记载显示哪位党人支持叛军。对于依靠民间宗教崛起的农民来说，信奉儒家学说的地主自然是他们要攻击的敌人和目标。

公元184年4月5日，朝廷下令废除党锢。尽管党人曾遭到迫害，朋友、同僚被株连，但很多党人愿意接受赦免。李膺（第一次党锢之乱的核心人物，于公元169年被杀）之子李瓒任东平相，刘表、张邈等年轻人回到京城，之后将官至高位。甚至曾遭到全国追捕、收留者牵连被杀的张俭，此时也返回乡里，朝廷多次举辟征召，张俭皆不就。[135]

但是不久之后，这位"好"宦官吕强也遭到对手指控，称他参与黄巾军、谋划推翻皇帝。吕强自杀，宗亲被捕，财产充公。到当年年底，虽然宦官的旧敌已经恢复名誉，宦官自身面临冲突和焦虑，但张让、赵忠及其党羽仍对灵帝有影响力。

注释：

[1] 方括号中的内容详见第九章。

[2] 据《后汉书》卷八《孝灵帝纪》记载，刘宏即位时"年十二"，则他出生于公元156年前后。

由于弘农郡的"弘"与新皇帝刘宏的名字"宏"同音，在灵帝时期，弘农郡避讳为"恒农郡"。这一避讳很快废止，方便起见我仍使用"弘农郡"。

[3] 河间孝王刘开及其子孙的传记见《后汉书》卷五五《章帝八王传》，刘德、刘续传记见《后汉书》卷五十《孝明八王列传》，刘理、刘利传记见《后汉书》卷五五《章帝八王传》，刘博传记见《后汉书》卷四二《光武十王列传》。他们的去世时间记载于相关本纪。

[4] 根据《后汉书》卷五五《章帝八王传》："阳嘉元年，封（刘）政弟十三人皆为亭侯。"当时刘政为河间王。这十三个人中应该也包括刘博，故那时他还没有被封王。而刘翼于公元130年已被封为蠡吾侯，见第六章第278—279页。

[5] 刘宏的世系记载于《后汉书》卷八《孝灵帝纪》以及《后汉书》卷五五《章帝八王传》。

刘宏的祖父刘淑早已去世，要区别刘淑与侍御史刘儵，后者推举刘宏继承帝位。还有一位刘淑，河间人，当时担任侍中、中郎将，受到改革派称赞。虽然他与窦氏关系并不紧密，但被党人牵连，下狱自杀，见《后汉书》卷六七《党锢列传》。见 deC, *Biographical Dictionary*, 以及后文第376页及注释34。

[6] 董夫人的传记见《后汉书》卷十下《皇后纪下》。董氏为河间人，名不详。

根据《后汉书》卷五五《章帝八王传》："追尊皇祖为孝元皇，夫人夏氏为孝元皇后，考为孝仁皇，夫人董氏为慎园贵人。"皇帝死后，其皇后被尊为皇太后，其他嫔妃居住在先皇陵墓外园。(和帝邓太后施行了一次特例，见第四章第 175 页。)

[7] 关于后汉京城中的三十六亭，见第一章第 47—48 页及注释 97。

[8]《后汉书》卷八《孝灵帝纪》。

[9]《后汉书》卷六四《卢植列传》；deC, *Huan and Ling*, 92-93, 407-408。

[10] 此次政治斗争以及政变的主要内容记载于《后汉书》卷六六《陈蕃列传》、《后汉书》卷六九《窦武列传》；deC, *Huan and Ling*, 96-101。关于这次政变，见 Bielenstein, *Lo-yang*, 95-98。

[11]《后汉书》卷十下《皇后纪下》，第七章第 337 页。

[12] 虽然曹节因参与定策立灵帝的功劳而被封长安乡侯，但他与窦氏家族关系并不亲密，封赏只是对他后宫宦官首领地位的一种认可。

[13]《后汉书》卷六六《陈蕃列传》。

[14] 要注意区分宦官朱瑀与前文出现的士大夫朱寓，窦武刚刚任命朱寓为司隶校尉。

[15] 犯人关押在黄门北寺狱，见第七章第 353 页。

[16] 关于都亭以及都亭前的广场，见第一章第 51 页。

[17] 这场战役记载于《后汉书》卷六五《段颎列传》。据记载，汉军本来畏惧敌人兵力强盛，但段颎阵前喊话激励了士气。阵前喊话在中国历史上非常常见，在古希腊、古罗马的文献中也经常出现。这段材料展现了军队在战斗中排兵布阵的情况，有可能是类似情况下的标准做法。关于武器装备，详见第三章第 157 页。

[18] 见《后汉书》卷六五《段颎列传》；deC, *Northern Frontier*, 137-139，以及第 138 页地图 4。

[19] 见《后汉书》卷六五《段颎列传》；deC, *Northern Frontier*, 140。

[20] 由于老虎是西方的象征，而羌人位于西部，则"射虎"有可能是后来人们给这个山谷起的名字，是为了纪念这次屠杀。

[21] 此处的"生口"不知是逃脱射虎谷屠戮的羌人，还是包括一些之前归顺投降的羌人。关于这群人的数量，见后文注释 24。

[22] 关于大宛（Ferghana，费尔干纳）的"天马"，可见 Hulsewé and Loewe,

China in Central Asia, 132-134 note 332。"汗血"可能是马在疾驰时，血压升高，引发毛细血管破裂，也可能是由马身体里的多乳突副丝虫造成，这种寄生虫在草原很常见。两种原因都不会对马本身以及马的奔跑能力造成严重伤害。

史料中关于汗血马的最早记载出现在公元前 2 世纪前汉武帝时期，汉朝为了获取汗血马，两次出兵攻打大宛。其原因有两种说法，第一种认为与汉武帝追求长生不老有关；第二种更平淡，认为汉武帝是要将汗血马引入汉朝，与本地马杂交繁衍，提升马匹质量。Waley, "Heavenly Horses" 指出，汗血马种畜可能通过商队路线穿过中亚逐步进入中国，而据记载安息也拥有大量马匹，见《汉书》卷九六上《西域传上》，Hulsewé and Loewe, *China in Central Asia*, 116 note 270 对此做出了更正。韦利（Waley）总结，武帝向西发动大规模远征（打败大宛，带回汗血马）的主要动机与其说是实际的军事目的，不如说是为了神秘性或仪式性的价值。Pulleyblank, "Chinese and Indo-Europeans", 31 同意韦利的观点，但指出目前尚无证据支持这一观点。

三百年后，在公元 2 世纪后汉时期，这种"汗血马"似乎成为凯旋军队的天然配置。

[23]《东观汉记》卷十七《段颎传》。

曲盖为获胜将领的象征。传说周武王讨伐殷商残暴的纣王时，大风折盖，当时修好，但不再是笔直的。虽然遇到了这样的凶兆，但周武王获得大胜，故曲盖成为军队凯旋的标志。

[24] 关于洛阳的人口，见第一章第 52—55 页。如前文所见，《后汉书》卷六五《段颎列传》记载羌人俘虏的数量超过一万，这个数据也不大可能。

史料中记载的唯一一次可与此相媲美的后汉大军凯旋是公元 92 年庆祝窦宪远征北匈奴得胜归来，见第三章第 126 页。

[25] 关于撤回郡治，见第五章第 358 页地图。关于公元 2 世纪 60 年代皇甫规、张奂等军事将领广泛的权力和影响力，见第七章第 358—359 页。

[26] 第四章第 188 页。

[27] 第七章第 358 页，《后汉书》卷六五《皇甫规列传》。

[28] 第七章第 322 页，《后汉书》卷六五《张奂列传》。

[29] 第七章第 358—359 页，《后汉书》卷六五《张奂列传》。

[30]《后汉书》卷三八《冯绲列传》,第七章第 357 页。冯绲得胜回京后,无人弹劾其侵吞军费,但他一个部下举奏冯绲"将傅婢二人戎服自随,又辄于江陵刻石纪功",不过朝廷并不认可这些指控。

[31] 关于当时品评人物的谣谚,见第七章第 332—333 页。

[32]《汉书》卷二十《古今人表》,将人物分为上上、上中、上下、中上、中中、中下、下上、下中、下下,九等。

[33]《后汉书》卷六七《党锢列传》。关于这份以及其他名单,见 deC, "Protest and Proscription", 23-27;《资治通鉴》卷五六大略记载,翻译及讨论见 deC, *Huan and Ling*, 108-109, 434-437。

这五种分类的含义基本上一目了然,除了"八厨"。"厨"指"能以财救人者也"。被列为"八厨"之一的度尚,原本出身贫困,但后来任郡太守,见《后汉书》卷三八《度尚列传》。

[34] 刘淑传记见《后汉书》卷六七《党锢列传》。要注意区分刘淑与刘儵。刘儵向窦太后、窦武建议立灵帝。但二人都来自河间,灵帝祖父刘淑是河间孝王刘开之子,其封地就在河间。见前文注释 5。

[35]《后汉书》卷六七《党锢列传》、《三国志》卷六《魏书·董二袁刘传》。更多信息见 deC, "Protest and Proscription", 19, 以及本书后文注释 38。

[36] 公元 2 世纪 50 年代,李膺曾任乌桓校尉、度辽将军,见《后汉书》卷六七《党锢列传》。度尚在任辽东太守时,曾与鲜卑作战,并在公元 2 世纪 60 年代初在平定荆州叛乱中功勋卓著,见前文第 357 页。

[37] 关于张奂后悔自己在政变时所起到的作用,以及不肯因功封侯,见《后汉书》卷六五《张奂列传》。

[38] 出身山阳的党人名单,见《后汉书》卷六七《党锢列传》。据记载,出身山阳的刘表被列为"八顾"之一,《三国志》卷六《魏书·董二袁刘传》裴注引用张璠《汉纪》。

[39] 在中国传统文化中,关于这种兄弟之间盟誓结拜,有两个著名的例子。一是三国时期刘备、关羽、张飞三人桃园结义,出自小说《三国演义》第一章。二是西门庆结拜十兄弟,出自小说《金瓶梅》第一章。两个故事都没有任何史料支持,都是虚构的,但它们是成书时普遍的社会风俗的证据。

[40] 关于胡广接受任命,见前文第 369 页。

[41] 《后汉纪》卷二三《后汉孝灵皇帝纪上》。

[42] 《后汉书》卷六七《党锢列传》。

[43] 《后汉书》卷六七《党锢列传》。

[44] 《后汉书》卷六七《党锢列传》,曹鸾上书的内容记载于《后汉纪》卷二四《孝灵皇帝纪中》。DeC, *Huan and Ling*,135.

[45] 根据《后汉书》卷六七《党锢列传》注释,五属为斩衰、齐衰、大功、小功、缌麻,根据为死去亲人哀悼服丧的亲近程度来划分。Ch'ü(瞿同祖), *Han Social Structure,* 312-317 及注释 274 对此作了详尽研究。一般的刑罚只牵连三服,五服的亲属包括自高祖以下有共同祖先者。很多受牵连者可能对他们的党人亲戚一无所知。

这种扩大当然是不切实际的,反映出皇帝和他亲信们的愤怒,而非真正执行法律。

[46] 《后汉书》卷八《孝灵帝纪》。侯览的死还记载于《后汉书》卷七八《宦者列传》,窦太后的死还记载于《后汉书》卷十下《皇后纪下》。

[47] 《后汉书》卷七九《儒林列传》。

[48] 在桓帝时期建立了几种通过考试进入官僚系统的流程,见第七章第 332 页,不清楚它们是否持续到灵帝时期。但公元 176 年,朝廷下令,"试太学生年六十以上百余人,除郎中、太子舍人至王家郎、郡国文学吏"。见《后汉书》卷八《孝灵帝纪》;deC, "Scholars and Rulers", 71。显然存在严重的人才积压。

[49] 《后汉书》卷七八《宦者列传》、《后汉书》卷六十下《蔡邕列传下》。此事发生时间记载于《后汉书》卷八《孝灵帝纪》。关于石经的更多讨论,见 Tjan, *White Tiger Discussion* I, 149 and 164, II, 608-609; Bielenstein, *Lo-yang*, 30; deC, *Huan and Ling,* 132 and 481-483。

公元 3 世纪下半叶,学者陆机亲眼见过石经,《后汉书》卷六十下《蔡邕列传下》唐李贤注引用陆机《洛阳记》。根据《后汉书·蔡邕列传》,蔡邕等人准备"正定'六经'文字",即传统的"五经"加上《论语》,而陆机的记载似乎很权威。(因原碑残损,熹平石经的内容、石数均有异说。《后汉书·灵帝纪》《卢植列传》《儒林列传序》等记作"五经",《蔡邕列传》等作"六经";《隋书·经籍志》作"七经",即《易》《书》《鲁诗》《仪礼》《春秋》《公羊传》《论语》。石数,则《洛阳记》作46枚,《洛阳伽蓝记》作48枚等。王国维《魏石经考》主要据诸经字数,推测为"七经"、46枚。——译者注)

[50] 第四章第 204 页。

[51] 《后汉书》卷七八《宦者列传》。

[52] 关于石经的选址、用以保护和陈列石经的建筑、学者前来学习抄写的情况,见《后汉书》卷六十下《蔡邕列传下》。虽然在陆机创作《洛阳记》时,存放石经的建筑已经成为废墟,48块石碑中有29块已经受损或被毁坏,但陆机列出了石碑上的各种经书,并讲解了陈列方式。他还提到蔡邕和马日䃅的署名。

根据《后汉书》卷七九上《儒林列传上》,石经采用古文、小篆(据说小篆由秦始皇时丞相李斯所设计)、隶书(汉朝普遍流行隶书)三种字体写成。这种说法可能是与三国时期魏国正始年间(240—248)所刻石经相混淆。《正始石经》用古文、小篆、隶书三种字体雕刻了《尚书》《春秋经》和《左氏传》。从汉朝幸存至今的熹平石经残石上都是隶书,被尊为书法珍品。

[53] 第三章第 142 页,第四章第 204—205 页,第五章第 260 页及注释 106 引用《史通·外篇·古今正史第二》;《四库全书总目提要》"东观汉记"条; Mansvelt Beck, *Treatises*, 19-25; Bielenstein, *RHD* I, 10-11; Bielenstein and Loewe, *Early Chinese Texts*, 471-472。

[54] 关于参与正定石经和撰作《汉记》的学者名单,记载于《后汉书》卷六四《卢植列传》。《史通·外篇·古今正史第二》仅记载灵帝朝在熹平年间,即公元172—177年编撰《汉记》,但根据《后汉书·卢植列传》,可知此命令下于公元 177 年。

[55] 关于蔡邕的工作,见《后汉书》卷六十下《蔡邕列传下》,Asselin, *A Significant Season*。关于蔡邕被司徒王允下令收付廷尉治罪,并死于狱中,见《后汉书》卷六十下《蔡邕列传下》,以及第十章注释 103。

[56] 关于杨彪的续写,记载于《史通·外篇·古今正史第二》。

[57] 关于鸿都门的位置,见第四章注释 146。

[58] 史书中首次提到鸿都门学,为《后汉书》卷八《孝灵帝纪》。在公元

178年3月15日（光和元年二月辛亥朔）发生日食的条目后，记载"始置鸿都门学生"。这一条肯定是指正式将鸿都门学确认为选官任职的途径。鸿都门学在此之前已经建立，《后汉书》卷六十下《蔡邕列传下》记载灵帝引召诸生至鸿都门下，随后记载公元177年蔡邕上封事批评；《资治通鉴》卷五七；deC, *Huan and Ling*, 137-140。Knechtges, "Court Culture in the Late Eastern Han" 进行了详细分析。

关于鸿都门学与宦官之间的可能关系，见 Balazs, "Political Philosophy and Social Crisis", 190, Jugel, *Eunuchen*, 102, and Powers, *Art and Political Expression*, 362-363。但他们的观点遭到康达维的成功反驳，Knechtges, "Court Culture", 22以下，引用 Bielenstein, *Lo-yang*, 28, 108 note 108。

[59] "士君子皆耻与为列焉"，出自《后汉书》卷六十下《蔡邕列传下》，以及华峤《后汉书》卷一。蔡邕、杨赐、阳球的上疏，分别见《后汉书》卷六十下《蔡邕列传下》、《后汉书》卷五四《杨赐列传》、《后汉书》卷七七《酷吏列传》；deC, *Huan and Ling*, 146-148, 151-152。

蔡邕、阳球都反对鸿都门学，但公元178年蔡邕被阳球等陷害，被赶出洛阳，流放朔方，见前文384页，以及《后汉书》卷六十下《蔡邕列传下》；deC, *Huan and Ling*, 149-150。

[60]《后汉书》卷五四《杨赐列传》。

[61] 关于梁鹄以及他和曹操的关系，见 deC, *Imperial Warlord*, 32，以及 *Biographical Dictionary*。

[62] Knechtges, "Court Culture", 15-16 提到前汉枚皋，此人"诙笑类俳倡，为赋颂，好嫚戏"，见 Loewe, *Biographical Dictionary*, 435。枚皋没有作品传世，但康达维在第28--29页引用了蔡邕的《短人赋》，其中有一些幽默的暗喻和明喻，他认为可能用与灵帝宫廷中类似的"粗俗"风格写成。

尽管这些文章可能可笑，但其中的俏皮话需要有一定文学能力才能欣赏，它们是宫廷小品，不是为平民百姓创作的。

[63] 关于画孔子及七十二弟子像，见《后汉书》卷六十下《蔡邕列传下》；关于为乐松等人图像立赞，见《后汉书》卷七七《酷吏列传》阳球的传中。

[64] 关于灵帝作《皇羲篇》，见《后汉书》卷六十下《蔡邕列传下》，关于

此事发生的年代，见公元 10 世纪的类书《太平御览》卷九二《皇王部十七》引用公元 3 世纪鱼豢《典略》："熹平四年五月，帝自造《皇羲》五十章。"见 Knechtges, "Court Culture", 12 引用姚振宗《后汉艺文志》，提及《后汉书》卷六十下《蔡邕列传下》王先谦注。姚振宗将此书归入经部小学类新撰字书门。

关于明帝作《五行家要说章句》，见第 2 章第 86—87 页。

[65] Knechtges, "Court Culture", 31.

[66]《后汉书》卷十下《皇后纪下》。自桓帝开始（桓帝也是遇到这种情况的皇帝），当出现皇帝的母亲没有做过皇后的情况，则其宫殿被称为"永乐宫"，不论它具体是什么名字，见《后汉书》卷十下《皇后纪下》、《后汉书》志第二十七《百官四》；Bielenstein, *Lo-yang*, 38-39 和 *Bureaucracy*, 71。因此，董贵人经常被称为永乐皇后。

[67] 记载于中常侍张让、赵忠的传记，见《后汉书》卷七八《宦者列传》。

[68] 关于灵帝在西园的财富，见后文第 393 页。

前汉时期，大司农负责管理国家财政，少府负责管理皇室私财。但后汉时期，二者均归于大司农，见《后汉书》志第二十六《百官三》；Bielenstein, *Bureaucracy*, 46-47。因此，德效骞、毕汉思将少府翻译为"Privy Treasurer"可能不妥，我翻译为"Minister Steward"。

[69]《后汉书》志第十三《五行一》；关于进贤冠，见《后汉书》志第三十《舆服下》。

有人可能会由此联想到罗马皇帝卡利古拉，据说他曾打算将他的马英西塔图斯（Incitatus）任命为执政官，可能是因为他把当时任职的官员视为驴，见 Suetonius, *Twelve Caesars*, IV: 55。

[70] 驾驴车、弄狗、摆摊三件事均记载于《后汉书》卷八《孝灵帝纪》光和四年（181）的同一条史料。《后汉书》志第十三《五行一》记载，弄狗一事发生在熹平年间，即公元 172—177 年，而后一条史料即关于宫中集市。这些都是流言。

[71]《后汉书》志第十三《五行一》。《后汉书·五行志》指出，公元 189 年董卓进京时，他的军队中有很多胡人，见第九章第 452 页。司马彪解释灵帝此举预示了胡人之后的入侵。

[72]《后汉书》卷八《孝灵帝纪》。关于上林苑、广成苑，见第一章第 61—64 页。

[73] 第一章第 64 页。

[74]《孟子·梁惠王下》；Legge, Classics I, 153-154。

[75] 关于建造毕圭苑、灵琨苑，见《后汉书》卷八《孝灵帝纪》；杨赐的上疏，见《后汉书》卷五四《杨赐列传》。Bielenstein, Lo-yang, 81 讨论了毕圭苑、灵琨苑。杨赐上疏中提到，毕圭苑、灵琨苑位于城南。关于毕圭苑的规模大小，记载于《后汉书》卷八《孝灵帝纪》注释。

[76] 例如第一章第 65—66 页。

[77] 第四章第 194 页、第七章第 323 页。

[78] 关于卖官的更多讨论，见 deC, "Recruitment Revisited", 41-44，以及 Leban, "Sale of Office or 'Fines' in the Later Han"。

在前一年，公元 177 年，"市贾民为宣陵孝子者数十人，皆除太子舍人"，见《后汉书》卷八《孝灵帝纪》。从太子舍人可以进入仕途，deC, "Recruitment Revisited", 14；deC, *Huan and Ling*, 137。蔡邕因此上疏表示反对，见《后汉书》卷六十下《蔡邕列传》。正如 Bielenstein, *Bureaucracy*, 203 所指出的，这可能是一次低等级、小规模的卖官行为。

[79]《后汉书》卷八《孝灵帝纪》；deC, *Huan and Ling*, 191-192, 515-518, 以及 Bielenstein, *Bureaucracy*, 141-142。关于公元 2 世纪 80 年代卖官的更多发展，见第九章第 429—430 页。

[80]《后汉书》卷八《孝灵帝纪》记载了公元 178 年灵帝首次卖官的情况，三公价格千万钱，九卿价格五百万钱。唐注引用公元 300 年前后乐资所撰《山阳公载记》，卖官标价不同：二千石价格二千万钱，四百石价格四百万钱。按这个比例，则一石对应一万钱。可能《山阳公载记》所记载的卖官价格更高，是公元 185 年之后施行的。

根据公元 106 年官员品秩（翻译见 Bielenstein, *Bureaucracy*, 129-131），三公秩万石，每年四十二万钱。故即使买三公官职"仅"花费一千万钱，不考虑利息，也需要用至少二十年才能收回成本，而且这一时期三公任职时间不长，基本以月来计算。即便有机会勒索财物，通过买官任职三公也不是什么好生意。

[81] 例如，Schama, *Citizens*, 69-69 以及 Wedgwood, *The King's Peace*, 156。

[82] 至少自公元 2 世纪早期邓太后临朝时，朝廷便已出现财政困难，见第三章第 145 页、第四章第 190 页 "财政问题"，第五章第 266—267 页、第七章第 321 页 "财政问题"。如 Dien, *State and Society*, 11 指出："随着世家大族越来越控制地方局面，他们可能已经能够限制流向中央的收入。于是朝廷可能已经被迫凭借法律之外的，甚至非法的手段来获取收入，比如卖官。"

[83] 例如，见第五章第 229—230、234 页。

[84] 第六章第 280—281 页。

[85] 第六章第 309 页。

[86] 《后汉书》卷七七《酷吏列传》；deC, *Huan and Ling*, 155-157。

王吉曾任沛相，非常残暴，见第五章注释 120。王萌曾任司隶校尉，王甫请阳球对年迈的王萌宽大处理，但阳球用土堵住王萌的嘴。

[87] 这件事中存在一些不寻常的家族关系。首先，刘郃是刘儵之弟。在刘儵推举下，刘宏于公元 167 年继位，但次年宦官政变时，刘儵因受窦武牵连而被杀，见前文第 363—368 页。虽然刘郃很自然地对宦官没有太多好感，并且正准备打击他们，但他此时已经在宦官的支持下官至三公。

其次，尽管对宦官抱有强烈敌意，阳球曾将宦官程璜的养女纳为妾。据记载，这名女子知道阳球他们的计划，告诉了自己的养父程璜，然后曹节等人逼迫程璜交代实情，见《后汉书》卷五六《陈球列传》；deC, *Huan and Ling*,163。

[88] 见前文第 371—373 页。

[89] 檀石槐的事迹见《后汉书》卷九十《乌桓鲜卑列传》；讨论见 deC, *Northern Frontier*, 329-342, 以及 Gardiner and deC, "T'an-shih-huai and the Hsien-pi Tribes"。在后者的第 13—14 页，我的同事肯·加德纳（Ken Gardiner）认为，中文史料中关于檀石槐的记载可能是基于公元 3 世纪 20 年代中期鲜卑给魏国朝廷的材料，当时檀石槐的孙子步度根寻求曹丕支持，对付强大的轲比能。这段记载反映出一部口述的"檀石槐传奇"。

[90] Gardiner and deC, "T'an-shih-huai and the Hsien-pi Tribes", 42.

[91] 《后汉书》卷九十《乌桓鲜卑列传》；可对比第七章第 360 页。

[92] 蔡邕的议论记载于《后汉书》卷九十《乌桓鲜卑列传》。

[93] 史料中最后一次提到度辽将军，是《后汉书》卷六五《皇甫规列传》，公元 2 世纪 60 年代末，皇甫规拜度辽将军。

[94] 《后汉书》卷六五《段颎列传》；deC, *Huan and Ling*, 119。

[95] 这场叛乱的首领姓名记载不一。《后汉书》卷八《孝灵帝纪》记载了该叛乱的发起和结束，称首领为"许生"，自称"越王"。

但根据《三国志》卷四六《吴书·孙破虏讨逆传》，首领为"许昌"，自称"阳明皇帝"，其子"韶"相助，并引用刘艾《灵帝纪》："昌以其父为越王也。"《东观汉记》卷三《孝灵皇帝》对首领的姓名和称号有不同记载："许昭"，自称"大将军"，立其父"生"为"越王"。《后汉书》卷五八《臧洪列传》、《后汉书》志第十二《天文下》与之相同。臧洪是臧旻之子，臧旻率军平定叛乱。

《东观汉记》称"昭"、《三国志》称"韶"的差异，可以解释为陈寿避司马昭的讳。司马昭（公元 211—265 年），晋朝奠基人之一，被追尊为晋文帝，见《晋书》卷二《帝纪第二》。否则，几处材料相互矛盾。

叛乱首领为"许昌"，还有一个原因，纬书《春秋佐助期》记载了一个预言："汉以许昌失天下。"五十年后，公元 220 年，曹丕继承曹操魏王爵位，继续以汉献帝为傀儡，太史丞许芝上表，列出谶纬中关于魏代汉的记载，引用《春秋佐助期》。随后，曹丕逼迫汉献帝退位，次年，魏开国皇帝曹丕将都城"许"改为"许昌"，见《三国志》卷二《魏书·文帝纪》。许昌一直保留这个名字，使用至今。见 Tjan, *White Tiger Discussions* I, 117; Leban, "Managing Heaven's Mandate", 尤其是第 328 页；Goodman, *Ts'ao P'i Transcendent*, 101-102; deC, *Huan and Ling*, 473-475; deC, *Generals of the South*, 80-81; *Biographical Dictionary*, 901。

很有可能五十年前这位会稽郡姓许的叛乱者，要么是设计了一个预言来吻合自己的名字，要么是自己取名为"昌"，希望由自己来实现推翻汉朝的预言。

[96] 《三国志》卷四六《吴书·孙破虏讨逆传》；deC, *Generals of the South*, 83-85。

[97] 例如，第二章第 93 页、第七章第 339 页。

[98] 关于徐登、赵炳,见《后汉书》卷八二下《方术列传下》;Ngo, *Divination, magie et politique*, 127-128, DeWoskin, *Doctors, Diviners and Magicians*, 76-77。

[99] 第六章第 276 页。

[100] 华佗传记见《后汉书》卷八二下《方术列传下》、《三国志》卷二九《魏书·方技传》;Ngo, *Divination, magie et politique*, 118-122, DeWoskin, *Doctors, Diviners and Magicians*, 140-153;Needham, *Science and Civilisation* VI.1, 245-248。

[101]《后汉书》卷一下《光武帝纪下》、《后汉书》卷六《孝顺孝冲孝质帝纪》、《后汉书》卷七《孝桓帝纪》。除公元 151 年发生的"京师疾疫"外,其余均记载为"大疫","元嘉元年春正月,京师疾疫,使光禄大夫将医药案行"。

McNeill, *Plagues and Peoples*, Index, 259-269 列出了各种疾病,由查约瑟(Joseph H. Cha)在陈高佣《中国历代天灾人祸表》基础上整理;后汉发生的疾病见麦克尼尔(McNeil)书第 260—261 页,陈高佣书第 73—169 页。

[102]《后汉书》卷六五《皇甫规列传》,第七章第 358 页。

[103] 根据《后汉书》卷八《孝灵帝纪》,这几次均记载为"大疫",朝廷派遣官员巡行散发医药,"巡"指比较远的距离,可与公元 151 年京城疫情对比,见前文注释 101。

[104] 莫里斯(Morris)认为,公元 162 年发生在皇甫规军中的疫情,可能是疫病暴发的首例,但由于安东尼瘟疫暴发于公元 164 年罗马军队占领塞琉西亚时,而直到 70 年代初中国才发生大规模疫情,所以更有可能皇甫规的军队染上了当地疾病,与之后蔓延全国的"大疫"无关。

公元 166 年(桓帝时期)大秦派遣使节来到洛阳(第七章第 349—350 页),是汉朝与西方最著名的接触,但据记载,这次大秦使节来访是走水路,穿过印度洋,不太可能携带瘟疫。瘟疫更有可能是由丝绸之路上的商队带到中国。

[105] 中国最早关于瘟疫的描述,出自公元 4 世纪哲学家、炼丹者葛洪。在其著作《肘后备急方》卷二《治伤寒时气温病方》记载:"比岁有病时行。仍发疮头面及身,须臾周匝,状如火疮,皆戴白浆,随决随生,不即治,剧者多死。治得瘥后,疮瘢紫黑,弥岁方减,此恶毒之气。"葛洪列出了好几种外

用药,包括混合蜂蜜和醋,并称治疗伤寒的方法对一些病人有效。但葛洪指出,这种疾病首次出现于公元 3 世纪早期,因此如果真的与公元 2 世纪末的大疫有关系,则一定是后者的变异。

《肘后备急方》章节的翻译,见 Wong(王吉民)and Wu(伍连德),*History of Chinese Medicine*,82。McNeill,*Plagues and Peoples*,118 引用,但麦克尼尔将葛洪(威氏拼音:Ko Hung)错写为 Ho kung,并且页码引用错误。之后,Oldstone,*Viruses, Plagues, and History*,29(同样写错了葛洪的名字),Morris,*Why The West Rules-For Now*,297 等西方学者著作继承了麦克尼尔的错误。

[106] 很多学者曾讨论过安东尼瘟疫的性质,包括前文提到的麦克尼尔、奥德斯通(Oldstone),以及著名的 Crawford, *Deadly Companions*,78-79; Hopkins, *The Greatest Killer*,104; Fears, "Plague under Marcus Aurelius"; Zinsser, *Rats, Lice and History*,135-137,以及 Twitchett, "Population and Pestilence"。我在 *Biographical Dictionary*,514 以及 *Imperial Warlord*,36 对其中一些观点进行了讨论。

[107] Michaud, "Yellow Turbans",64-67 讨论了自然和人为灾难可能造成的影响,认为史料没有显示公元 2 世纪 70 年代末至 80 年代初发生过特殊原因造成的苦难不幸。我相信他没有意识到瘟疫带来的影响。

[108] 三辅指前汉京城长安周边的三个郡,京兆、右扶风、左冯翊。

[109]《三国志》卷八《魏书·公孙陶四张传》注引用《典略》,《后汉书》卷七五《刘焉列传》注有相似内容。但后者有讹误,错称"张脩为太平道,张角为五斗米道",之后中华书局版对此作了订正。

[110] 之后张鲁在汉中创建了一个神权国家,但在公元 215 年末归降军阀曹操。更多情况见第九章第 434、472 页。

关于"妖贼"这个统称,指民间宗教的各种教派,它们不属于儒家、反对朝廷。见第五章注释 96。

[111]《后汉书》卷七一《皇甫嵩列传》。

[112]《三国志》卷四六《吴书·孙破虏讨逆传》。《三国志》的记载可能是正确的,但主要关注的是孙坚,对孙坚直接参与事件的记载可能比那些一般的、遥远的事件更可信。《孙破虏讨逆传》记载的其他细节与更权威的记载有

分歧，见 deC, *Biography of Sun Chien,* 31-32 and 60-61 note 16.《孙破虏讨逆传》所依据的文本有可能是公元 200 年前后在南方编纂的，内容歌功颂德，见第九章注释 73。

[113]《后汉书》卷三十下《襄楷列传》；deC, *Portents of Protest*, 32，以及第七章第 345 页。

[114] Mansvelt Beck, "Date of the *Taiping jing*", 159，在 182 页补注中讨论 Kandel, *Origin and Transmission*。参见 deC, *Portents of Protest*, 32，94 note 81。我基本（也许错误地）接受了一个共识，即将《太平经》、太平教义和张角的革命思想相联系。

[115] 关于王莽以新朝为土德、光武帝以后汉为火德，见第一章第 30—31 页及注释 41 讨论了五德终始问题。

[116] 关于公元 2 世纪 40 年代中期的叛乱，见第六章第 274—275 页，关于 2 世纪 60 年代"妖贼"叛乱以及皇帝崇信黄老，见第七章第 338—339 页。

关于秦朝、汉朝所崇尚的颜色，见 Loewe, "Water, Earth and Fire"。

汉朝与红色早有联系，与火德不同。据说汉朝开国皇帝高祖刘邦曾斩杀一条神秘的蛇，这条蛇是白帝子，刘邦被认作赤帝子。刘邦斩白蛇所用的剑象征着皇权，在汉朝每位皇帝的即位典礼上展示，见第二章第 74 页及注释 9。根据《汉书》卷六六《公孙贺传》，前汉初，"汉节纯赤，以太子持赤节"，而公元前 91 年，前汉武帝太子刘据起兵谋反，"故更为黄旄加上以相别"，Dubs, *HFHD* II, 115 note 37.1；又见 Loewe, *Crisis and Conflict*，第二章第 43—44 页。

[117]《后汉书》卷七一《皇甫嵩列传》。

在今安徽北部出土的曹操宗族墓中，有一块墓砖上刻有"仓天乃死"，见《文物》1978 年第 8 期，第 34、45、50 页。"仓天乃死"可能是指"苍天已死，黄天当立"，但不确定所反映的是张角的教义或仅仅是预言的早期形态。

"苍"指自然的颜色，可能指植物的绿色或是天空的蓝色。

[118] 根据《后汉书》卷七一《皇甫嵩列传》，"遂置三十六方。方犹将军号也。大方万余人，小方六七千，各立渠帅"。"三十六"是一个神奇数字，故这一安排是理想化的。随后记载："大方马元义等先收荆、杨数万人，期会发于邺。"

[119]《后汉书》卷八《孝灵帝纪》、《后汉书》卷七一《皇甫嵩列传》,关于这个问题的讨论见 Leban, "Ts'ao Ts'ao",79-88。

DeC, *Biography of Sun Chien*, 60-61 note 16 认为《三国志》卷四六《吴书·孙破虏讨逆传》的记载不可信:"三月甲子,三十六方一旦俱发,天下响应,燔烧郡县,杀害长吏。"这样起兵过于贸然,不可能这样计划,并且该月没有甲子日。这一年是甲子年。

[120] 根据《后汉书》卷八《孝灵帝纪》,朝廷首次采取行动是在三月戊申,即三月第三天、公历 4 月 1 日。朝廷"以河南尹何进为大将军,将兵屯都亭,置八关都尉官",这想必是对张角密谋叛乱的消息的有力回应。把张角得到这一消息的时间估计在内,可以认为张角在接下来的几天内(公历 4 月第一周)召集弟子。

《后汉书》卷七一《皇甫嵩列传》描述了张角起兵初期的情况,Leban, "Ts'ao Ts'ao", 83 据此提出叛乱爆发时间最早可能是公历 3 月 22 日。但是,《后汉书》这段记载感情色彩浓重,我不认为可以据此推算叛乱爆发时间。

另一方面,Leban, "Ts'ao Ts'ao", 86-88 提出,实际上这次叛乱按计划应在当年晚些时候发起,可能是农历五月,那时庄稼已经完成种植、获得丰收。这一观点令人印象深刻,有说服力。

[121]《后汉书》卷七一《皇甫嵩列传》。

[122] 公元 2 世纪 90 年代初,青州(山东半岛东部)黄巾军是一股重要威胁力量,直到公元 192 年向军阀曹操投诚。曹操将青州黄巾军编入自己的军队,成为"青州兵"。之后青州兵存续了三十年,但并不是可靠的力量。

[123] 关于八关,见第一章第 26—27 页、第 25 页地图 2。

[124] 皇甫嵩、朱儁的传记见《后汉书》卷七一。皇甫嵩是度辽将军皇甫规的侄子。

卢植是著名学者,曾参与校勘石经以及编写《东观汉记》(前文第 384—395 页),但他也积极参与平叛、对抗长江下游地区的少数族。卢植传记见《后汉书》卷六四《卢植列传》。

[125] 根据《三国志》卷四六《吴书·孙破虏讨逆传》,朱儁表请孙坚为佐军司马,孙坚招募部队加入朝廷军队,并且率部首先攻破宛城,因此被拜

别部司马。

[126]《后汉书》卷七一《朱儁列传》、《资治通鉴》卷五八；deC, *Huan and Ling*, 188-189。

[127]《后汉书》卷七一《皇甫嵩列传》。《左传》记载，鲁宣公十二年，楚军大败晋军，有大臣劝楚庄王"收晋尸以为京观"，"示子孙，以无忘武功"，但楚庄王拒绝，原因之一是敌人没有被完全打败。皇甫嵩是在庆祝取得了完全的胜利。

[128]《后汉书》卷八《孝灵帝纪》。这次改元是向前追溯的。这一年本是光和七年，但此时被作为中平元年。在今西安的一块石碑上，以及当时的一些竹简中，记载"光和七年"。

"平"，一般理解为和平，在"太平道"中也可以这样理解。但"平"字也可以表示更主动的含义，比如年号"中平"表示叛乱已经被"平定"。

[129]《后汉书》卷七一《皇甫嵩列传》、《后汉书》卷七八《宦者列传》。

根据灵帝之母孝仁董皇后传记，封谓曾任永乐太仆。当皇帝生母没有做过皇后时，其宫殿被称为永乐宫。历史上首次出现，为桓帝生母、孝崇皇后匽明，董太后时期再次使用，见《后汉书》卷十下《皇后纪下》。永乐宫中秩级最高的宦官为太仆，Bielenstein, *Bureaucracy*, 73。

[130]《后汉书》卷七八《宦者列传》、《后汉书》卷六六《王允列传》。

[131]《后汉纪》卷二四《孝灵皇帝纪中卷》、《后汉书》卷七八《宦者列传》。《后汉纪》记载为"中郎将张均"，而《后汉书》记载为"郎中张钧"。《资治通鉴》卷五八与 deC, *Huan and Ling*, 179-180 采用《后汉书》。但事实上，小小郎中不太可能参与这么重大的事件，张钧更可能是中郎将。

在前文第 412 页，可见皇甫嵩、朱儁、卢植被朝廷任命为中郎将，派往各地平叛，之后这种现象变得很常见。然而，张钧不是现役武官，他是掌管三署郎的中郎将，负责皇宫附近守卫，见第三章 150 页。

[132]《后汉书》卷七八《宦者列传》。

[133] 吕强传记见《后汉书》卷七八《宦者列传》。关于结束党锢，见《后汉书》卷七八《宦者列传》，以及《资治通鉴》卷五七；deC, *Huan and Ling*, 178。《后汉书》卷八《孝灵帝纪》记载了具体日期，为中平元年三月壬子。

[134] 一些现代学者，尤其是 Stein, "Mouvements du Taoisme", 14-15 提出，在党人和黄巾军之间存在着联系。他的这一观点主要建立在《后汉书》卷六七《党锢列传》记载了三十五位党人，"三君、八俊等三十五人，其名迹存者，并载乎篇"，见前文第 376 页，而张角任命了三十六方部帅，见前文第 410 页，三十五与三十六相近。但对一个数字命理学家来说，三十五与三十六差异很大。事实上，除了吕强对灵帝的建议外（吕强此言主要想说服灵帝，而不是在阐述事实），没有史料表明党人和黄巾军之间有任何联系。

[135]《后汉书》卷六七《党锢列传》。前文第 379—380 页。

第九章　帝国的终结（公元185—189年）

年　表

184年　　[黄巾军在中国东部地区发动叛乱、破坏。][1]

　　　　在西北地区凉州，出现兵变和叛乱。

185年　　皇宫火灾，收税以重建宫殿；灵帝在西园建万金堂；卖官行为愈演愈烈。

　　　　凉州叛军迫近长安，但被逼退。

　　　　黑山贼起于太行山。

187年　　耿鄙征讨凉州叛乱失败。

　　　　乌桓在北方发动兵变、叛乱。

　　　　卖关内侯。

188年　　白波贼起于西河郡。

　　　　在一些州设州牧，取代秩级较低的刺史。

　　　　南单于羌渠被叛军诛杀；匈奴国瓦解。

　　　　初置西园八校尉。

　　　　凉州叛军寇右扶风。

189年　　皇甫嵩击退凉州叛军；叛乱分裂，但后汉丢失西北。

第九章 帝国的终结（公元185—189年）

	刘虞平定东北乌桓叛乱。
	5月13日：灵帝去世。
	5月15日：刘辩被推上皇位，其母何太后临朝摄政，何太后之兄何进为大将军参录尚书事。
	9月22日：何进被杀，其军队进攻皇宫。
	9月24日：宦官带着刘辩、刘协逃离京城；宦官被杀，刘辩、刘协被带回京城。
	9月25日：董卓控制朝廷。
	9月28日：董卓废刘辩，立刘协为帝，即献帝。
190年	袁绍等效忠汉室的人结盟，于关东起兵讨伐董卓。
	4月9日：洛阳遭到劫掠，并被遗弃，献帝与群臣离开洛阳去长安。
191年	春天：孙坚从董卓、吕布手中夺取洛阳，随后撤走。
192年	吕布、王允在长安刺杀董卓；董卓之前的部曲将李傕、郭汜攻陷长安。
195年	献帝逃离长安。
196年	献帝短暂地回到洛阳，但随后跟随军阀曹操至颍川郡许都，实际遭到囚禁。
200年	曹操在官渡之战击败袁绍。
205年	曹操控制华北平原。
207年	曹操在北方击败乌桓联盟。
208年	曹操任丞相。
	曹操取得荆州，但被孙权、刘备军队于长江赤壁击败。
211年	曹操于华阴击败西北军阀。
213年	曹操被封为魏公。
214年	刘备击败刘璋，占据益州。

215年	曹操的一个女儿被立为献帝皇后。
	曹操迫使占据汉中的张鲁投降。
216年	曹操被封为魏王。
219年	曹操将领夏侯渊被刘备击败,失去汉中。
	刘备将领关羽在荆州发动进攻,但被击退并消灭。

凉州失守

到了灵帝时期,后汉和中亚的往来已经断绝。公元2世纪20年代班勇曾短暂恢复过后汉对西域的统治,30年代后汉曾尝试在吐鲁番地区重新建立军屯,但没有成功,在此之后,大部分西域事务被交给敦煌太守和凉州刺史。[2] 公元170年,一位对汉友好的疏勒王被人篡位,凉州刺史率汉军以及联军征讨疏勒国,但这场战斗不了了之。[3] 公元175年,丝绸之路南线上的拘弥国遭于寘国攻打,拘弥王被杀,后汉派兵平定,并立拘弥侍子为王,但这个胜利徒有其表,因为拘弥国大部分人口已经四散奔逃,成为一片废墟。[4]

但是,这些遥远的事件和争执对东西方商贸影响不大,东西方商贸基本上一直独立于政治变迁,汉王朝对手边的事情更加关心。

公元2世纪70年代至80年代早期,帝国北方边境受困于檀石槐和鲜卑带来的麻烦,类似的麻烦此时也一定程度上出现在帝国西部和南部。公元179年,益州(今四川)板楯蛮叛乱,直到公元182年才平定。公元180、181年,在荆州以及荆州以南地区发生少数族叛乱。这些骚乱没有引发更大威胁,不能与北方遭到入侵或黄巾军席卷全国相提并论,但在西北,情况变得非常严峻。

段颎在公元2世纪60年代末对先零羌的大屠杀在他们此前占据的土地上留下了和平的假象,但并没有解决人口这一基本问题。在北方并州、幽州,鲜卑越过边塞进犯,使汉人定居者进一步迁徙流失,对比之下，凉州没有怎么受到侵袭的影响，但是汉人和少数族之间一直存在矛盾，地方官员的腐败和漠视使矛盾进一步加剧。公元184年冬天，就在朝廷剿灭黄巾军残部时，凉州汉羌百姓的不满情绪到达了顶点。

首先发难的是北地郡、安定郡的羌人部族，其中包括在前几次大屠杀中幸存的先零羌。这些叛乱者无疑是听到东部叛乱的消息，发现朝廷军队因此而分散注意力，受此鼓励，他们再次起兵反对后汉的压迫。[5]另外同时（虽然不一定是协调好的），在西部发生少数族入侵陇西边塞（黄河上游地区）。在理论上，以及按照以往的情况，这类叛乱可以由地方解决，但由于朝廷以湟中义从胡对付羌人叛乱，湟中义从胡也发生兵变，杀护羌校尉泠征，并加入羌人叛军。[6]

将近一百年前，邓训从西宁谷地（金城郡西部）的小月氏胡中招募人员，创建了湟中义从胡，但从那时起湟中义从胡一直在吸收羌人。这次叛乱最初的首领，北宫伯玉和李文侯，都是湟中义从胡，不确定他们从属的部落是什么，李文侯可能是汉人，也许是一个小官吏。

叛军很快控制了黄河沿岸的一条狭长地带（今兰州附近），在通向中亚的陇道上占据了数个据点，夺取了军事要地和地方武库。此外，他们很快攻陷金城郡郡治允吾，劫持金城人边章（曾任新安县令）、韩遂（州从事）为人质。金城太守陈懿入城谈判时被杀。之后，边章、韩遂在劝说下加入叛军，边章与北宫伯玉联手指挥。[7]

湟中义从胡的兵变以及金城郡失守，意味着叛军在西北已经无人可挡。凉州刺史左昌因盗用军费被免，继任刺史宋枭虽然可敬，但他竟然计划通过"多写《孝经》"移风易俗来解决叛乱。宋枭很快被免职。[8]就在此时，叛军越过陇山，通过陇关，进入汉阳，将时任护羌校尉夏育（曾在段颎护羌营担任司马，公元177年率军讨伐檀石槐大败而归）围困在畜官（掌管该地区养马）（《汉书》卷七六《尹翁归传》颜师古注"轮掌畜官"句："扶风畜牧所在，有苑师之属，故曰掌畜官也。"则"畜官"即右扶风。——译者注），

430 —— 洛阳大火：公元 23—220 年的后汉史

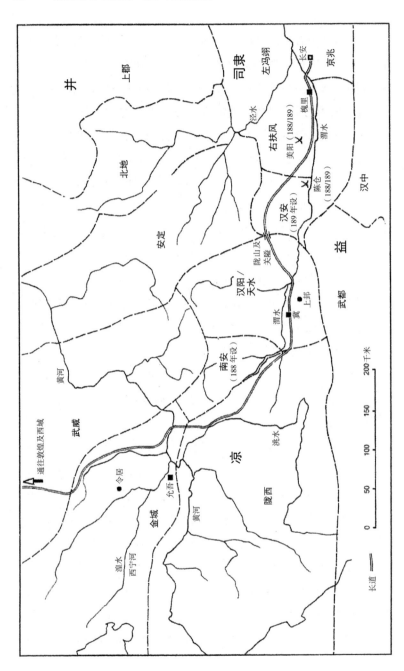

地图 8 公元 184—189 年凉州叛乱

夏育本来顽强抵抗，但当援军被打败后，只能放弃。汉阳郡大面积失守，忠于朝廷的残存力量据守冀城（汉阳郡郡治）。

公元185年年初，这支发展为数万规模的叛军向东进攻长安。叛军可能本无意对帝国发起全面攻势，但一路上所向披靡，形势大好，而前汉京城长安将是他们大肆掠夺的目标。

这时，汉王朝已经召集大军，派皇甫嵩（刚刚成功平定黄巾军）率军平叛。虽然皇甫嵩守住了长安，但没有亮眼的功绩，被司空张温取代。朝廷以张温为车骑将军，另派军队和少数族辅军归张温指挥。[9] 中平二年十一月，张温破北宫伯玉于右扶风美阳，距离前汉皇帝园陵仅数公里。于是，长安得救，但叛军仍占据金城郡以及黄河沿线的土地，而汉阳郡和渭河上游谷地仍处在双方争夺之中。

当时，朝廷诏会公卿百官，讨论是否应该舍弃整个凉州，但有人再次提出了传统论调：凉州土地是伟大的前汉武帝留下的遗产，非常珍贵，也是"天下要冲，国家藩卫"，能够缓冲"左衽之虏"作乱。[10] 事实上，凉州地区已深受战争、叛乱之苦，称其为三百年前武帝遗产当然不恰当，少数族是问题的核心；但理想主义占了主导，撤出凉州的提议被驳回。与此同时，叛军中也出现混乱，边章被杀，北宫伯玉、李文侯从此不见记载，可能在叛军首领内斗中身亡。公元187年，新任凉州刺史耿鄙希望利用叛军正处于混乱的机会，率领六郡兵进入陇西郡。

耿鄙惨败。有人曾建议耿鄙不要"率不习之人，越大陇之阻"，应该"息军养德，明赏必罚……率已教之人，讨已离之贼，其功可坐而待也"，但耿鄙执意不听，在资源有限的情况下选择主动出击，并以贪污腐化、遭人怨恨的程球为治中，随军远征。途中发生兵变，耿鄙与程球都被杀。陇西太守李相如等官吏加入韩遂叛军，其中王国率人寇掠三辅、进逼长安。王国一开始发动零散的小规模战斗，但到了公元

188年年底，率领大军向东围困右扶风陈仓。

陈仓距长安大约150千米，三年前叛军曾围困美阳，与那时相比，这一次敌军位置没有那么迫近长安，但带来的威胁显而易见，皇甫嵩再次受命统率朝廷大军前去平叛。这一次皇甫嵩获胜，叛军损失惨重，被迫撤回汉阳。韩遂等人共废王国，叛军内部再次发生争斗，众首领各率部曲四分五裂，不再威胁三辅地区。[11]

另一方面，汉帝国失去了整个西北地区。此时，小股叛军占据金城郡以及黄河上游，切断了甘肃走廊各郡和朝廷之间的联系，这些郡陷入了地方大族和部落首领的争夺中。商队仍然穿越中亚不断往来，但从交易或关税得来的利润都落入地方政权手中。二十年后，公元211年，名义上为汉室效力的军阀曹操将打败并降服凉州东部军阀，但武威郡西北以远地区仍保持独立，直到公元3世纪20年代初，曹操的儿子曹丕才将其收回。[12]

凉州发生的叛乱是张角黄巾起义后对帝国影响最大的叛乱，但并不是唯一一起，当时在北方从东到西骚乱不断，"并起山谷间，不可胜数"。特别是在公元184年秋天，五斗米道首领张脩在汉中郡（汉水上游，今四川北部）发动叛乱。张脩与张角在教义上有相似之处，但二人关系不大，因为黄巾军在东部发动叛乱数月之后，张脩才起事，并很快与官府讲和。几年后，公元188年，有人自称黄巾在益州发起叛乱，但五斗米道并没有参与。[13]

不奇怪的是，北方少数族中也出现了矛盾纷争。公元185年，朝廷从东北发乌桓突骑讨伐凉州叛军，但当粮饷供应出现问题后，乌桓骑兵皆叛还本国。前中山相张纯与前泰山太守张举率乌桓部族起兵反叛，于公元187年自称"天子"，建立政权。张纯、张举定都辽西郡，杀护乌桓校尉、右北平太守、辽东太守等，率军进攻华北平原。[14]公元188

年，郭太等人起于白波谷（西河郡南部；黄河此段自北向南流，西河郡位于黄河东岸），自称黄巾，攻打相邻的太原郡、河东郡。[15]

匈奴单于羌渠派兵帮助朝廷军队平定白波贼，但当朝廷再次命其协助讨伐张纯、张举时，大量匈奴人为反抗如此频繁的征发而反叛。强盛的休屠各部早已公开反对单于政权，当其他心怀不满的匈奴部落与休屠各部一同反叛后，他们一起攻杀单于羌渠等部族首领以及并州刺史、西河太守等朝廷官员。一些忠心于羌渠的人立其子右贤王於扶罗为单于，但於扶罗没有威信，也得不到汉朝的支持。反叛者立须卜骨都侯为单于，但这个政权很快瓦解，南匈奴国实际上已经灭亡。於扶罗率领一小群人马，成为雇佣兵，而汾河以北整个鄂尔多斯地区不受任何政权或帝国控制。[16]

这一时期最突出的是黑山贼。黑山贼本是一伙匪徒，利用武力称雄太行山地区。其中张燕"剽捍捷速过人"，因此被称为"飞燕"，联合各部，成为首领。黑山贼人数众多，劫掠周边山谷平原诸郡县，但之后向朝廷投降。张燕拜平难中郎将，像郡太守一样"岁得举孝廉、计吏"。但遗憾的是，史籍没有列出这些特殊的孝廉、计吏的姓名，也没有记载这些人之后的官职升迁。[17]

叛乱和骚乱严重影响了朝廷财政。东部大片地区受黄巾军影响，而平定黄巾叛乱的朝廷军队耗费极大——并且无论是叛军还是他们的交战对手朝廷军队，都无法维持正常的耕种收获。凉州叛乱也耗费着人力、财力，而结果是朝廷无法再从当地获得资源。同样的，虽然变化过程更加渐进，可南匈奴在衰落、瓦解，当地汉人持续外迁，意味着朝廷还丧失了并州大部分地区。另外，黑山贼、白波贼迫近京城，虽然鲜卑侵袭已经缓和，但东北出现乌桓和州郡联手叛乱。对抗这些威胁花费巨大，帝国北方各州是否有能力应付令人生疑，更不用说各州对朝廷中央的贡献。

在黄河以南地区，情况相对较好。颍川郡、汝南郡在黄巾叛乱初期受到严重影响，但叛乱很快被平定。[18] 在南阳郡宛城附近再次出现长时间激烈冲突，但更靠南的地区以及东南富庶的兖州、豫州——货物主要从这里通过鸿渠运输至京城——有可能仍旧持续向朝廷中央提供钱、粮和劳力。这增加了财政稳定性。但我们可以估计，与之前相比，压力重重的国库已经丧失了一半收入。

然而，没有迹象显示灵帝及其宦官亲信们对这些问题予以关切。

皇帝的挥霍无度

洛阳的大部分建筑都是在土地上覆盖石块，立木质柱子，以瓦片铺在木椽上作为屋顶，房屋内以木屏风分隔，所以容易发生火灾。宫殿也不例外。在汉代史料中，尤其是《后汉书·五行志》，多次出现关于火灾的记载，而公元185年春天在南宫发生的火灾最为严重。[19]

火灾首先起于云台的屋顶，云台是洛阳城中最古老的宫殿建筑，火灾蔓延至三座宫殿，以及宫中的兰台、符节台、尚书台。两周后，大火才被扑灭，不过可以认为大部分文书、图书早在建筑受灾前便被转移了。[20]

虽然大火肯定造成不小损毁，但灵帝的反应过度。在大火还未扑灭时，朝廷便下令"税天下田，亩十钱"，征收修宫室的特别赋税。这种做法有先例，公元165年桓帝曾"初令郡国有田者亩敛税钱"，但这样做使田赋增加了一倍，并且当时帝国东部黄巾军肆掠、西北部叛乱不断。此外，桓帝加倍征收赋税仅一年，而灵帝此次加税似乎一直持续下去。[21]

此外，在这一时期，朝廷令所有州刺史、郡太守在上任前缴纳一笔费用。数年前，灵帝已开始卖官，但此时所卖官爵等级更高，强制付款，并且很快扩展到所有任命，甚至包括举茂才、孝廉。卖官的钱被称为"修宫钱"或"助军钱"，但全部进入灵帝在西园的私人金库。灵帝在西园建造了一座万金堂，用于管理卖官事宜、储藏卖官所得的钱。此外，灵帝将大量钱财从大司农掌管的国库转移至他直接掌管的万金堂私库。[22]

根据时间和环境的不同，每个官职需要缴纳的金额也有差异，对特别优秀的官员可以打折。郡太守的价格一般为2000万或3000万钱，比公元2世纪70年代涨了数倍。新的卖官价格刚刚施行时，崔烈仅以500万钱便得任司徒，而受人尊敬的刘陶（曾上疏请皇帝警惕黄巾）被任命为京兆尹时，本需缴纳修宫钱1000万钱，这已经是折扣价。刘陶表示贫穷无法缴纳，得到灵帝的恩典，被任命为谏议大夫，并且没有缴纳修宫钱。[23]

毫无疑问，这种明目张胆的敲诈勒索严重损害了朝廷的威信。崔烈出身名门，一直广受敬重，但买官登上三公之位使他声誉受损，"天下失望""论者嫌其铜臭"。河内司马直被任命为巨鹿太守时，由于有清名，故修宫钱"减责三百万"，但他表示拒绝："为民父母，而反割剥百姓，以称时求，吾不忍也。"虽然司马直想逃脱任命，但朝廷不听，他被迫赴任。然而他在途中上书，"极陈当世之失，古今祸败之戒"，随即吞药自杀。据记载，灵帝为此下令暂停收缴修宫钱，但不久便恢复如初、愈演愈烈。公元187年，卖关内侯，价格500万钱。[24]

在这种境况下，修建宫殿这件事引起争议，并出现了很多贪腐偷盗的故事。朝廷下令所有州、郡、国向京城运送定量的上好木材、石材，"凡诏所征求，皆令西园驺密约敕，号曰'中使'，恐动州郡，多受赇赂"。这是行贿、欺凌的大好机会，黄门侍郎常常表示上供物品不达标准，强令折价贱买，再转售获利；或在没有拿到足够贿赂时，不接收上供物品，导致木材积压腐坏，新宫室连年不成。

尽管如此，京城中建筑业繁荣，无论公共建筑还是私人建筑都有很大发展。除了重建宫殿外，灵帝令掖庭令毕岚"铸铜人四列于仓龙、玄武阙。又铸四钟，皆受二千斛，县于玉堂及云台殿前。又铸天禄虾蟆，吐水于平门外桥东，转水入宫。又作翻车渴乌，施于桥西，用洒南北郊路，以省百姓洒道之费"。[25]

据记载，宦官利用重修宫殿以及侵吞木材、石材的机会，为自己建造了宏伟的宅院。这种现象无疑是存在的，但是史料在这一点上充斥着轶事奇闻和严厉指控，很难辨别真相。《后汉书·宦者列传》："帝常登永安候台，宦官恐其望见居外，乃使中大人尚但谏曰：'天子不当登高，登高则百姓虚散。'自是不敢复升台榭。"[26] 但是联系到灵帝那些自私自利的事情，让人怀疑他是否真的这么有同情心、这么容易上当。

另外，据记载，灵帝在家乡河间郡购置田产宅院，并在当地为自己起第观。令人惊讶的是，自从灵帝十岁被带到京城以来，他再未回到过河间郡，记载中他最远一次出巡发生在公元182年，"校猎上林苑，历函谷关，遂巡狩于广成苑"。[27] 在叛乱刚刚被平定、黑山贼起于太行山的情况下，这类出巡无法保证绝对安全，但有一条有些奇怪的记载，称有人密谋利用灵帝北巡河间旧宅的机会，趁机作难劫持灵帝，废帝另立。据说这件事得到了冀州刺史的支持（河间郡位于冀州），术士襄楷称赞时机绝佳，曹操也被邀请加入。但是，这个计划令人困惑，缺失了很多细节，除了所谓主要参与者被诛杀外，什么也没有发生。整个河间事件未经证实。[28]

正当京城中花钱如流水时，在地方各州频频发生战争骚乱。与凉州叛军的战斗仍在持续，并州的南匈奴政权陷入瓦解，张纯、张举率乌桓部族起兵东北，鲜卑部族不断入侵边塞。朝廷好不容易平定了太行山地区的黑山贼,但河南尹又出现盗贼,南阳郡出现兵变,武陵蛮叛乱,长沙郡和整个湘江流域爆发叛乱,还有很多更小规模的战争和骚乱没有记载在正史中。

在凉州刺史耿鄙讨伐叛乱惨败而归后的第二年,即公元188年,并州刺史死于匈奴叛乱,同时益州也报告发生骚乱。在这种情况下,朝廷在很多州改变了治理结构,以官秩较高的州牧取代官秩相对较低,但有权从所辖各郡组织军队的刺史。朝廷以太常刘焉为益州牧,太仆黄琬为豫州牧,宗正刘虞为幽州牧,三人均曾位列九卿,任州牧后仍秩中二千石,远远超出刺史秩六百石,甚至高于郡守秩二千石。[29]

之前的刺史制度是通过较低的官员来监督较高的官员,他们没有直接权力,但有责任向皇帝汇报,这是汉朝行政管理的特色,被应用于好几个地方。[30] 在前汉末年,即公元前7—前5年,曾在一些州改刺史为州牧,自公元前1年起再次设置州牧,直到公元42年光武帝恢复刺史。这一次的改变不是全国普遍的,在有些州仍然设刺史,但在设州牧的州中,州牧对所辖各郡太守拥有行政权力。这样,州成为一个独立单元,其政策掌握在州牧及其僚属的手中。这种新的行政方式能够更加有效地应对叛乱:次年,刘虞成功平定乌桓,极大地加强了后汉在东北边塞的地位。另一方面,州牧只对遥远的首都负责,这一事实使高度自治成为可能。之后发生的事情证明,要使分裂的州牧臣服极为困难。

益州州牧刘焉就是一个例子。与凉州刺史耿鄙、并州刺史张懿一样,刘焉的前任被一伙自称黄巾的反贼所杀。虽然这股反贼很快被地方军队平定,但公元190年州牧刘焉遭遇叛乱,五斗米道首领张鲁于汉中建立独立政权。[31] 刘焉没有积极镇压,而是借机称自己无法继续与洛阳朝廷保持联系,并采取强硬手段对付州中豪强和当地效忠朝廷的官员，将其纳入自己的直接掌控下。刘焉为自己和儿子刘璋建立了集权统治和有效的独立性。

在公元188年秋天，就在朝廷首次任命州牧的同一年，灵帝初置西园八校尉，每个校尉掌管一营。西园八校尉被设计为北军五营的补充力量，防御京城。从其头衔"西园"看，其资金来源应该是皇帝的私人财富。除了铜人和翻车渴乌外，这是我们第一次看到灵帝为了朝廷的公共目的而支出费用。

关于八校尉的具体头衔，各处史料有差异，但其中为首的是小黄门蹇硕，任上军校尉。其余包括：鲍鸿，以北军屯骑校尉任下军校尉；年纪轻轻的袁绍、曹操，二人出身世家大族，父亲均位列三公，他们在数年后将成为一方霸主。[32] 重要的是，蹇硕不仅为西园八校尉统领，还领属何皇后兄长、名义上统领北军的大将军何进。

除了蹇硕，其他七位校尉都不是宦官。蹇硕担任军职，这看上去有些奇怪，因为按照对宦官的普遍观念，这类人体弱无力、心胸狭窄。但据记载，蹇硕"壮健有武略"。在其他文明中也有类似的例子。公元6世纪的东罗马帝国名将纳尔西斯（Narses）曾是查士丁尼皇帝宫中的宦官。公元19世纪，理查德·伯顿爵士这样描述此类中东阉人：

> 这类阉人基本与仁慈无关，他们勇敢凶狠，能做出任何恶行（比如公元1795—1798年统治波斯的阿迦·穆罕默德·汗）……这个阉人武器娴熟、骑术精湛，而他的嗓音雄厚，显然没有变声，就像欧洲的"阉鸡"，他的声音使他具备了发号施令的一切条件。[33]

据说自从黄巾叛乱后，灵帝开始关注军事问题——人们可能以为他早已这样做了——但似乎他期望建立一个新的权力中心来抗衡外戚的影响力。

到了冬天，青、徐二州，即山东半岛和华北平原东南的黄巾复起，寇郡县。作为回应，灵帝在洛阳西郊平乐观前举行大型阅兵仪式。灵帝驻十二重、五彩、高十丈的大华盖下，大将军何进驻九重、高九丈的小华盖下。据记载，"列步兵、骑士数万人，结营为阵"，人数当然有所夸大，但这些操练无疑是真实发生的。礼毕，灵帝亲自披甲乘马，称"无上将军"，行阵三匝而还，诏使何进悉领兵屯于观下。[34]这样，宦官和外戚在京城的军事力量得到了平衡。

讨虏校尉盖勋曾在凉州抵抗叛乱。灵帝召见盖勋时，询问其如何评价自己为战争所做的准备："吾已陈师于平乐观，多出中藏财物以饵士，何如？"盖勋回答："臣闻'先王耀德不观兵'。今寇在远而设近陈，不足昭果毅，只黩武耳。"灵帝承认盖勋的观点，盖勋对灵帝的聪慧很称赞："吾仍见上，上甚聪明，但拥蔽于左右耳。"[35]

事实上，盖勋错了。京城面临着威胁，这是洛阳的军队最后一次听从朝廷命令了。

皇位继承

与桓帝不同，灵帝没有特别庞大的后宫，但的确有宠妃，更重要的是，他拥有子嗣。

灵帝的第一任皇后是宋皇后，右扶风人，与章帝宋贵人姐妹是远亲，是那对不幸姐妹的从曾孙。[36] 和帝为宋氏家族平反，安帝将宋氏子弟封侯（其中一位宋贵人是安帝祖母）。之后数代，宋氏家族无人崭露头角，直到公元 2 世纪 50 年代，未来宋皇后的一个姑姑嫁给了桓帝之弟、勃海王刘悝。刘悝本可能跟随兄长脚步登上皇位，但在公元 165 年受弹劾（可能是诬陷）而被贬。虽然桓帝遗诏赦免刘悝，但他不再是继位候选人。[37]

年轻的宋氏于公元 171 年被选入灵帝后宫，当年秋天被立为皇后。其父宋酆任执金吾，宋酆及其子被封爵，等级不高。宋氏之所以迅速被立为皇后，可能应归功于家族与皇室的历史渊源，但宋皇后很快便失去了灵帝宠爱，并成为其他嫔妃嫉妒打击的对象。另一方面，公元 172 年刘悝再一次被控谋反，全家被诛杀，但宋皇后依然在位。

然而，在公元 178 年冬天，宋皇后被控"挟左道祝诅"，因此被废。其父兄皆死于狱中，宋皇后本人"自致暴室，以忧死"（暴室既是后宫的医院，也是监狱）。她的死很可能不是自杀。

有可能宋皇后曾试图借助巫蛊来稳固皇后之位并借此重获灵帝宠爱，但她的罪名和死因都是《后汉书·皇后纪》中的陈词滥调。[38] 根据宋皇后传记记载，中常侍王甫等人参与谋害勃海王刘悝一家，担心宋皇后为姑姑报仇。但时隔六年，他们忧虑的时间过长了。宦官可能曾参与废后，但后宫政治还有其他方面，而且这一次灵帝已经有了男性继承人。

灵帝长子刘辩大约出生于公元 173 年，也可能是公元 176 年。[39] 其母何皇后，南阳宛城人。宛城是后汉开国皇帝光武帝的老家。但何氏家族并非显贵，据记载何皇后家人曾是屠夫，她通过行贿被选入掖庭。何皇后身量颇高，容貌美丽，气势威严，故灵帝被她吸引。何氏生子刘辩后，拜为贵人。公元 180 年冬天，准确的时间是公元 181 年 1 月 8 日，何贵人被立为皇后。[40]

灵帝曾有过其他子女，但均夭折，所以将皇子刘辩养在道人史子眇家中。有关史子眇的记载很少，估计灵帝是希望史子眇能够通过法术保护年幼的皇子。之后刘辩被接回宫中，号曰"史侯"。[41]

宫中其他嫔妃都很畏惧何皇后。虽然何氏已被立为皇后，可灵帝仍然宠爱其他嫔妃，并且在公元 180 年前后，有位嫔妃产下公主。[42]

公主生母的姓名不详，新皇后的反应也没有记载，但当年夏天王美人怀孕后，她十分害怕皇后嫉妒，因此吃药打胎。但是王美人打胎没有成功，于公元181年4月2日产下灵帝第二个皇子，即未来的献帝，后汉最后一位皇帝。一周后，王美人去世，据信她是被何皇后毒杀的，但死因也有可能是产褥热或其他分娩并发症。[43]

美人是贵人之下的嫔妃称号，虽然王美人名字不详，但已知她是冀州赵国人，出身良好。其父王璋似乎没有官职，但祖父王苞曾任五官中郎将。王美人"丰姿色，聪敏有才明，能书会计"，曾是灵帝宠妃。灵帝对她的死愤怒哀伤，作《追德赋》表示哀悼。据记载，灵帝本想废掉并惩处何皇后，但诸宦官花费大笔钱财，最终打消了他的念头。

王美人死于暴室，这是后宫的医院。根据《续汉书》记载，暴室啬夫朱直为失去母亲的婴儿安排乳母。[44] 一年后，由灵帝生母董氏（灵帝即位后将董氏上尊号为孝仁皇后）接手，亲自抚养并保护她的孙子。刘协像同父异母的哥哥那样，号曰"董侯"。灵帝非常怜惜这个孩子，认为他像自己，起名为"协"["和谐" > "像我"]。[45]

何皇后家族背景比较复杂。其父何真在何氏被立为皇后前便已去世，追号为车骑将军、舞阳宣德侯；其母名兴，被封为舞阳君，获得封地收入作为养老金。

何真之子何进并非舞阳君所生，舞阳君兴与前夫育有一子，名苗。虽然此子生父姓朱，但他选择跟随已入宫的同母异父妹妹姓何，这并不奇怪。何进比何苗年长，二人又比何皇后年长。[46]

当何氏被选入掖庭为贵人后，何进先拜郎中，再迁虎贲中郎将，之后出为颍川太守，颍川郡是重要的大郡。当妹妹被立为皇后之后，何进被征入京，拜侍中（秩级很高且能接近皇帝），先后任将作大匠、河南尹。公元184年黄巾叛乱爆发后，何进被授命镇守京城，任大将军,率左右羽林五营士屯都亭。叛贼首领马元义被逮捕诛杀后,何进以功封慎侯。

何苗接替其兄何进任河南尹,于公元187年平定荥阳反贼,拜为车骑将军,封济阳侯。何进身为大将军,得到麾下军队的拥戴,何苗受到同母异父妹妹何皇后的喜爱,与宫内宦官关系紧密。

公元189年夏初,灵帝患病,并于5月13日去世。灵帝出生于公元156年,按农历虚岁计算享年34岁(按公历计算则为33岁)。灵帝死亡原因不详,病症突如其来,十分严重,令人措手不及。灵帝是后汉第十位没有活到35岁的皇帝。整个后汉时期,仅开国皇帝光武帝和他的儿子明帝寿命较长。更重要的是,灵帝死时继承人问题悬而未决,他身后留下了一个被勃勃野心和派系斗争严重分裂的朝廷和皇宫。

虽然刘辩是长子,并且为皇后所生,但灵帝一直偏爱刘协,曾对刘辩是否适合继承皇位表示怀疑。无论如何,在灵帝死时,他并没有正式宣布立谁为太子。

前文已讲过,灵帝去世前一年秋天建立私人军队——西园八校尉时,任命宦官蹇硕为上军校尉,权力甚至超过大将军何进。另一方面,两个月后在平乐观前阅兵时,诏使何进悉领兵屯于观下。[47]灵帝可能在努力平衡宦官和外戚在京城的军事力量,但在这些计划制订好之前便去世了。无论如何,由于其他七位西园校尉都是正常男性,且中军校尉袁绍竭力反对宦官,则蹇硕能否在军中获得强有力地位值得怀疑。

但灵帝病重时,蹇硕陪伴左右。据记载,灵帝遗诏将皇位传位刘协,灵帝将遗诏给蹇硕,并把刘协托付给他照料。[48]但是,灵帝刚刚去世,蹇硕便召何进入宫,计划诛杀何进。

要想得手,唯一的方法就是突然发动政变,诛杀何进,夺取军权。但是,这项计划不太可能得手,何进得到预警,成功逃脱。两日后，即 5 月 15 日，刘辩即皇帝位，尊其母何皇后为皇太后，何太后临朝。蹇硕发起最后一击，命中常侍赵忠等趁何进入宫看望何太后的机会逮捕何进，但计划泄露。5 月 27 日，何进使黄门令逮捕并诛杀蹇硕，然后吞并了蹇硕的屯兵。

当时还存在着一股反对力量。灵帝生母董皇后养育守护刘协，想要行使权力，她的侄子董重时任骠骑将军，仅次于三公和大将军，手握军权，可能会是一个威胁。然而何进联合三公上奏，称董皇后"交通州郡，辜较在所珍宝货赂，悉入西省"。由于董皇后的贪财人尽皆知，这个指控貌似有理，何进等人建议将董皇后迁回河间。这个请求得到了准许。此外，6 月 7 日，何进将董重逮捕、免官，董重自杀。一个月后，7 月 17 日，董皇后去世，正史记载为"后忧怖，疾病暴崩"，可能是遭到迫害致死。[49]

因此，在灵帝死后数周内，何太后及其兄何进将自己的候选人推上了皇位，并以他的名义执掌政权。尽管有些地方略显笨拙，但整个流程是按照朝廷先例进行的，与公元 2 世纪 40 年代外戚梁氏掌权，甚至安帝时期邓太后临朝相比，此时何氏受到的非难更少。新政权将采取怎样的政策还有待观察。

宫中的杀戮

上军校尉蹇硕曾对其他宦官说自己统辖的军队是宦官群体唯一的防御力量，的确，从此时起，宫中宦官没有任何武力手段来对付何进的军队。唯一的问题是何进将采取什么行动，何进同党内部对此争执不休。

何太后临朝，何进与太傅袁隗录尚书事，共掌行政权。[50] 汝南袁氏是后汉帝国最重要的世家大族之一。公元 1 世纪末和帝统治时期，袁安曾位列三公，他也是窦宪的主要反对者。自那时起，袁安之子袁敞、袁敞侄子袁汤也官至三公。袁隗是袁汤之子，在灵帝时曾两次任司徒，献帝即位后任太傅，坐到了文官体系的最高位置。汝南袁氏这种四世三公的情况在当时绝无仅有，袁氏的门生故吏遍布朝廷，故袁氏在朝中拥有很大影响力。[51]

对新政权来说，对袁隗的任命提供了何氏所欠缺的合法性。虽然何太后曾为灵帝嫔妃，是新皇帝生母，但众所周知何氏家族背景寒酸，"家本屠者"的流言以及靠贿赂选入掖庭的怀疑肯定已扩散开。这很大程度上要归因于宫中的宦官。而何进、何苗兄弟是靠皇帝恩宠而不是功绩获得官职和尊荣。故袁隗接受任命是一个宝贵的支持。

与此类似，在小辈中，袁隗的两个侄子袁绍、袁术与何进关系密切。袁绍、袁术是袁隗之弟袁逢的儿子，袁逢曾任司空。袁术是袁逢正妻所生，袁绍是庶出，但袁绍过继给袁隗、袁逢之兄袁成。[52] 袁绍在京城年轻人中一呼百应，灵帝时期曾被任命为西园中军校尉，他和袁术以反对宦官闻名。虽然袁氏和其他世族是在宦官把持的桓帝、灵帝朝获得了自己的地位，但这些家族年轻一代表现得非常想为之前党人的不幸遭遇复仇。所以袁绍、袁术等人力劝何进扫清宦官影响，使朝廷回归正轨，由贤良端正、出身世家的士人统治。

但何太后拒绝何进的恳求，她要保护自己在后宫的仆从，这些人以前曾是她的宝贵盟友，比宫外的朝臣更可靠。何太后得到了母亲舞阳君兴以及兄长何苗的支持，虽然何进掌控了宫外的朝廷，但临朝的何太后拥有帝国最高权力，她不愿让外部力量扰乱皇宫的运转。毕竟，这一体系已经运转了三十年，没有理由突然改变，况且还有暴力危险。

随后发生了持续数周的争论和协商。何进最初打算罢免所有宦官，用士人代替，但遭到何太后反对，她认为自己起居直接面对正常男性十分不妥："我奈何楚楚与士人对共事乎？"何进任命袁绍为司隶校尉，全权处置宦官及其亲属宾客。何进任命王允（也因反对宦官著称）为河南尹。袁绍任司隶校尉后，书信联系州郡长官，使他们搜捕宦官在当地的亲属。在这些压力下，何太后可能是出于对宦官安全的担心，"悉罢中常侍小黄门，使还里舍，唯留进素所私人，以守省中"。但中常侍张让极力请求，何太后改变了主意，诸常侍得以回到宫中。

在何氏家族内部争论的同时，袁绍等人劝何进以武力威慑的方式加强自己的说服力，即从外地召集武人进京。这种做法无疑非常危险。何进的主簿陈琳劝谏，认为何进已经"总皇威，握兵要"，有足够的权威和兵力采取行动，而此时召集地方将领进京，实际将削弱何进的地位："大兵聚会，强者为雄，所谓倒持干戈，授人以柄，功必不成，只为乱阶。"而曹操认为，要解决宦官问题，"既治其罪，当诛元恶，一狱吏足矣，何必纷纷召外将乎？欲尽诛之，事必宣露，吾见其败也"。[53]

但何进不听劝阻，决心已定。他派人在各自家乡集合军队，召东郡太守桥瑁屯于城皋（京城以东）；召前将军董卓屯于关中上林苑，从西向京城进发，董卓曾长期在北方边境带兵，但目前在河东。另外，何进直接派属下丁原率数千人在河内演示武力，丁原火烧孟津。孟津就位于黄河北岸，与洛阳城仅隔黄河，从城中能看到孟津的火光和浓烟。

火烧孟津肯定出乎何进意料，这不是他的计划，因为何进不可能想让自己的统治背负这种暴行的罪名，但是火烧孟津这件事显示出了何进释放的危险。宦官们当然非常害怕，但其他人同样害怕。很明显陈琳的警告是正确的，但何进想要从警告中得益已为时太晚。

八月，即公历9月22日，何进进入南宫何太后长乐宫，再次劝何太后"尽诛诸常侍以下"。何进已安排三署郎（即五官中郎将、左中郎将、右中郎将所属的郎官）入守宦官庐，中常侍张让、段珪等人产生怀疑,派人偷听何太后和何进的谈话,结果证明何进不顾何太后的意愿,即将展开对诸常侍的打击。当何进出宫之时,张让等人诈以太后诏召之,将何进抓住并拖至嘉德殿前。张让等人诘问何进:"天下愦愦,亦非独我曹罪也。(在王美人死后)先帝尝与太后不快,几至成败,我曹涕泣救解,各出家财千万为礼,和悦上意,但欲托卿门户耳。今乃欲灭我曹种族,不亦太甚乎?"[54] 随后,尚方监渠穆拔剑斩何进于嘉德殿前。[55]

公元168年,宦官发动政变诛杀窦武时,曾将年幼的灵帝引到尚书那里,胁迫尚书令制作诏板。[56] 而二十年之后,张让等宦官也采取了同样的策略,下诏在京城要害职位上以他们提名的人取代何进的支持者:以故太尉樊陵取代袁绍任司隶校尉,以少府许相取代王允为河南尹。

然而这一次,宦官既没有得到皇帝刘辩的支持,也没有得到其母何太后的支持,尚书得诏板后要求请大将军出来商议。中黄门以何进头颅掷与尚书,称:"何进谋反,已伏诛矣。"不清楚诏书最终是否被正式下发以使樊陵、许相能够就职,但此时的情况已经超出成宪的控制。

此时已到傍晚,何进部曲将吴匡听说何进有难,率兵想闯进宫支援,但宫门已关。虎贲中郎将袁术前来助力,两队人马合力进攻。中黄门持兵守阁,虽然吴匡、袁术攻破了第一道防线,但被迷宫般的巷道和宫殿拦住。然而,吴匡、袁术最终抵达嘉德殿九龙门,嘉德殿是张让等宦官所在之地。宦官在九龙门竭力抵抗,为了逼迫张让出宫,袁术放火烧九龙门。袁术手下还烧了通向尚书的青琐门,大火在宫中蔓延。[57]

当火光出现在夜空中时,张让、段珪入殿见何太后,称士兵哗变,正在纵火焚烧宫殿。张让、段珪等带着何太后、皇帝刘辩以及陈留王刘协逃往北宫避难。当他们途经复道时,遇到尚书卢植。(卢植曾率军平定黄巾军,也是著名学者,此时任尚书。)卢植执戈站在复道窗下与段珪对峙,段珪十分畏惧,释放了何太后,何太后从侧门逃走。皇帝和刘协等人继续向北宫进发。

战斗持续到第二天(即9月23日),但南宫中的很多士兵更关心劫掠和破坏,而不是战斗。这是抢夺宫中财宝的大好机会,没有人会视而不见。所谓"西宫"(即何太后居住的宫殿)和"东宫"(即皇帝刘辩居住的宫殿)被焚毁,其中大量物品肯定遭到偷窃。[58]

司隶校尉袁绍已召集所辖军队,与何苗一起引兵屯于北宫正门朱雀门下。但吴匡宣称正是何苗之前不愿肃清宦官才导致何进被杀。吴匡号召麾下士兵攻杀何苗,并将何苗尸体弃于苑中。袁绍在叔叔太傅袁隗的支持下,矫诏召中常侍张让等推举的樊陵、许相,将二人斩杀。一些宦官也遭到抓捕和诛杀,其中包括中常侍赵忠,灵帝曾称"赵常侍是我母"。[59]

袁绍此时率军攻入北宫,然后关闭北宫宫门,下令杀死所有宦官,无论少长。由于北宫宫殿布局复杂,军队的推进和杀戮再次受阻,但于次日(即9月24日)抵达端门,深入北宫,军队爬上端门屋以进入省内后宫。[60]

对为首的张让、段珪来说,很明显他们处境危险。在厮杀中,张让、段珪等带着刘辩、刘协逃出皇宫,并逃离京城,想要向北越过北邙山。过了一段时间他们的踪迹才暴露,但卢植追击在后,河南中部掾闵贡也率骑兵追击。等追上来的时候,张让、段珪已逃出京城约40千米,两队人马于日暮时在黄河岸边相遇。[61]闵贡斩杀数人,并令其余人自杀,张让、段珪对皇帝再拜叩头:"臣等死,陛下自爱。"二人遂投河而死。史料中对两方相遇的记载模糊不清、令人怀疑,但这件事的结果很确定,宫中屠杀造成死亡2000余人——其中包括一些因没有胡子而被误杀的正常男性。宦官及其影响被清除出政局。

在这个晚上,闵贡将刘辩、刘协送回洛阳。他们先是坐在一辆露车上,但随后少帝刘辩独自骑马,而刘协与闵贡同骑一马。[62] 9月25日清晨,当这一队人马行至北邙山南坡时,他们看到朝廷残存的官员在公卿带领下列队奉迎。他们还遇到了从北方来的将军董卓,此时董卓掌控了京城和朝廷。

关于危机爆发日期的注解

导致宦官于公元189年被肃清的一系列事件,详细记载于《后汉书》何进传记等各处,但《后汉书·孝灵帝纪》记载的每日时间表并不令人满意。[63]

各处史料一致记载,何进最后一次入宫以及被宦官斩杀,发生在八月戊辰,即公历9月22日。《后汉书·孝灵帝纪》记载的第二个日期是八月庚午,即公历9月24日,"张让、段珪等劫少帝及陈留王幸北宫德阳殿。何进部曲将吴匡与车骑将军何苗战于朱雀阙下,苗败,斩之"。之后所有的事件都记载在八月辛未,即公历9月25日,包括袁绍杀樊陵、许相并在宫中杀诸阉人,张让、段珪逃出洛阳并随后被卢植追击、被杀,刘辩、刘协最终在晚上被送回京城。

但是,这条史料之后便是"辛未,还宫",出现了前后两个辛未日。

此处出现明显问题:己巳为戊辰后一天,即公历9月23日,《后汉书·孝灵帝纪》却没有提及,并且辛未不应出现两次。

毕汉思在讨论该事件时,以《后汉书·孝灵帝纪》所记载的日期为准。[64] 但是,很难想象张让、段珪经过一日两晚(9月22日—24日)才被迫放弃南宫出逃北宫;根据《后汉书·何进列传》,就在战斗发起的那晚,张让、段珪"因将太后、天子及陈留王,又劫省内官属,从复道走北宫"。[65] 同样的,如果袁绍直到两日后(即9月25日)才除掉樊陵、许相，也很不可思议。

我怀疑《后汉书·孝灵帝纪》对每日的记载出现了错位或者混乱，袁绍等人对付敌人行动迅速，但是他们的军队在宫中行进时遇到困难，出现拖延。不管怎样，普遍认为何进于9月22日被宦官所杀，很可能在下午，而当刘辩、刘协于9月25日清晨翻过北邙山返回京城时，董卓已经来到洛阳并做好准备迎接他们。

董　卓

董卓篡夺皇权、摧毁了汉帝国的统一，中国传统文本对董卓的记载因史官的偏见而遭到扭曲。很多关于董卓的奇闻逸事使他声名狼藉，但在他于公元189年秋天现身洛阳之前，董卓一直是一名颇有功勋的边塞将领。[66]

董卓之父董君雅是陇西人，但在董卓出生时（大约公元2世纪40年代初），董君雅任颍川纶氏尉。[67]不久后，董君雅返回家乡，董卓在边塞长大。董卓曾在羌人中生活，与羌人豪帅交好，当他回家耕田后，诸豪帅来从，董卓为他们杀耕牛，与之共宴乐，豪帅被他的慷慨所感动，赠送杂畜千余头。

董卓身强体健，"膂力过人，双带两鞬，左右驰射"。董卓镇压盗贼有功，闻名州郡，受并州刺史段颎推荐，曾被司徒袁隗辟为掾。大约在公元165年，董卓以六郡良家子为羽林郎守卫京城，这可能是获取军职的一个途径。[68]公元166年年底，董卓在张奂麾下任军司马，当时北方叛乱四起，张奂正在平叛。[69]董卓在攻打汉阳叛羌时显露头角，受赐缣九千匹，但他坚持全部分给下属。之后，董卓拜郎中，这是成为文职官员的途径，迁广武令（广武县位于北方雁门郡），后在西方蜀郡任北部都尉，后迁西域戊己校尉。董卓有可能曾参与过公元175年后汉对拘弥国（今于田）的远征，这次远征后，朝廷立拘弥侍子为王。[70] 虽然因过被免官，但董卓很快被任命为并州刺史，后为河东太守，河东郡距洛阳不远。

当公元 184 年夏天爆发黄巾叛乱时，董卓拜东中郎将，持节，代替卢植在巨鹿攻打张角，兵败后被皇甫嵩取代。其冬，取得对黄巾军的最终胜利，皇甫嵩任左车骑将军。[71]

当皇甫嵩转而征讨凉州叛乱时，董卓为皇甫嵩副将；[72] 公元 185 年秋天司徒张温取代皇甫嵩为车骑将军后，董卓被免职，但军队规模大为扩展，他被拜为破虏将军。双方在美阳冲突不断，十一月，董卓发动突袭，取得了重大胜利。

当敌军翻过群山撤回金城郡，董卓与荡寇将军周慎展开追讨，但反遭包围阻截。董卓、周慎全力自救，周慎不得不放弃辎重撤退，而董卓分散敌军注意力，骗过对方，得以全军而还。董卓在美阳的胜利使他封斄乡侯，邑千户。

当时，孙策、孙权（三国吴国创建者）之父孙坚正任张温参军事。据《三国志·孙破虏讨逆传》记载，在此次战斗中，孙坚曾劝说张温以董卓"召不时至"，按军法斩杀。张温受宦官庇护，军事经验不多；有可能董卓在张温上任时对自己被降级表现出不满，或者对他之后没有足够支援却错误下令追击撤退敌军感到愤怒，否则这个故事不太可能发生。并且该记载的好几处与更可信的史料有出入，包括张温被任命的时间和这场战役爆发的时间。此外，据记载张温认为董卓"素著威名于陇蜀之间"，则孙坚如此激烈的提议将严重违反道义。《三国志·孙破虏讨逆传》中的很多记载有吹捧的成分，这段轶事表现出孙坚早已对董卓这一未来暴君有先见之明。[73]

叛军的西撤并没有结束叛乱，但由于叛军首领边章、韩遂发生内斗，长安附近的局面得到缓解。张温的主力军队大部分被解散，但似乎董卓及其人马仍旧守卫着长安周边地区。

公元 188 年，随着凉州叛军卷土重来，寇掠三辅，朝廷再次命皇甫嵩率军抵御，并派董卓支援。董卓得到了更高的头衔，拜前将军，但仍在皇甫嵩的左将军之下。[74] 另外，据记载皇甫嵩没有听从董卓的出兵建议，按自己主张获得大胜，董卓遭到羞辱，非常愤怒。这个故事可能有所夸张，但二人的关系并不好。

很快，朝廷征董卓进京为少府。这属于提拔，但董卓不愿离开他的军队。董卓上书表示："所将湟中义从及秦胡兵皆诣臣曰：'牢直不毕，禀赐断绝，妻子饥冻。'牵挽臣车，使不得行。羌胡敝肠狗态，臣不能禁止，辄将顺安慰，增异复上。"[75]

最后一句意思是，如有异常，将再次上报。这是当时的惯常用语，但这封上书明显是对朝廷命令的反抗。

不久，随着灵帝病重，朝廷再次尝试征召董卓。根据近期变化，拜董卓为并州牧，[76] 但"令以兵属皇甫嵩"。董卓再次拒绝："臣既无老谋，又无壮事，天恩误加，掌戎十年。士卒大小相狎弥久，恋臣畜养之恩，为臣奋一旦之命。乞将之北州、效力边垂。"[77]

如果这两段材料确实引自接连两封上书，则表现出董卓惊人的虚伪和傲慢：第一，董卓不得不和他的军队待在一起，因为士兵们几乎失去了控制；第二，士兵们对他忠心顺从。

董卓和当时其他官员一样，非常注意获取并维持部下的忠诚。在他最初任职时，曾将赏赐给自己的缣分给属下吏兵，可以认为董卓一直对部下这样慷慨和关心——张奂、段颎等其他将领也有类似行为。由于财政紧张、联系频繁受阻，中央政权对大部分边疆地区的控制力持续衰弱，对一名将领来说，确保自己的士兵支持并接受自己是很明智的，个人关系比任何帝国抽象理想更加重要。

这种新的模式此时得到了全面发展。随着京城和边塞军人之间的联系减弱,将领和他军队之间的联系开始变得越来越紧密:双方都感到依赖于对方,并且对他们名义上效力的帝国都不大关心。正如陆威仪观察到的:

> 这些军队——目前由胡人、刑徒和长期招募的兵士组成——变成了只效忠于他们头领的人。
>
> 这些人在汉代社会里没有自己的位置,他们多数无家可归。但是,他们在边疆建立了自己的家庭,如同董卓所观察到的那样,他们的生活以给他们提供生计的人为中心。[78]

几年之内,在内战时,这种协约将遍及整个帝国,士兵及其家人效忠于直属将领,并通过这个人效忠于他选择效力的军阀。[79]

我们可以注意到对这种协约的进一步改进。为了维持对自己军队(外族部落和宗族的混杂集合)的控制,每个首领都需要围绕自己建立一个小团体来确保自身安全,并形成自己的指挥核心。这些"亲近"(Companions)实际是个人追随者,他们长期效忠。虽然有的军人一直留守家乡,但董卓这样征战四方的将军(从东部华北平原到北方边境并州再到西部凉州),身边通常跟随着这样的卫士。

从这一点看,朝廷命令董卓将自己的军队转交给别的将领、孤身去洛阳或并州,这将直接打击他的权力根基以及他和天然社群的联系。自大约七十年前任尚开始,以及近期的张奂、皇甫规、段颎,功勋卓著的边疆大将遭受着来自京城的嫉妒和阴谋。不久之前,董卓本人也有机会目睹抵抗黄巾军的卢植是如何因宦官而被免职、皇甫嵩在第一次平叛凉州时是如何遭到类似羞辱的。[80]边将与朝廷双方彼此缺乏信任。

在董卓这件事上,与前任张温的经历相同,也有人力劝皇甫嵩采取强硬措施处置违逆桀骜的属下。皇甫嵩的侄子皇甫郦指出,皇甫嵩和董卓"怨隙已结,势不俱存",而董卓拒绝朝廷任命,足以指控其谋逆不忠,应按军法处死。但皇甫嵩拒绝凭自己的权威行事,仅向朝廷上书汇报。董卓受到皇帝训斥,但他毫不在意。

当然,如果皇甫嵩试图采取直接行动,将会导致董卓军中出现兵变,后果不堪设想。结果,董卓从陈仓撤军,但没有到并州,而是驻兵河东,他曾任河东太守。河东郡位于黄河向东的拐弯东北处,属司隶校尉部,董卓兵马在洛阳以西大约200千米处。董卓无权驻兵河东,从前后两次试图将他和军队分开来看,必须认为朝廷已经在担心董卓是否可靠,但灵帝死后局面极为混乱紧张,以致朝廷无暇关注一个特立独行的武将。

此外,在几周之后,何进为了威慑其妹何太后并胁迫宦官,召董卓领兵进京协助。这是对自己地位的认可,董卓很高兴,予以热情回复:"中常侍张让等窃倖承宠,浊乱海内。……溃痈虽痛,胜于内食。……今臣辄鸣钟鼓如洛阳,请收让等,以清奸秽。"[81]

但当董卓行进至弘农黾池(位于函谷关东侧群山中,距洛阳约80千米)时,何进变得狐疑担忧,遣人阻止董卓。董卓继续前行,最终同意停止,屯兵于河南尹,距洛阳20千米。很快,在何进同党袁绍的鼓励下,董卓抵达洛阳西边的显阳苑。[82]

虽然显阳苑的确切位置不明,但它距离洛阳非常近,足以让董卓看到9月22日晚天空中的火光,当时何进的军队群龙无首,正在想方设法攻进南宫。董卓的密探和情报人员能使他一直了解事态的发展,但他很明智地没有立刻行动插手此事:对于洛阳城来说,他的士兵是陌生人,在混战中他将很快失去对军队的控制。更好的策略是静静等待,当骚乱平息时让他的军队去解决问题。

当战斗席卷整个京城，宦官们带着皇帝和陈留王逃走时，百官别无选择，只能转投董卓。9月24日，公卿百官集结在上西门平乐观前的阅兵场拜见董卓。次日早晨，当皇帝和陈留王自北返京时，公卿百官与董卓一起前去迎接。

有公卿试图夺回主动权，提醒董卓按命令撤军，但董卓回以蔑视："公诸人为国大臣，不能匡正王室，至使国家播荡，何却兵之有！"于是陪同皇帝、陈留王入城。

董卓的核心兵力仅三千人，这些经验丰富的老兵忠心耿耿可以依靠，陪他来到洛阳。这些人不足以抵御来自京城军队的潜在反对，特别是北军五营的反对。董卓在进京后的最初几天，令部分士兵每晚潜出，在城外驻扎，次日清晨入城，假装自己新增了军力。

无论如何，何进的死使军队统帅一职空缺，很多原本听从何进的人准备接受新统帅。袁绍等反对宦官者缺乏代替何进的权威，虽然执金吾丁原曾是何进的主要助力，本可能成为董卓的威胁，但董卓说服丁原部将吕布背叛并杀害自己的恩主。吕布成为董卓的亲密支持者。

于是董卓成为朝廷首领，在将刘辩送回宫后的第二天，董卓任命自己为司空。董卓废刘辩为弘农王后三日，立其同父异母兄弟刘协为皇帝。

京城毁灭

当刘辩、刘协兄弟于9月25日返回洛阳时，据记载刘辩"见（董）卓将兵卒至，恐怖涕泣"，"不能辞对"。相反，刘协沉着应对，清晰表述他们的遭遇。董卓对刘协印象深刻，对皇帝刘辩则不甚重视。另外，董卓曾听说灵帝生母董太后亲自抚养刘协，故刘协又被称作"董侯"，而董卓自以为与太后同族。[83]

事实上，虽然在董卓的鼓动下这些故事被散布开来，但不大可能是真的。尽管董太后和董卓同姓，但二人可能没有真正的关联。董太后是华北平原河间一个亭侯的遗孀，而董卓的家族来自陇西，在一千千米之外的帝国西部。另外，由于两个皇子的祖母都是董太后，董卓与刘协的关系并不比他和刘辩的关系更近。

史料中记载刘辩"恐怖涕泣"，特别是他与刘协的表现对比明显，这也很可疑。回顾几日以来发生的事情，宫内爆发骚乱和火灾，两个男孩被带到北宫，然后又在群山中狂奔，随后陪同的宦官们或被杀或自杀——这些宦官亲密陪伴他们多年——最终返回京城，面对着一个从未见过的武将，如果皇帝刘辩无法解释发生了什么，这并不奇怪，并且当时（按照公历）8岁半的刘协不太可能表现得更好。在他们看来，情况必然是离奇、暴力、无法解释的。

此外，考虑到刘辩当时大约16岁，他是否流泪令人怀疑，而之后刘辩展现了相当的成熟和勇气。更有可能的是，对刘辩举止的记载是作为宣传手段，给他打上懦弱无能的烙印，以证明刘辩被废是合理正当的。

对董卓而言，刘辩是他在京城地位的一个障碍。虽然刘辩尚未加元服成年，但他已到年龄，可以这样做了，然后他将有权自己统治，有权拒绝别人的监护辅导。虽然在当时的环境下，刘辩几乎不可能行使实权，但他这样做的可能性将带来不稳定，并造成持续威胁。也许确保统治者年龄足够小、无法采取独立行动会更好一些。外戚梁氏曾使用过类似的策略。[84]

于是，董卓在9月27日召集百官集会，宣称："皇帝暗弱，不可以奉宗庙，为天下主。今欲依伊尹、霍光故事，更立陈留王。"当他表示"有敢沮大议，皆以军法从之"，几乎无人反对。卢植试图抗议，但遭到处死的威胁，虽然他最终得以幸免，但被免职流亡。

太傅袁隗同意废刘辩立刘协，在次日（9月28日）于北宫崇德前殿举行仪式。何太后策废少帝刘辩,立陈留王刘协,袁隗"解帝玺绶,以奉陈留王,扶弘农王下殿,北面称臣"。这一切都发生在沉默的朝臣面前。

此时,董卓声称何太后曾迫害永乐董太后,导致其身亡。何太后被囚禁于永安宫,于两日后(9月30日)被毒杀。其母舞阳君兴亦被乱兵所杀,其兄何苗的尸首被弃于苑中,何进的尸首大概在宫中大乱时遗失不见。

废帝刘辩,即现在的弘农王,较之多活了数月,但在第二年年初(3月26日)也遭到杀害。

《后汉书》记载刘辩死时"时年十八",从行为来看,他应该是十五六岁或十八九岁。据记载,郎中令李儒向刘辩进毒药,称:"服此药,可以辟恶。"虽然刘辩明白这是什么意思,但被迫服下毒药。

但在服药前,他召集妃嫔及宫人饮宴,并令宠爱的唐姬为他跳舞。他们一起唱歌,歌词很可能是刘辩自己写的诗,在一片呜咽声中,刘辩饮药而死。

无论是他的境遇还是行为,都显示出刘辩不是十三四岁那么小。[85]

董卓初掌权时,可能曾真的关心改革。除了之前反对宦官外,董卓举行仪式表彰陈蕃、窦武及三十年前被禁锢的党人,他自己的人得到的官职不高,而给著名改革者们在朝廷和州郡授予高位。比如著名学者蔡邕曾负责熹平石经的初始工作,但之后遭受宦官迫害,此时被尊为侍中,成为被信任的顾问。相比之下,董卓没有给自己的追随者们授予很高的官位。

但对他自己,董卓很快"自为相国",[86] 授予自己与历史上伟大贤臣相媲美的荣誉和特权。另外,任何善意都无法掩盖这个事实——董卓采用武力手段获取了相国之位,利用他的力量以最可疑的理由废黜皇帝,并且他对待朝廷和百官的行为充斥着欺凌、压迫、血腥。何太后被迫废黜自己的独子,随后遭到囚禁,并且阖族被杀。虽然太傅袁隗默许了废帝另立,并参加了典礼,但他当然也是被迫的。新政权纯粹是迫于董卓的军事权力,只有另一支军队能够撼动它。

这支军队以袁绍为首领,已经开始四方召集。

董卓刚抵达洛阳时,袁绍缺乏帮助自己抗衡董卓的力量。在一段时间内,袁绍承认董卓的权威,试图建立起和他以前对何进一样的影响力。当董卓提议废黜刘辩时,袁绍表示反对,而当董卓威胁袁绍时,袁绍以牙还牙。他离开京城,向东逃走,而董卓担心因打击出身世族的袁绍而再生事端,便没有追赶,反而拜袁绍勃海太守,封邟乡侯。

袁绍拒绝了这些官职和爵位,在冀州经营势力,并在家族关系的支持下组建军队。很快,袁术加入。董卓曾任命袁术为后将军,但袁术同样担忧董卓,逃至南阳。其他人,比如未来的军阀曹操,也离开京城,从家族资源或利用自己地方官的身份聚集人手,而随着规模扩大,这些人自称将军,宣告自己是汉的忠诚将士,将把汉帝国从篡位者手中拯救出来。

被董卓任命为冀州牧的韩馥最初反对各地讨伐董卓,限制袁绍的行动,但他最终被公义说服。初平元年(190)正月,战局拉开帷幕。袁绍被推举为盟主,自号车骑将军,屯于黄河以北的河内;部分统帅屯于陈留酸枣;豫州刺史孔伷屯于颍川;在南线,袁术占据南阳郡鲁阳(经过熊耳山各关隘)。与韩馥一样,这些统帅中有很多人都曾被董卓授予官职,但自此之后转而讨伐董卓。

当关东州郡结盟起兵的消息传来,董卓的最先反应是征集军队、发兵攻击,但被人劝阻称征兵将惊扰百姓、被征士兵可能谋反。无论是效忠汉室的义兵统帅还是其追随者,都无法匹敌在边塞历经战争、训练有素的关西军,所以最好依靠董卓自己的人马,保持防御,偶尔发动袭击阻挡敌军。[87]

另一方面，洛阳距离董卓的家乡以及支持他的地盘非常遥远，关东义兵是长期威胁，切断了东部向洛阳的供给。随着粮食逐渐短缺，情况变得越发艰难，初平元年二月，董卓下令将朝廷和洛阳百姓西迁长安。

二月丁亥（即公历4月9日），年幼的皇帝刘协与大部分朝臣一起离开洛阳，他们的西迁之旅耗费了两周多时间，于4月27日抵达长安。[88] 在他们身后，旧都洛阳遭到洗劫并被遗弃。富人因捏造的罪名被诛杀，他们的财物被没收，家眷成为士兵的婢妾，普通市民被赶出家门，被迫西迁，很多人死于疲惫和饥饿。

董卓屯于毕圭苑。毕圭苑为灵帝所建，位于洛水湿地中。[89] 董卓在毕圭苑下令执行焦土政策，肆无忌惮地破坏。宫庙、官府、民居被烧毁。他还命吕布发掘诸帝陵及公卿以下冢墓。无论如何，大量珍宝、图书等被丢弃或毁坏，故史学家们记载："二百里内，室屋荡尽，无复鸡犬。"[90]

皇家图书馆的命运显示出这场浩劫的规模。[91] 很多写在丝帛上的图书被士兵们拿走，"大则连为帷盖，小乃制为縢囊"。董卓还下令烧毁东观等图书储藏地。时任司徒王允全权负责西迁事宜，虽然一片混乱，他能做的有限，但他努力抢救兰台和石室中的图书文档。但《后汉书》记载："初，光武迁还洛阳，其经牒秘书载之二千余两，自此以后，参倍于前。……及王允所收而西者，裁七十余乘，道路艰远，复弃其半矣。"此外，当时天降大雨，王允的很多车辆被毁，并且"后长安之乱，一时焚荡，莫不泯尽焉"。[92] 之后，荆州刘表以及三国魏国创始人曹操试图收集图书典籍或重制副本，[93] 但散佚的图书手稿数量巨大，其他的文化作品受破坏情况与之类似。

受关东封锁带来的长远影响，董卓政权经费短缺。他发行新货

第九章 帝国的终结（公元185—189年） — 459

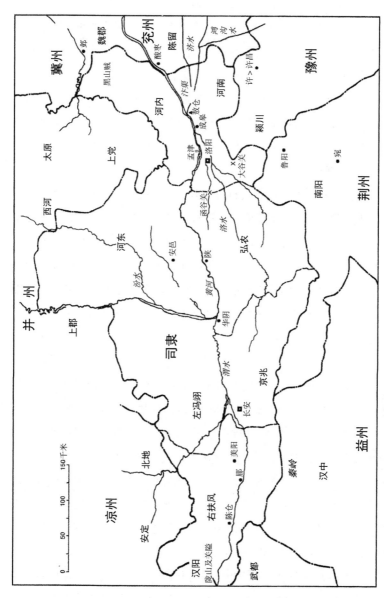

地图9 公元189—192年董卓占领下的京畿地区

币以弥补缺口，并将洛阳及长安的铜人、钟虡、飞廉、铜马等熔化铸钱。虽然新铸造的钱币名义上价值等同于汉代传统五铢钱，但是重量不同，没有磨光锉平，没有标注价值。故铜钱贬值，一些汉代最好的纪念物（指铜人铜马等。——译者注）遭到毁坏。[94]

公元 190 年夏天，董卓派遣使者赴关东劝袁绍等人罢兵，但由于他几周前已诛杀袁隗等袁氏宗亲，他的提议当然没有成功。董卓的几位使者均品质卓越、名声甚佳，但立即被袁绍等人诛杀，双方继续激烈交战。

虽然义兵能够维持有效封锁，但他们进攻的装备不足。两次尝试都以失败告终：义兵对敖仓的直接进攻被轻易击退，袁绍在黄河北岸的一支军队在向孟津进发时被消灭。酸枣的众位统帅每日大摆酒宴，争吵不断，分崩离析。大约在此时颍川孔伷去世，故北部的袁绍和南部的袁术成为董卓的主要反对者，而他们的努力毫无成果。然而在公元 190 年下半年，当孙坚从南方北上加入袁术阵营后，情况发生了转变。

孙坚是吴郡人（今中国东南部，毗邻杭州湾）。当时吴郡属于边疆地区，孙坚第一次显露头角就是在平定郡县贼寇时。[95] 当公元 172 年许昌叛乱爆发后，[96] 孙坚被临时任命为郡司马，有权招募兵勇或强制百姓服役。孙坚平叛有功，得到朝廷褒奖，被授予文职，成为县丞。在之后的十年中，孙坚相继在三个县任县丞。当公元 184 年黄巾叛乱爆发后，他再次被召担任军职，并在南阳宛城一战中表现突出。孙坚被任命为别部司马，被派往凉州平叛，正是在那时，孙坚劝说张温以不按时应召前来的罪名诛杀董卓。[97]

当西方战事平息，孙坚被任命为长沙太守。当时湘水流域盗贼四起，朝廷需要一位能征善战的官员前去平定。孙坚很快获得胜利，平息叛乱，因功被封为乌程侯。

当孙坚听说董卓攫取朝廷大权、各地结盟讨伐董卓，也率领本郡军队向北进发加入义兵。他在路上花费了一些时间，但在途中杀死了曾轻视自己的荆州刺史王睿以及董卓任命的南阳太守张咨。孙坚将王睿、张咨的军队与自己的军队收编整合在一起，率领一万人加入袁术的南部战线，一同讨伐董卓。孙坚立即被任命为破虏将军，负责指挥。孙坚的军事经验远远超越袁术或其他出身世家大族的义兵统帅，孙坚和他的手下能够和董卓相匹敌。[98]

但同其他人一样，孙坚的初次讨伐失败了。他得以逃脱，但所部伤亡惨重，被俘虏的士兵遭到虐待和诛杀。可是孙坚重整兵马的能力出众，再次发动进攻，于初平二年二月（191）的一个晚上，在一场混战中突破敌军对自己前方基地的反击，率军从大谷关翻过熊耳山。大谷关位于洛阳以南 50 千米处。[99]

孙坚向洛阳城进发，董卓出城迎战。两军在洛阳城外西南已被洗劫一空的诸帝陵墓处相遇。董卓军队被击溃，董卓撤回长安，留下吕布组织防御。孙坚继续进发，在洛阳南城墙下再次取胜，吕布弃战逃跑。随后，孙坚率军进入洛阳城。这件事的具体日期没有记载，但发生在公元 191 年春天，即公历 3 月或 4 月。

孙坚率孤军穿过重重防御的地区、击败强大精良的军队，这虽然是了不起的成就，但却徒劳无益。旧都洛阳已经被舍弃，房屋建筑几乎荡然无存，百姓要么已经逃亡要么被驱赶至长安，这里难以守御。洛阳城向东被山脉阻隔，但西边仍有董卓军队隔着函谷关虎视眈眈，洛阳城此时是不属于任何势力的地域。占据洛阳价值不大，并且任何占领军都容易受到反击。

有故事记载称，孙坚及其军队在洛阳期间，他的手下看见南宫一口井上有五色气闪耀。孙坚命人查看，发现了传国玺。传国玺为秦始皇所刻，是汉朝皇帝的重要象征，但在何进被诛后的混战中遗失。当孙坚带着战利品返回后，传国玺被袁术夺走。之后传国玺流转至曹操手中，成为三国魏国以及之后晋朝的皇帝玉玺。以上是这个故事的主要内容，但细节部分令人费解、前后矛盾。故事的出处难以确定，历史上这一神圣物件多次丢失并——可能——被找回。[100]

除了这一不确定的预兆，孙坚还清扫被毁坏的汉宗庙、陵墓，祠以太牢。[101] 然后，他离开洛阳，返回南阳，洛阳城重归荒芜。

汉朝的终结 [102]

西迁长安使董卓从眼前的军事困难中得以喘息，但旧都长安周边地区资源有限。三辅地区与帝国大部分地区的联系被切断，同时西至凉州、北至并州的叛乱依然活跃，朝廷无法有效统治，这片地区孤立隔绝，越来越贫困，尽管董卓可以将突击部队向东调回洛阳以及洛阳以远，但他的追随者们变得更加难以管控、不守纪律。

政治局势也陷入混乱、愈发衰落。董卓行事依然随心所欲，对自己的能力非常自信，但对反对者心存疑虑、冷酷残暴。此时，董卓对自己的亲属授予高位厚禄，他们爵位尊崇。董卓在封地郿县（位于长安以西90千米处，渭河边）修筑坞堡，里面存放的财物和粮食足以供给三十年。董卓称："事成，雄据天下；不成，守此足以毕老。"他的想法过于乐观了。

董卓一直对吕布施以恩宠，以他为随身护卫，并且二人誓为父子。但董卓脾气暴躁，有一次二人发生争执，董卓向吕布掷出手戟，吕布躲闪，之后二人和好。但吕布不再像以前那么自信，而在与董卓婢女发生私情后，变得更加忧心忡忡。

同时，受到董卓信任、负责京城行政事务的司徒王允正在计划推翻董卓的统治，这件事董卓不知情，但证明董卓的疑心有道理。王允已向吕布示好，早在公元 192 年便向他寻求支持。吕布被说服，认为董卓反复无常造成的威胁压倒了他对董卓的个人忠诚。初平三年夏四月辛巳，即公历 5 月 22 日，吕布与数名勇士伏击并斩杀董卓。长安城中人们酒肉相庆，填满街肆。董卓的亲族也被诛杀，王允、吕布宣告新政权诞生。[103]

但是，他们没有把董卓在城外的旧部考虑在内。正当王允犹豫不决应该如何对付这些人，李傕、郭汜等将领率军攻向长安。公历 6 月 28 日，即董卓死后五周，李傕、郭汜攻破长安城，杀掉王允，把持朝廷大权；吕布向东逃走，加入纷争不断的军阀中。[104]

此时长安城的情况甚至更加混乱无序、无法无天。新的统治者们授予自己将军的高位，但没有实际的政策，随着他们内部争执不断，文官被随意任免、逮捕、诛杀，而年幼的皇帝刘协（此时将要成长为一个少年）仍旧没有权力。

刘协确实执行了一些形式上的权力，并取得了一些小小的成功。公元 194 年，时年 14 虚岁的刘协加元服，有司奏立长秋宫，但刘协拒绝，直到生母王美人得到安葬才允许：朝廷派遣专人赴洛阳将王美人改葬文陵（灵帝葬于文陵）。之后不久，刘协举行藉田仪式。当三辅地区大旱时，刘协避正殿请雨，并亲自监督发放赈灾粮。

公元 195 年年初，刘协立贵人伏寿为皇后。但当西凉军中主要的两位将领李傕、郭汜闹翻后，良好的秩序就此崩溃。郭汜挟持众公卿作为人质，李傕劫持皇帝。随着宫殿遭到洗劫、焚毁，难以约束的士兵侵入新建成的后宫，箭矢射入皇帝帝帷中。刘协被带到李傕营中，数月中他一直努力调和相互攻讦的两人，但毫无收效。

最终，兴平二年秋七月，即公历 9 月 17 日，刘协虚张声势地离开了长安城：

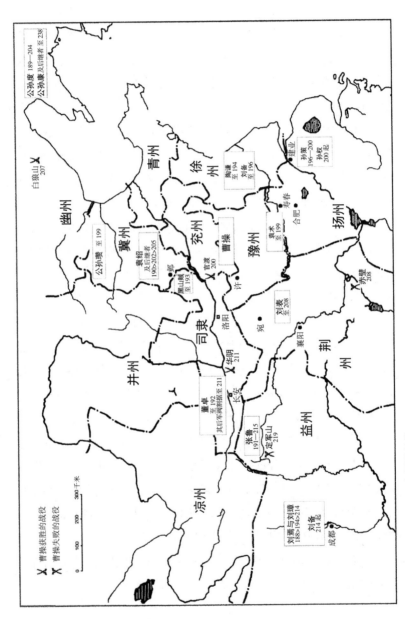

地图 10 公元 189—220 年军阀割据

> 车驾出宣平门，当渡桥，汜兵数百人遮桥曰："此天子非也？"车不得前。催兵数百人，皆持大戟在乘舆车前，兵欲交，侍中刘艾大呼曰："是天子也！"使侍中杨琦高举车帷，帝曰："诸君何敢迫近至尊邪？"汜兵乃却。既渡桥，士众皆称万岁。[105]

一旦离开长安城，得益于互相竞争的将领们的联盟行将瓦解，以及白波贼和南匈奴骑兵的帮助，刘协利用一系列复杂的政治军事策略逐步避开李傕、郭汜二人，开始向东行进。双方进行了一系列追击战，均损失惨重，百官和平民为了跟上皇帝车驾而惨遭杀戮。最终，这支逃亡队伍于十二月抵达弘农陕城（位于黄河南岸），刘协与伏皇后乘坐小舟渡河，只剩数十人伴随左右，队伍大大减少。没有渡河的宫女及吏民遭到抢劫、强暴和杀戮。

12月27日，皇帝乘牛车，与剩下的追随者们抵达河东郡安邑（今山西夏县）。[106] 在两年大旱后，粮食短缺，地方骚乱使安邑荒废凋敝，这个小朝廷受武人支配，这些人比李傕、郭汜好不了多少。北军五营等护卫力量几乎都被消灭了，皇帝既没有安全也没有隐私。据记载：

> 乘舆时居棘篱中，门户无关闭，天子与群臣会，兵士伏篱上观，互相镇压以为笑。[107]

无论如何，在次年春正月，皇帝郊祀上帝于安邑，大赦天下，改元建安。此时大赦能在帝国什么地区起到作用，这一点令人怀疑，但"建安"年号得到了认可接受，并延续了二十五年，一直到后汉最后的日子。

刘协此时仅仅14周岁，已经展现出能力与勇气，他一直努力劝说诸将陪他回到旧都洛阳。最终这些武人接受了刘协的恳求，荆州刘表派遣工匠重修部分洛阳宫殿。公元196年8月12日，皇帝回到洛阳。

然而，洛阳城已经基本被遗弃，五年多来人烟凋敝。在最初几天，刘协暂住在故中常侍赵忠的宅邸，直到南宫的部分宫殿可供居住后才搬离。在其他方面，情况并无好转：洛阳城遍地残骸，荆棘丛生，朝廷官员在其中寻觅野生谷物，群僚饥乏，有的被不守军纪的士兵杀害。[108]

与此同时，帝国东部地区已落入斗争不断的军阀之手。[109]在遥远的帝国东北部，即今中国东北以及朝鲜北部，公孙度建立了一个独立政权，之后由其子公孙康继承，该政权保持独立近五十年。[110]武将公孙瓚击败幽州牧刘虞，最终被从冀州牧韩馥手中夺取冀州的袁绍打败并杀死。[111]在徐州（山东半岛以南的东部沿海地区），徐州牧陶谦也建立了自己的政权，并在临终时将权力传给了他所提携的刘备，一位来自北方的武将。刘备转而陷入了与袁术、吕布的苦战，当时袁术盘踞在淮水边的寿春，吕布刺杀董卓后在东部避难。但是，到了公元199年，这三人均被曹操打败，曹操成为黄淮之间的霸主。

曹操是太尉曹嵩之子，曹嵩是宦官曹腾的养子。曹操首先在兖州赢得胜利，兖州位于黄河南岸、洛阳以东。虽然曹操受敌人南北夹击，但到了公元196年，他很有信心挟天子以令诸侯。这件事颇为微妙，控制着皇帝的武将们自然多疑，虽然曹操的首次尝试遇到阻碍，但他利用敌军统帅之间的分歧得到进入洛阳的许可。曹操刚刚率军进入洛阳城，便任司隶校尉，将敌对统帅赶走。这些将领的杂牌军不是曹操麾下有明确目标的坚定将士的对手。10月7日，在刘协返回旧都两个月后，他最后一次离开洛阳，迁至颍川郡许，即今河南许昌以东。[112]

无论曹操曾计划、许诺了什么，也无论刘协曾期望了什么，事实是汉朝皇帝成了自己新都的囚徒。传统被保留了下来，包括立宗庙、社稷、祭祀等礼仪，但曹操的亲密伙伴、尚书令荀彧控制了名义上的朝廷，皇帝的对外联系受到严格控制。

刘协数次试图获得自由。公元199年，刘协获得表兄弟、车骑将军董承的帮助，但他们的密谋被发现，参与者及其家人被诛杀，其中包括董承的女儿、献帝嫔妃董贵人。不久之后，伏皇后发起一场密谋，没有成功，数年后暴露，同样导致伏皇后死亡。这种关系并不容易，但二人被绑在了一起：如果曹操废黜刘协，将会损害自己的地位，使他自己跟董卓一样糟糕。因此，在表面上曹操对这位拒不服从的俘虏谦恭有礼、尊敬有加，而实际上以刘协的名义来巩固自己的地位。

随着曹操在华北平原南部拓展势力，处于冀州的袁绍面临着越来越大的威胁，公元200年，袁绍试图摧毁他的敌人。但是，袁绍攻打许都时，于官渡被曹操击败。公元202年袁绍去世后，曹操利用袁绍两个儿子不和的机会夺取了袁绍的地盘。至公元205年，曹操统一了华北平原，并在公元207年于白狼山打败三郡乌桓，巩固了自己的权威。曹操将自己的都城定在魏郡邺城（位于黄河北岸），于公元208年罢三公官，并任命自己为丞相，成为官僚体系的唯一首领。[113]

之后，刘表在这一年死于荆州，曹操接管了刘表的领地。但当曹操试图越过长江时，军阀孙权和刘备人马组成联军，在赤壁击败曹操大军。尽管曹操的势力从未到达长江以南，但他确实统治着中国北方。公元211年，曹操于华阴对战韩遂、马超等西凉将领，取得决定性胜利，之后其部将夏侯渊镇守长安。

公元213年，曹操至许都拜见献帝时被封为魏公，公元216年进爵为魏王。曹操将邺城作为自己的都城进行改造，并在邺城建立起一个与在许的献帝朝廷相匹敌的朝廷，包括九卿等官员。另一方面，尽管他极大地扩展了自己的封地，但拒绝了那些劝他称帝的建议。有可能他希望自己的家族世代统治傀儡朝廷，就像几个世纪后日本幕府将军一样。这一策略表现在，公元213年，他安排自己的三个女儿进入献帝后宫，以及在公元215年，伏皇后因十五年前的阴谋被废并死亡后，曹操的一个女儿被立为皇后。

在同一年，曹操以武力迫使张鲁投降。一般认为，张鲁是今天道教的天师，在汉中建立了一个宗教政权。曹操通过这次胜利，取得了对秦岭各关隘的控制，威胁到益州其他地区。刘璋此时已继承其父刘焉的事业，成为新的益州军阀。他邀请曹操旧敌刘备前来支援，但刘备不久背叛自己的恩主，夺取了益州。另外，在公元219年春天，刘备于定军山一战打败夏侯渊，占领汉中，迫使曹操及其军队撤出秦岭。

刘备举行仪式，自称汉中王，这是对汉高祖刘邦曾封"汉中王"的呼应。赤壁之战后，刘备占据了长江中游的荆州大部分地区，当年秋天，刘备命部将关羽率军沿汉水河谷北上，向南阳进发，希望取得占领汉中那样的大胜。关羽节节胜利，并围攻襄阳，但曹操大军坚守，并且孙权大将吕蒙随后从后方发动袭击。最终关羽被杀，孙权占领荆州全境。

公元219年的两场战争决定了所谓三国的格局。魏国在曹操、其子曹丕等统治下，占据了华北平原以及帝国原来在西北的核心区域，并对鄂尔多斯地区和东北地区普遍拥有宗主权。吴国孙权以长江下游今南京为都城，还控制了从汉水下游向南穿过长江中游的荆州，以及更南方的交趾全境，但孙权无法在荆州取得进一步进展；他在东部向淮水的进攻，在北线受到合肥周边防御的阻拦。刘备的蜀汉政权位于今四川西部，之后由其子刘禅继承，蜀汉受益于秦岭山脉的保护。著名的丞相诸葛亮对这个名义上的帝国拥有支配权力，他重建了蜀汉与吴国的联盟，这两个南方政权与魏国维持了长达四十年的平衡。之后中国将一度被取代魏国的晋朝统一，而延续数百年的汉帝国走向了衰败灭亡。

注释：

[1] 关于黄巾军叛乱的讨论，见第八章。

[2] 第五章第 252 页。

[3]《后汉书》卷八八《西域传》描述了这场战争，列出参与征讨的包括焉耆、龟兹、车师前后部，并指出"四十余日不能下，引去"。

《后汉书》卷八八《西域传》提到戊（己）司马曹宽；公元 185 年为纪念曹全而立碑，碑文中提到曹全"拜西域戊部司马，时疏勒国王和德，弑父篡位，不供职贡，君兴师征讨"。这块碑目前保存于西安碑林，碑文内容见 Nagata, *Inscriptions*, 246-248, 翻译见 Chavannes, "Pay d'Occident d'après le *Heou Han chou*", 206-207, 以及 Ebrey, "Han Inscription", 340-344。曹宽和曹全有可能是一人，但碑文记载这次征讨获胜。沙畹、伊佩霞等学者因此认为征讨获胜，但我认为碑文作者想要突出曹全的英勇、篡改了令人失望的结果，见 deC, "Western Regions", 22。

[4]《后汉书》卷八八《西域传》；deC, "Western Regions", 22。据记载，此次远征由西域长史、戊己校尉率领。根据《后汉书》卷七二《董卓列传》，这段时间前后董卓曾任戊己校尉，则董卓有可能参与了这场战争。

[5] Haloun, "Liang-chou Rebellion", 122 note 25 提出有的叛乱和帝国东部黄巾军有关。但是他所引用的两条材料并不完全支撑他的论点。第一条，公元 185 年所立的纪念曹全的石碑，碑文提到此时在酒泉发生叛乱，但反叛者并没有自称黄巾军："光和六年，复举孝廉，七年三月，除郎中，拜酒泉禄福长，訞贼张角，起兵幽冀，兖豫荆杨，同时并动，而县民郭家等，复造逆乱，燔烧城寺，万民骚扰，人裹不安，三郡告急。"见 Ebrey, "Han Inscription", 341, 以及前文注释 3。第二条，根据《后汉书》卷五八《盖勋列传》引用司马彪《续汉书》卷四，但没有明确指出黄巾军活跃在西北地区："中平元年，黄巾贼起，

故武威太守酒泉黄儁被征,失期。"见 deC, *Biographical Dictionary*, 345。

虽然如此,但有可能西北地区心怀不满的人听说了朝廷在东部遭遇的困境,受此鼓励,利用此时朝廷分散注意力的机会。

[6] 关于兵变以及后来的叛乱经过,见 Haloun, "Liang-chou Rebellion",以及 deC, *Northern Frontier*, 146-165。关于湟中义从胡的创建,见第三章第 137 页。

关于此次叛乱最初几年的记载,主要见《后汉书》卷五八《盖勋列传》(盖勋在早期抵抗中扮演重要角色)以及《后汉书》卷七二《董卓列传》(董卓参与了最初的镇压行动)。

[7] 《后汉书》卷七二《董卓列传》注释引用晋朝袁晔《献帝春秋》:"故新安令边允、从事韩约。"对边章、韩遂姓名的记载有混乱。据《献帝春秋》,二人本名"边允""韩约",因被悬赏追捕而改名,"边章""韩遂"应该是正确的。见 deC, *Northern Frontier*, 493 note 25。

一些中文材料中提到"边章、韩遂叛乱"。虽然二人是同时加入叛军的,哈隆(Haloun)正确指出,二人从未联合指挥过:边章死于公元 186 年,而韩遂直到公元 189 年才获得领导地位,见 Haloun, "Liang-chou Rebellion" note 19, 31,以及 deC, *Northern Frontier,* 159。

[8]《后汉书》卷五八《盖勋列传》;Asselin, *Significant Season*, 246,将"枭"注音为"Xiao"(本书作者写作"Nie"。——译者注)。阿塞林(Asselin)称宋枭的计划是一种政治手段,目的是使反叛者"再汉化",但他没有指出,经验丰富的将领盖勋反对宋枭的计划。当宋枭不顾盖勋反对向朝廷奏请施行时,他被免官。教授儒家经典是朝廷所支持赞成的,但这不足以压倒更为实际的政治考虑。

[9] 不论皇甫嵩的功过如何,他已经招致宦官的敌对。在皇甫嵩讨伐黄巾军时,路过邺城,发现中常侍赵忠舍宅逾制,便上奏举报,赵忠房舍被没收。此外,皇甫嵩拒绝向权势滔天的中常侍张让行贿。见《后汉书》卷七一《皇甫嵩列传》;deC, *Huan and Ling*, 195。

[10] 关于这次争论,记载于《后汉书》卷五八《傅燮列传》;deC, *Huan and Ling*, 194。傅燮是北地灵州人(西北地区),性格勇毅,曾任护军司马,与皇甫嵩讨伐张角,曾上疏反对宦官。傅燮这一次的观点,与 75 年前羌族叛乱

时虞诩所持观点相同，见第四章第 184 页。

[11] 此时，由于渭河沿岸形势不稳，朝廷新设置两个郡：南安郡，公元 188 年从汉阳郡西南部分出；汉安郡，从右扶风西部分出。另外，在前汉和后汉公元 72 年之前，汉阳郡一直称天水郡。数年后，汉阳郡恢复天水郡的名字。

但这种重新安排没什么实际意义。整个西北地区都处于不稳定状态，郡国边界只不过是地图上的线条罢了。

[12] 关于公元 211 年曹操打败韩遂等凉州军阀，见 deC, "Western Regions", 163-166，以及 deC, *Imperial Warlord*, 295-301。关于魏国开国皇帝曹丕征讨武威郡以远西北地区，见 Fang（方志彤），*Chronicle of the Three Kingdoms* I, 5-6，以及 deC, *Northern Frontier*, 500 note 64。

[13] 关于张脩及其活动，见第八章第 406—407 页，关于之后五斗米道的历史，见后文第 433—434 页、注释 31。

公元 2 世纪 70 年代，"妖贼"首领骆曜曾活跃于长安一带，但这一时期没有关于他的记载。

[14]《后汉书》卷七三《刘虞列传》、《三国志》卷八《魏书·公孙瓒传》；deC, *Huan and Ling*, 203。

[15]《后汉书》卷八《孝灵帝纪》。"白波贼"自此持续十年。

[16]《后汉书》卷八《孝灵帝纪》、《后汉书》卷八九《南匈奴列传》；deC, *Huan and Ling*, 204-206。关于匈奴休屠各部（或屠各部），见第六章第 290 页及注释 63。关于於扶罗之后的经历，见 deC, *Biographical Dictionary*, 1020-1021。

[17]《后汉书》卷七一《朱儁列传》、《三国志》卷八《魏书·张燕传》注释引用司马彪《九州春秋》；deC, *Huan and Ling*, 192-193。《后汉书·朱儁列传》和《九州春秋》记载了一些叛军首领的姓名和绰号，例如黄龙、左校（这个称号可能出自京城中负责刑徒的官职："官吏犯法，常输左校为工徒"，见 Bielenstein, *Bureaucracy*, 81）、李大目、左髭丈八等。关于这些首领的讨论，见 deC, *Huan and Ling*, 567-568。

[18] 公元 188 年夏天，汝南郡有人自称黄巾，攻没郡县，但当年冬天即被平定，见《后汉书》卷八《孝灵帝纪》。

[19]《后汉书》志第十四《五行二》记载了从和帝时期公元 97 年以来的火灾，

并不是每一次火灾都波及京城。Bielenstein, *Lo-yang*, 31 列出了与皇宫有关的历次火灾，毕汉思在第 87 页提到了发生在城外皇家园陵的火灾；其他火灾事件记载于书中各处，例如，第 59 页提到在城市市场中发生火灾。公元 142、143 年分别发生过一次严重的火灾，公元 142 年的火灾持续数月，"百九十七家为火所烧"，被波及的房屋更多，见 Bielenstein, *Lo-yang*, 46。

毕汉思指出，不是所有火灾都被认为是灾异并记载下来，而 Mansvelt Beck, *Treatises*, 148-149 指出，《后汉书·五行志》正文中有十二条记载，刘昭注补充了引用自公元 2 世纪中叶伏无忌《古今注》的另外十二条，还有一些引用自后世文献的其他材料；关于伏无忌，见第一章注释 36。实际发生的火灾肯定比记载的更多，但可以认为，那些牵涉皇宫以及皇帝本人的火灾，被认为更加重要，比牵涉普通百姓的火灾更有可能被记载下来。

在 *Lo-yang*, 109 note 125，毕汉思指出，有可能有的火灾是故意纵火引发的，作为灾异凶兆表示抗议。他特别观察到，侍中韩说"尤善图纬之学"，能预言灾祸，公元 185 年韩说向灵帝上封事，称宫中某日将发生火灾，见《后汉书》卷八二下《方术列传》。韩说在史书中被描述为一个值得尊敬的学者，有预知能力，但无法得知韩说确实知道什么事，或者这个故事是被人加工过的。

[20] 关于这次火灾的记载，见《后汉书》卷八《孝灵帝纪》、《后汉书》志第十四《五行二》，讨论见 Bielenstein, *Lo-yang*, 31, 109 note 119, 120。关于光武帝时期所建云台，见第一章第 28 页，关于兰台存放图书典籍和官府文书，见第一章第 32 页。

[21] 根据《后汉书》卷八《孝灵帝纪》，火灾发生于中平二年二月乙酉，即该月第十日，公历 3 月 28 日。而"税天下田，亩十钱"这条材料记载于三月之前。按该日期推算，则加税的命令甚至可能是在大火被扑灭之前下的。

关于后汉赋税结构，见第四章第 194—199 页。关于桓帝下令额外收税，见第七章第 323 页。

[22] 关于公元 178 年所建立的卖官价格体系，见第八章第 393—394 页，关于这一时期的"修宫钱""助军钱"，见《后汉书》卷七八《宦者列传》。关于公元 185 年建造万金堂，记载于《后汉书》卷八《孝灵帝纪》。

如第八章注释 68 所引，Bielenstein, *Bureaucracy*, 43, 46-47 指出前汉时期，大司农负责管理国家财政，少府负责管理皇室私财。但后汉时期，这两个财务系统合二为一，为灵帝侵吞公款制造了机会。

[23] 关于这一时期的普遍卖官价格，见《后汉书》卷七八《宦者列传》，以及《后汉书》卷八《孝灵帝纪》注引用《山阳公载记》，第八章对此有讨论。崔烈买官一事见《后汉书》卷五二《崔骃列传》；deC, *Huan and Ling*, 193。刘陶的事例见《后汉书》卷五七《刘陶列传》。（关于《山阳公载记》，见后文注释 98。）

[24] 关于司马直一事，记载于《后汉书》卷七八《宦者列传》；deC, *Huan and Ling*, 192。司马氏是河内郡大族，司马懿在军阀曹操手下效力，并为晋朝奠定基础。

关于售卖关内侯，见《后汉书》卷八《孝灵帝纪》。通常这类爵位封地仅适用于第一代，但此处特别强调"传世"，即买得关内侯者还可以传子袭孙。

[25]《后汉书》卷七八《宦者列传》；deC, *Huan and Ling*, 197-198。关于翻车渴乌，见第一章注释 126、134。

[26]《后汉书》卷七八《宦者列传》；deC, *Huan and Ling*, 178。《宦者列传》注引《春秋潜潭巴》："天子无高台榭，高台榭，则下畔之。"《春秋潜潭巴》是当时流行的谶纬类书籍。

[27]《后汉书》卷八《孝灵帝纪》；deC, *Huan and Ling*, 173。

[28] 这个秘密计划记载于《三国志》卷一《魏书·武帝纪》，裴注引用司马彪《九州春秋》和《魏书》；deC, *Huan and Ling*, 207。更详细的讨论见 deC, *Imperial Warlord*, 40-41。

关于襄楷及其公元 166 年上书桓帝，见第七章第 344—349 页。

[29] 关于任命州牧的最早记载见《后汉书》卷七五《刘焉列传》以及《三国志》卷三一《蜀书·刘二牧传》。州牧的设置并未记载于《后汉书·百官志》，故确切时间不明。根据《后汉书》卷八《孝灵帝纪》，并州刺史张懿死于中平五年三月，即公元 188 年，故《资治通鉴》卷五九将任命州牧一事放在这一时间；deC, *Huan and Ling*, 205-206。

在《后汉书》卷八《孝灵帝纪》的同一条材料中，除了张懿被杀，还记载了单于羌渠的死,但根据《后汉书》卷八九《南匈奴列传》,单于羌渠的死发生在刘虞任幽州牧之后。虽然出现前后矛盾、时间错误的问题,但设置州牧的时间有可能确为中平五年三月。

[30] Bielenstein, *Bureaucracy*, 90-92 讨论了汉代州牧和刺史的任命。

关于以较低级官员监督较高级官员的情况,比如御史中丞有权"受公卿章奏,纠察百僚",属下为侍御史,见 Bielenstein, *Bureaucracy*, 9-10;deC, "Inspection and Surveillance", 70-71 和 *Biographical Dictionary*, 1227。

[31] 五斗米道在公元 2 世纪 80 年代初首次记载于《典略》,当时首领是张脩,见第八章 407 页。张鲁以某种方式取代张脩成为五斗米道首领。尽管张鲁曾在刘焉手下任职,并且其母"有姿色,兼挟鬼道,往来焉家",但张鲁最终与之对立。

张鲁传记见《三国志》卷八二《公孙陶四张传》,关于张鲁的讨论见 deC, *Imperial Warlord*, 291-294, 311-314;以及 deC, *Biographical Dictionary*, 1066-1067, *Huan and Ling*, 557-558, *Generals of the South*, 356-361。

关于五斗米道的起源、性质以及张鲁和张脩的关系,中、日以及西方学者有很多争论。我不在这里讨论细节,参考内容包括:Maspero, *Taoisme*, Kierman, *Taoism and Chinese Religion*, Eichhorn, "Chang Chio und Chang Lu" and "T'ai-p'ing und T'ai-p'ing Religion", Miyakawa(宫川尚志),《六朝史研究:政治社会篇》, Welch, *Parting of the Way*, Seidel, "Image of the Perfect Ruler", Fukui(福井康顺),《道教の基礎の研究》, Goodman, *Ts'ao P'i Transcendent*,以及 Liu Ts'un-yan(柳存仁), "Was Celestial Master Zhang a Historical Figure?" 并且谨慎参考了 Michaud, "Yellow Turbans" 及 Levy, "Religion and Rebellion"。

正如张鲁和前任首领张脩之间的关系存在争议,西部的五斗米道与东部张角的太平道之间的联系也存在疑问。第八章引用鱼豢《典略》,张角与张脩采取了相似的信仰治疗法,二者的组织形式也可能反映出一种共同的背景,但他们在公元 184 年起兵反叛的时间不同(见前文第 425—426 页),公元 188 年益州贼马相自号"黄巾"反叛,此事与张鲁、张脩或五斗米道无关,史料记载中张脩、张鲁也从未自称"黄巾"。

另外,Seidel, "Taoist Messianism", 167-168 指出,张鲁的行为并不是图谋反

抗世俗政权，而是帮助世俗政权成为理想国家。虽然张鲁的确建立了一个神权政体，但存在时间很短：张鲁拒绝称王，于公元215年欣然投降军阀曹操，见《三国志》卷八《魏书·二公孙陶四张传》；deC, *Establish Peace*, 490-498, *Imperial Warlord*, 311-314。

[32] 关于初设西园八校尉，记载于《后汉书》卷八《孝灵帝纪》。关于史料中八校尉头衔的差异，见《后汉书》卷八《孝灵帝纪》注引用《山阳公载记》、《后汉书》卷七四《袁绍列传》、《后汉书》卷六九《何进列传》、《后汉书》卷五八《盖勋列传》、《后汉书》志第十三《五行一》。

[33] *Arabian Night's Entertainments* I, 283. 阿迦·穆罕默德·汗·卡扎尔 (Aga Muḥammad Khān Qājār)，在幼年遭到阉割，以冷酷残暴著称。公元1794年，阿迦统一波斯，拓展疆域，扩大影响，并建立卡扎尔王朝，公元1797年遇刺身亡。

[34] 《后汉书》卷六九《何进列传》、《资治通鉴》卷五九有摘录；deC, *Huan and Ling*, 209。

[35] 《后汉书》卷五八《盖勋列传》；deC, *Huan and Ling*, 209。

[36] 宋皇后传记见《后汉书》卷十下《皇后纪下》；宋皇后的名字没有记载。其传记翻译见 Goodrich, "An Empress of the Later Han"。关于章帝时期宋贵人姐妹，见第七章第355—356页。

[37] 关于刘悝，见第七章第355—356页。

[38] 被废皇后"以忧死"的例子还包括和帝阴皇后（第三章第143页）、桓帝邓皇后（第七章第336页）、桓帝窦皇后（第八章380页）。其中阴皇后的罪名也包括使用巫蛊之术，即"祝诅"。

关于"暴室"作为医院和监狱的功能，见下文第439页及注释44。

[39] 关于刘辩的出生时间，记载相互矛盾。根据《后汉书》卷八《孝灵帝纪》，公元189年刘辩即皇帝位时，"年十七"；根据《后汉书》卷十下《皇后纪下》，刘辩次年去世时，"时年十八"。司马光根据张璠《后汉记》，认为公元189年刘辩即皇帝位时，"年十四"，见《资治通鉴》卷五九。如果《孝灵帝纪》和《皇后纪下》的记载准确，则刘辩出生于公元173年；如果张璠记载准确，则刘辩出生于公元176年。如后文第458页的讨论，我认同《后汉书》

的记载。

[40] 何贵人被立为皇后，见《后汉书》卷八《孝灵帝纪》。何皇后传记，见《后汉书》卷十下《皇后纪下》。何皇后的名字没有记载。

[41] 关于史侯，见《后汉书》卷十下《皇后纪下》注引《献帝春秋》。

与此类似，公元 100 年前后，和帝两个幼子也曾秘密养在宫外，见第四章第 171 页。和帝皇子无人知道养在哪里，而似乎灵帝皇子的下落一直众所周知。

[42]《后汉书》卷十下《皇后纪下》在最后列出了后汉各位公主，其中灵帝有一个女儿，"皇女某，光和三年（180）封万年公主"。有可能她刚一出生便被封为公主。

[43] 王美人传记记载于《后汉书》卷十下《皇后纪下》以及司马彪《续汉书》卷一。根据《续汉书》记载，"（刘协）母曰王美人，何皇后妒而害之"。根据《后汉书·皇后纪下》记载，"（王美人）生皇子协，后遂鸩杀美人"。

《续汉书》记载了刘协的出生日期。后汉开国皇帝光武帝和最后一位皇帝献帝，是后汉仅有的记载下生日的皇帝。光武帝出生于公元前 5 年 1 月 13 日。

《后汉书》卷十下《皇后纪下》记载了王美人祖父的官职，但没有提到其父。《续汉书》记载，王美人父亲名璋，但没有其他信息。《续汉书》还记载，王美人在怀孕时，梦见自己产下男孩。

公元 194 年，在其子献帝的坚持下，王美人被追尊为皇后，见《后汉书》卷十下《皇后纪下》、《后汉书》卷九《孝献帝纪》以及后文第 467 页。

[44] 根据《后汉书》志第二十六《百官三》："暴室丞主中妇人疾病者，就此室治；其皇后、贵人有罪，亦就此室。"暴室长官暴室丞在掖庭令之下。Bielenstein, *Bureaucracy*, 53 提到前汉啬夫，而《续汉书》此条记载说明啬夫一职在后汉暴室中仍然存在。掖庭令、暴室丞、啬夫，均为宦官。

尽管暴室的主要目的是作为后宫医院，但不奇怪的是，史官们提到暴室通常是作为监禁之所，很多废后在这里死去，这类事情值得史官记录。和帝阴皇后、桓帝邓皇后、灵帝宋皇后均死于暴室，见前文第 437 页及注释 38。

在这个例子中，王美人刚刚生产，应该是为了治疗疾病才进入暴室。

[45] 关于解渎亭侯刘苌遗孀、灵帝生母董氏，见第八章 364、389 页。

关于灵帝对这个孩子的关注，以及给他起名，见《后汉书》卷九《孝献帝纪》注释引用张璠《后汉记》:"灵帝以帝似己,故名曰协。"又引公元 3 世纪皇甫谧《帝王世纪》:"协字伯和。"

[46] 何进传记见《后汉书》卷六九《何进列传》,其中也记载了何苗。《三国志》卷六《魏书·董二袁刘传》注释引用王粲(177—217)《汉末英雄记》,其中也有关于何苗的记载。

[47] 前文第 434—435 页。

[48]《后汉书》卷六九《何进列传》。

[49]《后汉书》卷十下《皇后纪下》。

[50] 关于"录尚书事",见第二章第 99 页及注释 71。

[51] 汝南袁氏四世三公,之后弘农杨氏可以匹敌。杨氏本已三世三公,公元 189 年杨彪被董卓任命为司空,后任太尉,则弘农杨氏也是四世三公。DeC, *Biographical Dictionary* 相关条目及第 1191、1192 页。

[52] 见 deC, *Biographical Dictionary*, 1009, 1192, 以及 deC, *Imperial Warlord*, 19。

[53] 陈琳的进谏,记载于《后汉书》卷六九《何进列传》;曹操的评论,记载于《三国志》卷一《魏书·武帝纪》注引用王沈《魏书》。这两条材料均被《资治通鉴》卷五九引用;deC, *Establish Peace*, 8。陈琳是当时著名的文学家,见《后汉书》卷二一《魏书·王卫二刘傅传》;曹操之后成为汉末最大的军阀。

[54]《后汉书》卷六九《何进列传》;deC, *Establish Peace*, 15。关于公元 181 年王美人之死,以及灵帝对当时的何皇后的愤怒,见前文 438—439 页。
《后汉书》卷六九《何进列传》中关于该事件的史料翻译见 Ch'ü (瞿同祖), *Social Stucture*, 495-506;《资治通鉴》卷五九有相似记载;翻译见 deC, *Establish Peace*, 6-18。Bielenstein, *Lo-yang*, 98-101 也描述了该事件,但我的年表和毕汉思有细微差异,见后文《关于危机爆发日期的注解》。

[55] 尚方位于东园,是制办皇室器物的宫署,由宦官掌管。见 Bielenstein, *Bureaucracy*, 52, 61, 以及第一章第 45 页、第二章第 77—78 页。

[56] 第八章第 367 页。

[57] 关于九龙门,见 Bielenstein, *Lo-yang*, 25。根据《后汉书》卷六九《何进列传》,袁术烧九龙门。《资治通鉴》卷五九依据袁宏《后汉纪》,记载袁术

烧南宫青琐门,但 Bielenstein, *Lo-yang*, 107 note 84 怀疑青琐门与后宫有关。九龙门、青琐门以及其他很多建筑都可能受到随后大火的波及。

[58] 《后汉书》卷八《孝灵帝纪》。关于"西宫""东宫"(与主要建筑群北宫、南宫相对应),见 Bielenstein, *Lo-yang*, 24。严格来说,东宫是为太子所建的宫殿,但有可能年幼的皇帝刘辩一直住在里面。

[59] 第八章第 389 页。

[60] 北宫和南宫均有端门,通向正殿、后宫,位于西侧。见第一章第 45 页引用 Bielenstein, *Lo-yang*, 23-24, 34。

[61] 河南中部掾执掌包括洛阳在内地区的警卫、监察事务。闵贡是河南尹王允的属下。根据《后汉书》卷六九《何进列传》,闵贡是被王允派去追击的,而根据《后汉书》卷八《孝灵帝纪》注引《献帝春秋》:"河南中部掾闵贡见天子出,率骑追之。"

《献帝春秋》的这条记载更加不可靠,因为已知张让等人是步行出逃,如果闵贡已经看到并率骑兵追击,则必然会在其翻过北邙山抵达黄河岸边之前抓到他们。

[62] 根据《后汉书》卷八《孝灵帝纪》:"帝与陈留王协夜步逐荧光行数里,得民家露车,共乘之。"而根据《三国志》卷六《魏书·董二袁刘传》注引用《汉末英雄记》:"帝独乘一马,陈留王与贡共乘一马。"

[63] 《后汉书》卷六九《何进列传》、《资治通鉴》卷五九。《后汉纪》卷二五记载了事件经过,但是没有记载日期。

[64] Bielenstein, *Lo-yang*, 98-101,以及前文注释 54。

[65] 《后汉书》卷六九《何进列传》。

[66] 董卓传记见《后汉书》卷七二《董卓列传》、《三国志》卷六《魏书·董二袁刘传》。《三国志》的董卓传记相对简略,但裴松之注引用了很多其他史料。另外在《后汉书》《三国志》等史书的其他部分,也有对董卓的记载。

[67] 董卓之兄为董擢,其弟为董旻。

[68] 第三章第 150—151 页。

[69] 第七章第 358—359 页。

[70] 尽管自公元 2 世纪 20 年代班勇被免职后,后汉不再任命西域都护,

但戊己校尉持续至 70 年代。然而，后汉对中亚影响有限，戊己校尉主要受凉州刺史管辖，见前文 420 页。

[71] 前文第 420 页及注释 3、4。

[72] 前文第 421 页概述了凉州叛乱。《后汉书》卷七二《董卓列传》以及《三国志》卷六《魏书·董二袁刘传》描述了这些战斗的经过。《后汉书》卷八七《西羌传》记载："中平元年，北地降羌先零种因黄巾大乱，乃与湟中羌、义从胡北宫伯玉等反，寇陇右。事已见《董卓传》。"

[73] 《三国志》卷四六《吴书·孙破虏讨逆传》；deC, *Biography of Sun Chien*, 34-36, 63-67。

在 deC, *Generals of the South*, 548-549，我提出《三国志》中孙坚、孙策的传记均来源于《破虏讨逆将军纪颂》，此书于公元 200 年由张纮呈给孙权，见《三国志》卷五三《吴书·张严程阚薛传》裴注引《吴书》，以及姚振宗《三国艺文志》。

[74] 左将军、前将军是传统的将军名号，在车骑将军之下。后汉时期，这类将军名号并非常设，但若被授予，则比普通的将军名号威望更重，见《后汉书》志第二十四《百官一》："前、后、左、右杂号将军众多，皆主征伐，事讫皆罢。"

[75] 《后汉书》卷七二《董卓列传》；deC, *Establish Peace*, 9。

湟中义从胡组建于一百年前，见第三章第 137 页。当时，湟中义从胡包括羌人以及西北其他少数族，有证据表明各部受不同人节制。虽叫作"义从胡"，但并非全部忠于汉朝，他们曾参与中平元年的凉州叛乱，见前文第 421 页。

[76] 关于在一些州任命州牧，以取代刺史，见上文第 432—434 页。

[77] 《后汉书》卷七二《董卓列传》以及《三国志》卷六《魏书·董二袁刘传》裴注引刘艾（汉献帝同时代人）《灵帝纪》；deC, *Establish Peace*, 9。Lewis, *Early Chinese Empires*, 262 引用并讨论了这两段材料。

[78] Lewis, *Early Chinese Empires*, 262-263。

[79] 关于内战时期的军队，见 deC, *Imperial Warlord*, 第四章，特别是第 157—158、164—165 页。

[80] 关于任尚，见第四章第 188 页；关于公元 2 世纪 60 年代的其他将领，见第八章第 374—375 页；关于卢植在公元 184 年的遭遇，见第八章第 412—

413 页；关于皇甫嵩在公元 184 年的遭遇，见前文第 424 页及注释 9。

[81]《后汉书》卷七二《董卓列传》；deC, *Establish Peace*, 11-12。

[82] 显阳苑为桓帝于公元 159 年建造，当时他刚刚推翻外戚梁氏，见第一章第 65 页。

[83]《后汉书》卷七二《董卓列传》。

[84] 见前文第 437 页及注释 39，以及后文第 458 页。

[85]《后汉书》卷十下《皇后纪下》。

唐姬是颍川人，祖父曾位至三公，其父为会稽太守。刘辩死前曾对唐姬说："卿王者妃，势不复为吏民妻。自爱，从此长辞！"唐姬在刘辩死后返回自己家中，对所有让她出嫁的努力坚决抵制。

公元 192 年，唐姬被将军李傕所获，被带到长安。李傕想娶唐姬，但献帝听说了唐姬的遭遇，安排解救，按弘农王妃的身份礼遇她。

[86] 在前汉初年，相国是朝廷最高官职。之后相国改为丞相，但后汉废除了这个官职，将权力分给三公，见 Bielenstein, *Bureaucracy*, 7, 11-12。董卓自任相国，改变了朝廷以往的做法，宣告了他的超凡权力。

[87]《后汉书》卷七十《郑太列传》；deC, *Establish Peace*, 37-38, Lewis, *Early Chinese Empires*, 263 引用。

《三国志》卷六《魏书·董二袁刘传》引用当时学者刘艾所作《献帝纪》（还可见注释 77、98）："卓获山东兵，以猪膏涂布十余匹，用缠其身，然后烧之，先从足起。" 2015 年，伊拉克和叙利亚境内的"伊斯兰国"（ISIS）以类似的方法处死抓获的约旦飞行员。

[88] 该日期记载于《后汉书》卷九《孝献帝纪》："三月乙巳，车驾入长安，幸未央宫。"未央宫位于长安城西南。但根据《后汉书》卷七二《董卓列传》："初，长安遭赤眉之乱，宫室营寺焚灭无余，是时唯有高庙、京兆府舍，遂便时幸焉。后移未央宫。"由于记载中灵帝从未去过长安，长安已多年受到忽视，见第八章第 390 页。

[89] 第八章第 391 页。

[90]《三国志》卷六《魏书·董二袁刘传》引用司马彪《续汉书》，以及《后汉书》卷七二《董卓列传》。

[91] 关于洛阳城中的皇家图书馆，见第一章第 32—33 页及注释 45。

[92]《后汉书》卷七九上《儒林列传》、《后汉书》卷六六《王允列传》。关于大雨的记载，见当时学者应劭《风俗通义》，保存于唐代马总《意林》卷四。

[93] 关于刘表支持学术和文学发展，以及改定五经章句，见 Miao（缪文杰），*Wang Ts'an*, 69-72，以及 Chittick, "Liu Biao", 168-169，被 deC, *Imperial Warlord*, 261 引用。关于曹操收集图书典籍，见 deC, *Imperial Warlord*, 378, 343 note 29。

[94]《后汉书》卷七二《董卓列传》以及《晋书》卷二六《食货志》；Yang（杨联陞），"Economic History", 157，以及 deC, *Establish Peace*, 54-55。汉代一铢约为三分之一克。五铢钱约重 3.25 克，面值与重量一致。公元前 119 年，朝廷开始发行五铢钱，成为基本货币。见 Nishijima（西嶋定生），"Economic and Social History of Former Han", 587-589。关于之后的货币问题，见 deC, *Imperial Warlord*, 255-257。

[95] 关于孙坚的传记，见前文注释 73。关于孙坚早期生平更详细的记载，见 deC, *Generals of the South*, 77-88。

[96] 关于许昌叛乱，见第八章第 402 页。

[97] 前文第 451 页。

[98]《三国志》卷四六《吴书·孙破虏讨逆传》裴注保存了公元 3 世纪乐资《山阳公载记》的很多内容，其中记载了董卓和长史刘艾的对话，董卓称赞孙坚的才能。由于刘艾编纂了这一时期所发生的事件的记录（前文注释 77、87），所以很有可能这段对话是刘艾记录下来，由乐资引用。

山阳公是刘协的爵衔，汉献帝刘协让位于曹丕（三国魏国的开国皇帝）后，被封为山阳公。见第十章第 475 页。

[99] 关于孙坚此战，见 deC, *Generals of the South*, 120-129。

[100]《三国志》卷四六《吴书·孙破虏讨逆传》裴注记载了孙坚发现传国玺的好几个版本，其中包括裴松之本人的评论。这些记载的翻译见 deC, *Biography of Sun Chien*, 48-51 及注释 77—80，相关讨论见 deC, *Generals of the South*, 138-145，参考了 Daudin, *Sigillographie sino-annamite*，以及 Rogers, *Chronicle of Fu Chien* 等。

[101] 太牢包括牛、羊、猪三牲。

[102] 公元 190—220 年的编年史记载于《资治通鉴》卷五九至卷六九，翻译见 deC, *Establish Peace*。公元 220—265 年的编年史记载于《资治通鉴》卷六九至卷七九，翻译见 Fang（方志彤），*Chronicle of the Three Kingdoms*。DeC, "Three Kingdoms and Western Jin" 概述了公元 3 世纪的历史。

[103] 关于此事，有一个浪漫的故事。《三国演义》第八回"王司徒巧使连环计　董太师大闹凤仪亭"中描述，王允利用美貌的貂蝉为诱饵，破坏吕布和董卓的关系。但是，历史上没有这样的故事，也没有记载这位婢女的姓名。还可见 Lee and Stefanowska, *Chinese Women* I, 126（劳拉·隆 [Laura Long]）。

虽然一些史料称王允为真正的儒家，但王允对待学者蔡邕的态度有些奇怪。董卓曾迫使蔡邕同意辅佐自己，而公元 192 年王允、吕布掌权后，蔡邕被逮捕。很多人为蔡邕求情，蔡邕请求接受刻额染墨、斩断双脚的刑罚，只要能够继续完成汉史的著述，但王允表示："昔武帝不杀司马迁，使作谤书，流于后世。"于是下令诛杀蔡邕。该事件记载于《后汉书》卷六十下《蔡邕列传下》、《资治通鉴》卷六一；deC, *Establish Peace,* 94-96。（Asselin, *A Significant Season* 没有提到此事。）

[104] 关于吕布之后的经历以及内战的总体经过，见 deC, *Imperial Warlord*。吕布最终于公元 198 年被曹操抓住并处死。

[105]《资治通鉴》卷六一依据《献帝起居注》。《后汉书》卷七二《董卓列传》李贤注、《三国志》卷六《魏书·董二袁刘传》裴注以及《后汉纪》卷二八引用了《献帝起居注》这段内容。DeC, *Establish Peace,* 159. 宣平门是长安城东墙最北面的门。刘艾即前文提到的与董卓讨论策略的长史，也是《灵帝纪》《献帝纪》的作者，见前文注释 77、87、98。

[106] 公元 189 年，刘协与其兄刘辩乘坐民家露车返回洛阳城，见前文第 448 页。在当时的环境下，这无疑是旅程的合理选择，但有陈词滥调的成分。

[107]《三国志》卷六《魏书·董二袁刘传》裴注引用王沈《魏书》。

[108]《后汉书》卷九《孝献帝纪》记载了皇帝返回洛阳以及当时洛阳的情况。关于这一时期复杂的政治局势，见《资治通鉴》卷六二；deC, *Establish Peace,* 187-190。

[109] 关于内战的过程，见《资治通鉴》卷五九至六八，翻译见 deC,

Establish Peace，相关讨论见 deC, *Imperial Peace*。

[110] 公孙度、公孙康的传记见《三国志》卷八《魏书·二公孙陶四张传》。Gardiner, "Kung-sun Warlord" 记述了这个政权的历史。

[111] 公孙瓒并非公孙度的亲族，其传记见《后汉书》卷七三《公孙瓒列传》以及《三国志》卷八《魏书·二公孙陶四张传》。刘虞为光武帝后裔，曾有人劝说他取代董卓控制的刘协为帝，见第十章第 495 页。刘虞传记见《后汉书》卷七三《刘虞列传》。

[112]《资治通鉴》卷六二；deC, *Establish Peace*, 193-197。关于地名"许昌"的意义，见第八章注释 95。

[113] 在前汉的大部分时间里，全面管理政府的权力掌握在丞相手中，地位稍低一些的御史大夫掌管监察，有时有一名大司马加入其中。公元前 8 年之后不久，哀帝创设了三公制（大司马、大司徒和大司空），后汉开国皇帝光武帝继承了这一体制。见 Bielenstein, *Bureaucracy*, 7-17（他把御史大夫译作"Grandee Secretary"，大司马译作"Commander-in-Chief"）。

第十章　后记和结论

第一部分　都城逝去的挽歌

年　表

220 年	曹操死于洛阳。
	曹操之子曹丕迫使汉献帝禅位，成为三国魏国皇帝。
221 年	刘备自称真正的汉朝皇帝，其政权通常被称为蜀汉。

* * * * * *

222 年	刘备于荆州攻打孙权，但惨败。
223 年	刘备去世，其子刘禅继位。
	孙刘结盟以对抗曹丕。
229 年	孙权称帝。
234 年	后汉最后一位皇帝、山阳公刘协去世，谥号为献帝。
249 年	司马懿杀曹爽，夺取魏国大权。
263—264 年	魏国消灭蜀汉，控制今四川省。
266 年	司马炎强迫魏国最后一位皇帝禅位，建立晋朝。
280 年	吴国降晋，中国再次统一。

300—307 年	八王之乱摧毁了晋朝的军事力量。
311 年	洛阳遭到匈奴汉赵君主刘聪的部将石勒、刘曜的占领和破坏。
318 年	司马睿于建康（今南京，吴国旧都）自称 [东] 晋皇帝。
493—528 年	洛阳为北魏京城。
589 年	隋文帝杨坚收复南方，再次统一帝国；杨坚营建了新的东都洛阳城，就在今洛阳城的位置。

洛阳之后的命运

尽管曹操常驻邺城（黄河北岸，今河北西南部），但洛阳地区一直作为他经营西北和西部的补给站。公元 219 年，曹操在抵御关羽袭击荆州时再一次来到洛阳。之后不久，曹操于建安二十五年正月庚子日（公元 220 年 3 月 15 日）死于旧都洛阳，时年 65 岁。

曹操早已指定长子曹丕为魏国太子，但一个新建国家出现政权交接自然会引起一定的困难和不确定性。为了巩固自己的地位，曹丕于公元 220 年 12 月 11 日迫使刘协禅位，受禅称帝。[1] 刘协被授予特殊尊荣，封为山阳公，于公元 234 年 4 月 8 日去世，当时他刚刚度过 53 周岁的生日。这位前朝皇帝被以汉天子礼仪葬于禅陵，谥号为献，以纪念他禅让权力。[2] 山阳公爵位传了四代，直到刘协的玄孙刘秋在永嘉之乱中死于胡人之手，永嘉之乱导致西晋灭亡。山阳公国灭。

曹丕即皇帝位几周后，于公元 221 年 1 月 27 日将官邸迁至洛阳。前朝的遗产使继承者光彩照人，甚至随着重建复原工作持续推进，迁徙冀州五万户士家以"实河南"。[3] 次年春天，这位新皇帝着手进行一系列传统礼仪，郊祀天地、明堂，遣使者以太牢祠汉世祖庙。[4] 曹操可能打算以邺城作为魏国都城，在邺城建造了宗庙，并在附近为自己准备了陵墓。但是曹丕想要通过重返核心地区来恢复帝国统一,虽然他保留了邺城的宗庙,但他自己的陵墓建在洛阳东部的山中。[5]

虽然曹魏政权从未控制整个中国,但它的面积远大于西部的蜀汉和长江中下游的吴国。[6]曹魏的弱点在于统治者寿命过短且继承人不确定:曹丕死于公元226年,不到40岁;其子曹叡20岁继位,但公元239年去世时仅35岁左右;曹叡收养的继承人曹芳生父、生母不详,曹叡死时他年仅7岁。另外,为了拱卫自己的皇位,曹丕宣布将血缘较近的宗室诸王远放封地,故曹叡死后,曹芳受远亲堂兄曹爽和司马懿辅佐,司马懿是世家子弟,司马氏在曹魏政治根基深厚、军事经验丰富。公元249年,司马懿杀掉曹爽,攫取大权。随着司马懿去世,其子司马师、司马昭继承了他的地位和权力,曹氏家族名义上的统治者无非是傀儡。咸熙二年十二月丙寅(公元266年2月8日),司马昭之子司马炎在四十五年前曹丕曾用过的仪式上,逼迫魏国最后一位皇帝曹奂禅让,即位为帝,定国号为晋。

公元263年,魏国大军攻打蜀汉。当时蜀汉名义上由刘备之子刘禅统治。至公元264年,魏国大军控制蜀汉全境。[7]在长寿的孙权死后,吴国政局动荡,统治者频繁更替。西晋于公元280年分六路大军进攻吴国,吴国被迫投降。[8]这样,洛阳再次成为大一统的中华帝国的首都,魏国和晋朝都努力要恢复它的荣光。

但是,洛阳城的布局与之前不同。[9]公元189年,洛阳城中的宫殿遭到劫掠。公元190年,董卓军队撤退时洗劫了整座洛阳城。[10]自那之后,洛阳城被人忽略,只剩下断壁残垣,数年中(早至公元196年),京城基本被毁。[11]汉朝的旧城墙和城门仍在,不过很多城门被重新命名;在城中,魏国皇帝曹丕及其子曹叡按自己的设计建造了宫殿,其中包括大殿、庭院,作为新王朝的私人以及公共区域。据记载,曹丕在西北角建造金埔城,作为戍守要地,也作为临时居所。[12]

他最重要的礼仪性建筑是崇华殿,曹丕在崇华殿南堂公布遗嘱,并且殡于崇华前殿。[13] 曹叡想通过更恢宏的宫室来提高政权的声望,但大兴土木劳民伤财,遭到群臣指责。[14]

总的来说,汉朝南宫似乎被舍弃了,而北宫得到略微扩大。但是洛阳城延续了原有风格,有宽阔的大街、宏伟的纪念碑、官署、宅邸以及供奉铜像的宗庙。印度僧人耆域(Jīvaka)曾于公元4世纪初造访中国,将洛阳城的宫殿比作"忉利天宫",并记载了以珠母制成的窗帘,在阳光下熠熠生辉。[15]

这种壮丽雄伟并没有持续下去。公元290年司马炎去世后,司马家族被对手和妒忌撕碎,八王之乱耗尽了国家的军事和政治资源。[16] 匈奴首领刘渊自称是冒顿单于和汉室公主的后裔,趁西晋内乱疲敝,于今山西称帝,建立汉国,史称汉赵。公元311年,刘渊之子、汉赵皇帝刘聪的部将石勒、刘曜攻取并毁坏洛阳城。这一次的破坏非常彻底,晋朝残余力量南迁,在今南京建立逃亡政权,而刘聪对洛阳这一旧都不感兴趣。[17] 洛阳城被夷为平地。

在之后的两百年间,在洛阳城这座著名坚城的旧址上,南北各朝的军队来来去去,厮杀争斗,分裂中国的核心区域。[18] 公元493年出现了一次短暂的复兴,北魏孝文帝拓跋宏将首都从大同迁至洛阳。汉代的城墙为新都划定了形制,城中再次建造了宫殿、庙宇、佛塔,[19] 但30年后,北魏边塞爆发六镇之乱,引发一系列内战。公元528年,洛阳被攻占,北魏王室和朝廷百官遭到血腥屠杀。公元534年,北魏分裂为东魏、西魏,洛阳再次被遗弃。[20] 公元6世纪末隋朝再次统一中国后,在汉魏旧址以西新建洛阳城。历经周、汉、魏、晋的古老洛阳城荒废为农田,最终有铁路穿过这里。

图 18　古代洛阳城城墙残遗，图片中部有火车穿过。
来源：张磊夫摄于 1978 年

公元 211 年，曹植随父亲曹操西征凉州军阀。[21] 曹植生于公元 192 年，从没见过洛阳作为帝国首都的样子，但在送给朋友的一首诗中，他对被毁的洛阳城抒发感情：

> 步登北芒阪，遥望洛阳山。
> 洛阳何寂寞，宫室尽烧焚。
> 垣墙皆顿擗，荆棘上参天。
> 不见旧耆老，但睹新少年。
> 侧足无行径，荒畴不复田。
> 游子久不归，不识陌与阡。
> 中野何萧条，千里无人烟。
> 念我平常居，气结不能言。[22]

洛阳还会再次兴起，而中国最优秀诗人的诗句给这座都城和后汉谱写了一曲恰如其分的挽歌。

第二部分　哪里出了问题？在废墟上的反思

道德沦丧？

公元189年董卓掌权以及紧接而来的内战不仅使汉王朝走向终结，而且也使四百年来大一统的国家分崩离析。自公元前3世纪末汉高祖时起，中国便一直受单独一个朝廷统治。（公元1世纪初篡位者王莽覆灭后，出现了不到20年的分裂。）但是，自公元2世纪末起又过去四百年，直到公元6世纪末隋朝建立，中国才结束分裂状态。有的叛乱者曾称帝，一些预言、谶语指出刘氏在经过这么多代后，德行可能有所弱化，但几乎没有谶语可以预料到帝国将土崩瓦解。这种巨变和反差令人震惊，如此暴力残酷的崩溃原因何在，长久以来史学家们争论不休。

政治家、学者司马光在其编年史《资治通鉴》汉朝部分的结尾处写了一篇关于教化和风俗的短文，既是对灭亡帝国的追悼，也是批评。[23] 他的核心观点是，后汉的国祚是由最初的光武帝、明帝、章帝的美德建立的，他们使所有汉人以及邻居得到了儒家道德的教化：

> 虎贲卫士皆习《孝经》，匈奴子弟亦游大学。……自三代既亡，风化之美，未有若后汉之盛者也。[24]

但是从和帝开始，外戚与宦官争权，"赏罚无章，贿赂公行"，朝政因此败坏。

尽管朝政如此倾颓,杰出的公卿和正直的学者仍扶危救困、维护朝廷,前者努力维持正义准绳,后者批评恶政,甚至有人牺牲了生命:

> 至有触冒斧钺……视死如归。夫岂特数子之贤哉,亦光武、明、章之遗化也!当是之时,苟有明君作而振之,则汉氏之祚犹未可量也。不幸承陵夷颓敝之余,重以桓、灵之昏虐。保养奸回,过于骨肉;殄灭忠良,甚于寇雠;积多士之愤,蓄四海之怒。……遂使乘舆播越,宗庙丘墟,王室荡覆,蒸民涂炭,大命陨绝,不可复救。

尽管如此,前代统治者们的道德风化依然保护着王朝,甚至直到最后的岁月。光武帝及其继任者们的威望足以抗衡军阀曹操的野心——虽然曹操也许非常想废汉称帝,但他不得不克制自己的欲望:

> 由是观之,教化安可慢,风俗安可忽哉!

司马光在他这部伟大的著作里一直在含蓄地强调这个观点。一方面,一个好朝廷建立在美德的基础上,那些没有认清这一事实的人会给未来种下灾祸的种子。在更低的个人层面,《资治通鉴》记载了数不胜数的个人事例,这样读者能观察到在困难时刻必须面临的选择,以及一个真正的士人应该如何行事。这不仅是讨论政治、军事事件,更是美德的引导。[25]

司马光生于公元1019年,既是学者也是活跃的官员,在宋代做官多年。司马光是坚定的保守派,反对著名的改革家王安石。司马光于公元 1071 年退居洛阳，只挂一闲职，因此有空闲和资源来完成史书。虽然宋神宗不赞成司马光的政策方针，但支持他的学术事业。公元 1084 年，在司马光完成《资治通鉴》并呈给朝廷后，宋神宗立刻下令刻版印刷。司马光原本给这部著作命名为《通志》，但宋神宗为此书写序言，并改名为《资治通鉴》。[26]

宋神宗于次年去世，其母高太后临朝摄政，年幼的宋哲宗继位。高太后召回司马光，拜为宰相。司马光在 15 个月的宰相任上，废除宋神宗以及王安石推行的改革新法，直到公元 1086 年去世。[27]

司马光是一位仕宦经验丰富的学者，他的判断评价很有见地并且影响广泛。但是，汉帝国的崩溃不仅是道德沦丧的问题，事实比司马光提出的观点更严重、更复杂。

司马光批评外戚影响是汉朝衰落的一个因素，这有些讽刺，因为让他重掌大权的正是一位临朝皇太后。宋代的安排与汉代很像，并且这种制度一直延续下来，直到公元 20 世纪初中华帝国的最后时刻：当年幼的皇帝即位，朝廷由皇太后摄政统治。汉朝的问题是，自公元 88—189 年这一百多年来，每一位皇帝都英年早逝，而继承帝位的均尚未成年。

出现这样一连串短命的统治者已然不幸，而摄政的外戚家族野心勃勃使情况更加糟糕。把持安帝朝的邓太后（和帝的皇后）是唯一一个成功掌管这种临时权力的统治者。除此之外，所有的摄政统治都以暴力终结。公元 92 年，和帝推翻外戚窦氏；公元 121 年，安帝惩处外戚邓氏；公元 125 年，顺帝被宦官推上皇位；自公元 2 世纪 40 年代中期，外戚梁氏操纵傀儡皇帝以掌握大权，直到公元 159 年被桓帝消灭。[28]

此外，宫内宦官曾三次在其中扮演重要角色：公元 92 年和 159 年，宦官向皇帝提供了重要支持；公元 125 年，正是一群宦官代表年幼的皇帝主动带头采取行动。所以当公元168年宦官感到窦武和其妹窦太后的威胁后，他们着手利用灵帝的名号和权威剪除异己，这并不令人惊奇。[29]

皇帝频繁更迭，统治非常不稳定，所以指责皇帝个人是不完全公平的：每一位皇帝都曾犯错，但最大的不幸是他们去世太早，尚未成熟，没有从经验中学习。并且所有的皇帝出于这样或者那样的原因，均受到宫中亲密同伴们的强烈影响，不是宦官就是儿时伙伴、后宫嫔妃。遗憾的是，他们与外部世界基本隔绝，甚至与应当效忠自己、为自己出谋划策的大臣都联系不多。

要对汉帝国这么大的一个国家（面积近400万平方千米，人口近5000万）[30]进行管理、控制、收税，需要有能力的、文化程度高的官僚体系。汉帝国有约7000名文武官员，以及14万内外诸色职掌人。[31]这个数字并不大，与帝国总人口相比九牛一毛，但是在军事力量的支持下，这些官员足以维持权威。然而不可避免的是，任何在州郡承担行政管理的官员都严重依靠乡里的领袖，在自给自足的小农经济下，这些人是大地主。

甚至在后汉初期，帝国大部分耕地都掌握在大庄园手中，在之后的一个半世纪中，比例持续增加。[32]这些地产最适合抵御农作物歉收，其拥有者一般都有能力聚集现金储备，一方面用于缴纳赋税，另一方面用于借钱给那些无法交税的人。另外，小农更容易受到朝廷税收、劳役、兵役要求的影响，他一旦从富裕的邻居借钱，就有可能丧失抵押品赎回权。与之相反，大族的佃农能够免受国家各种要求，作为回报，佃农提供支持以加强自己主人的地位，提供劳动以增加主人的财富。这个过程很自然，在《四民月令》等田庄管理手册中有很好的描述。[33]至公元2世纪末，有些庄园佃户数以千计，这些人在田地中劳作或参与地方争斗,为被依附者服务。[34]

因此,朝廷官员依赖于豪门大族的支持,他们的高级谋士和吏员都是当地人,要么出身于这些家族,要么在某种程度上受惠于这些家族。小官吏可能是从平民中抽调出来的,但他们也受到来自大族的压力。

汉朝廷意识到了这个问题,要求州刺史检查辖内郡太守的行为。"六条"规定了刺史的职权范围,基本都是关于郡太守正确的法律和行政行为、遵守朝廷的命令、防止偏袒和裙带关系;其中特别有两条涉及太守和地方豪族的勾结串通。[35]

汉朝廷的这种担忧是恰当的,因为官员们不仅容易受到地方士大夫的影响,并且他们绝大多数也来自这一阶层。在自然而然的三段论中,要求进入官僚体系入朝为官的人拥有较高的文化水平,意味着只有那些有闲暇学习的人才能够得到任命;一般只有出身富裕家庭的人才有闲暇学习;财富的主要资源来自大庄园。小农过于关注自己田里的工作或家庭手工业,以至于无暇学习;少数富裕的商贾——与流动小贩和工匠相反——受到官府反对和法律限制。[36] 无论商贾的生意有多么成功,都是禁奢法令的对象,经常被禁止做官,而灵帝何皇后据说因家人曾为屠户而受到质疑。[37]

无法判断汉代全部人口的文化水平——商贾和一些农民可能具备读、写、计算的基本能力——但很难想象在拥有土地的士大夫之外有很多人能获得真正的读写能力。[38] 对应的,我们可认为大多数出身豪族世家的人能够很好地处理与他们生意相关的法律文书和官府文书,并且我们知道其中很多人都受到极好的教育。无论他们是否入朝为官,大地主家庭是汉代的精英。

因此,我认为把汉代广大的士大夫阶层进一步划分为更小的群体价值不大。但理论上可以将"文化士族"与仅仅有权有钱的"豪族"

区分开。在实际中,二者基本相同:都很富裕——往往是通过其拥有的土地,基本受过教育,唯一的区别是对于公共道德的态度。[39]

这种道德的核心是孝道。《孝经》受到皇权的广泛传播,其学说得到所有阶层的认可接受。《孝经》基于对年长者和高位者的尊重,鼓励社会秩序井然,汉朝廷强调孝,是以此确保对国家的忠。[40]另一方面,虽然道德值得敬仰,但对家族的忠诚和对国家的忠诚并不总一致,到了公元 2 世纪中期,意见领袖们主要关心私德,往往以牺牲公益为代价。

这类例子不难找到,它们形式各样。基本上,士大夫拒绝任命以及在不赞同潜在依附者或上级时选择辞官,成为当时风气——故个人荣誉优先于为朝廷效力。[41]更严重的是,家族复仇受到当时人的接受和崇尚:苏不韦因屠杀其父敌人的无辜妾室和婴孩而受到赞誉;残忍的赵娥被刻石立碑;名儒郭泰对这些杀人凶手支持赞美、态度友善。[42]而当外来者,特别是宫中宦官及其子弟宾客,试图在州郡立足,地方大族和朝廷官员会迅速诉诸暴力;他们的行为同样会在政府最高层得到维护。[43]

此外,在公共领域中强调孝道,特别是举孝廉成为选官的主要途径,引发了一些夸张的表现。葬礼、精美的坟墓、立碑,这些都是精英文化的特点,一些自称孝子的人为了吸引别人关注、得到官职而表现"过礼";朝廷有理由担忧一个人在孝道上的声誉是出于真实诚恳,还是为了公众赞美和授官任职而掩饰自私的野心。[44]

另一方面,虽然强调孝的美德——无论如何定义"孝"——可能已经成为帝国的正式政策,尽管改革者们偶尔坚持被举孝廉的人应该拥有这些品质,但更多世俗的因素也起了作用。这些例子反映了实际情况:

- 邓太后要求官员父母死后需服丧三年,这无疑是为了表现自己对孝的关心。但是，事实证明服丧三年不方便也不实际，数年后停止。另一次是公元154年摄政的外戚梁氏的尝试，但很快也被废除。[45]

- 公元2世纪40年代初，就在顺帝努力改革时期之后不久，河南尹田歆发现，虽然自己有资格举荐六位孝廉，但有五位已经被世家大族的贵戚抢先了，他只能举荐一位。[46]

- 公元184年，当新任凉州刺史宋枭提议利用《孝经》解决该地叛乱，经验丰富的将领盖勋表示反对。当宋枭不顾盖勋的建议向朝廷奏请施行时，他被免官。[47]

所以，道德教化得到了官方的支持，但没有压倒更实际的考虑。

然而这引出两个主要观点：第一，汉代朝廷通过与拥有土地的士大夫合作来维持；第二，出于这样或者那样的原因，在公元2世纪中，这种合作的联系不断衰减。

鲁惟一在讨论前汉以后的历史时，指出对政治和社会存在两种对立的态度。一种被命名为"时新派"（Modernist），向往大一统的秦王朝，将主要关注点放在国家权力和中央政府。另一种被命名为"改造派"（Reformist），向往过去周朝的理想政体，周朝统治者树立了道德楷模，主要关心人民福祉。

鲁惟一认为，在公元前2世纪末至公元前1世纪初武帝统治时期，时新派影响力到达顶峰，之后观念逐渐向改造派转变，在王莽崛起以及随后夺得皇位时到达顶峰。[48]当然，复兴的后汉充分发挥美德——特别是孝道——以及道德约束的作用，并且新政权接受了王莽所创的很多礼制。[49]

然而，至公元2世纪，这两种态度没有相互转换，而是相互争斗。公元89年窦宪提出远征北匈奴，从朝廷的辩论中可以明显看到冲突。一方面，临朝的窦太后及其兄弟窦宪想要通过征服草原来加强中央政权的力量——同时也是掩盖窦宪的罪行。但是,三公更关注百姓福祉而不是国家扩张,反对这种耗费过大且不必要的军事行动。[50] 在窦太后的坚持下,主战派获胜,但来自朝廷高官们的批评反映出对朝廷过度野心的理性反对;而从长远来看,事实证明他们是正确的。

同样的争论还出现在邓太后临朝时发生的羌人叛乱,当时庞参提议放弃西北,将百姓内迁到更安全的地区。而驻守边塞的虞诩反驳,他强调过去在边塞的辉煌,称维持对羌胡的压制地位是后人的神圣义务,虞诩获胜。但这场对战略的辩论再次反映出对王朝责任的两种不同观点。[51]

皇宫和内廷之中的紧张和阴谋更接近帝国政权的核心,不顾外朝官员的担忧,宫内自行解决。公元92年,和帝摆脱窦氏的控制,他的主要支持来自宦官郑众等人。[52] 当邓太后于公元106年将和帝幼子推上皇位时,她自行其是,没有进行广泛协商;当她挑选的第一位继承者去世后,又挑选刘祜(即安帝)继位,这一次同样没有进行协商。[53] 更戏剧性的是,当安帝于公元124年废黜皇太子刘保时(刘保是安帝唯一的儿子),他是受到了阎皇后和一些亲近的宦官密谋的影响,并且拒绝回应九卿等官员在鸿都门前的抗议。次年,在安帝死后,阎氏家族垮台,刘保即位(即顺帝)。但这是一群宫中宦官操作的结果,与皇宫之外毫无关系。[54]

正如鲁惟一所言,改造派对朝廷的观点体现儒家传统,"把皇帝首先并主要视为向百姓普赐恩泽的工具,相信最资深的政治家应该担任地位相称的职务,分担朝廷最高责任"。[55] 当然,这是一种理想化的建议,但在上述每一次紧要关头,官僚体系首领都没能发挥有效作用。更糟糕的是,当阎氏于公元125年被推翻时,除了司徒李郃外,大部分公卿早已受阎氏操纵,没有维护前太子刘保(即此时的皇帝)的权利。

在顺帝朝的某段时期,出现了一次改革运动,但主要的倡议者来自尚书台，包括虞诩、左雄、黄琼、周举，而顺帝接受这样的政策反映出他对这些亲密谋臣的信任。虽然三公是行政机构的正式首领，但他们影响有限，时常遭受攻击和罢免。[56]

公元135年任命梁商为大将军标志着一个新的发展。年轻皇帝的这个个人决定，创造了一个本质上是首相的职位，大将军等同甚至超越了三公的地位；并且很多外戚被授予了这种特殊地位。尽管和帝已经除掉窦宪，邓太后没有让自己家人掌握任何实际权力，但顺帝先后将梁商、梁冀引入朝廷核心。此外，梁氏家族与皇位有着长期紧密的关系，这使得授权更加巩固。有的公卿曾因梁妠家世良好而力劝皇帝立她为皇后，[57]类似的赞许将为梁冀以及之后的窦武提供支持。尽管朝代继承是维持神圣君主统治的一种被普遍接受的方式，但是被教导要关注德行的儒家士大夫如此情愿地接受一个世袭的大臣，实在令人惊讶；出身士族的人也许过分看重贵族血统了。

梁商似乎在有限度地运用自己的权力，总是服从于自己的皇室保护者，但梁冀既精力旺盛又傲慢自大。顺帝死后，梁冀先后控制三位幼帝，统治朝廷，而绝大部分公卿愿意接受他的权威。[58]

这离贤明君主受可信、有德的顾问引导的理想相去甚远，而当桓帝灭梁氏自己掌权后，情况并没有好转。虽然桓帝已重新成为真正的一国之君，有机会与百官恢复友好关系，但百官之前屈从外戚的历史已经摧毁了桓帝的信任，而李云、杜众遭到残酷对待，桓帝崇信那些曾在危难之际支持自己的宦官，道德高尚的贤人不愿在宦官当道的朝中做官，这些都进一步伤害了双方的信任。而李膺等改革者被逮捕禁锢，证明双方存在分歧。如果桓帝统治时间更长一些，则情况有可能出现改善，但公元167年桓帝去世，次年宦官诛杀窦武、陈蕃，使宦官在京城占据支配地位，特别是公元169—184年的党锢导致士大夫广泛不满、疏远朝廷。

此外，从长期来看，帝国的中央行政一直面临着收入不断减少的困境，没有收回财富的好办法。国家整体是富裕的，在大地主家族私人手中有大量不断增长的财富，但与此同时，赋税收入在不断减少，朝廷用于防御、公共工程、灾害救援等的费用日渐紧张。朝廷有时征收特别税，经常抱怨官员奢侈，但核心问题是朝廷不能为百姓做什么，百姓对朝廷的要求心怀怨恨，朝廷只有有限的资源来应付新的发展。[59]

还是有人希望为朝廷效力，其中很多身居高位者——比如杨秉、袁汤，以及他们的同伴和家族——广受尊敬赞誉，但统治者贪婪、不负责任并受到宦官内侍控制，灵帝朝缺乏凝聚力。贪腐横行，包括卖官鬻爵，摧毁了士气并导致太学发生伪造经书这样的丑闻，[60] 而三公的频繁更替使高级官员难以建立有效的权威。[61] 无论立皇后还是调遣军队，重大政策议题的决定都出于自私、短视的考虑。虽然黄巾叛乱的严重危机得以有效应对，但这要归功于军队指挥者的能力以及全国上下效忠朝廷者的支持；洛阳的力量没有直接参与平叛，有的介入还是相当有害的。[62]

正如地方大族曾对宦官利益侵入州郡奋起反抗，他们对黄巾军的反应也是基于自身利益的考虑：叛乱无法给拥有大庄园的地主们带来任何好处，而伴随而来的暴力对他们的佃农没有多大吸引力。正如现在，宗教狂热总能找到忠实信徒，但那些积极性不高的人更愿意反对而不是支持极端主义和恐怖主义。如果有优秀的领袖以及朱儁、卢植、皇甫嵩那样坚定不移、能力出众的将领，从士族召集的私人军队和朝廷征募的士兵足以抵挡叛军，他们能以惊人的迅速获得胜利。但是，他们是为了自己的利益在战斗，不一定是为了帝国理想，甚至对党锢的结束（早应进行）不怎么感兴趣。[63] 京城的决定基本上已经变得无关紧要。

尽管灵帝没能在公元189年去世前立皇太子，但已有一套固定程序来应对这种情况：先帝遗孀选择继承者，并施行摄政，直到继承者成年。如果不考虑有关灵帝偏爱刘协的阴谋或流言（参见前文边码第440—441页。——译者注），何皇后立刘辩为皇帝是自然且适合的。刘辩是灵帝和何皇后的嫡长子，自明帝以来后汉没有统治者拥有如此坚实的合法性。[64]

但不幸的是，何太后及其兄长何进出身卑微，不足以担负起肩上的重任。特别是何进轻易被积极进取的袁绍等年轻世家子弟所倾倒，在这些人的影响下，他发起了一场血腥计划，要清除宫中宦官的影响，实际是要清除宦官群体。何太后有充分理由拒绝他，但何进沉醉于使真正的士大夫重回朝政核心的畅想。他试图通过军队列阵检阅来吓住何太后并威胁敌人，而他做的最后一件蠢事是召大将董卓率军进京。

战场上的将领常常受到在朝政治家的不公正对待，比如光武帝时的马援，邓太后时的任尚，桓帝时的段颎、张奂、皇甫规，以及平定黄巾军的卢植。[65]尽管受到挑衅，并且麾下拥有常年统辖的军队，但这些将领鲜少表示反抗，无人拒绝接受命令——与罗马共和国晚期以及罗马帝国时期的将领形成了鲜明对比。但是，董卓是一个例外。

很难想象何进是怎么想的。董卓以不驯服、难对付出名，就在数月前，他两次拒绝朝廷任命，不交出麾下军队：第一次命他进京任少府，第二次命他为并州牧。[66]何进肯定了解这些情况，但可能以为自己可以控制住董卓。但是，这种自信没有经受住考验，最终何进被杀，宦官们遭到屠杀，董卓掌握了京城和朝廷的大权。

此外，在数日后，董卓废黜刘辩，另立其弟刘协为帝，这位朝廷的新首领开启了汉王朝走向终点的进程。

任何一位皇帝都能因他的恩宠、偏见和铺张奢侈给国家的管理带来问题，而当出现安帝朝邓太后那样的临朝太后或梁商、梁冀这样的大臣时，事情常常得到更好的处理。公元159年桓帝发动政变后的个人统治时期出现了紧张对立局面，而灵帝朝宦官大权在握引起广泛怨恨。理想的皇帝统而不治。

但同时，皇帝拥有绝对权威。这反映在公元159年桓帝诛灭梁冀时，更明显地反映在公元168年，当宦官控制皇帝后，虽然这个男孩只是刚从默默无闻的诸侯位置被推上皇位，却足以推翻外戚窦氏的摄政统治。当然，后一次政变得益于将领张奂的军事声望，但张奂无疑受到追求正统性的影响：他未必是在支持宦官对抗窦氏，而是在拯救真正的君主。

根本上，不管个人成败，皇帝在帝国中心扮演着神圣的角色，他的存在对国家的维护和稳定是必不可少的。

此外，必须注意到虽然可以很方便地将"皇帝"翻译为"emperor"，但会带来混淆。现代英语"emperor"一词来源于拉丁语"imperator"，是对成功的罗马将军的尊称。在罗马帝国，虽然奥古斯都和他的继任者们一般简单地自称"Princeps"，但"Imperator"将国家首脑定义为全帝国军队的统帅，之后成为一种正式头衔。

从某种意义上说，这是适宜的，因为汉代皇帝和西方皇帝一样，是公认的前一次内战胜利者的继承人而占有皇位，并且国家最强大的军队服从于他，所以他能够一直占据皇位。但除此之外，"皇帝"称号有更大的意义。当秦始皇采用"皇帝"来描述他的无上权力时，"皇"指"majestic"（宏伟壮丽），"帝"指"deified one"（被神化者），分别来源于传说中夏朝之前的三皇五帝。[67] 这两个词都具有神秘色彩，反映出宗教和超人的力量。[68] 此外，尽管秦始皇和汉高祖主要依靠自己在战场的胜利，但仍存在一种信仰，认为天命已经决定了这一胜利。这一理论在后世统治者们那里得到进一步发展，并被王莽所重视，因此当后汉开国皇帝光武帝取得皇位时，天命是他正统性的核心。[69]

在这一点上，后汉皇帝不仅仅是国家首脑或成功的军事统帅，与古罗马帝国皇帝的地位相当不同。一些（并不是全部）罗马皇帝被奉若神明，但这主要反映了他们的政治成就、反映了他们代表着国家，他们通常只在死后获得尊荣，并与各种各样的神明共享荣耀。与古罗马帝国不同，汉代皇帝只因为自己是君主，便与天有特殊关系，在某种程度上神圣不可侵犯。这种精神权威在危急关头被证明是非常有效的，和帝、桓帝以及灵帝的宦官伙伴们均从中受益。甚至无权的刘协都能使人心生敬畏，在一系列谋杀和屠戮中独善其身。[70]

尽管如此，董卓于公元189年9月28日废黜刘辩标志着朝廷正统性的结束。刘辩曾以正式礼仪被推上皇位，以他名义进行的摄政统治符合传统和先例。但当董卓废黜这位年幼的皇帝并杀害临朝皇太后时，没有适当的组织结构领导国家。

正如马恩斯所指出的，董卓对皇帝的这种"蚕食"（nibbling）削弱了他自己的地位。[71] 关东忠于汉室的联盟很快开始商议另立幽州牧刘虞为新皇帝，[72] 虽然刘虞拒绝这一提议，之后袁术试图称帝遭到广泛反对，并导致袁术很快覆灭，[73] 但君主的正统性遭到严重削弱。到了公元195年，甚至在献帝返回洛阳途中，袁绍的谋士称：

> 汉室陵迟，为日久矣，今欲兴之，不亦难乎？且英雄并起，各据州郡，连徒聚众，动有万计，所谓秦失其鹿，先得者王。[74]

尽管袁绍拒绝了谋士们的提议，刘协继续被尊为皇帝，但他的帝国成了战场，他的皇帝名号仅仅用来给曹操的政策提供一个正统的假象。

虽然光武帝刘秀和更始帝刘玄在推翻篡位者王莽以及后汉初年

的内战中曾得到了皇族成员的帮助支持,但是到了公元 2 世纪末,与衰败中的朝廷产生任何关系都没有什么好处。除刘虞之外,荆州牧刘表、益州牧刘焉及其子刘璋都是前汉景帝之后。[75] 但是,他们的血缘关系非常远,无人试图称帝。三国蜀汉的建立者刘备也自称是景帝之后,并充分利用了这种关系。但即使支持者们认可刘备自称的景帝后代身份,一些后世学者也接受了这种说法,但可怀疑与刘备同时代的其他人是否相信。[76]

此外,虽然南阳刘氏曾成功掀起了反抗王莽的叛乱,但后汉皇族中没有人能够争夺权力。皇族被剥夺了收入和朝廷的保护,大部分无能为力,不起作用。陈王刘宠是个例外,他是明帝玄孙,在陈国维持了数年统治,但在公元 197 年被袁术所灭。[77]

尽管刘协仍然在位,但认为汉室德行已尽、新的土德将代替汉代火德的观点越来越被人们接受。理论上,汉朝可以再次"复兴",在曹操这样的军人引导下重获新生。然而,情况会很复杂,无论如何,曹丕的继任太难预料,他的机会太好。于是刘氏的统治终结。

汉朝衰落有多种原因,但衰落的关键时刻很好确定:正是在公元 189 年 9 月 22 日晚。何进刚刚被杀,他的军队冲击南宫宫门,宫殿燃烧的火光照亮天空。董卓从城外军营看到火光,率军入城。那是皇权的终结,紧跟着,少帝刘辩被废、死亡,效忠汉室的关东州郡结盟,灾难性的战争爆发。汉朝的灭亡是以洛阳大火为信号的,以一种非常真实的方式。

中国的分裂

早已出现关于汉朝灭亡的预言,或是称其自然衰落,或是称因为它气数已尽:前汉传了十二代皇帝,后汉不应期待更多。汉朝自称以红色火德统治,这个事实本身就允许对由黄色的土德取代火德的时间加以推测。很多叛乱者都曾采用黄色，魏国和吴国将如法炮制：公元220 年曹丕的第一个年号即为"黄初"；两年后，孙权定年号"黄武"；他们的敌人刘备自称代表延续的汉室皇权，只使用了年号"章武"。[78]

同时，既然人们能够接受一个朝代可能会灭亡这一事实，那么也可以接受新朝取代它。当时人们并不认为，在后汉灭亡后，经过竞争者之间相对短暂的斗争，不会出现一个恢复统一的继任者。公元前 209 年年底秦朝爆发农民起义后，就是这种情况，未来的前汉高祖刘邦和对手项羽之间的斗争于公元前 202 年分出胜负。与公元 23 年篡位者王莽被推翻后情况类似：光武帝刘秀一旦在华北平原获得强有力的地位，则南方、东方更弱小的军阀就无法维持他们的独立。公元 33 年光武帝在西北打败并杀死隗嚣、公元 36 年在今四川打败并杀死公孙述，完成了帝国的重新统一。此外，一个朝代持续四个世纪对未来似乎是一个好的先例，但事实上中国已经发生改变，大一统已不再理所当然。

大部分的变化是人口统计上的，包括北方以及南方，不过很少有人能领会正在发生什么事情。在北方，重建的帝国竭力对抗匈奴进犯，导致情况混乱。公元 1 世纪 30 年代和 40 年代早期，汉人被驱赶出原来的边塞，被迫放弃从东部幽州到西部朔方的土地。但在公元 1 世纪 40 年代的一次次斗争后，王子比于公元 50 年投降，分裂并削弱了匈奴：后汉立南单于，将南匈奴作为鄂尔多斯地区的从属盟国，并且重新获得了大部分丢失的领土。

朝廷中对是否应抓住这次机会在草原夺取权力出现争论，一些人将光武帝没有成功夺取草原视作软弱的标志，使后汉在未来的威胁面前变得容易受伤害。但事实上，这样的战争将大量消耗新统一国家的各项资源，国家仍正在从内战中恢复；如果战败，将是灾难性的；没有理由相信草原上哪个政权将长期感激并屈从于汉朝。[79] 于是南单于留在黄河大拐弯内的汉朝领土上。

南匈奴在帝国内部建立了一个还算有凝聚力的国家，而对付凉州的羌人更加困难。在公元1世纪，不断制造麻烦的边境羌人部族，特别是先零羌，被安置在后汉境内。在新居住地，羌人与盟友们相隔绝，并受到监视。这个过程始于光武帝大将马援，马援自己是西北人，这些东羌被安置在当地农民中，通过通常的州郡行政结构以及护羌校尉这种特殊官职，由汉人掌握对他们的控制权。[80]与南匈奴不同，羌人没有自己认可的政府。

无论被怎样组织、受到怎样控制，北方和西北的少数族邻居的数量影响了已经在当地扎根的汉人。后汉的气候、降雨、温度似乎与前汉时期基本一致，这个国家既适合耕种也适合放牧，但尽管后汉初期的骚乱已经被平息，回忆仍然存在，边疆地区不得不经常准备好应对麻烦。这实际表现在对边郡男子进行军事训练和征发兵役的需求，而内郡男子普遍能免除这样的征募。[81]朝廷发布了阻止边郡百姓迁徙的禁令，大部分农民不愿放弃自己的土地，但在不稳定的时期——或是由于国内叛乱，或是由于跨境侵袭——很多人被迫逃离或在南方避难，在后汉两个世纪中，北方的汉人数量出现稳定加速的下降。[82]

不同寻常的是，尽管这些人口数据很清楚、很容易获得，但官方政策是建立在否认事实的基础上的。在公元110年羌人叛乱高潮时，数个郡治被撤到东部更安全的地区，而郎中虞诩反对进一步撤退。虞诩情绪激动地指出有责任维护祖先的土地，力劝朝廷坚持下去；但结果在没有计划好的情况下，百姓被强令迁徙。[83]

数年后，公元129年，虞诩提出了一个更加主动的方案，称凉州物产丰美、易守难攻，是国家财富所在，建议将百姓重新安置到凉州。[84]朝廷采取了虞诩的建议，重新建设凉州，但虞诩所描绘的富饶、安全是基于《尚书·禹贡》的描述，西北地区的实际情况是虚弱、动乱。十年后卷土重来的叛乱导致朝廷再次撤退，这一次是永久撤出凉州。

哲学家、批评家王符是西北人，在大约同一时期对凉州问题有更加实际的论述。他警告皇帝：

> 地[不可]无边，无边亡国。是故失凉州，则三辅为边；三辅内入，则弘农为边；弘农内入，则洛阳为边。推此以相况，虽尽东海犹有边也。[85]

这不是从理想主义出发的论点，而是实际的警告：凉州是缓冲地带，必须守住凉州，以此保护帝国核心地区。

然而资源不足，加之虽然公元2世纪60年代末段颎的血腥战争消灭了大量羌人，但在这个麻烦不断的地区重新安置百姓并不现实，于是人口持续下滑，而鲜卑部族沿着草原扩张，使问题进一步恶化。公元177年朝廷征讨檀石槐惨败，此战摧毁了后汉军队的权威，并导致南匈奴政权瓦解。公元184年凉州叛乱，导致西北和整个鄂尔多斯地区脱离了朝廷的有效控制。随着京城中皇权崩溃以及公元190年内战爆发，这些地区被放任自流、自生自灭，直到公元211年曹操于华阴战胜西北军阀才恢复秩序。

公元216年，曹操还解决了匈奴问题。徒有虚名的南单于於扶罗从未在南匈奴人中掌权，当其弟呼厨泉入朝朝见时，被曹操留在邺城做客，而汾水以北，即平阳郡，被分为五部，并受汉人司马的监督。但这只是个形式：曹操没有试图在该地区建立真正的权威，呼厨泉死后没有继承人。[86]

虽然曹操已经重新取得了对较近的西北地区（此时被命名为雍州）

的控制，并且曹丕将重新打开通向中亚的通道，但整个鄂尔多斯地区以及今山西北部确实已经被放弃，故汉人仅仅拥有渭河流域沿岸的狭长地带。眼下少数族部落还不是担忧的焦点，但确实需要密切关注并加以防御，而并州的资源已不再供应洛阳朝廷（前汉时期并州拥有360万人口）。[87]

然而甚至在此之前，平衡已经发生改变。公元1世纪初，恰在光武中兴之前，中国秦岭、长江中游以及淮河流域以北的人口为4800万，南方人口不到400万。但到了公元2世纪中叶，北方在册人口下滑近三分之一，仅约3200万，而长江中下游以南人口增长超过一倍，从270万增加至630万。[88] 撇开帝国在西南边疆新设的永昌郡[89]令人惊讶的人口数，以四川盆地为主的益州人口增长幅度没有那么惊人，从450万增加至530万，但益州受到北部秦岭山脉的保护；前汉初年，盘踞益州的军阀公孙述曾在此维持长时间的独立政权，与光武帝分庭抗礼。

此外，公元2年和公元2世纪40年代早期人口数的差异不能完全反映出帝国内部正在发生的变化，因为这个过程又持续了50多年。桓帝、灵帝时期，段颎在鄂尔多斯地区屠杀羌人，鲜卑首领檀石槐劫掠北方，重创庞大的后汉军队。这些动荡以及边塞地区的持续混乱导致外迁压力一直存在，我们完全可以认为，越过长江的定居者人数不断增加。到了公元2世纪末，当曹操、袁绍在华北平原争夺大权，很多躲避内战的人已经逃向南方。有的人偏安在荆州刘表那里，其他人到孙策统治下的长江下游，加入刚开始发展的孙吴军阀政权。公元200年孙策死后，其弟孙权继承，继续发展吴国，在他的指挥下通过军事扩张和殖民增加人口。[90] 当曹操将注意力转向南方，他面临着一个由反抗者组成的联盟。

作为军阀,荆州牧刘表对荆州大体上维持着宗主权,并且他自己很大程度上独立于北方的斗争冲突。但是当公元208年刘表去世时,他在长江沿岸的土地受到东部孙策的压力,而他两个儿子为了继承权争吵不休。曹操此时已经灭掉袁氏家族,确立了对华北平原的控制权,处于有利位置,可以抓住这个机遇。曹操的首次进攻取得了胜利,刘表之子刘琮迅速投降。但是,充当雇佣兵的刘备率领部分州郡兵向南逃走,加入刘琮之兄刘琦的阵营试图抵抗。在此之前,刘备遭到曹操驱赶,从北方跑到刘表处避难。刘琦、刘备向孙权求援,双方联军于赤壁(位于长江中游,汉水汇入处)布下防御应对曹操大军。[91]

尽管曹操追击逃亡者,但他这一次不大可能在距离自己权力中心如此遥远的地方策划一场重要的战斗。最有可能的是他希望自己大军压境能够威胁孙权投降;然后刘备、刘琦将很容易解决。孙权的一些谋士确实力主投降,但孙权决定与曹操比试一下。虽然曹操大军可能达25万人,但是要把他自己的士兵和近期投降的士兵以及可能靠不住的荆州兵联合在一起并不容易。在孙权这边,他将3万人派往前线,另外有2万人备用,加上刘琦和刘备的部队,应该足以面对入侵者。如果联军被击败,孙权仍能维持防御并进行谈判。这是一个充满勇气的决定,对未来造成巨大影响,但这个决定建立在现实计算的基础上。[92]

结果,曹操的第一波进攻被抵挡住,孙权大将周瑜利用大风驱动火船袭击曹军。由于曹操舰队被烧,他不得不撤退,南方军队获得了对长江中游和汉水下游地区的控制。由此建立的边界有效维持了七十多年。

赤壁之战成为中国历史上最重要的决战之一,在传奇演义中被大加赞扬。然而,公元219年定军山之战至少与赤壁之战同样重要。在这场战役中,曹操大将夏侯渊的军队被击溃,刘备得以夺取汉中。如果曹操能占据汉中,他将在秦岭山脉获得立足之地,刘备在益州的独立政权将无险可守。[93]一旦占领益州,沿长江顺流而下进攻孙权将势不可当——这确实是公元280年晋朝灭吴国时采用的策略。

虽然刘备和谋士诸葛亮在传说、小说和戏剧中非常著名,但蜀汉仅仅是一个军阀政权,经常与北方交战,并且刘备之子刘禅统治下的朝廷功能失调,蜀汉政权实力衰减。同时,虽然吴国积极发展殖民,但仅凭吴国无法抵挡北方的势力。[94]故蜀汉于公元3世纪60年代中期被魏国所灭,魏被晋取代后,晋朝大军兵分两路,从北部和西部迫使吴国投降。

但是,吴国持续了八十年的独立已经确立了汉人在长江下游的地位。公元4世纪早期,当晋帝国在北方瓦解,残存的朝廷在吴国旧都建业寻求庇护和生存。孙权开发长江下游资源,建立了一个能够独立存在的国家,正是他的成就创造了中国南北长期分裂的条件。

重新统一的艰难

陆威仪对公元4世纪的情况有一个绝妙的概括:"在4世纪的时候,中国南方是一个没有军队的王朝,而中国北方却只有军队,没有王朝。"[95]在北方,西晋灭亡后,出现了一系列大多建立在少数族军事力量上的短命国家,统治者从战争中赢得权力,但难以建立长期的民政管理来控制自己不守纪律的下属。有时候,比如在刘渊建立的汉赵,朝廷深陷内部斗争、谋杀和大屠杀,其血腥残酷,可匹敌之前西晋的瓦解。其他时候,比如在羌人首领苻坚建立的前秦,公元383年前秦攻打东晋,于淮河流域淝水遭遇惨败,导致这个脆弱的政权走向崩溃。[96]另外,在汉化的统治集团和追求自身少数族传统的军人之间存在更深的矛盾根源,公元6世纪早期北魏拓跋氏在洛阳的短暂复兴和血腥瓦解就是一个戏剧性的例子。[97]

在长江以南，组成王朝支柱的军人（他们往往是北方移民）和已经扎根当地数代的地主家族有明显区别。早在三国孙吴时，这种模式已见端倪。早期加入并支持孙吴的冒险家们在一次次战争和朝局阴谋中被逐渐消灭，而会稽虞氏和吴郡顾氏、吴郡陆氏作为著名的士族领袖，保持了有效的独立性，并且与朝廷没有什么关系。[98]

东晋王朝情况类似。像谢氏家族这样从北方迁徙至南方的流亡者在流亡政府中起着主导作用，而在淝水作战的北府兵似乎是由流民组成。[99] 而南方的地主家族只是逐渐被说服接受了闯入者的统治，他们和朝廷的关系因九品中正制而变得复杂。

九品中正制最初是曹操为自己选拔贤人而制定，这个制度建立在地方推荐的基础上，但受到中正的监控。中正同样由地方推选，但要求他们主要效忠于国家，并将每个候选人分为九品。在汉代，推荐者是乡里之外的朝廷官员，并且被推荐者需要通过京城的考核评估，而与汉代情况不同，中正的决定是最终决定，候选人可即时获得任命。这种新流程当然速度更快，一开始运行得很好，但随后被地方利益腐化，直到中正——九品中正制的核心——受到权贵邻居的深刻影响，以至于不再是朝廷的独立代理人。而到了东晋时期，南方的世家大族控制着国家大部分民政。[100]

但不幸的是，这种控制与其说是为了公务，不如说是为了私事。尽管后汉时期的人根据对他们恩主或上级的评价来决定是否做官，并把个人荣誉感置于国家需要之上，[101] 但此时人们认为，一个真正的士人不值得去竞争做官甚至行使权力。于是高阶官职通过世袭获得，高门望族加强其作为政治和社会领袖的地位，而那些通过个人能力做官的人被认为是下等的，一直处于卑微的地位。[102]

此外，令人遗憾的是，人们对朝廷的忠诚有限。那些身居高位的官员只考虑他们自己应有的权利，缺乏责任感。世家大族子弟经常不愿接受任命，那些接受任命的人也往往更关注自己的利益，很少注意自己的职责。[103]

在州郡望族和京城朝廷之间往往存在观点冲突。后汉时期，有人对公元1世纪90年代初窦宪远征北匈奴提出严厉批评，有人对公元2世纪60年代、70年代桓、灵两朝宦官当政表示道德上的反对。同时，家族声望和地方自豪感也通过墓葬、祠堂、碑刻以及仆从成群、欺凌压迫、家族世仇表现出来。

当灵帝死后中央权力崩溃，地主士大夫的私人武装无论在数量还是素质上都无法匹敌新兴武人和他们衣衫褴褛、铤而走险的追随者。所以，奠定三国鼎立局面的一系列大战是在非常实际的军阀之间展开的：曹操、刘备、孙策、孙权知道如何统兵，如何从混乱中建立新政权，他们各有各的方法。对他们以及他们之后的统治者来说，难题是如何建立安全的行政管理以维持忠心、利用资源。为此，他们需要地方领袖的支持与合作，而他们缺乏获得这种支持合作的手段。

无论如何，这些分裂中国的王朝都无法宣称拥有汉的权威。无论汉代的皇帝们犯过怎样的错误，他们继承了神圣的传统，统治着文明世界。虽然他们之后也许有人取得了相同的名号，但对当时人来说，这些人无疑是新来者、闯入者，并且外部强敌环伺、势均力敌的事实削弱了他们在百姓中的权威。此外，东晋已经被不光彩地逐出古老帝国的核心地区，东晋在南方的后继王朝和它在北方的对手都依靠自己的军事力量获得权力。这些王朝也许能通过善举获得声望和支持，可以为文学、经学提供庇护，为道教、佛教广为流传的神迹提供支持，但它们自身缺乏过去的精神。对分裂时期的望族来说，现有王朝只不过是你方唱罢我登场的短命领先者而已。

隋朝统治者于公元6世纪末再次统一中国，他们通过行政改革巩固自身权力、加强对人民的控制，包括为政府制定了更广泛的法律法规。特别是结束了九品中正制,建立起中央机构监督选官任职。随着高阶官职的世袭权被废除,任官向所有有能力的人敞开大门,首次出现了通过考试选官的例子。自此之后一千多年中,这种新制度将主宰文官的入仕,定期提供有才干的官员,并将地方州郡首领与王朝国祚联系起来。[104]

隋朝迅速灭亡,但之后唐朝数百年的光辉恢复了帝国的权威。尽管王朝会崩溃,中国会再次分裂,甚至被外来入侵的蒙古人、满洲人征服,但人们始终持有一种期待:文明世界将再次统一,汉的传统将重现。

要实现这种统一,至关重要的是朝廷统治者和地主家族的联盟,这些家族控制着国家的核心经济,为朝廷行政管理提供必不可少的服务。无论发生战争、移民、叛乱,正是这种沉默的约定一直维持着汉的统治,正是这种未书面化的契约的破裂毁掉了王朝,导致短命政权频繁更替、南北方长期分裂,也正是这个重要关系的重建,使中国在唐朝实现统一。

后汉的虚弱和最终失败可能归咎于一连串年幼的皇帝、随之而来的外戚家族干政、导致宦官专权的朝廷斗争。一旦朝廷被董卓摧毁,人口统计形成新的平衡——北方边疆人口下降,长江以南大规模移民——使三国分立成为可能,并随后为东晋提供了避难的空间。然而在南、北双方,衰弱、短命的王朝频繁更迭,这种情况持续数百年,反映出中国的分裂不仅在于地理,还在于阶级、在于内部对大一统帝国理想的忠诚。

回顾历史,汉朝最伟大的成就是行政制度,这套制度为朝廷提供了优秀人才,提供了检查和监督,以控制公共利益和私人利益之间的紧张关系。这套行政制度并不完美——人的安排是没有完美的,但它维持了一个拥有 5000 多万人口、统治辽阔地域的称职政府运行数百年。

在本书前言部分,我提到爱德华·吉本对罗马帝国的描述:"基督纪元 2 世纪,罗马帝国据有世上最富饶美好的区域,掌握人类最进步发达的文明。"吉本进一步提到帝国军队的骁勇善战和严格纪律,提到法律和习俗虽然温和却能发挥巨大影响力,提到公民是如何得以享受以及滥用财富和奢华带来的好处。罗马帝国与汉帝国这两个伟大的政体在以上所有表现中都有绝妙的契合。

注释:

[1]《后汉书》卷九《孝献帝纪》以及《三国志》卷二《魏书·文帝纪》。关于刘协禅让之前的讨论以及禅让典礼本身,见 Leban, "Managing Heaven's Mandate", 以及 Goodman, *Ts'ao P'i Transcendent* 的讨论。

[2]《后汉书》卷九《孝献帝纪》;Fang(方志彤), *Chronicle of the Three Kingdoms* I, 430, 443。刘协生于公元 181 年 4 月 2 日,见第九章第 438 页。

根据汉代礼仪,由太尉宣布先帝谥号,这是葬礼的一个环节,见第二章第 76 页。李贤注在《后汉书》卷九《孝献帝纪》卷首引用《谥法》:"聪明睿智曰献。"但是,"献"字更常见的含义为祭祀的进献,见 Karlgren, *GSR*, 252e。

[3]《三国志》卷二五《魏书·辛毗杨阜高堂隆传》;Fang(方志彤), *Chronicle of the Three Kingdoms* I, 13。

[4]《三国志》卷二《魏书·文帝纪》。

[5]《三国志》卷二《魏书·文帝纪》。关于曹丕政策的讨论,见 Dien, *Six Dynasties Civilization*, 164-166, 以及 deC, *Imperial Warlord*, 440-442。

[6] 关于魏国和之后司马氏统治的晋国历史,见 deC, "Three Kingdoms and Western Jin"。

[7] 刘备,即蜀汉先主,于公元 221 年称帝,公元 223 年去世。刘备传记见《三国志》卷三二《蜀书·先主传》。刘禅,即蜀汉后主,于公元 271 年去世,其传记见《三国志》卷三三《蜀书·后主传》。传奇的诸葛亮(但我认为人们

对他评价过高）生卒年为公元 181—234 年。更多情况见后文第 497—498 页。

[8] 孙坚之子孙权的传记见《三国志》卷四七《吴书·三嗣主传》。孙权之兄孙策奠定了吴国在东南的基础，公元 200 年孙策死后，孙权继位，直至公元 252 年去世，时年 70 岁。见 deC, *Generals of the South*，以及后文第 502—505 页。

[9] 段鹏琦，《汉魏洛阳城的几个问题》，第 244—248 页，以及 Dien, *Six Dynasties Civilization*, 28-30。

[10] 第九章第 445—447、460—461 页。

[11] 第九章第 470 页。

[12] 史书中首次提到金墉城是在公元 3 世纪 30 年代初（曹叡统治时期）的一封上疏中，当时金墉城早已建成，见《三国志》卷二二《魏书·桓二陈徐卫卢传》、《资治通鉴》卷七二；Fang（方志彤），*Chronicle of the Three Kingdoms* I, 374。王仲殊可能据此条材料认为金墉城为曹丕所建，确实有这个可能，见王仲殊，*Han Civilization*, 35。

王仲殊把金墉城比作曹丕之父曹操在邺城建造的三台。三台中包括铜雀台，于公元 210 年建成，见 deC, *Imperial Warlord*, 337-339，但曹操建造三台主要是为了享乐，并非为了防御。

Shiozawa Hirohito（盐泽裕仁），《后汉魏晋南北朝都城境域研究》第四章详细讨论了金墉城。

[13]《晋书》卷一《帝纪第一》、《三国志》卷二《魏书·文帝纪》引用《魏书》。公元 234、235 年，崇华殿受火灾，后被修复，改名为九龙殿，见《三国志》卷三《魏书·明帝纪》。

[14] 关于曹叡修建宫室，以及群臣劝谏，见《三国志》卷二五《魏书·辛毗杨阜高堂隆传》，Fang（方志彤），*Chronicle of the Three Kingdoms* I, 474-479。

[15] 关于洛阳城衰落前夜，以及被占领和毁灭的过程，见 Waley, "Fall of Lo-yang"。韦利（Waley）在第 7 页提到 Jīvaka。Zürcher, *Buddhist Conquest*, 67 有类似描述，记载 Jīvaka 的中文名字为耆域。

[16] 关于八王之乱的详细描述，见 Dreyer, "War of the Eight Princes"。

[17] 刘渊（即刘元海）传记见《晋书》卷一〇一《载记第一》；刘聪传记见《晋书》卷一〇二《载记第二》。Graff, *Medieval Chinese Warfare*, 35-53 叙述了"西

晋的崩溃"。

[18] 关于汉代灭亡之后的洛阳历史，Jenner, *Memories of Loyang* 的描述令人钦佩。

[19] Jenner, *Memories of Loyang* 翻译了《洛阳伽蓝记》的内容。《洛阳伽蓝记》记载了公元 6 世纪初的洛阳城，作者杨衒之是北魏时期人。关于北魏洛阳城遗址考古情况的讨论，见 Ho Ping-ti（何炳棣），"Lo-yang, AD 495-534"。

正是在这个时期，北魏在洛阳城南的伊阙关开凿龙门石窟，延续了北魏在旧都大同附近开凿云冈石窟的传统。

[20] 关于此次叛乱的详细情况，见 Graff, *Medieval Chinese Warfare*, 98-101。

[21] Cutter, "Cao Zhi's 'Three Good Men'", 8 引用曹植《离思赋》序。

[22] 《送应氏二首》第一首。

应氏指应场，学者应劭的侄子，散文家、诗人。应场初为曹操掾属，之后任平原侯（曹植）庶子，后又任曹丕将军府文学。公元 217 年，应场死于疫疾。曹丕在文学评论中将应场列为"建安七子"之一。应场之弟应璩也是一名学者和作家，但成就没有应场大。

这首诗的译文见 Watson, *Chinese Lyricism*, 39-40。Bielenstein, *Lo-yang*, 90 以及 Frankel, "Fifteen Poems by Ts'ao Chih", 8 采纳了他的译文；deC, *Imperial Peace*, 347 部分采纳。

[23] 《资治通鉴》卷六八；deC, *Establish Peace*, 555-558。这篇短文没有标题，与本书其他各处相同，仅以"臣光曰"开头。但是这篇短文的主题很明确。

[24] 三代指夏、商、周。

[25] Fang（方志彤），*Chronicle of the Three Kingdoms*, xviii-xix 的译者序言讨论了对《资治通鉴》这一标题的翻译问题，相当笨拙地总结说，它"暗示了'着眼于为将要实现良好统治的统治者提供范例而撰写的一部通史'之类的东西"。但我相信它有更广泛的诉求。

[26] 司马光《进资治通鉴表》，见《资治通鉴》，北京，1956 年版，第 9607—9608 页。表作于元丰七年十一月，即公元 1084 年，但根据《宋史》卷十六《神宗本纪三》，"（元丰七年）十二月戊辰，端明殿学士司马光上《资治

通鉴》",则进献时间为公元 1085 年 1 月 1 日。

[27] Franke [ed], *Sung Biographies* 中有宋神宗、宋哲宗、高太后的传记。

[28] 见第三章第 130 页,第四章第 209 页,第五章第 223—225 页,第六章第 270—273、307—309 页。

[29] 第八章第 367—368 页。

[30] 关于帝国面积,见"前言"注释 1;关于帝国人口,见第五章第 261 页。

[31] 第七章第 321—322 页。

[32] 对此问题的讨论见第六章第 296—297 页,我倾向于 Ch'en(陈启云),"Economy, Society and Power", 135-136, 146-148 的观点。

[33] 第六章第 296 页。

[34] 根据《三国志》卷三八《蜀书·许糜孙简伊秦传》,东海糜氏"祖世货殖,僮客万人,赀产巨亿",Tang(唐长孺),"Clients and Bound Retainers", 112 引用了这条材料。公元 194 年,糜竺在迎接军阀刘备为徐州牧上起了主导作用,当刘备之后遭遇困境时,糜竺"进妹于先主为夫人,奴客二千,金银货币以助军资"。还可见 deC, *Biographical Dictionary*, 671。

[35] 关于刺史的责任,见第一章第 47 页及注释 94。关于"六条",见 deC, "Inspection and Surveillance", 48-49。《六条诏书》保存于蔡质《汉官典职仪式选用》,被《汉书》卷十九上《百官公卿表第七上》颜师古注以及《后汉书》志第二十八《百官五》刘昭注所引用;Wang(王毓铨),"Central Government", 159-160。关于《六条诏书》的讨论,见严耕望,《中国地方行政制度史》,卷上,第 276—277 页。

[36] "良家"指没有犯罪记录,且在医、巫、商贾、百工以外的人家,见第二章注释 16 引用公元 3 世纪如淳的记载。

[37] Ch'ü(瞿同祖),*Social Stucture*, 112-113, 118-122. 关于何皇后出身,见第九章第 437 页。瞿同祖在第 126 页正确地指出,何皇后的家庭背景没有使她丧失入选皇帝后宫的资格,按正规要求,出身良家的女性才能入选后宫。

[38] Nylan, "Introduction", 13-14 提出了这一问题,但没有得出确切结论。

[39] 关于这个问题的讨论,见 Ebrey, "Economic and Social History of Later Han", 630-633, 以及 "Later Han Upper Class", 58-63。伊佩霞(Ebrey)在此处修

正了她以前较为局限的观点。Asselin, *Significant Season*, 13-18 有些过分强调此问题。

与之类似，公元 18 世纪和 19 世纪早期英国的辉格党、托利党对问题有不同的处理方式，但两党成员都有钱有权，而英国大多数人口被排除在政治辩论之外。

[40] 自汉高祖和光武帝后，汉代每一个皇帝的谥号中均包含"孝"，见第一章注释 52。后汉明帝通过在辟雍举行养老礼、为四姓小侯开设学校，支持弘扬孝道，见第二章第 85—87、87—88 页；邓太后时期进一步强调孝道，见第四章第 202—203 页。Nylan, "Confucian Piety and Individualism" 讨论了后汉时期这种官方教导以及它引起的一些矛盾。

[41] 第七章第 325 页。Nylan, "Confucian Piety and Individualism", 18-21 讨论公元 2 世纪晚期应劭《风俗通义》，注意到应劭试图调和宾客对依附者的责任与官员对朝廷的责任；二者均可以被解释为孝的一个方面。

[42] 第六章 302—303 页。

[43] 例如刘瑨、成瑨，二人均得到三公的庇护，见第七章第 331—332 页。

[44] Nylan, "Confucian Piety and Individualism", 15.

[45] 第四章第 203 页及注释 98。

[46] 《后汉书》卷五六《种暠列传》；Bielenstein, *Bureaucracy*, 135。

[47] 第九章第 422 页。Asselin, *Significant Season*, 246 认为宋枭是为了劝叛乱者恢复秩序，但是他没有提到宋枭向朝廷奏请的命运。

[48] Loewe, *Crisis and Conflict*, 11-13；我还在第二章第 113 页、第三章 164 页引用了鲁惟一的理论。

除了二者在政治方面的对比，鲁惟一将两种哲学与经学的今古文之争、宗教典礼的变化、朝廷礼仪、祥瑞灾异的意义，甚至朝堂所用音乐联系起来。

[49] 例如第一章第 30—32 页（关于火德）、36 页（关于三雍）。在注释 163，我根据 Hughes, *Vignettes of Han Life and Thought* 的表述，注意到班固和张衡对前汉的奢靡和后汉的节俭进行了对比。

[50] 第三章第 121—122 页。

[51] 第四章第 184 页。

[52] 第三章第 129—130 页。

[53] 第四章第 171—172 页。

[54] 第五章第 223—226 页。

[55] Loewe, *Crisis and Conflict*, 12.

[56] 第五章第 229、234 页。

[57] 第五章第 239 页。

[58] 例如，第六章第 273、309 页。

[59] 关于朝廷财政的困难，见第三章第 145 页、第四章第 190 页之后（"财政问题"）、第五章第 266—267 页、第六章第 294—295 页、第七章第 321 页之后（"财政问题"）、第八章第 394 页。

[60] 第八章第 393—394、381—384 页。

[61] 第八章第 395 页。

[62] 例如罢免卢植，第八章第 412—413 页。

[63] 第八章第 416—417 页。

[64] 无论章帝还是和帝，都不是皇后的亲生儿子；安帝不是皇帝的儿子；顺帝曾被自己的父亲废黜；桓帝、灵帝不是皇帝的儿子；没有一位短命的皇帝比刘辩更有资格。

[65] 第二章第 111 页，第四章第 188 页，第七章第 359、322 页，第八章第 374、412—413 页。这只是其中一部分例子。

[66] 第九章第 452—453 页。

[67] 《史记》卷六《秦始皇本纪》；Nienhauser, *GSR* I, 136 以及 Chavannes, *MH* II, 125-127. 我采用了倪豪士（Nienhauser）对这两个词的翻译；一翻译完这段材料，他就理智地恢复惯常使用的"emperor"。沙畹（Chavannes）的注释提供了更多的细节。

[68] 例如 Bodde, "State and Empire of Ch'in, 53-54。

[69] Loewe, "Authority of the Emperors of Ch'in and Han", 90-93 以及 "Former Han", 119-120。

[70] 关于公元 92 年、159 年、169 年的政变，见第三章第 130—132 页、第六章第 307—309 页、第八章第 367—368 页。

我们可以将汉代皇帝的几乎免于杀戮和罗马帝国皇帝的脆弱作对比。撇开灾难性的罗马帝国四帝之年（公元 69 年），在公元 1 世纪期间，罗马帝国第三位皇帝卡利古拉（Caligula）、第五位皇帝尼禄（Nero）、第十一位皇帝图密善（Domitian）分别于公元 41 年、68 年、96 年死于刺客之手。

[71] Mansvelt Beck, "Fall of Han", 347；以及后文的讨论。

[72] 刘虞为汉宗室，是光武帝与郭皇后之子、前太子刘强之后。虽然成功统治幽州，但于公元 193 年被军阀公孙瓒所杀，见第九章第 432—433、470 页。

[73] 例如，deC, *Imperial Warlord*, 102-105, 124-125。

[74]《后汉书》卷七四上《袁绍列传》、《三国志》卷六《魏书·董二袁刘传》裴注引《献帝传》，以及《资治通鉴》卷六一；deC, *Establish Peace*, 170。关于逐鹿的谚语出现于秦末，当时皇室权威丧失，帝国任何一个人都能追求皇位，见例如《史记》卷九二《淮阴侯列传》；Watson, *RGH* I, 231，以及《汉书》卷一〇〇上《叙传上》班彪的评论；*Sources of Chinese Tradition* I, 177-178。

[75] 汉景帝刘启，公元前 157—前 141 年在位。刘表的世系记载于传记开头部分，《后汉书》卷七四下《袁绍刘表列传下》以及《三国志》卷六《魏书·董二袁刘传》；刘焉的世系记载于《后汉书》卷七五《刘焉列传》以及《三国志》卷三一《蜀书·刘二牧传》。

[76] 关于一般认为的刘备祖先，见其传记《后汉书》卷三二《蜀书·先主传》。公元 211 年，当益州刘璋邀请刘备支援自己抵抗北方曹操的威胁时，刘备强调自己与刘璋的关系；然而，刘备对转而攻打理论上的宗亲并夺取其领地没有太多犹豫。

刘备肯定是历史上最名过其实的英雄之一。在内战早期，刘备在投降曹操之前曾数次在华北平原被人打败。虽然曹操待他慷慨大方，但刘备参与了一场阴谋暗杀，并在事情暴露后投奔袁绍。袁绍被曹操打败后，刘备投靠刘表，当公元 208 年曹操大军南下，刘备再一次逃到南方。

后来的赤壁之战虽然富有浪漫传奇色彩，但主要是周瑜率领的孙权大军的成就，而刘备利用这次胜利占领了长江以南荆州的大部分地区。随后，刘备从刘璋手中取得益州，并于定军山打败曹操大军。公元 219 年，刘备麾下将领关羽遭孙权大将吕蒙奇袭，刘备发兵复仇，顺长江而下试图重夺荆州，但于公元

222 年屈辱惨败，之后很快去世。

对出身卑微的人来说，这种传奇冒险生涯非常成功，但刘备不过是一个运气非常好的士兵而已。

[77]《后汉书》卷五十《孝明八王列传》；deC, *Establish Peace*, 222-223。

[78] 早在公元 221 年，刘备在得知献帝被迫禅位于曹丕数周后称帝。魏国和蜀汉的统治时间很接近，自公元 220、221 年称帝建国，到公元 263、266 年分别被晋所灭。结果，在这段时期存在两种计时体系，关于其中哪个国家真正继承了汉朝存在很多争论。（吴国仅于公元 223 年宣布从魏国独立，并于公元 280 年灭亡，并不在这一争论中。）DeC, *Imperial Warlord,* 467-469 对这个有些边缘的问题做了更细致的讨论。

[79] 例如，Bielenstein, *RHD* III, 127-128，参见 deC, *Northern Frontier*, 247-249。

[80] 关于建立护羌校尉，见第二章第 102—103 页。

[81] 第三章第 148—149 页。

[82] 见第五章第 250—252 页及表 1、2。

[83] 前文第 489 页，引用第四章第 184 页。

[84] 第五章第 245-246 页。

[85]《潜夫论》卷二二《救边》，Lewis, *Early Chinese Empires*, 259 引用。

[86]《后汉书》卷八九《南匈奴列传》、《三国志》卷一《魏书·武帝纪》；deC, *Northern Frontier*, 352-354，以及 deC, *Imperial Warlord*, 454。

[87]《中国历史地图集》第 3 册包括公元 262 年左右魏国、公元 281 年左右西晋对这一地区的重建：总图见第 3—4、33—34 页，更多的细节见第 5—6、15—16、32、35—36、3940、61 页。

公元 258 年，鲜卑首领拓跋力微率部族定居于前雁门郡。拓跋力微是公元 4—6 世纪北魏皇族的祖先。这片地区在汉朝边境之内，但鲜卑人不再受魏国的控制，虽然拓跋与魏国朝廷建立了和平关系并遣人质入朝，但也收到大量财物珍宝，见《魏书》卷一《序纪》；Fang（方志彤），*Chronicle of the Three Kingdoms*, II, 364-365, 372-374 以及 Holmgren, *Annals of Tai*, 54。

匈奴首领刘渊具有更直接的重要性，刘渊掌控了原汉朝领土太原，即当时半自治的平阳郡。刘渊是南单于於扶罗的孙子，于公元304年自称汉王，国号为汉。刘渊死于公元310年，但其子刘聪见证了晋朝在北方的毁灭，见前文第478页，Dreyer, "War of the Eight Princes", 135-136。

[88] 这些计算基于扬州、荆州南部人口数据。与Bielenstein, "Census", 157-158的计算有差异，毕汉思以长江以北分界。

虽然缺少两个郡的数据，但据记载后汉时期交趾地区的人口超过100万。由于后汉末年内战的早期阶段没有波及这里，我在计算时没有将该地区人口包括在内。之后，交趾地区被吴国占领。

[89] 第二章第91页。

[90] 向东南地区发展开始于公元2世纪90年代孙策统治时期，当时贺齐将统治扩展深入到今福建地区，成为孙权及其继承者们一直保持的政策。见，例如deC, *Generals of the South*, 328-340, 475-478, 图14展示了吴国新设立的县；该图的依据见deC, "Prefectures and Population in South China"。

[91] 关于赤壁之战的讨论见deC, *Generals of the South*, 245-275 及 *Imperial Warlord*, 266-275。

[92] 《三国志》卷五四《吴书·周瑜鲁肃吕蒙传》（裴注引用《江表传》）记载了孙权和周瑜的一场讨论，曹操自称率80万大军，但周瑜计算不过20万，孙权做好准备分配防御军队。虽然这次谈话据说是私下进行的，但二人的谈话内容似乎不久传出，这段史料可能反映了真实的计算。

[93] 赤壁之战占据了《三国演义》第四十一回至五十三回，而定军山之战仅占据第七十一回的一部分。

[94] 在第九章第473页，我们已经注意到在公元219年下半年，刘备大将关羽从荆州沿汉水向北进攻，先被曹操大军阻拦，然后被孙权大将吕蒙从背后袭击。刘备因丢失荆州和关羽之死而愤怒，于公元222年试图顺长江而下进行复仇，但遭到孙权大军重创。就在第二年，孙权立场突变，宣布从魏独立，与自己之前的敌人结盟。但是实际上，长江中游被吴或蜀汉占领差异并不大，重要的是两个政权联合起来能够抵抗北方更强大的敌人四十多年。

[95] Lewis, *China Between Empires*, 73.

[96] Rogers, "Myth of the Battle of the Fei River" 认为淝水之战可能只不过是

一次小规模战斗，为了颂扬将军谢安及其侄子谢玄的功绩以及提高谢氏家族的政治地位，史料对此战的记载过于夸张。但是无论军事上战败程度如何，淝水之战对北方政权造成的影响是戏剧性的：两年内苻坚去世，前秦分裂。

[97] 前文第 478 页。

[98] DeC, *Generals of the South*, 496-507.

[99] 北府兵主要从京城附近的流民帅队伍中招募。北府兵的规模为 8 万—10 万人，是六十年间南方最精锐的军队，但再也没有可以匹敌北府兵的军队，见 Graff, *Medieval Chinese Warfare*, 84。

[100] 很多中国、日本学者对九品中正制的发展进行过分析。西方的讨论包括，Holzman, "Système médiéval"；Grafflin, "Reinventing China", 145-148; deC, *Imperial Warlord*, 247-250；Lewis, *China between Empires*, 38-44。Holcombe, "Shadow of Han", 75-81 解释了九品中正制对东晋及之后朝代地主家族权力的重要性，而 Tanigawa（谷川道雄）, *Medieval Chinese Society*, 112 坚定认为"六朝贵族……使自己成为支配阶级"，"而这种体制化最具体的制度上的表现，则当属九品官人法了"。

[101] 见第七章第 325 页、第十章第 487 页。

[102] 例如，Lewis, *China between Empires*, 44 以及 Twitchett, "Introduction" to *Cambridge China*, 8-9。

[103] 例如，Holcombe, "Shadow of Han", 13。

[104] Wright, "Sui Dynasty", 85-87. 有的学者争论称汉代选官制度是基于考试，但我不相信这种说法。见 deC, "Recruitment Revisited", 34-37, 以及第五章第 232 页和第七章第 332 页。

书 目

早期文献

《白虎通》,班固等,卢文弨(18世纪)《抱经堂丛书》本,参见下文 Tjan,
    White Tiger Discussions。
《曹瞒传》[曹操的佚名传记,据说他小时候名"阿瞒"],《三国志》裴松之注引用。
《春秋》,收入 Legge, *Classics* V。
《帝王世纪》,皇甫谧(3世纪),见许宗元《帝王世纪辑存》,北京,1964年。
《典略》,鱼豢(3世纪),《后汉书》唐注及《三国志》裴松之注引用。
《东观汉记》,收入《四部备要》,台北,1970年重印本。
《东汉会要》,徐天麟(宋),北京,1955年。
《独断》,蔡邕(2世纪),收入《四部备要》;又见下文 Giele, *Imperial Decision-Making* 条。
《风俗通义校注》,应劭(2世纪),王利器校注,北京,1981年。
《古今注》,伏无忌(2世纪),《后汉书》注释中引用。
《古诗十九首》,英文本见下文 Diény, *Dix-neuf poèmes* q.v. 条。
《古文观止》,吴调侯、吴楚材编,香港,1961年。
《汉官六种》,孙星衍(1753—1818)编,收入《四部备要》;包括以下著作的
    辑本:

《汉官》，佚名；

《汉官典职仪式选用》，蔡质（2世纪）；

《汉官解诂》，王隆（1世纪），胡广注（2世纪）；

《汉官仪》，应劭（2世纪）；

《汉旧仪》，卫宏（1世纪）；

《汉仪》，丁孚（3世纪）。

《汉书》，班固（32—92）等，颜师古（581—645）等注，北京，1962年。

又见《汉书补注》，王先谦等，长沙，1900，艺文印书馆影印本，台北。

《后汉纪》，袁宏（328—396），收入商务印书馆《万有文库》，上海。

《后汉书》：

《本纪》《列传》部分，范晔（396—446），章怀太子李贤（651—684）注；

《志》取自司马彪（3世纪）《续汉书》，刘昭（6世纪）注，北京，1965年；

《集解》，王先谦等，初版于长沙，1915年，收入商务印书馆《万有文库》，上海。

又见《七家后汉书》。

《华阳国志》，常璩（4世纪中期）等，收入《国学基本丛书》，台湾商务印书馆，1968年。

《晋书》，房玄龄（578—648）等，北京，1974年。

《校正三辅黄图》，张宗祥校录，上海，1958。

《九州春秋》，司马彪（3世纪），《三国志》裴松之注引用。

《孔子家语》，收入维基文库（Wikisource），2016年访问。又见下文 Kramers, *School Sayings* 条。

《礼记》，收入维基文库（Wikisource），2016年访问。

《历代名画记》，张彦远（唐），收入《四库全书》。

《隶释》《隶续》，洪适（宋）编，北京，1983年。

《梁书》，姚思廉（637年去世），北京，1973年。

《灵帝记》，刘艾（2世纪），《后汉书》唐注及《三国志》裴松之注引用。

《论语》，收入 Legge, *Classics* I。

《论衡》，王充（1世纪），收入《汉魏丛书》，台北，1966年。

《洛阳记》，陆机（261—303），收入维基文库（Wikisource），2016 年访问。

《孟子》，见下文 Legge, *Classics* II 条。

《南史》，李延寿（活跃于 656 年），北京，1975 年。

《七家后汉书》，汪文台辑，台北，1974 年。包括：

  《后汉书》，华峤（3 世纪）；

  《后汉书》，谢承；

  《后汉书》，谢沈；

  《后汉书》，薛莹（3 世纪）；

  《后汉书》，袁山松（4 世纪）；

  《后汉书》，张璠；

  《续汉书》，司马彪（3 世纪）。

《潜夫论》，王符（2 世纪），收入维基文库（Wikisource），2016 年访问。

《全后汉文》，收入《全上古三代秦汉三国六朝文》，严可均（1762—1843）校辑，广州；北京，1959 年重印。

《群书治要》，魏徵等编撰，收入《四部丛刊》。

《三国[志]演义》，署名罗贯中（14 世纪后期），台南，1978 年。

  又见下文 Brewitt-Taylor 条。

《三国志》，陈寿（233—297），裴松之（372—451）受诏注，公元 429 年进呈给南朝宋的开国皇帝武帝刘裕，北京，1959 年。

  又见，《三国志集解》，卢弼，沔阳，1936 年；台北艺文出版社影印本。

《四部备要》，中华书局，上海，1936 年。

《四部丛刊》，商务印书馆，上海，1936 年。

《四民月令》，崔寔，缪启愉辑释，万国鼎审订，北京，1981 年。

《山阳公载记》（汉代的最后一位皇帝在公元 220 年退位后，被曹丕封为山阳公），乐资（3 世纪），《后汉书》唐注及《三国志》裴松之注引用。

《神仙传》，葛洪（283—343），收入《四库全书》。

《诗经》，收入 Legge, *Classics* IV。

《十通》，商务印书馆发行，1935 年。

《史记》，司马迁（前 146—约前 86），北京，1959 年。

《史记集解》，裴骃（5 世纪）；

《史记索隐》，司马贞（8 世纪）；

《史记正义》，张守节（8 世纪）。

《史通》，刘知几（661—721）；《史通通释》，浦起龙，收入《四库全书》。

《世说新语》，刘义庆（403—444）等，刘峻（462—521）注，北京，1956 年。

又见下 Mather, *New Account of Tales of the World* 条。

《书经》，收入 Legge, *Classics* III。

《水经注》，郦道元（5/6 世纪），见王国维《水经注校》，上海，1984 年。

又见《水经注疏》，杨守敬、熊会贞，北京，1957 年。

《宋史》（宋代 [960—1279] 的正史），脱脱（1314—1355）等，北京，1977 年。

《隋书》，魏徵（580—643）、令狐德棻等，北京，1973 年。

《太平广记》，李昉（925—996），收入《四库全书》。

《太平寰宇记》，乐史（930—1007），收入《四库全书》。

《太平经合校》，王明编，北京，1960 年。

《太平御览》，李昉（925—996）等，收入《四部丛刊》，台北，1959 年。

《通典》，杜佑（735—812），收入《十通》及《四库全书》。

《通志》，郑樵（1104—1162），收入《十通》及《四库全书》。

《魏书》，王沈（3 世纪）等撰曹魏的(官方)史书，北京，1974 年；又见《三国志》裴松之注引用。

《文选》，萧统（501—531）等编，李善（7 世纪）注释：

从卷一至卷八：《文选李注义疏》，高步瀛，北京，1985 年(初版于 1937 年)；

从卷九至卷六十：北京，1974 年，重印 1809 年胡克家、顾广圻、彭北苏本。

又见下 Knechtges and von Zach 条。

《文渊阁四库全书》，迪志文化出版有限公司（Digital Heritage Publishing Limited）电子版，香港，2016 年访问。

《吴书》，韦昭／曜（3 世纪）等撰三国吴的（官方）史书，《三国志》裴松之注引用。

《献帝春秋》，袁晔（3 世纪），《后汉书》唐注及《三国志》裴松之注引用。

《献帝记》，刘艾（2 世纪），《三国志》裴松之注引用。

《献帝起居注》，《后汉书》唐注及《三国志》裴松之注引用。

《新论》，桓谭（约前43—约28），残篇收入维基文库（Wikisource），2016年访问。

《续汉书》，司马彪（3世纪），收入《七家后汉书》：

    见上文《后汉书》条的《志》。

《荀子》，收入维基文库（Wikisource），2016年访问。

《异同杂语》，孙盛（4世纪），《三国志》裴松之注引用。

《意林》，马总（823年去世），1899年，中国数字图书馆（China Digital Library）电子版，2010年。

《艺文类聚》，欧阳询（557—641）编，北京，1959年（影印12世纪中期宋版）。

《周礼》，收入《四部丛刊》。

    又见下文 Biot, *Rites des Tcheou*。

《肘后备急方》，葛洪（4世纪），见中国哲学书电子化计划（Chinese Text Project [ctext.org/wiki]），2016年访问。

《资治通鉴》，司马光（1019—1086），附司马光《考异》及胡三省（1230—1302）注，北京，1956年：

    又见下文 deC, *Huan and Ling* and *Establish Peace* 及 Fang, *Chronicle of the Three Kingdoms* 条。

《左传》，收入 Legge, *Classics* V。

现代著作

Asselin, Mark Laurent, *A Significant Season: Cai Yong (ca. 133–192) and his contemporaries*, New Haven CT 2010

Balazs, Etienne, *Chinese Civilization and Bureaucracy: variations on a theme*, translated by H.M. Wright, edited by Arthur F. Wright, Yale UP 1964

———, "Political Philosophy and Social Crisis at the end of the Han Dynasty," in *Chinese Civilization and Bureaucracy*, 187–225: this article was originally published in French as "La crise sociale et la philosophie politique a la fin des Han," in *T'oung Pao* 39

(1949), 83–141; citations are given to the English-language version; cited as "Political Philosophy"

———, "Nihilistic Revolt or Mystical Escapism: currents of thought in China during the Third Century AD," in *Civilisation and Bureaucracy*, 226–256: this article was originally published in French as "Entre révolte nihiliste et évasion mystique: les courants intellectuals en Chine au IIIe siècle de notre ére," in *Etudes Asiatiques* 2 (1948), 27–55

Bang, Peter Fibiger, "Commanding and Consuming the World: empire, tribute and trade in Roman and Chinese history," in Scheidel [ed], *Rome and China*, 100–120

Barfield, Thomas J., *The Perilous Frontier: nomadic empires and China*, Cambridge 1989

———, "The Shadow Empires: imperial state formation along the Chinese-Nomad frontier," in Susan E. Alcock, Terence N. D'Altroy, Kathleen D. Morrison, Carla N. Sinopoli [eds], *Empires: perspectives from archaeology and history*, Cambridge UP 2001, 10–41

Beard, Mary, *Roman Triumph*, Harvard UP 2007

———, *SPQR: a history of ancient Rome*, London 2015

Bemmann, Jan, and Michael Schmauder [eds], *Complexity of Interaction along the Eurasian Steppe Zone in the first Millennium CE*, Bonn 2015

Bielenstein, Hans, "The Census of China during the period 2–742 AD," in *Bulletin of the Museum of Far Eastern Antiquities* [BMFEA] 19 (1947), 125–163

———, "An Interpretation of the Portents in the *Ts'ien Han shu*," in BMFEA 22 (1984), 127–143

———, *The Restoration of the Han Dynasty: with prolegomena on the historiography of the Hou Han shu*, in BMFEA 26 (1954); cited as RHD I

———, *The Restoration of the Han Dynasty: volume II, the civil war*, in BMFEA 31 (1959); cited as RHD II

———, *The Restoration of the Han Dynasty: volume III, the people*, in BMFEA 39 (1967); cited as RHD III

———, review of *Démographie et institutions en Chine: contribution à l'analyse des recensements de l'époque impériale (2 ap. J.-C.-1750)* by Michel Cartier and Pierre-Étienne Will, in *T'oung Pao* 61 (1975), 181–185

———, *Lo-yang in Later Han Times*, in BMFEA 48 (1976)

———, *The Restoration of the Han Dynasty: volume IV, the government*, in BMFEA 51 (1979); cited as RHD IV

———, *The Bureaucracy of Han Times*, Cambridge UP 1980

———, "Wang Mang, the Restoration of the Han Dynasty, and Later Han," in *Cambridge China* I, 223–290; cited as "Wang Mang and Later Han"

———, "The Institutions of Later Han," in *Cambridge China* I, 491–519

———, "Later Han Inscriptions and Dynastic Biographies: a historiographical comparison," in *Proceedings of the International Conference on Sinology: section on history and archaeology*, Taipei 1981, 571–586

———, "Han Portents and Prognostications," in BMFEA 56 (1984), 97–112

———, [with Michael Loewe], "*Tung kuan Han chi* 東觀漢記" in *Early Chinese Texts*, 471–472

Biot, Edouard, *Le Tcheou-li ou Rites des Tcheou*, 3 volumes, Paris 1851 reprinted Taipei 1975

Birrell, Anne, *Popular Songs and Ballads of Han China*, Hawaii UP 1993

BMFEA: *Bulletin of the Museum of Far Eastern Antiquities*, Stockholm

Bodde, Derk, "The Chinese Cosmic Magic known as Watching for the Ethers," in Søren Egerod and Else Glahn [eds], *Studia Serica Bernhard Karlgren dedicata*, Copenhagen 1959, 14–35

———, *Festivals in Classical China: New Year and other annual observances during the Han dynasty, 206 BC-AD 220*, Princeton UP 1975

———, "The State and Empire of Ch'in," in *Cambridge China* I, 20–102

Boltz, William G., "*Hsiao ching* 孝經," in *Early Chinese Texts*, 141–153

———, "*Shuo wen chieh tzu* 說文解字," in *Early Chinese Texts*, 429–442

Brennan, T. Cory, with Hsing I-tien, "The Eternal City and the City of Eternal Peace," in *China's Early Empires*, 186–212

Brewitt-Taylor, C.H. [translator], *Lo Kuan-chung's Romance of the Three Kingdoms* "San kuo chih yeni," Taipei 1969 [and see *Sanguo yanyi* above]

Brown, Miranda, and Rafe de Crespigny, "Adoption in Han China," in *Journal of the Economic and Social History of the Orient* 52 (2009), 229–266

Bujard, Marianne, "State and Local Cults in Han Religion," in Lagerwey and Kalinowski [eds], *Early Chinese Religion* I.2, Leiden 2009, 777–811

Burton, Richard Francis, *A plain and literal translation of the Arabian Nights' Entertainments, now entituled The Book of the Thousand Nights and a Night; with introduction, explanatory notes on the manners and customs of Moslem men and a terminal essay upon the history of The Nights*, Benares 1885–86

Cai, Liang, "The Hermeneutics of Omens: The Bankruptcy of Moral Cosmology in Western Han China (206 BCE–8 CE)", in *The Journal of the Royal Asiatic Society* Third Series 25 (2015), 439–459

Cambridge Ancient China: The Cambridge History of Ancient China: from the origins of civilization to 221 BC, edited by Michael Loewe and Edward L. Shaughnessy, Cambridge UP 1999

Cambridge China I: *The Cambridge History of China: volume 1, the Ch'in and Han empires*, edited by Denis Twitchett and Michael Loewe, Cambridge UP 1968, includes chapters by Bielenstein, Bodde, Ch'en, Demiéville, Ebrey, Loewe, Mansvelt Beck, Nishijima and Yü qq.v.

Cambridge China III.1: *The Cambridge History of China: volume 3, Sui and T'ang China Part I*, edited by Denis Twitchett, Cambridge UP 1979

Carcopino, Jérôme, *Daily Life in Ancient Rome: the people and the city at the height of the empire*, edited and annotated by Henry T. Rowell, translated by E.O. Lorimer, with a new introduction and bibliographic essay by Mary Beard, Yale UP 2003 [second edition; first published in French 1939, in English 1940]

Cartier, Michel, and Pierre-Etienne Will, "Démographie et institutions en Chine: contributions à l'analyse des recensements de l'époque impériale (2 ap. J.-C. - 1750)," in *Annales de démographie historique* 1971, 161–245

Cary, M., *A History of Rome down to the reign of Constantine*, London 1954

Casson, Lionel, *The* Periplus Maris Erythraei: *text with introduction, translation, and commentary*, Princeton UP 1989

Chang'an 26 BCE: an Augustan age in China, edited by Michael Nylan and Griet Vankeerberghen, U. of Washington P., Seattle 2015

Chavannes, Edouard, *Les mémoires historiques de Se-ma Ts'ien*, 5 volumes, Paris 1895–1905, with volume 6, Paris 1969; cited as MH

———, "Les pays d'Occident d'après le *Wei lio*," in *T'oung Pao* New Series 6 (1905), 519–571

———, "Les pays d'Occident d'après le *Heou Han chou*," in *T'oung Pao* New Series 8 (1907), 149–234

———, *Le Tai chan: essai de monographie d'un culte chinois*, Paris 1910 reprinted Taipei 1970

Chen Gaoyong 陳高傭, *Zhongguo lidai tianzai renhuo biao* 中國歷代天災人禍表 "Historical Table of Natural and Human Disasters in China," Shanghai 1940 reprinted Beijing 2007

Ch'en, Ch'i-yün 陳啟雲, "*Luelun liang-Han shuji zhishi yu santai zhidu zhi fazhan* 略論兩漢樞機職事與三臺制度之發展 ['The Central Administration and the Development of the Triumvirate System in the Han Dynasty']," in *New Asia Journal* 新亞學報 [*Xinya xuebao*] IV.2 (Hong Kong 1960), 127–157

———, "A Confucian Magnate's Idea of Political Violence: Hsün Shuang's (128–190) interpretation of the *Book of Changes*," in *T'oung Pao* 54 (1968), 73–115

———, *Hsün Yüeh (AD 148–209): the life and reflections of an early medieval Confucian*, Cambridge UP 1975; cited as *Life and Reflections*

———, "Han Dynasty China: Economy, Society and State Power – a review of Cho-yun Hsu, *Han Agriculture: the formation of early Chinese agrarian economy*," in *T'oung Pao* 70 (1984), 127–148

———, "Confucian, Legalist, and Taoist Thought in Later Han," in *Cambridge China* I, 766–807; cited as "Thought in Later Han"

———, *Han-Jin-liuchao wenhua, shehui, zhidu: Zhonghua zhonggu qianji shi yanjiu* 漢晉六朝文化.社會.制度:中華中古前期史研究, Taipei 1997

———, [with Margaret Pearson], "*Chien fu lun* 潛夫論" in *Early Chinese Texts*, 12–15

Chen, Chih-mai, *Chinese Calligraphers and their Art*, Melbourne UP 1966

Chi, Ch'ao-ting, *Key Economic Areas in Chinese History as revealed in the development of public works for water control*, New York 1936 reprinted 1963

Ch'ien Mu 錢穆, *Qin-Han shi* 秦漢史, Hong Kong 1957

Chin, Tamara T., *Savage Exchange: Han imperialism, Chinese literary style, and the economic imagination*, Harvard 2014

China Proper: Geographical Handbook Series BR 530 of the British Admiralty Naval Intelligence Division, 3 volumes, 1944–1945

China's Early Empires: a reappraisal, edited by Michael Nylan and Michael Loewe, Cambridge UP 2010

Chinese Academy of the Social Sciences, Institute of Archaeology, *Report on the 1962–1992 Excavations of the Imperial Ceremonial Sites Located in the Southern Outskirts of Han-Wei Archaic Luoyang City* 汉魏洛阳故城南郊礼制建筑遗址:1962–1992 年考古发掘报告, Beijing 2010

Chittick, Andrew, "The Life and Legacy of Liu Biao: governor, warlord, and imperial pretender in late Han China," in *Journal of Asian History* 37 (2003), 155–186

Chu K'e-chen, "Climatic Changes in Chinese History," in *Scientia Sinica* 16.2 (1973), 226–249; *and see* Zhu Kezhen

Ch'ü T'ung-tsu, edited by Jack L. Dull, *Han Social Structure*, Washington UP, Seattle 1972

Clark, Hugh R., *The Sinitic Encounter in Southeast China through the First Millennium* CE, Hawaii UP 2015

Couvreur, S., *Mémoires sur les bienséances et les cérémonies* (Li ji), 2 volumes, Paris 1951

Crawford, Dorothy H., *Deadly Companions: how microbes shaped our history*, Oxford UP 2007

Cutter, Robert Joe, "On Reading Cao Zhi's 'Three Good Men,'" in CLEAR: *Chinese Literature: Essays, Articles, Reviews* 11 (Madison, Wisconsin 1989) 1–11

Daudin, "Sigillographie sino-annamite," in *Bulletin de la Société des Etudes Indochinoises* [new series] 12, Saigon 1937, 1–322

de Crespigny, Rafe [cited as deC], *The Biography of Sun Chien*, Canberra 1966

———, "Prefectures and Population in South China in the first three centuries AD," in *Bulletin of the Institute of History and Philology, Academia Sinica, Taiwan*, 40.1 (1968), 139–154

———, "Political Protest in Imperial China: the great proscription of Later Han 167–184," in *Papers on Far Eastern History* 11 (Canberra, March 1975), 1–36; cited as "Protest and Proscription"

———, "The Harem of Emperor Huan: a study of court politics in Later Han," *Papers on Far Eastern History* 12 (September 1975), 1–42

———, *Portents of Protest in the Later Han Dynasty: the memorials of Hsiang K'ai to Emperor Huan*, Canberra 1976

———, "Politics and Philosophy under the Government of Emperor Huan 159–168 AD," in *T'oung Pao* 66 (1980), 41–83

———, "Inspection and Surveillance Officials under the Two Han Dynasties," in Eikemeier and Franke [eds], *State and Law in East Asia*, 40–79

———, *Northern Frontier: the policies and strategy of the Later Han empire*, Canberra 1984

———, *Emperor Huan and Emperor Ling: being the chronicle of Later Han for the years 157 to 189 AD as recorded in chapters 54 to 59 of the* Zizhi tongjian *of Sima Guang; translated and annotated*, Canberra 1989

———, *Generals of the South: the foundation and early history of the Three Kingdoms state of Wu*, Canberra 1990

———, "The Three Kingdoms and Western Jin: a history of China in the third century AD:" Part I in *East Asian History* 1 (Canberra, June 1991), 1–36; Part II in *East Asian History* 2 (Canberra, December 1991), 143–165

———, "Local Worthies: provincial gentry and the end of Later Han," in Helwig Schmidt-Glintze [ed], *Das Andere China: Festschrift für Wolfgang Bauer zum 65. Geburtstag*, Wiesbaden 1995, 533–558

———, "Some Notes on the Western Regions in Later Han," in *Journal of Asian History* 40.1 (2006), 1–30

———, "Scholars and Rulers: imperial patronage under the Later Han dynasty," in *Han-Zeit: Festschrift für Hans Stumpfeldt aus Anlaß seines 65. Geburtstages*, edited by Michael Friedrich assisted by Reinhard Emmerich and Hans van Ess, Wiesbaden 2006, 57–77

———, *A Biographical Dictionary of Later Han to the Three Kingdoms (23–220 AD)*, Leiden 2007

———, "Recruitment Revisited: the commissioned civil service of Later Han," in *Early Medieval China* 13-14.2 (2008), 1–47

———, "The Military Culture of Later Han," in Di Cosmo [ed], *Military Culture in Imperial China*, 90–111

———, *Imperial Warlord: a biography of Cao Cao 155–220 AD*, Leiden 2010

———, see also *sub* Brown, Miranda, and Gardiner, K H J

Demiéville, Paul, "Philosophy and Religion from Han to Sui," in *Cambridge China* I, 808–872, with a Postscript by Timothy Barrett at 873–878

Dettenhofer, Maria H., "Eunuchs, Women and Imperial Courts," in Scheidel [ed], *Rome and China*, 83–99

DeWoskin, Kenneth J., *Doctors, Diviners and Magicians of Ancient China: biographies of Fang-shih*, Columbia UP 1983

Di Cosmo, Nicola, *Ancient China and its Enemies: the rise of nomadic power in east Asian history*, Cambridge UP 2002

——, "China-Steppe Relations in Historical Perspective," in Bemmann and Schmauder [eds], *Complexity of Interaction*, 127-198, 49-72

——, "Han Frontiers: towards and integrated view," in *Journal of the American Oriental Society* 129 (2009), 199-214

——, [ed], *Military Culture in Imperial China*, Harvard UP 2009

Dien, Albert E., "A Study of Early Chinese Armor," in *Artibus Asiae* 43.1-2 (1981-82), 5-56

——, "The Stirrup and its Effect on Chinese History," in *Ars Orientalis* 16 (1986), 33-56

——, *Six Dynasties Civilization*, Yale UP, 2007

——, [ed], *State and Society in Early Medieval China*, Stanford UP, 1990

Diény, Jean-Pierre, *Les dix-neuf poèmes anciens*, Paris 1963

Dreyer, Edward L., "Zhao Chongguo: a professional soldier of the Former Han dynasty," in *The Journal of Military History* 72.3 (July 2008), 665-725

——, "Military Aspects of the War of the Eight Princes 300-307," in Di Cosmo [ed], *Military Culture in Imperial China*, 112-142

Duan Penqi 段鹏琦, *Han-Wei Luoyang cheng de jige wenti* 汉魏洛阳城的几个问题 ['Some Problems Concerning Han-Wei Luoyang'], in *Zhongguo kaoxue yanjiu – Xia Nai xiansheng kaogu wushinian jinian lunwenji* 中国考古学研究 – 夏鼐先生考古五十年纪念论文集 ['Chinese Archaeological Research: a collection of essays marking the fiftieth year of Xia Nai in archaeology'], Beijing 1986, 244-253

——, *Han-Wei Luoyang gucheng* 汉魏洛阳故城, Beijing 2009

Dubs, H.H., *The History of the Former Han Dynasty by Pan Ku*, 3 volumes, Baltimore 1938, 1944, 1955; cited as HFHD

——, *Alphabetical Glossary to* HFHD, Internet publication of the University of Washington. Seattle, 2009-2012

Dull, Jack L., "The Confucian Origins of Neo-Taoism," paper presented to the Second International Conference on Taoist Studies, Harvard University, September 1972

Early Chinese Texts: a bibliographical guide, edited by Michael Loewe, Berkeley 1993

Eberhard, Wolfram, "Zur Landwirtschaft der Han-Zeit," in *Mitteilungen des Seminars für orientalische Sprachen* 35 (Berlin 1932), 74-105

——, "Beiträge zur kosmologischen Spekulation Chinas in der Han-Zeit I," in *Baessler Archiv (Beiträge zur Völkerkunde)* 16 (Berlin 1933), 1-100

——, [with Rolf Mueller], "Contributions to the Astronomy of the Han Period III: the astronomy of the Later Han," in *Harvard Journal of Asiatic Studies* 1 (1936), 194-241 [reprinted in *Sternkunde und Weltbind im Alten China*, Taipei 1970]

——, "Bemerkungen zu statistischen Angaben der Han-Zeit," in *T'oung Pao* 36 (1940), 1-25

——, "The Political Function of Astronomy and Astronomers in Han China," in Fairbank [ed], *Chinese Thought and Institutions*, 33-70

Ebrey, Patricia Buckley, "Estate and Family Management in the Later Han as seen in the *Monthly Instructions for the Four Classes of People*," in *Journal of the Economic and Social History of the Orient* 17 (1974), 173–205

———, *The Aristocratic Families of Early Imperial China: a case study of the Po-ling Ts'ui family*, Cambridge UP 1978

———, "The Economic and Social History of Later Han," in *Cambridge China* I, 608–648

———, "Later Han Stone Inscriptions," in *Harvard Journal of Asiatic Studies* 40 (1980), 325–353

———, "Patron-Client Relations in the Late Han," in *Journal of the American Oriental Society* 103 (1983), 533–542

———, "Toward a Better Understanding of the Later Han Upper Class," in Dien [ed], *State and Society in Early Medieval China*, 49–72

Eichhorn, Werner, "Bemerkungen zum Aufstand des Chang Chio und zum Staate des Chang Lu," in *Mitteilungen des Instituts für Orientforschung* 3 (Berlin, 1955), 292–327

———, "T'ai-p'ing und T'ai-p'ing Religion," in *Mitteilungen des Instituts für Orientforschung* 5 (Berlin, 1957), 113–140

Eikemeier, Dieter and Herbert Franke [eds], *State and Law in East Asia: Festschrift Karl Bünger*, Wiesbaden 1981

Elvin, Mark, *The Pattern of the Chinese Past*, London 1973

Espesset, Grégoire, "Eastern Han religious mass movements and the early Daoist church," in Lagerwey and Kalinowski [eds], *Early Chinese Religion* I.2, Leiden 2009, 1061–1102

ESWSBB: *Ershiwu shi bubian* 二十五史補編, Shanghai 1936–37/1956–57

Fairbank, John K. [ed], *Chinese Thought and Institutions*, Chicago UP 1957

———, see also *sub* Kierman

Fang, Achilles, *The Chronicle of the Three Kingdoms (220–265): chapters 69–78 from the Tzu chih t'ung chien of Ssu-ma Kuang (1019–1086)*, Harvard UP: volume 1, 1952; volume 2, 1965

Fears, J.F., "The Plague under Marcus Aurelius and the decline and fall of the Roman Empire," in *Infectious Disease Clinics of North America* 18 (2004), 65–77

Feng, H.Y., and J.K. Shryock, "The Black Magic in China known as *gu*," in *Journal of the American Oriental Society* 55 (1935), 1–30

Ferguson, John, "China and Rome," in Hildegard Temporini and Wolfgang Haase [eds], *Aufstieg und Niedergang der Romischen Welt: Geschichte und Kultur Rom im Spiegel der Neuren Forschung* II, 9.2, Berlin 1978, 581–603

Fitzgerald, C.P., *The Southern Expansion of the Chinese people: "Southern fields and Southern Ocean*," Australian National University Press, Canberra 1972

Forke, Alfred, Lun-heng: *philosophical essays of Wang Ch'ung; translated from the Chinese and annotated*, 2 volumes, [second edition] New York 1962

Forte, Antonio, *The Hostage An Shigao and his offspring: an Iranian family in China*, Kyoto 1995

Franke, Herbert [ed], *Song Biographies*, 4 volumes, Wiesbaden 1976

Frankel, Hans H., "Fifteen Poems by Ts'ao Chih: an attempt at a new approach," in *Journal of the American Oriental Society* 84 (1964), 1–13

Frankopan, Peter, *The Silk Roads: a new history of the world*, London 2015

Fukui Kōjun 福井康順, *Dōkyō no kiso teki kenkyū* 道教の基礎的研究 ['A Fundamental Research in Religious Taoism'], Tokyo 1952

Gardiner, K.H.J., *The Early History of Korea: the historical development of the peninsula up to the introduction of Buddhism in the fourth century AD*, ANU Press, Canberra 1969

———, "The Kung-sun Warlords of Liao-tung (189–238)," in *Papers on Far Eastern History* 5 (Canberra, March 1972), 59–108, and 6 (September 1972), 141–201

———, with deC [as R.R.C. de Crespigny], "T'an-shih-huai and the Hsien-pi Tribes of the Second Century AD," in *Papers on Far Eastern History* 15 (Canberra, March 1977), 1–44

———, with D.D. Leslie, "Chinese Knowledge of Western Asia during the Han," in *T'oung Pao* 68 (1982), 254–308

———, with D.D. Leslie, *The Roman Empire in Chinese Sources*, Rome 1996

Giele, Enno, *Imperial Decision-Making and Communication in Early China: a study of Cai Yong's Duduan*, Wiesbaden 2006

———, "Excavated Manuscripts: context and methodology," in *China's Early Empires*, 114–134

Giles, Lionel, "A Census of Tun-huang," in *T'oung Pao* 16 (1915), 468–488

Goodman, Howard L., *Ts'ao P'i Transcendent: the political culture of dynasty-founding in China at the end of the Han*, Seattle 1998

Goodrich, Chauncey S., "Two Chapters in the Life of an Empress of the Later Han," in *Harvard Journal of Asiatic Studies* 25 (1964–1965), 165–177, and 26 (1966), 187–210 [as "Empress of Later Han"]

———, "Riding Astride and the Saddle in Ancient China," in *Harvard Journal of Asiatic Studies* 44 (1984–1985), 279–306

Goldsworthy, Adrian, *The Complete Roman Army*, New York 2003

Graff, David A., *Medieval Chinese Warfare 300–900*, London 2002

Guisso, Richard W.L., "The reigns of the Empress Wu, Chung-tsung and Jui-tsung (684–712)," in *Cambridge China* III.1, 290–332

Guo Qinghua, *The Mingqi Pottery Buildings of Han Dynasty China, 206 BC-AD 220: architectural representations and represented architecture*, Eastbourne, Sussex 2010

Haloun, Gustav, "The Liang-chou Rebellion 184–221 AD," in *Asia Major* 1 (1949–50), 119–138

Hansen, Roger D., "Water and Wastewater Systems in Imperial Rome," at <http://www.waterhistory.org>, accessed 2016

Han-Wei Luoyang gucheng yanjiu 汉魏洛阳故城研究, Beijing 2000

Hawkes, David, *Ch'u Tz'u: the Songs of the South: an ancient Chinese anthology*, Oxford UP 1959

He Changqun 贺昌群, *Lun liang-Han tudi zhanyou xingtai de fazhan* 論兩漢土地佔有形態的發展, Shanghai 1956

———, "*Guanyu zongzu, zongpu de shangque: ping Wei-Jin nanbeichao shi lun cong* 关于宗族、宗部的商榷: 評'魏晉南北朝史論叢'" [on clans and dependents; critique of Tang Changru q.v.], in *Lishi yanjiu* 歷史研究 1956.11, 89–100

———, "*Dong-Han gengyi shuyi zhidu de feizhi* 东汉更役戍役制度的废止 ['The Abolition of the National Corvee System in the Later Han Dynasty']," in *Lishi yanjiu* 1962.11, 89–100

He Ziquan 何兹全, *Qin-Han shilue* 秦漢史略, Shanghai 1955

———, *Wei-Jin nanbeichao shilue* 魏晉南北朝史略, Shanghai 1958

Hendrischke, Barbara, "Early Daoist Movements," in Livia Kohn [ed], *Daoism Handbook*, Leiden 2000, 134–164

———, *The Scripture on Great Peace: the Taiping Jing and the beginnings of Daoism*, California UP, Berkeley 2006

Hervouet, Yves, *Un poète de cour sous les Han: Sseu-ma Siang-jou*), Paris 1964

———, *Le chapitre 117 du Che-ki (biographie de Sseu-ma Siang-jou)*, Paris 1972

Hill, John E., *Through the Jade Gate to Rome: a study of the silk routes during the Later Han Dynasty 1st to 2nd centuries CE: an annotated translation of the chronicle on the 'Western Regions' from the* Hou Han shu, Charleston SC 2009

Hiranaka Reiji 平中苓次, *Chūgoku kodai no densei to zeihō* 中國古代の田制と税法, in *Tōyōshi kenkyū sōkan* 東洋史研究叢刊 16, Kyoto 1961, 781–792

———, *Chūgoku kodai no densei to zeihō: Shin Kan keizaishi kenkyū* 中國古代の田制と税法: 秦漢經濟史研究, Kyoto 1967

Historical Relics Unearthed in New China, Beijing 1972

Ho Peng Yoke, *The Astronomical Chapters of the* Chin shu *with amendments, full translation and annotations*, Paris and The Hague 1966

Ho Ping-ti, "Lo-yang, AD 495–534: a study of physical and socio-economic planning of a metropolitan area," in *HJAS* 26 (1966), 52–101

Holcombe, Charles, *In the Shadow of Han: literati thought and society at the beginning of the Southern Dynasties*, Hawaii UP 1994

Holmgren, *Annals of Tai: early T'o-pa history according to the first chapter of the* Wei-shu, Canberra 1982

———, *Chinese colonisation of Northern Vietnam: administrative geography and political development in the Tonking Delta, first to sixth centuries A.D*, Canberra 1980

Holzman, Donald, "Les débuts du système médiéval de choix et de classement des fonctionnaires: les neuf catégories et l'Impartial et Juste," in *Mélanges publiés par l'Institut des Hautes Études Chinoises* 1 (Paris 1957), 387-414

———, review of Rogers, *The Chronicle of Fu Chien* (q.v.), in *T'oung Pao* 57 (1971), 182-186

Hopkins, Donald R., *The Greatest Killer: smallpox in history*, Chicago UP 2002 [first published as *Princes and Peasants: smallpox in history*, Chicago UP 1983]

Horden, Peregrine, and Nicholas Purcell, *The Corrupting Sea: a study of Mediterranean history*, Oxford, 2000

Hotaling, Stephen James, "The City Walls of Han Ch'ang-an," in *T'oung Pao* 64:1-2 (1978), 1-46

Hou Kang 侯康, *Bu Hou Han shu yiwen zhi* 補後漢書藝文志, in *ESWSBB* II, 2105-30

Hou Renzhi 侯仁之 and Yuan Yuefang 袁樾方, "*Fengsha weixie bu ke pa: Yulin sanqian shi yaozhuan- cong kaogu faxian lunzheng Shaanbei Yulin cheng de qiyuan he diqu kaifa* 风沙威胁不可怕 "榆林三迁" 是谣传——从考古发现论证陕北榆林城的起源和地区开发" ["An Archeological Study of the Origin and Regional Development of the Yulin City in Northern Shenxi"], in *Wenwu* 237 (1976.2), 66-72

Hsia, C.T., *The Classic Chinese Novel: a critical introduction*, Columbia UP 1968

Hsing I-tien 邢義田, "*Dong-Han de hubing* 東漢的胡兵 ['The Barbarian Soldiers in the Later Han Dynasty']," in *Chengchi University Journal* 政治大學學報 28 (1973), 142-166

———, "Rome and China: the role of the armies in the imperial succession; a comparative study," doctoral dissertation, University of Hawaii 1980

———, *Qin Han shi lungao* 秦漢史論稿, Taipei 1987

———, [with T. Cory Brennan], "The Eternal City and the City of Eternal Peace," in *China's Early Empires*, 186-212

Hsü Cho-yün [Cho-yun Hsu], *Han Agriculture: the formation of early Chinese agrarian economy (206 BC-AD 220)*, edited by Jack L. Dull, Washington UP, Seattle 1980

———, "The Roles of the Literati and of Regionalism in the Fall of the Han Dynasty," in Norman Yoffee and George L. Cowgill [eds], *The Collapse of Ancient States and Civilizations*, Arizona UP 1988, 176-195

Huang Yi-Long and Chang Chih-ch'eng, "The Evolution and Decline of the Ancient Chinese Practice of Watching for the Ethers," in *Chinese Science* 13 (Taipei 1996), 82-106

Hughes, E.R., *Two Chinese poets: vignettes of Han life and thought*, Princeton UP 1960

Hulsewé, A.F.P., *Remnants of Han Law: Volume I: Introductory studies and an annotated translation of chapters 22 and 23 of the History of the Former Han Dynasty*, Leiden 1955; cited as *RHL*

———, "Notes on the Historiography of the Han Period," in W.G. Beasley and E.G. Pulleyblank [eds], *Historians of China and Japan*, London 1961, 31-43

———, "Watching the Vapours; an ancient Chinese technique of prognostication," in *Nachrichten der Gesellschaft für Natur- und Volkerkunde* 125 (1979), 40–49

———, "Ch'in and Han Law," in *Cambridge China* I, 520–544

———, [with Michael Loewe], *China in Central Asia: the early stage: 125 BC-AD 23*, Leiden 1979

Hummel, Arthur W. [ed], *Eminent Chinese of the Ch'ing Period (1644–1912)*, 2 volumes, Washington 1943

Hyland, Ann, *Equus: the horse in the Roman world*, London 1990

Itō Masafumi 伊藤正文, *Sō Shoku* 曹植 [Cao Zhi], Tokyo 1962

Jagchid, Sechin, and Van Jay Symons, *Peace, War, and Trade along the Great Wall: nomadic-Chinese interaction through two millennia*, Indiana UP, 1980

Jenner, W.J.F., *Memories of Loyang: Yang Hsüan-chih and the lost capital (493–534)*, Oxford UP 1981

Jugel, Ulrike, *Politische Funktion und soziale Stellung der Eunuchen zur späteren Hanzeit (25–220 n. Chr.)*, Wiesbaden 1976; cited as *Eunuchen*

Kalinowski, Marc, "Divination and Astrology: received texts and excavated manuscripts," in *China's Early Empires*, 339–358

———, *Wang Chong, Balance des discources: destin, providence et divination: texte introduit, traduit et annoté*, Paris 2011

see also Lagerwey and Kalinowski [eds], *Early Chinese Religion*

Kaltenmark, Max, "The Ideology of the *T'ai-p'ing ching*," in Welch and Seidel [eds], *Facets of Taoism*, 19–52

Kamada Shigeo 鎌田茂雄, *Shin Kan seiji seido no kenkyū* 秦漢政治制度の研究, Tokyo 1962

Kandel, Barbara, *Taiping Jing, the Origin and Transmission of the 'Scripture on General Welfare': the history of an unofficial text*, Hamburg, 1979; cited as *Origin and Transmission*

Katō Shigeshi 加藤繁, *Shina keizaishi kōshō* "支那" 經濟史考證 [with English summary: "Studies in Chinese Economic History" by E.G. Pulleyblank], 2 volumes, Tokyo 1952–53

Kaogu 考古 "Archaeology," journal of the Institute of Archaeology of the Chinese Academy of Social Sciences, Beijing

Kaogu xuebao 考古學報 "*Acta Archaeological Sinica*," journal of the Institute of Archaeology of the Chinese Academy of Social Sciences, Beijing

Karlgren, Bernhard, *Grammata Serica Recensa* [*GSR*], in *BMFEA* 29 (1957); cited by characters, not by pagination

Kawakatsu Yoshio 川勝義雄, "*Kanmatsu no rejisutansu undo* 漢末のレジスタンタ運動 ['The Resistance Movements at the End of the Han Dynasty']," in *Tōyōshi kenkyū* 東洋史研究 25.4 (1967), 386–413

———, "L'aristocratie et la société féodale au début des six dynasties," in *Zimbun* 17 (1981), 107–160

———, *Chūgoku kizokusei shakai no kenkyū* 中國貴族制社會の研究, Kyoto 1987

Kierman, Frank A., Jr, and John K. Fairbank [eds], *Chinese Ways in Warfare*, Harvard UP, 1974

Kinney, Anne Behnke, *The Art of the Han Essay: Wang Fu's Ch'ien-fu lun*, Arizona State University 1990

Knechtges, David R., *Wen xuan or Selections of Refined Literature: volume one, rhapsodies on metropolises and capitals; by Xiao Tong (501–531)*, translated with annotations and introduction, Princeton UP 1982; cited as *Wen xuan* I or Knechtges I

———, "A Journey to Morality: Chang Heng's *The Rhapsody on Pondering the Mystery*," first published in Ping-leung Chan [ed], *Essays in Commemmoration of the Golden Jubilee of the Fung Ping Shan Library (1932–1982)*, Hong Kong 1982, 162–182; reprinted as item XI in Knechtges' *Court Culture and Literature* q.v.

———, *Wen xuan or Selections of Refined Literature: volume two, rhapsodies on sacrifices, hunting, travel, sightseeing, palaces and halls, rivers and seas; by Xiao Tong (501–531)*, translated with annotations, Princeton UP 1987; cited as *Wen xuan* II or Knechtges II

———, *Court Culture and Literature in Early China*, Aldershot, Hampshire and Burlington VT 2002 [collected papers reprinted]

———, "To Praise the Han: the Eastern Capital *fu* of Pan Ku and his contemporaries," first published in Wilt Idema [ed], *Thought and Law in Qin and Han China: studies dedicated to Anthony Hulsewé on the occasion of his eightieth birthday*, Leiden 1990, 118–139; reprinted as item X in Knechtges' *Court Culture and Literature* q.v.

———, "Court Culture in the Late Eastern Han: the case of the Hongdu Gate School," in Alan K.L. Chan and Yuet-keung Lo [eds], *Interpretation and Literature in Early Medieval China*, State University of New York Press 2011, 9–40

———*Wen xuan or Selections of Refined Literature: volume three: rhapsodies on natural phenomena, birds and animals, aspirations and feelings, sorrowful laments, literature, music, and passions; by Xiao Tong (501–531)*, translated with annotations, Princeton UP 1996; cited as *Wen xuan* III or Knechtges III

Kramers, R.P., *K'ung Tzu Chia Yü: The School Sayings of Confucius; introduction and translation of sections 1–10, with critical notes*, Leiden 1950

———, "The Development of the Confucian Schools," in *Cambridge China* I, 747–765

Lagerwey, John and Marc Kalinowski [eds], *Early Chinese Religion: Part One: Shang through Han (1250 BC-220 AD)*, volume 2, Leiden 2009

Lao Kan 勞幹, *Juyan Hanjian kaoshi, kaozheng zhibu* 居延漢簡考釋・考證之部, Institute of History and Philology, Academia Sinica, 1944

———, "*Lun Handai zhi luyun yu shuiyun* 論漢代之陸運與水運 ['Transportation by Land and Water during the Han Dynasty']," in *Bulletin of the Institute of History and Philology, Academia Sinica* 16 (1948), 69–91

———, "*Shi Handai zhi tingzhang yu fengsui* 釋漢代之亭障與烽燧 ['On the Lime and Beacon Fire of Han]," in *Bulletin of the Institute of History and Philology, Academia Sinica* 19 (1948), 501–522

———, *Qin-Han shi* 秦漢史, Shanghai 1952

———, *Wei-Jin nanbeichao shi* 魏晉南北朝史, Taipei 1975

Lattimore, Owen, *Inner Asian Frontiers of China*, New York 1951

Laufer, Berthold, *Sino-Iranica: Chinese contributions to the history of civilization in ancient Iran, with special reference to the history of cultivated plants and products*, Chicago 1919 reprinted Taipei 1973

Leban, Carl, "Ts'ao Ts'ao and the Rise of Wei: the early years," doctoral dissertation, Columbia University, New York 1971

———, "Managing Heaven's Mandate: coded communication in the accession of Ts'ao P'ei, AD 220," in David T. Roy and Tsuen-hsuin Tsien [eds], *Ancient China: studies in early civilization*, Chinese UP, Hong Kong 1978

———, "Sale of Office or 'Fines' in the Later Han: a matter of interpretation," in Dien [ed], *State and Society in Early Medieval China*, 31–48

Lee, Lily Xiao Hong, and A.D. Stefanowska, *Biographical Dictionary of Chinese Women: antiquity through Sui 1600 BCE-618 CE*, Armonk NY 2007

Legge, James, *The Confucian Classics*, reprinted Hong Kong 1960; cited as *Classics*
 I: *The Confucian Analects, The Great Learning, The Doctrine of the Mean*
 II: *The Works of Mencius*
 III: *The Shoo King, or the Book of Historical Documents*
 IV: *The She King, or the Book of Poetry*
 V: *The Ch'un Ts'ew with the Tso Chuen*

———, *The Sacred Books of China : the texts of Confucianism*, first published Oxford 1879–85, reprinted Delhi 1966

Leslie, D.D., and K.H.J. Gardiner, "Chinese Knowledge of Western Asia during the Han," in *T'oung Pao* 68 (1982), 254–308

———, *The Roman Empire in Chinese Sources*, Rome 1996

Levy, Howard S., "Yellow Turban Religion and Rebellion at the End of Han," in *Journal of the American Oriental Society* 76 (1956), 214–227

Lewis, Mark Edward, "Warring States: political history," in *Cambridge Ancient China*, 587–650

———, "The Han Abolition of Universal Military Service," in Hans van de Ven [ed], *Warfare in Chinese History*, Leiden 2000, 33–75

———, *Early Chinese Empires: Qin and Han*, Harvard UP 2006

———, *China Between Empires: the Northern and Southern Dynasties*, Harvard UP 2009

Li Jiannong 李劍農, *Xian-Qin liang-Han jingji shi gao* 先秦兩漢經濟史稿, Beijing 1957

Li Kongbei 李孔怀, *Dong-Han shijia dizhu de xingcheng ji qi tedian* 东汉世家地主的形成及其特点, in *Qin-Han shi luncong* 秦漢史論叢, Xi'an 1981, 190–207

Li Xueqin 李學勤 [translated by K.C. Chang], *Eastern Zhou and Qin Civilizations*, Yale UP 1985

Lin Jianming 林劍鳴, Xu Huaqing 余华青, Zhou Tianyou 周天游 and Huang Liuzhu 黄留珠, *Qin-Han shehui wenming* 秦汉社会文明, Xi'an 1985

Liu, James J.Y., *The Chinese Knight Errant*, London 1967

Liu Ts'un-yan, "Was Celestial Master Zhang a Historical Figure?" in Benjamin Penny [ed], *Taoism in History: essays in honour of Liu Ts'un-yan*, London 2006

Loewe, Michael, "The Orders of Aristocratic Rank of Han China," in *T'oung Pao* 48 (1960), 97–174

———, "The Measurement of Grain during the Han Period," in *T'oung Pao* 49 (1961), 64–95

———, *Records of Han Administration*, 2 volumes, Cambridge UP 1967; cited as RHA

———, *Everyday Life in Early Imperial China*, London 1973

———, *Crisis and Conflict in Han China 104 BC to AD 9*, London 1974

———, [with A.F.P. Hulsewé], *China in Central Asia: the early stage: 125 BC-AD 23*, Leiden 1979

———, "Water, Earth and Fire: the symbols of the Han dynasty," in *Divination, Mythology and Monarchy*, 55–60 [first published in *Nachrichten der Gesellschaft für Natur- und Völkerkund Ostasiens* 125 (1979)]

———, "The Authority of the Emperors of Ch'in and Han," in *Divination, Mythology and Monarchy*, 85–111 [first published in Eikemeier and Franke (eds), *State and Law in East Asia*, Wiesbaden 1981]

———, *Chinese Ideas of Life and Death: faith, myth and reason in the Han period (202 BC-AD 220)*, Taipei 1994; first published London 1982

———, "The Former Han Dynasty," in *Cambridge China* I, 103–222

———, "The Conduct of Government and the Issues at Stake (AD 57–167)," in *Cambridge China* I, 291–316

———, "The Concept of Sovereignty," in *Cambridge China* I, 726–746

———, "The Religious and Intellectual Background," in *Cambridge China* I, 649–725

———, [with Hans Bielenstein], "*Tung kuan Han chi* 東觀漢記" in *Early Chinese Texts*, 471–472

———, *Divination, Mythology and Monarchy in Han China*, Cambridge UP 1994

———, *A Biographical Dictionary of the Qin, Former Han and Xin Periods (221 BC-AD 24)*, Leiden 2000

———, *The Men Who Governed Han China: companion to A Biographical Dictionary of the Qin, Former Han and Xin Periods*, Leiden 2004

———, *The Government of the Qin and Han Empires 221 BCE-220CE*, Indianapolis IN 2006

———, "Imperial tombs," in *China's Early Empires*, 213–231

———, "The Laws of 186 BCE," in *China's Early Empires*, 253–265

———, "Social Distinctions, Groups and Privileges," in *China's Early Empires*, 296–307
———, "The Operation of the Government," in *China's Early Empires*, 308–319
———, *Dong Zhongshu: a 'Confucian' heritage and the* Chunqiu fanlu, Leiden 2011
———, "Chengdi's Reign, Problems and Controversies," in *Chang'an 26 BCE*, 221–238
———, *Problems of Han Administration: ancestral rites, weights and measures, and the means of protest*, Leiden and Boston 2016
Loewe, Michael, see also *Cambridge Ancient China*
———, see also *Cambridge China* I
———, see also *China's Early Empires*
———, see also *Early Chinese Texts*
Lorge, Peter [ed], *Warfare in China to 1600*, Aldershot, Hampshire 2005
– [ed], *Debating War in Chinese History*, Leiden 2013
Luo Zixin 骆子昕, *Han-Wei Luoyang chengzhi kaobian* 汉魏洛阳城址考辨, in *Zhongyuan wenwu* 中原文物 1988.2, 63–68
Lü Ssu-mien 呂思勉, *Qin-Han shi* 秦漢史, Shanghai 1947
Luttwak, Edward N., *The Grand Strategy of the Roman Empire from the first century AD to the third*, Johns Hopkins UP 1979
———, *The Grand Strategy of the Byzantine Empire*, Harvard UP 2009
Ma Biao 马彪, *Qin-Han haozu shehui yanjiu* 秦汉豪族社会研究, Beijing 2002
Mair, Victor H., *Contact and Exchange in the Ancient World*, Hawaii UP 2006
———, [ed with Jane Hickman], *Reconfiguring the Silk Road: new research on east-west exchange in antiquity*, Project MUSE, Baltimore MD 2014
Mansvelt Beck, B.J., "The Date of the *Taiping jing*," in *T'oung Pao* 66 (1980), 147–182
———, "The Fall of Han," in *Cambridge China* I, 317–376
———, *The Treatises of Later Han: their author, sources, contents and place in Chinese historiography*, Leiden 1990
Mao Han-kuang, "The Evolution in the Nature of the Medieval Genteel Families," in Dien [ed], *State and Society in Early Medieval China*, 73–109
Maspero, Henri, "Le mot *Ming*," in *Journal asiatique* CCXXIII (1933), 249–296
———, *Le Taoisme et les religions chinoises*, Paris 1971, translated by Frank A. Kierman, Jr, *Taoism and Chinese Religion*, Amherst 1981
Masubuchi Tatsuo 増淵龍夫, "*Go Kan tōko jiken no shihyō ni tsuite* 後漢黨錮事件の史評について ['Some Problems on "Tang-Ku" of the Later Han Dynasty in China']," in *Hitotsubashi Ronsō* 一橋論叢 44.6 (December 1960), 53–72
Mather, Richard B., Shih-shuo Hsin-yü: *A New Account of Tales of the World, by Liu I-ch'ing with commentary by Liu Chün*, translated with introduction and notes, Minnesota UP 1976
Mathews, Kenneth D., "The Embattled Driver in Ancient Rome," in *Expedition* 2:3 (Penn Museum, Philadelphia PA 1960), 22–27

McKnight, Brian E., *The Quality of Mercy: amnesties and traditional Chinese justice*, Hawaii UP 1981

McNeill, William H., *Plagues and Peoples*, New York 1989

Miao, Ronald C., *Early Medieval Chinese Poetry: the life and verse of Wang Ts'an (AD 177–217)*, Wiesbaden 1962

Michaud, Paul, "The Yellow Turbans," in *Monumenta Serica* 17 (1958), 47–127

Miller, Bryan K., "The Southern Xiongnu in Northern China: navigating and negotiating the middle ground," in Bemmann and Schmauder [eds], *Complexity of Interaction*, 127–198

Mitamura Taisuke, *Chinese eunuchs: the structure of intimate politics*, translated by C.A. Pomeroy, Clarendon VT 1992

Miyakawa Hisayuki 宮川尚志, *Rikuchōshi kenkyū: shūkyō hen* 六朝史研究: 宗教篇, Kyoto 1956

———, *Rikuchōshi kenkyū: seiji shakai hen* 六朝史研究: 政治社会篇, Kyoto 1956

———, "The Confucianization of South China," in Arthur C. Wright [ed], *The Confucian Persuasion*, Stanford 1960, 21–46

Miyazaki Ichisada, "Les villes en Chine à l'époque des Han," in *T'oung Pao* 48 (1960), 376–392

Morris, Ian, *Why the West Rules – For Now: the patterns of history and what they reveal about the future*, New York 2010

Murals from the Han to the Tang Dynasty 漢唐壁畫, Beijing 1974

Nagata Hidemasa 永田英正, *Kandai nintōzei no hōkai katei: tokuni sanpu o chūshin to shite* 漢代人頭税の崩壊過程: 特に算賦を中心として, in *Tōyōshi kenkyū* 東洋史研究 18.4 (1960), 50–71

———, *Kandai shikoku shûsei* 漢代石刻集成 [*Compilation of Stone Inscriptions in the Han Dynasty*], Kyoto 1994

Needham, Joseph, and others, *Science and Civilisation in China*, Cambridge UP 1954—
  II *History of Scientific Thought*, 1956
  III [with the collaboration of Wang Ling] *Mathematics and the Sciences of the Heavens and the Earth*, 1959
  IV.1 *Physics and Physical Technology; Physics*, 1962
  IV.3 *Physics and Physical Technology; Civil Engineering and Nautics*, 1971
  V.1 [by Tsien Tsuen-hsuin] *Chemistry and Chemical Technology; Paper and Printing*], 1985
  V.6 [with Robin D.S. Yates] *Chemistry and Chemical Technology; Military Technology: Missiles and Sieges*, including a section on "Chinese Literature on the Art of War" with Krzysztof Gawlikowski, 1994
  V.7 *Chemistry and Chemical Technology; Military Technology: the Gunpowder Epic*, 1986

———, VI.1 [with Lu Gwei-djen and Huang Hsing-tsung] *Biology and Biological Technology: Part I, Botany*, 1986

———, VI.2 [with Francesca Bray] *Agriculture*, 1984

Ngo Van Xuyet, *Divination, magie et politique dans la Chine ancienne*, Paris 1976

Nienhauser, William H., *et alii* [translators], *The Grand Scribe's Records* [by Ssu-ma Ch'ien]; cited as GSR:

    Volume I, *The Basic Annals of Pre-Han China*, Indiana UP 1994

    Volume II, *The Basic Annals of Han China*, Taipei 2002

    Volume VII, *The Memoirs of Pre-Han China*, Indiana UP 1994

Nishijima Sadao 西嶋定生, *Chūgoku kodai teikoku no keisei to kōzō; nijuttō shakusei no kenkyū* 中国古代帝国の形成と構造; 二十等爵制の研究, Tokyo 1961

also in Chinese as *Zhongguo gudai diguo de xingcheng yu jiegou : ershi dengjue zhi yanjiu* 中国古代帝国的形成与结构 : 二十等爵制研究, translated by Wu Shangqing 武尚清, Beijing 2004

———, "The Economic and Social History of Former Han," in *Cambridge China* I, 545–607

———, *Chūgoku kodai no shakai to Keizai* 中国古代の社会と経済, Tokyo 1981

———, *Nishijima Sadao Higashi Ajia shi ronshū* 西嶋定生東アジア史論集, Tokyo 2002

Noreña, Carlos F., "Chang'an and Rome: structural parallels and the logic of urban form," in *Chang'an 26 BCE*, 75–97

Nylan, Michael, *The Shifting Center: the original "Great Plan" and later readings*, Monumenta Serica Monograph XXIV, 1992

———, "The *Chin-wen/Ku-wen* Controversy in Han Times", in *T'oung Pao* 80 (1994), 82–144

———, "Confucian Piety and Individualism in Han China", in *Journal of the American Oriental Society* 116 (1996), 1–27

———, "Introduction," in *Chang'an 26 BCE*, 3–52

———, "Supplying the Capital with Water and Food," in *Chang'an 26 BCE*, 99–130

———, see also *China's Early Empires* and *Chang'an 26 BCE*

O'Connell, D.P., *Richelieu*, London 1968

Ōfuchi Ninji 大淵忍爾, *Taiheikyō no shisō ni tsuite* 太平經の思想について, in *Tōyō gakuhō* 28.4 (1941), 145–168

———, *Dōkyō shi no kenkyū* 道教史の研究, Okayama 1964

Olberding, Garret P.S. [ed], *Facing the Monarch: modes of advice in the early Chinese court*, Harvard UP 2013

Oldstone, Michael B.A., *Viruses, Plagues, and History: past, present and future*, Oxford UP 2009

Pearson, Margaret J., *Wang Fu and the Comments of a Recluse: a study with translations*, Arizona State University 1989

———, [with Ch'en Ch'i-yün], "*Chien fu lun* 潛夫論," in *Early Chinese Texts*, 12–15

Petersen, Jens Østergard, "The Early Traditions Relating to the Han Dynasty Transmission of the *Taiping jing*," Part I in *Acta Orientalia* 50 (Copenhagen 1989), 133–171; Part II in *Acta Orientalia* 51 (1990), 173–216

Pines, Yuri, *The Everlasting Empire: the political culture of ancient China and its imperial legacy*, Princeton UP 2012

Pirazzoli-t'Serstevens, Michèle, *The Han Dynasty*, New York 1982

——, "Urbanism," in *China's Early Empires*, 169–185

Pokora, Timotheus, *Hsin Lun (New Treatise) and other Writings by Huan T'an (43 BC–AD 28): an annotated translation with index*, Ann Arbor, Michigan 1975

Powers, Martin J., *Art and Political Expression in Early China*, Yale UP 1991

Psarras, Sophia-Karin, "Han and Xiongnu: a re-examination of cultural and political relations," Part I in *Monumenta Serica* 51 (2003), 55–236; Part II in *Monumenta Serica* 52 (2004), 37–93

——, "The Han Far South," in *Asiatische Studien/Études Asiatiques* 51 (1997), 757–796

Pulleyblank, E.G., "Chinese and Indo-Europeans," in *Journal of the Royal Asiatic Society* 1966, 9–39

——, see also *sub* Katō Shigeshi

Raschke, Manfred B., "New Studies in Roman Commerce with the East," in Hildegard Temporini and Wolfgang Haase [eds], *Aufstieg und Niedergang der Romischen Welt; Geschichte und Kultur Rom im Spiegel der Neuren Forschung* II, 9.2, Berlin 1978, 604–1378

Rawson, Jessica [introduction], *The Chinese Bronzes of Yunnan* [in association with the Cultural Relics Publishing House], London and Beijing 1983

Rideout, J.K., "The Rise of the Eunuchs during the T'ang Dynasty," Part One in *Asia Major*, New Series I.1 (1949), 53–72; Part Two in *Asia Major*, New Series III.1 (1953), 42–58

Riegel, Jeffrey K., "*Li chi* 禮記," in *Early Chinese Texts*, 293–297

Rogers, Michael C., "The Myth of the Battle of the Fei River (a.D. 383)," in *T'oung Pao* 54 (1968), 50–72

——, *The Chronicle of Fu Chien: a case of exemplar history*, California UP 1968 [and see *sub* Holzman]

Rosenstein, Nathan, "War, State Formation, and the Evolution of Military Institutions in Ancient China and Rome," in Scheidel [ed], *Rome and China*, 24–52

Russell, J.C., "Late Ancient and Medieval Population," in *Transactions of the American Philosophical Society*, New Series, 48.3 (1958), 1–152

Sailey, Jay, *The Master Who Embraces Simplicity: a study of the philosopher Ko Hung, AD 283–343*, Taipei 1978

Schafer, Edward, *The Golden Peaches of Samarkand: a study of T'ang exotics*, California UP, Berkeley 1963

———, *The Vermilion Bird: T'ang images of the south*, California UP, Berkeley 1967
———, "Hunting Parks and Animal Enclosures in Ancient China," in *Journal of the Economic and Social History of the Orient* 11 (1968), 318–343
Schama, Simon, *Citizens: a chronicle of the French Revolution*, Viking, London 1989
Scheidel, Walter [ed], *Rome and China : comparative perspectives on ancient world empires*, Oxford UP 2009
———, "From the 'Great Convergence' to the 'First Great Divergence:' Roman and Qin-Han state formation and its aftermath," in Scheidel [ed], *Rome and China*, 11–23
Scholz, Piotr O., *Eunuchs and Castrati: a cultural history*, translated by John A. Broadwin and Shelley L. Frisch, Princeton 2001
Schram, Stuart R. [ed], *The Scope of State Power in China*, School of Oriental and African Studies, University of London, and Chinese University Press, Hong Kong 1985
———, [ed], *Foundations and Limits of State Power in China*, School of Oriental and African Studies, University of London, and Chinese University Press, Hong Kong 1987
Schreiber, Gerhard, "Das Volk der Hsien-pi zur Han-Zeit," in *Monumenta Serica* 12 (1947), 145–203
Scott, Margaret I., "A Study of the Ch'iang, with special references to their settlements in China from the second to the fifth century AD," doctoral thesis, University of Cambridge 1953; with Appendix I: translation of HHS 87/77
Segalen, Victor, *The Great Statuary of China*, Chicago UP 1978 translated from *Chine: la grande statuaire*, Paris 1972
Seidel, Anna K., *La divinisation de Lao tseu dans le Taoisme des Han*, Paris 1969
———, "The Image of the Perfect Ruler in Early Taoist Messianism: Lao-tzu and Li Hong," in *History of Religions* 9:2–3 (November 1969-February 1970), 216–247
———, "Taoist Messianism," in *Numen* 31 (1984), 161–174
Shi Nianhai 史念海, *Huangtu gaoyuan lishi dili yanjiu* 黃土高原歷史地理研究 "*Researches on Historical Geography in the Loess Plateau*," Zhengzhou 2001
Shih, Vincent Y.C., "Some Chinese Rebel Ideologies," in *T'oung Pao* 44 (1956), 150–226
Shike shiliao congshu xinbian 石刻史料新編, Xinwenfeng 新文豐出版公司, Taiwan 1977
Shiozawa Hirohito 塩沢裕仁, *Gokan Gi-Shin nanbokuchō tojō kyōiki kenkyū* 後漢魏晋南北朝都城境域研究, Yuzankaku 2013
Sichuan Handai huaxiang xuanji 四川漢代畫象選集, compiled by Wen You 聞宥, Shanghai 1955
Sources of Chinese Tradition Volume 1, compiled by Wm Theodore de Bary, Wing-tsit Chan, Burton Watson, with contributions by Yi-pao Mei, Leon Hurvitz, T'ung-tsu Ch'u, John Meskill, Columbia UP 1960
Stein, Aurel, *Ruins of Desert Cathay; personal narrative of explorations in central Asia and westernmost China*, 2 volumes, London 1912
———, *On Ancient Central-Asian Tracks: brief narrative of three expeditions in innermost Asia and north-western China*, Taipei 1982 [reprint from London 1933]

Stein, Rolf A., "Remarques sur les mouvements du Taoïsme politico-religieux au IIe siècle ap. J.C., " in *T'oung Pao* 50 (1963) 1–78

———, "Religious Daoism and Popular Religion from the Second to the Seventh Centuries," in Welch and Seidel [eds], *Facets of Taoism*, 53–81

Stent, G. Carter, "Chinese Eunuchs," in *Journal of the North-China Branch of the Royal Asiatic Society*, New Series XI (1877), 143–184

Stephenson, F.R., and M.A. Houlden, *Atlas of historical eclipse maps: East Asia 1500 BC–AD 1900*, Cambridge UP 1986

Storey, Glenn R., "The Population of Ancient Rome," in *Antiquity* 71.274 (Dec 1997), 966–978

Su Chengjian 蘇誠鑑, *Hou Han shihuo zhi changbian* 後漢食貨志長編, Shanghai 1947

Sun, E-tu Zen, and John deFrancis [eds], *Chinese Social History: translations of selected studies*, Washington 1956

Swann, Nancy Lee, "Biography of the Empress Teng: a translation from the Annals of the Later Han dynasty," in *Journal of the American Oriental Society* 51.2 (1931), 138–159

———, *Pan Chao: foremost woman scholar of China, first century AD background, ancestry, life, and writings of the most celebrated Chinese woman of letters*, New York 1932

———, *Food and Money in Ancient China: the earliest economic history of China to AD 25*, Han shu *24, with related texts*, Han shu *91 and* Shih-chi *129*, Princeton UP 1950

Tada Kensuke 多田狷介, "Go-Kan gōzoku no nōgyō keiei 後漢豪族の農業經營, " in *Rekishigaku kenkyū* 歷史學研究 286 (1964.3) 13–21

Tan Zongyi 譚宗義 [Tom Chung Yee], *Handai guonei lulu jiaotong kao* 漢代國內陸路交通考 ['A Study of the Land Communications of Han Dynasty'], Hong Kong 1967

Tang Changru 唐長孺, *Wei-Jin nanbeichao shi lun cong* 魏晉南北朝史論叢, Beijing 1955

———, "Clients and Bound Retainers in the Six Dynasties Period," in Dien [ed], *State and Society in Early Medieval China*, 111–138

Tang Chin Yü 唐金裕, "*Xi'an xijiao Handai jianzhu yizhi baogao* 西安西郊漢代建築遺址掘報告" ['Excavations of an Architectural Site of the Han Dynasty near Sian'], in *Kaogu xuebao* 24 (1959.2), 45–56

Tang Xiaofeng 唐曉峰, "The Evolution of Imperial Urban Form in Western Han Chang'an," in *Chang'an 26 BCE*, 55–74

Tanigawa Michio 谷川道雄, *Medieval Chinese Society and the Local "Community,"* translated with an Introduction by Joshua A. Fogel, California UP 1985

The Great Wall 長城, compiled by Yu Jin 郁进, with photography by Cheng Dalin 成大林, Beijing 1980

The Oxford Classical Dictionary, edited by N.G.L. Hammond and H.H. Scullard, second edition 1970

The Times Atlas of China, edited by P.J.M. Geelan and D.C. Twitchett, London 1974

The Times Comprehensive Atlas of the World, Tenth Edition, London 2000

Tian Tian, "The Suburban Sacrifice Reforms and the Evolution of the Imperial Sacrifices," in *Chang'an 26 BCE*, 263–291

Tjan Tjoe Som, *Po hu t'ung: the comprehensive discussions in the White Tiger Hall*, 2 volumes, Leiden 1949 and 1952; cited as *White Tiger Discussions*

Tsai, Shih-shan Henry, *The Eunuchs in the Ming dynasty*, State University of New York Press 1996

——, "Eunuch Power in Imperial China," in Sean Tougher [ed], *Eunuchs in Antiquity and Beyond*, London 2002, 221–233

Tsunoda Ryūsaku [edited by L. Carrington Goodrich], *Japan in the Chinese Dynastic Histories: Later Han through Ming dynasties*, South Pasadena 1951

Twitchett, Denis, "Population and Pestilence in T'ang China," in *Studia Sino-Mongolica: Festschrift für Herbert Franke*, edited by Wolfgang Bauer, Wiesbaden 1979

——, "Introduction" to *Cambridge China* III, 1–47

——, see also *Cambridge China* I, *Cambridge China* III and *The Times Atlas of China*

Utsunomiya Kiyoyoshi 宇都宮清吉, *Kandai shakai keizaishi kenkyū* 漢代社会經濟史研究, Tokyo 1955

——, *Kandai gōzoku ron* 漢代豪族論 ['A Study of Powerful Local Clans during the Han Dynasty'], in *Tōhōgaku* 東方學 ["Eastern Studies"] 23 (March 1962), 6–23

——, *Chūgoku kodai chūsei shi kenkyū* 中国古代中世史研究, Tokyo 1977

van der Sprenkel, Otto B., *Pan Piao, Pan Ku, and the Han History*, Canberra 1964

van Ess, Hans, *Politik und Gelehrsamkeit in der Zeit der Han: die Alttext/Neutext-Kontroverse*, Wiesbaden 1993

——, "The Old Text/New Text Controversy: has the 20th century got it wrong?" in *T'oung Pao* 80 (1994), 146–170

——, "The imperial court in Han China," in Spawforth, A.J.S. [ed], *The Court and Court Society in Ancient Monarchies*, Cambridge UP 2011, 233–266

Vankeerberghen, Griet, "Kinship and Kingship in Han China: the 120 CE case against Liu Chang, King of Lecheng," in Olberding [ed], *Facing the Monarch*, 203–236

——, see also *Chang'an 26 BCE*

Vervoorn, Aat, *Men of the Cliffs and Caves: the development of the Chinese eremitic tradition to the end of the Han dynasty*, Chinese UP, Hong Kong 1990

Veyne, Paul, *Did the Greeks Believe in their Myths? an essay on the constitutive imagination*, Chicago UP 1988 [translated by Paula Wissing from *Les Grecs ont-ils cru à leurs mythes? essai sur l'imagination constituante*, Paris 1983]

Vitelli, Giovanni, "Grain Storage and Urban Growth in Imperial Ostia: a quantitative study," in *World Archaeology* 12.1 (1980), 54–68

von Oppolzer, Theodor, *Canon der Finsternisse*, Vienna 1877 republished New York 1962

von Zach, Erwin [edited by Ilse Martin Fang], *Die Chinesische Anthologie: Übersetzungen aus dem Wen hsüan*, 2 volumes, Harvard UP 1958

Wagner, Donald B., *Iron and Steel in Ancient China*, Leiden 1993

———, *The state and the iron industry in Han China*, Copenhagen 2001

Waldron, Arthur, *The Great Wall of China; from history to myth*, Cambridge UP 1990

Waley, Arthur, "The Fall of Lo-yang," in *History Today* 1.4 (1951), 7–10; republished as "Lo-yang and its Fall" in his *Secret History of the Mongols and other Pieces*, London 1963, 47–55.

———, "The Heavenly Horses of Ferghana," in *History Today* 5.2 (1955), 95–103

Wang Shiren 王世仁, "Han Chang'an cheng nanjiao lizhi jianzhu (Dadumencun yizhi) yuanzhuang de tuice 汉长安城南郊礼制建筑 (大土门村遺址) 原状的推測 ['The Reconstruction of the Han Dynasty Ceremonial Buildings in the Southern Suburb of the Han City of Ch'ang-an']," in *Kaogu* 1963.9, 501–515

Wang Yongkuan 王永宽, *Zhongguo gudai kuxing* 中国古代酷刑, Zhengzhou 1991

Wang Yü-ch'üan, "An Outline of the Central Government of the Former Han Dynasty," in *Harvard Journal of Asiatic Studies* 12 (1949) 134–187

Wang Zhongluo 王仲犖, *Wei-Jin nanbeichao shi* 魏晉南北朝史, Shanghai 1980

Wang Zhongshu 王仲殊, *Han Civilization*, translated by K.C. Chang and collaborators, Yale UP 1982

Watson, Burton, *Ssu-ma Chien, grand historian of China*, Columbia UP 1958

———, *Records of the Grand Historian of China translated from the Shih chi of Ssu-ma Ch'ien*, 2 volumes, New York 1961, cited as RGH

———, *Chinese Lyricism: Shih poetry from the second to the twelfth century, with translations*, Columbia UP 1971

Wechsler, Howard J., *Offerings of Jade and Silk: ritual and symbol in the legitimation of the T'ang dynasty*, Yale UP 1985

Wedgwood, C.V., *The King's Peace 1637–1641*, Penguin, London 1983

Welch, Holmes, *The Parting of the Way: Lao Tzu and the Taoist movement*, Boston 1966

——— and Anna Seidel [eds], *Facets of Taoism: essays in Chinese religion*, Yale UP 1979

Wen You 聞宥, *Sichuan Handai huaxiang xuanji* 四川漢代畫象選集 "Selection of Engravings of the Han Period from Sichuan," Shanghai 1955

Wenwu 文物 "Cultural Relics" journal, Beijing

Wiens, Herold, *China's March into the Tropics*, Washington DC 1952

Wilbur, C. Martin, "The History of the Crossbow, illustrated from specimens in the United States National Museum," in *Smithsonian Institution Annual Report 1936*, 427–438; reprinted in Lorge, *Warfare in China*, 51–68

———, *Slavery in China during the Former Han Dynasty 206 BC – AD 25*, Chicago 1943

Wilhelm, Hellmut, "The Scholar's Frustration: notes on a type of *fu*," in Fairbank [ed], *Chinese Thought and Institutions*, 310–319

Wilkinson, Endymion, *Chinese History: a manual*, Cambridge MA 2000

Wong, Dorothy C., *Chinese Steles: pre-Buddhist and Buddhist use of a symbolic form*, Hawaii UP 2004

Wong, K. Chiming, and Wu Lien-teh, *History of Chinese Medicine: being a chronicle of medical happenings in China from ancient times to the present period*, Shanghai 1936

Wright, Arthur C., "The Sui Dynasty (581–617)," in *Cambridge China* III, 48–150

Wright, H.M., translator of Balazs, Etienne, *Chinese Civilization and Bureaucracy: variations on a theme* [q.v.], Yale UP 1964

Wu Hong, *The Wu Liang Shrine: the ideology of early Chinese pictorial art*, Stanford UP 1989

———, *Monumentality in Early Chinese Art and Architecture*, Stanford UP 1995

———, "Art and Architecture of the Warring States Period," in *Cambridge Ancient China*, 651–744

Wu Shu-hui, "Debates and Decision-Making: the battle of the Altai Mountains (Jinweishan 金微山) in AD 91," in Lorge [ed], *Debating War*, 41–78

Xing Deji 熊得基, "*Taiping jing de zuozhe he sixiang ji qi yu Huangjin he Tianshidao de guanxi* 太平經的作者和思想及其與黃巾和天師道的關係," in *Lishi yanjiu* 歷史研究 1962.4, 8–25

Xiong, Victor Cunrui, *Historical Dictionary of Medieval China*, Lanham, Maryland 2009

———, *Capital Cities and Urban Form in Pre-modern China: Luoyang, 1038 BCE to 938 CE*, New York 2016

Xu Nanyu 徐難于, *Han Lingdi yu Hanmo shehui* 漢靈帝與漢末社會, Ji'nan 2002

Xue Zhongsan 薛仲三 and Ouyang Yi 歐陽頤, compilers, *A Sino-Western Calendar for Two Thousand Years 1–2000 AD* 兩千年中西曆對照表, Changsha 1940

Yang Chong-i 楊仲一, "Evolution of the Status of "Dependants," in Sun and deFrancis [eds], *Chinese Social History* [q.v.], 142–156 [original: "*Buqu yange luekao* 部曲沿革略考," in *Shih-huo* 食貨 1.3 (Beiping January 1935), 97–107]

Yang Hong 杨泓, *Zhongguo gu pingqi luncong* 中国古兵器论丛, Beijing 1980

Yang, Lien-sheng 楊聯陞, "*Dong-Han de haozu* 東漢的豪族 ['Landed Nobility of the Eastern Han Dynasty']," in *The Tsing-hua Journal* 清華學報 [*Qinghua xuebao*] 11 (1936), 1007–1063; summary translation [as "Great Families of the Eastern Han"] in Sun and deFrancis [eds], *Chinese Social History* [q.v.], 103–134

———, "Notes on the Economic History of the Chin Dynasty," in his *Studies in Chinese Institutional History*, Cambridge MA 1961 reprinted 1963, 119–197; first published in *Harvard Journal of Asiatic Studies* 9 (1946), 107–185

Yang, Shao-yun, "The Politics of Omenology in Chengdi's Reign," in *Chang'an 26 BCE*, 323–346

Yang Shuda 楊樹達, *Handai hunsang li sukao* 漢代婚喪禮俗考, Shanghai 1933

Yao Zhenzong 姚振宗, *Hou Han yiwen zhi* 後漢藝文志, in *ESWSBB* II, 2305–2445

———, *Sanguo yiwen zhi* 三國藝文志, in *ESWSBB* III, 3189–3300

Yen Keng-wang 嚴耕望, *Zhongguo difang xingzheng zhidu shi; juan shang: Qin-Han difang xingzheng zhidu* 中國地方行政制度史；卷上:秦漢地方行政制度 ['History of *the Regional and Local Administration in China*: Part I The Ch'in and Han Dynasties'], 2 volumes, Taipei 1961

Yoneda Kenjirō 米田賢次郎, "*Kandai denso sateihō kanken* 漢代田租査定法管見," in *Shiga daigaku kyōiku gakubu kiyō* 滋賀大學教育學部紀要 17 (1967)

Yoshida Torao 吉田虎雄, *Ryōkan sozei no kenkyū* 兩漢租稅の研究, Tokyo 1966

Yoshioka Yoshitoyo 吉岡義豐, *Dōkyō to Bukkyō* 道教と佛教, 3 volumes, Tokyo 1959, 1970, 1976

Young, Gregory C., *Three Generals of Later Han*, Canberra 1984

Yü Ying-shih 余英時, "*Dong-Han zhengchuan zhi jianli yu shizu daxing zhi guanxi* 東漢政權之建立與士族大姓之關係," in *New Asia Journal* 新亞學報 [*Xinya xuebao*] I.2 (Hong Kong 1956), 209–280

———, "*Han-Jin zhi jishi zhi xin zijue yuxin sichao* 漢晉之際士之新自覺與新思潮," in *New Asia Journal* 新亞學報 [*Xinya xuebao*] IV.1 (1959), 25–144

———, *Trade and Expansion in Han China: a study in the structure of Sino-barbarian economic relations*, California UP 1967

———, "Han China," in K.C. Chang [ed], *Food in Chinese Culture: anthropological and historical perspectives*, Yale UP 1977, 53–83

———, "Han Foreign Relations," in *Cambridge China* I, 377–462

Zhang Jihai 张继海, *Handai chengshi shehui* 汉代城市社会, Beijing 2006

———, "The Residential Wards of Western Han Chang'an" [translated by Jianye He], in *Chang'an 26 BCE*, 175–200

Zhangjiashan Han muzhujian (247 hao mu) 張家山漢墓竹簡(二四七號墓), Beijing 2001; see also Giele, "Excavated Manuscripts," and Loewe, "Laws of 186 BCE"

Zhang Yonglu 张永禄 and others, *Handai Chang'an cidian* 汉代长安词典, Xi'an 1993

Zhongguo lishi dituji 中國歷史地圖集 [*The Historical Atlas of China*], compiled by Tan Qixiang 譚其驤 and others:

Volume II, *Qin, Xi-Han, Dong-Han shiji* 秦西汉东汉时期, Shanghai 1982

Volume III, *Sanguo, Xi-Jin, Dong-Jin shiji* 三国西晋东晋时期, Shanghai 1980

Zhongguo shigao dituji 中國史稿地圖集, edited by Guo Moruo 郭沫若, Beijing 1979

Zhonghua minguo xin ditu 中華民國新地圖, compiled by V.K. Ting 丁文江 and others, Shanghai 1934

Zhu Kezhen 竺可桢, "*Zhongguo jin wuqian nian lai qihou bianqian de chubu yanjiu* 中国近五千年来气候变迁的初步研究 ['A preliminary study of variations in the Chinese climate over the last 5000 years']," in *Kaogu xuebao* 37 (1972.1), 15–38; *and see* Chu K'e-chen

Zi, Le P. Etienne, *Pratique des examens militaires en Chine* [Variétés sinologiques no. 9] Shanghai 1896 reprinted Taipei 1971

Zinsser, Hans, *Rats, Lice and History*, London 1935

Zou Yuntao 邹云涛, "*Shilun Sanguo shiqi nanbei junshi de xingcheng ji qi pohuai* 试论三国时期南北均势的形成及其破坏 [A preliminary discussion of the formation of the north-south balance during the Three Kingdoms period and its destruction]," in *Wei-Jin nanbeichao shi yanjiu* 魏晋南北朝史研究, Chengdu 1986, 128–145

Zürcher, E., *The Buddhist Conquest of China: the spread and adaptation of Buddhism in early medieval China*, Leiden 1959